제6개정판

경제 정책론

한국의 경제정책

ECONOMIC POLICY

김적교 • 김상호 • 정형곤

박영사

제6개정판

머리말

경제정책론 초판이 출간된 지도 어언 30년이나 되었다. 여러모로 부족한 점이 많은데도 불구하고 이렇게 오랫동안 빛을 볼 수 있는 것은 오로지 독자 여러분의 끊임없는 애정과 격려가 있었기에 가능하지 않았나 생각된다.

그동안 우리나라 경제는 장족의 발전으로 선진국 권에 진입하는 성과를 거두었다. 하지만 인구의 고령화와 성장동력의 약화로 저성장이 고착화되고 있는 가운데 사회적 형평증진을 위한 욕구는 더욱 고조되고 있고 대외적으로는 세계화의 역작용으로 보호주의가 강화되는 등 한국경제는 일찍이 경험하지 못한 도전에 직면하고 있다.

이러한 경제 환경의 변화를 고려하여 제6개정판에서는 경제성장정책과 사회정책 및 대외경제정책을 집중적으로 분석하고 보완하도록 하였다. 사회정책과 대외경제정책에서는 이 분야에서 높은 학식과 오랜 경험을 가진 김상호 교수님과 정형곤 박사님을 공저자로 모신 것을 기쁘게 생각하며 독자 여러분에게도 큰 도움이 되리라 확신한다. 끝으로 편집과 교정에 수고를 아끼지 않으신 전채린 차장님께도 감사의 말씀을 드리자 한다.

2025년 7월

저 자

제5개정판

머리말

2013년 제4개정판을 낸 후 국내외 경제 환경은 크게 변화하였다. 대외적으로는 WTO체제가 위협을 받는 가운데 보호무역주의가 부활하고 있고 대내적으로는 사회적 형평과 복지에 대한 국민적 욕구가 분출하고 있는 반면 경제성장률은 지속적으로 하락하고 있다. 또한 미세먼지 때문에 일상생활에서 어려움을 겪게 되면서 환경에 대한 관심이 급증하였다. 이러한 환경 변화에 따라 정부정책도 많은 변화가 있었다.

이러한 배경 하에 제5개정판에서는 주요 정책문제에 대한 최근 동향과 정부정책을 심층 분석토록 하였으며, 경쟁정책, 성장정책, 사회정책, 대외경제정책, 환경정책에 역점을 두도록 하였다. 특히 사회정책에 대한 국민적 관심이 고조되고 있음을 고려하여 이를 깊이 있게 다루도록 노력하였다.

이번 개정판을 내는데 여러 분의 도움을 받았는데, 원고정리에 많은 도움을 준 대외경제정책연구원의 정형곤 박사님과 서진교 박사님에게 심심한 사의를 표하고자 한다. 자료수집에 협조하여주신 한국개발연구원의 임영재 박사님, 한국은행의 류현주 박사님, 한국보건사회연구원의 이아영 박사님에게도 고마움을 표하고자 한다. 끝으로 개정5판을 적극 권하여 주신 박영사의 이영조 차장님과 편집과 교정에 수고를 하신 전채린 과장님에게도 사의를 표하고자 한다.

2020년 6월

저 자

제4개정판

머리말

지난 5년 동안 국내외 경제환경은 많은 변화를 하였고 이에 따라 정부의 정책에도 많은 변화가 있었다. 지난 5년 동안 각 부문에 걸쳐 어떤 정책은 변화가 있었고 이것이 우리 경제에 어떤 영향을 미쳤는지를 분석한다는 것은 우리 경제의 실상을 이해하는 데 매우 중요하다. 따라서 제4개정판에서는 경쟁정책, 성장정책, 대외정책, 사회정책, 환경정책 등을 중심으로 하여 최근까지의 정책변화와 그 영향을 상술하고 정책과제와 방향을 제시하도록 노력하였다. 이번 개정판을 내는 데 도움을 준 보건사회연구원의 원종욱 박사와 노동연구원의 김주석 박사에게 심심한 사의를 표하고자 하며 편집과 교정에 수고를 한 박영사의 김효선 씨에게도 고마움을 표하고자 한다.

2013년 1월

저 자

제3개정판

머리말

2001년 제2개정판을 낸 후 우리나라의 경제정책은 많은 변화를 하였다. 1997년 외환위기 이후 정부가 추진하여 오던 각종 개혁정책과 대외개방은 나름대로 많은 진전을 보았으며, 대외적으로도 WTO 뉴라운드의 출범과 FTA의 확산 등 우리의 대외환경도 크게 변화를 하였다. 따라서 지난 5~6년 동안 대외경제환경은 어떻게 변화하였고, 각 부분에 걸쳐 어떤 정책이 시행되어 왔고, 이것이 우리 경제에 어떤 영향을 미쳤는가를 분석한다는 것은 우리 경제의 올바른 이해를 위해서도 매우 긴요하다 하겠다.

따라서 이번 제3개정판에서는 모든 부문별 정책, 즉 경쟁정책, 성장정책, 안정화정책, 구조정책, 대외경제정책, 사회정책, 환경정책에 대해서 최근까지의 정책변화를 상술하고, 앞으로 해결해야 할 정책과제는 무엇인가를 제시하도록 노력하였다. 이 밖에도 독일의 사회적 시장경제에 대해서는 좀 더 깊이 있게 다루었다. 우리나라의 경제정책문제를 보다 심도 있게 다루었기 때문에 책의 부제도 －한국의 경제정책－으로 바꾸었다.

이번 개정판을 내는 데 있어 많은 도움을 준 한국경제연구원의 최충규 박사, 한국은행의 신현열 박사, 관동대학교의 김상호 교수, 서경대학교의 한택환 교수에게 심심한 사의를 표하고자 한다.

2008년 1월

저 자

제2개정판

머리말

1997년 말 우리나라가 IMF 관리체제로 들어가면서 정부는 공공부문, 기업, 금융산업, 노동시장 등 광범위한 분야에 걸쳐 구조개혁을 실시하고 있으며, 이의 성공여부는 우리 경제의 앞날에 지대한 영향을 미칠 것으로 보인다. 이와 같은 구조개혁의 중요성에 비추어 이번 개정판에서는 구조정책을 별도의 장으로 떼어 내어 이에 대한 내용과 문제점을 깊이 있게 다루었다. 이 밖에도 일부 중요하지 않은 부분은 삭제하는 한편 미흡하다고 생각되는 부분은 보강하여 전반적으로 내용을 보다 충실하게 하도록 노력하였다.

끝으로 이번 개정판을 내는 데 있어 자료수집에 도움을 준 관동대학교의 김상호 교수, 대외경제정책연구원의 김준동 박사, 한국경제연구원의 조우동 박사에게 심심한 사의를 표하고자 한다.

2001년 1월

저 자

PREFACE

머리말

저자가 1980년대 초부터 한양대학교에서 경제정책론을 강의하면서 느낀 점은 학생들의 현실 경제문제에 대한 이해와 지식이 너무 부족하다는 점이다. 물론 우리가 배운 경제이론이 구미 선진국에서 발달되어 우리 현실에 맞지 않는 부분도 있고 또 최근에 와서는 경제이론이 너무 정교하고 기술적이어서 경제현실과의 괴리감이 너무 큰 데도 원인이 있을 수 있다. 그러나 경제이론을 잘 이해하고 정리를 하면 현실문제의 이해와 해결에 도움이 되는 점도 적지 않다. 따라서 문제는 우리가 대학에서 너무 이론에 치중한 나머지 현실문제를 소홀히 한다든지 또는 이론과 현실을 잘 접목시켜 주지 못함으로써 학생들로 하여금 배운 이론을 활용할 수 있는 기회와 바탕을 마련하여 주지 못한 데 있지 않나 생각된다. 응용경제학으로서의 경제정책론은 학생들로 하여금 현실 경제문제를 이해하고 문제해결을 위한 대안을 생각토록 하는 데 큰 도움을 줄 수 있다. 저자가 이 책을 쓰게 된 동기도 이와 같은 학생들의 요구에 다소나마 도움을 주고자 하는 데 있다.

이 책을 쓰게 된 두 번째의 동기는 경제정책을 실제로 담당하는 정책담당자로 하여금 보다 합리적인 정책을 수립하는 데 조금이나마 도움을 주고자 하는 데 있다. 경제가 발전함에 따라 정부의 역할은 줄어들지만 그렇다고 해서 정책의 중요성이 줄어드는 것은 아니다. 오히려 경제정책에 있어서 합리적인 의사결정은 더 중요하게 된다고 하겠다. 그러나 정책을 담당하는 사람들은 경제이론은 너무 단순하거나 추상적이어서 복잡한 현실문제를 해결하는 데는 도움이 되지 않는다고 해서 이론을 소홀히 하는 경향이 없지 않다. 물론 이론 자체가 문제를 해결해 주는 것은 아니지만 이론적 기초가 없이는 합리적인 의사결정을 할 수 없다. 이런 뜻에서 경제이론과 경제현실을 접목시키고자 하는 경제정책론은 어떤 문제의 본질을 이해하고 정책대안을 구상함에 있어 유용한 바탕을 제공할 수 있다.

이 책은 크게 보아 두 부문으로 구성되어 있다. 하나는 경제정책문제를 다룸에 있어서 꼭 알아야 할 이론적 기초, 예컨대 정책목표는 어떻게 설정하여야 하며 목표실현을 위해서 어떤 정책수단이 필요하며, 또 시장경제에서 정부개입은 왜 필요하며, 그 한계는 어디에 있는가 등을 다루는 경제정책의 이론적 기초인데 제1장에서 제6장까지에 이러한 문제를 다루었다. 다른 하나는 우리 경제가 현실적으로 당면하고 있는 중요한 정책문제, 예컨대 경제성장과 안정, 경쟁촉진, 대외개방화, 복지와 분배문제, 환경문제 등을 중점적으로 다루었다. 이러한 정책문제를 다룸에 있어 가능하면 쉽게 쓰고 또 개념을 명확히 함으로써 독자들의 이해를 용이토록 하였다. 또 각 정책문제마다 우리나라의 문제와 연결시킴으로써 정책대안을 제시하고자 노력하였다. 저자의 능력부족으로 내용면에서 만족스럽지 못한 점이 적지 않으나 이 책이 경제정책문제에 관심을 가진 사람들에게 문제의 핵심을 이해하고 정책대안을 생각함에 있어 하나의 좋은 길잡이가 될 수 있다면 그 이상의 보람은 없다 하겠다.

저자는 이 책을 씀에 있어서 여러 사람의 도움을 받았다. 관동대학의 김상호 교수, 한양대학교의 한홍렬 교수, 과학기술처의 김차동 박사, 대우경제연구소의 한상춘 연구위원, 산업연구원의 최충규 책임연구원, 한국경영자총협회의 고진수 대리는 자료의 수집, 원고의 작성에 있어서 저자의 부족한 부분을 많이 보완해 주었고 또 원고를 읽고 많은 조언을 해준 데 대하여 깊이 감사를 드리고자 한다. 한국개발연구원의 박준경 박사, 유승민 박사, 대우경제연구소의 한진수 박사는 원고를 읽고 많은 점을 지적해 준 데 대하여 고마움을 표하고자 한다. 자료수집에 있어서 많은 도움을 준 독일 베를린 대학교의 박사과정에 있는 방만기 군과 한국은행 금융경제연구소의 신현렬 군에게 감사하게 생각하며 원고정리와 교정에 많은 고생을 한 대학원 학생인 이동호 군, 김근

형 군의 노고에 대하여 고맙게 생각하며, 특히 이동호 군의 여러 해에 걸친 헌신적인 노력에 대하여 고맙게 생각한다. 끝으로 저자가 독일에 있는 동안 항상 따뜻한 애정과 격려로써 보살펴 주었고 또 경제학을 보다 넓은 시야에서 보도록 지도하여 주신 보쿰 대학교의 크라우스(W. Kraus) 명예교수에 대하여 이 기회를 빌려 심심한 사의를 표하고자 한다.

이 책의 출판을 맡아준 박영사의 안종만 사장과 오랫동안 이 책의 집필을 권하여 준 황인욱 부장님께 깊은 감사를 드리며 이 책의 편집을 맡아주신 함승철 편집국장과 이주형 씨에게도 감사를 드리는 바이다.

1996년 1월

저 자

CONTENTS

차 례

제 1 부 경제정책의 이론적 기초

제1장 경제정책론의 대상과 체계

제1절 경제정책의 의의와 대상 3
1. 경제정책의 의의 3
2. 이론적 경제정책과 실천적 경제정책 4
3. 경제정책론의 대상 5
3.1 경제정책론의 일반문제 5
3.2 경제정책론의 특수문제 6
제2절 경제이론과 경제정책론 7
1. 응용경제학으로서의 경제정책론 7
2. 경제정책론과 합리적 경제정책 9
3. 정치경제학과 경제정책론 12
제3절 경제정책론의 체계 15
1. 분류방법 15
2. 질서정책, 구조정책, 과정정책 16
2.1 질서정책 17
2.2 구조정책 17
2.3 과정정책 18

3. 양적 경제정책과 질적 경제정책 18

제2장 경제질서와 경제정책

제1절 경제질서의 의의 21
제2절 경제질서의 기본문제 23
제3절 경제질서의 유형 25
1. 기 본 형 25
2. 혼 합 형 26
2.1 순수시장경제 27
2.2 중앙관리경제 28
2.3 관리시장경제 28
3. 유 형 화 30
제4절 경제질서의 수렴화 31
제5절 경제정책의 과제 34

제3장 시장경제와 경제정책사상

제1절 자유주의 대 간섭주의 36
제2절 자유주의적 정책사상 37
1. 고전적 자유주의 37
2. 신자유주의 39
2.1 질서자유주의 39
2.2 시카고학파 45
제3절 간섭주의적 정책사상 46
1. 자유사회주의 46

2. 스웨덴의 복지국가모형 48
제4절 사회적 시장경제 50
1. 의 의 50
2. 이 념 51
3. 정책목표와 원칙 53
4. 역사적 전개과정 55

제4장 시장실패와 정부실패

제1절 시장실패 58
1. 배분적 실패 58
1.1 공공재의 경우 58
1.2 외부경제 60
1.3 경쟁위협 61
2. 분배적 실패 62
2.1 불충분한 사회보장 62
2.2 분배의 불공평 62
3. 순환적 실패 63
3.1 국민경제의 불안정 63
3.2 경제성장과 구조문제 64
제2절 정부실패 65
1. 불완전한 정보 65
2. 정치적 의사결정 66
3. 관료제도의 문제 66
4. 재분배상의 문제 67
5. 신뢰성의 결여 67
제3절 정부와 시장의 관계 68

제5장 시장경제와 경제정책의 원칙

제1절 경제주체의 자율성존중 71

제2절 경쟁질서의 확립 73

제3절 법치주의 73

제4절 사회적 형평증진 75

제5절 정책의 일관성과 투명성 76

제6장 경제정책의 주체와 의사결정

제1절 경제정책의 주체 78

1. 정 의 78

2. 다양성과 종류 78

3. 경제정책주체의 역할과 기능 79

4. 정책주체와 정책조정 81

제2절 경제정책의 의사형성과 의사결정과정 83

1. 경제정책의 의사형성과정 83

1.1 컨센서스에 의한 합의 83

1.2 협상에 의한 타협 84

1.3 투표에 의한 합의 85

2. 경제정책의 의사결정과정 86

제7장 경제정책의 목표와 수단

제1절 목표설정과 가치판단 ········· 89

제2절 경제정책의 목표와 사회적 기본가치 ········· 91

1. 자 유 91
2. 정 의 92
3. 안 전 92
4. 진 보 93

제3절 경제정책의 목표체계 ········· 94

제4절 목표간의 관계 ········· 95

제5절 정책목표의 최적선택 ········· 97

제6절 정책수단 ········· 98

1. 정책수단의 의의와 종류 98
2. 정책수단과 실효성 100
3. 정책수단의 선택기준과 효과분석 103
   3.1 수단선택의 일반적 원칙 103
   3.2 정책수단의 평가 104

제 2 부 부문별 경제정책

제8장 경쟁정책

제1절 경쟁의 의의와 기능 ········· 113

1. 경쟁의 의의 113
2. 경쟁의 기능 115
   2.1 조절기능 115

2.2 배분기능 115
2.3 혁신기능 115
2.4 분배기능 116
2.5 통제기능 116
2.6 자유기능 116

제2절 경쟁정책의 목표와 과제 117
1. 조화론 대 갈등론 117
2. 경쟁의 전제조건 118
3. 경쟁정책의 과제 120

제3절 경쟁정책의 목표상 120
1. 완전경쟁시장 120
2. 유효경쟁 122
3. 최적경쟁집약도 125
4. 신고전학파의 경쟁자유 128
5. 시카고학파의 경쟁정책 130

제4절 경쟁제한행위 133
1. 의의 및 종류 133
2. 부당한 공동행위 134
2.1 카 르 텔 134
2.2 비공식적 합의 136
2.3 수직적 가격담합 136
3. 시장지배력의 남용 137
4. 불공정거래행위 139
5. 기업집중 140
5.1 개 념 140
5.2 기업집중의 원인 140
5.3 기업집중의 경제적 효과와 평가 147

제5절 경쟁정책의 접근방법 154
1. 자유방임적 접근 154
2. 구조적 접근 155

3. 규제적 접근 156
4. 소유권적 접근 156
5. 구조적 접근과 규제적 접근의 결합 157

제6절 우리나라의 경쟁정책 158
1. 독과점규제정책의 개관 158
2. 경쟁제한행위의 규제 159
2.1 부당한 공동행위 159
2.2 시장지배력의 남용금지 160
2.3 기업집중규제 162
2.4 불공정거래행위규제 164
3. 우리나라의 경제력집중 현황과 특징 166

제7절 우리나라의 재벌정책 168
1. 개 관 168
2. IMF 위기와 재벌정책 169
3. 재벌정책의 과제와 방향 171

제9장 안정화정책

제1절 안정화정책의 의의 173

제2절 안정화정책의 이론적 기초 174
1. 두 가지 견해 174
2. 케인지언의 안정화정책론 175
3. 신고전학파적 안정화정책론 176
4. 통화정책의 전달메커니즘 178

제3절 안정화정책의 목표 179
1. 물가안정 180
2. 높은 고용수준의 유지 181
3. 국제수지 균형 183
4. 지속적이며 적정한 성장의 유지 183

제4절 목표간의 상충과 우선순위 ········· 184

제5절 안정화정책의 수단 ········· 186

1. 재정정책수단 186
   - 1.1 자동안정화장치와 경제안정 189
   - 1.2 재정정책의 한계 190
2. 금융정책수단 193
   - 2.1 금융정책수단의 종류 194
   - 2.2 금융정책의 한계 201
3. 대외경제정책수단 203
   - 3.1 대외경제거래와 교란요인 203
   - 3.2 무역정책적 수단 204
   - 3.3 고정환율제도 205
   - 3.4 변동환율제도 206
4. 소득정책수단 208
   - 4.1 소득정책의 의의 208
   - 4.2 소득정책의 종류 209
   - 4.3 소득정책의 문제점 210
5. 질서정책수단 211

제6절 정책배합 ········· 213

1. 재정정책과 금융정책의 배합 213
2. 스태그플레이션과 정책배합 215
3. 종합적 배합 216

제7절 우리나라의 안정화정책 ········· 217

1. 성장제일주의와 경제안정 217
2. 1980년대의 안정화정책 220
3. 1990년대 이후의 안정화정책 223

제10장

경제성장정책

제1절 경제성장의 중요성과 성장정책의 목표 ······ 226
1. 경제성장의 중요성 226
2. 성장정책의 필요성과 목표 227
3. 성장정책과 다른 정책목표 간의 관계 228

제2절 경제성장의 결정요인 ······ 231
1. 직접적 결정요인 231
2. 간접적 결정요인 234

제3절 인적 및 물적 자본형성과 경제성장 ······ 236
1. 인적 자본형성 237
2. 물적 자본형성 240

제4절 기술진보와 경제성장 ······ 243
1. 기술진보의 내생이론 243
2. 기술혁신의 원천 245
3. 기술혁신의 정책방향과 수단 248
3.1 기본방향 248
3.2 수요측면 250
3.3 공급측면 252
3.4 수요와 공급의 연계 254

제5절 제도와 경제성장 ······ 256
1. 제도의 종류와 기능 256
2. 제도개선의 기본방향 259
2.1 생산제도 259
2.2 시장제도 260
2.3 통화신용 및 재정제도 262

제6절 사회간접자본과 경제성장 ······ 263
1. 사회간접자본의 의의 263
2. 사회간접자본의 특징과 효과 264

제7절 우리나라의 성장정책 ···················· 266
1. 개발전략 266
2. 정부의 역할 267
3. 공업화정책의 성공요인 274
4. 성장정책의 과제와 방향 277

제11장
구조정책

제1절 경제발전과 구조변화 ···················· 281
1. 산업구조와 구조변화 281
2. 피셔-클라크 가설과 구조변화 283
제2절 구조변화의 요인 ···················· 287
1. 수요 측 요인 287
2. 공급 측 요인 289
3. 대외경제환경의 변화 289
제3절 구조정책의 의의와 분류 ···················· 290
1. 구조정책의 의의 290
2. 구조정책의 분류 291
3. 구조정책과 산업정책 292
제4절 시장경제와 구조정책 ···················· 293
1. 구조정책의 과제 293
2. 구조정책의 종류 294
2.1 구조유지정책 294
2.2 구조조정정책 295
2.3 구조형성정책 297
제5절 우리나라의 구조정책 ···················· 299
1. 개 관 299
2. IMF 체제와 구조정책 300

2.1 금융위기와 IMF 300
2.2 금융구조개혁 301
2.3 기업구조개혁 305
2.4 공공부문구조개혁 308
2.5 노동시장개혁 310
3. 구조정책의 과제와 방향 312

제12장 대외경제정책

제1절 대외경제정책의 의의와 과제 315
1. 의의 315
2. 대상과 과제 316
제2절 대외경제정책의 목표 317
1. 대외균형 317
2. 효과적 개방화 320
3. 경제외적 목표 320
제3절 대외경제정책의 목표상 321
1. 자유무역 321
2. 무역자유화 324
2.1 무역자유화의 의의 324
2.2 무역자유화의 문제점 326
3. 관리무역 329
3.1 관리무역의 의의 329
3.2 관리무역론과 무역정책 332
3.3 관리무역론에 대한 비판 333
제4절 무역정책 335
1. 수량정책 336
1.1 수량정책의 의의 336
1.2 수량정책의 장·단점 337

2. 가격정책 339
2.1 관세정책 339
2.2 수출지원정책 342
제5절 외환정책 345
1. 외환정책의 의의와 수단 345
2. 외환관리정책 345
3. 환율정책 347
3.1 환율제도 347
3.2 변동환율제도의 장·단점 348
3.3 환율과 국제수지 조정 349
3.4 환율과 국제수지 조정에 대한 평가 357
제6절 자유화정책 358
1. 자유화의 의의 358
2. 자유화정책의 대상 359
3. 자유화순서의 기본원칙 359
4. 무역자유화의 순서 361
4.1 수량규제의 관세화 362
4.2 명목관세율의 인하와 균등화 364
5. 자유화의 속도 364
6. 자유화와 거시경제정책 366
제7절 우리나라의 자유화정책 367
1. 1960년대의 개방화 시도 368
2. 1970년대의 개방화 후퇴 369
3. 1980년대의 점진적·제한적 개방화 370
4. 1990년대의 전면적 개방 373

제13장 WTO체제와 FTA정책

제1절 WTO체제 출범의 배경 376

제2절 WTO체제의 특징 378

제3절 WTO체제의 영향 379

제4절 WTO 뉴라운드의 주요의제와 전망 381

1. 뉴라운드의 출범배경 381

2. 주요 의제별 협상 내용과 쟁점 382

2.1 농산물분야 383

2.2 비농산물분야 386

2.3 서비스분야 388

2.4 규범분야 389

2.5 무역 및 환경분야 391

2.6 기타 DDA 협상의 의제와 주요쟁점 391

3. 전 망 392

제5절 FTA정책 394

1. 추진현황 394

2. FTA 성과와 과제 397

제14장 사회정책

제1절 사회정책의 의의와 필요성 401

제2절 사회정책의 대상과 범위 403

제3절 사회정책의 구성 404

제4절 노동자보호정책 406
1. 역사적 배경과 목표 406
2. 우리나라의 노동자보호정책 408
2.1 근로기준법의 연혁과 내용 409
2.2 노동환경 변화와 근로기준법의 문제점 411
2.3 근로기준법의 개선 방향 413
제5절 노동시장정책 416
1. 노동시장조정정책 417
2. 노동시장질서정책 420
3. 완전고용정책 422
4. 우리나라의 노동시장정책 424
4.1 노동시장의 특성 424
4.2 노동시장조정정책 427
4.3 노사관계와 노동시장질서정책 429
제6절 사회보장정책 431
1. 의의와 필요성 431
2. 사회보장정책의 기본원칙 432
3. 우리나라의 사회보장제도 434
3.1 사회보험 435
3.2 공공부조제도 452
3.3 기초연금제도 455
3.4 사회복지서비스 457
3.5 복지재원 조달의 지속가능성 459
제7절 분배정책 460
1. 의의와 목적 460
2. 소득분배의 개념과 분류 462
2.1 기능별 소득분배와 계층별 소득분배 462
2.2 1차 소득분배와 2차 소득분배 463
3. 분배정책의 목표와 기본원칙 464
3.1 분배정책의 목표 464

3.2 평등원칙 465
3.3 성과원칙 467
3.4 필요원칙 469
4. 분배정책의 수단과 종류 469
4.1 1차 소득분배정책 469
4.2 2차 소득분배정책과 재정정책 476
5. 우리나라의 소득분배와 분배정책 480
5.1 소득분배 추이 480
5.2 우리나라의 분배정책 487

제15장 환경정책

제1절 환경문제 대두의 배경 493
1. 국내적 이유 494
1.1 환경오염의 가속화 494
1.2 쾌적한 환경에 대한 국민욕구의 증대 494
2. 국제적 이유 495
2.1 국제환경협약체결의 가속화 495
2.2 각국 환경 관련 무역규제의 확산 495
2.3 환경과 무역에 관한 국제규범의 형성 496

제2절 환경과 시장실패 497
1. 두 개의 시장실패 497
2. 공해방지의 최적수준 497

제3절 경제성장과 환경 502
1. 대 립 론 503
2. 보 완 론 504
3. 지속가능발전 505
4. 역U자형 가설 507

제4절 국제무역과 환경 510
1. 무역과 환경의 관계 510
1.1 보완관계 510
1.2 대립관계 511
2. 국제론의 동향 512
2.1 동향 512
2.2 자유무역협정(FTA)과 환경무역의 연계 515
제5절 국제 환경 협력 516
1. 국제 환경 협력의 배경 516
2. 비엔나협약 및 몬트리올의정서 516
3. 바젤협약 517
4. 기후변화협약/교토의정서/파리협정 518
5. 야생동·식물의 국제교역에 관한 협약 520
6. 생물다양성협약 521
제6절 환경정책의 목표와 수단 521
1. 환경정책의 목표 521
2. 기본원칙 522
2.1 오염자부담원칙 522
2.2 공동체부담원칙 523
2.3 예방원칙 523
2.4 협력원칙 524
3. 환경정책의 수단 524
3.1 경제적 수단 524
3.2 공공투자 528
3.3 법적·행정적 규제 528
3.4 환경영향평가제도 530
제7절 우리나라의 환경실태 530
1. 대기오염 531
2. 수질오염 532
3. 폐 기 물 533

제8절 우리나라 환경정책의 과제와 방향 535
1. 환경정책의 과제 535
2. 환경정책의 방향 537
2.1 정책 추진체계 537
2.2 친환경적 산업구조로의 전환 538
2.3 환경 기술 개발 투자 확대와 환경산업 육성 539
2.4 경제적 유인 수단의 개선과 개발 540
2.5 국제환경 변화에 대한 효과적 대응 542

참고문헌 544
인명색인 556
사항색인 559

제1부
경제정책의 이론적 기초

제 1 장　경제정책론의 대상과 체계
제 2 장　경제질서와 경제정책
제 3 장　시장경제와 경제정책사상
제 4 장　시장실패와 정부실패
제 5 장　시장경제와 경제정책의 원칙
제 6 장　경제정책의 주체와 의사결정
제 7 장　경제정책의 목표와 수단

ECONOMIC POLICY

제1장

경제정책론의 대상과 체계

제 1 절 경제정책의 의의와 대상

1. 경제정책의 의의

경제정책이란 일반정치의 한 영역으로 경제분야에 있어서 국가의 행위를 의미한다. 일반정치가 정치적 행위의 모든 분야를 포괄한다면 경제정책은 이러한 일반정치 중에서도 경제문제와 관련되는 정치행위를 가리킨다. 따라서 경제정책이란 문화정책, 외교정책과 같이 일반정치의 한 분야이다. 여기서 정치란 국가의 활동, 즉 국가의 행위, 노력 및 조치를 총칭하며 국가란 의회, 행정부 및 중앙은행과 기타 국가로부터 특수한 권한을 위임받은 기관을 총칭한다.

경제정책이 경제문제에 관련된 국가의 정치적 행위라고 하는 것은 국가가 경제문제에 개입을 한다는 뜻인데 경제문제는 크게 보아 경제질서와 경제과정의 문제로 나눌 수 있다. 경제질서는 경제주체의 기본행동원리에 관한 문제이며 경제과정이란 경제활동의 변화에 관련된 문제다. 따라서 경제정책이란 경제질서와 경제과정에 영향을 주는 국가 및 국가로부터 특정한 기능을 위임받은 기관의 활동이라 할 수 있다.[1] 국가의 활동은 어떤 목적을 가지고 국민

---

1) T. Pütz(1979), p.5 참조.

경제에 개입하는 것을 의미하기 때문에 경제정책의 과제는 경제활동의 여건과 흐름을 어떤 특정목표를 실현하는 방향으로 조성하고 영향을 미치도록 하는 데 있다.[2)] 우리가 전통적으로 경제정책을 어떤 특정한 경제적 목표의 실현을 위한 국가의 활동, 즉 목표와 수단 간의 관계로 보는 이유도 여기에 있다.

2. 이론적 경제정책과 실천적 경제정책

이러한 경제정책에는 두 가지가 있다. 하나는 경제정책을 담당하는 정책주체의 실제 행위인 실천적 경제정책이고, 다른 하나는 실천적 경제정책의 학문적 연구를 대상으로 하는 이론적 경제정책이다.

실천적 경제정책이란 경제정책을 담당하고 있는 정치가나 행정가의 실제 행위로서 어떤 정책목적의 실현을 위한 정책수단 및 제도와 같은 구체적인 문제를 그 대상으로 한다. 이러한 실제의 구체적 문제는 시간의 흐름에 따라 그 내용이나 성격이 변하기 때문에 이는 어디까지나 경험의 대상이 될 수밖에 없다. 따라서 실천적 경제정책은 경험의 대상(Erfahrungsobjekt)이다.

실천적 경제정책의 학문적 분석인 이론적 경제정책, 즉 경제정책론은 경제정책 주체의 실제행동을 위한 원칙이나 기준을 제공함으로써 보다 합리적인 경제정책을 가능케 하는 데 그 목적이 있다. 현실의 경제정책이 보다 합리적인 경제정책이 되기 위해서는 이론의 도움이 필요하며 이론은 문제해결을 위한 인식을 제공한다고 볼 수 있기 때문에 이론적 경제정책은 인식의 대상(Erkenntnisobjekt)이다.

따라서 이론적 경제정책의 과제는 관찰된 현상을 체계적으로 분석·정리한 후 정책목표는 어떻게 설정되어야 하며 목표 간에는 상충이 없는지, 설정된 목표를 달성하기 위해서는 어떤 정책수단이 채택되어야 하며 그 효과는 어떻게 측정하며 또 정책주체 간의 조정은 어떻게 이루어져야 하는지 등에 대한

---

2) Ahrns · Feser(1982), p.2 참조.

원칙과 기준을 마련하는 데 그 목적이 있다고 하겠다. 다시 말하면 이론적 경제정책의 주된 과제는 주어진 목표를 달성하기 위한 최적의 행동대안을 분석하는 데 있다.[3)]

그러나 이론적 경제정책은 정책주체에게 보다 합리적인 의사결정을 하도록 하는 데 있기 때문에 단순히 이론적인 원칙만의 제공에 그쳐서는 안 되며 실현가능의 원칙을 제공하여야 한다. 왜냐하면 단순한 이론적 원칙만으로는 실제 경제정책의 수립에 도움이 되지 않기 때문이다. 따라서 이론적 경제정책은 경제이론보다 덜 추상적이라 할 수 있으며 단순히 규범적인 성격 외에도 실증적인 성격이 있다고 보아야 할 것이다.

3. 경제정책론의 대상

경제정책적 행위의 학문적인 분석으로서의 경제정책론의 대상은 두 가지로 대별할 수 있다. 하나는 일반적 경제정책의 문제이고 다른 하나는 특수적 경제정책의 문제이다.

3.1 경제정책론의 일반문제

일반적 경제정책문제는 경제 전반과 모든 경제주체에 관련되는 문제로서 경제정책의 기본원리에 속하는 문제를 총칭한다. 이것은 다음과 같이 다섯 가지의 문제로 나눌 수 있다.

첫째, 경제질서의 문제이다. 이것은 경제주체가 경제행위를 함에 있어 지켜야 할 규칙과 규범으로서 경제질서에는 크게 자본주의적 시장경제질서와 중앙집권적 계획경제질서가 있다. 이러한 상이한 경제질서 아래 경제주체는 어떤 행동규칙에 따라 경제행위를 하며, 경제행위는 어떻게 조정됨으로써 전체로서의 조화를 이루고, 두 경제질서 간의 차이점은 무엇인가를 다룬다. 다만

---

3) Ahrns · Feser, 전게서, p.2 참조.

여기서 우리는 시장경제질서만을 대상으로 하기 때문에 사회주의적 계획경제질서문제는 다루지 않기로 한다.

둘째, 정책목표의 설정문제다. 경제정책에 있어서 가장 중요한 것은 명확한 목표의 설정이다. 어떤 목표가 바람직하며 목표설정은 어떻게 이루어지고 목표가 여러 개 있을 때 목표 간에는 어떤 관계가 있는지 등을 대상으로 한다.

셋째, 수단의 선택과 투입의 문제다. 일단 목표가 설정되면 그 목표를 가장 효과적으로 달성할 수 있는 수단의 채택, 즉 합목적적인 정책수단의 선택이 있어야 한다. 어떤 정책수단의 채택이 바람직하며, 정책수단의 투입시기는 언제가 바람직하고 그 효과측정은 어떻게 해야 하는가 등의 문제를 다룬다.

넷째, 경제정책을 추진해나가는 경제정책 주체 간의 관계규명이 필요하다. 경제정책 주체는 중앙정부, 지방자치단체, 중앙은행, 의회, 각종 이익단체 등 다양하고 이들 정책주체 간에는 질서 있는 협조가 필요하기 때문에 경제정책 주체간의 역할조정의 문제가 다루어져야 한다.

마지막으로 경제정책의 의사결정과정의 문제다. 의회제도를 기반으로 하는 민주적 사회에서는 경제정책 주체가 정책목표나 수단을 결정함에 있어서 각계각층의 의견을 반영하는 것이 중요하다. 따라서 의사결정이 어떻게 이루어지는가를 다루는 것은 경제정책의 중요한 문제가 된다.

본서의 1장에서 7장까지는 이러한 일반적 경제정책의 문제를 주로 다루고 있다.

3.2 경제정책론의 특수문제

위에서 설명한 경제정책론의 일반적 문제는 경제정책론의 기초로서, 국민경제 전체를 대상으로 한다면 경제정책론의 특수문제란 국민경제의 특정부문이나 특정산업과 관련되는 정책문제를 대상으로 한다. 주어진 경제질서나 또는 특수한 상황하에서 특정 정책목표를 달성하기 위해서는 어떤 정책수단이 투입되어야 하는가 하는 문제를 대상으로 한다. 경제정책론의 일반적 문제를 일반경제정책 또는 경제정책의 기본원리라고 한다면 경제정책론의 특수문제는 특수경제정책 또는 부문별 경제정책이라고 한다. 본서의 8장에서 15장까지는 특수경제정책문제를 다루고 있다.

특수경제정책이란 크게 보아 두 가지의 문제로 나누어진다. 하나는 국민경제 전체와 관련된 거시경제문제를 다루는 거시경제정책으로서, 예컨대 성장정책, 안정화정책, 분배정책 등이 있고 다른 하나는 국민경제의 한 부문이나 산업을 다루는 부문별 또는 산업별 정책으로서, 예컨대 농업정책, 구조정책, 대외경제정책, 환경정책 등이 있다.[4]

이와 같이 특수경제정책은 문제를 보는 시각에 따라 수없이 나눌 수 있고 세분화할 수 있다. 그러나 이들 모든 문제를 다루는 것은 현실적으로 불가능하다. 따라서 본서에서는 경제정책문제 중에서 현실적으로 매우 중요하고 우리의 생활과 밀접한 관계가 있는 문제, 즉 경쟁정책, 경제안정 및 성장정책, 구조정책, 대외경제정책, 사회정책 및 환경정책 등만을 다루기로 한다.

제 2 절 경제이론과 경제정책론

1. 응용경제학으로서의 경제정책론

영·미 경제학에서는 경제정책을 경제학의 독립된 한 분야로 다루지 않으며 경제이론과 경제정책론은 구분되지 않는다. 정책문제는 각 이론분야에서 이론과 함께 취급된다. 통화정책은 화폐금융이론에서 다루고 재정정책은 재정학에서 다룬다. 그러나 독일에서는 경제정책론을 경제이론에서 분리하여 하나의 독립된 분야로 다루고 있다. 그 이유는 현실문제, 즉 정책문제를 중시하는 독일의 전통에 기인하는 것으로 생각된다. 경제정책이란 문제가 어떤 것이든 복합적인 성격을 가지는 것이 일반적이기 때문에 종합적이며 체계적인 지식을 필요로 한다. 따라서 어떤 한 부문의 이론만 가지고 문제해결을 하기에는 한

4) 보다 자세한 경제정책의 분류에 대해서는 pp.15-16 참조.

계가 있기 때문에 독립된 분과로 다루는 것이 마땅하다 하겠다.

경제이론이 어떤 관찰된 경제현상의 원인을 규명하는 것이라고 한다면 경제정책론은 어떤 주어진 목표를 어떻게 달성하며 그 효과는 무엇인가를 다룬다고 할 수 있다. 다시 말하면 경제이론을 구체적인 경제현상의 인과관계를 규명하는 실증경제학이라 한다면 경제정책론은 구체적인 어떤 사실보다는 소망스러운 상태를 정해놓고 그 소망스런 상태를 실현하기 위해서는 어떤 수단의 투입이 바람직한가를 다루는 규범적 학문이다. 경제이론이 인과관계적 고찰방법이라 한다면 경제정책론은 목적론적 고찰방법이라 하겠다.

그러나 경제정책론이 수단과 목표와의 관계를 규명하는 데는 이론의 도움이 필요하다. 어떤 정책목표를 달성하기 위해서는 어떤 정책수단이 필요하며 그 효과는 어떻게 나타나는지를 판단하기 위해서는 과학적·객관적 분석 없이는 불가능하며 이를 위해서는 이론의 도움을 빌려야 한다. 다시 말하면 경제정책론이란 경제이론을 실제문제의 해결에 적용하고자 하는 응용경제학이라 할 수 있다.

응용경제학으로서의 경제정책론은 경제이론보다는 덜 추상적이다. 경제이론은 논리적 가능성이나 일반적 법칙을 제시하는 데 그치기 때문에 경험적으로 검증되지 않은 가정을 전제로 하고 있는 경우가 많다. 그러나 논리적 가능성이나 일반적 법칙성만을 가지고 어떤 이론을 현실에 적용하는 데는 한계가 있다. 왜냐하면 이를 뒷받침하는 가정이 현실성이 없을 수 있기 때문이다. 따라서 경제정책론은 경험적으로 검증된 가정이나 관찰에서 출발하지 않으면 안 된다. 다시 말하면 경험적인 가정이나 가능성을 제시하여야 한다. 예컨대 가격이 떨어지면 수요가 증가하고 가격이 오르면 수요가 감소한다는 가격이론도 이를 그대로 현실에 적용할 경우 여러 가지 문제가 발생할 수 있다.

가령 주택이 절대적으로 부족할 경우에 주택가격을 올린다고 해서 주택에 대한 수요가 줄어들기는 어렵다. 특히 과거의 우리나라에서 있었던 것처럼 인플레이션이 심하고 주택이 투기의 대상이 되는 경우에는 주택가격을 현실화한다고 해서 주택의 수요가 감소하지는 않는다. 이처럼 경제문제는 여러 가지 복합적 요인에 의하여 영향을 받기 때문에 어떤 부분적인 단순한 이론적 지식만을 적용할 수 없다. 따라서 경제정책론의 과제는 경제이론을 현실에 맞게 변형하여 좀 더 정확하게 하고 구체화시키고 그리고 무엇보다도 보완함으로써 보다 객관적인 정보의 기초를 제공해 주는 데 있다고 하겠다.[5)] 이러한 의미에서 경제정책론은 하나의 예술이라 할 수 있다.

2. 경제정책론과 합리적 경제정책

경제정책론을 응용경제학으로 보는 이유는 현실적 경제문제, 즉 실천적 경제정책을 합리적으로 수행하기 위해서는 경제이론의 도움이 절대적으로 필요하다는 데 있다. 현실적 경제문제를 다루는 사람은 경제학자이기보다는 정치가와 관료들이기 때문에 실제의 경제정책은 그들의 경험이나 관행 내지 직관에 의해서 결정되는 경우가 많다. 이러한 경우에는 정책 자체가 경제정책 담당자의 개성에 의하여 크게 좌우되는 등 합리적인 의사결정이 어렵다. 경제정책을 다루는 주체가 경제학자라 하더라도 현실경제문제를 체계적으로 파악하기는 어려울 뿐 아니라 실제의 경제정책은 경제외적인 요인, 즉 정치적·제도적 요인에 의하여 영향을 받기 때문에 경제정책의 합리적 수립과 집행이란 용이치 않다. 합리적 정책수립이 어려운 이유를 좀 더 구체적으로 살펴보면 다음과 같다.

첫째, 현대의 고도산업사회에서는 국민경제적 문제와 세계경제적 문제는 너무 복잡하고 서로 얽혀 있기 때문에 이론의 도움 없이는 문제의 핵심을 제대로 파악하고 이해하기가 어렵다. 경험이 많은 경제정책가라 해도 경제의 일부분이나 특정문제에 대한 지식을 가질 뿐 경제전체에 대한 체계화된 지식을 갖기는 어렵기 때문이다.

둘째, 경제정책은 여러 정책주체, 즉 중앙정부, 지방정부 및 자치단체 등으로 나누어지고 중앙정부 안에서도 각 부처로 나누어 수립·집행되기 때문에

5) G. Gäfgen(1968), p.125 참조.

시야의 한계와 지역별·부처별 할거주의(割據主義)로 흐르기 쉬워 범국가적이고 합리적인 정책의 수립이 용이하지 않다.

셋째, 의회민주주의를 채택하고 있는 현대사회에서는 다원주의적(多元主義的) 특성 때문에 모든 계층이나 다양한 집단의 욕구를 만족시켜 주는 정책목표의 설정이나 정책수단의 선택은 매우 어렵다. 따라서 정책목표의 설정 및 수단의 채택에 있어 제약을 받지 않을 수 없다.

넷째, 의회민주주의사회에서는 정책의 정치적 목적 때문에 경제정책의 기본방향이나 목적이 애매모호하게 설정되는 경우가 많을 뿐만 아니라 인기 없는 정책은 그것이 꼭 필요할 경우에도 채택하지 않을 수 있다. 또 어떤 정책이 채택되더라도 정치적 이유 때문에 정책의 부정적 효과가 충분히 검토되지 않은 상태에서 무리하게 집행되는 경우가 있다.

그러면 이론적 경제정책이 어떤 방법으로 실천적 경제정책, 즉 실제경제정책을 합리적으로 수립하는 데 도움을 줄 수 있을 것인가. 합리적 경제정책이란 정책의 기본방향과 목표를 분명하고도 모순이 없도록 설정하고 주어진 상황과 설정된 기본방향 아래서 가장 효과적인 방법으로 목표를 실현하고자 하는 정책을 의미한다. 이를 좀 더 구체적으로 설명하면 다음과 같다.

첫째, 합리적 경제정책의 수립을 위해서는 정확한 상황분석이 선행되어야 한다. 정확한 상황분석을 위해서는 우선 국민경제가 처하고 있는 경제상황에 대한 종합적인 현황분석이 있어야 한다. 또한 새로운 정책적 개입이 없을 때 앞으로 상황이 어떻게 전개될 것인가에 대한 분석도 동시에 하여야 한다. 그렇게 함으로써만 어떤 정책목표를 설정하는 것이 바람직하고 가능한 것인지를 판단할 수 있기 때문이다.

가령 정책목표가 상황에 맞지 않고 무리하게 설정되는 경우에는 목표실현은 어려울 것이며 이를 강행한다면 엄청난 부작용을 가져올 수도 있다. 정책목표란 그것이 아무리 소망스럽다 하더라도 실현이 불가능하거나 너무 부작용이 클 때는 하지 않은 것만도 못하다. 경제정책이란 소망스러운 것을 실현가능한 것으로 만드는 것이기 때문에 정확한 상황판단은 합리적 정책수립을 위한 가장 기본적인 요건이다.

둘째, 정책목표가 분명하고 목표 간에 모순이 없어야 한다. 일반적으로 경제정책의 목표는 복수적인 경우가 많다. 가령 경제성장과 완전고용 및 물가안정 등 여러 개의 목표를 동시에 달성하고자 하는 경우가 많기 때문에 지향하고자 하는 정책방향이 분명해야 하고 목표 간에 상충관계가 없어야 한다. 다시 말하면 균형 있는 목표체계를 제시해야 한다는 것이다. 거시경제목표란 상호의존관계에 있기 때문에 어느 하나의 목표달성을 너무 강조하다 보면 다른 목표를 희생하기 쉽다. 따라서 목표상호 간에 큰 모순이 없는 목표의 설정이 필요하다. 가령 물가를 동결시키면서 높은 경제성장을 바라는 것은 균형을 잃은 정책목표로서 양립될 수가 없다.

셋째, 설정된 목표를 가장 효율적으로 실현하기 위해서는 이에 가장 알맞은 수단을 채택해야 한다. 정책수단은 여러 가지가 있을 수 있고 그 효과도 매우 다르다. 어떤 정책수단이든 긍정적인 효과가 있는가 하면 부정적인 효과가 있고 수단의 투입에는 언제나 비용이 따르기 때문에 이의 정확한 평가를 통해서 가장 효율적인 수단을 채택하여야 한다. 이와 같이 양적인 측면에서의 효율성만을 따져서는 안 되며 정책수단의 질적인 측면도 고려하여야 한다. 다시 말하면 정책수단이 국민경제의 기본질서에 합당한지 이에 충돌되지는 않는지를 판단하여야 한다. 가령 시장경제질서를 채택하고 있는 경제에서 물가안정을 위해서 가격을 동결시킨다면 일시적으로는 물가가 안정될지 모르나 이는 가격기구를 왜곡시킴으로써 시장경제질서를 파괴시키는 결과를 가져오기 때문에 이러한 정책수단의 채택은 기본적으로 배제되어야 한다.

이상에서 지적한 바와 같이 합리적 경제정책이란 정확한 상황분석 아래에서 모순이 없고 균형 있는 정책목표를 적합한 정책수단을 통해 가장 효율적으로 실현하는 것을 의미하며 경제정책론은 이러한 합리적 경제정책수립에 큰 도움을 줄 수 있다.

3. 정치경제학과 경제정책론

앞에서 지적한 바와 같이 경제정책은 경제분야에 있어서의 국가의 활동이기 때문에 일반정치의 한 부분이라 하였다. 그런데 정치나 경제는 현실적으로 매우 밀접한 상호관계를 가지고 있다. 경제정책은 정치적 영향을 받지 않을 수 없으며 정치적 의사결정은 경제적 요인에 의하여 크게 영향을 받는다. 예컨대 민주주의 아래에서의 정부는 유권자의 요구에 귀를 기울이지 않을 수 없고 반대로 유권자는 경제정책의 결과를 가지고 정권의 신임 여부를 판단하게 된다. 따라서 정부는 정권을 유지하기 위하여 경제정책적 수단을 동원하게 되는 등 정치와 경제는 상호의존적인 관계에 있다(〈그림 1-1〉 참조).

그림 1-1 정치와 경제의 상호의존관계

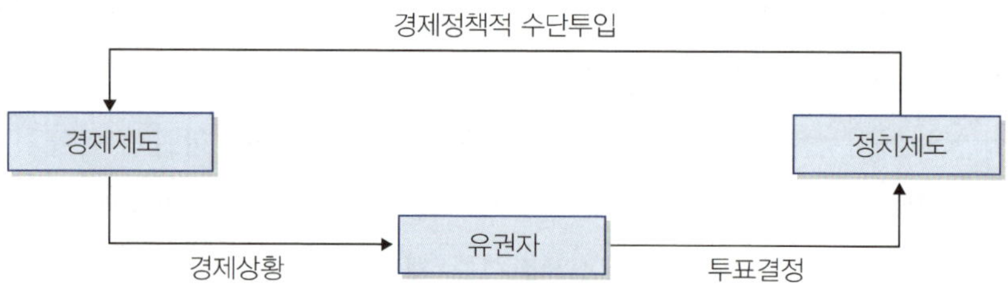

정치경제학이란 정치와 경제와의 관계를 체계적으로 규명하고 연구하는 것을 그 대상으로 한다. 이러한 정치경제학은 경제학이 발달함에 따라 많은 변화를 가져왔다. 정치와 경제와의 관계를 단순히 서술적인 방법으로 기술하는 고전적 정치경제학은 점점 관심의 대상에서 멀어지게 된 반면, 근대적 경제이론의 방법론을 정치분야에 적용하고자 하는 노력이 1950년대부터 미국에서 활발하게 전개되기 시작하였다. 이러한 새로운 정치경제학의 움직임을 신정치경제학(new political economy)이라 하는데 이를 정치의 경제이론(economic theory of politics)이라고도 한다. 다알(R. A. Dahl), 린드브롬(C. E. Lindblom), 다운스(A. Downs), 부캐넌(J. Buchanan), 프레이(B. S. Frey) 등이 신정치경제학의 대표적인 주창자들이다.

신정치경제학을 주장하는 사람들에 의하면 전통적인 경제정책론은 경제정책을 너무 경제적인 측면에서만 다루고 있다고 한다. 전통적인 경제정책론에서는 정책목표란 주어진 것으로 간주하고 있는데 정책목표의 선택이나 우선순위 결정의 이면에는 정치적 이해관계와 가치관이 개재되기 마련이며 또 정책목표를 실천에 옮기기 위해서는 복잡한 의사결정과정이 이루어지는데 이러한 문제는 다루지 않고 있다. 예컨대 경제정책의 주체인 정부는 국민의 복지를 정책목표로 삼고 있으나 정치가는 정권의 유지나 기타 정치적 목적을 정책목표로 삼을 수 있다. 또한 정책목표와 수단 간의 관계도 이론적 경제정책에서는 단순히 기술적 관계로만 보고 있는데 실제로 수단의 선택에는 이익집단의 이해관계가 영향을 미칠 수 있다. 가령 어떤 정치적 압력단체나 이익집단의 압력 때문에 목표실현에 맞지 않는 수단이 선택될 수도 있다. 이처럼 경제정책론에서는 정치적 의사형성 및 결정과정이 고려되지 않고 있으나 경제정책이 실제로 어떻게 이루어지고 추진되는가를 파악하기 위해서는 경제정책론이 정치적 의사결정과정을 포함시켜야 한다고 한다.

이들에 의하면 근대사회에서의 기본적인 의사결정메커니즘으로는 다음 네 가지를 들고 있다.

- 가격기구(시장)
- 투표(민주주의)
- 협상
- 관료

경제이론에서는 경제행위의 의사결정은 가격기구를 통해서만 이루어진다고 생각하는데 실제로는 가격기구 외에도 투표나 협상 및 관료조직을 통해서 이루어지는 경우가 많다. 특히 민주주의사회에서 정부의 경제정책이란 주체가 정부, 즉 정당이기 때문에 정책의 목표를 국민의 복지증대와 같은 단순한 경제적인 목표만을 대상으로 하지는 않는다. 정당으로서 정권을 유지하기 위해서는 선거에서 승리를 하여야 하며 그러기 위해서는 가장 많은 득표를 하는 것이 정책의 최대목표가 되지 않을 수 없다. 정치가는 국민복지와 같은 경제정책적 목표보다는 정권의 유지 또는 개인의 선거에서의 승리와 같은 사익의 극대화를 추구하게 되는데 이런 경우 정치가는 마치 기업가가 이윤을 극대화하고자 하는 것처럼 득표를 극대화하고자 한다. 이처럼 민주주의 사회에서는 경제적 원리가 정치적 의사결정과정에서도 그대로 적용이 될 수 있다. 유권자는 효용을 극대화하는 소비자로서 그들에게 최대의 만족도를 주는 정치가와 정당을 뽑고 정당은 득표를 극대화하기 위한 선거공약을 개발한다는 것이다. 정당이 득표를 극대화하기 위해서는 선거전략상 영향력 있는 유권자층에 유리한 정치적·경제적 선거공약을 하게 된다. 이렇게 되면 실제의 경제정책의 목표는 국민복지의 극대화와 같은 순수한 경제적 목표의 실현과는 거리가 먼 방향으로 결정되기 쉽다. 따라서 민주주의국가에서는 선거와 같은 정치적 의사결정메커니즘을 고려하지 않는 경제정책론이란 현실성이 없다고 할 수 있다. 이와 같이 민주주의사회에서 투표를 통한 의사결정메커니즘에 경제이론을 도입한 것을 민주주의의 경제이론(economic theory of democracy)이라고 한다.

정치경제학적 접근은 이익집단과 관료조직에까지 확대되고 있다. 이익집단, 예컨대 노동조합이나 경영자단체가 어떤 경로를 통해서 경제정책에 영향을 주며, 또 관료조직에 있어서 의사결정이 어떻게 이루어지고 이것이 경제정책에 어떤 영향을 주는지 등을 다루고 있다.

이상에서 지적한 바와 같이 신정치경제학은 이론적 경제정책이 무시한 정치적 의사결정과정을 고려한 점에서는 높게 평가되어야 하겠다. 다원적인 민주주의사회에서는 의사결정이 복합적인 요인에 의하여 결정되기 때문에 아무리 경제정책이라 하더라도 정치적 요인을 고려하지 않고는 그만큼 현실성이 적을 수밖에 없다. 이는 이론과 현실 사이에 아직도 큰 괴리가 있기 때문이다. 신정치경제학이 적어도 경제이론을 경제적 의사결정과 정치적 의사결정에 다 같이 적용하고자 하고 있다는 점은 높이 평가하여야 하겠다.

전통적인 경제정책론이 경제정책의 경제적 측면만을 분석한다면 신정치경제학은 경제정책의 정치적 측면에 중점을 두고 있다. 경제정책론이 경제학의 기초 위에서 발전된 기술이라면 신정치경제학은 정치학의 기초 위에서 발전된 기술이라고 할 수 있다.[6] 신정치경제학이 경제정책을 어떤 주어진 목표의 실현을 최적화하고자 하는 기술적인 개념으로 보지 않고 정치적 집단과 그 행태를 고려하고자 한 것은 그의 강점이라 하겠다. 따라서 경제정책의 이론적 기초를 충분히 분석하기 위해서는 전통적인 경제정책론에 신정치경제학적 접근을 가미하는 것이 바람직하다. 본서에서는 이러한 취지에서 이익단체나 관료조직에서 의사결정이 어떻게 이루어지는가에 대해서도 살펴보고자 한다.

제 3 절 경제정책론의 체계

1. 분류방법

경제정책은 경제에 대한 국가의 다양한 활동 또는 국가의 개입을 총칭하기 때문에 그 내용이나 성격도 다양하다. 따라서 경제정책을 보는 시각이나 관점에 따라 여러 형태로 분류할 수 있기 때문에 통일된 분류체계는 없다. 그러나 대체로 다음 네 가지로 분류할 수 있다.[7]

첫째는 독일에서 일반적으로 사용하고 있는 2분법 내지 3분법이다. 독일에서는 경제정책을 질서정책(Ordnungspolitik)과 과정정책(Prozesspolitik)의 두 가지로 나누는 것이 일반적인데 학자에 따라서는 과정정책을 다시 구조정책과 협의의 과정정책으로 나누는 3분법도 있다. 이러한 분류는 경제정책에 의하여 영향을 받는 현상의 성격에 따라 분류하는 방법이다. 질서정책이란 경제활동의 여건(환경)이나 경제주체의 기본행동원리에 영향을 주는 정책을 말하며 과정정책이란 어떤 주어진 경제질서하에서 경제의 구조나 흐름에 영향을 주는 정책을 말한다.

둘째는 경제정책이 목표로 하는 대상에 따라 분류하는 방법이다. 경제정

6) H. Luckenbach(1986), p.8 참조.

7) R. Klump(1989), p.4 참조.

책이 경제안정을 목표로 하느냐 분배개선을 목표로 하느냐에 따라 안정정책, 분배정책 또는 환경정책, 대외경제정책 등으로 나눈다.

셋째는 경제정책의 대상이 국민경제의 전체를 다루느냐 아니면 국민경제의 한 부문이나 지역을 다루느냐에 따라 거시경제정책과 부문별 내지 지역별 경제정책으로 나눌 수 있다. 부문별 정책으로는 농업정책, 공업정책, 교통정책, 에너지 정책, 지역정책 등을 들 수 있다.

넷째는 질적 정책과 양적 정책으로 나눌 수 있다. 이는 틴버겐(J. Tinbergen)에 의한 분류로서 전자는 경제구조의 변화에 영향을 주는 정책이며 후자는 일정한 경제구조하에서 정책수단의 투입이 목표에 영향을 주는 것을 계량적 기법을 통해서 분석하는 것을 말한다.

이상과 같은 네 가지 분류 중에서 두 번째와 세 번째는 엄격히 말해서 어떤 체계적인 분류라고 할 수 없다. 왜냐하면 분류의 기준이 경제 전체냐 부문이냐 아니면 정책의 목표중심으로 되어 있기 때문에 매우 형식적인 분류라 할 수 있다. 반면 독일식 분류는 국민경제를 하나의 체계로 보고 이를 경제질서, 구조 및 과정의 문제로 나누고 여기서 일어나는 문제를 다루고자 하고 있다. 틴버겐의 분류도 경제정책에 대한 계량경제학적 접근을 시도하고자 하였다는 점에서 매우 특색이 있다. 따라서 여기서는 독일식 분류와 틴버겐의 분류에 대해서 좀 더 자세히 살펴보도록 한다.

2. 질서정책, 구조정책, 과정정책

독일에서는 경제정책의 대상이 경제의 근본문제, 즉 제도나 경제주체의 기본 행동원리의 문제를 다루느냐, 경제구조문제를 다루느냐 아니면 단기적인 경제흐름의 문제를 다루느냐에 따라 질서정책(Ordnungspolitik)과 구조정책(Strukturpolitik) 및 과정정책(Prozesspolitik)으로 나눈다.

2.1 질서정책

어떤 경제든지 경제주체 간에는 밀접한 상호관계가 존재한다. 물건을 사고판다든가, 서로 협동을 한다든가 또는 마찰이 일어나는 등 여러 형태의 접촉관계가 있는데 이는 경제주체가 경제행위와 의사결정을 하는 과정에서 일어난다. 그런데 이러한 경제주체간의 관계를 지배하는 행동원리, 즉 질서는 기본적으로 조직의 원리인 명령에 의하거나 아니면 경제주체의 자발성, 즉 자유의사에 맡기는 두 가지 방법이 있다. 전자를 계획경제체제 또는 계획경제질서라고 하고 후자를 시장경제체제 또는 시장경제질서라 한다.

개별경제주체의 자유로운 경제활동을 기본행동원리로 하는 시장경제는 경쟁이 효과적으로 작동하는 경우에만 그 기능을 제대로 발휘할 수 있다. 그러나 우리가 살고 있는 시장경제에서는 여러 행태로 경쟁이 제한을 받고 있고 따라서 시장기구가 원활히 작동하지 못하는 경우가 많다. 질서정책이란 경쟁이 효과적으로 작동하도록 법적·제도적 규칙이나 규범을 만드는 것을 말한다. 다시 말하면 질서정책이란 시장기구가 제대로 작동하도록 경제주체의 행동규칙을 만들고 경제활동의 틀을 만들어 주는 것이다. 따라서 자유경쟁질서를 창출하고 유지하는 것이야말로 질서정책의 가장 기본적 과제이며 이런 뜻에서 경쟁정책은 질서정책의 가장 핵심이 된다.

질서정책은 주로 제도적인 문제를 다루기 때문에 장기적인 성격을 가진다. 오이켄(W. Eucken)에 의하면 만일 경제정책이 경제질서문제를 고려하지 않고 개인의 경제활동에 개입한다면 다시 말해서 그때그때의 대증요법적인 정책을 취한다면 그 나라는 결국 중앙통제경제체제로 이행하는 결과를 가져온다고 경고하였다. 이처럼 독일에서는 질서정책을 경제정책에서 상위개념으로 중시하여 왔으며 오늘날 독일이 서구 중에서도 가장 발달된 자유시장경제체제를 유지하고 있는 것도 질서정책을 강조하여 온 결과라고 하겠다.

2.2 구조정책

질서정책이 모든 경제정책의 기본이 되는 경제정책의 첫 번째 과제라고 한다면 경제정책의 두 번째 과제는 주어진 경제질서의 테두리 안에서 어떻게 하면 경제의 움직임을 바라는 방향으로 가게끔 하느냐에 있다. 이러한 경제정책의 과제를 다루는 것을 과정정책(prozesspolitik)이라고 한다. 이러한 과정정책 중에서도 국민경제의 기능과 발전의 잠재력을 향상시키고 개선하는 구조의 문제를 다루는 정책을 구조정책이라 한다. 따라서 구조정책이란 질서정책을 보완하거나 경우에 따라서 대체하는 기능을 가지는 중장기적이며 구조적인 문제를 다루는 정책이라 할 수 있다. 이에 속하는 것으로서는 시장경제질서의 원활한 작동에 장애가 되는 구조적 문제, 예컨대 재벌문제, 노동시장문제, 금융산업문제 등을 들 수 있다. 또한 산업구조문제나 국토개발 등 어떤 산업이나 지역의 장기발전에 관련되는 정책도 이에 속한다고 하겠다.

2.3 과정정책

앞에서 국민경제의 중·장기적인 발전과 관련되는 구조문제를 다루는 것을 구조정책이라고 한다면 국민경제의 단기적인 변화과정을 다루는 것을 과정정책이라고 한다. 가령 경제안정정책, 경기정책, 분배정책, 성장정책 등을 들 수 있다. 과정정책은 주로 단기적 경제현상의 양적 변화를 대상으로 하기 때문에 양적 정책이라고도 할 수 있다.

3. 양적 경제정책과 질적 경제정책

계량경제학이 경제학의 독립된 분야로 발전되면서 계량경제학적 접근을 통해서 경제정책을 분석하고자 하는 시도가 틴버겐(J. Tinbergen)에 의하여 이루어졌다. 틴버겐은 경제정책을 양적 경제정책과 질적 경제정책으로 나누고 있다.[8] 질적 경제정책이란 경제구조의 질적 변화를 의미하는 것이며 양적 정책이란 주어진 경제구조의 테두리 안에서 정책매개변수(parameter)나 정책수단의 변화

8) J. Tinbergen(1952), p.2 참조.

를 의미한다. 그러나 질적 정책과 양적 정책 사이의 경계를 명확하게 구별하기에는 어려움이 있고 경우에 따라서는 중복되기도 한다.

질적 경제정책의 예로는 독과점의 해체나 관세동맹의 도입, 산업의 국유화 등을 들 수 있다. 양적 정책으로는 금리를 낮춘다든가 세율을 조정하는 것과 같은 금융정책 및 재정정책을 들 수 있다. 그러나 질적 정책과 양적 정책의 성격을 동시에 가지는 정책도 있다. 예컨대 수업료를 받는 교육제도에서 수업료가 없는 제도로 교육제도가 바뀌었다면 교육의 구조를 바꾸었다는 점에서는 질적 정책이지만 수업료를 받던 것을 받지 않는 것은 정책수단의 변화이기 때문에 양적 정책이다. 이와 같이 질적 경제정책은 이념이나 경제구조의 문제를 다루고 있어 질서정책에 가까운 반면 양적 경제정책은 경제의 흐름에 영향을 주기 때문에 과정정책에 가깝다고 할 수 있다. 틴버겐은 또 경험적 연구가 뒷받침되지 않는 어떤 특정 이념에 입각한 경제정책을 선험적 정책(aprioristic policy)이라 하며 그 반대로 여러 대안을 가지고 실증적 연구에 기초한 정책을 경험적 정책(empirical policy)이라 한다.

계량적 접근을 이용한 양적 경제정책론이 얼마나 실용성이 있는가에 대해서는 비판이 없지 않다.[9] 그 이유로는, 첫째, 양적 경제정책에서는 구조방정식에서 파라미터(parameter)가 일정하다고 보고 있는데 파라미터는 경제정책수단의 투입에 따라 변화하기 때문에 이를 일정하다고 보는 것은 경제정책가에게 올바른 정보를 제공하지 못한다는 것이다. 둘째, 양적 경제정책에서는 사회적 후생함수를 전제로 하고 있고 이의 극대화를 목표로 하고 있으나 개인의 선호에서 사회 전체의 선호를 도출한다는 것은 실제로 불가능하다. 따라서 사회적 후생의 극대화를 목표로 하는 것이 과연 타당한가에 대한 의문이 제기된다. 셋째, 계량적 접근에 의한 거시경제변수의 예측은 그 정확성이나 신뢰성에 상당한 문제가 있다는 것이다. 따라서 거시경제의 계량모형에 의한 예측은 경제정책의 실제 의사결정에는 크게 도움이 되지 않는다는 것이다.

이처럼 양적 경제정책의 실제운용에는 많은 제약이 있는 것이 사실이나

9) A. Woll(1984), p.19 참조.

국민경제의 흐름이나 방향을 검증하는 데는 유익한 자료와 정보를 제공한다고 보아야 할 것이며 그런 면에서 틴버겐의 공헌은 매우 크다고 할 수 있다.

제2장

경제질서와 경제정책

제 1 절 경제질서의 의의

어떤 사회든 경제문제의 기본은 희소한 자원을 가지고 인간의 욕망을 충족시켜 주는 데 있다. 인간의 욕망은 끝이 없기 때문에 재화와 용역의 공급에는 언제나 차질이 생기기 마련이며, 인간은 이 차이를 좁히기 위하여 새로운 생산방법과 기술을 개발하는 등 부단한 노력을 경주하게 된다. 이러한 노력의 두드러진 현상 중의 하나가 분업이다. 분업은 생산성 향상을 통해서 인간의 복지증대에 크게 기여하게 되나 다른 한편 다음과 같은 몇 가지의 근본적인 사회적 변화를 가져오게 된다.

첫째, 분업은 특화를 가져오며, 이는 필연적으로 경제주체 간의 상호의존성을 크게 증대시키게 된다.

둘째, 분업의 증대는 경제활동을 매우 복잡하게 만들기 때문에 개별 경제주체는 국민경제 전체의 방향이나 규모 및 구조에 대해서는 알 수 없다. 따라서 개별 경제주체의 의사결정이 국민경제가 바라는 방향으로 이루어지기 위해서는 경제주체의 의사결정과 행동을 조정해야 하는 문제가 제기된다.

셋째, 분업사회에서 생길 수 있는 또 하나의 문제점은 자급자족경제와는 달리 자기가 생산하는 것을 자기가 소비하지 않기 때문에 생산과 소비 간에는 직접적 관계가 없다. 이에 따라 일을 열심히 하고자 하는 동기부여가 떨어질 수 있다. 따라서 경제주체로 하여금 일을 열심히 하게끔 하는 유인의 문제가 제기된다.

넷째, 분업사회에서는 특화를 통해서 인적자본이나 물적자본의 축적이 가능하며, 이를 통해서 경제적 힘이 발생하게 된다. 그런데 경제력을 가지는 경제주체는 이를 행사하거나 남용할 가능성이 있기 때문에 이를 통제해야 하는 문제가 제기된다.

위에서 지적한 바와 같이 분업·특화사회에서 생기는 여러 가지 문제를 해결하기 위해서는 무엇보다도 개별 경제주체의 행동이 마찰 없이 잘 조정되지 않으면 안 된다. 경제주체 간의 관계가 원활히 이루어지기 위해서는 모든 경제주체가 수용하는 내부적 질서가 필요한데 이를 경제질서라 한다. 다시 말하면 경제질서란 경제주체의 행동 및 의사결정영역에 영향을 주는 규칙, 규범 및 제도를 총칭하는 것으로서 경제주체의 행동규칙(Verhaltensregeln)이라 할 수 있다. 법적·제도적 틀로서의 경제질서는 법률의 형태로 구체화되는 것이 일반적이나 모든 경제질서가 법률의 형태로 나타나는 것은 아니며 관행이나 관습 등 윤리적 형태로서도 나타난다.

경제주체의 행동규칙으로서의 경제질서는 여러 부분질서(Teilordnung), 예컨대 시장형태, 재산소유형태, 가격형성형태, 기업형태, 대외거래형태, 재정·금융형태 등으로 나눌 수 있는데 이들 부분질서는 상호의존적일 뿐 아니라 정치질서, 사회질서 등 다른 생활질서와도 밀접한 관계를 갖고 있다. 따라서 실제의 경제질서는 다양한 형태를 갖는다는 것이다. 부분질서의 전체를 전체질서(Gesamtordnung)라고 하는데 시장경제질서도 하나의 전체질서라 할 수 있다. 전체시장질서도 이를 구성하는 부분질서의 내용에 따라 다양하다. 예컨대 시장경제질서라 하더라도 미국의 시장경제질서와 독일의 시장경제질서가 다를 수 있고 이들은 또 일본의 시장경제질서와 다를 수 있다는 것이다.

제 2 절 경제질서의 기본문제

앞에서 지적한 바와 같이 근대적 분업사회에서의 경제활동은 상호의존적이고 매우 복잡해서 개별 경제주체는 전체 경제과정이 어떻게 움직이고 있는가를 자세히 알 수가 없고 따라서 무엇을 얼마만큼 언제, 어떻게 생산하는 것이 좋은가를 결정하기 어렵다. 그런데 이러한 개별 경제주체의 경제행위가 전체 경제의 흐름에 교란을 주지 않기 위해서는 경제주체의 경제행위를 조정하는 문제가 제기된다. 또한 분업사회에서는 경제의 발전과정에서 경제력이 형성되기 마련인데 경제력을 가진 경제주체는 이를 남용하고자 하기 때문에 이를 통제할 필요가 있다. 그 밖에도 분업사회에서는 특화로 인하여 생산의 비인간화가 발생하며 이는 경제적 능률을 떨어뜨리기가 쉽다. 이러한 문제는 모두 경제질서를 구성하는 기본문제인데 이들은 크게 보아 두 가지로 나눌 수 있다. 이를 좀 더 구체적으로 보면 다음과 같다.[1)]

첫째는 경제행위의 계획 및 조정의 문제다. 모든 경제주체는 어떤 계획을 가지고 경제행위를 하는데, 그 경제행위가 누구에 의하여 이루어지고 어떻게 조정되느냐는 경제질서의 성격을 규명하는 데 매우 중요하다. 경제행위의 의사결정권은 국가가 가질 수도 있고 가계나 기업과 같은 민간주체가 가질 수 있다.

이와 관련하여 중요한 문제는 개별 경제주체의 행위를 어떻게 조정하느냐의 문제다. 수많은 경제주체는 각자 자신의 계획을 가지고 의사결정을 해야 하는데 독립적인 각 개별 경제주체의 행위가 잘 맞아 떨어져야지 생산, 소비 및 분배문제가 원활하게 해결될 수 있기 때문이다. 개별 경제주체의 의사결정 및 행동을 조정하는 데는 가격을 통해서 할 수 있고 정부의 명령이나 지시에 의해서 할 수도 있다.

둘째는 어떤 방법으로 경제주체에게 동기를 부여하고 이로 인하여 생길 수 있는 경제력의 형성을 통제하느냐의 문제, 즉 동기부여 및 통제시스템의 문제가 있다. 동기부여 및 통제시스템이란 경제주체의 의사결정과 행위에 대

1) H. J. Thieme(1988), pp.11-17 참조.

하여 유인을 제공함과 함께 그들의 경제력을 통제하는 것을 말한다. 어떤 경제질서든 경제주체에 동기를 부여하여 그들의 잠재력을 최대한으로 발휘하도록 하는 것은 매우 중요하다. 그러나 개인의 잠재력 발휘는 경제력의 형성으로 이어져 사회적으로 바람직하지 못한 결과를 가져올 수 있기 때문에 이를 통제할 필요가 있다. 동기부여가 중요한 이유는 계획 및 조정시스템이 아무리 잘 되어 있다 하더라도 사람들이 그들의 능력을 발휘할 수 있는 유인이 없다든지 또는 충동이 없을 경우에는 경제적 성과는 떨어질 수 있기 때문이다.

동기부여는 개인의 자유를 얼마나 보장하고 이를 통해서 이기심을 어떻게 촉발하느냐에 따라 다를 수 있다. 사적 이익 실현만이 동기부여가 되는 것은 아니고 집단이익이나 공동체이익 실현도 동기부여가 될 수 있으며, 이에 따라 경제질서형태도 달라질 수 있다.

경제활동에 대한 동기부여와 못지않게 중요한 것은 이로 인하여 생기는 경제력을 어떻게 통제하느냐에 있다. 인간이란 남의 희생 아래서 자기의 이익을 실현하고자 하는 경향이 있고 일단 경제적 힘이 생기면 이를 남용하고자 하기 때문이다. 통제메커니즘에는 여러 형태가 있을 수 있다. 예컨대 수요와 공급에 대한 정보를 충분히 제공함으로써 부당한 가격인상이나 하락을 막을 수 있다. 또 국가는 일정한 규칙을 정하여 주어 그 범위 안에서 경제활동이 이루어지도록 감시·감독할 수 있다. 이러한 통제시스템은 그 나라의 사유재산제도, 기업 및 시장질서 등과 같은 부분질서의 형태에 따라 다를 수 있다. 이러한 통제시스템이 필요한 것은 이를 통해서 사회적 비효율을 줄일 수 있기 때문이다.

위에서 지적한 계획 및 조정시스템과 동기부여 및 통제시스템은 어떤 경제질서든지 경제질서를 구성하는 기본적인 문제로서 이들 문제가 구체적으로 어떻게 형성되느냐에 따라 경제질서의 형태나 내용이 달라지게 된다.

제 3 절 경제질서의 유형

1. 기 본 형

앞에서 경제질서는 복잡한 상호의존관계를 가지고 있기 때문에 실제의 질서는 다양한 형태를 취할 수 있다는 것을 지적하였다. 다양한 경제질서를 제대로 파악하고 이것이 경제과정에 미치는 영향을 분석하기 위해서는 경제질서를 유형화하여 그 특징을 고찰하는 것이 필요하다. 경제질서의 유형화는 어떤 시각에서 또 어떤 기준에서 경제질서를 보느냐에 따라 달라진다. 가장 기초적인 방법은 경제주체의 경제행위가 어떻게 계획·조정되느냐에 초점을 가지고 경제질서를 구분하는 방법이다.

경제활동의 계획·조정을 기준으로 하는 경우에 경제질서는 두 가지의 기본형으로 나눌 수 있다. 즉 완전분권적 경제질서와 완전중앙집권적 경제질서로 나눌 수 있다. 후자의 경우에는 경제주체의 경제행위가 중앙 당국의 지시나 명령에 의하여 이행·조정되는 경제질서다. 이 질서는 공동체의 책임자가 그 공동체의 목적을 실현하기 위해서 지시나 명령에 의하여 조직구성원의 경제행위를 조정하는 것을 말한다. 이 질서 아래서는 경제주체 간에 교환이란 있을 수 없고 모든 생산·소비·분배활동도 중앙 당국의 지시에 의하여 이루어진다. 이러한 경우 조직의 지배자와 구성원 간에는 수직적 종속관계가 형성되기 때문에 조직의 구성원은 조직의 주인의 명령이나 지시에 복종해야 하는 일방적인 관계를 가진다. 이러한 질서를 계획된 질서(geplante Ordnung) 또는 제정(制定)된 질서(gesetzte Ordnung)라 한다.

이와는 반대로 완전분권적 경제질서란 조직의 지시나 명령 대신 모든 구성원이 존중하는 일반적 규범에 따라 경제활동이 조정되는 질서를 말한다. 이러한 질서를 계획되지 않은 질서(ungeplante Ordnung) 또는 자발적 질서(spontane Ordnung)라 하는데 이는 수많은 경제주체가 각자 자기의 목적을 추구하는 과정에서 일어나는 행동의 타협결과로서 생긴 질서다. 행동의 타협은 어디까지나 경제주체 간의 경제행위가 동등한 위치에서 이루어진다는 것을 의미하기 때문에 경제주체 간에는 종속적 관계가 아닌 수평적 관계가 형성되며 모든 경제활동은 시장을 통하여 조정되는 것을 특징으로 한다.

이와 같이 경제질서를 완전분권적 경제(total dezentral geplante Wirtschaft)질서와 완전중앙집권적 경제(total zentral geplante Wirtschaft)질서로 이분하는 것은 하나의 극단적인 분류로서 어디까지나 추상적이며 이론적인 분류이며 실제의 경제질서를 분류하기 위한 하나의 이론적인 모형의 구상에 지나지 않는다. 이념적으로 말한다면 완전분권적 경제질서는 개인의 자유를 중시하는 개인원칙(individual principle)만이 지배하고 공동체의 이익을 중시하는 사회원칙(social principle) 또는 집단원칙이 전혀 허용되지 않는 극단적인 시장경제질서를 의미한다. 이와는 반대로 완전중앙집권적 경제질서는 개인원칙이 허용되지 않고 사회원칙만이 지배되는 극단적인 중앙관리경제질서를 말한다.

2. 혼 합 형

위에서 제시한 완전분권적 경제질서와 완전중앙계획적 경제질서는 극단적인 모형으로 실제의 경제질서를 구분하기 위한 하나의 지침에 불과하다. 실제의 경제질서는 이 극단적 기본형의 테두리 안에서 어떤 형태든 혼합된 형태로 나타나는 것이 일반적이다. 가령 완전분권적 경제질서에는 모든 경제활동이 시장을 통하여 조정되기 때문에 국가의 개입은 필요가 없다. 그러나 현실적으로 국가는 여러 형태로 경제활동에 개입하고 있고 또 반대로 경제주체의 자유가 전혀 없는 완전중앙계획경제질서도 현실적으로는 찾아보기 힘들다. 따라서 현실적인 경제질서는 이 극단적인 경제질서의 혼합된 형태로 나타나는 것이 일반적이다. 이러한 관계를 그림으로 나타낸 것이 〈그림 2-1〉이다.

〈그림 2-1〉에서 좌측으로 가면 개인원칙이 지배하는 시장경제질서로서 극단적인 형태는 개인원칙만이 지배하고 사회원칙이 전혀 지배되지 않는 극단적인 자유시장경제, 즉 완전분권적 경제가 된다. 반대로 우측으로 가면 사회원칙이 지배하는 중앙관리경제질서인데 그 극단적인 형태는 공산주의로서 사회

그림 2-1 경제질서의 혼합

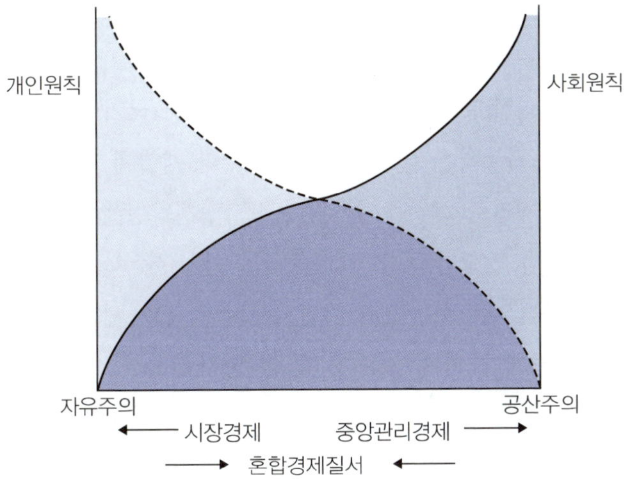

원칙만이 지배하는 완전중앙집권적(계획적) 경제다. 이는 정부가 경제를 완전히 관리한다는 뜻에서 완전중앙관리경제(totale Zentralverwaltungswirtschaft)라고도 한다. 현실적으로 이러한 극단적인 경제질서란 존재하기 힘들고 이 두 형태의 혼합된 질서로 나타나는 것이 일반적이다(〈그림 2-1〉에서의 겹치는 부분임). 혼합경제질서라 하더라도 개인원칙이 지배적이면 시장경제질서라 할 수 있고 반대로 사회원칙이 지배적인 경우에는 중앙관리경제라 할 수 있다.[2)]

이러한 혼합된 형태의 경제질서라 하더라도 국가의 개입을 어느 정도 수용하느냐에 따라 여러 형태의 혼합된 경제질서로 나눌 수 있다. 국가개입의 정도를 기준으로 할 때는 다음과 같은 세 가지의 대표적 유형으로 나눌 수 있다.

2.1 순수시장경제

국가의 활동을 기준으로 된 분류로서는, 첫째, 자유 또는 순수시장경제(reine Marktwirtschaft)질서를 들 수 있다. 자유시장경제질서란 경제활동은 경제

2) R. Nürrenbach, H. Meyer(1977), p.13 참조.

주체의 자유의사에 맡기며 경쟁행위의 조정도 시장기구에 맡기는 경제질서를 말한다. 다만 국가는 경제주체의 자유로운 경제활동이 보장되도록 법률적 틀을 만들어 주고 공공재를 공급해 주며 경제주체의 경쟁 제한적 행위로부터 경쟁을 보호해 주는 역할에 그쳐야 한다. 다시 말하면 국가의 의무는 자유시장경제질서가 제대로 작동하는 데 필요한 최소한의 개입에 그쳐야 하며 경제과정에 대한 어떠한 개입도 해서는 안 된다. 즉 경제과정에 대한 불개입원칙이 준수되는 시장경제를 말한다. 〈그림 2-2〉의 3이 이에 속한다. 이러한 순수시장경제질서는 역사적으로 보면 산업혁명시대의 영국과 제1차 세계대전 전 반세기 동안의 미국경제가 이에 속한다 할 수 있다.[3)]

2.2 중앙관리경제

중앙관리경제(Zentralverwaltungswirtschft)는 완전중앙관리경제처럼 국가가 기본적으로는 개별 경제주체의 경제활동을 통제하되 부분적으로 경제활동의 자유를 허용하는 경제를 말한다. 따라서 이 경제질서는 완전중앙관리경제질서의 약간 수정된 형태라 할 수 있다. 가령 다양한 소비자욕구를 충족시키기 위해서는 중앙 당국이 계획에 의하여 소비자의 욕구를 충족시켜야 하는데 이는 불가능하다. 따라서 이러한 경우에는 소비의 자유를 허용하여 소비자의 변화하는 기호를 파악하는 것이 현실적이다. 이와 같이 중앙계획 당국이 국가경제의 전반적인 경제활동의 조정을 장악하되 부분적으로 가계나 기업에게 경제활동(생산, 소비, 직업선택 등)의 자유를 허용하는 체제를 말한다. 역사적으로는 구소련의 경제가 이에 가깝다 할 수 있다. 〈그림 2-2〉의 4가 이에 속한다.

2.3 관리시장경제

관리시장경제(gelenkte Marktwirtschaft)는 순수시장경제와 중앙관리경제의 중간형으로서 자본주의적 시장경제의 대부분이 이에 속하며 대표적인 혼합경

3) M. E. Streit(1991), p.49 참조.

제질서(mixed economy)라 할 수 있다. 관리시장경제질서가 두 경제질서의 중간형이라는 것은 관리시장경제에서는 경제활동의 주체가 민간경제이고 경제행위가 주로 시장을 통하여 조정된다는 뜻에서는 순수시장경제적인 성격을 가지며 다른 한편으론 분배의 불공평, 경쟁제한행위의 남용, 경기변동 등과 같은 시장의 실패의 경우, 정부가 유도적으로 개입한다는 면에서는 중앙관리경제적 요인이 있기 때문이다.

여기서 유도적 개입이란 정부가 개입을 하되 가능하면 시장경제의 원리에 충실한 간접적 개입을 하여야 하며 직접적 개입을 회피하여야 한다는 것이다. 이러한 뜻에서 관리시장경제를 유도(誘導)시장경제라고도 할 수 있다. 다시 말하면 관리시장경제는 경제활동이 시장기구에 의하여 조정되는 민간부문과 정부의 지침에 의하여 조정되는 공공부문의 이중적 성격을 가지고 있다고 할 수 있다.

이러한 관리시장경제질서도 나라마다 그 내용이나 형태가 다르다. 예컨대 생산수단의 사유화와 국유화의 정도에 있어서 많은 차이가 있다. 어떤 나라에서는 산업의 국유화 등 공공부문이 국민경제에서 차지하는 비중이 매우 큰 반면 어떤 나라에서는 그 비중이 매우 작다. 전자에 속하는 나라는 영국, 프랑스, 이탈리아, 오스트리아 등을 들 수 있으며 후자에 속하는 나라는 구서독, 미국, 스위스, 덴마크, 노르웨이 등을 들 수 있다.

또, 경쟁질서 측면에서 많은 차이를 보이고 있는데 어떤 나라에서는 재화시장에 관한 한 전적으로 시장기구에 맡기는 경우가 있는가 하면, 어떤 나라에서는 국가가 독점을 하는 경우가 있다(국가 전매사업 등). 또 독과점규제 등 경쟁제한행위에 대한 규제가 아주 강한 나라가 있는가 하면 규제가 상대적으로 약한 나라도 있다. 이러한 재화시장에서의 경쟁질서 외에도 노동시장에서 경쟁질서도 나라마다 다르다. 어떤 나라에서는 임금결정을 완전히 노사 간의 자율에 맡기는가 하면 어떤 나라에서는 국가가 중재적 개입을 하는 경우도 있다. 사회정책면에서의 국가개입의 차이를 들 수 있다. 서구처럼 각종 사회보장제도에 있어서 국가가 그 비용의 대부분을 부담하는 복지국가형태의 나라가 있는가 하면 미국처럼 정부보다는 수익자부담원칙이 지배적인 나라도 있다.

3. 유 형 화

위에서는 경제질서의 구분을 국가활동을 기준으로 하였다. 여기에 생산수단의 소유권을 보완하게 되면 여러 형태의 질서가 가능한데 현실적으로나 이론적으로 가능한 질서유형은 다음과 같은 8개로 나눌 수 있다(〈그림 2-2〉 참조).

- 〈그림 2-2〉의 1과 2는 극단적인 유형으로서 완전분권적 시장경제와 완전중앙집권적 계획경제인데 전자의 경우 개인의 소유권만이 인정되고 후자의 경우는 집단 소유권만이 인정되는 비현실적인 경제질서이다.
- 〈그림 2-2〉의 3과 5는 순수시장경제와 관리시장경제로서 사유재산제도가 지배적인 경제인데, 이와 같은 경제질서를 자본주의적 시장경제라 한다. 오늘날의 자본주의적 시장경제는 대부분 3보다는 5에 가까우며, 따라서 5는 가장 현실에 가까운 시장경제질서라 할 수 있다. 관리시장경제에서도 순수시장경제 쪽(〈그림 2-2〉의 3)으로 가까운 경제가 서방 선진국경제라 할 수 있으며 중앙관리경제 쪽(〈그림 2-2〉의 4)으로 가까운 경제가 개발도상국경제라 할 수 있다.
- 〈그림 2-2〉의 4는 중앙관리경제로서 국유재산이 지배적인 경제인데 사회주의적 계획경제가 이에 속한다. 구소련과 북한의 경제체제가 여기에 속한다고 할 수 있으며 오늘날의 동구제국은 중앙관리경제에서 관리시장경제로 이행되는 과정에 있다고 할 수 있다.
- 〈그림 2-2〉의 6은 국가자본주의로서 사유재산제도를 인정하되 재산의 이용권은 국가가 갖는 자본주의적 계획경제를 말한다. 독일이나 이탈리아 파시즘의 전시경제체제가 이에 속한다.
- 〈그림 2-2〉의 7은 생산수단에 대한 소유권은 국가가 갖되 생산수단의 활용은 완전히 시장기구에 맡기는 경쟁사회주의(Konkurrenzsozialismus)를 말한다. 이는 랑게(O. Lange)가 주장한 이론으로서 자원의 배분과 분

그림 2-2 경제질서의 유형

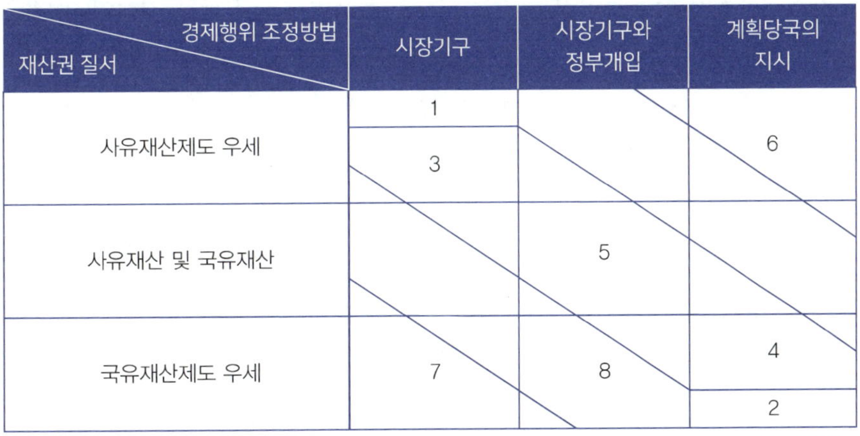

1. 완전분권적 경제
2. 완전중앙집권적 경제
3. 순수시장경제
4. 중앙관리경제
5. 관리시장경제
6. 국가자본주의
7. 경쟁사회주의
8. 사회주의적 시장경제

배문제를 떼어서 다루고자 하는 이론적인 모형으로서 현실성이 없는 경제질서다.

- 〈그림 2-2〉의 8은 재산권은 국가가 갖되 경제행위의 조정은 시장메커니즘과 정부개입에 의하여 이루어지는 경제질서로서 오늘날의 중국경제와 베트남경제가 여기에 속한다 할 수 있다.

제 4 절 경제질서의 수렴화

앞에서 우리는 다양한 경제질서가 가능하고 또 역사적으로 존재하여 왔다는 것을 지적하였다. 그런데, 다양한 경제질서도 경제가 발전하고 정치이념이나 정책목표의 선호체계가 달라짐에 따라 변화하게 된다. 이러한 경제질서의 변화 가능성에 입각해서 제시된 이론이 질서수렴가설(convergence hypothesis)이다. 다

시 말하면 상이한 경제질서는 "변화를 통한 접근"이 가능하다는 것이다.[4)]

질서수렴가설의 논리적 근거는, 첫째, 실제의 경제질서는 최적이 아닌 차선의 상태를 벗어나지 못하고 있으며, 둘째, 경제질서의 궁극적 결정은 경제적 합리성에 입각해서 판단하게 되며, 셋째, 경제질서의 목표는 궁극적으로 차이가 있을 수 없다는 데 있다. 따라서 경제질서는 최적의 질서로의 수렴이 가능하다는 것이다.

경제질서의 수렴가능성을 최초로 주장한 사람은 틴버겐(J. Tinbergen)이었다. 틴버겐에 의하면 사회주의국가는 자원의 효율적 활용을 위하여 가격기구의 도입과 개인의 자유를 허용하지 않을 수 없으며, 반대로 서방의 자본주의국가에서는 사회보장제도의 확대 등 국가개입이 증대되고 이에 따라 공공부문이 확대되지 않을 수 없다는 것이다. 따라서 양체제 간의 차이가 점점 줄어들어 "최적의 사회 및 경제질서"(optimum social and economic order)로 근접하게 된다는 것이다.[5)]

로스토우(W. W. Rostow)는 틴버겐처럼 양질서의 공존가능성을 부정하고 사회주의국가의 질서는 자본주의적 경제질서로의 수렴이 피할 수 없는 역사의 흐름이라고 보았다. 로스토우에 의하면 1960년대에 들어오면서 소련의 공업성장이 급격히 둔화되었는데 이는 낙후된 기술로 인한 생상성의 증가가 떨어진 데 기인한다는 것이다. 그런데 소련의 낡은 경제, 사회 및 정치적 상층구조로서는 급속한 속도로 변화하는 서방의 기술을 따라잡을 수 없고 따라서 소련사회는 그가 말하는 "대량소비"(high mass consumption) 단계로의 진입이 불가능하다는 것이다. 소련이 대량소비단계로 진입하기 위해서는 소련사회의 체제전환이 불가피하다는 것을 지적함으로써 자본주의체제로의 전환가능성을 간접적으로 시사하였다.[6)]

---

4) 질서의 수렴가설에 대한 자세한 논의에 대해서는 E. Tuchtfeldt(1980), pp.346-348 참조.
5) J. Tinbergen(1963), p.122 참조.
6) W. W. Rostow(1990), p.12 참조. 로스토우에 의하면 공산주의는 전통사회가 근대화되는 과정을 효과적으로 이행 못하는 경우 생기는 전환병(disease of the transition)으로 보고 있기 때문에 그 자체가 영속될 수 없다고 보고 있다. 전게서, p.164 참조.

1990년대에 들어오면서 나타난 구소련연방과 동구에 있어서의 사회주의 정권의 붕괴와 자본주의적 시장경제로의 체제전환은 로스토우 예언이 어느 정도 적중하였다고 할 수 있다. 구소련 및 동구에 있어서 체제전환의 특징은 정치체제와 경제질서의 전환이 동시에 일어났다는 것이다. 즉 정치제제는 일당독재의 공산주의국가에서 인간의 존엄성이 존중되는 민주주의국가로, 경제질서는 중앙계획체제에서 자본주의적 시장경제체제로 바뀌어가고 있다는 것이다. 이러한 체제전환의 움직임은 그것이 경제면에 국한되지만 중국과 베트남과 같은 개발도상국가에서도 일어나고 있어 자본주의적 시장경제로의 체제수렴은 선진국이나 개발도상국을 막론하고 불가피한 대세라 할 수 있다. 이와 같은 경제질서의 수렴현상은 1995년에 발족한 WTO체제로 인하여 더욱 가속화될 것으로 보인다.

질서의 수렴화현상은 경제학자뿐 아니라 정치학자 및 사회학자에 의하여도 주창되었는데 후꾸야마(F. Fukuyama)에 의하면 20세기 말에 나타난 두드러진 세계질서의 변화는 정치적 및 경제적인 제도의 수렴화현상이라고 보고 있다. 이데올로기의 양극체제 종식과 함께 모든 선진국은 정치적으로는 자유민주적 정치제도를 채택하는 방향으로 움직이고 있고 이와 동시에 경제적으로는 시장경제체제를 지향함으로써 세계경제는 자본주의적 분업체제로 통합되고 있다고 한다. 기술의 급속한 발달은 국민경제를 상호간 밀착시키게 되어 세계화를 촉진시키게 되며 다른 한편 고도로 정보화되고 복잡하게 된 근대사회에서는 중앙계획적 경제운영시스템을 불가능하게 만든다는 것이다. 따라서 범세계적 차원에서 시장경제질서로의 통합화는 불가피하다는 것이다. 또한 정치적으로는 자본주의체제가 가져 온 엄청난 번영은 인간의 존엄성이 존중되는 자유민주적 정치질서를 배양하는 역할을 함으로써 정치·경제질서는 민주적 자본주의(democratic capitalism)체제로 수렴하는 것 외의 다른 대안은 있을 수 없다고 한다.[7)]

7) F. Fukuyama(1996), p.4 참조.

제 5 절 경제정책의 과제

위에서 우리는 경제질서는 자본주의적 시장경제체제로 수렴되고 있고 특히 WTO체제 출범 이후 시장경제질서가 범세계적 차원에서 급속히 진행되고 있음을 지적하였다. 세계경제가 시장경제체제로 수렴된다는 것은 시장경제질서가 범세계적 차원에서 형성된다는 것으로 무한경쟁의 시대를 예고한다. 우리가 여기서 주의하여야 할 점은 세계 경제질서가 자본주의적 시장경제질서로 수렴된다고 해서 모든 국가에게 같은 수준의 소득과 복지가 보장되는 것은 아니라는 것이다. 같은 정치적 및 경제적 제도 아래서도 잘사는 나라가 있는가 하면 그렇지 않은 나라도 있게 되며 이는 전적으로 그 나라가 시장경제질서를 어떻게 효율적으로 구축하느냐에 달려 있다고 하겠다.

시장경제질서가 효율적으로 구축되고 그것이 순기능을 발휘하기 위한 중요한 정책과제로서는 다음과 같은 것을 지적할 수 있다.

첫째, 우리는 흔히 정부규제만 완화하고 대외개방만 하면 시장경제질서가 창달되고 경제적 성과도 좋아진다고 생각하기 쉽다. 시장경제질서란 기본적으로 경쟁질서이기 때문에 규제완화와 대외개방은 경쟁을 촉진시킨다는 측면에서는 매우 바람직하다. 그러나 자유경쟁도 따지고 보면 어떤 규칙이나 규범, 즉 제도의 틀 안에서의 경제행위의 자유를 의미하기 때문에 시장경제질서가 정착되고 순기능을 발휘하기 위해서는 우선 제도적 틀이 잘 짜여야 한다. 다시 말하면 제도가 얼마나 투명하고 생산적이냐에 따라 경제활동의 능률이 달라질 수 있다. 제도가 상황에 잘 맞지 않는다든지 투명성이 없을 때는 거래비용(transaction cost)이 높을 수밖에 없고 이는 그만큼 경제활동을 저해하기 때문이다. 따라서 행정제도, 노사관계, 금융제도, 기업구조 등 제도의 효율적인 구축이 매우 중요하다 하겠다. 이와 관련하여 중요한 것은 각종 제도적 틀이 가능하면 국제적 규범과 일치토록 하는 것이 바람직하다는 것이다.

둘째, 제도정비만으로서 시장경제질서가 제대로 작동되는 것은 아니며 이에는 반드시 윤리적 기초가 뒷받침되어야 한다는 것이다. 왜냐하면 아무리 좋은 규칙이 있다 하더라도 경제주체가 이를 잘 준수하지 않으면 효과가 없기 때문이다. 따라서 제도적 틀이 잘 작동하기 위해서는 공동체에 대한 책임의식, 도덕적 의무감, 구성원간의 신뢰 등 윤리적 기초가 뒷받침되어야 한다. 왜냐하면 이러한 윤리적 기초가 있을 때 조직이나 공동체의 목표를 위한 협동이 잘 되며, 제도가 효율적으로 작동될 수 있기 때문이다.

후꾸야마(F. Fukuyama)는 사회구성원간의 협동력을 사회적 자본(social capital)이라고 하며 한 나라의 비교우위를 결정하는 중요한 요인이라고 한다. 그에 의하면 사회적 자본을 구성하는 가장 핵심적 요소는 신뢰(trust)이며 신뢰가 사회에 확산되고 일반화될 때 사회적 자본은 축적된다고 보고 있다. 사회적 자본이 풍부할 때는 거래비용이 적고 능률적이 되기 때문에 시장경제와 민주주의는 번영을 하고 상승효과를 갖게 되며 반대로 사회적 자본이 빈약한 경우에는 거래비용이 높고 비효율적이 되어 경제적 성취도 낮다는 것이다. 오늘날 우리나라 경제의 위기상황이 우리 경제와 정부에 대한 국내외의 신뢰성 상실에서 연유되고 있다는 점을 감안할 때 후꾸야마의 사회적 자본론은 우리에게 시사하는 바가 크며, 사회적 자본의 축적이야 말로 앞으로 우리가 해결해야 할 중요한 과제라 하지 않을 수 없다.

셋째, 정부역할에 대한 새로운 조명이 필요하다. 민주적 자본주의경제질서가 활력을 갖기 위해서는 건전하고 역동적인 시민사회의 발전이 무엇보다 중요하다. 다시 말하면 민간부문이 활력을 찾아야 하며 그러기 위해서는 정부규제의 완화, 작은 정부의 실현, 경쟁의 촉진 등 정부의 개입을 줄여야 하겠지만 다른 한편 사유재산권의 확립, 부패의 척결, 통화가치안정과 건전재정의 유지, 정책의 일관성 등 투명하고 안정적인 경제사회의 환경을 조성해 주는 것이 매우 중요하다. 다시 말하면 경제정책의 중심은 질서정책에 두어야 하며 과정 정책적 개입은 가능한 한 자제하는 것이 바람직하다 하겠다.

제3장
시장경제와 경제정책사상

제 1 절 자유주의 대 간섭주의

사유재산제도를 전제로 하는 자본주의적 시장경제에 있어서 경제정책은 원칙적으로 집단의 이익보다는 개인의 이익을 우선하는 데 그 목적이 있다. 그러나 이러한 개인원칙(individual principle)의 실현을 이상으로 하는 자본주의적 시장경제체제도 구체적으로 무엇을 경제정책의 주된 목표로 하며, 이를 어떤 방법을 통해서 실현하며, 또 민간과 정부의 역할을 어떻게 규정하느냐에 따라 여러 형태의 이론적 접근이 있다. 이러한 접근은 기본적으로 두 개의 경제정책사상으로 나눌 수 있다.

하나는 자본주의적 시장경제는 경제과정에서 발생할 수 있는 불안정과 교란요인을 흡수할 수 있는 능력을 가지고 있다고 보는 자유주의적 사상이다. 이에 의하면 경제의 불안정과 교란은 민간부문의 잘못이 아니고 정부의 잘못된 개입, 즉 정부실패에 기인하기 때문에 국가는 시장과정에 대해서 간섭주의적인 개입을 해서는 안 되며 시장기구가 장기적으로 제대로 작동하고 유지·발전될 수 있도록 여건을 형성하는 데 그쳐야 한는 것이다. 다른 하나는 시장의 실패 때문에 정부가 시장기구에 개입해야 한다는 간섭주의적 사상이다. 이에 의하면 민간부문은 미래의 경제상황에 대한 정보의 부족과 경제주체의 단기지향적 경제행위 때문에 경제가 불안정성을 갖게 된다는 것이다. 따라서 국가는 국민경제전체의 입장에서 시장과정에 지속적으로 개입을 해야 하며 그렇게 함으로써만 시장경제는 큰 교란 없이 제대로 작동될 수 있다고 한다. 이러한 간섭주의적 사상은 케인즈이론에 의하여 크게 영향을 받았다.

이와 같이 자본주의적 시장경제의 경제정책사상은 크게 보아 두 개의 견해로 나눌 수 있으나 이 두 가지의 기본적 사상 안에서도 이념상의 견해차이나 그 나라의 이론적 전통 등에 따라 차이가 있는데 주요한 경제정책사상으로는 다음과 같이 세 가지의 큰 흐름, 즉 자유주의적 정책사상, 간섭주의적 정책사상 및 이 두 사상에서 영향을 받은 사회적 시장경제로 나눌 수 있다.[1)]

제 2 절 자유주의적 정책사상

1. 고전적 자유주의

고전학파경제학의 경제정책사상을 고전적 자유주의(classical liberalism)라고 한다. 자유주의 이념에 입각해서 시장경제에 있어서 경제정책의 필요성을 이론적으로 제시한 최초의 경제학자는 아담 스미스(Adam Smith)였다. 아담 스미스의 고전학파 이전에도 중상주의에서 보는 바와 같이 국가가 어떤 목표 실현을 위해서 경제에 개입하는 경제정책이 존재하였으나 중상주의에 있어서의 경제정책이란 이론적으로 체계화되지 않고 특정문제를 실현하기 위한 정부의 자의적 개입(ad hoc intervention)에 지나지 않았다. 그러나 고전학파에 있어서 경제정책은 이론적 체계를 가지고 경제정책의 필요성과 유용성을 강조하였다는 점에서 중상주의와는 다르다. 스미스의 자유주의경제정책사상은 그 뒤 많은 고전학파경제학자, 예컨대 리카도(D. Ricardo), 맬서스(T. R. Malthus), 밀(J. S. Mill) 등에 의하여 계승 발전되었으며 이는 19세기 영국에 있어서 경제정책의 지배적 이념이 되었다는 것은 주지의 사실이다.

---

1) H. J. Thieme, R. Steinbring(1984), pp.50-61 참조.

스미스에 의하면 개인의 이익추구를 위한 경제주체의 자유로운 경제행위는 일정한 조건 아래서는 사회전체의 이익으로 귀결된다고 함으로써 정부가 해야 할 역할을 명확히 하고 있다. 정부가 개인의 자유, 즉 계약의 자유, 영업의 자유, 거주의 자유, 사유재산제도를 제도적으로 보장해 주고 이의 실현을 위한 감시가 제대로 이루어지면 개인의 이익추구는 사회전체의 이익으로 귀결된다는 것이다. 왜냐하면 개인은 누구나 자기의 이익이 무엇인가를 가장 잘 알고 이의 실현을 위해서 최선을 다하기 때문이다. 다시 말하면 소비자는 소비지출을 어떻게 하는 것이 자기의 효용을 극대화하고, 기업은 어디에 투자를 하는 것이 이윤의 극대화를 할 수 있는가를 가장 잘 안다는 것이다.

그런데 여기서 개인의 이익과 사회전체의 이익을 조정시켜 주는 것이 가격메커니즘이다. 경제주체간의 자유로운 경쟁은 가격의 신호작용을 통해서 소비자와 생산자의 이해관계를 잘 조정해 준다는 것이다. 다시 말하면 시장경제의 경쟁메커니즘이란 보이지 않는 손(invisible hand)을 통해서 소비자와 생산자의 이익이 극대화된다는 것이다. 이와 같이 개인의 자유로운 활동보장은 자원의 효율적 배분을 통해서 사회전체의 이익, 즉 자유·복지 및 정의의 실현이 가능하다는 것이다.

스미스에 의하면 경제주체의 자유로운 활동을 보장하기 위해서 정부가 해야 할 첫 번째 과제는 개인의 경제활동 자유를 법률로써 보장하고 이의 이행을 잘 감시해야 한다고 함으로써 경제질서와 법질서 간의 상호의존성을 강조하였다. 두 번째로 정부가 해야 할 일은 통화가치의 안정을 실현해야 하며 이를 위해서는 통화신용제도를 잘 구축하는 것이다. 왜냐하면 통화가치의 안정은 시장경제제도의 건전한 작동을 위한 최소한의 조건이기 때문이다. 셋째로 정부는 도로, 항만, 교육, 보건시설과 같은 공공재를 공급해야 한다. 이러한 공공재는 개인이 하기가 힘들고 사회적 이익이 사적 이익보다 크기 때문에 정부의 책임이라는 것이다.

이와 같이 고전학파는 시장기구를 보완하기 위해서는 정부의 경제정책이 필요하다는 것을 인식하였다. 사적 이익추구도 그것이 일정한 법과 질서 아래서만 사회적 이익으로 이어지는 것이며 그렇지 않은 경우 사적 이익추구는 혼란으로 이어진다는 것이다. 이와 같이 고전학파의 자유주의는 국가의 역할을 단순히 재산권의 보호와 같은 대내외적인 안전만을 기하는 데 있지 않고 통화제도나 공공재의 공급도 정부의 중요한 역할로 보기 때문에 고전학파의 국가관을 야경국가로 이해하는 것은 잘못이다.[2)]

2. 신자유주의

고전적 자유주의사상은 19세기까지만 해도 서구에 있어서 경제정책의 지배이념으로 채택되어 왔다. 그러나 20세기에 들어오면서 국가활동이 사회정책적 분야로 확대됨에 따라 경제활동에 대한 정부개입의 필요성에 대한 논쟁이 시작되었다. 피구(A. C. Pigou)는 외부경제가 존재할 때는 사적 이익과 사회적 이익이 일치하지 않고 따라서 완전경쟁시장 아래서도 자원의 최적배분이 불가능하다는 것을 주장함으로써 후생경제학적 측면에서 정부개입이 불가피하다는 것을 주장하는 등 고전적 자유주의에 반기를 제기하였다. 특히 1930년대의 세계 대공황으로 인한 대량실업의 발생은 경제정책사상면에 크게 영향을 주었는데 하나는 시장기구의 자율조절기능을 믿지 않고 거시경제적 개입(과정개입)을 주장하는 케인즈주의[3)]이며, 다른 하나는 시장기구의 조절기능을 기본적으로 신뢰하되 경쟁질서의 창출을 통해 이를 실현하고자 하는 신자유주의(neoliberalism) 사상이다.

2.1 질서자유주의

신자유주의사상은 1929년 세계 대공황 이후 독일에서 처음 일어났는데 오이켄(W. Eucken), 뤼스토브(A. Rüstow), 룁케(W. Röpke), 뵘(F. Böhm) 등을 들 수 있다. 이들은 대부분 프라이부르크(Freiburg)대학에서 교편을 잡았기 때문에

2) H. Giersch(1961), p.142 참조.
3) 케인즈주의에 대해서는 pp.176-177 참조.

프라이부르크 학파라고도 하며 경제정책에 있어서 질서정책을 중시하고 있기 때문에 이들의 사상을 질서자유주의(Ordoliberalism)라고 한다.

질서자유주의에 의하면 고전적 자유주의는 경제질서의 형성을 전적으로 민간에게 위임하는 것이기 때문에 국가는 매우 약하고 자본가의 이해관계에 의존하는 기관으로 전락하기 쉽다는 것이다. 따라서 개인의 자유를 보장하면서 개인의 이익추구가 사회전체의 이익으로 이어지기 위해서는 국가가 개입해서 경쟁질서를 만들어 주어야 한다는 것이다. 다시 말하면 고전적 자유주의가 갖는 부작용을 제거하기 위해서는 고전적 자유주의의 "보이지 않는 손" 대신에 국가의 "보이는 손"에 의해서 개인의 이익과 사회적 이익이 일치될 수 있으며 이는 독립적이고 강한 국가가 있을 때만 가능하다는 것이다.

질서자유주의자들에 의하면 경쟁이란 고전적 자유방임주의가 말하는 것처럼 정부가 재산권만 보호해 주고 간섭만 하지 않으면 자동적으로 작동된다고는 보지 않는다. 그들에 의하면 경쟁과정을 그대로 방치하면 독점이나 경제력의 형성으로 전락되기 쉽기 때문에 고전적 자유주의자들처럼 경쟁이 사적 이익과 사회적 이익을 연결시켜 주는 수단이라고 생각하지 않는다. 경쟁이란 오로지 성과경쟁(Leistungswettbewerb), 즉 공정한 경쟁일 때만 사적 이익과 사회적 이익은 일치하게 된다. 그런데 이러한 공정한 경쟁질서도 저절로 형성되고 유지되는 것이 아니기 때문에 정부가 적절한 규칙과 제도의 틀을 만들어 공정한 경쟁질서를 창출해 주어야 한다는 것이다. 이와 같이 경쟁질서가 제대로 작동하는 시장경제야말로 개인의 자유를 최대한 보장하면서 개인의 이익이 전체의 이익과도 부합되도록 하는 유일한 경제체제라고 하였다.[4] 이를 위한 전제조건이 바로 경쟁질서의 창출이며 이를 위해서 오이켄은 이른바 경쟁질서의 구성적 원칙과 규제적 원칙을 제시하였다.[5]

---

4) D. Cassel(1988), pp.313-334 참조.

5) 보다 자세한 논의에 대해서는 김적교(1997), pp.21-24 참조.

2.1.1 구성적 원칙

오이켄은 경쟁질서 창출을 위한 구성적(構成的) 원칙으로 7가지를 제시하였는데 첫째는 가장 중심적인 원칙으로서 제대로 작동하는 가격기구의 창출·유지를 들고 있다(완전경쟁시장의 창출). 가격기구가 제대로 작동하기 위해서는 완전경쟁이 있어야 하는데 오이켄이 말하는 완전경쟁이란 어떤 공급자와 수요자도 시장가격에 영향을 미치지 못하는 시장형태를 의미한다. 오이켄의 완전경쟁이란 성과경쟁을 의미하는데 성과경쟁이란 시장참여자는 시장에서 경쟁자의 성과보다 더 큰 성과를 보일 수 있을 때만 경쟁에서 이기는 경쟁을 의미한다. 보다 나은 성과를 통해서만 경쟁에서 이길 수 있기 때문에 이러한 경쟁이야말로 공정한 경쟁이라 할 수 있다.

둘째, 오이켄은 통화가치의 안정을 통한 물가안정을 강조하였다(통화가치의 안정). 물가안정이 중요한 것은 물가안정을 통해서만 가격기구가 경쟁과정을 제대로 통제할 수 있다는 것이다. 즉 성과경쟁이 가능하다는 것이다. 물가안정을 위해서는 통화가치의 안정이 전제되어야 하는데 통화가치안정을 위해서는 통화량의 조절이 어떤 원칙에 의하여 자동적으로 이루어져야 한다고 주장함으로써 재량적인 통화정책을 반대하고 있다.

셋째, 시장의 완전한 개방이 보장되어야 한다고 한다(시장진입의 자유). 시장진입과 퇴출을 차단하는 어떠한 정책수단도 반대를 한다. 왜냐하면 시장의 진입과 퇴출이 자유로워야 경쟁이 촉진될 수 있기 때문이다. 정부에 의한 시장진입규제, 예컨대 정부의 수입통제, 시장진입제한, 투자제한 등이 있어서는 안 되며 또 기업에 있어서의 각종 경쟁제한행위, 예컨대 공급제한, 배타적 계약, 약탈적 가격행위 등도 배제되어야 한다.

넷째, 오이켄은 사유재산제도는 경쟁질서의 중요한 전제조건이라는 것이다(생산수단의 사유화). 생산수단의 소유자만이 가격의 신호에 따라 생산 및 투자의 의사결정을 할 수 있으며 그렇게 함으로써 자원의 최적배분이 가능하게 된다. 만일 국가가 생산수단을 소유하는 경우 이러한 합리적인 의사결정이 어렵다. 왜냐하면 의사결정은 정부의 명령이나 지시에 의하여 이루어지게 되므로 상황변화에 따른 신속한 의사결정이 어렵기 때문이다. 따라서 생산수단의 사유화를 통해서만 경쟁이 촉진될 수 있다는 것이다. 사유재산제도하에서의 문제는 경제력이 형성되어서는 안 되는 것인데 그러기 위해서는 경쟁을 통한 지속적인 통제가 필요하게 된다. 이러한 의미에서 생산수단의 사유화가 경쟁질서의 전제조건인 것처럼 경쟁질서는 사유재산제도가 경제적 및 사회적 폐해를 가지지 못하게 하는 조건이라 할 수 있다.[6]

다섯째, 계약자유가 경쟁의 전제조건이라는 것이다(계약의 자유). 가령 가계나 기업이 스스로 선택하고 계약체결을 할 수도 없고 명령이나 지시에 의하여 의사결정을 하게 된다면 경쟁이란 있을 수 없다. 개별 경제주체가 자유로운 의사결정을 하기 위해서는 계약의 자유가 필수조건이다. 다만 계약자유가 개인의 계약자유를 침해하거나 배제하는 계약자유, 예컨대 카르텔협정과 같은 계약은 허용해서는 안 된다.

여섯째, 경쟁이 제대로 작동하기 위해서는 생산수단의 소유자가 무한책임을 져야 한다는 것이다(소유의 무한책임). 즉 이익을 보는 사람이 손실도 감수해야 한다는 것이다. 그래야만 자기의 책임을 남에게 전가시키지 못하게 된다. 가령 기업가가 사업에 실패했을 때 모든 책임은 자기가 져야 하며 타인 예컨대 채권자에게 전가시켜서는 안 된다는 것이다. 이렇게 함으로써만 기업가는 의사결정을 함에 있어 이해득실을 따져서 신중하게 되며 이러한 경우에만 경쟁은 성과경쟁이 될 수 있다는 것이다.

끝으로 오이켄은 경제정책의 일관성을 주장하고 있다(경제정책의 일관성). 경제정책이 단기적이고 지속성이 없고 예측 불가능한 경우에는 경제주체에게 불확실성을 제공하고 위험을 가중시키기 때문에 합리적인 의사결정이 어렵게 된다. 따라서 경제정책은 지속적이고 예측가능하게 운용되어야 한다는 것이다.

2.1.2 규제적 원칙

오이켄은 구성적 원칙을 아무리 철저히 준수한다 하더라도 경쟁이 가지

6) W. Eucken(1990), p.275 참조.

는 기능적 결함, 예컨대 독점이나 분배상의 불공평 때문에 경쟁의 폐해를 규제하기 위한 원칙이 필요하다고 한다. 오이켄은 4가지의 규제적 원칙을 제시하고 있다.

첫째는 국가에 의한 독점의 규제다(독점금지). 경쟁의 부작용은 경쟁자체가 독점과 같은 경쟁제한적 행위를 유발하게 되므로 경쟁질서를 교란시킬 가능성이 있기 때문에 국가가 개입해서 이를 규제해야 한다는 것이다. 다만 자연독점과 같은 독점이 불가피한 경우에는 감시를 통해서 경쟁적 행위를 하도록 강요하여야 한다.

둘째는 소득분배의 개선이 필요하다는 것이다(소득분배개선). 소득분배는 요소시장의 경쟁과정을 통해서 이루어지는데 시장기구에 의한 소득분배는 사회정의 등 사회적으로 바람직한 상태의 소득분배와 일치하기는 어렵다. 따라서 정부는 누진세와 같은 재정정책수단을 통해서 분배를 개선하여야 한다. 누진세제에 의한 분배개선도 기업가의 투자의욕에 주는 영향을 고려하여야 하는데 투자의욕을 떨어뜨리는 누진세제는 바람직하지 않다는 것이다.

셋째는 최저임금제에 의한 노동자의 보호가 필요하다는 것이다(최저임금제). 노동시장에서는 임금이 떨어져도 노동공급을 늘리고자 하는 경우가 있다. 이와 같이 시장기구가 정상적으로 작동하지 않는 경우에는 정부가 최저임금을 설정해서 노동자를 보호해 주는 것이 필요하다.

끝으로 외부경제가 있을 때는 경쟁질서가 부당하게 위협을 받을 수 있다. 가령 어떤 개인의 경제활동이 외부비경제를 창출할 때는 그 사람의 사적비용이 그만큼 적게 평가되게 됨으로써 타인에게 불이익을 줄 수 있다. 이런 경우에는 정부가 개입해서 그러한 경제활동을 규제하는 것이 필요하다는 것이다. 다시 말하면 외부경제가 있을 때는 사적 경제계산의 수정이 필요하다는 것이다(사적 경제계산의 수정).

2.1.3 보완적 원칙

구성적 원칙과 규제적 원칙 외에도 오이켄은 몇 개의 보완적 원칙을 제시하고 있다. 보완적 원칙으로서 첫째, 질서의 상호의존성이란 측면에서 경쟁질서가 작동하기 위해서는 입법, 사법 및 행정부 간의 협조가 잘 이루어져야 함을 강조하고 있다. 구체적인 경쟁질서의 형성은 법률로서 입법화되고 사법 및 행정부에 의하여 집행될 때만 효력을 발휘할 수 있기 때문이다. 따라서 정부의 원칙 없는 대증요법적 처방(Punktualismus)을 피해야 한다는 것이다.

둘째로 오이켄은 경기정책과 사회정책도 경쟁질서와 모순되지 않아야 함을 강조하고 있다. 그는 원칙적으로 규칙적인 경기순환을 인정하지 않고 있다. 물론 거시경제의 불안정, 예컨대 실업증대, 성장둔화 등의 존재를 인정하지 않는 것은 아니나 이러한 거시경제의 불안정은 기본적으로 가격기구의 작동을 통해 균형으로의 회복이 가능하다고 보고 있기 때문에 과정정책적 개입은 가능하면 억제되어야 한다고 한다. 개입을 하더라도 경쟁질서에 부합되는 방향으로 이루어짐으로써 질서일치성(Ordnungskonformität)이 유지되어야 한다는 것이다.

사회정책에 있어서도 마찬가지로 경쟁질서에 저촉되어서는 안 된다고 한다. 오이켄에 의하면 사회정책은 일반 경쟁정책의 부속물이 아니라 질서정책의 한 부분이기 때문에 질서정책이 성공적이 되면, 즉 경쟁질서만 잘 확립되면 사회적 목표, 예컨대 분배의 불공평, 빈곤문제 등이 기본적으로 해결될 수 있다고 보고 있다. 왜냐하면 사회적 형평의 문제도 국민경제의 효율성의 제고 없이는 불가능하며 이는 경쟁질서정책만으로도 해결될 수 있다고 보기 때문이다. 다시 말하면 경쟁질서정책이 사회정책의 기본이라는 것이다. 그러나 오이켄은 질서정책만으로 모든 사회적 문제가 해결된다고 보지는 않는다. 국민총생산에 전혀 기여를 할 수 없고 자기능력으로 생활할 수 없는 사람들에게는 정부가 지원을 해 주어야 하는 등 보완적인 사회정책이 필요하다고 한다. 이러한 경우라도 스스로 돕는 자만을 돕는 보충원칙(Subsidiaritätsprinzip)을 준수하여야 하며 자기 스스로의 노력과 능력으로서 해결할 수 없을 경우에만 정부의 지원이 필요하다는 것이다.

끝으로 오이켄은 이러한 질서정책을 수행함에 있어서 정부가 해야 할 역할에 대해서도 언급을 하였는데 정부는 경쟁질서의 감시자로서 독립적이고 강한 정부가 되어야 한다고 한다. 이를 위해서는 정부가 이익집단의 세력을 견제하는 것이 필요하다. 또한 정부의 활동은 경제질서의 형태, 즉 틀을 만들어 주는 데 역점을 두어야 하며 경제과정에 대한 개입은 가급적 자제하여야 한다고 함으로써 과정정책보다 질서정책에 우위를 두어야 함을 강조한다.

2.2 시카고학파

신자유주의사상은 독일의 질서자유주의운동과 비슷한 시기에 영어권 국가에서도 일어났는데 이의 대표적 학자로서는 사이몬스(H. C. Simons), 프리드만(M. Friedman) 등으로 대표되는 시카고학파를 들 수 있다. 시카고학파의 신자유주의사상에는 오스트리아학파의 미세스(L. von Mises)와 하이에크(F. A. von Hayek)가 크게 영향을 미쳤다. 이들의 이론적 기초는 케인즈의 거시경제이론에 대한 비판과 신고전학파의 미시이론의 발전으로부터 출발하고 있다.

이들의 공통된 이론은 정부보다는 민간이 경제문제를 더 잘 해결할 수 있다고 보고 있다는 점이다. 그들에 의하면 민간의 행동영역에는 가능한 한 제한을 줄이는 반면 정부의 행동영역에는 가능한 한 제한을 강화함으로써 경제정책의 목표가 가장 잘 실현될 수 있다고 한다. 그들에 의하면 정부가 할 일은 다음과 같다.

첫째, 자유롭고 공정한 재산권과 경쟁질서를 창출·유지하는 것이야말로 정부가 해야 할 가장 중요한 과제라는 것이다. 왜냐하면 이렇게 함으로써만 개인의 능력이 최대한 발휘될 수 있고 사회전체의 이익과 일치될 수 있다는 것이다.

둘째, 경쟁정책에 있어서 가장 중요한 것은 시장진입에 대한 자유를 보장함으로써 기업의 기술혁신잠재력을 발휘토록 하여야 한다는 것이다. 기술혁신으로 인한 일시적인 독점이익이 발생하더라도 새로운 시장진입자에 의한 경쟁으로 장기적으로는 독점이익을 유지하기가 어렵기 때문에 문제가 되지 않는다는 것이다.

셋째, 정부는 민간의 재산권을 잘 설정하고 보호해 주면 외부경제가 존재하는 경우에도 정부개입 없이 시장기구는 잘 작동될 수 있고 따라서 자원의 최적배분이 가능하다는 것이다. 예컨대 환경오염의 경우도 재산권만 잘 설정해 주면 정부의 규제 없이도 해결이 가능하다는 것이다. 코스(R. Coase)에 의하면 환경오염문제는 환경재에 대한 소유권이나 이용권을 명확하게 설정해 주지 못한 데서 발생하기 때문에 환경재에 대한 이용권이나 소유권을 실제로 행사할 수 있게끔 정부가 여건을 마련해 주면 환경오염문제는 규제와 같은 정부개입 없이도 해결될 수 있다고 한다. 따라서 국가에 의한 재산권의 행사는 가능한 억제되어야 한다고 한다.

넷째, 통화가치의 안정을 위해서는 통화공급을 실질경제성장률에 연계시킴으로써 통화정책의 남용을 방지하여야 한다고 한다. 즉 재량적인 재정·금융정책을 반대하고 있다.

다섯째, 사회정책분야에서는 각자의 능력에 맞는 분배야말로 장기적으로 민간부문의 능률을 향상시키고 복지를 증대시키는 최선의 방법으로 보고 있다. 사회적 안정이나 필요에 따른 분배정책을 인정하되 이러한 경우에도 국가에 의한 강제적 보험이나 부의 소득세와 같은 수단보다는 민간의 자율적인 보험시장을 통해서 해결하는 것이 바람직하다는 입장을 취하고 있다.

이와 같이 시카고학파는 질서자유주의와 마찬가지로 공정한 경쟁질서의 창출을 최대의 정책목표로 삼고 있으나 이의 실천방법에는 견해를 달리 한다. 시카고학파는 재산권보호와 같은 일반적 행동규칙만 정부가 만들어 주고 나머지는 시장에 맡기는 최소국가론(minimal state)을 주장하는 반면 질서자유주의는 전술한 바와 같이 강한 국가상을 주장한다.

제 3 절　간섭주의적 정책사상

1. 자유사회주의

자유사회주의(feiheitlicher Sozialismus)는 제2차 세계대전 후 서구에서 발달된 개혁적이고 실용적인 사회주의를 말한다. 자유사회주의는 소련의 전체주의적인 사회주의체제가 갖는 여러 가지 결함, 예컨대 개인의 자유박탈, 경제의 비능률 등을 공격한 비맑스주의 사회주의자들의 사상을 말한다. 이들은 자본주의 경제의 지속적 발전을 경험하면서 사유재산제도를 인정하지 않는 중앙계획적 통제경제체제에 대한 회의를 갖게 되었으며, 특히 케인즈이론의 등장으로 사유재산제도와 정부의 강한 개입이 공존하는 혼합경제질서의 가능성을 인식하게 되었다. 이들은 혼합경제체제가 개인의 자유, 사회적 정의 및 경제적 능률이 중앙계획적 통제경제체제보다 더 잘 실현할 수 있다는 확신을 갖게 되었다. 이리하여 이들은 중앙집권주의와 공산당의 일당체제를 부정함으로써 개인의 자유를 중시하는 사회주의를 주창하게 되었다. 이러한 뜻에서 이러한 개혁적이고 실용적인 자유사회주의를 민주사회주의(demokratischer Sozialismus)라고도 한다. 자유사회주의를 주장한 독일의 대표적 학자로서는 한때 독일의 경제장관을 지낸 칼 실러(Karl Schiller)를 들 수 있다.

자유사회주의경제정책의 기본이념은 시장경제의 원칙과 계획경제의 원칙을 혼합함으로써 가격메커니즘과 국가의 직접적 통제가 갖는 결함을 제거하는 한편 사회정책적 목표를 실현하는 데 있다. 다시 말하면 자유주의 사상에 바탕을 둔 자본주의적 시장경제는 적극적인 정부의 개입 없이는 지속적인 완전고용과 사회적으로 공정한 분배의 실현이 불가능하다는 것이다. 자유사회주의의 경제정책사상의 특징으로서는 다음과 같은 것을 지적할 수 있다.

첫째, 자유사회주의가 사회적 형평과 공정한 분배를 위해 강력한 정부의 개입을 주장한다고 해서 계획경제제도를 찬양한다는 것은 아니며 어디까지나 자본주의적 시장경제의 테두리 안에서 사회적 형평을 위해 필요한 정부의 개입을 주장한다고 보아야 한다. 이러한 자유사회주의의 정책사상은 쉴러(K. Schiller)가 주장한 "가능한 한 많은 경쟁, 필요한 만큼의 계획"이라는 슬로건에서 잘 나타나고 있다. 경쟁은 가능한 한 많이 촉진시키되 경쟁이 소망스런 결과를 가져오지 못하는 부분에서만 국가가 개입해야 한다는 것이다. 이와 같이 경쟁 촉진을 중시하고 있다는 점에서는 신자유주의사상의 영향을 받았다고 하겠다.

둘째, 경제정책의 목표설정에 있어서 통화가치의 안정, 즉 물가안정보다는 완전고용에 더 큰 비중을 두고 있다는 점이다. 완전고용을 실현하기 위한 정부는 재량적인 재정·금융정책을 통한 총수요관리정책의 필요성을 주장하였다. 이와 같이 거시경제정책을 써서 시장의 자율조절기능을 보완하고자 하는 점에서는 케인즈주의의 영향을 받았다고 할 수 있다.

셋째, 사회정책에 있어서 사회적 안전과 공평한 분배의 목표는 신자유주의자들보다 크게 강조하고 있다는 점이다. 사회적 안전을 위해서는 전통적인 사회보험 및 의료전달체계를 확대, 강화하여야 하며 공평한 분배를 위해서는 조세체계를 간접세 중심에서 직접세 중심으로 전환시킴으로써 사회정의에 맞게끔 소득세 체계를 바꾸고 간접세 부문에서는 생필품에 대해서는 무세나 저세율을 정하고 사치품에 대해서는 높은 세율을 정하는 등 사회적 계층에 따라 차등세율을 채택함으로써 소득분배의 공평을 기할 것을 주장하였다.

위에서 지적한 바와 같이 자유사회주의는 정부의 적극적인 경쟁정책적 개입 외에도 경기정책, 고용정책 및 분배정책면에서 국가의 광범위한 개입을 주장함으로써 국가의 역할을 크게 강조하고 있다는 점에서 자유주의적 정책사상과는 많은 차이가 있다. 이러한 자유사회주의 경제정책사상은 스웨덴이나 전후 영국의 노동당이 추구하였던 복지국가적 경제 및 사회정책에 의하여 크게 영향을 받았으며, 1970년대 사민당 집권 이후 독일의 경제정책에도 크게 영향을 미쳤다.

2. 스웨덴의 복지국가모형

간섭주의적 사상에 뿌리를 둔 또 다른 하나의 정책사상으로는 이른바 스웨덴의 복지국가모델을 들 수 있다. 스웨덴의 복지국가모형은 독일의 자유사회주의경제정책보다는 사회적 목표에 더 큰 비중을 두고 있는 것이 특징이다. 스웨덴은 사회민주당이 40년 이상이나 장기집권함으로써 복지국가건설을 지속적으로 추진하여 왔으며 그 결과 오늘날 지구상에서 가장 모범적인 복지국가로 인정받게 되었다.

물론 스웨덴은 사유재산제도와 분권적인 의사결정 및 조정을 근간으로 하는 자본주의적 시장경제이다. 그러나 재산권의 이용이나 의사결정과정에 있어 국가가 국민복지의 극대화란 입장에서 다방면으로 개입함으로써 개인의 자유가 상당히 제한을 받고 있다. 스웨덴에 있어서 복지국가란 모든 국민이 소득에 관계없이 일정한 기본적인 재화에 대한 접근이 가능하도록 자원이 배분되는 사회로서 정의하고 있다.[7] 스웨덴의 복지국가모형의 특색으로는 다음과 같은 것을 지적할 수 있다.[8]

첫째, 국민복지는 국가가 합리적으로 계획을 세워서 실현해야 하며 물질면에서의 평등과 안전도 국가가 보장토록 한다.

둘째, 이러한 국가적 목표를 실현하기 위해서는 국가가 먼저 완전고용을 보장토록 한다.

셋째, 국가는 소득재분배정책을 써서 소득격차를 줄이고 모든 경제주체에 문화적 최소생활수준을 보장해 주어야 한다. 여기서 문화적 최소생활수준이란 주택, 의료시설 및 교육이 국가에 의하여 보장되는 것을 말한다. 뿐만 아니라 모든 생활부문에서 공동의사결정제도를 도입함으로써 민주적인 의사결정이 이루어지도록 해야 한다.

이와 같은 사회정책을 실현하기 위한 수단으로서는 누진소득세, 각종 국가에 의한 강제적 사회보장제도 등을 제시하고 있다. 여기서 보는 바와 같이 개인의 의사결정이나 행동영역은 상당히 제한을 받는 반면 국가의 활동과제는 크게 확대시키고 있다는 점에서도 자유사회주의와는 매우 대조적이라 하겠다.

위에서 지적한 바와 같이 스웨덴의 복지국가적 경제정책의 주된 목표는 완전고용과 국민의 사회적 평등에 있으며, 이는 개인보다는 국가적인 계획을 통해서 실현하고자 하는 데 특징이 있다. 다시 말하면 정부의 개입과 규제를 통해서 시장경제의 과정을 국가가 지향하는 목표의 방향으로 유도하는 데 있다고 하겠다. 여기서 국가의 목표란 사회전체의 이익을 의미하는 것으로서 집단적인 복지를 말한다. 이와 같은 스웨덴의 집단원칙은 사회정책을 통해서 개

7) Anja Caspers(1984), p.218 참조.

8) H. J. Thieme, R. Steinbring(1984), p.60 참조.

인원칙을 완화하고자 하는 후술하는 사회적 시장경제의 "복지국가" 개념과는 다르다.9)

완전고용과 국민의 사회적 평등을 주된 목적으로 하는 스웨덴의 복지국가모형은 국민의 복지수준을 크게 향상시킨 것은 사실이나, 다른 한편 물가의 상승, 국민 조세부담 과중, 근로의욕의 저하, 민간투자의 저조 등 많은 문제점을 야기했다.

제 4 절 사회적 시장경제

1. 의 의

제2차 세계대전 이후 서독의 경제정책의 근간을 이룬 경제정책사상을 사회적 시장경제(social market economy)라고 칭한다. 사회적 시장경제란 용어는 뮐러-알막(Müller-Armack)에 의하여 처음 사용되었고 에어하르드(L. Erhard)에 의하여 경제정책으로 실천에 옮겨졌다. 이 정책을 통하여 서독은 전후의 폐허에서 일약 세계정상의 경제대국으로 발전하게 되었다. 사회적 시장경제는 1949년 기민당의 공식적 경제정책으로 채택되었고 높은 인기를 끌면서 당시 야당인 사회민주당도 1950년대 말 스스로 이 개념을 받아들였다고 한다.10)

사회적 시장경제의 개념은 오이켄(W. Eucken) 등 질서자유주의자의 사상에 의하여 영향을 많이 받았으나 다른 한편 자유사회주의의 간섭주의적인 요소도 내포하고 있다는 점에서 하나의 독자적인 정책사상이라 할 수 있다.11)

한 마디로 요약한다면 사회적 시장경제란 시장에서의 경제적 자유원칙과 사회적 형평의 원칙을 접합시킨 정책사상으로서 자본주의와 사회주의 사이의

9) Anja Caspers(1984), p.228 참조.
10) A. Woll(1984), p.84 참조.
11) H. J. Thieme, R. Steinbring(1984), p.6 참조.

제3의 길이라 할 수 있다.

사회적 시장경제가 경쟁질서의 창출을 중시하는 면에서는 질서자유주의의 영향을 받았으나 사회정책적 요인을 크게 강조하고 있다는 점에서는 간섭주의 사상의 영향을 받았다. 이 밖에도 사회적 시장경제는 경기정책적 국가의 개입을 주장함으로써 과정정책적 개입을 용인하고 있다는 점에서도 질서자유주의와는 다르다. 이와 같이 사회적 시장경제는 자유주의적 경제사상에 뿌리를 두되 경기나 분배문제 등 현실적 문제해결을 위해서는 정부의 개입이 불가피하다는 것을 인정하는 보다 현실적인 경제정책사상이라 할 수 있다.

2. 이 념

사회적 시장경제란 앞에서 지적한 바와 같이 개인의 자유와 사회적 형평의 증진을 결합한 시장경제의 개념인데, 이는 개인의 자유를 최대한 보장하면서 빈곤, 실업, 분배의 불공평 등과 같은 사회적 문제를 해결할 수 있다는 것이다. 이런 뜻에서 개인의 자유가 없는 사회주의식 문제해결방식과는 전혀 다르다고 할 수 있다.[12)]

뮐러-알막에 의하면 사회적 문제의 해결은 기본적으로는 경쟁질서의 창출에 달려 있다고 한다. 왜냐하면 시장에서 경쟁이 제대로 작동되면 능률의 극대화가 이루어지고, 이는 지속적인 성장을 가능케 함으로써 사회적 문제 해결을 위한 기초를 제공하기 때문이다. 다시 말하면 그는 경제성장을 사회보장 등 사회적 문제해결의 전제조건으로 보고 있다. 따라서 개인의 자유, 경제적 능률 및 사회적 정의는 사회적 시장경제의 기본적이며 불가분의 관계를 가진 구성요소라 할 수 있다. 경제적 능률의 향상 없이는 사회정의의 실현이 어렵고, 사회정의의 실현 없이는 경제적 능률의 제고도 어렵다는 것이다. 다시 말하면 사회적 시장경제에서는 경제정책과 사회정책은 분리될 수 없는 통합된

---

12) 사회적 시장경제의 이념, 정책목표와 원칙에 대한 보다 자세한 논의에 대해서는 김적교·김상호(1999), pp.43-53 참조.

개념으로 파악되어야 한다는 것이다.

경쟁이 사회의 경제적 잠재력을 강화시켜 경제적 능률을 극대화하기 위해서는 공정한 경쟁이 되어야 한다. 공정한 경쟁이란 성과경쟁으로서 새로운 제품의 개발, 품질의 개선, 좋은 서비스의 제공 등을 의미하며, 이러한 성과를 바탕으로 하는 공정한 경쟁질서가 형성되기 위해서는 특혜나 독과점 등과 같은 불공정한 경쟁은 강력히 규제되어야 한다. 다시 말하면 공정한 경쟁질서가 형성되기 위해서는 경쟁질서를 시장에만 맡겨서는 안 되며, 정부가 적극적인 경쟁정책을 통해 독과점을 규제하고 시장의 투명성을 제고하는 등 강한 국가가 필요하다고 한다.

그러나 경쟁이 모든 사회적 문제를 해결할 수 있다고 보지는 않는다. 실업, 질병, 노령, 가구주의 사망 등으로 인하여 경쟁과정에 참여할 수 없거나 불리한 입장에 있는 사람에 대해서는 정부가 지원하고 보호해 주어야 한다는 것이다. 지원을 함에 있어서도 개인의 책임의식을 중시하여 일차적으로 스스로 해결할 수 있는 능력을 배양해 주어야 하며, 그래도 자력으로서 문제를 해결할 수 없을 경우에만 지원하는 등 시장경제원리를 존중하여야 한다는 것이다.

앞에서 지적한 바와 같이 사회적 시장경제의 기본이념은 경쟁질서의 창출을 바탕으로 해서 사회적 문제를 해결하고자 하는 데 있으며, 이는 질서자유주의사상에 의하여 크게 영향을 받았다. 그러나 사회적 문제해결의 접근에 있어서는 질서자유주의와는 다소 견해를 달리하고 있다. 예컨대 오이켄과 같은 질서자유주의자는 분배의 불공평이나 빈곤의 문제도 기본적으로 경쟁질서만 잘 작동되면 해결될 수 있다고 봄으로써 질서정책적 측면에서 보는가 하면, 뮐러-알막은 질서정책만으로는 해결이 어렵고 정부의 과정정책적 개입이 필요하다고 보고 있다. 다시 말하면 전자는 사회적 문제의 해결을 소극적으로 보는 반면 후자는 적극적으로 접근하고 있다고 할 수 있는데, 이는 전후 독일이 당면하고 있던 심각한 실업이나 빈곤문제가 그 배경으로 작용하였다고 볼 수 있다.

뮐러-알막은 시장경제를 경제적 자유와 사회적 정의 및 사회보장이 결합된 통합개념으로 파악하므로 사회정책문제를 경쟁정책과 같은 무게로 다루고자 하였다. 그는 국가의 역할은 작동이 잘 되는 경쟁질서의 창출에만 있는 것이 아니라, 사회보장과 소득 및 재산분배상의 형평을 제고하여야 한다는 것이다. 왜냐하면 경제성장만으로 사회적 형평을 증진하는 데는 한계가 있기 때문이다.

시장경제에서 소득분배는 개인의 능력에 의하여 결정되는데, 신체상의 장애나 교육기회의 부족 등으로 능력이 제한될 경우 소득분배를 시장기구에만 맡기면 계층 간 마찰이나 갈등을 가져오며, 이는 사회정의의 입장에서도 바람직하지 않다. 따라서 국가가 개입해서 성장과정에서 생기는 계층 간의 사회적 격차를 축소해 주어야 한다는 것이다. 즉 저소득층, 노령자, 장애자, 실업자 등을 위한 재산형성, 주택보조, 각종 연금 및 공적부조 등의 사회보장제도를 확충해 주어야 한다는 것이다. 뿐만 아니라 물가안정이나 완전고용과 같은 경기정책도 국가의 중요한 과제로 봄으로써 과정정책적 개입을 주장하는 것도 질서자유주의와는 다르다 하겠다.

3. 정책목표와 원칙

이러한 사회적 시장경제의 이념을 고려할 때 사회적 시장경제가 추구하는 궁극적 목표, 즉 기본적 가치는 자유(Freiheit), 공평(Gerechtigkeit), 안전(Sicherheit) 및 풍요(Wohlstand)라 할 수 있다. 여기서 자유란 경제활동의 자유이며, 공평은 분배의 공평이며, 안전이란 각종 사회적 위험으로부터의 보호를 의미하는 것이며, 풍요란 성장을 의미한다. 다시 말하면 사회적 시장경제의 정책목표는 물가의 안정과 적정성장을 유지하면서 분배상의 형평과 사회보장을 실현하는 데 있다고 하겠다. 물가의 안정을 중시하는 것은 물가안정 없이는 시장경제질서가 제대로 작동될 수 없고, 사회정의와 사회보장도 실현될 수 없다고 보기 때문이다.

그런데 이 네 가지의 정책목표도 크게 보면 경제적 문제와 사회적 문제로 나눌 수 있다. 경제적 자유의 문제나 성장의 문제가 전자에 속하며, 분배나 사회적 위험의 문제는 후자에 속하기 때문이다. 경제적 문제는 기본적으로 경쟁질서의 창출에 달려 있다고 보기 때문에 경제적 문제에 관한 한 경쟁원칙(Wettbewerbsprinzip)이 정책운영의 기본원칙이 되어야 한다.

그러나 경쟁질서의 창출만으로 실업, 질병, 재해, 노령 등의 사회적 문제를 해결하기는 부족하기 때문에 정부의 지원이 불가피한데 정부의 지원도 어디까지나 개인의 능력을 도와주는 보충적 역할, 즉 보충원리(Subsidiaritatsprinzip)에 충실하여야 한다는 것이다. 다시 말하면 시장의 질서는 경쟁원리에 의하여 형성되어야 하며, 사회적 질서는 보충원리에 의하여 형성되어야 한다는 것이다.

그런대 경쟁원칙과 보충원칙은 어디까지나 질서정책적 기본원리에 불과하다. 사회적 시장경제에서는 이러한 질서정책적 개입 외에도 과정정책적 개입이 필요한데, 이러한 경우에도 정부의 개입은 시장경제원리에 충실한 개입, 즉 시장친화적 개입이 되어야 한다. 정부개입은 시장대체적이 아니라 친시장적이 되어야 한다는 것이며, 이러한 원칙을 시장일치성(Marktkonformität)이라 한다.

시장대체적이라 함은 가격결정을 시장에 맡기지 않고 정부가 하는 경우이며, 시장일치적 또는 친시장적이라 함은 자원배분을 함에 있어 가능한 한 가격기구를 활용하여야 한다는 것이다. 예컨대 정부가 어떤 특정사업을 지원함에 있어 저리금융을 제공하기보다는 이자에 대해 정부가 보조해 주는 것이 바람직하며, 농업정책의 경우도 정부가 시장가격보다 높은 가격으로 농산물, 예컨대 쌀을 수매하는 것보다 정부가 보조금을 지급하는 것이 바람직하다는 것이다. 왜냐하면 저리금융이나 높은 수매가격은 금융시장이나 농산물시장의 가격메커니즘을 왜곡시키기 때문이다. 사회정책적 분야에서도 정부가 저소득층보호를 위해서 집세를 동결하는 것보다는 집세를 보조해 주는 것이 시장원리에 맞다는 것이다. 이와 같이 사회적 시장경제에서는 경쟁원칙, 보충원칙 및 시장일치성의 원칙이 정책의 3대 기본원칙이라 할 수 있다.

4. 역사적 전개과정[13)]

전후 독일은 이상에서 지적한 사회적 시장경제의 기본이념과 원칙하에서 경제정책을 추진하여 왔으며, 이를 바탕으로 해서 라인강의 기적을 이루었다. 그러나 사회적 시장경제의 정책이념은 에르하르트가 경제장관으로 재직하였던 1960년대 초반까지만 해도 충실하게 지켜져 왔으나 1960년대 후반부터 경제환경의 변화와 정권교체에 따라 많이 변질되었다.

독일경제는 1960년대 들어오면서 성장이 둔화되고, 중반에는 경기침체가 심화되었다. 이로 인하여 1966년 에르하르트의 기민당이 선거에서 패배하고, 기민당과 사민당의 대 연정에 의한 새로운 정부가 탄생하였다. 새 정부의 경제장관으로 임명된 칼 쉴러(Karl Schiller) 교수는 '가능한 한 많은 시장, 필요한 만큼의 계획'이라는 표현으로 정부의 거시경제정책적 개입이 불가피하다는 것을 주장하였다. 이와 같은 그의 주장은 1967년의 "경제안정 및 성장촉진법"의 제정으로 구체화되어 총수요관리정책이 실시되었다. 총수요관리정책은 일시적으로 효과가 없던 것은 아니었지만, 재정지출의 급증과 국가채무의 증대로 이어지는 많은 부작용을 가져왔다. 특히 1970년 사민당의 집권으로 사회정책이 대폭 강화되어 정부지출의 급팽창, 관료기구의 확대, 소득재분배정책의 확대 등을 가져왔다. 이러한 사회정책적 개입의 강화는 서독을 세계적인 복지국가로 발전시키는 데는 공헌을 하였으나, 사회적 시장경제의 기본원칙인 경쟁원칙과 보충원칙은 크게 후퇴하게 되었다.

1982년 기민당과 자민당의 연립정부가 정권을 잡게 되자 경제정책의 축은 총수요관리정책에서 질서정책의 부활 쪽으로 움직이게 되었다. 1970년대 독일경제의 문제는 기본적으로 구조적인 문제로서 총수요관리정책으로는 한계가 있기 때문에 공급측면에서의 접근이 필요하다는 인식이 확산되었다. 이에 따라 경제정책은 질서정책에 초점을 맞추어 경쟁촉진, 기업의 투자촉진, 재정적자의 축소, 재정부담범위 내에서의 사회보장제도의 실시 등 경쟁원칙과 보

13) 이의 자세한 내용에 대해서는 김적교(2023), pp.100-116 참조.

충원칙에 충실하고자 하는 방향으로 전개되었다. 이러한 정책적 노력으로 독일은 물가의 안정, 민간투자의 활성화, 수출증대 등의 성과를 거두었으나, 재정적자의 축소, 정부규제 및 보조금의 축소, 노동시장의 유연성 등의 근본적 문제해결에는 실패하였다.

재정적자만 하더라도 1980년대에는 다소 축소되었지만, 통독 이후의 통일 비용과 지속적인 사회보장관련 지출의 증대로 해마다 GNP 대비 2~4%의 적자발생으로 만성적인 현상이 되어 버렸다. 국가의 사회정책관련 지출비중은 국민경제의 부담능력을 초과하는 수준으로 확대되었다. 예컨대 1970년과 1990년 사이에 투자율은 25.5%에서 21.0%로 떨어졌는데, 사회정책관련 지출의 비중은 26.7%에서 29.5%로 오히려 증가하였으며, 통일 이후에는 더욱 확대되어 1993년에는 GNP의 34%까지 증대되었다. 광범위하게 구축된 사회보장망은 사회적 위험을 제거하고 계층간의 마찰을 완화시키는 데는 기여하였으나, 지나친 부담으로 기업의 국제경쟁력을 약화시켜 생산시설의 해외이전을 촉진하는 등 민간부문의 역동성은 활력을 잃게 되었다. 산업정책에 있어서도 경쟁력이 없는 석탄, 조선, 철강산업과 농업에 대한 보조금의 지속으로 구조조정에 실패하였고, 이는 경제성장의 둔화와 구조적 실업을 양산하는 원인을 제공하였다.

이와 같이 실제의 경제정책이 사회적 시장경제의 기본이념과는 상당히 다른 방향으로 전개된 데는 정치적 요인이 크게 작용하였다. 1970년대에 들어오면서 국민의 욕구증대, 선거를 의식한 정치세력의 무원칙한 사회정책 프로그램의 제시 등이 복합적으로 작용하면서 사회적 시장경제의 기본원칙이 흔들리게 되었다. 특히 사회정책분야에 있어서 경제적 부담이 정부의 이전지출로 충당됨으로써 많은 자원이 비생산적인 정치적 목적으로 전용되었고, 이는 투자의욕이나 기술혁신을 감퇴시켰을 뿐 아니라 근로의욕마저 훼손시키는 결과를 가져왔다. 이는 사람들로 하여금 공적 수단을 통해서 사적 이익을 극대화하고자 하는 유인을 제공함으로써 독일사회의 복지국가에로의 이행을 가속화시켰다. 이와 같이 독일의 사회적 시장경제는 에르하르트나 뮐러-알막의 의도와는 달리 복지국가의 형태로 변모하게 되었다.

이와 같이 사회적 시장경제가 복지국가형태로 변질하게 된 데는 '사회적'

이라는 용어 자체의 개념과 무관하지 않다는 것이다. 에르하르트나 뮐러-알막이 사회적이라는 용어를 쓴 것은 시장경제, 즉 자본주의경제에 대한 다양한 비판, 예컨대 자본주의경제는 비윤리적이다, 약자를 착취한다, 비사회적이다 등에 대응하기 위한 것으로 자본주의경제 아래서도 사회적 정의의 문제를 해결할 수 있다는 의미에서 '사회적'이라는 말을 붙였다는 것이다. 그런데 사회적이라는 개념의 해석상의 다양성 때문에 사회적 시장경제의 개념은 시간이 흐름에 따라 변질되어 결과적으로 복지국가로 가는 길을 막지 못하고 오히려 길을 닦아 주었다고 한다.

제4장
시장실패와 정부실패

제 1 절 시장실패

오늘날 국민경제에 대한 국가의 다양한 개입은 시장기구가 제대로 작동하지 못하는 데 그 근본적인 이유가 있다고 보아야 한다. 즉 시장의 실패(market failure)에 있다고 하겠다. 시장의 실패는 배분적 실패(allocative failure), 분배적 실패(distributive failure), 그리고 순환적 실패(cyclical failure)로 나눌 수 있다.

1. 배분적 실패

배분적 실패란 공공재나 외부경제 및 경쟁제한행위가 있을 경우에는 시장기구가 자원의 효율적인 배분을 가져오지 못한다는 것을 의미한다.

1.1 공공재의 경우

공공재는 시장경제적 배타성의 원칙이 적용되지 않고 동시에 소비의 비경합성을 가지는 것을 특징으로 한다. 배타성원칙이란 시장경제에서는 누구든지 값을 지불하지 않고는 어떤 재화나 용역을 소비할 수 없는 것을 말하는데 이러한 원칙은 공공재의 경우에는 적용되지 않는다. 가령 치안이나 국방 및 교육과 같은 공공재의 경우는 정확히 값을 알 수도 없을 뿐 아니라 경우에 따라서는 비용이 너무 높기 때문에 개인이 부담하기가 어렵다. 따라서 사유재처럼 돈을 내는 사람만이 그 재화의 소비를 허용하는 원칙을 적용하기 어렵다.

소비의 경합성이란 다른 사람의 소비를 제한하지 않고는 그 재화의 소비를 할 수 없다는 것을 의미한다. 시장경제에서는 개인에 의한 어떤 재화의 소비는 다른 사람의 소비를 그만큼 제한하게 되는데 이러한 소비의 경합성은 공공재의 경우는 적용되지 않는다. 가령 내가 치안의 혜택을 받는다고 해서 다른 사람에 대한 치안혜택을 제한하지는 않기 때문이다.

이와 같이 공공재는 배타성이 없고 소비의 경합성이 없기 때문에 시장경제의 원리에 맡겨두면 이의 충분한 공급을 기대하기 어렵다. 왜냐하면 값을 지불하지 않고도 소비를 할 수 있기 때문에 이를 남용 또는 과용하기 쉬운 데다가 소비의 경합이 없어 공동으로 사용할 수 있기 때문에 공급을 게을리하게 된다는 것이다. 다시 말하면 공공재의 생산을 시장기구에 맡기면 공급부족현상을 가져오기 때문에 정부가 이에 개입하여 공공재의 공급에 책임을 져야 한다는 것이다.

물론 이와 같이 엄격한 의미에서의 배타성의 부적용이나 소비의 비경합성이 적용되는 공공재는 치안이나 국방 등 매우 제한적이며, 교육, 보건, 교통부문에의 적용에는 한계가 있다. 왜냐하면 이런 공공재는 어느 정도 시장원리의 적용이 가능하기 때문이다. 특히 우리나라처럼 사교육이 공교육보다 지배적인 경우에는 시장경제원리에 의하여 부분적이나마 운영되고 있으며 교통의 경우에도 고속도로와 같이 수익자부담원칙에 의하여 운용되는 경우도 있기 때문에 배타성의 부적용이나 소비의 비경합성을 적용하는 데는 한계가 있다. 따라서 교육이나 교통, 보건은 순수한 공공재라 할 수 없기 때문에 국가가 이를 제공해야 한다는 주장은 다른 이유에서 찾아야 한다는 주장도 있다. 교육의 경우를 보면 교육은 외부경제를 창출하기 때문에 사회가 요구하는 교육에 대한 수요는 개인의 수요보다 크다. 따라서 정부가 개입해서 공급을 늘리지 않는 한 교육수요를 메꿀 수가 없다. 또 개인은 언제나 현재의 효용을 미래의 그

것보다 높게 평가하기 때문에 교육을 민간에 맡겨 놓으면 장기적인 교육투자는 어렵고 따라서 국가가 개입하여 교육투자를 확대하여야 한다.

1.2 외부경제

외부경제란 어떤 부문에서의 경제활동이 시장기구를 통하지 않고 타부문의 경제활동(생산 및 소비)에 영향을 주는 것을 말하는데 긍정적 영향을 주는 것은 외부경제(external economy), 부정적 영향을 주는 것은 외부비경제(external diseconomy)라 한다. 외부경제나 외부비경제가 있을 경우에는 그 생산활동에서 나오는 생산물의 시장가격은 비용을 제대로 반영하지 못하게 됨으로써 자원배분을 왜곡시키게 된다. 즉 사적 비용과 사회적 비용이 다르기 때문에 국가가 개입하여 시장기구의 결함을 제거해 주어야 한다는 것이다.

가령 예를 든다면 A와 B의 두 개의 기업이 강변에 위치하고 있는데 A는 강의 상류에 있어서 폐기물을 방류함으로써 기업 B에 추가적인 비용을 유발한다고 하자(B가 강물을 정수하여 사용하기 때문에 추가비용 부담). 이런 경우에는 기업 A는 B에 대해 외부비경제를 유발하며 A의 생산이 크면 클수록 B의 비용부담은 커진다.

그러나 A가 만들어 내는 제품의 시장가격에는 폐기물의 정화에 필요한 비용은 포함되지 않기 때문에 A기업의 생산비, 즉 사적비용은 폐기물정화에 소요되는 내용을 포함한 사회적 비용보다 적다. 이와 같이 A기업의 사적 비용은 사회적 비용보다 적기 때문에 A기업의 생산은 사회가 바라는 것 이상으로 확대된다. 이러한 경우에는 이를 시장기구에 방치하게 되면 자원이 사회적으로 바람직하지 않는 곳, 즉 사회적 비용이 큰 곳으로 투입되기 때문에 자원배분의 왜곡현상이 생기게 된다. 따라서 정부가 개입하여 A에게 공해부담금을 부과하는 등 제재조치를 취해야 한다는 것이다.

이와 반대로 긍정적 외부경제를 창출하는 경우에는 이의 반대현상이 일어난다. 가령 A기업이 강의 상류에서 조림사업을 한다면 울창한 삼림의 덕택으로 물이 깨끗하게 되어 강의 하류에서 물을 이용하는 기업이나 사람에게는 큰 혜택을 주게 된다. 이런 경우 A기업은 나무를 키워 이를 상업화하는 데는 많은 시간과 비용이 들기 때문에 사적비용은 매우 크다. 그러나 한편 하류에 있는 다른 기업이나 사람들에게 맑은 물을 제공하므로 엄청난 비용절감효과를 주기 때문에 이를 감안한 사회적 비용은 매우 적다고 할 수 있다. 즉 조림사업의 사회적 비용은 사적비용보다 적기 때문에 이를 장려하는 것이 사회적으로 바람직하다는 것이다. 이를 바꾸어 말하면 조림사업으로부터 얻는 A기업의 이득, 즉 사적 편익(private benefit)보다는 맑은 물의 이용으로 얻는 사회 전체의 이득, 즉 사회적 편익(social benefit)이 훨씬 크기 때문에 조림사업의 경우는 정부가 보조금 등을 통하여 이를 지원할 필요가 있다는 것이다.

이와 같이 어떤 경제활동이 외부비경제를 창출할 때는 정부가 금지·경고·조세부과 등을 통해 제재를 하고 반대로 외부경제를 창출하는 경우에는 이를 장려하는 조치를 취하는 것이 바람직하다.

1.3 경쟁위협

경쟁은 시장기구의 원활한 작동을 위한 핵심적인 요건이다. 경쟁은 시장에 참여하는 경제주체로 하여금 최선을 다하게끔 함으로써 자원배분의 효율을 가져오고 또 개인의 자유로운 경제활동도 경쟁이 있음으로만 가능하다. 경쟁이란 이처럼 좋은 점도 있지만 다른 한편으로는 경쟁상대자와의 싸움이기 때문에 경쟁상대자를 경쟁시장에서 제외시키고자 하는 부작용도 있다. 경쟁이 심하면 기업의 이윤은 사라지기 때문에 기업이윤을 유지하기 위해서는 타기업의 시장개입을 방해하고자 한다.

즉, 경쟁은 스스로 경쟁제한행위를 불러일으킴으로써 경쟁자체를 위협하게 한다는 것이다. 경쟁제한행위란 시장조건을 자기에게는 유리하게 하고 타인에게는 불리한 불공정행위를 의미하는 것이기 때문에 시장기구의 효율적인 작동은 어렵게 된다. 그런데 경제가 발전하게 되면 산업의 집중화현상이 일어나면서 각종 경쟁제한행위가 발생하고 있다. 따라서 정부는 각종 경쟁제한행위를 규제함으로써 공정한 경쟁질서를 창출할 필요가 있다.

2. 분배적 실패

분배적 시장실패란 시장기구에 의해서 결정되는 분배는 사회정의, 사회적 평화 및 사회보장이란 측면에서 만족스럽지 못하다는 것이다. 따라서 정부가 개입해서 분배문제를 적극적으로 개선해야 한다는 것이다. 분배문제는 두 가지로 크게 나누어 볼 수 있는데, 하나는 사회보장적 측면이며 다른 하나는 소득 및 자산분배적 측면이다.

2.1 불충분한 사회보장

자본주의의 발달은 실업·산업재해·노동착취·질병·근로환경악화 등의 부작용을 가져왔다. 그러나 이러한 각종 사회적 위협은 개별노동자가 개인 스스로 부담하기는 힘들다. 질병·노후생활·사망 등에 대해서는 민영보험에 가입함으로써 이러한 위험을 분산시킬 수 있으나 개인이 부담할 수 있는 능력에는 한계가 있으므로 국가가 개입해서 적극적으로 지원해 주어야 한다. 또 실업과 같이 발생의 예측이 불가능한 위험의 경우에는 이윤을 추구하는 민영보험기관에 맡길 수 없다. 이처럼 사적 기관이 담당할 수 없는 위험으로부터 개인을 보호해 주기 위해서는 국가가 책임을 지는 사회보험이 필요하다. 다시 말하면 시장기구를 통해서는 각종 위험으로부터 개인을 보호하기에는 한계가 있기 때문에 국가가 개입해서 개인의 사회적 안전을 보장해 주어야 한다는 것이다.

2.2 분배의 불공평

시장경제에서의 분배는 생산에 기여한 공헌도, 즉 성과에 따라 배분되는 것이 원칙인데 이는 생산요소시장에서의 완전경쟁이 있을 경우만 가능하다. 그러나 실제로 시장은 완전경쟁보다는 불완전경쟁이 지배적이며 이런 경우에의 소득분배는 개인의 성과와는 무관하게 결정되는 경우가 많다. 가령 독점의 경우 자본가는 독점이윤을 챙기기 때문에 소득분배는 자본가에게는 유리하고 노동자에게는 불리하게 된다. 이 밖에도 소득분배는 상속 등 자산상의 차이,

능력의 차이, 교육의 차이 등에 의하여 소득분배상의 불균형이 생기기 마련이다. 이러한 시장실패에 따른 분배의 불공평은 소득에만 그치지 않고 재산상의 불평등으로 이어지므로 사회적 갈등과 마찰을 야기한다. 따라서 국가가 개입해서 소득이나 재산이 많은 사람이나 계층에게는 중과세하는 한편 저소득층에 대해서는 정부지출을 통해 분배의 불평등을 개선하는 것이 사회정의를 위해서도 바람직하다.

사회정의의 실현이란 계층 간의 소득분배를 균등하게 하자는 것이 아니고 시장기구를 통해서 결정되는 소득분배의 격차를 줄임으로써 사회적 형평을 증진시키는 데 있다. 물론 상대적 소득격차도 사회적 마찰과 갈등을 가져오는 중요한 요인이지만 이에 못지않게 중요한 것은 절대빈곤문제다. 시장경제 아래서 병약자·노령자·장애자 등은 자기의 능력만으로는 최저생활을 유지하기가 어렵다. 그러나 이러한 절대빈곤인구의 방치는 사회적 평화를 위협하기 때문에 정부가 개입해서 이들의 생활을 보호해 주지 않으면 안 된다.

3. 순환적 실패

순환적 실패란 자본주의적 시장경제는 불안정성과 불확실성을 내포하고 있기 때문에 시장기구에만 맡겨 놓아서는 완전고용과 지속적 성장이 보장되지 않는다는 것이다. 순환적 실패는 거시경제적 불안정성에서 오는 시장실패와 경제성장과 구조변화에서 오는 시장실패로 나눌 수 있다.

3.1 국민경제의 불안정

시장경제의 자율조정기구는 여러 가지 요인 때문에 현실적으로 제대로 작동이 되지 않고 있으며 우리가 보는 것처럼 자본주의적 시장경제의 불안정성, 예컨대 성장·고용·물가·국제수지 등 거시경제변수의 불안정은 보편화되고 있다. 이와 같은 시장경제의 불안정은 시장이 불완전하여 가격기구가 제대로 작동을 하지 않는다든지, 유효수요가 부족하여 총수요가 총공급에 미치지 못한다든지, 또는 외부충격에 대하여 국민경제가 제대로 적응을 못하는 등 여러 가지 요인에 기인한다. 이러한 국민경제의 불안정은 국민경제의 안정적이고 지속적인 성장을 저해하기 때문에 정부가 개입하여 거시경제의 안정을 기할 필요가 있다.

물론 자본주의경제의 불안정성에 대해서는 의견이 일치하는 것은 아니다. 가격기구는 기본적으로 작동하기 때문에 일시적인 불균형이 있더라도 이는 큰 지체 없이 극복될 수 있기 때문에 정부의 개입이 필요 없다는 주장이 있는가 하면 균형이 회복은 되지만 균형으로의 회복은 길고 지루하기 때문에 정부가 개입해서 시장기구의 적응과정을 촉진해 주는 것은 필요하고 유용하다는 주장도 있다. 또 케인지언처럼 자본주의경제의 내재적인 자율조정기구는 효과가 없기 때문에 정부가 개입해서 불균형(과소고용)문제를 해결해 주어야 한다는 주장도 있다. 시장경제체제에서 가격기구의 실효성을 부인하는 것도 옳은 것은 아니지만 그렇다고 해서 가격기구에만 전적으로 의존하는 것도 비현실적이다.

이와 같이 현실의 시장경제는 일시적이든 구조적이든 여러 가지 이유로 불안정함은 부인하기 어려우며 불안정의 감소나 해소는 정부의 중요한 과제라 하지 않을 수 없다. 이러한 뜻에서 정부의 정책적 개입은 정당화될 수 있다.

3.2 경제성장과 구조문제

자유방임적 시장경제이론에 의하면 경제성장은 정부가 제도적 여건만 마련해 주고 경제주체의 자유로운 경제활동만 보장해 주면 자연발생적으로 이루어진다고 보고 있다. 따라서 경제성장을 위해 정부가 특별히 개입할 필요가 없다고 한다. 그러나 이러한 낙관적인 견해는 현실과는 상당히 거리가 있다. 우선 민간의 경제활동을 지원하기 위해서는 교통·통신 등 사회간접자본이 필요한데 시장기구는 이를 해결해 주지 못한다. 뿐만 아니라 경제성장을 위해서는 기술혁신이 매우 중요하나 기술혁신은 불확실성이 크기 때문에 이를 전적으로 시장기구에만 맡길 수 없다. 경제성장은 또 환경파괴를 가져오므로 생활환경을 오염시키고 인간의 생명마저 위협하고 있다. 이와 같이 경제성장을 촉진하고 성장에서 오는 부작용을 막기 위해서는 정부의 개입이 불가피하게 요청된다.

정부의 개입은 경제성장에만 국한되는 것은 아니고 구조변화에서 오는 여러 가지 문제해결을 위해서도 필요하다. 시장경제체제에서의 산업구조변화는 원칙적으로 시장이 주는 정보에 의거하여 일어난다. 그러나 시장이 주는 정보는 현재에 대한 정보제공에 불과하며 미래에 대한 정보를 주지 못하며 주더라도 충분치 못하다. 이러한 정보의 불완전성 때문에 시설과잉이 발생하는가 하면 시설부족문제도 생기는 등 불균형이 생긴다. 이러한 불균형문제는 산업 간·부문 간에서만 일어나는 것이 아니고 지역 간에도 발생할 수 있다. 이와 같이 시장의 불완전성에서 오는 산업 간·지역 간의 구조적 불균형문제를 해소하고 나아가 바람직한 산업구조의 형성을 위해서는 정부개입이 불가피하게 요구된다.

제 2 절　정부실패

위에서 우리는 시장실패에서 오는 여러 가지 문제를 해결하기 위해서는 정부의 정책적 개입이 불가피하다는 것을 지적하였다. 이러한 정부의 개입에 대해서 비판이 없는 것은 아니다. 정부의 경제정책적 개입에는 사회적 비용이 따르며 또 정부의 개입이 반드시 시장기구에 의하여 조정되는 것보다 좋은 결과를 가져온다는 보장이 없다는 것이다. 왜냐하면 시장의 실패가 있는 것처럼 정부실패(government failure)도 있을 수 있기 때문이다. 정부실패가 생기는 이유로서는 다음과 같은 것이 지적될 수 있다.

1. 불완전한 정보

시장실패의 중요한 요인으로서 불완전한 정보를 들고 있는데 이는 정부의 경우에도 그대로 적용될 수 있다는 것이다. 불완전한 정보는 두 가지로 나눌 수 있는데 하나는 정보가 있기는 하나 경제주체가 정보의 비대칭성 때문에 정보를 제대로 알지 못하는 경우이다. 가령 소비자가 약품을 살 때 그 약품의 효과나 부작용 등에 대해서 생산자(제약업자)만큼 제대로 알기가 어렵고 그 때문에 약을 필요 이상으로 많이 복용하는 경우가 생기며 이는 자원의 낭비를 가져온다는 것이다. 이러한 문제는 정부의 경우에도 그대로 적용될 수 있다는 것이다. 예컨대 정부가 무기를 구입하는 경우 무기성능에 대하여 무기생산업자처럼 알기가 어렵고 이로 인해 고가구입과 같은 낭비가 있을 수 있다는 것이다.

불완전한 정보의 두 번째 문제는 미래에 대한 불확실성이다. 현재의 시장도 정보의 비대칭성으로 인하여 불완전한데 미래는 불확실성 때문에 더욱 불완전하다는 것이다. 가령 미래의 어떤 산업이 유망하고 그 산업의 수급이나 가격을 예측한다는 것은 매우 어려운데, 이는 기업이나 정부나 마찬가지라는 것이다. 민간이 모르는 것을 정부사람이라고 해서 잘 알 수는 없기 때문에 정부가 잘못된 판단을 할 수 있다는 것이다.

2. 정치적 의사결정

정부의 의사결정은 정치가에 의하여 결정되는 경우가 많은데 정치가는 의사결정을 함에 있어서 정권의 유지나 선거공약 등 선거에서의 승리와 같은 개인적인 야심이나 이해관계에 의하여 많은 영향을 받는다. 특히 민주적인 정치제도 아래서는 이익집단과의 타협에 의하여 의사결정이 되는 경우가 많으며 이러한 경우에는 자원의 효율적인 배분과는 거리가 멀게 된다.

3. 관료제도의 문제

정부의 정책결정은 정치가에 의하여 큰 영향을 받는다는 것을 지적하였거니와 정치가보다도 더 큰 역할을 하는 것은 관료조직이다. 양심적인 공직자도 있지만 모든 공직자가 다 공익에 충실하다고 보기는 어렵다. 공직자도 사람이기에 사익을 공익보다 앞세우게 되는 경우가 있으며 이렇게 되면 올바른 의사결정은 어렵다. 더구나 공직자는 국가예산의 제약 때문에 능력에 맞는 보상을 받지 못하게 된다. 그렇기 때문에 적극적인 동기유발이 없고 그렇다고 해서 특별한 위법사항이 없는 한 해고와 같은 강한 제재조치를 취하기도 어렵다. 다시 말하면 관료조직에는 긍정적인 유인(positive incentive)이 없는가 하면 부정적인 유인(negative incentive)도 없다. 이 때문에 관료사회는 무사안일에 빠져 들기 쉽다는 것이다.

4. 재분배상의 문제

우리가 시장실패의 하나로서 분배의 불공평을 들고 있으며 이 때문에 정부의 재분배정책이 필요하다고 한다. 그러면 정부는 재분배를 함에 있어서 공평을 기할 수 있을까? 재분배정책의 취지는 잘 사는 사람으로부터 세금을 거두어서 가난한 사람으로 소득을 이전하기 위한 것인데 실제로는 더 잘 사는 계층이나 이익단체의 이익을 옹호하는 쪽으로 결정되는 경우가 없지 않다는 것이다. 가령 정부가 어떤 산업을 지원 또는 보호하게 되면 이익단체의 압력이나 로비 때문에 이를 철폐하기가 어려우며 이렇게 되면 가난한 사람들로부터 세금을 거두어 잘 사는 사람을 도와주는 격이 된다. 또한 정부지출의 경우도 그 지출이 공정하게 쓰인다고 보장하기도 어렵다는 것이다. 예컨대 정부가 농가의 부채를 탕감해 주는 경우 잘 못사는 농가보다도 잘 사는 농가가 더 큰 혜택을 볼 수 있기 때문이다. 이렇게 되면 재분배정책이 잘 되었다고 하기 어렵다.

5. 신뢰성의 결여

정부정책의 성공여부는 경제주체가 정부정책에 어떻게 반응하느냐에 따라 다르다. 정부가 아무리 좋은 정책을 쓴다 하더라도 가계나 기업이 이에 적극적으로 반응하지 않으면 정책은 실패하기 쉽다. 다시 말하면 정부정책에 일관성이 없다든지 또는 정부에 대한 신뢰성이 없을 경우에는 경제주체가 정부정책에 호응하지 않게 되며 이렇게 되면 정부정책은 성공하기 어렵다.

제 3 절 정부와 시장의 관계

앞에서 우리는 시장실패를 교정하기 위하여 정부의 개입이 필요하나 정부 역시 시장과 마찬가지로 실패를 할 수 있다는 것을 지적하였다. 그러면 정부실패 때문에 정부는 개입을 하지 말아야 한다는 것인가? 여기서 우리가 주의할 것은 정부실패가 있다고 해서 정부가 시장에 전혀 개입하지 말라는 것은 결코 아니라는 점이다.

우리가 알아야 할 것은 정부는 조직의 성격상 어느 정도의 비효율성은 인정하지 않을 수 없다는 것이다. 정부는 민간기업과 달리 재산권이 없기 때문에 주인이 없는 조직이며 그런 면에서 정부는 사기업과 같은 능률을 보이기가 어렵다. 또한 정부는 경쟁이 없기 때문에 효율이 떨어질 수밖에 없다. 따라서 정부의 실패가 있다 해서 정부개입을 부정적으로만 보아서는 안 된다는 것이다. 보다 중요한 것은 시장실패와 정부실패를 비교해서 어느 것이 더 큰가를 가지고 판단하는 것이다. 정부실패, 즉 정부개입의 비용이 시장실패의 비용보다 적다면 다시 말하면 정부개입의 비용이 시장실패의 교정에서 생기는 수익보다 적다면 정부개입은 정당화될 수 있다. 반대로 시장실패가 정부실패보다 적다면 시장실패가 있다 해도 정부개입은 하지 않는 것이 좋다. 이러한 점을 감안할 때 정부와 시장과의 관계에 대해서는 다음과 같은 점을 지적할 수 있다.

첫째, 정부가 해야 할 가장 기본적인 역할은 시장의 작동에 필요한 기본요건이라 할 수 있는 순수한 공공재인 국방과 치안은 물론 법과 질서를 지키고 유지하는 데 있다 하겠다.

둘째, 사회적 형평이란 측면에서 정부의 재분배 정책적 개입은 불가피하다는 것이다. 앞에서 지적한 바와 같이 시장과 정부는 공정한 분배라는 측면에서 다 같이 취약점을 가지고 있다. 분배를 시장에 맡길 경우 부모의 유산, 교육의 차이, 기타 환경적 차이 등에서 생기는 불평등을 해결할 수 없으며 반대로 정부의 재분배정책은 관료의 자의성·정실, 부패 등의 문제를 가지고 있다. 정부의 재분배정책이 이러한 문제점을 가지고 있는 것은 사실이나 사회적 정의와 평화를 위하여 정부개입은 불가피하다 하겠다.

셋째, 자원배분에 있어서는 시장이 정부보다는 일반적으로 더 능률적이라 할 수 있다. 왜냐하면 시장에서는 경쟁과 유인이 강하게 작용하나 정부에서는 그것이 없기 때문이다. 따라서 공공재와 같은 특수한 경우를 제외하고는 자원배분은 정부보다는 시장에 맡기는 것이 더 효율적이라 할 수 있다.

넷째, 정부가 해야 할 중요한 일은 시장의 기능이 제대로 작동되도록 시장을 도와주는 일이다. 자본, 노동 및 상품시장에 있어서 시장의 불완전성은 광범위하게 존재하는 것이 현실이다. 가령 금융시장에서 정부의 규제가 있다든지 투명성이 없을 때는 금융의 자율성과 경쟁력이 없으며 이런 경우에는 규제를 줄이고 투명성제고를 위한 조치가 필요하다. 노동시장에서도 노동의 이동이 신축적이지 못할 경우에는 유연성의 제고가 필요하며, 상품시장에서도 각종 경쟁제한 행위가 있을 때는 정부에 의한 공정거래질서의 확립이 필요하다. 이렇게 함으로써 시장의 기능이 제대로 작동될 수 있기 때문이다.

다섯째, 정부가 시장의 기능을 도와줄 수 있는 것처럼 시장 또한 정부의 기능을 도와줄 수 있다. 즉 정부활동에 시장적 요소를 도입함으로써 정부실패를 줄일 수 있다는 것이다. 즉 공공부분에서도 경쟁원리를 도입하여 능률을 올릴 수 있다. 가령 정부구매에 있어서 경쟁입찰제를 실시한다든지 공기업을 민영화한다든지 공무원보수체계에서 성과급제를 실시한다든지 또는 의사결정의 분권화를 기하는 등 여러 형태의 유인제도를 도입함으로써 정부실패를 줄일 수 있다는 것이다.

이상에서 지적한 바와 같이 시장과 정부의 관계는 상호 배타적인 관계가 아니라 상호보완적인 관계에 있다고 보는 것이 적절하다. 정부는 비효율적이고 불합리적이고 관료적이기 때문에 정부의 개입을 무조건 나쁘다고 하는 것은 옳지 않다. 정부는 여러 가지 정책수단을 동원하여 시장실패를 교정할 수 있고 시장의 기능이 제대로 작동하는 데 큰 도움을 줄 수 있다.

반대로 시장 역시 시장기구가 가지는 효율성의 장점을 정부활동에 접목시킴으로써 정부실패를 줄이는 데 큰 도움을 줄 수 있다. 다시 말하면 시장은 시장대로 장점과 한계가 있는가 하면 정부는 정부대로 장점과 한계가 있다는 것이다. 그렇기 때문에 정부와 시장의 관계를 배타적인 관계로 보기보다는 보완적인 관계로 보아야 한다. 그러나 어느 정도, 어떤 분야에서, 정부가 개입하고 어떤 분야에서, 어느 정도까지, 시장에 맡겨야 하는가는 그 나라의 발전단계와 상황에 따라 다르기 때문에 절대적인 기준은 있을 수가 없다 하겠다.

제5장

시장경제와 경제정책의 원칙

앞장에서 우리는 시장경제체제에서 왜 국가에 의한 개입이 필요한가를 설명하였으며 아울러 오늘날 시장경제는 정도의 차이는 있으나 정부의 개입이 있는 관리시장경제라는 것을 지적하였다. 그러나 국가에 의한 개입은 자칫 잘못하면 적지 않은 부작용을 가져오기 때문에 국가의 시장경제에 대한 개입에 있어서도 원칙과 한계를 명확히 해야 한다. 시장경제질서에 대한 국가의 개입은 기본적으로는 시장기구를 작동하게 하고 또 이를 활성화시킴으로써 국가가 지향하는 정책목표를 효과적으로 달성하는 데 그 목적이 있다고 할 수 있다. 이와 같이 시장경제에 있어서 경제정책이 지켜야 할 일반적인 원칙으로는 다음과 같은 것을 지적할 수 있다.

제 1 절 경제주체의 자율성존중

경제정책이란 경제에 대한 국가의 개입을 의미하는 것이기 때문에 자칫 잘못하면 시장경제의 특징인 개인의 자유를 침해하기 쉽다. 따라서 국가는 일정한 행동규칙을 만들어 이 규칙 안에서 개인의 자유로운 활동을 보장해 주는 것이 매우 중요하다. 왜냐하면 시장경제에 있어서 경제주체의 자유란 방종의 자유가 아니라 규칙준수의 자유(regelgebundene Freiheit)를 의미하기 때문이다. 따라서 국가는 모든 사람이 준수해야 할 행동규칙을 마련할 의무가 있다. 모든 사람이 지켜야 할 행동규칙이란 계약의 자유, 재산권의 보호, 채무의 무한책임, 영업자유, 직업선택의 자유 등 경제주체의 자유를 보장하는 데 필요한 준칙을 말한다. 그러나 여기서 말하는 개인의 자유보장이란 시장의 기능이 제대로 작동하는 것을 전제로 하는 것이며 시장실패가 있는 경우에 개인의 자유는 제한받을 수 있다. 가령 경제력집중으로 시장지배력의 남용이 있을 때는 시장지배력을 규제하기 위해 진입자유 등 영업의 자유를 제한할 수 있고 또 국토의 효율적 관리를 위해 재산권을 제한할 수도 있다. 이러한 것을 포함해서 국가는 경제주체가 지켜야 할 행동규칙을 만들고 그 안에서는 경제주체가 자기 책임하에 자유롭게 의사결정을 할 수 있는 자율성을 존중해 주는 것이야말로 시장경제에 있어서 경제정책의 가장 중요한 원칙이라 하겠다. 따라서 국가는 기본적인 행동규칙 안에서 자유로운 경제활동을 보장하기 위해서 각종 자유제한적인 규제를 과감히 철폐·축소하여야 한다. 특히 수량규제, 가격규제 및 진입제한과 같은 직접적 통제는 해제해야 하며 정부의 개입은 시장의 기능을 보완해 주는 친시장적 개입에 국한하여야 한다.

경제주체의 자율성이 존중되는 행동규칙이 있고 정부규제가 철폐된다고 해서 시장경제가 자동적으로 순기능을 발휘한다고는 할 수 없다. 왜냐하면 아무리 좋은 행동규칙이라도 경제주체가 그것을 준수하지 않으면 효과가 없기 때문이다. 행동규칙이 준수되고 그 취지에 맞게끔 행동하기 위해서는 경제주체의 도덕적 기초가 있어야만 한다. 경제주체가 개인적 책임의식을 가지며, 자기가 한 행위의 결과에 대해서는 자기가 책임을 지고 계약에 충실하며, 소유권을 존중하는 등과 같은 도덕적 기초를 가질 때만 경제활동의 자유는 원래의 기능을 할 수 있다. 이러한 도덕적 가치를 시장경제의 제도적 도덕(institutionalle Moral)이라 한다. 만일 시장에 참여하는 사람들이 도덕적 기초가 없이 자기 이익만 챙기고 물질주의와 권력추구에만 몰두한다면 개인의 자유보장은 원래의 기능을 발휘할 수 없다. 왜냐하면 시장경제는 가치중립적이고 순수한 경제적인 기계는 아니며 따라서 규칙만 있다고 해서 시장경제가 제대로 작동한다고는 볼 수 없기 때문이다.[1]

---

1) E. Hoppmann(1993), p.20 참조.

제 2 절 경쟁질서의 확립

시장경제에서 생산·소비·투자 등에 의한 민간의 자율적 의사결정이 큰 마찰 없이 또 각자가 만족하는 수준에서 이루어지기 위해서는 경쟁이 자유롭게 일어나야 한다. 왜냐하면 경쟁이 활발해야 가격의 조정역할이 원활히 이루어지기 때문이다. 경쟁은 이처럼 단순히 경제활동의 조정자적 역할만을 하는 것이 아니고 자원의 효율적 배분을 가져오고 기술개발을 촉진하여 소비자에게 값싸고 보다 좋은 물건을 공급함으로써 사회적 후생을 증대시키는 등 시장경제체제의 성공을 결정하는 기본요건이다. 이런 뜻에서 시장경제질서를 경쟁질서라고도 하며 시장경제를 경쟁경제라고도 한다.

그러나 경쟁에는 이러한 장점이 있는 반면 단점도 없지 않다. 경쟁은 경쟁에 이긴 자에게는 힘을 주고 힘을 갖게 된 자는 그 힘을 이용하여 다른 시장참여자의 경쟁을 차단하고자 하기 때문이다. 경쟁자의 시장진입을 방해하는 불공정경쟁이나 또는 경쟁자간의 담합행위 등 각종 경쟁제한행위를 함으로써 시장지배력을 남용하게 된다. 이처럼 경쟁은 항상 위협을 받고 있기 때문에 정부가 개입해서 이를 유지·관리해야 하며 그렇게 함으로써만 경쟁의 순(順)기능을 확보할 수 있고 시장기구가 제대로 작동할 수 있다. 이를 위해서는 국가가 법적 장치를 통해서 경쟁제한행위를 규제함으로써 경쟁을 촉진해야 한다. 다시 말하면 경쟁에서 생기는 힘은 경쟁을 통해서 통제하여야 하는데 이는 국가의 주요한 의무라는 것이다. 즉 경쟁질서의 창출과 유지·관리는 시장경제의 창달을 위해서 국가가 해야 할 중요한 과제라 하겠다.

제 3 절 법치주의

자유민주국가에서 모든 국가의 행위는 법률에 근거하여야 한다. 이러한 법치주의는 시장경제질서를 근간으로 하고 있는 자유민주사회의 기본요건이다. 국가의 모든 행위는 법률에 근거해야 한다는 것은 국민의 자유를 국가의 간섭으로부터 보호하고자 하는 데 근본적인 취지가 있다. 시장경제에서는 개인의 자유로운 경제활동을 원칙으로 하기 때문에 어떤 문제가 생겼을 때 그 문제의 해결이 시장기구 자체에서 해결하는 것이 바람직하며 국가의 개입은 가능하면 제한하는 것이 바람직하기 때문이다.

개인의 자유권 보호는 국가와 개인 간의 관계에서만 있는 것이 아니고 개인과 개인 간의 관계에서도 볼 수 있다. 개인의 자유는 타인의 자유를 침해해서는 안 되기 때문이다. "개인이 자유롭게 활동할 수 있는 권리도 이웃의 문턱에서 끝이 나야 한다."[2)] 개인의 자유가 이웃의 문턱을 넘어서게 되면 마찰이 생긴다는 것이다. 따라서 국가의 과제는 이러한 개인 간의 가능한 마찰을 해결하여 주는 데 있다. 우리는 이러한 국가의 해결이 모든 사람들에게 적용되는 것을 법률(Gesetz)이라 하며 이를 차별 없이 모든 사람에게 공정하게 실행시키는 국가를 법치국가(Rechtstaat)라 한다. 이와 같이 법치주의란 개인의 자유를 국가로부터 보호하고 자유로운 활동에서 오는 개인 간의 마찰을 해결하며 국가의 개입은 시장기구가 해결하지 못하는 경우에만 허용하되 모든 사람에게 평등하게 적용하는 것을 말한다.

그러나 이러한 법치주의의 원리를 민주주의국가에 현실적으로 적용하는 데는 적지 않은 장애가 있다. 가령 민주주의국가에서 모든 법은 의회에서 제정되는데 그것도 다수결에 의하여 결정된다. 그러나 다수결원칙이란 것이 반드시 좋은 것은 아니며 소위 다수결의 횡포가 있기 때문에 이를 방지하기 위해서는 중요한 국민의 기본권을 헌법에 명시토록 하여야 한다. 또한 민주주의의 문제점은 이익단체의 입법사항에 대한 영향력 행사다. 이익단체는 그 단체에 속하는 회원의 이익을 대변하기 때문에 이는 국민경제의 이익과 일치하기 어려운 경우가 있다. 이러한 경우 국가는 이익단체의 영향력에서 벗어나야 한다. 그러나 실제로는 이와 같은 원칙이 지켜지지 못하고 있는 경우가 많다. 그래서 법치국가는 잘못하면 행정국가, 정당국가 또는 이익단체국가로 전락하기 쉽다는 것이다.[3)]

---

2) A. Woll(1984), p.81 참조.

3) A. Woll, 전게서, p.82 참조.

이와 같은 법치국가의 타락을 방지하기 위해서는 국회의원의 자질을 높이는 것이 가장 중요하다. 이 밖에도 법치주의의 기본원칙이 제대로 수행되기 위해서는 입법기관의 권력남용을 방지하기 위해서 독립적인 헌법재판소가 있어 법집행의 위헌(違憲)여부를 판단해 주어야 하며 또 모든 국가행위가 투명하고 모순이 없고 예측가능하게 함으로써 국민의 준법정신을 고양시키도록 하여야 한다.

특히 우리나라처럼 준법정신이 약하고 행정부의 권한이 강한 나라에서는 국가행위가 초법적으로 운영되거나 재량적 행정행위가 남발하는 경우가 적지 않은데 이러한 국가의 개입은 자칫 잘못하면 개인의 기본권 침해는 물론 시장경제질서의 건전한 발전을 저해하는 부작용을 가져올 수 있음을 부인하기 어렵다. 따라서 앞으로 국가의 행위는 다소 시간이 걸리더라도 정당한 절차와 심의과정을 거쳐 합법적으로 인정되는 법률에 의하여 뒷받침되어야 함은 당연하다 하겠다.

제 4 절 사회적 형평증진

시장경제체제가 가지고 있는 가장 큰 취약점의 하나는 그 자체로서는 분배문제를 해결할 수 없다는 데 있다. 시장경제하의 분배는 개인의 능력에 의하여 결정되는데 그 능력이란 타고날 때부터 차이가 있거나 또는 교육 등 여러 가지 요인에 의하여 차이가 있을 수 있기 때문에 소득격차가 생기기 마련이다.

시장경제체제의 가장 큰 장점은 능률을 극대화하는 데 있는데 이 과정에서 근로자의 이익, 즉 건강·복지·교육·훈련 등을 소홀히 하거나 위협할 가능성도 적지 않다. 뿐만 아니라 연소자·부녀자 및 장애자 등은 생산에 참여하기도 힘들 뿐 아니라 하더라도 자신의 노력만으로는 생활을 유지하기가 어렵다. 그런데 이러한 문제를 시장기구에 맡겨 놓아가지고는 해결이 어렵고 이를 방치하게 되면 계층 간의 갈등과 마찰을 가져오므로 사회의 안정과 평화를 위태롭게 하기 때문에 국가의 개입이 불가피하다는 것이다.

이러한 사회정책적 국가의 개입은 노동자의 이익보호로 시작하였으나 사무직근로자, 자영자 및 농민에게까지 확대되었고 포괄범위도 노동자를 단순히 보호한다는 것을 넘어서서 사회보장정책, 노동시장정책, 재산형성정책 및 주택정책 등으로 확대되는 경향을 보이고 있다. 특히 독일과 같은 나라에서는 이러한 사회정책이 기업경영, 가족정책 및 교육정책 등 사회의 거의 전 부문에까지 확대됨으로써 사회국가(Sozialstaat)로까지 발전되게 되었다.

그러나 이러한 국가의 사회정책적 개입이 시장경제의 장점이라 할 수 있는 경제주체의 책임의식이나 스스로 무엇이든지 개척하고자 하는 모험심을 약화시키거나 국가에 대한 의존심만 확대시키는 방향으로 나가서는 안 된다. 다시 말하면 국가의 사회정책도 시장경제질서가 원활히 작동되는 범위 내에서 이루어져야 하며 이를 위태롭게 하거나 시장경제의 능률을 현저히 저하시켜서는 안 된다는 것이다.

그러나 오늘날 적지 않은 서구선진국, 예컨대 북구제국·독일·영국 등은 사회정책적 정부지출이 크게 늘어남으로써 재정부담이 과중되고 이에 따른 관료조직의 비대화는 비능률과 함께 많은 문제점을 제기하고 있다. 특히 사회보장 지출이 그 사회의 부담능력보다는 사회적 욕구, 즉 필요를 충족시키는 방향으로 나가고 있음은 매우 경계해야 할 것이다.

제 5 절 정책의 일관성과 투명성

경제주체의 의사결정에 중요한 영향을 주는 것은 정부의 정책이다. 그런데 정부의 정책이 수시로 변한다든지 또는 일관성이 없을 경우에는 기업은 중·장기적인 경영계획을 세우기가 어렵다. 왜냐하면 경제정책의 변화는 엄청난 위험을 주기 때문이다.

경제정책의 잦은 변경은 기업의 위험부담을 증대시킬 뿐 아니라 정부정책에 대한 신뢰성을 박탈함으로써 정책의 실효성을 반감시키며 나아가 경제활동, 예컨대 기업의 투자활동을 위축시키게 된다. 경제활동이 위축되면 그만큼 시장의 경쟁질서는 작동이 부진하게 된다. 또한 정부의 정책이 자주 바뀌게 되면 기업은 앞날에 대해 매우 큰 불안감을 갖게 되어 한 업종에 전문화되거나 특화되는 것을 기피하며 불확실성에서 오는 위험을 분산하기 위해 다른 업종에 투자를 한다든지 또는 투기행위를 함으로써 자원배분의 비효율성을 가져온다. 그뿐만 아니라 우리나라에서 보는 것처럼 기업의 다각화는 기업의 집중화를 촉진시키게 되고 이는 그만큼 경쟁을 제한하는 것이기 때문에 시장경제질서의 발전을 위해서도 바람직하지 않다.

따라서 시장경제질서를 창달하기 위해서는 정책이 자주 바뀌지 않고 일관성을 유지하는 것이 매우 중요하다. 여기서 정책의 일관성이란 우선 정책결정에 있어서 신중을 기함으로써 정책이 일단 결정되면 정책이 자주 바뀌지 않아야 하는 것을 의미한다. 쇼크요법과 같은 정책은 당연히 배격되어야 한다. 정책이 자주 변하지 않는다는 것은 정책이 예측가능하다는 것이며 정부정책에 대한 경제주체의 신뢰감을 심어줄 수 있다. 그렇게 함으로써 경제주체의 합리적이고 중장기적인 의사결정이 가능하게 되며 이는 결국 경제활동을 활성화하게 되고 경쟁을 촉진시키게 된다는 것이다.

정책의 일관성 못지않게 중요한 것은 정책의 투명성이다. 정책의 투명성이란 정책이 공개적이고 그 내용이 분명하여 정책집행자의 자의성이 개재될 가능성이 적은 경우를 말한다. 정책의 투명성이 결여되면 부정부패가 만연되기 쉽고 관료의 재량권 남용으로 불확실성을 증대시키게 된다. 따라서 경제정책은 일관성은 물론 정책내용의 투명성을 가짐으로써 부정부패를 예방하고 불확실성을 제거함으로써 경제주체의 합리적인 의사결정을 촉진시켜야 한다.

제6장
경제정책의 주체와 의사결정

제 1 절 경제정책의 주체

1. 정 의

경제정책의 주체란 법률에 의하여 특정정책수단의 투입을 결정하는 국가기관과 국가로부터 권한을 위임받은 기관을 총칭한다. 이러한 경제정책의 주체는 경제정책을 결정하는 기관이 직접 조치를 취할 수도 있고 또는 하위의 기관에 집행을 위임할 수도 있다. 가령 이자율에 관한 결정은 금융통화운영위원회가 하고 집행은 중앙은행에서 하는 경우가 있는가 하면 정부예산처럼 결정은 국회에서 하고 집행은 행정부에서 하는 경우 정책결정자와 집행자는 다른 경우도 있다. 이런 경우 행정부도 정책주체가 됨은 당연하다. 따라서 경제정책의 주체는 경제정책의 의사결정 내지 집행을 담당하는 국가기관 내지 국가로부터 권한을 위임받는 기관을 말한다고 할 수 있다.

2. 다양성과 종류

경제가 발전되고 산업사회가 복잡해짐에 따라 공공기관의 역할이 증대되고 국민경제에 대한 국가의 개입도 다양하게 되었다. 이에 따라 경제정책의 주체도 그 수가 늘어나고 다양하게 되었다. 특히 연방제를 채택하고 지방자치가 발달된 나라일수록 정책주체의 다양성은 더욱 강하게 나타나고 있다. 경제정책의 주체는 일반적으로는 다음과 같이 크게 나눌 수 있다.

- 중앙 및 지방정부와 그 산하기관
- 중앙은행
- 노동조합 및 경영자협회
- 법률에 의하여 경제정책적인 의사결정을 할 수 있는 자치단체
- 초국가기관(EU)

이와 같이 직접 경제정책을 결정하거나 집행하는 기관 이외에 경제정책의 의사결정에 영향을 주는 다음과 같은 압력단체(영향력 단체)도 있다.

- 정당
- 각종협회
- 대기업
- 언론기관
- 경제관련국제기구(세계은행, 국제통화기금, 국제노동기구 등)

3. 경제정책주체의 역할과 기능

앞에서 지적한 여러 경제정책주체 중 중요한 정책주체는 ① 의회, ② 행정부, ③ 중앙은행, ④ 노동조합과 경영자단체 등을 들 수 있다. 이들의 기능과 상호간의 관계를 보면 다음과 같다.

의회는 정책주체 중에서도 최상위의 정책주체라 할 수 있다. 왜냐하면 의회는 다른 모든 정책주체가 정책적 행위를 하는 데 필요한 법률적 조치를 해주기 때문이다. 따라서 의회는 경제정책의 의사결정에 있어서 최고의 권한을 가진다. 그러나 의회제도가 발달함에 따라 실질적으로 경제정책을 결정하는

힘은 의회로부터 경제관계 행정부로 넘어가게 되었다. 그 이유로는 첫째, 경제가 발달함에 따라 입법을 요하는 사항이 많아짐으로써 의회는 의사결정권한을 정부나 기타 관련기관에 위임하는 경우가 늘어나게 되었다. 둘째, 경제정책 관련문제들이 점차 복잡해짐에 따라 전문적 지식을 필요로 하게 되는데 국회의원은 전문적 지식이 부족하기 때문에 입법사항들이 내각이나 정부관련기관에서 제안되는 경우가 많고 의회는 이를 통과시켜 주는 형식적 역할을 하는 데 그치고 있다.

내각이라 함은 대통령중심제 아래에서는 대통령과 국무위원을 합한 것을 의미하며 행정부의 최고의사결정기관으로서 경제정책의 집행을 담당하는 최고정책주체이다. 뿐만 아니라 의회의 기능이 점점 약화되고 있음을 감안할 때 내각은 실질적인 최고정책결정기관이라 할 수 있다. 특히 우리나라처럼 대통령중심제하에서는 국무회의가 사실상의 최고정책결정기관이라 할 수 있다. 정책을 결정하는 권력이 의회에서 내각으로 점점 이전되는 것처럼 정책결정권한도 점차적으로 내각에서 행정관청으로 옮겨가는 경향이 있다. 왜냐하면 장관은 자주 바뀌지만 직업관료들은 그대로 남아있을 뿐만 아니라 장관이 정책을 결정함에 있어 관료들의 전문적 지식에 의존하는 경향이 많기 때문이다. 이에 따라 자연적으로 관료들의 경제정책결정에 대한 영향력이 증대하게 되었다.

다음으로 중요한 정책결정주체는 중앙은행이다. 경제정책의 주체로서의 중앙은행의 역할과 기능은 중앙은행이 정부로부터 통화신용정책의 수행에 있어 얼마나 독립적인가에 따라 다르며 이는 나라마다 다르다. 독일이나 미국, 대만, 오스트리아 등 법적으로 중앙은행의 독립성이 보장된 나라에서는 중앙은행은 경제정책의 수행에 있어서 막강한 영향력을 행사하는 반면 그렇지 못한 나라에서는 정책결정주체로서의 중앙은행의 역할은 극히 제한적일 수밖에 없다. 우리나라는 후자에 속하는 나라로서 통화신용정책의 최고의결기관인 금융통화운영위원회의 의장이 재정경제원장관(현재의 기획재정부장관)이었기 때문에 통화신용정책의 실질적인 정책결정권자는 재정경제원이며 중앙은행은 그 집행자에 불과하였다. 중앙은행은 재할인정책, 공개시장조작, 지불준비금제도 및 외환정책 등의 통화신용정책을 담당함으로써 통화가치의 안정에 절대적인 영향을 미치고 있기 때문에 중앙은행의 독립성과 경제안정간에는 밀접한 관계가 있다. 중앙은행의 독립성이 강한 나라에서는 물가안정이 잘 이루어지고 있는 반면 독립성이 약한 나라에서는 경제안정이 정착되지 못하고 있는 것이 일반적이다.

끝으로 중요한 정책주체로서 노동조합과 경영자단체를 들 수 있다. 민간단체인 노동조합과 경영자단체를 정책주체로 보는 것은 이들이 임금의 계약당사자로서 임금을 결정할 수 있기 때문이다. 독일처럼 법에 의하여 노동조합과 경영자협회가 협상에 의하여 임금을 결정하는 경우에는 노동조합이나 경영자단체도 경제정책주체라 할 수 있다. 그러나 임금이 노사간의 자율적인 계약에 의하여 이루어지지 않고 정부에 의하여 결정된다든지 또는 개별 기업주에 의하여 일방적으로 결정되는 경우에는 노동조합이나 경영자단체가 경제정책의 주체가 될 수 없을 것이다. 우리나라의 임금결정은 형식적으로 노사간 협의에 의하여 이루어지는 것으로 되어 있으나 실질적으로 정부의 임금가이드라인(guideline)에 크게 영향을 받아왔기 때문에 정책주체로서 노동조합이나 경영자총연합회(경총)의 기능은 제한적이라 하겠다.

4. 정책주체와 정책조정

일반적으로 경제정책은 다수의 정책목표를 가지기 때문에 정책을 입안하고 집행하는 주체도 다양하지 않을 수 없다. 정책주체의 다양성은 그 나라의 정치제도에 따라 다르며 특히 의회제도를 채택한 선진국일수록 정책주체의 수가 많은 것이 일반적이다. 따라서 합리적인 정책수행을 위해서는 상이한 정책주체간의 의견을 어떻게 조정하여 일관성 있게 정책을 추진하느냐가 대단히 중요하다.

정책목표가 여러 개 있을 때 목표가 상충될 가능성이 높고, 정책목표가 같거나 유사하다 하더라도 이를 추진하는 주체가 많으면 정책이 실기를 한다든지 정책주체간의 이해관계로 신속하고도 효율적인 집행을 못하는 경우가 있다. 이러한 이유 때문에 정책조정은 정책수행의 효율을 높이기 위해서 반드시 필요한데 대체로 다음의 세 가지 행태를 취한다.

첫째는 협의(consultation)를 통한 정책조정이다. 가령 독일의 경기위원회는 연방정부에서 경제부장관, 재무부장 및 주정부의 대표와 연방은행대표로 구성되는데 경기정책은 이들간의 협의에 의해서 결정된다. 이러한 협의를 통한 조정에서는 양보와 타협에 의하여 정책조정이 이루어진다. 우리나라에서 부총리 주재하에 경제장관회의가 있고 여기에서 주요 경제현안문제가 협의된다. 이러한 협의형태의 정책조정도 법률적 근거에 의해서 하는 경우, 예컨대 경제장관협의회나 독일의 경기위원회처럼 공식적인 협의체가 있는가 하면 아무런 법적 근거 없이 관련부처의 장관이 모여서 정책협의를 하는 비공식적 협의체도 있다. 가령 우리나라에도 경제장관 수요간담회가 있었는데 경제관계장관과 대통령경제수석이 모여서 당면 경제문제를 협의하는 경우다.

두 번째의 조정형태는 경제정책주체로 하여금 특정한 행동규칙을 따르게 하는 방법인데 여기에는 경제정책주체간 합의에 의하는 경우와 그렇지 않고 법적 규정에 의하여 의무적으로 하는 경우가 있다. 가령 정부정책이 확정되기 전에 각종 전문위원회에서 의견조정을 거쳐 결정한다든지 또는 법률에 의하여 유관기관의 합의를 거치도록 하는 경우가 이에 속한다.

세 번째의 조정형태는 이른바 수직적 정책조정으로서 중앙정부와 지방정부간의 정책조정문제다. 예컨대 정책결정의 권한을 상위기관에게 위임하는 경우다. 가령 EU 집행위원회가 구주공동체의 경쟁정책의 대강(大綱)을 만든다든가 또는 독일의 경우 독일헌법에 의하여 지방자치단체의 국토이용권을 연방정부가 관장하는 것 등이 이에 속한다.

이와 같이 상이한 정책주체간에 있어서의 정책조정 외에도 동일한 정책주체 내부에서도 정책조정문제가 있으나 이러한 경우의 정책조정은 비교적 쉽게 해결이 된다. 왜냐하면 정책주체가 같을 때는 최고의사결정자의 지시나 명령에 의하여 내부적 조정이 용이하기 때문이다. 가령 한 부처내에 있어서 국·실간의 조정은 장관의 지시에 의하여 해결될 수 있다.

제 2 절 경제정책의 의사형성과 의사결정과정

1. 경제정책의 의사형성과정

1.1 컨센서스에 의한 합의

앞에서는 정부부처간이나 또는 동일한 부처 및 중앙정부와 지방정부간의 정책조정문제에 국한시켰다. 여기서는 경제정책의 기본이념이나 목표는 주어진 것으로 전제하고 있기 때문에 정책조정은 단순히 기술적이며 조직적 성격을 띠고 있다고 할 수 있다.

그러나 이미 지적한 바와 같이 정책주체는 관료조직과 내각 외에 의회나 정당 및 각종 이익단체가 있고 이들은 경제정책 결정과정에 있어서 절대적인 역할을 한다. 따라서 우리가 합리적인 경제정책을 수립하기 위해서는 어떤 주어진 정책목표의 달성을 위한 여러 정책주체간의 정책조정도 중요하지만 이에 못지않게 중요한 것은 이질적인 정치집단이나 이익집단의 가치관이나 그들의 이해관계를 어떻게 수렴하여 이를 정책에 반영하느냐는 것이다. 합리적 경제정책이란 하나의 합의, 즉 컨센서스(consensus)를 창출하는 것을 전제로 하기 때문에 합리적 경제정책을 수립하기 위해서는 경쟁적이며 때로는 적대적 관계에 있는 이질적인 여러 정치집단이나 경제관계 이익집단으로부터 어떤 통일된 의사형성을 실현시키지 않으면 안 된다. 다시 말하면 어떤 특정한 경제질서나 정책목표의 실현을 위해 어떤 합의를 도출하지 않으면 안 된다. 그러면 어떤 방법에 의해서 통일된 의사형성을 가져올 수 있는가.

의사형성의 합의를 도출하는 가장 합리적인 방법은 완전한 컨센서스를 얻는 방법이다. 다시 말하면 어떤 특정 경제정책의 기본방향이나 목표에 대해서 일치된 선호, 즉 전체적인 동의를 얻는 것이다. 그러나 현실적으로는 이러한 전체적인 동의는 어렵고 부분적이거나 이에 가까운 형태의 동의를 얻을 수 밖에 없다. 컨센서스를 도출하는 방법은 세 가지 단계로 나누어 볼 수 있다.

첫째는 이해관계를 달리하는 집단간에 충분한 정보의 교환으로 의견차이를 해소하는 방법이다. 이익집단간의 의견의 차이나 대립관계는 무엇보다도 이러한 이익집단간에 충분한 정보의 교환이 없기 때문에 발생한다. 정보는 사회적 및 경제적 상호의존관계가 복잡할수록 더 중요하게 된다. 정보의 제공은 통일된 집단적 선호의 실현이나 타협의 성취 및 올바른 투표를 하는 데 절대적으로 필요하다. 여기서 정보란 어떤 사실이나 자료를 전달해 주고 자기의 사정을 알리고 남에게 가르쳐 주고 해명해 주는 것을 뜻한다.

우리가 어떤 컨센서스에 이르기 위해서는 우선 정보의 흐름이 이익집단 상호간이나 정부와 이익집단간에 원활히 이루어져야 한다. 그렇게 함으로써 상대방의 입장을 이해하고 자기의 입장과 상대방 입장의 차이가 무엇인가를 알 수 있고 객관적인 상황인식을 할 수 있기 때문이다.

또한 정보의 제공이란 넓게 본다면 설득이라고도 할 수 있다. 왜냐하면 정보의 교환에 의한 토론과 대화를 통해서 자기의 주장과 의사를 남에게 관철시킬 수 있기 때문이다. 경제정책에 있어 다른 이익집단들에게 자기의 주장과 의견을 체계적이며 논리적인 근거 위에서 설득시킬 수 있는 능력을 가진다는 것은 매우 중요하다. 특히 상대방의 이해관계와 그들이 지향하고자 하는 목적이나 선호가 불분명하거나 확고하지 않을 경우에 설득작업은 매우 효과적이다. 따라서 영향력이 큰 이익집단이 그들의 주장을 정당화시킬 필요가 있을 경우 객관적이며 합리적 논리에 입각한 설득은 정책결정의 합의를 도출하는 데 매우 중요한 역할을 한다. 정보의 제공 및 논쟁과 토론을 통한 전향적인 합리적 의사형성은 하나의 학습과정(learning process)이며 이를 통해서 이해의 상충을 줄일 수 있고 경우에 따라서는 통일된 의사형성, 즉 컨센서스를 형성할 수 있다.

1.2 협상에 의한 타협

정보의 교환과 설득에 의한 컨센서스 형성이 어려울 경우 차선의 방법이 협상에 의한 타협이다. 컨센서스의 형성은 실제 경제정책에서는 어렵기 때문에 협상은 어떤 의미에서는 가장 실천적이고 의미 있는 방법이라 할 수 있다. 타협은 다음 세 가지 형태로 나눌 수 있다.

첫 번째는 정책주체 내부적(intra-personal)타협으로서 하나의 경제정책주체가 여러 개의 정책목표를 가졌을 때 그들 목표전체의 실현이 어려울 경우 목표 가운데서 취사선택을 한다든지 우선순위를 정하는 경우를 말한다. 즉 경제정책주체 스스로가 어떤 타협을 하여야 한다는 것이다.

두 번째의 타협형태는 정책주체간(inter-personal)의 타협으로서 한 집단이나 조직구성원간의 타협이다. 예컨대 정부내 각 부처간의 타협, 노동조합이나 경영자협회 내부에서의 어떤 정책목표나 정책수단에 대한 타협 등을 의미한다.

세 번째로는 집단이나 조직간의 타협, 예컨대 이익집단간이나 정당간, 이익집단과 정부간 또는 중앙정부와 지방정부, 정부와 중앙은행간의 타협형태로서 실제 경제정책의 의사형성과정에서 가장 중요한 형태의 타협이라 할 수 있다. 이익집단간의 타협, 특히 단체협약의 경우에는 제3자가 중재자로서 타협의 성공에 큰 역할을 할 수 있다. 일반적으로 이해충돌이 크다든지 또는 이익집단의 영향력이 큰 경우에는 이익집단간의 직접적인 협상을 통한 타협보다는 제3자의 중재를 통해 이해관계를 조정해 주는 타협이 합의를 도출하는 데 매우 효과적일 수 있다.

1.3 투표에 의한 합의

세 번째의 방법은 다수결에 의한 투표를 통해 합의과정을 도출하는 것이다. 그러나 경제정책의 의사결정에 있어서 이 방법은 컨센서스나 타협을 통한 방법에 비하면 가장 순위가 낮은 방법이라 하겠다. 물론 투표를 통해서 국회의원이 선출되고 국회에서 모든 경제관련 입법사항들이 처리된다는 점에서는 매우 중요한 역할을 하는 것이 사실이다. 그러나 앞에서 지적한 바와 같이 대부분의 실질적인 정책결정은 의회에 이관되기 전에 행정부나 정당 및 이익집단 내부에서 이미 결정되기 때문에 의회의 영향력이란 형식적 절차에 그치는 경우가 많다. 투표에 의한 합리적 의사결정은 의회제도가 잘 발달된 선진국에서는 가능하나 민주적 정치의식이나 제도가 잘 발달되지 못한 후진국에서는 이러한 방법이 통일된 의사결정과정에는 큰 역할을 하지 못한다.

이상에서 지적한 바와 같이 정보의 제공, 타협 및 투표를 통해서 얼마나 통일된 의사형성을 이룩할 수 있느냐는 다음과 같은 조건에 달려 있다.[1)]

첫째, 어떤 사회든 그 사회의 질서정책적 원칙이나 경제정책의 주목표에 대한 최소한도의 공감대가 있어야 한다. 왜냐하면 사회전체의 기본질서나 정책목표에 대해 이익집단간의 마찰이 적으면 적을수록 이해의 조정이 용이하기 때문이다.

둘째, 정당이나 이익집단의 가치관이나 주장이 너무 이념적으로 경직화되면 컨센서스나 타협의 달성이 불가능하다. 통일된 의사를 형성하기 위해서는 어느 정도의 실용적인 입장과 신축성이 있어야 한다.

셋째, 협상과 투표의 메커니즘이 작동하려면 그 사회가 토론과 타협 및 다수결원칙에 대해서 근본적으로 긍정적인 자세를 가지고 있어야 한다. 다시 말하면 토론과 타협의 문화가 뿌리내리지 못한 사회에서는 협상과 투표에 의해서 합의를 도출한다는 것은 어렵다.

넷째, 일관성 있는 경제정책의 개념을 설계하고 이를 설득력 있게 제시할 수 있는 지도자가 있어야만 통일된 의사형성이 가능하다.

2. 경제정책의 의사결정과정

우리는 앞에서 다양하고도 이질적인 경제적 이익집단이나 정치적 집단간에 있어서 경제의 기본질서나 정책의 기본방향 및 목표에 대해 어떻게 하면 통일된 의사형성, 즉 합의를 도출할 수 있는가에 대하여 설명하였다. 이해가 상충되는 이익집단간에 경제정책의 기본방향이나 중요정책에 대한 합의가 이루어지면 이를 바탕으로 해서 정부의 구체적인 정책수단이 채택되고 집행할 수 있게 된다. 가령 무노동 무임금 정책과 같은 매우 민감하고 중요한 정책사항을 노사간은 물론 정치적 집단간에 어떤 합의를 도출하지 않고는 이를 효과

1) T. Pütz(1979), p.240 참조.

적으로 추진할 수 없다. 다시 말하면 합리적인 경제정책은 여러 집단간에 있어서 통일된 의사형성과정이 전제되어야 하며 이 바탕 위에서 구체적인 의사결정이 뒤따라야 한다.

합리적인 행위로서의 경제정책의 의사결정은 일반적으로 다음과 같은 과정을 거쳐 이루어진다.

첫 번째의 단계는 경제상황에 대한 분석단계이다. 국민경제는 현재 어디에 있고 어디로 향하고 있는가에 대한 진단이 있어야 한다. 가령 현 경제상황이 우리가 추구하고자 하는 정책목표와 얼마나 유리되어 왔고 또 그 원인은 무엇인가에 대한 진단을 하여야 한다. 여기서는 단순히 현 상황에 대한 진단뿐만 아니라 미래에 대한 전망까지도 포함해야 한다. 왜냐하면 경제를 현상대로 방치하는 경우 경제가 앞으로 어떻게 전개될 것이며 그것이 정책 당국이 달성하고자 하는 목표와는 얼마나 유리되는가를 알아야 어떤 정책수단이 바람직한가를 알 수 있기 때문이다. 다시 말하면 경제상황에 대한 진단과 변화가능성에 대한 예측여하에 따라 투입될 정책수단이 달라질 수 있기 때문이다. 가령 정부가 물가 3% 안정을 목표로 한다 하더라도 앞으로의 물가상승가능성을 어떻게 진단하고 예측하느냐에 따라 투입될 정책수단도 달라질 수 있기 때문이다. 이러한 상황분석단계에서 가장 중요한 것은 정확한 정보의 수집이다. 여기서 정보라 함은 단순한 통계적 자료의 수집만이 아니고 경제상황에 대한 공식적·비공식적인 경로를 통한 전문가들의 의견을 청취·수렴하는 것을 말한다. 이는 경제상황에 대한 정확하고도 올바른 인식을 가능케 한다.

두 번째의 단계는 실제의 목표치가 계획치와 유리되었을 경우 어떤 정책수단을 투입할 것인가에 대한 의사결정단계이다. 여기서는 여러 개의 정책수단의 대안이 검토되어야 할 것이고 여러 정책대안에 대한 효과분석, 즉 긍정적 효과와 부정적 효과(부작용)도 검토되어야 한다. 다시 말하면 경제정책에 있어서도 어느 정도의 비용-편익분석(cost-benefit analysis)이 있어야 한다는 것이다. 정책대안에 대한 이러한 분석과 검토를 거쳐서 여러 가지 수단의 대안 중에서 최선의 대안을 선택하여야 한다.

세 번째의 단계는 경제정책의 집행과정이다. 일단 어떤 정책이 채택되면 이와 관련된 기관에 의한 집행단계로 넘어가게 된다. 채택된 정책의 성격에 따라 간단히 집행되는 것도 있고 긴 기간이 소요되는 경우도 있다. 가령 재할인율의 인하와 같은 조치는 비교적 간단하지만 의료보험제도와 같은 새로운 제도의 도입이나 기구의 설치는 복잡하고 시간도 오래 걸린다.

네 번째의 단계는 평가와 검증단계다. 이 단계에서는 정책이 능률적으로 집행되고 채택된 정책조치가 소기의 효과를 가져 왔는지에 대한 평가와 검증을 한다. 이러한 과정을 통해서 경제정책의 추진과정에서 일어난 여러 가지 문제점을 파악하고 이를 기초로 해서 경제정책을 수정하거나 개선하는 데 필요한 정보를 얻을 수 있고 이는 또한 다음의 정책수립에도 큰 도움이 된다. 이러한 경제정책 결정과정을 그림으로 표현하면 〈그림 6-1〉과 같다.

그림 6-1 경제정책의 의사결정과정

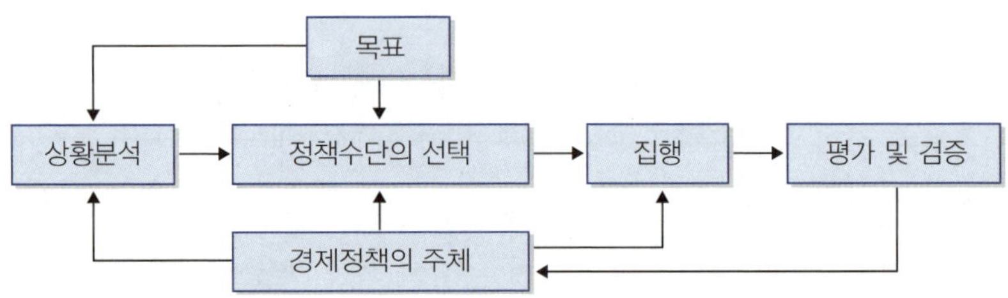

제7장
경제정책의 목표와 수단

제 1 절 목표설정과 가치판단

경제정책의 과제는 현실경제에서 도출된 이론을 가지고 국민경제가 달성하고자 하는 바람직한 상태를 실현하는 데 있기 때문에 당위(Sollen)와 존재(Sein)의 양면성을 지니고 있다. 다시 말하면 경제정책은 규범적 요인과 실증적 요인을 함께 포함하고 있다. 이와 같이 경제정책은 규범과 실증의 양면성을 가지고 있으나 규범적 성격이 강하기 때문에 가치판단이 개입될 가능성이 높다. "무엇을 달성해야 한다" 또는 "무엇이 바람직하다"라는 것은 주관적인 소망을 표현하는 것으로서 가치판단의 문제인바, 경제정책에서 가치판단을 허용할 것인가 말 것인가 하는 문제는 오래전부터 큰 논쟁의 대상이 되어 왔다.

고전학파에서 경제학이란 정치경제학으로서 경제적 현실을 단순히 서술하고 설명하는 데만 그치지 않고 문제해결을 위한 권고나 건의를 하는 것을 당연시했다. 그래서 정치경제학은 경제이론의 도출과 경제정책을 종합한 것으로서 사실판단(Sachurteil)과 가치판단(Werturteil)을 구분하지 않았다. 즉 실증경제학과 규범경제학을 나누지 않았다. 그러나 경제학에 대한 이러한 인식은 20세기 초 베버(Max Weber)에 의하여 비판을 받았다. 베버는 가치판단은 주관적이기 때문에 과학에서 배제하여야 하고 따라서 경제학은 가치판단이 개입되지 않는 실증경제학이 되어야 한다고 주장하였다. 베버와 좀바르트(W. Sombart)는

1909년 독일의 사회정책학회(Vereins für Sozialpolitik)에서 경제학에 가치판단을 허용하여야 한다는 슈몰러(G. von Schmoller)의 주장을 강력히 반대하고 나섰다. 베버에 의하면 경제정책의 목표, 즉 무엇을 해야 하는가는 그 사회의 이데올로기 및 이익집단의 이해관계에 의하여 영향을 받기 때문에 가치판단이 개입된다. 따라서 목표의 설정은 경제정책론에서 제외되어야 한다고 주장하였다. 경제정책론이 하나의 과학으로 존립되려면 목표는 주어진 것으로 보고 주어진 목표에 대한 정책수단의 적합성, 즉 그 수단의 직접적·간접적 효과분석을 연구 대상으로 삼아야 한다고 주장하였다. 베버가 주장하는 경제학에 있어서의 몰가치론(Werturteilsfreiheit)은 경제학이 하나의 과학으로 성립하려면 경험적으로 증명이 되지 않은 주관적인 가치판단에서 벗어나야 한다는 것이다. 이러한 베버의 방법론은 그 뒤 실증경제학의 발전에 큰 영향을 주었다.

그러나 경제정책론에서 가치판단문제를 배제하기는 어렵다고 보아야 할 것이다. 왜냐하면 사회과학분야에 있어서 모든 문제의 제기는 가치판단이 정도의 차이는 있을망정 개입되지 않는 것이 없기 때문이다. 가령 "우리나라의 소득분배는 개선되어야 한다" 또는 "임금은 생산성 향상을 초과해서는 안 된다"는 등의 정책목표에는 정책 당국의 주관적인 가치판단이 개입되고 있다고 보아야 하기 때문에 경제정책에 있어서 몰가치론은 현실성이 없다. 문제는 경제정책의 목표가 가치판단을 배제하고 있느냐 있지 않느냐가 중요한 것이 아니라 그것이 경험적으로 파악이 가능하며 객관적으로 설명을 할 수 있느냐가 중요하다. 위에서 지적한 바와 같은 "소득분배의 개선"이나 "생산성 향상 내의 임금인상"은 실증적으로 파악이 가능하고 객관적으로 설명이 가능하기 때문에 그것이 비록 정책 당국의 주관적 판단이라 하더라도 과학의 대상이 될 수 있다고 하겠다. 따라서 사회과학의 한 분야로서의 경제정책론은 정책 당국이 어떤 사회적 목표를 지향하며 또 어떤 구체적인 정책목표를 추구해야 할 것인가를 제시할 수 있다는 것이다. 이렇게 볼 때 경제정책에 있어서의 목표의 설정문제는 당연히 경제정책론의 대상이 되어야 한다고 하겠다.

제 2 절 경제정책의 목표와 사회적 기본가치

위에서 우리는 목표설정이 경제정책론의 중요한 과제가 되어야 된다고 하였다. 그러면 어떤 것이 경제정책의 목표가 되어야 하는가. 물론 경제정책의 목표가 보편 타당성이 있어야 한다는 측면에서 본다면 어떤 윤리적 가치, 즉 공동선이나 후생경제학에서 말하는 사회적 후생의 극대화를 경제정책의 궁극적 목표로 삼을 수 있다. 그러나 이러한 목표는 내용이 없는 빈통(empty box)과 같아서 실제의 경제정책에서는 아무런 도움이 되지 못한다. 목표설정이 실제 경제정책수립에 도움이 되기 위해서는 공동선이나 사회적 후생의 극대화와 같은 추상적인 개념만으로는 부족하며, 어디까지나 구체적인 사실에 바탕을 둔 목표를 설정하여야 한다. 예컨대 완전고용이나 경제성장과 같이 구체적으로 파악될 수 있는 것이라야 한다.

그러나 이러한 구체적 사실로서의 경제정책목표도 따지고 보면 그 자체가 궁극적인 목표라기보다는 개인의 복지를 증진시키고 자유를 신장시키기 위한 하나의 수단이라고 할 수 있다. 현대사회가 추구하고자 하는 보다 높은 목표는 경제성장이나 완전고용과 같은 경제적 목표가 아니라 사회의 모든 구성원들이 동의를 하는 기본적 가치(Grundwert)를 실현하는 데 있기 때문이다. 이러한 기본적 가치는 사회적 목표로서 경제적 목표의 상위목표가 된다. 다시 말하면 경제성장이나 완전고용과 같은 경제적 목표는 사회적 목표를 실천하기 위한 수단이라 할 수 있다. 이러한 사회의 기본적 가치로서는 일반적으로 다음의 네 가지를 들 수 있다.

1. 자 유

자유란 개인이 스스로 목표를 세우고 이를 자기의 독자적 의사에 따라 추구하는 권리를 의미한다. 그러나 이러한 개인의 자유는 타인의 자유를 침해할 가능성이 있기 때문에 개인의 이익추구는 타인의 활동영역을 침해하지 않는 범위에서 허용되어야 한다. 따라서 국가는 이러한 의미에서 개인의 자유가 최대한 발휘되고 보장되는 경제질서를 창출하는 데 정책목표를 두어야 한다.

2. 정 의

경제적 의미에서의 정의(justice)란 소득분배상의 공정을 의미한다. 시장경제에서의 분배는 개인의 성과, 즉 능력에 의하여 결정되는 것이 원칙이다. 그러나 이러한 시장원리에 의한 분배가 사회적 형평의 측면에서 볼 때 반드시 공정하다고 하기 어려운 경우도 있다. 예컨대 재산을 많이 가진 사람은 그 사람의 능력과는 관계없이 많은 소득이 발생하기 때문에 소득분배를 시장기구에만 맡겨 놓으면 개인이나 계층 간에 소득격차가 심화되고 계층 간의 마찰과 갈등을 초래하게 된다. 따라서 사회적 정의와 형평을 증진하기 위해서는 분배문제를 시장원리에만 맡기지 말고 국가가 개입해야 한다는 것이다. 분배상의 공정을 위해서는 개인의 필요(need)를 감안해야 한다는 주장이 있으나 이를 너무 강조하게 되면 시장경제의 장점인 창의와 능률이 저해되기 때문에 필요에 입각한 분배정의의 실현에는 분명히 한계가 있어야 한다.

3. 안 전

인간이란 본능적으로 각종 위협, 예컨대 사고·실업·질병 등으로부터 보호받기를 원하고 있다. 그러나 이러한 위협으로부터의 보호는 자본주의적 시장경제에서는 원칙적으로는 자기책임 아래서 이루어져야 한다. 기업가는 자기책임 아래서 투자를 결정하며 투자가 잘못되었을 때도 모든 책임은 기업가가 져야 한다. 또 노동자가 직업을 자유롭게 선택하되 실업이 되면 다른 곳으로 자리를 옮기든지 또 사전에 이에 대비하는 등 자기가 한 일에 대해서는 자기가 책임을 지는 것이 시장경제의 원리이다.

그러나 각종 위협으로부터 보호를 받고자 하는 개인의 욕구, 즉 안전

(security)은 개인의 노력이나 능력만으로 감당하기는 어려운 경우가 많다. 따라서 국가의 개입이 요청된다. 그러나 시장경제체제에서 안전에 대한 국가의 지원은 기본적으로 개인의 부담을 도와주는 조력자의 역할에 그쳐야 하며 주된 책임은 개별주체가 져야 한다는 것이다. 만일 국가가 사회주의국가에서처럼 모든 책임을 진다든가 또는 일부 서구복지국가에서 보는 것처럼 국가가 주된 책임을 지고 개인이 보조적 책임을 진다면 자유시장경제체제의 장점인 경제주체의 창의와 혁신 및 적응능력은 발휘될 수 없고 사회는 결국 정체되는 결과를 가져오게 된다.

이와 같이 국가가 안전에 대해서 지나친 지원을 해서도 안 되겠지만 전적으로 시장경제기구에 이를 맡길 수 없기 때문에 국가의 개입은 불가피하다는 것이다.

4. 진 보

진보(progress)란 물질적 풍요, 즉 남에게는 해를 끼치지 않으면서 풍부한 물자와 용역을 공급하는 것을 의미한다. 물질적 풍요는 경제성장을 통해서만 달성가능한데 물질적 풍요가 사회의 기본가치로서 중요한 것은 이를 통해서 개인의 자유, 분배의 공정 및 안전을 보다 잘 실현시킬 수 있기 때문이다. 소득수준이 높아야지 선택의 폭이 넓으며 생존의 위협도 줄일 수 있고 안전보장도 충실히 할 수 있다. 그러나 경제성장을 통한 물질적 풍요의 달성은 시장경제체제 아래서는 가격기구를 통해서 이루어지는데 여기에는 개인의 이익과 사회전체의 이익, 즉 복지 간에 상충현상, 예컨대 환경파괴 등이 있다. 이러한 경우에는 국가가 적극 개입해서 조정자적 역할을 수행해야 한다.

제 3 절 경제정책의 목표체계

위에서 지적한 사회적 기본가치는 국가가 추구해야 할 가장 높은 정책목표라고 할 수 있다. 그러나 경제정책에서는 보다 구체적인 경제목표가 있어야 하는데 경제적 목표는 사회적 기본가치 실현을 위한 수단이라고 볼 수 있다. 경제적 목표는 나라마다 또는 시대에 따라 다르기 때문에 통일적인 목표는 없으나 대체로 다음의 네 가지를 들 수 있다.

- 경제안정
- 경제성장
- 국제수지 균형
- 공정한 소득분배

고용을 중시하는 경우는 국제수지 균형 대신에 완전고용을 채택할 수도 있고 또 산업을 중시하는 경우는 산업구조조정을 목표로 할 수도 있다. 경제적 목표가 사회적 목표의 수단이 되는 것처럼 경제적 목표에도 상위목표와 하위목표가 있으며 하위목표는 상위목표의 수단이 된다. 예컨대 경제안정을 위해서는 물가안정과 고용안정이 필요하고 또 경제성장을 위해서는 기술혁신과 투자촉진이 필요하다. 국제수지 균형을 위해서는 수출촉진과 수입억제가 필요하다. 분배개선을 위해서는 자산소득에 중과세하고 근로소득에 경과세하는 것 등 여러 가지 정책수단이 필요한데 이를 중간목표라고 할 수 있다. 왜냐하면 이들 중간목표를 실현하기 위해서는 또 다른 정책수단이 필요하기 때문이다. 가령 물가안정을 위해서는 임금을 동결한다든가 가격을 통제하는 등과 같은 정책수단의 투입이 필요하기 때문에 물가안정은 중간목표라 할 수 있다.

이렇게 볼 때 정책목표에는 고차원적인 목표가 있는가 하면 저차원적인 목표가 있다. 다시 말하면 목표에는 상위목표가 있는가 하면 이의 실현을 위한 수단으로서의 중간목표가 있고 또 중간목표를 위한 수단으로 하위목표가 있는 등 일련의 목표체계를 이루고 있다고 할 수 있다.

그러면 경제정책의 궁극적인 목표는 무엇인가. 경제안정이나 경제성장은

그림 7-1 목표체계

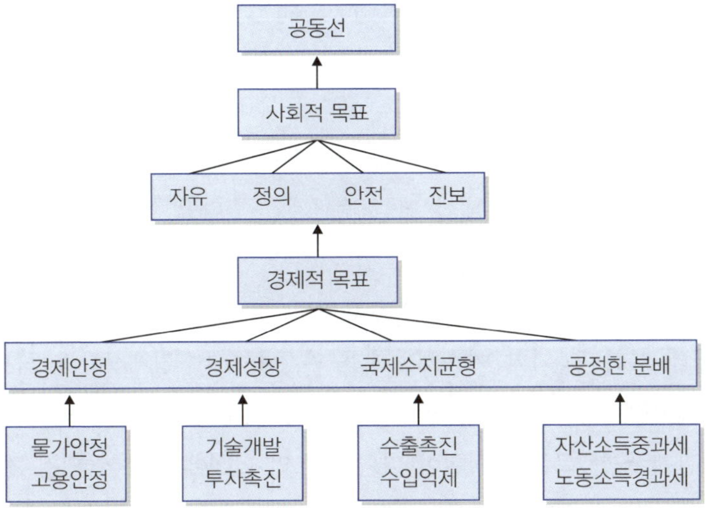

경제적 목표임에는 틀림없으나 그것을 최상의 목표, 즉 국가의 궁극적 목표라고 볼 수는 없다. 이러한 경제적 목표 위에는 자유와 정의 등 사회적 목표가 있고 또 그 위에는 매우 추상적이기는 하나 공동선과 같은 궁극적 목표가 있다고 할 수 있다. 이렇게 볼 때 목표체계는 〈그림 7-1〉에서 보는 바와 같이 하나의 피라미드를 형성하고 있다고 할 수 있다.

제 4 절 목표간의 관계

실제로 경제정책에서 다루는 것은 사회적 목표가 아니고 경제안정이나 경제성장과 같은 경제적 목표이다. 또한 목표자체도 일반적으로 하나가 아니고 여러 개의 목표를 대상으로 하는 것이 보통이다. 왜냐하면 경제정책이 어떤 특정 이익집단이나 특정 계층의 이익만을 대변해서는 안 되고 여러 이익집단이나 계층의 요구사항을 수용하여야 하기 때문이다. 그래서 실제 경제정책의 수립에서는 서로 상충되거나 실현성이 적은 여러 개의 목표를 동시에 추구해야 하는 문제가 발생하게 된다. 따라서 합리적 경제정책의 수립을 위해서는 목표 간에 상충이 없이 서로 조화될 수 있는 목표를 설정하는 것이 바람직하다. 이를 위해서는 경제정책의 목표 간에는 어떤 관계가 있는지 규명할 필요가 있다.

경제정책의 목표 간에는 대체로 다음과 같은 세 가지의 관계, 즉 독립적 관계, 보완적 관계 그리고 대립 및 경쟁관계가 있다고 할 수 있다.

독립적 관계란 두 개의 목표가 있을 경우 한 목표의 실현이 다른 목표에 아무런 직접적 영향을 주지 않거나 주더라도 그것이 아주 무시할 정도인 경우다. 예컨대 통화량증가와 기술개발과의 관계나 또는 경제성장과 식생활개선 간의 관계처럼 서로 직접적인 영향을 주거나 받는 것이 없는 경우를 말한다. 보완적 관계란 한 목표의 실현이 다른 목표의 달성에 도움이 되는 경우이다. 이런 경우는 여러 목표를 동시에 추구하는 것이 가능하며 비교적 적은 정책수단의 투입으로도 정책목표의 실현이 가능하다. 가령 물가안정과 국제수지 균형과의 관계는 물가가 안정되면 산업의 경쟁력이 생기고 이는 국제수지 개선에 도움이 되기 때문에 보완적 관계에 해당한다. 또 경제성장과 완전고용의 경우도 경제성장이 높으면 일자리가 많이 생기기 때문에 완전고용의 달성이 용이해진다.

목표간에 경합관계가 있다는 것은 한 목표의 실현을 위해서는 다른 목표의 실현을 희생하거나 포기해야 하는 상충관계가 있는 경우를 말한다. 가령 물가안정과 고도성장간의 관계에서와 같이 고도성장을 하자면 투자나 소비가 늘어나야 하는데 이는 필연적으로 인플레이션을 유발하기 쉽다. 또 물가안정을 위해서는 긴축정책을 써야 하는데 이는 투자와 소비를 위축시킴으로써 성장을 저해하는 요인으로 작용하기 때문에 물가안정과 고도성장은 서로 양립하기가 어렵다.

실제 경제정책에서는 이와 같이 서로 상충관계에 있는 여러 정책목표를 동시에 달성하고자 하는 데 문제가 있다. 정책목표가 서로 독립적이거나 또는 보완관계에 있다면 사실 여러 정책목표를 동시에 추진하더라도 문제는 없다. 문제는 목표가 서로 상충되는 경우에 발생한다. 우리가 흔히 경제성장, 물가안정, 그리고 국제수지 균형을 마(魔)의 3각이라 한다. 그 이유는 경제성장을 하자니 물가가 불안해지고, 또 수입이 늘어나기 때문에 국제수지가 불안하게 되기 때문이다. 그래서 세 가지 목표를 동시에 달성하기가 어렵다는 것이다. 이 세 가지 목표에다 완전고용을 추가한다면 마의 3각이 아니라 마의 4각이 된다.

제 5 절 정책목표의 최적선택

이와 같이 정책목표가 서로 상충될 경우 어떻게 하면 목표간의 마찰을 최소화하는 선에서 정책을 수행할 수 있을 것인가. 물론 정책목표를 하나만 정한다면 정책목표간의 상충문제는 야기되지 않는다. 그러나 실제의 경제정책은 여러 개의 경합관계에 있는 목표를 동시에 추구하고자 하는 경우가 많다. 예컨대 물가안정과 고용증대를 동시에 추구하고자 하는 경우 물가안정을 너무 강조하면 고용증가는 어렵고 반대로 고용증가를 너무 강조하면 물가안정을 기하기 어렵다. 이런 경우 적당한 물가안정을 이루면서 고용증대를 달성하는 방법, 즉 양 목표가 어느 정도 조화를 이루는 점을 찾지 않으면 안 된다.

물가안정(A)과 고용증대(B)와 같이 서로 경합관계에 있는 목표가 있을 경우 어떤 일정한 정책수단(예컨대 재할인율의 인하)을 사용하면 고용은 증대되지만 물가는 불안하게 되고 반대로 재할인율을 올리면 물가는 안정되겠지만 고용증대는 어렵게 될 것이다. 이와 같은 관계는 〈그림 7－2〉와 같은 가능성곡선으로 표현할 수 있다. 가능성곡선상의 모든 점은 주어진 정책수단으로서 실현가능한 두 목표 간의 조합을 가리킨다. 즉 이 가능성곡선상에서는 어떤 점이든 목표의 실현은 가능하다. 가능성 곡선은 정책수단의 투입이 더 많다든지, 또는 같은 정책수단이라도 더 효과적인 경우는 우측으로 이동하게 된다.

가능성곡선은 일정한 정책수단을 투입했을 경우 실현가능한 목표간의 관계를 순전히 기술적으로 표현한 것이지 경제주체의 희망이나 선호를 나타내는 것은 아니다. 따라서 우리는 경제주체가 물가안정을 위해서는 얼마만큼의 고용증가를 희생할 각오가 있는가를 알지 않으면 안 된다. 이러한 경제주체의

그림 7-2 목표의 최적배합

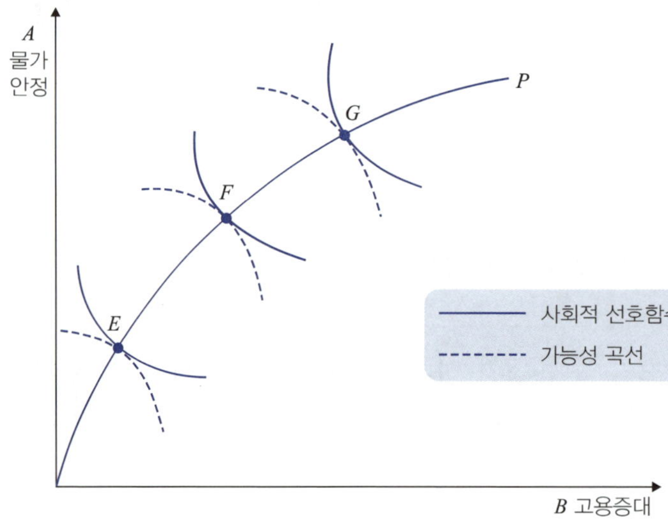

물가안정과 고용증대에 대한 선호관계는 그 사회의 무차별곡선, 즉 사회적 선호함수로 나타낼 수 있다. 따라서 어느 정도의 물가안정을 위해서 고용증대를 얼마만큼 희생하는 것이 바람직한가는 실현가능성곡선과 사회적 무차별곡선이 접하는 점에서 정책 당국이 목표의 배합을 결정해야 한다. 다시 말하면 〈그림 7-2〉의 *E*, *F*, *G*점에서 목표의 최적배합이 이루어진다.

제 6 절 정책수단

1. 정책수단의 의의와 종류

정책수단이란 정책목표의 실현을 위해 경제정책의 주체가 선택하고 통제할 수 있는 경제적 및 경제와 관련된 사실행위(Sachverhalt)를 의미한다.[1)]

1) T. Pütz(1979), p.106 참조.

여기서 경제적 사실관계란 물가, 임금, 보조금 등과 같이 수량화가 가능한 변수를 말하며 경제와 관련된 사실관계란 수량화는 불가능하지만 경제와 밀접한 관계를 가지는 법률이나 권고, 개별경제주체나 경제정책주체의 행동준칙에 영향을 주는 질적 수단 등을 의미한다.

정책수단을 기능별로 보면 크게 두 가지로 분류할 수 있다. 정책수단이 어떤 목표, 예컨대 경제의 기본질서를 겨냥하느냐 아니면 주어진 질서 아래서 경제현상의 변화, 즉 경제과정을 겨냥하느냐에 따라 질서정책적 수단과 과정정책적 수단으로 나눌 수 있다. 질서정책적 수단은 경제의 기본질서에 영향을 주는 정책수단인데 이는 경제주체인 개인, 기업, 정부, 금융기관 등 개별경제주체의 행동규칙을 정하는 것을 말한다. 가령 자유시장경제제도를 채택하는 나라에서 시장기구가 제대로 작동할 수 있게끔 제도적 장치를 마련해 주는 것이 이에 속한다. 예컨대 독과점규제를 위해서 공정거래법을 제정한다든가, 통화정책의 중립을 보장하기 위해서 중앙은행의 독립성을 보장해 주는 것 등이다. 이 밖에도 정부의 예산회계법, 무역법, 외환관리법 등 경제주체의 행동에 영향을 주는 각종 경제관련법이 이에 속한다. 이러한 법적·제도적 장치 외에 경제주체의 행동에 호소하는 것, 예컨대 임금을 5% 수준에서 안정시키기 위해서 근로자에게 임금인상 자제를 호소하는 것과 같은 도덕적 호소(moral suasion)도 이에 속한다.

이와 같이 질서정책적 수단이 법적, 제도적 변화를 의미하는 반면 과정정책적 수단이란 주어진 경제질서의 테두리 안에서 경제정책의 목표가 실현될 수 있도록 경제주체에 영향을 주는 경제적 변수, 즉 가격 및 물량 등을 변화시키는 것을 의미한다. 경제란 정지된 상태가 아니고 항상 변하는 것이기 때문에 그 변화의 흐름이 항상 바람직한 방향으로 움직이는 것은 아니다. 가령 기업이 어떤 때는 투자를 많이 하는가 하면 어떤 때는 적게 하기 때문에 실업이 발생한다. 이럴 경우 실업을 막기 위해 기업의 투자의욕을 고취시킬 필요가 있으며 이를 위해 금리를 낮추어야 한다. 이것이 과정정책적 수단이며 여기에는 이자율 외에도 임금, 환율, 세율 등 가격정책적 수단이 있는가 하면 보조금, 외화대출 등과 같은 양적 수단도 있다. 또 과정정책적 수단은 재정 및 금

그림 7-3 질서정책적 수단과 과정정책적 수단

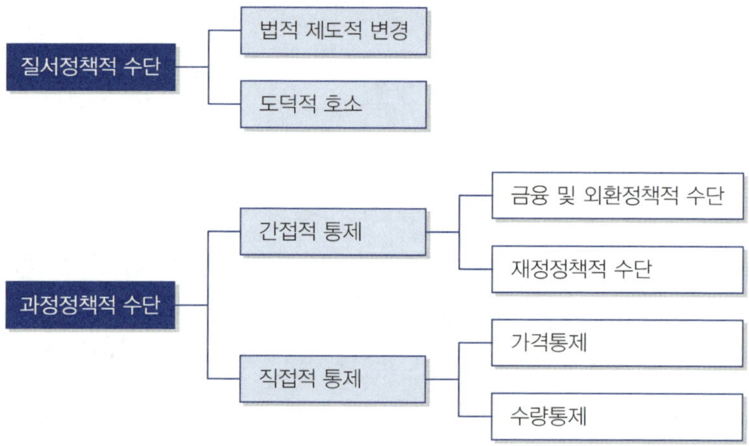

융정책수단과 같이 간접적인 통제수단이 있는가 하면 가격 및 양적통제에 의한 직접적 통제수단도 있다. 질서정책적 수단과 과정정책적 수단을 요약하면 〈그림 7−3〉과 같다.

2. 정책수단과 실효성

경제정책의 목표가 얼마나 잘 달성되느냐는 투입되는 수단의 효율성에 달려 있다. 그러나 정책수단은 앞에서 지적한 바와 같이 그 수가 많고 다양하기 때문에 어떤 정책수단을 선택하느냐는 쉽지 않다. 우리가 구체적인 정책수단을 선택함에 앞서 정책수단이 실효성을 갖기 위해서는 어떤 조건들이 충족되어야 하는가를 살펴보기로 한다.

첫째, 정책의 효과는 투입되는 정책수단의 수와 성격에 따라 다르다. 경제정책은 일반적으로 다수의 목표를 가지기 때문에 하나의 정책수단으로는 그 실현이 어렵고 많은 정책수단을 필요로 한다. 따라서 일반적으로 정책수단이 많으면 정책목표의 실현은 용이하다. 그러나 목표수에 비해서 수단이 너무 많은 경우에는 사용되지 않는 수단이 생긴다든지 아니면 정책수단이 과잉투입됨으로써 목표실현이 당초 예상했던 목표보다 초과달성되는 경우가 있다. 가령 경기과열을 진정시키기 위하여 긴축정책을 쓰는 것은 좋으나 너무 지나친 긴축, 예컨대 금융정책만 쓸 것을 재정정책수단까지 동원한다면 경기가 진정되는 것을 넘어서 불황으로 이어질 수도 있기 때문이다. 반대로 목표수에 비하여 수단이 너무 적을 경우에는 예상했던 목표의 달성이 어려울 경우도 있다. 따라서 원칙적으로는 목표의 수와 수단의 수가 같을 때 목표의 실현이 가장 합리적으로 이루어진다고 할 수 있다.

그러나 이러한 관계는 목표나 투입되는 수단의 성격이나 내용을 고려하지 않은 경우이다. 목표 간의 관계가 보완관계에 있는지 경합관계에 있는지 또는 수단 간에 있어서도 대체관계가 있느냐, 없느냐에 따라 투입되는 수단의 수가 다를 수 있기 때문에 목표와 수단 간의 관계를 단순히 양적인 관계에서만 보아서는 안 된다. 정책수단도 양적인 정책수단도 있는가 하면 질적인 정책수단도 있기 때문에 경우에 따라서는 하나의 정책수단으로써도 여러 개의 정책목표를 실현할 수 있기 때문이다. 예컨대 금융실명제와 같이 부정부패를 방지할 수 있을 뿐 아니라 부동산 투기억제, 사회정의의 실현 등 여러 가지 목표를 동시에 달성할 수 있는 정책수단도 있다. 이와 같이 정책수단의 효율성은 수단의 수뿐만 아니라 그 질적 성격에 의하여도 크게 좌우된다.

둘째, 어떤 방법을 통해서 정책수단을 실천에 옮기느냐에 따라서 수단의 효과도 다를 수 있다. 정책이란 결국 경제주체의 행동을 바꾸는 것인데 그 방법에는 세 가지가 있다. 첫째는 도덕적 호소가 있다. 이는 정부가 국민으로 하여금 정부가 원하는 방향으로 행동하여 줄 것을 호소하는 것인데, 예컨대 임금인상을 자제해 줄 것을 노동자에게 호소하는 경우다. 도덕적 수단은 경제주체인 국민의 애국심 등 감정에 호소하는 것으로 경우에 따라서는 설득력 있고 효과적일 수도 있으나 강제성이 없기 때문에 실효성은 적다. 둘째는 경제주체에 유인(incentive)을 제공함으로써 정부가 원하는 방향으로 유도하는 방법이다. 재정 및 금융정책적 수단, 즉 세율을 낮춘다든지 또는 금리의 변화를 통하여 간접적으로 경제주체의 행동을 유도하는 방법이다. 이러한 간접적 방법은 시장경제원리에 합치되는 것으로서 가장 합리적이고 확실한 방법이다. 셋째는 명령과 같은 강제적인 방법인데 이는 시장경제질서에는 맞지 않을 뿐 아니라 부작용이 많기 때문에 비상시국을 제외하고는 별로 사용되지 않는다.

셋째, 정책수단을 정책주체가 어느 정도 통제할 수 있느냐에 따라 정책수단의 실효성은 달라진다. 경제상황이란 항상 변화하는 것이기 때문에 정책목표의 실현을 위해서는 상황변화에 따라 정책수단의 투입을 조절하여야 하는데 이것이 얼마나 가능하느냐 하는 것이다. 예컨대 세율 같은 것은 법률에 의하여 정해지기 때문에 세율의 조정이 필요하다고 해서 정책 당국이 임의로 고칠 수가 없는 반면 재할인율의 인하나 인상은 중앙은행에 의하여 필요하다면 언제든지 변동시킬 수 있는 것처럼 법률이나 제도에 의하여 쉽게 실시할 수 있는 것이 있는가 하면 그렇지 못한 경우가 있다. 법률적, 제도적 측면에서만이 아니라 심리적인 측면에서도 정책수단의 조정에는 한계가 있다. 예컨대 우리나라의 경우 주택공급을 원활히 하기 위해서는 아파트값을 대폭 현실화하는 것이 바람직하나 이는 집값을 올리게 되고 결국 부동산투기로 이어질 가능성이 크므로 아파트 분양가의 현실화에는 한계가 있다는 것이다. 이러한 제도적, 심리적 요인 외에도 정치적 및 이익집단의 압력 때문에 정책수단의 채택에는 한계가 있을 수 있다. 예컨대 6공화국이 금융실명제를 실시하지 못한 이유로 재벌과 기득권층의 정치적 압력에 의하여 노태우 대통령이 금융실명제를 유보시킨 것을 들 수 있다.

넷째, 정책수단의 효과가 예측가능하느냐에 따라 정책수단을 사용할 수도 있고 않을 수도 있다. 정책수단의 효과를 계량적 방법을 통해서 측정할 수 있다면 그 수단을 투입하는 것이 좋은가, 아닌가를 쉽게 판단할 수 있다. 가령 통화량이 늘면 물가가 얼마나 오를 것인가 하는 것은 비교적 효과를 측정하기가 쉽다. 그러나 금융실명제를 하면 그 효과가 어떻게 나타날지는 예측하기가 매우 어렵다. 그래서 금융실명제가 사회정의를 실현한다든지 지하경제를 없앤다는 점 등에서는 매우 바람직하나 이것을 쉽게 실시하지 못했던 것은 그 효과의 측정이 거의 불가능했기 때문이다.

3. 정책수단의 선택기준과 효과분석

3.1 수단선택의 일반적 원칙

위에서는 정책수단의 실효성에 영향을 주는 조건들에 대해서 살펴보았다. 그러면 여기서는 어떤 기준에 의해서 정책수단이 채택되어야 하는가에 대해 검토해 보기로 한다.

경제정책은 일반적으로 복수의 목표를 가지고 있을 뿐만 아니라 하나의 체계를 형성하고 있기 때문에 고차원적인 목표와 저차원적인 목표가 동시에 존재한다. 따라서 어떤 정책수단이 투입되었을 때 그 수단은 특정목표에만 영향을 주는 것이 아니라 다른 정책목표나 상위의 목표에도 영향을 준다. 다시 말하면 정책수단을 선택할 때 그 수단이 어떤 특정목표는 물론 다른 목표의 실현에도 적합한지 여부를 따져 보아야 한다.

가령 인플레이션을 억제하기 위하여 물가 및 임금을 통제하고자 할 경우 이들은 인플레이션을 억제하는 데는 적합한 수단이라 할 수 있다. 그러나 정책의 목표가 단순히 인플레이션의 억제에만 있는 것이 아니고 적정성장도 유지하고자 한다면, 즉 경제정책의 기본방향이 물가안정 속에서 성장을 추구하는 데 있다고 한다면 이러한 정책수단이 경제정책의 기본방향과 합치되는지를 검토해야 한다는 것이다. 왜냐하면 물가 및 임금동결이 인플레이션 억제에는 효과적이지만 기업의 투자의욕을 줄이고 소비수요를 억제함으로써 경제성장과는 상충되기 때문이다. 다시 말하면 정책수단이 인플레이션을 억제하는 데는 적합하지만 안정성장이란 기본정책목표에는 적합하지 않다는 것이다. 따라서 우리가 어떤 정책수단을 채택할 때는 그 정책수단이 정책의 기본목표에 부합되는지를 따져 보아야 한다는 것이다. 즉 수단의 목표일치성(Zielkonformität)을 검토해야 한다.

그 다음에는 그 정책수단의 투입이 그 사회의 체제나 기본질서와 일치하는지의 여부, 즉 체제일치성(Systemkonformität)과 질서일치성(Ordnungskonformität)을 따져보아야 한다. 예컨대 가격 및 임금통제와 같은 조치는 경쟁과 자율을 기본행동원리로 하고 있는 시장경제질서와는 충돌된다. 가격은 시장의 수급원리에 맡겨야 하고 임금은 노사 간의 자율적 협상에 의하여 결정되는 것이 시장경제의 원칙이다. 따라서 가격 및 임금통제와 같은 정책수단은 그 사회의 경제질서와 상충되기 때문에 원칙적으로 채택되어서는 안 된다는 것이다. 이와 같이 어떤 정책수단의 채택여부는 먼저 경제정책의 목표와 일치하는지를 따져보아야 하고 다음으로 그 수단이 그 사회의 경제체제나 기본질서에도 부합되는지를 검토함으로써만 합리적인 정책수단의 선택이 가능하다는 것이다.

3.2 정책수단의 평가

3.2.1 경제이론과 효과분석

정책수단의 채택은 위에서 지적한 바와 같이 수단이 정책목표와 경제질서에 부합되는가를 검토해야겠지만 이것만 가지고 정책수단의 채택여부를 결정하기는 어렵다. 정책수단이 이러한 일반적 기준과 원칙에는 부합한다 하더라도 이것이 채택의 필요조건은 될지 모르나 충분조건은 될 수 없다. 왜냐하면 어떤 정책수단이 위의 기준에는 통과된다 하더라도 어떤 구체적 효과가 있을 것인가에 대한 검토를 하지 않고서는 어떤 특정정책수단이 좋다 나쁘다를 판단하기는 어렵기 때문이다.

투입될 정책수단의 효과를 평가하기 위해서는 어떤 특정수단을 투입했을 때의 기대되는 편익(benefit)과 비용(cost)을 비교 평가하는 것이 가장 중요하다. 수익이란 특정문제에 대한 직접적인 긍정적 효과뿐만 아니라 간접적인 효과도 고려해야 한다. 목표간에 보완적 관계가 있을 경우에는 정책수단의 긍정적 효과는 크다. 비용도 수단의 투입에 관련된 직접적 비용뿐만 아니라 간접적인 부작용도 감안해야 한다.

이러한 종합적인 수익과 비용을 고려해서 어떤 정책수단이 가장 큰 순수익, 즉 목표달성효과를 가져오느냐에 따라서 선택되어야 한다. 그러나 이러한 수익과 비용을 과학적으로 평가하여 어떤 구체적인 수치로서 나타내기는 어렵다. 경제현상은 매우 상호의존적이기 때문에 어떤 정책수단이 투입되면 그것은 다양한 경로를 통해서 정책목표에 대해 여러 가지 직·간접적인 작용을 하는데 이를 모두 수치적으로 파악한다는 것은 불가능하다. 마찬가지로 정책수단의 투입에 따르는 비용에 있어서도 정책의 집행에 따르는 직접적인 경비이외에 정책의 부작용을 방지하기 위한 비용, 정책을 유지하는 데 필요한 비용, 또 정책에 대해 득을 보는 계층도 있지만 희생을 당하는 계층이나 부문도 있기 때문에 이들이 부담하게 되는 비용 등 모든 간접적인 비용을 수치적으로 파악한다는 것은 불가능하다.

다시 말하면 아무리 오늘날 경제이론이 발달되고 계량적 기법이 발달되었다 하더라도 이러한 직·간접적인 편익과 비용을 계산한다는 것은 불가능하다. 따라서 경제이론이 할 수 있는 것은 정책수단이 달성하고자 하는 목표의 실현에 적합한지, 즉 도움이 되는지 여부를 판단하고 도움이 된다면 어떤 긍정적 효과가 있고 어떤 부정적 효과가 있는가를 제시하는 것 이상의 평가를 하기는 힘들다. 이러한 분석을 기초로 해서 경제정책담당자는 어떤 정책수단을 채택할 것인지를 최종 결정해야 한다.

정책수단의 효과평가와 관련해서 중요한 것은 정책수단의 투입 정도에 따라 그 효과가 다르다는 것이다. 정책수단은 일반적으로 투입량, 즉 투입밀도가 크면 클수록 투입수단의 한계효과는 체감하는 반면 그 부작용은 반대로 체증하기 마련이다. 따라서 정책수단투입의 효과를 극대화하기 위해서는 수단의 투입을 적정선에서 유지함으로써 수단투입에서 오는 긍정적 효과에서 부정적 효과를 뺀 순효과를 극대화하여야 한다. 정책수단을 너무 지나치게 투입하면 부정적 효과가 긍정적 효과를 상쇄시킬 수도 있기 때문이다. 즉 정책수단의 과잉투입은 득보다 실이 클 수도 있다.

이와 같은 예로는 1990년 4월의 경기활성화대책을 들 수 있다. 1989년 하반기부터 나타난 경기침체현상을 너무 우려한 나머지 1990년 4월 정부는 안정화정책을 추진하여 오던 조순 경제팀을 퇴진시키고 새로운 경제팀을 기용하면서 과감한 경기활성화정책을 실시하였다. 지나친 경기활성화조치 때문에 1990년 하반기부터 경기가 과열현상을 보이면서 물가가 급등하고 국제수지 적자가 급증하는 등 안정기조가 무너지게 되었다. 이는 필요 이상의 과다한

그림 7-4 정책수단의 편익과 비용

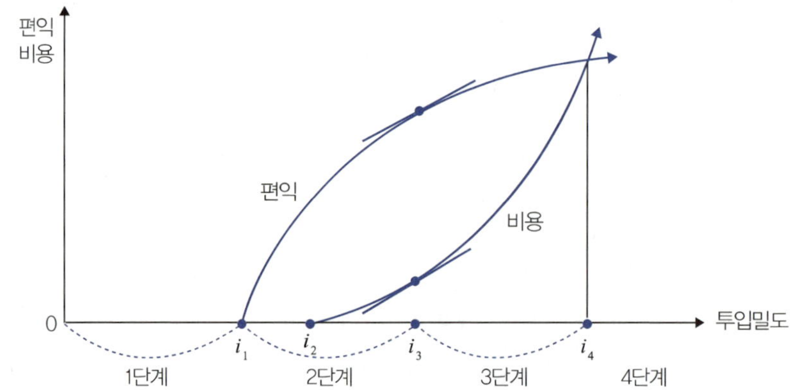

경기활성화정책이 긍정적 효과보다 더 큰 부정적 효과를 가져온 대표적 경우라 할 수 있다. 정책수단으로의 투입밀도에 따라 긍정적 효과와 부정적 효과가 어떻게 나타나고 어느 투입점에서 순효과가 극대화되냐는 것을 그림으로 나타내면 〈그림 7－4〉와 같다.

정책수단이 긍정적 효과와 부정적 효과를 나타내는 관계를 4단계로 나누어 볼 수 있다. 1단계는 어떤 정책수단이든 효과를 나타내기 위해서는 최소한의 투입이 필요하다는 것인데 제1단계에서는 정책수단의 투입이 전체적으로 낮은 수준에 있다는 것을 가리킨다. 제2단계는 수단의 투입이 최소투입단계를 넘어서면 긍정적 효과는 급속히 증가하고 부작용이 서서히 나타나는 단계인데 i_3은 한계편익과 한계비용이 같은 점이며 이 점에서 순효과는 극대화가 된다는 것이다. 그러나 i_1~i_3까지의 2단계는 상대적으로 정책수단의 투입이 낮은 저투입단계라 할 수 있다. i_3을 지나면서 부작용은 급속도로 증가하는 반면 긍정적 효과는 완만하게 나타나므로 순효과는 i_4에서 영이 된다. 이러한 현상은 수단이 상대적으로 과잉투입된 제3단계에서 일어난다. i_4에서부터는 부정적 효과가 긍정적 효과를 능가하는 제4단계인데 이는 수단의 과잉투입에서 일어난다.

3.2.2 과거의 경험과 경제정책수단의 투입

경제이론의 한계는 항상 어떤 가정 아래서 경제현상간의 인과관계를 규명하는 것이기 때문에 가정이 비현실적이라든지 여건이 다른 경우에는 경제이론의 적용에는 한계가 있다. 특히 경제정책이란 실천을 전제로 하고 있기 때문에 선택된 정책수단이 경제이론적으로는 정당화된다 하더라도 상황에 따라서는 그것이 적합하지 않을 수도 있다. 왜냐하면 경제정책이 성공하려면 투입되는 정책수단에 대해서 가계나 기업 등 민간부문이 이에 즉각적이고 민감하게 반응해야 하는데 이러한 경제주체의 반응이 상황에 따라서는 경제이론이 제시하는 것처럼 나타나지 않을 수도 있기 때문이다. 가령 금리가 내리면 투자는 증가하고 저축은 감소해야 하는데 금리가 내렸다고 해서 늘 투자가 활성화되는 것은 아니다. 투자는 금리 이외에도 여러 가지 경제적·경제외적 요인에 의하여 영향을 받을 수 있기 때문이다.

이러한 경제이론의 한계 때문에 실제 경제정책의 수립에서는 과거의 경험에 의하여 판단하는 경우가 적지 않다. 경제정책이 성공하느냐 못하느냐는 기업이나 가계가 투입된 정책수단에 어떻게 반응하느냐에 달려 있다. 경제주체가 정부가 원하는 방향으로 경제행위를 하면 정책은 성공하지만 아무리 이론적으로 훌륭한 정책수단이라 해도 경제주체가 이에 반응하지 않으면 그 정책은 성공하기 어렵다.

경제주체의 반응은 그 나라 국민의 관행이나 관습, 즉 과거의 경험과 밀접한 관계를 가지고 있다. 왜냐하면 사람은 누구나 어떤 의사결정을 할 때 과거의 경험에서 얻은 지식에 가장 많이 의존하기 때문이다. 가령 우리나라처럼 국민들이 오랜 동안의 인플레이션 속에서 부동산에 투자를 하는 것이 최상의 재산증식방법이라고 인식하고 있는 이상 물가가 오르기만 하면 누구나 부동산에 투자하고자 하는 습성이 있다. 이런 경우 부동산투기를 억제하기 위하여 세제상의 제재를 가하더라도 물가를 잡지 않는 한 부동산투기를 억제하기는 힘들다. 따라서 이러한 경우에는 부동산투기를 방지하기 위해서는 세제보다는 물가안정이 더 효과적이라는 것이다.

또 우리나라는 통화량과 물가간에 매우 밀접한 관계를 가지고 있다. 과거 수십 년 동안 우리나라의 통화량은 연 20~30%씩 증가하는 것이 일반적이었으며 이로 인하여 우리 경제는 장기간에 걸쳐 인플레이션에 시달려 왔다. 따라서 일반국민은 통화량이 늘어나면 곧 인플레이션 기대심리가 작용해서 물가를 자극하게 된다. 이와 같이 경제주체가 인플레이션 기대심리에 사로잡혀 있는 경우에는 통화량증가가 반드시 물가상승으로 이어지지 않는다고(가령 경기가 불황이어서 유휴시설이 있는 경우) 정부가 설득하려 해도 이것이 잘 먹혀들지 않는다. 이런 경우에는 물가안정을 위해서는 다른 정책도 중요하지만 절제있는 통화신용정책이 매우 중요하다.

이처럼 정책수단효과를 과거의 경험에 의존하여 판단하는 경우가 자주 있고 이는 그 나름대로 매우 큰 장점이 있는 것이 사실이다. 우리나라의 통화정책이나 물가정책은 이의 대표적인 예라 할 수 있다. 그러나 경험에 의한 판단은 단점도 없지 않다. 경제여건이란 언제나 변하는 것이기 때문에 과거의 어떤 여건하에서 형성된 경제주체의 행동원칙이 여건이 다른 현재에는 그대로 적용되지 않는 경우도 있다. 가령 토지공개념이 강력히 시행되고 있을 경우 물가가 좀 오른다 해서 이것이 부동산투기로 이어진다고 보기 힘들다. 또 스태그플레이션(stagflation)이 진행되고 있을 경우 통화량의 긴축만으로 물가를 안정시킨다는 것도 어렵다. 따라서 과거의 경험에 의해서 정책수단의 효과를 분석하는 데는 여건의 변화를 충분히 감안하여 판단하는 것이 바람직하다.

어떤 정책수단을 채택하느냐는 앞에서 지적한 바와 같이 경제이론이나 과거의 경험에 의존하는 것 외에 정치집단이나 이익단체의 선호에 의하여 결정되는 경우도 적지 않다. 보수주의적 정당은 대체로 직접적 수단보다는 간접적인 수단을 선호하고 또 재정정책적 수단보다는 금융정책적 수단을 선호하는 경향이 있고 또 국가의 경제활동에 있어서도 공공부문의 확대를 반대하고 있다. 이에 반하여 사회주의자들은 공공부문의 확대를 선호하고 간접적 수단 대신에 직접적 수단을 선호하고 있다. 노동조합 등은 그들과 정치적 이념을 같이 하는 정당의 노선을 따르는 것이 일반적이다. 이와 같이 정치적 이념에 의하여 정책수단을 채택하는 경우에는 이를 반대하는 집단의 저항에 부딪치기 쉽기 때문에 정책의 효율적인 집행은 쉽지가 않고 특히 경제정책이 의회의 승인을 필요로 하는 경우에는 더욱 그러하다.

3.2.3 정책효과와 시차

정책수단을 투입할 때는 먼저 정책수단이 정책목표나 경제질서에 합당한가를 결정하고 그 다음에는 그렇게 선택된 수단이 얼마만큼 투입되어야만 소기의 목표를 실현할 수 있는가를 결정해야 하고 마지막으로 언제 그 수단이 투입되어야 하는가를 결정해야 한다. 지금까지 우리는 첫 번째와 두 번째의 문제를 다루었기 때문에 여기서는 세 번째의 문제를 다루기로 한다.

경제정책을 담당하고 있는 정치가들에게 있어서 중요한 것은 실업이나 인플레이션문제를 어떻게 해결하느냐에 있는 것이 아니고 언제 해결하느냐에 있다. 왜냐하면 정부가 재집권을 하기 위해서는 선거가 있기 전에 이들 문제를 해결해야 선거에 승리할 수 있기 때문이다. 그래서 정치가들에게 중요한 것은 문제자체의 해결보다는 문제해결의 시기가 더 중요하다.

경제정책의 목표가 실현되는 데는 정책의 준비에서부터 정책수단의 투입과 이로 인한 효과가 나타나기까지 적지 않은 시차가 있기 마련이다. 이러한 시차는 크게 볼 때 세 가지 시차, 즉 정책준비시차(policy preparation lag), 집행시차(implementation lag) 및 정책효과시차(policy effect lag)로 나눌 수 있다(〈그림 7-5〉 참조). 정책준비시차는 다시 인식시차(recognition lag)와 행동시차(action lag)로 나눌 수 있다. 인식시차는 어떤 문제가 생겼을 때 이에 대한 자료와 정보를 수집해서 상황에 대한 진단과 전망 등 상황분석을 하는 데 소요되는 시간을 가리킨다. 행동시차란 경제문제에 대한 상황분석에 입각해서 어떤 경제정책적 조치가 필요한지에 대해 계획을 하고 이의 효과분석을 하여 어떤 의사결정을 내리는 데 소요되는 시차를 의미한다.

집행시차란 결정된 정책을 실제로 집행하는 데 요구되는 시간을 말한다. 즉 어떤 정책을 집행하기 위해서는 법적, 제도적 장치가 있어야 하고 관련기관과의 협의와 협조가 있어야 하고 경우에 따라서는 이익집단의 저항이나 반발을 조정해 주어야 하는 행정(administrative), 수단(instrumental) 및 조정(intermediate)

그림 7-5 경제정책의 시차

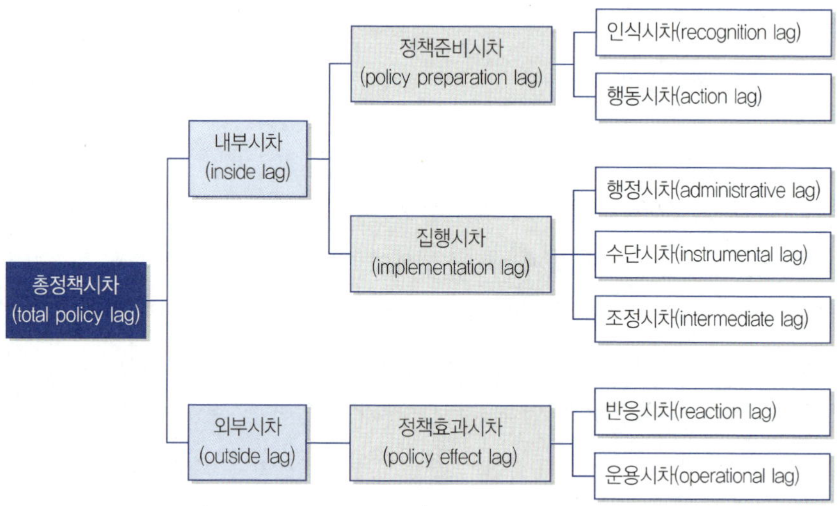

시차가 있어야 한다는 것이다. 정책효과시차란 정책수단이 투입되어서 실제로 효과를 나타내기까지는 상당한 시간을 요한다. 왜냐하면 경제주체가 수단의 투입에 따른 새로운 상황변화에 적응하기 위해서는 시간을 요하고 또 실제로 어떤 정책을 운용하는 데는 여러 가지 장애가 있기 때문에 시간이 걸린다. 다시 말하면 정책효과시차는 반응시차(reaction lag)와 운용시차(operational lag)로 나눌 수 있다.

이와 같이 시차는 여러 형태로 나누어 볼 수 있는데, 문제의 인식에서부터 수단의 효과가 발생할 때까지의 총소요 시차의 크기는 개별시차의 크기에 의하여 결정된다. 개별적 시차는 정책수단의 성격이나 정보수집 및 분석능력, 정책주체의 정책입안 및 추진능력과 행정능률 등에 의하여 결정된다고 할 수 있다. 경기정책과 같은 단기경제정책에 있어서 시차의 크기는 경제정책의 효율적 집행에 결정적 영향을 줄 수 있다. 왜냐하면 단기적 경기정책에서는 신속한 효과가 있어야 하는데 시차가 너무 길면 정책의 효과는 반감이 될 수도 있기 때문에 시차가 짧은 정책수단의 채택이 바람직하다. 반대로 구조정책과 같이 장기적 효과가 중요한 경우에는 시차의 크고 작음에 신경을 쓸 필요가 없다.

제2부
부문별 경제정책

제 8 장 경쟁정책
제 9 장 안정화정책
제10장 경제성장정책
제11장 구조정책
제12장 대외경제정책
제13장 WTO체제와 FTA정책
제14장 사회정책
제15장 환경정책

ECONOMIC POLICY

제8장
경쟁정책

제 1 절 경쟁의 의의와 기능

1. 경쟁의 의의

경쟁이란 일반적으로 둘이나 둘 이상의 사람 또는 집단이 행동매개변수의 투입을 통해서 다른 사람이나 다른 집단보다도 자기의 목적 실현을 개선하고자 하는 노력이라고 정의될 수 있다.[1]

이러한 경쟁의 일반개념을 기업 간의 관계로 발전시킨다면 경쟁이란 기업이 시장에 있어서의 자기의 위치를 불만스럽게 생각하여 그것을 변화시키고자 하는 노력이라고 할 수 있다. 다시 말하면 경쟁이란 기업이 경쟁우위를 실현하기 위한 가격의 인하, 품질의 개선, 광고의 강화, 판매방법의 변화, 서비스의 개선 등과 같은 일련의 과정을 의미한다.

이와 같이 한 기업이 경쟁을 시도하게 되면 이 기업의 경쟁기업은 위협을 받게 되고 매상고의 손실을 보게 된다. 판매 손실이 크면 클수록 경쟁기업은 이에 강하게 대응하고자 하는 압력을 받게 된다. 그래서 처음에 경쟁을 시도한 기업이 성공적이면 성공적일수록 경쟁기업도 이를 모방하고자 하며 이로

1) I. Schmidt(1987), p.2 참조.

인하여 최초의 성공적인 모험기업의 경쟁우위는 사라지고 시장은 보다 좋은 제품으로 충만하게 된다는 것이다. 이런 의미에서 슘페터(J. A. Schumpeter)는 경쟁을 "창조적인 파괴과정"이라 하였다.

이러한 맥락에서 하이에크(F. A. von Hayek)는 경쟁을 "탐색과정 및 발견방법"(Suchprozess und Entdeckungsverfahren)이라 하였다. 다시 말하면 경쟁이란 미지의 시장을 찾아서 그 가능성을 탐색하고 어떤 물건을 어떻게 생산·판매하는 것이 좋은가의 방법을 발견하는 일련의 과정이라고 할 수 있다.

그런데 시장참여자가 경쟁에서 성공하는가의 여부는 각자의 경쟁능력에 달려 있다. 예컨대 어떤 사람이 그 사람의 경쟁자보다 더 좋은 상품을 만들어 내고 같은 상품이라도 더 낮은 가격으로 공급할 수 있다면 경쟁에서 이길 수 있다. 또 가격의 신호기능을 이용하여 상황변화에 잘 적응을 하는 기업도 경쟁에서 이길 수 있다. 전자의 경우를 개발능력이라 한다면 후자는 적응능력이라고 할 수 있다.

이와 같이 경쟁에서 이기는 자는 개발이윤이나 적응이윤을 향유하는 반면 경쟁에 진 자는 시장에서 축출되고 만다. 따라서 시장경제에서 경쟁이란 성과경쟁(Leistungswettbewerb) 또는 능력경쟁을 의미한다고 하겠다. 그러나 경쟁시장에서의 개발이윤이나 적응이윤은 오래 지탱할 수가 없다. 왜냐하면 어떤 형태든 이윤의 발생은 새로운 경쟁자를 유인하게 되고 이에 따른 공급확대는 가격인하를 가져오기 때문이다. 경쟁은 이런 자극기능을 통해 시장참여자에게 새로운 동기를 유발하고 소비자에게 값싸고 좋은 물건을 공급함으로써 사회적 후생을 증진시킨다. 이와 같이 경쟁이야말로 시장경제발전을 위한 가장 중요한 요건이며 이런 뜻에서 시장경제를 경쟁경제(Wettbewerbswirtschaft)라고도 한다.

2. 경쟁의 기능

2.1 조절기능

어떤 경제체제이든 경제활동에 참여하는 경제주체의 모든 활동이 잘 조정되어 재화나 요소시장에서의 과잉공급이나 과소공급이 발생하지 않는 상태를 유지하는 것이 매우 중요하다. 시장경제체제에서는 경쟁이 가격의 신축적인 움직임을 통해서 수요와 공급을 조절함으로써 균형을 이루게 되며, 이를 경쟁의 조절기능이라고 한다. 물론 여기서 전제되어야 할 것은 개별경제주체가 시장가격에 영향을 미치지 못하고 경제주체의 의사결정은 오로지 가격만을 기준으로 이루어진다는 점이다.

2.2 배분기능

경제문제에서 가장 중요한 것은 희소한 자원을 어떻게 효율적으로 사용하여 생산효과를 극대화할 수 있느냐는 점이다. 시장경제에서는 경쟁이 이러한 목표를 달성하는 수단이 된다. 기업은 일반적으로 생산성이 높고 이윤이 많이 발생하는 부문에 투자하기 마련이기 때문에 자원은 생산성이 낮은 부문에서 높은 부문으로 자연스럽게 이동하게 된다. 이러한 과정은 자원의 가장 효율적인 배분을 가능하게 하며, 결과적으로 전체 생산을 극대화하게 된다. 이를 경쟁의 자원배분기능이라 한다.

2.3 혁신기능

경쟁은 기업으로 하여금 생산기술을 개선하거나 새로운 제품을 개발하는 등의 부단한 기술혁신 노력을 하도록 강요하게 된다. 왜냐하면 그렇지 않고서는 기업이 생존경쟁에서 살아남기 힘들기 때문이다. 이를 경쟁의 혁신기능이라 한다. 경쟁의 이러한 혁신기능 때문에 기업은 보다 좋은 제품 또는 새로운 상품을 공급함으로써 사회를 발전시키고 인간의 생활을 윤택하게 한다. 기업의 기술혁신 노력은 경쟁이란 자극을 통해서 일어나는 것이기 때문에 이를 경쟁의 자극기능이라고도 한다.

2.4 분배기능

경쟁은 생산요소의 소득분배를 그 생산요소의 능력, 즉 생산성에 따라 결정하게 한다. 왜냐하면 생산요소가격이 생산성보다 높으면 기업은 손해를 보기 때문에 그 생산요소의 고용을 회피하게 되고, 반대로 요소가격이 생산성보다 낮을 경우에는 생산요소 공급자가 생산요소의 공급을 거절하기 때문이다. 따라서 경쟁시장에서는 요소가격이 그 요소의 한계생산성과 일치하는 점에서 결정되는데 이를 경쟁의 소득분배기능이라 한다.

2.5 통제기능

경쟁이 존재하므로 시장에서의 경제력집중을 억제하고 통제할 수 있다. 따라서 경쟁은 하나의 경제력 통제수단이 될 수 있는데 이를 경쟁의 통제기능이라 한다.

2.6 자유기능

경쟁이란 특권이 없고 차별 없이 모든 사람에 균등한 기회를 제공하는 것을 의미하기 때문에 행동과 선택의 자유, 즉 의사결정의 자유를 보장한다. 이처럼 경쟁 앞에서는 모든 사람이 자유롭고 동등하기 때문에 경쟁이 존재할 때 비로소 진정한 자유로운 사회의 실현이 가능하다는 것이다. 이를 경쟁의 자유기능이라 한다. 이와 같은 경쟁의 자유보장기능 때문에 경쟁을 단순히 어떤 경제적 목표를 실현하기 위한 수단이 아니라, 경쟁 자체를 하나의 목표로 보아야 한다는 주장도 있다.

제 2 절 경쟁정책의 목표와 과제

1. 조화론 대 갈등론

앞에서 설명한 경쟁기능 중 ①~⑤는 경쟁이 어떤 과정을 통해서 시장경제의 능률을 극대화하는지를 설명하고 있다. 다시 말하면 ①~⑤는 경쟁이란 경제적 효율을 제고하기 위한 수단이라는 점에서 경제적 기능이라 할 수 있다. 이에 비하여 ⑥의 자유기능은 능률과는 직접적인 관계가 없고 의사결정의 자유를 의미하는 것으로 경쟁자체가 하나의 목표가 될 수 있다는 점에서 사회적 기능이라 할 수 있다. 이와 같이 경쟁의 기능은 경제적 기능과 사회적 기능으로 나누어지는데 이 양 기능 간에 갈등관계가 있다고 보는 견해가 있는가 하면 조화관계에 있다고 보는 견해도 있다. 후술할 유효경쟁론자가 전자에 속하며 신고전학파와 시카고학파는 후자에 속한다 하겠다.

갈등론에 의하면 경제적 기능인 효율과 사회적 기능인 자유보장 간에는 갈등관계가 존재하기 때문에 양 기능을 동시에 추구하기는 현실적으로 어렵고 어느 한 기능의 실현에만 경쟁정책의 초점을 맞추는 것이 바람직하다는 것이다. 반대로 조화론에 의하면 경제활동의 자유만 보장되면 효율도 극대화가 되기 때문에 경제적 기능과 사회적 기능 간에는 갈등관계가 있을 수 없다고 한다.

갈등론의 구체적 예를 들면 다음과 같다. 소수의 대기업은 규모의 경제이익을 누릴 수 있고 기술개발의 가능성이 높기 때문에 매우 효율적이지만 기업의 집중화는 새로운 시장진입을 방해하고 분배를 악화시킬 수 있기 때문에 자유경쟁과 사회정의의 실현이란 측면에서는 바람직하지 않다는 것이다. 반대로 다수의 소기업의 경우는 경쟁의 촉진이나 분배적 정의를 실현하는 데에는 긍정적이지만 규모의 경제나 기술개발촉진이란 측면에서는 비효율적일 수 있다. 이와 같이 경제적 효율과 자유보장 사이에는 갈등관계가 존재하기 때문에 경쟁정책의 목표는 경제적 효율과 자유보장 중 어느 한 쪽, 즉 효율을 경쟁정책의 목표로 삼아야 한다는 것이다.

그러나 조화론자는 갈등론자의 주장을 반박한다. 그들에 의하면 규모의 경제이익도 제한된 산업을 제외하고는 그리 크지 않고 기술개발의 가능성도 반드시 기업의 규모가 커야만 되는 것은 아니다. 또한 설령 기술혁신을 위해 기업의 규모가 커야 한다 할지라도 높은 기업집중도가 전제되어야 하는 것은 아니라는 것이다. 조화론자들이 보기에 보다 중요한 것은 기업의 규모나 기업의 집중도가 아니라 제품의 다양화를 통해 시장 선택지를 넓히고, 기업의 기술적 신축성을 증대시켜 잠재적인 경쟁을 촉진시키는 등 시장의 크기를 확대하는 데 있다고 한다.

또한 이들은 경쟁에 있어서 중요한 것은 기업의 수가 아니라 시장진입의 자유라고 주장한다. 시장참여자의 수가 적다고 해서 반드시 시장진입의 자유가 방해된다고 볼 수 없다는 것이다. 가장 중요한 것은 경쟁의 자유이며 경쟁자유만 보장된다면 적자생존의 원칙에 따라 경쟁에서 승리한 자만이 생존하기 때문에 공급자의 수는 줄어들 수 있는데 이런 경우 공급자의 수가 줄어들었다고 해서 경쟁이 활발하지 않다고 말할 수 없다. 즉 시장진입의 자유가 있느냐 없느냐가 경쟁촉진의 더 큰 결정요인이 된다고 한다. 경쟁의 기능에 관한 대립되는 두 가지 견해는 경쟁정책의 목표나 방향에 크게 영향을 미쳤다.

2. 경쟁의 전제조건

위에서 지적한 바와 같이 경쟁은 여러 가지 중요한 기능을 가지고 있다. 그러나 이러한 경쟁의 기능은 저절로 발휘되는 것은 아니고 여러 가지의 전제조건이 충족될 때만 가능하다. 다시 말하면 경쟁이 효과적인 경쟁이 되기 위해서는 다음과 같은 조건이 충족되어야 한다.

첫째, 제도적인 조건으로서 법질서의 확립이다. 기업이 영업을 자유롭게 할 수 있는 영업의 자유가 보장되고 거래상대를 자유롭게 선택할 수 있는 계약자유가 보장되어야 한다. 또 통화신용제도가 제대로 작동되어야 하고 경쟁을 경쟁제한으로부터 보호해 주는 제도가 확립되어야 한다.

둘째, 시장의 요구에 맞는 물건을 공급하는 기업에게는 이윤이 보상되고 반대로 시장의 요구에 맞지 않는 물건을 공급하는 기업에게는 손실을 보도록 해서 결국 시장에서 퇴출되도록 해야 한다. 기업에 대한 이러한 시장의 긍정적 제재와 부정적 제재가 유효하기 위해서는 수요자가 능률이 떨어지는 기업은 외면하여야 하는데 만일 수요가 이처럼 반응을 하지 않는다면 잘 하는 기업이 보상을 받지 못하고 잘못하는 기업도 제재를 받지 않게 된다. 따라서 경쟁이 실효를 거두려면 시장의 수요자가 능률의 차이에 따라 공급자를 선택할 수 있도록 시장의 투명성이 있어야 한다.

셋째, 기업가들이 새로운 것을 시도하고 모험을 하고자 하는 기업가정신, 즉 경쟁정신(spirit of competition)이 있어야 한다. 여기서 경쟁정신이란 ① 보다 좋은 물건의 공급에 의해서만 경쟁자보다 우위를 점하고자 하는 의지가 있어야 하고, ② 담합에 의하여 경쟁을 제한하고자 하는 유혹을 거절하고, ③ 경쟁으로 인하여 항상 생존의 위협이 존재한다는 것을 감수하는 자세를 의미한다. 이러한 경쟁정신이 없으면 경쟁을 제한하고자 하는 성향이 높고 그만큼 정부의 개입이 필요하게 된다.

넷째, 이러한 경쟁정신을 가진 창조적인 많은 기업이 있어야 하겠지만 이와 아울러 보다 좋은 성과를 보일 수 있는 경쟁상대자도 있어야 한다. 그래야만 최초의 개척자에 의한 독점현상이 파괴될 수가 있기 때문이다. 다시 말하면 효과적인 경쟁이란 처음에는 모험적인 공급자가 있어야 하나 이와 아울러 최초의 모험기업가의 경쟁에 적극적으로 반응하는 경쟁상대자가 있어야 한다는 것이다.

끝으로 효과적인 경쟁이 지속되기 위해서는 새로운 공급자의 시장진입이 보장되어야 한다. 새로운 시장진입이 봉쇄되면 경쟁은 역동성을 잃게 되어 평화로운 과점형태로 발전되는데 이렇게 되면 공급자의 수가 줄고 시장지배력이 증대되어 경쟁제한의 가능성이 커지게 된다.

3. 경쟁정책의 과제

앞에서 지적한 바와 같이 하나의 과정으로서의 경쟁이 그 기능을 제대로 발휘하려면 위에서 지적한 여러 전제조건이 충족되어야 한다. 경쟁정책이란 바로 이러한 전제조건을 충족시켜 줌으로써 경쟁의 기능이 제대로 작동되도록 만드는 모든 제도적·정책적 조치를 총칭하는 개념이라고 할 수 있다. 다시 말하면 경쟁정책이란 경쟁을 촉진하고 경쟁을 경쟁제한으로부터 보호함으로써 시장기구가 원활하게 작동하도록 하는 데 그 목적이 있다고 할 수 있다.

시장경제의 장점은 경제적 자유와 물질적 풍요를 동시에 가져올 수 있는 데 있고 이는 시장경제가 가장 능률적인 경제제도이기 때문이다. 시장경제가 능률적이기 위해서는 효과적인 경쟁이 반드시 전제되어야 하며, 이러한 경쟁은 자연적으로 발생하거나 저절로 유지되는 것이 아니다. 이미 지적한 바와 같이 경쟁은 현실적으로 여러 형태의 위협을 받고 있기 때문에 각종 경쟁제한 행위를 방지하고 규제함으로써 효과적인 경쟁질서를 창출하고 이를 관리하는 것이야말로 매우 중요한 국가의 정책적 과제라 하지 않을 수 없다. 따라서 경쟁정책의 과제는 시장지배력(Marktmacht)에 대항하여 시장지배력의 구축을 저지하고 기존의 시장지배력에 대해서는 이를 해체시키거나 그 남용을 규제함으로써 시장의 기능이 제대로 작동하도록 만드는 데 있다고 하겠다.[2)]

제 3 절 경쟁정책의 목표상

1. 완전경쟁시장

경쟁정책의 이상적인 목표로 완전경쟁시장을 들 수 있다. 완전경쟁시장

---

2) U. Teichman(1979), p.132 참조.

이란 다음과 같은 조건을 갖춘 시장을 말한다. 다수의 공급자와 수요자의 존재하고, 거래되는 재화가 동질적이며, 시장진입 및 탈퇴가 자유롭고, 여건변화에 대한 경제주체의 반응이 빠르며, 완전한 시장투명성이 확보된 시장이다. 물론 이러한 시장구조는 현실적으로 존재하기 어렵기 때문에 완전경쟁시장은 경쟁정책의 목표로서는 적합하지가 않다고 할 수 있다. 완전경쟁시장이 가지는 문제점을 좀 더 구체적으로 설명하면 다음과 같다.

첫째, 완전경쟁시장이란 시간을 무시한 정태적 개념이다. 경쟁이란 시간이 중요한 역할을 하는 동태적 과정으로 보아야 한다.

둘째, 완전경쟁시장에서는 생산자가 품질개선이나 기술개발을 시도할 유인도 없고 가능성도 없다. 왜냐하면 완전경쟁은 재화의 동질성을 전제로 하고 있어 기술개발에 의한 일시적 독점이윤을 가질 수 없기 때문이다. 즉 경쟁이 게으름뱅이간의 경쟁으로 전락된다는 것이다.

셋째, 완전경쟁은 완전한 시장투명도를 전제로 하고 있어 불확실성이 없는 세계다. 완전한 시장의 투명도가 있다는 것은 수요와 공급에 대한 모든 정보, 예컨대 가격·상품의 질·판매조건·생산기술 등에 대한 정보와 전망까지지도 가지고 있다는 것인데 이렇게 되면 경쟁은 필요 없게 된다. 그러므로 경쟁이 이루어지려면 오히려 어느 정도의 불확실성이 있어야만 한다. 즉 많은 경쟁보다는 적은 경쟁이 더 효과적일 수도 있다는 것이다.[3)]

넷째, 완전경쟁은 다수의 공급자가 존재하므로 어떤 공급자도 시장가격에 영향을 미칠 수 없는 것을 전제로 하는데 이는 기업의 대형화에 의한 규모의 경제의 실현을 불가능하게 한다.

다섯째, 경쟁의 불완전성을 제거하고자 하는 경쟁정책은 경우에 따라서는 그 반대현상, 즉 경쟁을 촉진시키기보다 경쟁을 제한하는 결과를 초래할 수도 있다. 다시 말하면 일정 수준의 불완전성이 오히려 경쟁에 더 효과적이라는 것이다. 가령 휘발유가격을 자유화시켰을 경우 정유사들이 휘발유 값을 같은 가격으로 담합행위를 하게 되면 가격자유화가 경쟁을 촉진하기는커녕 오

3) Ahrns · Feser(1982), p.43 참조.

히려 경쟁제한 행위를 유발하게 된다. 이러한 현상은 우리나라에서도 경험한 바 있다. 과거에 정부가 휘발유가격을 자유화하여 정유회사간의 가격경쟁을 촉진하고자 하였으나 정유회사간의 묵시적 담합으로 휘발유가격이 아무런 변화를 가져오지 못함으로써 가격자유화정책이 실패하고 말았다.

2. 유효경쟁

완전경쟁의 비현실성과 과점적 시장구조는 1930년대 챔버린(E. H. Chamberlin)과 로빈슨(J. Robinson)에 의한 가격이론의 발전을 가져왔으며 이는 경쟁이론에도 새로운 자극을 주게 되었다. 완전경쟁에 대한 차선의 개념으로 실제 사용할 수 있는 경쟁의 기준이 없는가에 대한 연구가 활발히 이루어졌으며 여기서 나온 것이 유효경쟁(workable competition) 개념이다. 유효경쟁 개념은 완전경쟁처럼 이론적으로 완결된 개념은 아니며 독점이나 과점으로 특징되고 있는 현실적인 경쟁 상태를 판단하는 기준을 제공하는 데 있다.

유효경쟁의 개념은 클라크(J. M. Clark)에 의하여 처음 제시된 이후 베인(J. S. Bain), 케이브스(R. Caves), 메이슨(E. Mason), 쉐러(F. M. Scherer) 등 주로 하버드(Harvard)대학의 교수들에 의하여 발전되어 왔기에 이들을 하버드학파라고도 한다. 이들은 시장을 구조·행태 및 성과의 세 가지 측면에서 여러 기준을 만들어 시장에서의 경쟁이 작동하고 있는가 여부를 판단하고자 한다. 이들은 경쟁의 경제적 기능을 중시함으로써 경제적 기능과 사회적 기능 간에는 갈등관계가 있다는 입장을 취하고 있다.

이들에 의하면 시장구조와 행태 및 성과 간에 밀접한 인과관계가 있다고 본다. 시장구조가 경쟁적인 구조이면 시장행태도 경쟁적이며 이는 시장성과에서 구체적으로 나타난다는 것이다. 시장구조 측면에서는 기업이 단기적으로 크게 영향을 미칠 수 없는 변수, 예컨대 공급자 및 수요자의 수, 시장점유율, 시장투명도, 시장진입제한의 유무 등이 판단기준이 된다.

시장행태 측면에서는 경쟁에 참여한 기업의 전략적 변수, 예컨대 기업의 가격·판매·생산전략 및 기술혁신 활동이 기준이 되는데 이러한 기업전략은 시장구

표 8-1 시장구조, 행태, 성과별 기준

시장구조 기준	시장행태 기준	시장성과 기준
• 수요 및 공급자의 수 및 크기 • 제품의 차별 정도 • 시장투명도 • 법적, 기술적 시장진입제한 • 공급자간의 밀착성 • 산업연령	• 가격, 판매 및 생산 정책 • 모험성향 • 기술혁신활동 • 경쟁제한행위성향	• 가격수준 • 비용수준 • 이윤수준 • 광고비 • 제품의 질 • 기술혁신 속도 • 시장점유율 • 가동률

조에 의하여 크게 영향을 받는다고 가정하고 있다. 시장성과는 시장행동의 결과로 나타난다고 보고 있으며 가격·비용·이윤·기술혁신의 정도 등이 측정의 기준이 된다. 시장구조, 시장행태 및 시장성과별 기준을 비교하면 〈표 8-1〉과 같다.[4)]

이와 같이 시장구조, 시장행태, 그리고 시장성과에 대한 평가를 통해 경쟁이 제대로 작동하고 있는지를 판단할 수 있다. 가령 기업의 수가 적다든지 또는 기업규모가 너무 크고 시장의 투명성이 적을 때는 경쟁은 제대로 작동하지 않는다고 할 수 있다. 또 시장행태 측면에서도 기업이 공동행위가 존재하거나, 특정 기업이 거래 상대방에게 구속적인 조건을 강요하는 경우에는 경쟁이 저해된다고 할 수 있다. 시장성과 측면에서도 가격 수준이 과도하게 높거나, 제품의 품질이 낮고 기업의 이윤이 비정상적으로 높은 경우에는 경쟁이 충분히 작동하지 않는 것으로 판단할 수 있다.

시장구조·행태 및 성과 측면에서 경쟁이 작동하지 않는다고 판단되면 국가가 개입해서 경쟁제한 행위를 규제 및 제거함으로써 경쟁이 촉진되도록 하여야 한다. 시장평가를 할 때 세 가지 측면 모두를 고려해야 하는가, 아니면 한 가지 측면만으로도 충분한가에 대한 논의가 있을 수 있다. 그러나 일반적으로 시장구조와 행태 및 성과 간에는 인과관계가 있다고 보기 때문에 시장구조평가에서 경쟁의 작동여부가 분명히 가려지면 행태나 성과 측면에서의 추가

4) Ahrms·Feser, 전게서, p.44 참조.

적인 검증은 불필요하게 된다.

이러한 유효경쟁의 개념에 대해서는 적지 않은 비판이 있는데 이를 요약하면 다음과 같다.

첫째, 판단의 기준이 너무 많고 애매모호해서 실제 적용에는 자의성이 개재될 가능성이 크다. 가령 가격이 높다, 광고비가 많다고 할 경우 어느 정도가 높고 많은 것인지는 주관적인 판단에 좌우될 수 있기 때문이다.

둘째, 시장구조·행태 및 성과별 기준은 수가 많을 뿐 아니라 중요성과 성격도 각각 다르기 때문에 하나의 명확한 기준으로 경쟁의 작동여부를 판단하기가 어렵다는 지적이 있다. 또 시장구조·행태 및 성과를 판단하는 데 사용되는 기준이 명백히 구분될 수 있는지도 의문이다. 예컨대 제품의 차별화가 시장구조를 평가하는 데 적합한 기준인지, 아니면 시장행태나 성과에 더 적합한 기준인지 판단하기가 쉽지 않다는 것이다.

셋째, 시장구조·시장행태 및 성과 간에는 일반적으로 인과관계가 존재한다고 본다. 즉 특정한 시장구조는 특정한 시장행태와 성과를 초래할 수 있다는 것이다. 그러나 이러한 인과관계가 항상 일방적이거나 선형적으로 작용하는 것은 아니다. 예컨대 경쟁기업을 배제하기 위해서 가격정책, 즉 덤핑정책을 사용한다면 이는 시장행태, 즉 가격정책을 통해서 시장구조에 영향을 미치게 된다. 또는 이윤이 만족스럽지 못할 경우 기업 간의 담합을 통해서 가격을 인상하게 되면 시장성과를 통해서 시장행태에 악영향을 줄 수 있다. 이와 같이 시장구조·행태 및 성과 간에는 피드백(feed-back)을 통해 순환적 관계가 존재할 수 있다는 것이다.

넷째, 이상에서 지적한 바와 같이 기준이 명확하지 않고 자의성이 개재될 가능성이 크기 때문에 경쟁정책은 자칫 잘못하면 정부의 불필요한 개입을 초래할 가능성도 있다.

3. 최적경쟁집약도

위에서 지적한 바와 같이 유효경쟁의 개념은 이를 평가하는 기준이 많고 기준 자체도 모호하기 때문에 경쟁정책 측면에서 무엇을 목표로 하고 있는지 분명하지 않다. 구체적으로 어떤 시장상황, 즉 어떤 경쟁 상태를 정책목표로 하고 있는지 명확하지 않다는 것이다. 구체적으로 어떤 시장구조, 어떤 시장행태가 바람직한가에 대한 목표상이 분명치 않기 때문에 실제 경쟁정책의 수립에 큰 도움이 되지 않는 문제점이 있다.

이러한 유효경쟁 개념의 단점을 시정함으로써 경쟁정책의 목표가 무엇인가에 대한 분명한 답을 주고자 하는 뜻에서 시도된 개념이 독일의 칸젠바하(E. Kantzenbach) 교수가 제시한 최적경쟁집약도(optimale Wettbewerbsintensität)개념이다. 최적경쟁집약도 개념은 기본적으로는 유효경쟁 개념의 한 형태라 할 수 있으나 이는 개념상의 명료성 때문에 전후 독일의 경쟁정책수립에 큰 영향을 미쳤다.

이 개념의 핵심은 어떤 특수한 시장구조 아래서는 특정의 시장행태를 통해서 바람직한 시장성과를 창출된다는 데 있다. 여기서 말하는 특수한 시장구조란 넓은 의미에서의 과점상태를 의미한다. 칸젠바하에 의하면 시장구조는 공급자의 수와 시장의 불완전도로서 특징지을 수 있는데 시장의 불완전도는 제품차별도와 시장의 투명도에 의하여 결정된다. 이러한 가정하에서 공급자, 즉 경쟁자의 수가 줄어들고 시장의 불완전성도 낮아질 경우, 잠재적 경쟁집약도는 오히려 높아진다. 반대로 경쟁자 수가 늘어나고 시장의 불완전성이 커질 때 잠재적 경쟁집약도는 낮아진다. 잠재적 경쟁집약도는 복점에서 가장 크고 공급자 수와 수요자 수가 많은 다점(polypol)에서 가장 낮다.

잠재적 집약도란 기술혁신을 통해 얻어진 이윤이 경쟁에 의해 얼마나 빠르게 사라지는지를 의미한다. 복점에서 잠재적 경쟁집약도가 가장 큰 이유는, 공급자가 둘뿐이며 제품이 동질적이고 시장의 투명성도 완전하여, 서로가 상대방의 움직임을 완전히 파악할 수 있기 때문이다. 이러한 구조에서는 경쟁이 실제로 발생하지 않더라도, 경쟁 가능성, 즉 잠재성이 매우 크다고 볼 수 있다.

그림 8-1 최적경쟁집약도

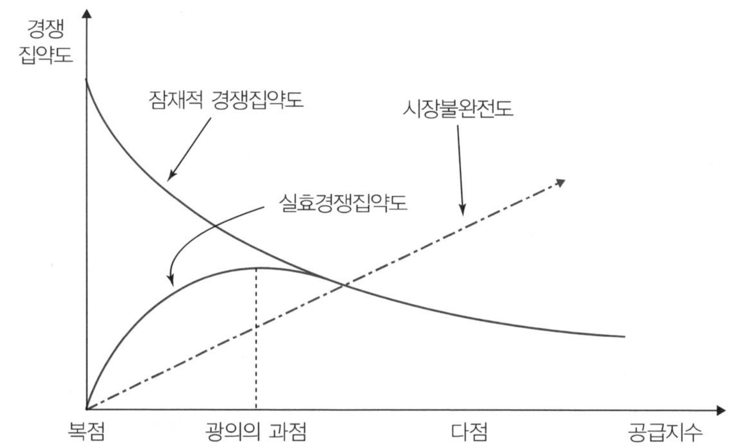

반면 다점의 경우는 공급자와 수요자가 많고, 제품의 차별화가 심하며 정보의 비대칭성도 크기 때문에, 경쟁이 실질적으로 작동할 가능성은 상대적으로 낮다고 평가할 수 있다.

〈그림 8-1〉에서 보는 바와 같이 공급자 수가 많고 시장의 불완전도가 클수록 잠재적 경쟁집약도는 떨어지며 반대로 경쟁자 수가 적고 시장의 불완전도도 적을수록 잠재적 경쟁집약도는 높아진다. 그러나 경쟁자 수가 아주 적어지고 시장의 투명도도 높아서 제품의 차별화가 점점 없어지게 되면, 다시 말하면 시장의 불완전도가 사라지게 되면 기업 간의 담합행위가 생기는 등 경쟁제한적 행위가 생길 가능성이 크다. 이 때문에 실제의 경쟁, 즉 실효경쟁집약도는 잠재적 경쟁집약도와는 반대로 어느 일정수준을 초과하면 오히려 하락하게 되는 경향을 보인다. 실효경쟁집약도는 적당한 수준의 제품차별화가 있고 시장의 투명성도 적절히 제한된 광의의 과점상태에서 가장 높다. 그 이후 공급자 수가 더 줄어들고 시장의 불완전성이 더욱 줄어들게 되면, 실효경쟁집약도는 오히려 감소하게 된다는 것이다.

다시 말하면 실효경쟁집약도는 광의의 과점상태에서 최적상태가 되며 여기서 경쟁의 기능이 가장 잘 작동된다는 것이다. 경쟁의 기능 중에서도 특히 기술혁신의 기능이 잘 작동된다는 것인데 경쟁자의 수가 그렇게 많지도 않고 제품의 차별도 적당히 있고 또 시장도 적당히 불투명하기 때문에 기업들이 제품혁신이나 공정혁신 등의 기술개발을 하고자 하는 노력이 왕성하게 이루어진다는 것이다.

이와 같은 최적경쟁집약도이론은 실제 경쟁정책에 대해서 여러 가지의 시사점을 주고 있다.

첫째, 협의의 과점의 경우는 시장지배력이 큰 기업을 해체나 분산시킴으로써 기업의 수를 늘리는 방향으로 시장구조를 변화시켜야 한다. 이것이 어려울 경우에는 대기업의 시장지배력의 남용을 엄격히 규제해야 한다.

둘째, 광의의 과점의 경우는 기업합병을 통한 지나친 시장지배력의 형성이 일어나지 않도록 기업합병을 지속적으로 감시·규제해야 한다.

셋째, 다점의 시장구조의 경우는 공급자의 수가 줄어드는 것이 바람직한데 중소기업 간의 협력을 허용한다든지 또는 기업합병을 장려하는 방법을 사용할 수 있다.

이러한 칸젠바하의 최적경쟁집약도 개념에 대해서 비판도 적지 않은데 이를 요약하면 다음과 같다.

① 공급자와 시장의 불완전성과 같은 소수의 변수만을 가지고 경쟁을 설명하고 있으며, 시장진입장벽과 같은 시장구조 측면은 고려하지 않고 있다.

② 시장구조와 시장성과 간에는 인과관계가 있다는 주장에 대한 설득력이 부족하다.

③ 협의의 과점, 광의의 과점 및 다점에 대한 구분이 모호하다.

④ "적당한 제품차별," "적당히 제한된 시장투명도"의 개념이 분명치가 않다.

⑤ 경쟁집약도는 기술혁신에 의해 기업이 누리는 독점이윤이 경쟁에 의하여 사라지는 속도로 정의하고 있는데 이를 측정하기가 어렵다.

⑥ 경쟁의 기능에서 경제적 기능, 그 중에서도 기술혁신기능에다 초점을

맞추고 있고, 경쟁의 자유보장기능은 무시하고 있다.

4. 신고전학파의 경쟁자유

유효경쟁의 개념은 그것이 클라크(J. M. Clark)의 형태든 칸젠바하(E. Kantzenbach)의 최적경쟁집약도 개념이든 정부의 상당한 경쟁정책적 개입을 시사하고 있고, 또한 경쟁의 기능 중에서도 경제적 기능, 즉 경제적 효율에 역점을 두고 있는 반면, 경쟁의 자유기능을 무시하고 있는 것이 특징이다.

이와 같이 경쟁정책이 자유기능을 무시하고 경제적 기능만을 중시하는 견해에 대해 일단의 학자들은 비판적 입장을 취하고 있다. 독일에서는 호프만(E. Hoppmann)이 이의 대표적인 학자이다. 이들은 유효경쟁 개념을 주장하는 사람들과는 달리 경쟁의 자유보장기능에다 경쟁정책의 초점을 맞추고 있다. 그들에 의하면 경제활동의 자유가 보장되면 개인은 누구나 자기의 이익을 위해서 최선을 다하게 되고 이는 결국 국민경제전체의 이익으로 이어진다고 보고 있다.

이들은 고전학파의 자유경쟁의 개념에 뿌리를 두면서 이를 동태적 기업가의 경쟁정신과 접목함으로써 경쟁을 동태적 과정으로 파악하고 있다. 이런 이유 때문에 이들의 자유경쟁을 신고전학파적 경쟁자유(Wettbewerbsfreiheit) 개념이라 한다. 이들에 의하면 경쟁자유는 더 능률적인 행동과 더 좋은 경제적 성과를 가져올 수 있고 반대로 경쟁자유가 제한되면 경제적 효율도 떨어지고 시장성과는 악화된다는 것이다. 다시 말하면 자유경쟁과 시장성과 간에는 조화적 관계가 존재한다는 조화론을 주장하고 있다. 이리하여 호프만은 칸젠바하가 주장하는 경쟁자유와 경제적 능률 간에는 마찰과 갈등이 있다는 갈등론을 부정한다.

호프만에 의하면 경쟁자유는 적극적인 것과 소극적인 것으로 나눌 수 있다. 적극적인 의미에서의 경쟁자유란 의사결정 및 행동의 자유를 의미하는데 이는 공급자 측과 수요자 측 양면에서 볼 수 있다. 공급자 측에서 본 경쟁자유란 기업이 이니셔티브를 쥐고서 기술적·조직적 및 경제적 혁신을 하거나 이를 모방하고자 하는 자유를 의미하며, 수요자 측에서의 경쟁자유란 선택의 자유를 의미한다. 소극적인 의미의 경쟁자유란 부당한 시장지배력이 없는 상태를 의미한다. 호프만에 의하면 경쟁정신(spirit of competition)을 가진 진취적이고 동태적인 기업가의 적극적인 활동은 부당한 시장지배력으로 이어지지 않기 때문에 경쟁자유와 좋은 시장성과 간에는 갈등의 가능성이 없다는 것이다.

따라서 경쟁정책의 과제는 어떤 특정한 시장성과를 달성하고자 해서는 안 되며 다만 경쟁의 자유를 보장해 주는 데 두어야 한다는 것이다. 경쟁이란 하나의 열린 과정으로서 그 결과를 예측할 수 없기 때문에 경쟁이 제한을 받지 않고 자유롭게 이루어지게 하면 된다는 것이다.

경쟁제한에는 두 가지 종류가 있다. 하나는 자연적 경쟁제한으로서 자연독점과 같이 경쟁이 불가능하거나 경쟁이 오히려 바람직스런 결과를 가져오지 못하는 경우를 말하는데 이러한 분야는 예외로 인정하여 경쟁 대신에 국가가 직접 관리하는 것이 바람직하다고 한다.

다른 하나는 인위적 경쟁제한인데 이는 기업과 정부의 양쪽에서 모두 일어날 수 있다. 가령 기업이 시장지배력을 남용하여 경쟁기업의 행동영역이 제한을 받을 경우 인위적 경쟁제한이 발생한다. 이러한 인위적 경쟁제한도 기업의 월등한 시장성과에 의해서 형성되었다면 이는 경쟁촉진을 위해서 유용하기 때문에 정부가 개입할 필요가 없다고 한다. 그러나 인위적 경쟁제한이 시장성과에 의하지 않고 의도적으로 이루어진다면 이는 금지되어야 한다. 이러한 경우도 국가는 일반 규칙만 제공하는 데 그쳐야 하며 따라서 국가가 시장성과를 테스트하거나 시장구조에 개입해서는 안 된다고 한다. 왜냐하면 인위적 경쟁제한이 국가의 개입에 의해서 생기는 경우가 많기 때문이다.

이러한 신고전학파적 경쟁자유 개념에 대한 문제점으로 다음과 같은 것을 지적할 수 있다.[5)]

---

5) Ahrns · Feser(1982), p.49; I. Schmidt(1987), pp.20-22 참조.

① 경쟁자유란 개념이 다소 애매하고 실용성이 없다는 것이다. 시장지배력이 어떤 경우에 적정하고 어떤 경우에 부적정한지, 즉 어떤 경우가 인위적이고 인위적이 아닌지 판단하기가 어렵다는 것이다.

② 경쟁자유와 경제적 효율 간에는 조화관계가 있다는 이른바 조화론이 의문시된다는 것이다. 왜냐하면 경쟁자유가 있더라도 경쟁정신이 없다면 경제적으로 좋은 성과를 가져온다고 하기 어렵기 때문이다. 호프만에 의하면 특허권은 인위적인 경쟁장애요인이기 때문에 특허권에 의한 특허의 보호가 필요 없다고 한다. 그러나 과연 특허를 보호하지 않았을 때 연구개발이 촉진되겠느냐는 것이다.

③ 시장구조에 대한 개입을 반대하고 있으나 경쟁제한이 비경쟁적인 시장구조에 기인한다면 시장구조에 대한 개입포기는 바람직하지 않다. 왜냐하면 이러한 경우에는 정부의 적극적인 개입이 개입하지 않는 것보다 오히려 경쟁촉진적이 될 수 있기 때문이다.

④ 자연독점과 같은 예외부문을 허용함으로써 경쟁자유와 시장성과 간에 갈등이 있다는 이른바 유효경쟁론자들의 딜레마론을 수용하는 자기모순에 빠지고 있다. 경쟁의 예외부문에서는 경쟁이 좋은 결과를 기대하기 어렵다는 것이지 경쟁이 불가능한 것은 아니기 때문이다.

5. 시카고학파의 경쟁정책

경쟁정책에 대하여 급진적인 신고전학파적 견해를 가진 일단의 미국의 경제학자 및 법률학자의 견해를 시카고(Chicago)학파라고 한다. 이에 속하는 학자로서는 보크(R. H. Bork), 뎀셋(H. Demsetz), 포스너(R. A. Posner), 스티글러(G. J. Stigler) 등으로 대표되는데 이들은 1980년대의 미국의 반독점정책에 큰 영향을 미쳤다.

이들의 기본입장은 국가의 경쟁정책적 개입은 일반적으로 불필요하거나 아니면 오히려 폐해적이라고 믿는다. 국가는 질서정책적인 틀만 마련해 주고,

나머지는 시장기구에 맡겨 두면 자원의 최적배분이 이루어지며, 이는 소비자의 후생극대화로 이어진다는 것이다. 따라서 국가는 꼭 필요한 경우를 제외하고는 시장기구에 개입할 필요가 없다고 본다. 이러한 관점에서 경쟁정책의 과제는 보다 큰 경쟁의 자유를 보장함으로써 가격기구를 잘 작동하게 하는 데 있다고 보고 있다. 이런 의미에서 시카고학파의 경쟁정책론은 기본적으로 호프만의 경쟁자유 개념의 정책과 맥을 같이하고 있다. 시카고학파의 주장을 좀 더 구체적으로 살펴보면 다음과 같다.

첫째, 이들은 시장구조에 대한 경쟁정책적 개입을 부정하고 있다. 시장구조는 개별산업이나 기업의 능률에 의하여 자연스럽게 결정되며, 가령 기업의 집중현상이 발생했다면, 이는 해당 기업의 능률이 다른 기업보다 월등히 높기 때문에 나타나는 결과라는 것이다. 시장경제란 적자생존의 원칙에 따라 어떤 기업이 도태되면 다른 기업이 성장하게 되어 있기 때문에, 기업의 집중화 현상 자체는 부정적인 것으로 볼 수 없다고 본다. 따라서 기업의 집중화현상을 완화하려는 정책적 개입은 바람직하지 않으며, 이러한 관점에서 이들은 유효경쟁 개념이 전제하는 시장구조→시장행태→시장성과라는 일방적인 인과관계를 부정하고 있다.

이들은 시장구조가 시장행태나 시장성과를 결정하는 것이 아니라 오히려 시장행태가 시장구조와 시장성과를 결정한다고 보고 있다. 시장기구가 제대로 작동하여 능률적인 기업만 생존하게 되면 결국 가장 효율적인 시장구조가 형성된다는 것이다. 이러한 효율적인 시장구조는 기업집중현상을 수반할 수도 있고, 그렇지 않을 수도 있다. 가령 규모의 경제가 존재하지 않는 산업에서는 경쟁력이 있는 다수의 기업이 생존하게 되므로 기업집중현상은 발생하지 않을 것이다. 반면, 규모의 경제가 큰 산업에서는 소수의 대기업만 생존하게 되어 기업집중현상이 자연스럽게 나타난다는 것이다. 따라서 기업의 최적 규모 확보를 위한 정당한 경영 판단의 일환으로 이루어지는 기업 합병에 대해, 국가는 개입하거나 이를 규제해서는 안 된다. 국가가 인위적으로 탈집중화를 유도할 경우, 이는 효율성이 높은 기업에 불이익을 주는 결과를 낳아, 오히려 경제 전체의 효율성을 저해하게 된다는 것이다.

둘째, 국가가 시장구조에 개입해서는 안 되지만 시장행태에는 개입할 필요가 있다고 본다. 왜냐하면 좋은 시장행태가 전제되어야만 좋은 시장성과가 뒤따르기 때문이다. 담합과 같은 경쟁제한행위에 대해서는 비판적 견해를 가지고 있으며, 특히 가격담합(카르텔)에 대해서는 명확히 금지시켜야 한다고 주장한다. 기업집중에 따라 경쟁자의 수가 줄어들게 되면 기업들이 담합행위를 할 가능성이 커지기 때문에 이를 규제할 필요가 있다는 것이다.

가격담합 이외의 경쟁제한적 행위, 예컨대 광고를 통한 제품차별화, 배타적 거래행위, 끼워팔기(tying arrangement), 약탈적 가격정책(predatory pricing) 등은 기업의 효율을 높이고 소비자의 효용을 극대화시키기 때문에 규제가 필요 없다. 어떤 기업이 시장지배력을 가지고 시장진입을 제한하는 경우가 있더라도 그것은 일시적이며 길게 보면 새로운 경쟁자의 출현으로 시장지배력은 없어진다는 것이다.

시카고학파의 경쟁정책의 문제점으로서는 다음과 같은 것을 지적할 수 있다.

① 시카고학파는 경쟁을 판단하는 기준으로 자원배분의 효율성만을 강조하고 있다. 즉 이들은 경쟁의 자원배분적 기능만을 중시하고 경쟁의 통제기능이나 조정기능을 무시하고 있다. 기업의 집중현상은 시장지배력을 가지고 이는 다시 경쟁제한적 행위를 가져온다는 사실을 무시한 것은 비현실적이라 하겠다.

② 시카고학파는 기업의 대형화와 집중은 기업의 우월한 성과에 의하여 정당화된다고 하는데 이를 명백히 주장할 만한 실증적 증거가 많지 않다는 것이다.

③ 시장지배력은 일시적이고 유효하지 못하다는 이들의 주장은 설득력이 약하다. 가령 대기업이 중소기업보다 자본시장에서 유리한 조건으로 자금조달을 할 수 있는 것은 이들에 의하면 대기업의 위험부담이 적어서 그렇다고 한다. 그러나 이에는 대기업의 시장력이 더 큰 영향을 미쳤다고 봄이 현실적이다. 따라서 대기업에 의한 시장진입장애가 없

고 시장지배력이 유효하지 못하다고 하는 주장은 비현실적이라고 보아야 할 것이다.

④ 결론적으로 말하면 시카고학파는 시장기구의 자체조정기능을 과신하고 있으며 경쟁정책을 국민경제적 측면에서라기보다 너무 기업의 입장에서 보고 있다고 하겠다.

제 4 절 경쟁제한행위

1. 의의 및 종류

시장경제 아래서의 기업은 다른 기업과의 경쟁관계에서 사업을 해야 되기 때문에 언제나 위험과 불안에서 벗어나기 힘들다. 따라서 기업은 자기의 시장을 지키고 이윤을 극대화하기 위해 경쟁자로부터 스스로를 보호하고 위험을 줄이고자 하는 경향을 지니기 마련이다. 경쟁제한이란 경쟁자의 활동영역이나 선택가능성을 부당하고 불공정하게 제한하고자 하는 행위, 즉 경쟁자유를 제한하는 행위를 총칭한다고 할 수 있다.[6] 경쟁제한행위는 일반적으로 재화와 용역의 가격, 수량 및 서비스와 같은 행동매개변수(Aktionsparameter)를 통해서 이루어지기 때문에 경쟁제한이란 이러한 행동매개변수에 있어서 경쟁관련행위의 법적 및 사실상의 제한을 의미한다고 할 수 있다.[7]

경쟁자유를 제한하는 행위로서의 경쟁제한은 그 개념이 매우 포괄적이기 때문에 통일된 분류체계는 존재하지 않는다. 그러나 일반적으로 다음과 같은 네 가지로 분류할 수 있다.

- 부당한 공동행위
- 시장지배력의 남용

6) K. Herdzina(1987), p.87 참조.

7) I. Schmidt(1987), p.109 참조.

- 불공정거래행위
- 기업집중

2. 부당한 공동행위

부당한 공동행위란 법적으로 독립된 기업 간 계약이나 묵시적 합의 등 담합에 의하여 이에 참여하는 기업의 행동영역을 구속하는 행위를 말한다. 이러한 공동행위의 특징은 당사자 간에 사전에 의견조정을 거쳐서 집단적으로 이루어지기 때문에 집단적 시장행태라고도 한다. 공동 행위의 형태는 다양하지만, 그중에서도 중요한 유형은 다음과 같다.

2.1 카 르 텔

카르텔은 경쟁제한의 가장 오래된 형태의 하나로서 법적으로 독립된 시장참여자(공급자) 간의 계약상의 합의를 말한다. 합의대상으로는 가격·수량·판매조건 등 모든 분야가 가능한데 다음과 같은 조건하에서 카르텔형성이 용이하다.

- 소수의 공급자수
- 동질적 상품
- 비교적 동일한 가격구조
- 비교적 높은 진입장벽
- 높은 시장투명도
- 가동률이 낮거나 수요가 침체된 산업

기업의 수가 적고 경험과 이해관계가 유사할수록 카르텔을 조직하기 쉽고 그 유지 기간도 길어질 가능성이 크다. 또 제품의 질이 같고 생산비구조가 유사할 경우, 공동의 가격정책을 수립하기가 용이하며, 가동률이 낮은 상태에서는 경쟁 가격보다 높은 협정 가격을 설정하는 것이 참여 기업 모두에게 유리하기 때문이다. 그러나 이러한 카르텔은 근본적으로 불안정성이라는 취약점을 가지고 있다. 가격카르텔의 예를 들어 설명해 보자. 가격카르텔의 경우 협정가격은 경쟁가격보다 높기 때문에 카르텔구성원 중 일부가 더 큰 이익을 얻기 위해 할당량 이상을 공급하면 카르텔 가격이 붕괴될 수 있다. 또는 지불 조건을 유리하게 설정하거나, 할인 혜택을 제공하는 방식으로 사실상 협정 가격을 무력화시키는 경우도 발생할 수 있다. 이러한 계약위반을 방지하기 위해 제재조치를 강구하든지 아니면 축출하는 방법을 고려할 수도 있다. 다른 방법으로는 카르텔협정을 확대해서 수량할당카르텔·할인카르텔·판매조건카르텔도 포함시킴으로써 구성원의 독자적 가격 및 판매정책을 허용하지 않는 방법도 있는데 이를 신디카트(Syndikat)라 한다.

카르텔은 이상과 같이 내부로부터의 위협뿐만 아니라, 외부로부터의 위협도 존재한다. 가령 시장진입장벽이 높지 않고 카르텔가격이 매우 높은 때는 카르텔회원이 아닌 제3자가 시장점유율을 확대하기 위해 카르텔가격보다 낮은 가격으로 시장진입을 시도할 가능성이 있다. 이를 저지하기 위한 수단으로는, 카르텔 회원과 거래하는 납품업자나 구매자에게 특별 할인을 제공하거나, 제3자와 거래하는 납품자나 구매자에 대해서는 거래를 중단하는 방식이 있다. 또는 일부 카르텔 회원 기업으로 하여금 의도적으로 가격 경쟁을 유도해 제3자를 시장에서 축출하는 방법도 고려될 수 있다. 그러나 이러한 대응 노력이나 위협이 효과를 거두지 못하고, 카르텔에 참여한 기업들이 카르텔 협정을 유지하는 것이 별로 유리하지 않다고 판단하게 될 경우, 결국 카르텔은 붕괴하게 된다.

이와 같은 카르텔의 불안정성 때문에 카르텔이 경쟁정책에 있어서 그리 중요한 문제가 되지 않는다고 생각하는 것은 성급한 판단이다. 왜냐하면 현실적으로 많은 카르텔이 존재하여 왔기 때문이다. 국제적으로는 석유수출국 기구인 OPEC이 오랫동안 카르텔의 위력을 발휘하였으며 우리나라에서도 시멘트업계가 오랫동안 카르텔을 형성하여 왔다.

2.2 비공식적 합의

카르텔의 형성이 법으로 금지되었을 때 그의 대안으로 등장하는 것이 이른바 비공식적인 합의이며, 이를 젠틀맨스 어그리먼트(gentlemen's agreement)라고도 한다. 비공식적 합의는 직접적인 인적 접촉을 통해서 이루어지기도 하지만, 간접적인 정보의 교환을 통해서 성립되는 경우도 있다. 이러한 비공식적 합의가 필요한 것은 공급자수가 적고 시장점유율도 비교적 균형을 이루고 있고 비슷한 생산방법이나 비용을 가진 과점시장에서는 묵시적 합의에 의한 평화적인 경쟁이 유리하기 때문이다. 반면 공격적 전략, 예컨대 가격인하를 통해서 경쟁자를 몰아내고자 하는 것은 경쟁자가 이에 어떻게 반응하느냐에 따라 오히려 불리할 수도 있기 때문에 반드시 성공적인 결과를 가져온다고 보기 어렵다.

이와 같은 과점시장에서의 상호의존성은 기업들로 하여금 유화적인 행동을 하게 만든다. 이는 기업들이 단기적인 이윤극대화보다는 장기적 이윤의 확보, 즉 안전을 선호하기 때문이다. 가령 평행적인 가격인상과 같은 공동행동은 카르텔과 마찬가지로 모든 참여자에게 이익이 되기 때문에 과점시장에서는 이러한 전략이 자주 이용되는 경향이 있다. 다만 평행적 행동이 이러한 비공식적인 합의에 의해서 이루어지는지 아니면 시장참여자들의 우연의 일치인지는 논란의 여지가 많고 실제로 이를 구분하기가 어렵다. 이러한 이유로 때로는 카르텔 당국의 비난을 면하기 위해서 꼭 같은 가격인상을 해 놓고도 기업들은 이를 과점시장에서 불가피한 시장행태라고 주장하는 경우도 적지 않다.

2.3 수직적 가격담합

수직적 가격 담합이란, 제조업자와 유통업자처럼 공급망의 서로 다른 단계에 있는 기업들 간에 상품의 판매 가격에 대해 합의하는 행위를 말한다. 이의 대표적인 예가 재판매가격유지제도(resale price maintenance)다. 다시 말하면 제조업자가 도매상이나 소매상과 같은 유통업자에 일정가격이나 최저가격을 지정하거나 상호협정을 통해서 재판매가격을 유지토록 하는 제도를 의미한다.

제조업자들이 담합하여 공동으로 재판매가격을 유지하게 되면 유통단계에서 가격인하와 같은 가격경쟁을 피할 수 있기 때문에 카르텔을 안정시켜 주는 보조수단으로 이용될 수 있다.

이와 같이 재판매가격을 구속하지 않고 권장하는 경우도 있는데 이를 권장재판매가격(recommended retail price)이라 한다. 권장소비자가격제도는 원칙적으로 구속력이 없기 때문에 이를 준수해야 할 의무는 없으나 암묵적인 구속력을 가지고 있어 재판매가격유지제도로 이용되고 있다. 독일에서는 1973년 재판매가격유지제도가 금지된 후 재판매가격권장제도가 많이 활용되었으며 이 제도가 경쟁제한적인 행위인가에 대해서 많은 논쟁의 대상이 되었다.

재판매가격유지제도는 유통단계에서 가격경쟁이 배제되기 때문에 가격경쟁이 없는 대신에 서비스나 광고와 같은 경쟁은 더 치열해지는 등 부정적 측면이 있다. 그러나 다른 한편 소매가격을 고정시킴으로써 시장의 투명도가 제고되어 소비자나 생산자의 소비 및 투자계획을 용이하게 하는 등 긍정적인 측면도 있기 때문에 이 제도를 규제하여야 하는 데는 논쟁의 여지가 많으며, 따라서 규제도 각국의 사정에 따라 달리하고 있다.

3. 시장지배력의 남용

두 번째로 중요한 경쟁제한행위는 시장지배력의 남용을 통해서 경쟁력이 약한 자에게 부당한 것을 요구하거나 또는 현실적·잠재적인 경쟁을 방해하거나 배제시킴으로써 자기의 시장지배력을 고수하고자 하는 행위다.

경쟁사회에서는 경쟁에서 이기는 기업은 힘, 즉 시장지배력을 갖게 된다. 그러나 기업이 시장지배력을 보유하게 되면 이를 남용하려는 경향이 생기기 마련이다. 다시 말하면 기업의 시장 지배력이 기술 개발, 생산성 향상, 소비자 기호에 부합하는 제품 생산 등과 같은 우월한 성과에 기반하여 형성된 것이라면, 이는 효과적인 경쟁의 결과이므로 문제가 되지 않는다. 그러나 기업의 시장지배력이 반드시 이처럼 기업의 능률향상에 의해서만 형성되는 것은 아니다. 경쟁제한적 행위, 즉 경쟁을 방해한다든지 축출한다든지 또는 다른 기업을 착취하는 방법 등을 통해서도 시장 지배력이 형성될 수 있다는 점에서 문제가 발생한다.

그러면 어떤 경우에 시장지배력의 남용이 발생하는가? 시장지배력의 남용이란 시장참여자로 하여금 어떤 특정행위를 하도록 유인 및 강요하거나 또는 잠재적인 경쟁자의 시장진입을 봉쇄하도록 경쟁을 제한하는 전략을 말한다.8)

다시 말하면 시장지배력의 남용이란 다른 시장참여자에 해를 끼치거나 불리하게 하는 행위 또는 다른 시장참여자의 행동영역을 부당하게 제한하는 행위를 말한다고 할 수 있다.

시장지배력의 남용은 크게 두 가지로 나눌 수 있다. 하나는 기업이 시장지배력을 이용하여 경쟁자의 행동영역을 부당하게 방해하는 행위인데 이를 방해남용이라 한다. 다른 하나는 이른바 착취남용으로 약한 상대방에게 부당하게 낮은 가격이나 높은 가격을 요구하는 경우다. 가령 자기 물건가격은 비싸게 요구하고 남의 제품에 대해서는 부당하게 낮은 가격을 지불하는 경우인데 이러한 경우는 흔히 대기업과 중소기업(하청기업) 간에 일어난다. 방해적 남용행위의 중요한 형태로 다음과 같은 것을 지적할 수 있다.

① 가격차별

이는 경쟁을 제한하기 위한 가격차별을 의미하는데 이에는 여러 형태의 가격차별전략이 있다. 가장 보편적인 가격차별은 같은 물건에 대해서 수요자에 따라 상이한 가격을 요구하는 경우이다.

② 배타적 구속

기업이 그 기업의 공급자에게 자기 기업에만 물건을 공급할 것을 요구하거나 또는 구매자에게 자기기업 물건만을 취급할 것을 요구하는 경우이다.

③ 끼워팔기

어떤 물건을 구입할 경우 동시에 다른 물건도 구입할 것을 요구하는 경

8) Ahrns · Feser(1982), p.55 참조.

우이다.

④ 교호거래(reciprocal dealing)

상대방이 자기의 물건을 사는 것을 조건으로 상대방의 물건을 사는 경우이다.

⑤ 공급 및 구매거부

기업이 자기물건의 구입자에게 물건의 공급을 거절하거나 또는 납품업자에게 그들 물건의 구입을 거절하는 경우이다.

⑥ 판매구속

기업이 자기제품의 구입자에게 판매지역이나 고객을 제한하는, 즉 특정지역이나 특정고객만을 상대로 해서 판매할 것을 사전에 정하여 주는 경우이다.

4. 불공정거래행위

기업이 시장지배력을 이용하여 경쟁기업의 행동영역을 부당하게 제한하는 경우도 있지만 시장지배력을 이용하지 않고도 다른 시장참여자를 불리하게 하거나 해를 끼치는 경우가 있다. 가령 정상적인 상관습에 저촉되는 행위를 함으로써 상대방에 불이익을 주거나 부당하게 고객을 유인하거나 강요하는 행위, 그리고 기만적 광고나 허위광고를 하는 경우 등이 이에 속한다. 이러한 행위를 불공정거래행위(unfair trade practice)라고 한다.

이러한 불공정거래행위가 시장지배력의 남용을 통해서 발생한 것인지 여부는 현실적으로 판단하기 어려운 경우가 많다. 따라서 시장지배력의 남용을 통한 불공정한 경쟁제한과 그렇지 않은 일반적인 불공정거래행위와를 실제로 구분하기란 쉽지 않다. 이러한 이유로, 독일에서는 독점금지법과는 별도로 불공정거래법(Gesetz gegen unlauteren Wettbewerb-UWG)이 제정되어 있다. 반면, 우리나라에서는 독점금지와 불공정거래를 하나의 법 체계로 통합하여 규율하고 있다. 불공정거래행위의 구체적인 형태로 다음과 같은 것을 들 수 있다.

- 부당표시, 허위과장광고
- 변칙할인판매
- 거래강제
- 과다경품제공
- 고객유인 등

5. 기업집중

5.1 개 념

경쟁을 위협하는 요인 중 가장 큰 것은 아마도 기업의 집중화로 인한 시장지배력의 증대라고 할 수 있다. 기업집중에는 두 가지 의미가 있다. 하나는 시장구조를 변화시키는 과정으로서의 기업집중과정이고, 다른 하나는 특정시점에서 시장구조의 상태를 나타내는 기업집중상태이다. 후자는 어떤 특정시점에서 독립적인 기업의 수가 적거나 시장점유율이 불균등한 상태를 말하며, 전자는 독립적인 기업의 수가 줄어들거나 대기업의 시장점유율이 증대되는 것을 의미한다. 경쟁정책적 측면에서 보다 중요한 것은 전자이기 때문에 여기서는 주로 기업집중과정에 초점을 맞추기로 한다. 기업의 집중 그 자체는 경쟁제한행위는 아니나 기업의 집중과정에서 경쟁제한행위가 발생할 수 있기 때문에 주의가 필요하다.

5.2 기업집중의 원인

기업의 집중현상이 발생하는 데는 여러 요인이 있으나, 크게는 두 가지로 구분할 수 있다. 하나는 기업내부적 요인에 의한 집중화 현상이고, 다른 하나는 기업외부적 요인에 의한 집중화 현상이다. 기업내부적 요인에 의한 집중화란 어떤 기업이 기업내부적 요인에 의하여 경쟁기업보다 빨리 성장함으로써 그 기업의 시장점유율이 상승하는 경우를 말한다. 반면, 외부적 요인에 의한 집중화란 기업경영의 전략적 차원, 즉 시장지배력의 확대나 기업의 성장 및 이윤의 극대화를 위하여 한 기업이 다른 기업의 자산의 전부 또는 일부를 취득하거나 새로운 기업을 만드는 것을 말한다.

기업의 내부적 성장에 의한 기업집중은 어디까지나 기업자체의 능률에 바탕을 두고 있기 때문에 기업능률의 차이에 의한 집중화를 경쟁정책 차원에서 규제한다는 것은 문제가 있다.

이에 비하여 외부적 성장에 의한 기업집중, 즉 기업결합은 시장지배력을 방어하기가 쉽고 또 내부적 성장에 의한 기업집중에서 얻기 어려운 여러 가지 이점이 있기 때문에 오늘날 기업집중의 대표적인 형태가 되고 있고 또 경쟁정책 측면에서도 많은 문제점을 제기하고 있기 때문에 내부적 성장에 의한 기업집중보다 훨씬 더 큰 중요성을 가진다 하겠다.

5.2.1 내부적 기업성장

기업의 집중화가 일어나는 첫 번째 요인은 이미 지적한 바와 같이 기업간 성장속도의 차이에 있다. 다시 말하면 어떤 기업이 기업 내부적 요인, 예컨대 투자확대에 의하여 경쟁기업보다 빨리 성장하게 되면 그 기업의 시장점유율은 높아지고 시장지배력 또한 강화된다. 반면, 경쟁에서 이기지 못하는 기업은 시장에서 축출되어 그 시장에 참여하는 기업의 수가 감소하게 되며, 그 결과 빨리 성장한 기업의 시장지배력은 더욱 공고해진다. 이처럼 내부적인 기업성장만으로도 기업 집중화는 충분히 이루어질 수 있다.

어떤 기업이 다른 경쟁기업보다 빨리 성장한다는 것은 해당 기업이 다른 기업보다 사업의욕이 강하고 능률적임을 의미한다. 따라서 이러한 내부적 성장에 따른 기업 집중화 현상에 대해 무조건적인 규제를 가하는 것은, 오히려 기업의 성장 의지를 위축시키고 경제 활동을 저해하는 결과를 초래할 수 있다. 즉, 내부적 성장에 의한 기업집중을 무조건 규제할 수는 없다. 기업의 내부적 성장에 의한 기업집중이 문제가 되는 것은 기업집중이 어느 일정수준, 즉 적정수준을 넘어서 다른 기업의 자유로운 경제활동을 방해하는 경우에만 규제의 대상이 되어야 한다. 그러나 기업의 내부적 성장에 의한 기업집중화가 경쟁정책 측면에서 문제가 되는 것은 실제로 많지도 않을 뿐만 아니라 기업의 내부적 성장자체가 기업집중의 큰 요인이라고 볼 수 없기 때문에 내부적 기업 성장은 큰 문제가 되지 않으며 문제가 되는 것은 외부적 기업성장에 의한 집중화 현상이라 할 수 있다.

5.2.2 외부적 기업성장과 기업결합

외부적 기업성장으로 인한 기업집중이란 기업결합을 의미한다. 기업결합(business integration)이라 함은 독립된 기업들을 인적·물적 및 자본적 결합을 통해서 동일한 관리체제하에서 기업활동을 하도록 조직하는 행위를 말한다.[9] 이를 보다 구체적으로 설명하면 기업결합이란 한 기업이 다른 기업의 자산 및 영업의 전부 내지 일부를 취득하는 물적 결합이나 임원의 겸임이나 파견을 통한 인적 결합 및 기존기업의 자본참여에 의한 새로운 기업의 설립을 의미한다. 이러한 결합에는 세 가지의 유형, 즉 수평적 결합·수직적 결합과 복합적 결합이 있다.

- 수평적 결합
- 수직적 결합
- 복합적 결합

① 수평적 결합

수평적 결합(horizontal integration)이란 하나의 산업 또는 동일한 제품군 내에서 동일한 생산단계에 있는 기업 간의 결합을 의미한다. 예를 들어, 자동차 생산자 간의 기업결합, 즉 독일 Volkswagen사와 Audi사 간의 합병이 그 대표적인 사례다. 수평적 기업결합은 같은 시장 내에 있는 독립적인 기업 간의 결합의 형태를 취하는 것이 일반적이다. 이러한 수평적 결합은 기업의 행동을 쉽게 조정함으로써 시장지배력을 강화시키고 아울러 가격을 제한함으로써 이윤을 극대화하고자 하는 데 그 목적이 있다. 그러나 이러한 수평적 결합의 경

9) 이규억·박병형(1993), p.21 참조.

제적 효과에 대해서는 반드시 견해가 일치하지는 않는다. 수평적 결합이 가격을 통제함으로써 높은 이윤을 올릴 수 있다고 하나 규모의 거대화에 따른 X비효율(X-inefficiency)에 따른 비용증가 때문에 가격이 오른 만큼 이윤이 나지 않을 수도 있다. 또 수평적 결합에 의한 가격경쟁의 제한은 가격경쟁 대신 비가격경쟁, 예컨대 지나친 상품차별화나 광고경쟁 등을 유발하기 쉬운데 이는 소비자 후생의 증진에 도움이 되지 않는다는 것이다.

이와 같이 수평적 결합에 대해서 비판적인 견해가 있는가 하면 수평적 결합은 기업규모의 확대를 통해 효율성이 올라갈 수도 있기 때문에 이에 대한 경직적인 규제는 소비자 후생을 감소시킬 수 있다는 주장도 있다. 물론 수평적 결합을 무조건 나쁘다고 할 수는 없겠지만 기업의 수가 아주 적은 경우보다는 많은 경우에 기업 간의 경쟁은 심화되고 시장지배력이 약화된다는 점을 고려하여 수평적 결합은 일반적으로 엄격한 규제대상이 되고 있다.

② 수직적 결합

수직적 결합(vertical integration)이란 원자재의 생산에서 제품의 생산 및 판매까지의 수직적 관계에 있는 기업 간의 결합을 의미한다. 예컨대 철강회사와 자동차회사 간의 결합이 이에 속한다. 수직적 결합의 주요 동기는 원료나 제품의 구매 및 판매시장을 확보할 수 있고 거래비용을 절감할 수 있는 데 있다. 수직적 결합은 거래비용의 감소와 같은 기업내부적 효율성 증대를 가져오는 긍정적 효과가 있지만, 동시에 시장지배력의 형성이나 강화를 통해 다양한 경쟁제한적인 효과를 유발할 수 있다. 가령 어떤 기업이 원재료시장에서 강한 시장지배력을 가지게 되면 제품시장도 통제할 수 있다. 왜냐하면 경쟁회사가 수직적 결합을 하지 않는 경우 그 회사는 원료확보에서 기업결합을 한 회사에 의존하지 않을 수 없고 독자적인 가격정책의 추진이 불가능하기 때문이다. 반대로 수직적 결합을 하지 않는 기업이 원료시장에서 경쟁을 하는 경우 수직적 결합을 한 기업이 이들의 제품시장에 대한 접근을 방해할 수 있기 때문이다.

이 밖에도 수직적 결합을 한 기업은 가격차별화정책을 쓰기가 용이하다든지, 물자의 안정적인 판매와 경쟁자간의 과열된 경쟁을 회피할 수 있는 등의 이점도 있다. 이와 같이 수직적 결합도 수평적 결합과 같이 득실관계가 있으나 기업의 사적 이익이 사회적 이익으로 전환된다고는 볼 수 없기 때문에 규제의 필요성이 요구된다.

③ 복합적 결합

복합적 결합(conglomerate integration)이란 수평적 결합도 아니고 수직적 결합도 아닌 모든 결합을 총칭한다. 다시 말하면 수평적인 시장에서 활동을 하지 않거나 구매와 판매자간의 수직적 관계에 있지 않은 독립된 기업 간의 결합을 말한다. 가령 조선회사와 식료품회사가 결합하는 경우를 말한다. 이러한 복합적 결합은 수평적 결합에서와 같이 규모의 경제를 실현하기 위해서 결합을 하는 것은 아니며 위험분산을 목적으로 사업을 다각화(diversification)하기 위한 시장전략적 관계에서 이루어진다. 따라서 이러한 경우에는 규모의 경제효과는 없지만 범위의 경제(economies of scope)효과는 얻을 수 있다. 그러나 실제로는 이러한 순수복합기업(pure conglomerate)보다는 수평결합이나 수직결합의 측면도 있는 혼합복합기업(mixed conglomerate)의 형태를 취하는 경우도 많다.

복합결합도 여러 가지 형태의 경쟁제한적인 효과를 가져온다. 첫째로 사업을 다변화·다각화함으로써 복합기업은 광고, 수송, 판매, 보험, 금융 등에 있어서 비용을 절감할 수 있으므로 경쟁기업보다 경쟁에서의 우위를 가질 수 있다. 둘째, 복합기업 내의 내부거래를 통해서 경쟁기업에 대해서 배타적인 행위를 할 수 있다. 셋째, 자금력을 바탕으로 해서 대정부 로비활동, 대외홍보 및 자금조달에 있어서 중소기업에 비하여 경쟁상의 우위를 확보할 수 있다. 넷째, 경제력을 소수에게 집중시킴으로써 정경유착과 같은 사회적으로 바람직하지 못한 결과를 가져올 수도 있다.

이를 다시 요약하면 복합결합은 경제적·금융적 및 시장전략 측면에서 현재 및 잠재적 경쟁기업보다 유리한 위치를 가지게 되며, 이는 결과적으로 기회균등과 시장의 효율성을 저해할 뿐만 아니라 경제력의 집중을 조장함으로써 사회적으로 바람직하지 않다는 것이다. 이러한 이유 때문에 복합결합은 규제의 대상이 된다.

5.2.3 기업결합의 형태

앞에서 지적한 바와 같이 기업결합이란 한 기업이 다른 기업의 자산 및 영업의 전부 또는 일부를 취득하는 물적 결합과 임원의 겸임이나 파견을 통한 인적 결합 및 자본참여에 의한 새로운 기업의 설립 등 다양한 형태를 취한다. 이러한 기업결합의 형태를 좀 더 구체적으로 살펴보면 다음과 같다.

① 인수·합병(M&A)

합병(merger)이란 한 기업이 다른 기업으로 흡수·소멸되는 경우이며, 인수(acquisition)란 한 기업이 다른 기업의 자산 및 영업의 전부 내지 일부를 취득하는 것이다. 다른 기업을 완전히 흡수·통합하는 경우와 새로운 기업을 신설하는 경우로 나눌 수 있다.

② 자본참여

이는 의결권이 있는 자본참여, 즉 주식의 일부를 소유하는 경우인데 자본참여의 정도에 따라 참여회사의 경영통제권은 달라진다. 과반수 이상의 주식을 소유하는 경우에는 완전한 영향력을 행사할 수 있으나 과반수 미만의 지분참여의 경우 그 영향력은 매우 제한적이 된다.

③ 콘체른(Konzern)

이는 법적으로 독립된 기업 간의 계약에 의한 결합으로서 동일한 지휘체계 아래서 공동의 이익을 추구하는 조직이다. 계약에 의한 결합이란 일반적으로 자본참여의 형태를 취하는데 이에는 종속적인 결합이 있는가 하면 대등한 결합도 있다. 콘체른은 일반적으로 이종 산업 내의 여러 기업들을 지배하는 복합적 결합조직으로서 제2차 세계대전 이전 독일과 일본에서 큰 위치를 차지하였다.

④ 합작사업(joint venture)

이는 둘 또는 그 이상의 기업들이 공동의 사업체를 설립하는 것을 말한다. 참여회사의 지분참여는 다양한 것을 특징으로 하고 있다. 따라서 법적형태나 사업의 분야·종류 및 목적도 다양함을 특징으로 한다.

⑤ 지주회사(Holding Company)

이는 다른 회사의 주식을 보유할 목적으로 조직된 회사를 말한다. 여기에는 순전히 투자목적으로 타회사의 주식을 보유하는 투자회사가 있는가 하면 타사의 주식을 보유함으로써 이를 지배하고자 하는 지배회사가 있다. 지배회사로서의 지주회사에는 타회사주식의 보유만을 목적으로 하는 순수지주회사와 스스로도 사업을 하는 사업지주회사가 있다.

⑥ 임원파견 또는 겸임

이는 자본참여를 하거나 채권을 가진 회사가 경영참여를 위하여 자기회사의 임원을 파견하거나 임원의 겸임을 하는 인적 결합을 말한다. 여기서는 임원의 겸직이나 파견이 반드시 자본참여가 있는 경우에만 국한하는 것이 아니고 채권채무와 같은 금융거래관계가 있을 때도 일어난다. 예컨대 은행이 은행의 관리하에 있는 회사에 임원을 파견하여 경영을 감독·관리하는 경우가 이에 속한다.

⑦ 재벌과 기업집단

재벌은 종속적인 콘체른으로서 제2차 세계대전 전의 일본에 있었던 복합적 기업결합의 형태로서 소수의 동족의 독점적 지배하에서 재벌본사를 정점으로 하여 본사－직계회사－자회사－방계회사의 피라미드형 구조를 가지고 지주관계에 의하여 그 사업을 지배하는 조직체를 말한다.[10] 이의 사업분야는 제조업에서 금융업에 이르기까지 매우 광범위한 영역에 걸치고 있는 것이 특징이다. 이러한 재벌은 전쟁 후 일본의 재벌해체정책에 따라 기업집단(business group)으로 발전되었다. 즉 전쟁전의 기업소유가 개인집중에서 금융업회사를 중심으로 하는 기업 간 소유집중으로 변형되었다. 다시 말하면 기업들이 유기적 및 다각적으로 주식을 상호보유함으로써 대규모의 기업집단을 형성하게 되었다. 전쟁전의 재벌이 지주회사에 의한 수직적인 소유구조를 가진 데 비하여 기업집단은 기업 간의 주식 상호보유를 특징으로 하고 있다.

---

10) 이규억·박병형(1993), p.30 참조.

우리나라에서의 재벌 또는 기업집단(우리나라의 공정거래법에서는 기업집단으로 칭하고 있음)은 일본에 있어서의 전쟁 전의 재벌과 전쟁 후의 기업집단의 속성이 공존하는 형태다. 즉 우리나라의 기업집단은 정점에 지주회사 없이 특정 개인 또는 그의 직접적 통제하에 있는 소수인들이 다수의 대규모 독과점기업을 자신의 명의 내지 자신이 지배하는 타기업의 명의하에 주식의 상호보유 등을 통하여 소유·지배하는 구조를 말한다.[11)]

5.3 기업집중의 경제적 효과와 평가

지금까지 우리는 기업집중의 요인과 형태에 대하여 살펴보았다. 기업집중은 오늘날 자본주의적 시장경제체제의 가장 중요한 특징 중의 하나가 되었으며 이러한 집중화현상은 경제가 성장하고 발전함에 따라 약화되기보다 강화되고 있음을 부인하기 어렵다. 특히 우리나라처럼 대기업 위주의 고도성장을 해온 경제에서의 기업집중화는 매우 심각하고 이에 따라 이는 단순히 경제적 문제뿐만 아니라 사회적·정치적 문제로까지 확대되고 있다. 이처럼 기업집중 문제는 문제자체가 매우 복잡한 성격을 가지기 때문에 이를 제한하는 것은 용이하지 않다. 긍정적인 면이 있는가 하면 부정적인 면도 있고 보는 입장에 따라 평가가 달리라질 수 있기 때문이다. 기업집중에 관한 평가는 대체로 다음 세 가지 측면에서 고려할 수 있는 것 같다.

5.3.1 정치적·사회적 측면

기업집중은 소득 및 자산의 집중을 통해 경제력집중으로 이어진다. 경제력이 소수의 기업집단에 집중되면 이는 단순히 경쟁정책적인 차원을 넘어서 정치적·사회적 문제로까지 비화된다. 다시 말하면 경제력의 집중은 시장경제의 기본질서인 경쟁질서를 위태롭게 함으로써 자본주의경제체제의 생존문제가 제기될 수 있다는 것이다. 뿐만 아니라 경제력의 집중은 민주적 정치체제와 개인의 자유를 근본적으로 제한할 수 있다. 왜냐하면 경제력의 집중은 정치적 의사

11) 이규억·박병형, 전게서, p.32 참조.

결정에 영향을 줄 수 있을 뿐 아니라 민주주의적 통제기능을 무력화시킬 수 있기 때문이다. 예컨대 재벌들이 특정집단의 정치인을 후원하여 의회에 진출시키고 그들에게 영향력을 행사한다면, 의회의 입법과정에 영향력을 행사할 뿐 아니라 정치권의 통제에서 벗어날 수 있게 된다. 제7대 대통령 선거에서 특정재벌의 총수가 대통령 후보로 출마한 것은 경제력집중이 정치권에 얼마나 영향을 미칠 수 있는가를 보여 주는 전형적 예라 할 수 있다. 또한 우리나라에서 보는 바와 같이 재벌들이 일부 언론매체를 장악하고 있는 것은 경제력 집중이 민주적인 의사형성에 얼마나 큰 영향을 미칠 수 있는가를 입증하고 있다.

5.3.2 경제적 측면

기업집중이 경제적 측면에서 어떤 효과를 가지느냐에 대해서는 긍정적인 면과 부정적인 면이 있기 때문에 단적으로 찬반을 논하기가 어렵다. 경제적인 측면도 여러 각도에서 볼 수 있다.

경제성장과 고용 측면에서는 일반적으로 기업의 집중화가 긍정적인 효과를 가진다고 보고 있다. 기업집중화는 규모의 대형화로 비용을 절감할 수 있고 기술혁신을 촉진하여 기업의 경쟁력을 제고시킬 수 있기 때문이다. 우리나라의 경우만 하더라도 지난 30여 년 동안 우리 경제가 고도성장을 할 수 있었던 것은 기업의 대규모화에 의한 대량생산의 이점을 누렸기 때문이다. 물론 이것은 우리나라 제조업이 조립산업 중심으로 발달된 것에도 연유하나 기업의 대규모화와 이로 인한 집중화가 성장촉진적인 것만은 분명하다. 기업집중화는 고용 측면에서도 긍정적인 효과를 가진다고 볼 수 있다. 기업의 집중화로 인한 성장촉진은 고용확대효과를 가져오며, 기업경영의 다각화로 위험분산이 용이하고 시장지배력이 강하기 때문에 경기변동과 같은 외부적 충격에 대한 저항력이 있어 고용안정에도 도움이 된다.

그러나 기업집중은 물가안정이나 소득분배 측면에서는 부정적인 영향을 주는 것으로 평가된다. 기업집중에 의한 시장지배력의 강화는 독과점기업으로 하여금 그들의 제품가격을 용이하게 조종할 수 있다. 생산원가의 상승요인이 발생할 경우, 시장지배력을 이용하여 이를 쉽게 가격에 전가시키거나 기업 간의 합의에 의하여 가격을 인상시킬 수 있기 때문이다. 실제로 우리나라의 경우를 보면 1970년대까지 독과점품목의 가격이 경쟁품목보다 더 빠르게 상승한 경험이 있다.[12)]

기업집중에 의한 시장지배력의 강화로 독과점기업은 높은 이윤을 획득할 수 있으며, 이를 바탕으로 보다 큰 자본축적이 가능하게 된다. 이는 결국 자산소유자의 소득이나 재산형성을 유리하게 만든다는 것이다. 특히 과거의 우리나라처럼 인플레이션이 급속도로 진행되던 경제 상황에서는 실물자산의 가격이 폭등하는 반면, 이들 자산에 대한 과세가 공평하지 않거나 상대적으로 낮을 경우 부익부 빈익빈 현상이 나타나기 마련이다. 물론 독과점기업의 높은 이윤은 높은 임금의 형태로 근로자에게 일부 환원되기도 하지만, 인플레이션이 심하거나 개발도상국에서의 세제나 조세행정을 고려할 때 기업집중은 소득이나 자산분배에는 부정적인 영향을 미친다고 보아야 할 것이다.

5.3.3 경쟁정책적 측면

경쟁정책적인 측면에서 기업집중을 평가하기 위해서는 기업집중이 어떤 경제적 이익을 가져오는지, 반대로 경쟁제한적인 행위를 통해 어떤 경제적 불이익을 초래하는지를 따져보아야 한다. 만일 기업집중이 경쟁제한적인 행위로 인한 불이익보다 더 많은 경제적 이익을 가져온다면 기업집중을 규제할 필요가 없기 때문이다. 그러나 기업집중이 가져오는 사회적 이익과 비용을 정확히 따지기는 어렵기 때문에 여기서는 기업집중이 기업의 입장에서 어떤 이득을 가져오는지, 반대로 경쟁촉진 측면에서 어떤 불이익을 초래하는지를 검토하기로 한다.

기업집중이 필요하고 유익하다는 가장 전통적인 이유로 드는 것이 규모의 경제이다. 특히 수평적 기업결합의 경우 기업의 대형화 내지 대량생산 체제에 의한 생산비의 절감과 규모의 경제이익이 강조된다. 규모의 경제이익은 개별생산공장의 대규모화에 따른 평균비용의 감소와 한 기업이 여러 공장을

12) 김적교(1982), p.45 참조.

지역적으로 분산시킴으로써 얻는 비용절감, 예컨대 운송비절감 등으로 나눌 수 있다. 그러나 실제로 기업집중이 규모의 경제와 어느 정도 밀접한 관계가 있는가에 대한 실증적 연구는 이 문제에 대한 명백한 해답을 주지 못하고 있다. 기업집중과 규모의 경제 간에 상관관계가 전혀 없는 것은 아니지만, 일부 국가에서 관찰된 수평적 기업집중과 대규모 생산에 의한 비용절감 간에는 별로 높은 상관관계가 없는 것으로 나타나고 있으며, 또 규모의 경제가 산업마다 다를 뿐 아니라 많은 기업의 경우 적정규모를 갖추지 못해도 비용 측면에서 별다른 불이익이 없는 것으로 나타나고 있다.[13] 다시 말하면 규모의 경제 이익만으로는 기업집중을 정당화시키기는 어렵다는 것이다.

기업의 집중화는 단순히 규모의 경제이익 외에도 기업의 대형화·대규모화에 따른 여러 가지 이익, 예컨대 대량구매·판매·광고 및 금융 측면에서 비용절감을 들 수 있다. 특히 금융기관에 대한 접근용이 및 중소기업보다 유리한 자금조달과 국내외 자본시장에의 참여가능 등 자금조달 측면에서 중소기업보다 절대적으로 유리한 점을 들 수 있다.

두 번째는 기업집중으로 인한 이점은 수직적 결합에서 보는 바와 같이 구매 및 판매시장의 확보 및 안정을 들 수 있다. 수직적 결합의 경우 원료공급자의 입장에서는 제품의 판매시장이 확보되는 반면, 원료를 구입하는 측에서는 원료 확보에 어려움이 없고 제품의 질 저하를 방지할 수 있다. 그러나 다른 한편으로는 수직적 결합은 경쟁자의 구매 및 판매시장진입을 방해할 수 있다는 점이 문제로 지적된다. 다시 말하면 수직적 결합은 시장지배력을 남용함으로써 현재의 경쟁자는 물론 잠재적인 경쟁자의 시장접근을 방해할 수 있다는 것이다. 이 밖에도 수직적 결합은 거래비용을 줄일 수 있는 장점이 있다. 일반적으로 물자의 판매와 구매는 계약을 통해서 이루어지는데 계약상대방을 찾고 계약을 하기까지 여러 가지 비용이 발생한다. 그러나 수직적 결합을 하게 되면 이러한 거래비용을 줄일 수 있게 된다.

세 번째로는 기업결합, 특히 복합결합의 경우 제품 및 시장의 다양화로 위

---

13) Ahrns · Feser(1982), p.61 참조.

험을 분산시킬 수 있는 이점이 있다. 제품이 다각화되고 판매시장도 다변화되면 경기변동에서 오는 수요의 변동이나 변화에서 오는 불안을 줄일 수 있고 한 제품이나 한 시장에서의 손실은 다른 제품이나 다른 시장의 이익으로 보상할 수 있다. 이처럼 기업경영의 신축성이 그만큼 강화되며, 이는 기업의 자금조달에도 매우 유리하게 작용한다. 그러나 복합결합은 이러한 시장지배력과 경제력을 바탕으로 다양한 경쟁제한적인 행위를 할 수 있다는 점에서 우려가 제기된다. 예컨대 복합기업은 손실을 기업내부에서 상쇄할 수 있기 때문에 의도적으로 가격덤핑을 감행하여 경쟁기업을 시장에서 축출할 수 있다. 그 밖에도 복합기업은 내부거래를 통해 경쟁제한행위를 할 수 있다. 기업이 다양화될수록 상호간에 서로 간에 공급자나 수요자가 될 가능성도 커지며, 이 구조를 남용할 소지도 커진다.

네 번째로는 대기업이 기술개발의 산실이 될 수 있다는 주장이다. 이를 이른바 슘페터가설이라고 하는데 기술개발이 중소기업보다 대기업에서 더 촉진된다는 것이다. 왜냐하면 대기업은 중소기업보다 연구개발과 관련된 비용과 위험을 감수하기가 용이하고, 연구개발에 있어서도 규모의 경제가 적용되며 또 대기업은 그의 큰 판매조직을 통해서 새로운 기술의 확산을 용이하게 할 수 있다는 것이다.

그러나 이러한 슘페터가설은 실증적으로 명확히 검증이 되지 않고 있다. 많은 실증연구에 의하면 기업규모가 커질수록 연구개발투자가 확대된다는 증거는 화학공업을 제외하고는 찾기 어렵다는 것이다.[14] 우리나라 제조업의 경우도 연구개발투자에 대한 자본금 및 매출액의 탄력성이 1보다 작게 나타남으로써 슘페터가설이 부정되고 있다.[15] 연구개발성과에 있어서도 기업규모가 증가한다고 해서 반드시 연구개발의 성과, 즉 특허등록건수가 증가하지 않는 것으로 나타났다. 또한 시장구조와 기술혁신과의 관계도 명확하지가 않다. 시장형태에 따라 시장집중도와 연구개발지출 간의 관계가 다르게 나타나고 있는데

14) Ahrns · Feser, 전게서, p.64 참조.

15) 김적교 · 조병택(1989), p.96 참조.

경쟁형 업종에 있어서 시장집중도가 연구개발지출을 촉진하고 있으나 산업이 집중화가 된 과점형 업종에서는 시장집중도가 증대하더라도 연구개발지출이 확대되지 않는 것으로 나타났다.[16] 이와 같은 일련의 실증적 연구에 비추어 볼 때 시장구조가 독점적이고 기업의 규모가 증대될수록 연구개발이 촉진된다는 슘페터－갈브레이스 가설은 그 타당성이 희박하다고 하겠다.

기업집중은 위에서 지적한 바와 같이 기업의 차원에서 보면 필요하고 유용할 수는 있으나, 경쟁정책적인 측면에서 보면 많은 문제점을 야기한다. 우선 앞에서도 언급한 바 있지만 규모의 경제가 기업집중의 결정적 요인이 되지 못한다는 점 문제다. 기업규모가 최적규모를 가진다 하더라도 이것이 경쟁이라는 측면에서 반드시 최적규모가 되는 것은 아니다. 다시 말하면 비용면에서의 최적규모가 경쟁촉진의 최적규모와 다를 수 있다는 것이다. 양자가 같을 경우에는 기업집중이 경쟁정책적인 측면에서 아무런 문제가 없지만 양자가 일치하지 않을 경우에는 비록 비용 측면에서는 최적규모라 하더라도 경쟁정책적인 측면에서는 문제가 될 수 있다.

예컨대 어떤 제품의 시장규모가 연 150만 단위인데 비용 측면에서의 최적규모가 한 기업당 50만 단위라고 한다면 3개의 기업이 존재하는 것이 규모의 경제 측면에서는 가장 바람직하다. 그러나 최적경쟁이라는 측면에서 본다면 3개의 기업은 협의의 과점상태가 되는데 이 과점상태가 경쟁촉진이라는 측면에서 과연 바람직한가 하는 문제가 제기된다. 3개의 기업이 담합을 한다면 규모의 경제성 측면에서는 바람직할지 모르지만, 경쟁촉진 측면에서는 바람직하지 않기다. 반대로 만일 비용절감 측면에서의 최적규모가 50만 단위가 아니라 10만 단위라면 시장 전체를 충족하기 위해 15개의 기업이 필요하다. 그런데 만약 10개 정도의 기업이 있을 때 경쟁이 최적상태에 이른다고 본다면 이때는 기업의 수를 15개에서 10개로 줄이는 합병이 바람직 할 수 있다. 여기서 우리가 지적하고자 하는 것은 기업집중이 규모의 경제이익을 누릴 수 있다는 사실만으로 그것을 평가해서는 안 되며 반드시 경쟁촉진인가 아닌가를 함께

16) 김적교 · 조병택, 전게서, p.95 참조.

따져보아야 한다는 점이다.

이와 같이 우리가 기업집중을 평가함에 있어서는 그것이 경쟁을 촉진하는가, 방해하는가, 아니면 중립적인가를 기준으로 판단해야 하며, 그렇지 않고 기업집중이 무조건 좋다 또는 나쁘다고 일반화해서 말하기 어렵다는 것이다. 기업집중이 경쟁촉진적이라는 것은 기업결합에 의하여 이전보다도 경쟁이 오히려 촉진되는 경우를 말하는데, 가령 기업의 수가 너무 많아서 기업이 적정규모 이하로 운영되고 있는 상황에서 기업결합을 통해서 규모의 경제이익을 누릴 수 있는 경우가 이에 해당한다. 물론 이러한 경우에도 기업의 수가 충분하여 기업 간의 경쟁이 활발히 이루어져야 한다. 경쟁중립적이라 함은 기업결합 이후에도 시장구조와 시장행태가 변하지 않을 경우를 말한다. 경쟁방해적이라 함은 기업결합 이후 그 기업의 시장지배력이 증대하여 그 기업이 지속적인 경쟁우위를 점유한다든지 시장지배력을 남용하는 경우를 말한다.

그러나 세 가지의 가능성 중에서 어떤 결과가 나타날지를 판단하는 것은 용이하지 않다. 왜냐하면 기업결합 이후 경쟁이 실제로 어떻게 전개될 것인지를 사전에 예측하기 어렵기 때문이다. 시장경제에서 기업의 의사결정은 자유롭게 이루어지고 상황에 따라 유동적으로 변하기 때문에 이를 사전에 예측한다는 것은 불가능에 가깝다. 또한, 기업결합이 단순히 일회성 사건에 그치지 않고, 그 영향이 다른 시장으로까지 확대되기도 하므로, 기업결합 이후의 행태를 파악하기는 매우 어렵다.

이처럼 기업결합이 구체적으로 어떤 효과를 가질 것인가를 판단하기는 어렵기 때문에 우리는 이 문제를 보다 거시적 차원에서 볼 필요가 있다. 분권적 의사결정을 특징으로 하는 시장경제는 가능한 한 많은 수의 자주적인 의사결정자, 다시 말하면 많은 독립적 기업을 요구하고 있다. 이러한 경제에서는 정태적인 의미에서의 자원 최적배분보다는, 기술혁신을 유도하고 여건변화에 능동적이며 신축적으로 적응할 수 있는 능력이 더 중요하다. 이러한 측면에서 볼 때 기업결합은 기업이 시장을 확보하고 유지하는 데는 도움이 될 수 있으나, 개별경제주체의 의사결정의 분권화를 저해한다는 측면에서 바람직하지 않다 볼 수 있다.

제 5 절 경쟁정책의 접근방법

위에서는 경쟁제한적 행위의 유형과 내용에 대해서 살펴보았으며 이런 행위가 경쟁정책적인 측면에서 어떤 문제를 제기하는지 검토하였다. 경쟁정책이란 이러한 각종 경쟁제한적 행위를 예방하거나 규제함으로써 경쟁을 보호하고 촉진시키는 데 그 목적이 있다. 이 경쟁제한행위에 대한 경쟁정책적 입장에 대해서는 다음과 같은 네 가지의 접근이 있다.

1. 자유방임적 접근

정부의 개입에 의한 경쟁정책을 포기하고 시장경제의 자정력(自淨力)에 맡기는 것이 바람직하다는 입장을 취하는 접근을 자유방임적 접근(laissez-faire approach)이라 한다. 시카고학파가 이런 입장을 대표한다고 볼 수 있다. 시카고학파에 의하면 중요한 것은 자원의 효율적 배분이며, 독점이 존재하더라도 그 결과가 자원의 효율적 배분으로 이어진다면 문제될 것이 없으며 제재할 필요도 없다는 주장이다. 그들에 의하면 독점은 드물게 나타나며, 존재하더라도 일시적인 현상으로, 경쟁에 의해 곧 사라지게 된다고 본다. 또한 독점은 한 기업의 월등한 효율(superior efficiency)의 결과로 그 기업이 상대적으로 더 능률적이기 때문이라는 설명이다. 시장점유율이 증가한 것은 기업이 시장지배력을 남용하거나 독점적 행위를 했기 때문이라기보다는, 더 나은 성과와 효율을 반영한 결과로 보는 것이 타당하다는 주장이다. 왜냐하면 시장은 그 기능이 원활히 작동되기기만 한다면, 어떠한 남용도 방지할 수 있기 때문이다. 더 혁신적이고 더 낮은 생산비를 가진 기업이 더 많은 이윤과 더 큰 시장점유율을 얻는 것은 당연하며 따라서 시장지배력은 다름 아닌 월등한 성과를 반영할 뿐이라는 것이다. 다시 말하면 시장구조가 시장성과를 결정하는 것이 아니고 시장성과가 시장구조를 결정한다고 보는 것이 시카고학파의 입장이다.

이러한 시카고학파의 입장에서 보면 독점이란 유해한 것이 아니라 오히려 긍정적인 것으로 간주되기 때문에 독점을 줄이기 위한 반독점정책은 바람직하지 않고 오히려 해롭다고 본다. 따라서 독점 규제는 불필요하며 오히려 규제 완화가 바람직하다는 주장으로 이어진다. 이러한 시카고학파의 주장은 레이건(Reagan) 행정부에 의하여 채택되었으며, 이는 1980년대에 전 세계적으로 규제완화 및 민영화(privatization) 움직임에 많은 영향을 주었다.[17)]

2. 구조적 접근

구조적 접근은 시장구조가 시장행태 및 시장성과를 결정한다고 믿는 견해로서 시장구조가 경쟁을 제한하거나 위협하는 성격을 가질 경우, 이를 규제하거나 해체하거나, 또는 그러한 구조의 발생 자체를 방지함으로써 시장구조 자체를 경쟁적인 구조로 형성·발전시키고자 하는 정책적 접근을 의미한다. 가령 기업합병을 규제하거나 해체하거나, 경쟁을 방해하는 행위나 담합행위를 금지시킴으로써 사후적으로 시장행태나 시장성과에 대한 규제를 불필요하게 하려는 데 목적이 있다. 다시 말하면 구조적 접근은 경쟁제한 행위를 구조적으로 봉쇄하고자 하는 데 있으며 이러한 의미에서 이를 금지원칙이라 한다.

이러한 구조적 접근은 메이슨, 클라크, 베인 등으로 대표되는 하버드학파의 경쟁정책과 맥을 같이 한다고 할 수 있다. 하버드학파는 시장구조가 시장행태나 시장성과를 결정한다고 믿고 있기 때문에 시카고학파와는 반대로 강력한 반독점정책을 주장한다. 그들에 의하면 시장구조를 경쟁적 구조로 만들면 바람직한 시장성과는 자연히 따라오게 되므로, 경쟁정책의 과제는 경쟁적인 시장구조의 형성과 발전에 역점을 두어야 한다고 본다. 따라서 이를 원인규제정책이라고도 한다.

---

17) W. G. Shepherd(1991), p.31 참조.

3. 규제적 접근

시장구조를 완전히 경쟁적인 구조로 만든다는 것은 현실적으로 어렵다. 자본주의가 발달하게 되면 빠르게 성장하는 기업이 있는가 하면 그렇지 못한 기업도 있으며, 기업 간의 합병 등을 통해서 자연스럽게 기업의 시장지배력이 형성되기 마련이다. 정부가 아무리 구조적으로 시장지배력의 형성을 막으려고 해도 그에는 한계가 있고 현실적으로 쉽지 않다. 따라서 정부가 시장행태나 시장성과를 사후적인 규제를 통해서 바로잡아 나가는 것이 보다 현실적이라는 입장을 규제적 접근(regulation approach)이라 한다. 이는 시장지배력을 가진 기업이 경쟁제한 행위를 하는 경우, 다시 말하면 시장지배력을 남용하려는 경우 이를 규제하자는 것이며 구조적 접근이 사전적 규제원칙을 주장하는 데 반하여 규제적 접근은 사후적 폐해규제를 주장한다는 점에서 대조적인 접근이라 하겠다. 그러나 시장 지배력의 남용을 어떻게 정의할 것인가에 대한 기준이 명확하지 않고, 실제 운용에서는 자의성이 개입될 여지가 많다는 점에서 문제점이 적지 않다. 또한, 자칫 잘못하면 정부의 불필요한 개입을 초래할 수 있으며, 이 경우 경쟁이라는 '보이지 않는 손' 대신 국가의 규제라는 '보이는 손'이 작동하게 되어, 경쟁 정책의 본래 취지가 왜곡될 우려도 있다.

4. 소유권적 접근

경쟁제한행위를 규제하는 네 번째의 방법으로 기업의 소유권을 국가가 가지는 정책을 들 수 있다. 사업의 성격상 민간에게 소유권을 줄 때 국민경제에 이익보다 더 큰 불이익을 가져온다면 그 사업의 소유권을 국가가 가지는 것이 바람직하다는 주장을 소유권적 접근이라 한다. 다시 말하면 공기업정책을 사용하는 것이 바람직하다는 입장이다. 가령 수도·철도·전력과 같은 공익사업은 그 중요성이 매우 크기 때문에 비록 독점 상태가 되더라도 민간에게 맡길 수 없다는 것이다. 또한 금융기관이나 국민경제에 미치는 영향이 큰 기업, 예컨대 포철과 같은 대기업은 민간에게 맡길 경우 지나치게 큰 경제력을 형성하게 되므로, 이를 통제하기 위해서라도 공기업으로 운영하며 정부의 통제하에 두어야 한다는 주장이다. 그러나 이러한 공기업 정책은 공급의 원활화, 사회적 목표의 실현, 민간기업의 통제수단으로서의 활용 등 여러 가지 유익한 점이 있으나 능률성 측면에서는 많은 문제점도 있다.

5. 구조적 접근과 규제적 접근의 결합

이상 네 가지 접근 방식 중에서 실제의 경쟁정책에 사용되는 경우는 대부분 구조적 접근과 규제적 접근이라 할 수 있다. 자유방임적 접근과 공기업화정책은 비교적 극단적인 정책 형태에 해당한다. 우리가 필요로 하는 경쟁정책은 경쟁정책을 자체를 포기하는 자유방임적 접근도 아니며 그렇다고 국가가 직접 기업을 소유하는 공기업화정책도 아니다. 경쟁정책의 목적은 시장지배력의 형성을 억제하고 이의 남용을 방지함으로써 자유경쟁을 보호하고 촉진하는 데 있기 때문에 현실적으로 요구되는 정책은 구조적 접근과 규제적 접근이며, 이 둘을 어떻게 잘 결합하여 경쟁 정책의 실효성을 높일 것인가에 달려 있다.

앞에서 지적한 바와 같이 경쟁적인 시장구조를 유지·발전시키는 것이 경쟁정책의 핵심 과제이다. 그러나 구조적 접근만으로는 이를 실현하는 데는 현실적인 한계가 있기 때문에 실제의 경쟁정책에서는 구조적 접근과 규제적 접근을 결합한 정책이 일반적으로 사용된다. 왜냐하면 경쟁적인 시장구조의 유지·발전을 위해서는 구조정책이 바람직하고 필요한 것은 사실이나 구조적 정책 수단만으로는 해결할 수 없는 부분이 많으며, 시장 행태나 시장성과의 측면에서도 규제를 병행할 수밖에 없기 때문이다.

근대 산업사회에서는 일정 수준의 기업집중은 현실적으로 불가피하며, 기업집중에서 생길 수 있는 폐해에 대해서는 적절한 규제가 필요하다. 경쟁제한행위에 대한 아무리 강한 법적 규제가 존재하더라도 정상적인 기업 성장 과정에서 오는 기업집중까지는 막을 수 없다. 뿐만 아니라 법이 시행되기 전에 이미 형성된 기업집중을 무조건 해체하거나 박탈하는 것도 현실적으로 어렵다. 다시 말하면 순수한 구조적 접근만으로는 기업집중문제를 해결할 수 없고 구조적 접근과 함께 규제적 접근도 동시에 추구하는 것이 현실적이고 바람직하다.

제 6 절　우리나라의 경쟁정책

1. 독과점규제정책의 개관

우리나라의 독점규제는 1976년 3월 시행된 「물가안정 및 공정거래에 관한 법률」에서 그 시원을 찾을 수 있다.

대기업 중심의 공업화전략을 추구해 온 우리나라 경제는 1970년대에 들어서면서 중화학공업정책의 추진과 더불어 독과점현상이 두드러지게 나타나기 시작했다. 가령 1974년 우리나라 제조업의 1,543개 상품 중 83%에 해당하는 1,279개가 독점·복점, 또는 과점적 시장구조를 가지고 있었고 이들 출하액은 제조업 전체 출하액의 64%에 달하였다.[18] 뿐만 아니라 전국 규모의 각종 조합·협회 등 사업자단체가 결성되어 명시적 내지 묵시적 경쟁제한행위를 하게 되었으며 이는 1974년의 제1차 석유파동 이후 급격한 물가상승을 초래하는 등 독과점의 폐해가 나타나기 시작하였다. 정부는 이러한 독과점의 폐해를 규제하기 위한 수단으로 물가안정법을 제정하여 독과점품목의 가격을 규제하기 시작하였다. 그러나 이러한 가격통제는 일시적인 물가안정에는 기여하였으나 가격구조를 왜곡시키면서 물가상승의 구조적 원인은 방치한 채 폐해를 누적시키는 결과를 가져 왔다. 다시 말하면 물가안정법은 공정거래법적인 요소를 가지고 있음에도 불구하고 가격규제 중심으로 운용되어 옴으로써 가격기구의 왜곡현상을 심화시켰다고 할 수 있다.

---

18) 이규억·윤창호(1993), p.350 참조.

이러한 가격통제 중심의 독과점규제정책은 1980년 제5공화국 출범 이후 국가정책의 기조가 개방화·자유화로 전환됨에 따라 큰 변화를 가져왔다. 경제정책의 기조가 1970년대까지의 규제와 보호 중심에서 경쟁촉진과 시장기구의 원활한 작동을 추구하는 방향으로 바뀌면서, 독과점에 대한 규제도 경쟁촉진과 공정거래질서의 확립이라는 측면에서 접근하기 시작하였다. 다시 말하면 경제주체의 의사결정은 원칙적으로 시장기구에 맡기되, 경쟁이 원활히 이루어질 수 있도록 시장구조 및 행태를 규제하는 방식으로 전환된 것이다.

이러한 취지에서 1980년 12월에 「독점규제 및 공정거래에 관한 법률」이 제정되었다. 이 법은 「물가안정법」에 규정된 독점규제 및 공정거래에 관한 규정을 흡수·통합함으로써 독점폐해 및 경제력집중 방지는 물론 부당한 공동행위나 불공정거래행위를 규제함으로써 경쟁을 촉진하고자 하는 데 주된 목적이 있다. 우리나라의 독점금지법은 기업결합이나 경제력집중의 규제와 같은 시장구조를 개선하고자 하는 항목이 있으나 이 역시 기존 독점기업이나 기업집단의 해체와 같은 근본적인 규제보다는 신규 독과점구조의 형성을 억제하는 것을 목적으로 하고 있다. 그 밖에 부당한 공동행위나 시장지배력 남용에 의한 불공정행위를 규제하고 있으며, 따라서 이 법은 시장구조보다는 시장행태를 규제하는 것을 특징으로 하고 있다고 할 수 있으며 이런 의미에서 우리나라 공정거래법은 원인금지주의보다는 폐해규제주의를 따르고 있다고 할 수 있다.[19)]

2. 경쟁제한행위의 규제

2.1 부당한 공동행위

2.1.1 카르텔의 금지

공정거래법 제19조에서는 카르텔 및 기타 방법에 의한 사업자 간의 부당

19) 정갑영(1993), p.458 참조.

한 공동행위에 대해서는 원칙적으로 규제하고 있다. 부당한 공동행위로 가격카르텔, 조건카르텔, 수량카르텔 등 8가지를 규정하고 있다. 그러나 이러한 공동행위라도 일정요건을 충족할 경우 불황극복, 연구 및 기술개발, 산업합리화, 산업구조조정, 거래조건의 합리화 또는 중소기업의 경쟁력 향상을 위한 공동행위는 허용하고 있다.

2.1.2 사업자 단체의 활동 규제

공정거래법은 사업자의 이익단체인 각종 협회·협의회·조합 등을 통한 사업자 단체의 경쟁제한적 활동을 규제하고 있다. 공정거래법 제26조에는 일정한 거래분야에 있어서 현재 또는 장래의 사업자 수의 제한, 구성 사업자의 사업내용 또는 활동의 부당한 제한, 구성 사업자의 불공정 거래행위 및 재판매가격유지행위의 원인을 금지시키고 있다.

2.1.3 재판매가격유지행위규제

「공정거래법」 제29조 1항에서 재판매가격유지행위는 유통업자들 간의 자유로운 가격경쟁을 배제함으로써 유통의 효율성을 저하시키고 물가상승을 유발한다고 보아 원칙적으로 금지하고 있다. 다만 저작물 및 일정요건을 충족한 상품에 대해서는 허용하고 있다.

재판매가격유지행위는 우리나라의 거의 모든 분야에서 관행처럼 되어 있어 법 시행 이후에도 쉽게 폐지되지 않고 있다. 2006년까지 시정권고 및 경고 이상의 조치를 받은 재판매가격유지행위는 194건이었다. 우리나라의 공정거래법에서는 이 제도를 불공정거래행위의 한 유형으로 다루고 있다.

2.2 시장지배력의 남용금지

공정거래법 제3조에는 시장지배적 사업자의 지위남용을 규제하고 있다.

시장지배적 사업자란 50% 이상의 시장점유율을 갖는 단일 사업자 또는 상위 3사 누적점유율이 75% 이상이 될 때 개별점유율이 10%를 넘는 2개 또

표 8-2 시장지배적 사업자 충족요건에 해당하는 산업수, 품목수의 비중 (단위: %)

연 도	산업 수 비중	품목 수 비중
1999	22.8	57.8
2000	18.2	51.4
2005	16.6	35.1
2010	0	46.4
2015	0	44.8

자료: 공정거래위원회

는 3개의 과점적 사업자를 말한다. 다만 일정한 거래분야에서 연간 매출액 또는 구매액이 40억원 미만인 사업자는 제외된다. 이러한 시장지배적 사업자는 제3조에 의하여 상품의 가격이나 용역의 대가를 부당하게 결정, 변경하는 행위, 생산·판매의 부당한 조절, 타사업자 활동의 부당한 방해, 진입저지 및 기타 경쟁을 실질적으로 제한하거나 소비자의 이익을 현저하게 저해할 우려가 있는 행위를 금지하고 있다.

1999년 4월 1일부터 공정거래법이 개정됨에 따라 시장지배적 사업자 지정·고시제도를 폐지하고, 시장구조 조사·공표제도를 도입하여 시장지배적 사업자 추정요건을 기준으로 시장지배력 유무를 판단하고 있다. 〈표 8-2〉에서 보는 바와 같이 시장지배적 사업자추정요건에 해당하는 산업수와 품목수의 비중은 2015년 현재 44.8%로 나타나고 있다. 그러나 실제 이들 사업자의 남용행위에 대한 규제는 지난 36년(1981~2017)간 단 96건에 불과하다(〈표 8-3〉). 이와 같이 시장지배적 사업자의 남용행위에 대한 규제건수가 적은 것은 규정항목의 내용이 매우 모호하여 현실적으로 규제를 하기 어려워 실제규제는 가격남용의 규제에 치중되고 있기 때문이다.

이와 관련하여 지적할 것은 시장지배적 남용행위의 상당부분이 실제로는 후술하는 불공정거래행위로 다루고 있기 때문에 공정거래법 제3조에서 다루는 행위는 적을 수밖에 없다.

표 8-3 공정거래법 위반유형 및 조치유형별 시정실적(1981-2017)

위반유형	고발	과징금[1]	시정 명령	시정 요청	시정 권고	경고 등[2]	자진 시정[3]	합계
시장지배적 지위남용	6	46	74	0	4	12	0	96
기업결합제한	1	0	71	0	0	789	0	861
경제력집중억제	12	84	164	0	3	994	114	1,287
부당공동행위	160	581	686	0	48	308	40	1,242
사업자단체 금지행위	54	259	958	0	92	642	205	1,951
불공정 거래행위 등[4]	100	1,231	4,024	0	744	3,728	182	8,778
합계	333	2,201	5,977	0	891	6,473	541	14,215

주: 1) 과징금은 다른 조치와 병과 되므로 합계에서 제외.
2) 과태료, 조정 건수 포함.
3) 자진시정의 경우 경고조치, 단, 약관법 자진시정은 심의절차 종료(2008년 이후 3개년 합계).
4) 국제계약, 재판매가격유지행위 포함.

자료: 공정거래위원회

2.3 기업집중규제

우리나라에서의 기업집중규제는 기업결합의 규제와 기업집단의 규제로 나누어 볼 수 있다.

2.3.1 기업결합규제

공정거래법 제7조는 자산총액 또는 매출액 규모가 2조원 이상인 회사(대규모 회사)가 경쟁을 실질적으로 제한하는 기업결합을 금지하고 있다. 다만 효율성증대효과 및 회생불가회사의 예외사유를 두어 필요하다고 인정할 때는 기업결합을 허용하고 있다.

기업결합제한규정의 적용을 받는 사업자가 타회사 주식 또는 신규설립회사 주식의 20% 이상을 소유 인수하거나 타회사 임원을 겸직하는 경우 등은 공정거래위원회에 신고하도록 되어 있다. 이렇게 신고된 기업결합을 유형별로 보면 2006년 말까지의 9,492건 중 혼합결합이 62.1%로 가장 많고, 수평결합은 24.1%, 수직결합은 13.8%에 불과하였다. 1981년에서 2017년까지 기업결합제한을 위반한 건수는 총 861건에 달하였는데 시장실적을 보면 시정명령을 한 건수는 71건에 불과하며 대부분(789건)이 과태료 등 경고에 그치고 있다(〈표 8-3〉).

2.3.2 기업집단의 규제

우리나라의 「공정거래법」에서는 기업결합에 대한 규제 외에도 경제력집중 완화를 위해서 기업집단, 즉 재벌에 대한 규제를 하고 있다. 그 주요내용은 지주회사의 설립금지(제8조), 상호출자의 금지(제9조), 출자총액의 제한(제10조), 금융·보험회사의 의결권제한과 기업결합규제로 구성되어 있다. 재벌정책은 자산규모를 기준으로 대규모집단을 지정하여 경제력집중을 규제하는 것을 핵심으로 하고 있다. 이 제도는 1987년 처음 도입되어 자산규모 4,000억원을 기준으로 시작하였으나 그 후 자산규모를 점점 확대하였다. 2002년부터는 기업집단을 형태별로 구분하여 5조원 이상의 기업집단에 대해서는 출자총액제한 등의 규제를 하였고 자산총액 2조원 이상의 기업집단에 대해서는 상호출자금 및 채무보증금지 등의 규제를 하였다. 그리고 2008년에는 상호출자제한 대상을 자산규모 5조원 이상의 기업집단으로 상향 조정하였다. 상호출자제한 기업집단에 속하는 계열기업으로서 금융 및 보험업에 종사하는 회사는 국내계열회사 주식에 대한 의결권행사가 금지되고 있다.

이와 같이 기업집단에 대한 규제는 지난 20여 년 동안 꾸준히 강화되었지만 규제대상 기업집단 수는 경제가 성장함에 따라 늘어나 2008년의 28개에서 2015년에는 41개에 달하였다. 공정거래법상 경제력집중억제를 위반한 건수를 보면 2017년까지 총 1,287건에 달하였는데 그 내용을 보면 시정명령을 한 것은 164건에 불과하고 과태료와 같은 경고가 대부분(994건)을 차지하고 있다(〈표 8-3〉).

우리나라처럼 자산규모를 가지고 경제력집중을 규제하는 정책은 다른 나라에서는 유례를 찾기 어려운 독특한 정책이다. 이러한 정책의 배경에는 과거

재벌이 정부의 지원과 보호 아래 부를 축적하였기 때문에 재벌이 가지는 경제적 비효율성 외에 공평한 소득분배, 부의 세습 차단 등 사회적 형평을 위해서도 재벌규제가 필요하다는 인식이 깔려있는 것을 부인하기 어렵다.

그러나 오늘날과 같은 완전 개방경제체제에서 규모가 크다는 이유만으로 규제를 하는 데는 문제가 없지 않다. 물론 경제력집중에서 비롯되는 경제제한 행위나 불법 및 탈법 행위에 대해서는 엄격하게 대응해야 하겠지만 기술혁신이나 효율적인 경영, 투자 등을 통해 성장한 기업에 대해 규모만을 이유로 규제하는 것은 바람직하지 않다. 우리 경제가 지속적으로 성장하기 위해서는 기업의 활발한 투자가 필요하며 이는 필연적으로 규모의 확대로 이어질 수밖에 없다. 대기업에 대해서는 규제를 가하면서, 중소기업에는 보호와 지원을 제공하는 정책 아래에서는, 중소기업이 대기업으로 성장하는 것을 기피하는 현상이 나타나고 있으며, 이는 산업 구조의 건전한 발전을 저해할 수 있다는 점에서 결코 바람직하지 않다.[20)]

2.4 불공정거래행위규제

우리나라의 「공정거래법」은 제23조에 불공정거래에 대한 규제를 명시하고 있다. 이에 규정된 불공정거래는 매우 포괄적이어서 시장지배력의 남용에 의한 불공정거래행위의 행태도 상당부분 포함시키고 있는 것이 특색이다.

불공정거래행위란 거래의 당사자 중 하나가 상대방의 활동영역을 부당하게 방해하는 행위로서 이는 대체로 당사자의 시장지배력을 배경으로 하여 일어나는 강요·배제·차별 등의 형태를 취하는 것이 일반적이지만 시장지배력과 관계가 없는 경우도 있다. 우리나라의 공정거래법에서는 시장지배력의 남용을 통해서 일어나는 불공정거래행위를 시장지배력의 남용을 규제하는 조항에서 다루지 않고 제23조의 불공정거래행위조항에서 다루고 있다.

---

20) 우리나라 제조업에서 300인 이상 종업원을 가진 사업체가 전체 제조업 사업체에서 차지하는 비중이 1980년의 3.4%에서 2007년에는 0.5%로 크게 떨어졌다. 김적교(2016), p.213 참조.

독점규제법의 제23조에서는 다음과 같은 6가지의 행위유형을 불공정거래행위로 규정하고 있다.

- 부당한 거래질서나 거래상대방의 차별적 취급
- 부당한 경쟁사업자의 배제
- 부당한 고객유인 및 강제
- 부당하게 지위를 이용하여 상대방과 거래하는 행위
- 구속조건부 거래 및 사업활동 방해
- 부당하게 특수 관계인 또는 다른 회사를 지원하는 행위

불공정거래행위의 유형을 시정실적을 기준으로 보면 〈표 8-4〉와 같다. 1981~2017년까지 총 16,769건 중 부당한 고객유인이 33.3%로 가장 많고 거래상 지위남용 25.1%, 거래거절 8.9%로 나타나고 있다. 이들 불공정행위는

표 8-4 불공정거래행위 유형별 사건처리실적(1981-2017) (단위: 건)

연도	거래 거절	차별적 취급	경쟁 사업자 배체	부당한 고객 유인	거래 강제	거래상 지위 남용	구속 조건부 거래	사업 활동 방해	부당 지원	재판매 가격 유지	기타[1]	합계
1981~1995	133	102	20	514	84	483	123	3	7	90	1,405	2,964
1996~2009	1,087	177	144	3,561	365	2,198	172	324	349	164	1,157	9,795
2010	54	6	2	328	17	244	5	33	4	20	12	725
2011	35	5	8	182	24	282	8	31	8	10	6	599
2012	31	4	9	520	17	190	19	26	9	8	10	843
2013	19	3	1	191	11	119	6	16	9	4	2	381
2014	4	16	6	98	28	219	10	28	8	11	8	478
2015	55	10	8	51	38	247	15	37	25	6	13	505
2016	18	4	5	29	11	142	9	25	19	3	18	283
2017	21	5	4	35	5	89	13	8	11	5	0	196
합계	**1,499**	**359**	**207**	**5,579**	**600**	**4,213**	**380**	**531**	**449**	**321**	**2,631**	**16,769**
구성비	**8.9%**	**2.1%**	**1.2%**	**33.3%**	**3.6%**	**25.1%**	**2.3%**	**3.2%**	**2.7%**	**1.9%**	**15.7%**	**100%**

주: 1998년까지의 부당 표시 광고·건수 포함, 국제계약 등임.

자료: 공정거래위원회

1990년대까지는 대체로 증가하였다가 2000년대 들어오면서 현저히 줄어들고 있다.

3. 우리나라의 경제력집중 현황과 특징

지난 30여 년에 걸쳐 대기업 중심의 공업화전략은 필연적으로 경제력집중화 현상을 가져왔다. 경제력집중은 일반집중, 복합집중, 시장집중, 소유집중의 네 가지 형태로 구분된다. 일반집중은 소수의 대기업이 경제 전체에서 차지하는 비중을 말하고, 복합집중은 대기업의 다각화정도를 의미한다. 시장집중은 특정시장(또는 산업)에서 선도적 위치에 있는 대기업의 시장점유율로 정의되며, 소유집중은 특정기업이 발행한 의결권주식의 소유분포를 나타낸다. 여기서는 대기업집단의 경제력집중, 대기업의 다각화와 소유집중에 대해서만 살펴보기로 한다.

30대기업집단의 경제력집중, 즉 일반집중은 〈표 8-5〉에서 보는 바와 같이 1990년대 중반까지 고용을 제외하고는 전반적으로 집중도가 심화되는 추세를 보였으며, 특히 10대 재벌중심으로 심화되었음을 알 수 있다. 이러한 경제력 집중화현상은 1997년의 외환위기를 계기로 큰 변화를 하였다. 정부는 1998년 재벌의 경영조직, 지배구조 및 사업구조개혁을 주요내용으로 하는 이른바 5+3원칙을 발표하여 강도 높은 구조개혁을 단행하였다.

이러한 정부의 구조개혁으로 30대기업집단의 경제력집중은 2000년대 초까지는 상당히 완화되었으나 그 이후에는 경제가 다시 회복되면서 다시 상승

표 8-5 30대 기업집단의 광공업부문 점유율 추이 (단위: %)

	81	85	90	92	95
출하액	39.7(28.4)	40.2(30.2)	35.0(27.1)	39.7(31.7)	40.7(33.6)
부가가치	30.8(20.4)	33.1(24.1)	30.0(22.8)	35.9(28.0)	40.2(33.9)
고용	19.8(12.1)	17.6(11.7)	16.0(11.6)	17.5(13.1)	18.0(14.1)

주: ( )는 10대 기업집단 기준임.

자료: 한국개발연구원, 김적교(2001)에서 재인용

그림 8-2 광공업부문 대기업집단 출하액 비중의 장기적 변화 (단위: %)

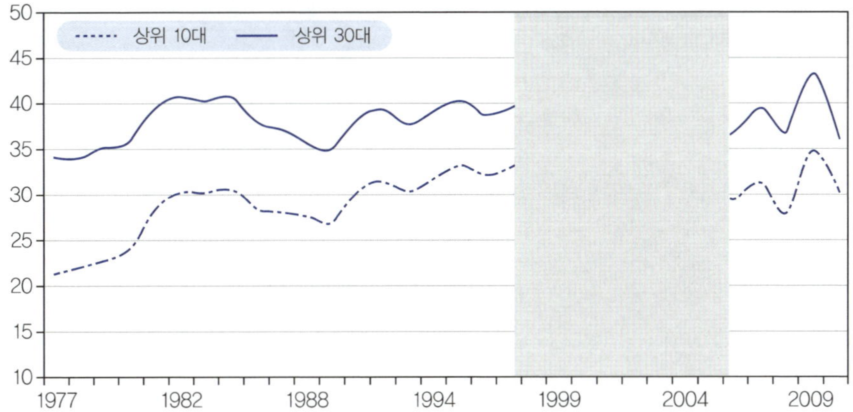

자료: 이재형(2013), p.291.

한 것으로 보인다.[21] 〈그림 8-2〉에서 보는 바와 같이 광공업의 경우 30대기업집단의 집중도는 2006년 이후 상승하였다가 다시 하락하는 등 경기에 따라 기복을 보이고 있다. 특히 2009년도에 크게 상승하였다가 2010년에는 다시 떨어지고 있어 외환위기 이전과 별 차이가 없다. 추세적으로 볼 때 30대 기업집단의 점유율보다는 10대 기업집단의 점유율비중이 빠르게 상승하고 있음을 확인할 수 있다.

우리나라 대기업집단은 이상에서 본 바와 같은 규모의 집중 외에도 소유의 집중을 특징으로 하고 있다. 우리나라는 소유와 경영이 분리되지 않고 개인 또는 가족중심의 소유형태가 지배적이다. 대규모 기업집단의 내부지분율은 외환위기 이후 잠간 떨어졌다가 다시 상승하고 있는데 2014년 54.7%에 달하고 있다(〈표 8-6〉 참조). 이는 주로 계열사 지분율이 올라간 데 기인한다. 가족지분율은 정부의 기업공개촉진정책으로 꾸준히 떨어지고 있는데 1996년

21) 강선민에 의하면 외환위기 이후 구조조정으로 제조업에서 30대재벌의 총자산, 매출액, 고용의 비중은 2000년까지 급격히 떨어졌다가 그 이후 2005년까지 약간 상승하는 것으로 추정되었다(강선민, 2007, p.64). 한국개발연구원에서는 1990년대 후반부터 2000년대 초까지 기초통계자료의 공백으로 대기업집단의 집중도를 조사하지 않았다(〈그림 8-2〉).

표 8-6 대기업집단의 내부지분율 변동추이

(단위: %)

	1996	1998	2000	2002	2004	2006	2008	2010	2012	2014
대기업집단 전체	44.1	44.5	43.4	49.5	51.8	51.2	51.6	50.5	56.1	54.7
가족지분율	10.3	7.9	4.5	7.5	4.6	5.0	4.2	4.4	4.2	4.2
계열회사지분율	33.8	3.6	38.9	39.0	40.4	43.8	44.4	43.6	49.6	48.3
기 타	–	–	–	3.0	2.8	2.4	2.4	2.5	2.4	2.2

주: 대기업집단지정 기준변경에 의해 2001년까지 30대 기업집단을 대상으로, 2002년부터는 상호출자제한 대기업집단을 대상으로 함.

자료: 공정거래위원회

의 10.3%에서 2014년에는 4.2%로 떨어졌다.

마지막으로, 지나친 계열기업 확장과 사업영역의 다변화를 들 수 있다. 사업영역의 다변화는 급변하는 기업환경에 대응하여 위험을 분산하고 새로운 유망업종으로 진출하기 위해서 어느 정도 불가피하고 또 어떤 면에서는 권장할 만하다. 그러나 문제는 대기업집단이 자기의 능력 이상으로 금융차입이나 채무보증을 통해 사업영역을 확장하기 때문에 재무구조 악화와 금융자금의 편중배분을 가져왔다는 데 있다. 다행히 대기업집단의 재무구조는 외환위기 이후 크게 개선되고 있고, 대기업집단의 평균 계열기업수도 하향안정화 추세를 보이고 있어 사업다각화의 내용이 건실해지고 있다고 할 수 있다(〈표 8–6〉 참조).

제 7 절 우리나라의 재벌정책

1. 개 관

1981년에 도입된 우리나라의 공정거래정책은 그동안 경쟁질서의 확립과 소비자보호 측면에서 적지 않은 기여를 한 것이 사실이다. 그러나 위에서 지적한 바와 같이 경제력 집중현상을 억제하고 재벌을 효과적으로 규제하는 데는 실패하였다고 할 수 있다. 따라서 우리나라 경제정책의 핵심은 재벌정책에 있다고 하겠다.

IMF 위기 이전까지 정부는 출자제한, 여신관리제도, 업종전문화 시책, 상속·증여세 등 다양한 정책수단을 사용하면서 경제력집중 현상을 억제하고자 노력하였으나 큰 성과를 거두지 못하였다. 정부의 재벌정책은 주로 대기업의 문어발식 기업 확장을 저지하는 데 초점을 맞추었으며, 그것도 명확한 원칙 없이 당시 정책당국의 편의에 따라 백화점식으로 다양한 수단을 동원해 왔다. 즉 정부의 재벌정책이 시장경제의 원리에 부합하는지, 정부의 규제가 기업의 경쟁력증진에 바람직한 것인지, 또는 사회적 형평을 위해 경제성장을 희생하더라도 재벌규제를 강화하는 것이 정당한지 등 근본적인 정책철학과 방향에 대한 검토 없이 단기적이고 대증적인 대응에 머물렀던 것이 사실이다.

이러한 원칙 없는 재벌정책은 경제력집중도 억제하지 못하고 기업의 경쟁력 향상에도 기여하지 못함으로써 위에서 지적한 바와 같이 소유의 집중, 사업의 다각화, 높은 부채비율과 낮은 수익성 등의 취약성을 가지게 되었으며 이는 결국 IMF위기를 가져오는 데 중요한 요인으로 작용하였다.

2. IMF 위기와 재벌정책

1997년 말 우리나라가 IMF관리체제로 들어가면서 경쟁정책은 일대 변화를 맞이하게 되었다. IMF 위기 이전의 경쟁정책은 주로 공정거래질서의 확립 즉, 경쟁제한행위의 규제에 초점을 맞추었으며 기업집중에 대한 규제는 매우 소극적이었다. 그러나 IMF 위기의 중요한 원인의 하나로 재벌이 문제시되자 경쟁정책의 중심은 재벌규제 쪽으로 옮겨졌다. 김대중 정부는 집권하자마자 강도 높은 재벌개혁을 추진하였다. 정부는 이른바 '5+3 원칙'에 기초하여 재벌의 경영조직, 지배구조, 재무구조, 사업구조에 깊숙이 관여하게 되었다. '5+3 원칙'이란 1998년 1월 13일에 발표된 기업구조조정 5개항과 1998년 8월 15일에 발표된 재벌개혁 3대 보완원칙을 말한다.

기업구조조정 5개항[22)]

① 경영투명성 제고

② 상호지급보증 해소

③ 재무구조의 획기적 개선

④ 핵심 사업부문의 설정

⑤ 지배주주 및 경영진 책임강화

재벌개혁 3대 보완원칙

① 산업자본의 금융지배방지

② 순환적 상호출자 및 부당 내부거래 차단

③ 변칙 상속·증여의 방지

이와 같이 재벌개혁을 강도 높게 추진한데는 재벌의 문어발식 확장과 과대부채 및 외형 위주의 성장이 외환위기의 중요요인을 형성하였다고 판단하여 재벌개혁 없이는 한국경제의 지속적이고 건전한 발달이 불가능하다고 보았기 때문이다.

이러한 취지에서 추진된 재벌개혁은 여러 면에서 큰 성과를 거둔 것이 사실이다. 경영투명성 제고, 이사회기능의 정상화, 주주권 강화, 대주주의 책임성 확립, M&A 시장개방 등 기업지배구조면에서도 많은 개선이 있었다. 재무구조도 크게 개선되었는데, 대기업집단의 부채비율은 1998년의 518.92%에서 2000년에는 218.7%로 떨어졌고 2007년에는 95.3%까지 줄었다. 대기업집단의 평균 계열사수도 1998년의 26.8개에서 2007년에는 16.3개로 줄었고 수익성도 크게 개선되었다.

그러나 정책을 추진함에 있어 문제점이 없었던 것은 아니다. 정부는 재벌개혁을 추진함에 있어 법과 제도보다는 정부의 행정력에 의존하는 경우가 없지 않았다. 그 대표적인 예가 이른바 빅딜(big deal) 정책이다. 정부는 1998년 10월과 12월 두 차례에 걸쳐 9개 업종에 대한 5대 재벌의 사업교환을 발표하

22) 이에 대한 보다 자세한 논의에 대해서는 제11장 5절 참조.

였다. 정부는 이를 재계의 자발적인 합의라고 하였으나 정부가 직·간접으로 배후에서 조정한 정책의 산물이었다. 빅딜정책의 목적은 과잉시설을 없애고 업종전문화를 유도하여 국제경쟁력을 강화하는 데 있었다.

소유지배구조의 개선이 미흡하다는 지적이 제기되면서 노무현 정부에서는 소유지배구조에 관한 정보공개, 출자총액제한제도의 개선, 금융·보험회사 의결권한 축소, 지주회사체제로의 전환유도 등 소유지배구조개선을 위한 노력이 있었다. 2008년 이명박 정부가 들어서면서 경쟁촉진을 통한 효율성증대가 강조되면서 기업규제를 완화하는 방향으로 공정거래정책이 선회하였다. 이리하여 2009년에는 공정거래법을 개정하여 출자총액제한제도를 폐지하였고 지주회사에 대한 규제도 완화하는 등 이른바 친기업적인 정책을 추진하여 노무현 정부의 정책과는 상당한 차이를 보였다.

3. 재벌정책의 과제와 방향

위에서 지적한 바와 같이 우리나라의 재벌개혁은 정부주도로 이루어졌으며 그동안 큰 진전이 있었으나 시행착오도 없지 않았다. 재벌정책이 재벌해체를 목적으로 하는 것이 아니냐는 오해도 존재했으며, 정책을 집행함에 있어서 수단과 방법이 구태의연하다는 비판도 제기되었다. 오늘날의 재벌문제는 재벌에만 국한되는 것이 아니라, 우리나라 기업구조 전체에 걸치는 문제로서 상당기간 동안 지속적으로 추진되어야 하며, 반드시 시장경제원리에 입각하여 실행되어야 한다. 이러한 시각에서 본 재벌정책의 과제와 방향으로 다음과 같은 것을 지적할 수 있다.

첫째, 재벌정책의 목표와 원칙을 분명히 하는 것이 매우 중요하다. 재벌정책의 목표는 대기업집단을 경쟁력 있는 집단으로 육성·발전시키는 데 두어야 한다. 왜냐하면 이들 대기업집단이 우리나라 경제에 차지하는 비중이 매우 클 뿐만 아니라 자본, 기술, 인력 측면에서도 여타 기업군에 비해 여전히 비교우위를 가지고 있어 앞으로도 상당기간 동안 우리 경제를 이끌어 나갈 것으로 예상되기 때문이다. 따라서 재벌정책의 목표는 효율성원칙에 입각한 경쟁력 강화에 초점을 두어야 한다.

일부에서는 재벌문제를 국민 정서적 측면이나 형평성원칙에서 보는 시각도 없지 않으나 이는 잘못된 편견이라 하지 않을 수 없다. 형평성의 문제는 경쟁력을 키워가면서도 얼마든지 법과 제도로 해결할 수 있기 때문이다.

고도성장에서 오는 부작용을 치유하기 위해 정부주도의 재벌개혁은 어느 정도 불가피한 점이 있으나, 앞으로는 시장경제원리에 맞는 재벌정책이 확립되어야 할 것이다. 이를 위해서는 법과 제도적 장치를 통해서 경쟁력이 없는 기업은 퇴출시키고, 기업의 지배구조를 개선하여 경영의 투명성을 제고하며, 적대적 M&A의 활성화를 통해 퇴출시장을 육성하고, 금융을 정상화하여 기업의 감시 및 견제기능을 강화하도록 하여야 할 것이다.

둘째, 재벌정책은 일관성 있게 지속적으로 추진되어야 한다. 과거에도 재벌정책이 존재했지만, 실패한 원인 중 하나는 정책이 지속적으로 수행되지 못했다는 점에 있다. 경기 상황에 따라 재벌정책이 변하고, 선거 시기마다 정책이 인기 영합적으로 변질되면서 국민의 신뢰를 얻지 못하였다. 오늘날 경제가 불안정한 이유 중의 하나는 정부정책의 신뢰성에 대한 문제에서 기인한다. 따라서 재벌문제를 포함한 기업구조 개혁의 궁극적인 성공은 정부정책의 신뢰성에 크게 달려 있다 해도 과언이 아니다. 물론 경제력집중에서 비롯되는 권한남용이나 탈법 및 불법과 같은 행위는 엄정한 규제가 필요하지만 기술혁신이나 효율적인 투자를 통해 성장한 기업에 대해 단지 규모가 크다는 이유만으로 규제하는 것은 바람직하지 않다. 우리 경제가 지속적인 성장을 위해서는 대기업의 지속적인 투자가 필요하며 이는 필연적으로 규모의 확대로 이어질 수밖에 없다.

제9장
안정화정책

제 1 절 안정화정책의 의의

시장경제체제에서는 여러 가지 경제내적 및 외적 요인에 의하여 경제활동이 큰 변동을 일으키기 마련이다. 예컨대 통화량의 변화는 생산이나 물가에 큰 영향을 줄 수 있으며, 오일쇼크, 이상기후, 전쟁과 같은 경제외적 요인 또한 경제활동에 큰 영향을 줄 수 있다. 이와 같이 시장경제에서는 실물 및 화폐적 요인에 의하여 경제활동의 급격한 변동이 발생하게 되며, 이는 국민경제의 입장에서 바람직스럽지 않다. 왜냐하면 경제활동의 급격한 변동은 사회적 및 경제적 비용을 수반하기 때문이다. 가령 경기가 과열되면 물가가 상승하고, 물가상승은 자원배분의 왜곡을 초래하며, 반대로 경기가 침체되면 실업이 증가하고 이는 정치적 및 사회적 불안을 야기할 수 있다. 경기변동은 단순히 물가나 실업뿐 아니라, 경제성장이나 무역수지 및 소득분배 등에도 영향을 미쳐, 국민경제의 건전하고 지속적인 발전을 저해하게 된다. 물가상승이나 실업이 매우 심각하고 지속적일 경우에는 시장경제질서가 파괴되고 민주주의제도 자체가 위협을 받을 수도 있다.

안정화정책(stabilization policy)이란 이와 같은 국민경제의 교란요인을 예방하거나 줄임으로써 물가, 고용, 경제성장 및 국제수지 부문에서의 변동을 안정시키고자 하는 정책을 말한다. 다시 말하면 안정화정책은 물가안정, 완전고용,

적정경제성장 및 국제수지 균형이 동시에 달성되도록 경제활동을 조절하는 것을 목표로 한다. 안정화정책이 단순히 물가안정이나 고용안정만을 대상으로 하는 것이 아니라, 경제성장, 국제수지 등 보다 폭넓은 경제활동 전반을 대상으로 한다는 점에서 전통적인 경기정책과 구분된다. 전통적인 의미에서의 경기정책이란 경제성장률의 급격한 변동에 따른 인플레이션이나 실업을 방지하는 데 초점을 맞춘 정책을 의미한다. 이에 비해 안정화정책은 물가나 실업뿐만 아니라 경제성장, 국제수지 등 전반적인 경제활동의 변동을 조절함으로써 국민경제의 안정적이고 균형 있는 발전을 도모하는 데 그 목적이 있으며, 이 점에서 보다 포괄적인 개념이라 할 수 있다. 이러한 안정화정책은 주로 투자·소비·수출입 등 총수요의 관리란 측면에서 접근하기 때문에 총수요관리정책(aggregate demand management policy)과 밀접한 관계가 있다.

제 2 절 안정화정책의 이론적 기초

1. 두 가지 견해

안정화정책은 경제활동의 변동, 즉 불안정성의 원인을 어떻게 인식하느냐에 따라 케인지언의 접근과 신고전학파적 접근의 두 가지로 나눌 수 있으며, 전자는 재정론자(fiscalist), 후자를 통화론자(monetarist)라고도 한다. 이 두 견해의 근본적인 차이는 시장경제질서의 작동 방식, 즉 시장기구의 자율조절기능에 대한 근본적인 견해 차이에 있으며 전자는 기본적으로 시장경제질서의 자율조절기능을 불신하는 반면 후자는 이를 신봉한다. 따라서 양 견해의 접근 방법이나 내용에 있어서도 큰 차이를 보인다.

2. 케인지언의 안정화정책론

케인지언에 의하면 시장경제체제는 내재적인 자율조절메커니즘이 없기 때문에 본질적으로 불안정성을 내포하고 있다고 본다. 시장경제의 불안정성은 기본적으로 민간부문의 불안정성, 특히 민간기업의 투자결정의 불안정에 기인한다고 설명한다. 기업의 투자결정은 단순히 이자율에 의해 이루어지는 것이 아니라, 과거의 경험, 미래의 전망, 다른 경제주체의 행위 등을 감안한 기대감에 의하여 이루어지기 때문에 본질적으로 불안정할 수밖에 없고, 그로 인해 큰 변동이 발생하는 것이 시장의 특성이라는 것이다. 가령 미래에 대해 낙관적인 기대가 형성되면 투자가 왕성하게 이루어져 생산과 고용이 증가하고 이는 다시 소득증대로 이어져 경기가 더욱 좋아지게 된다. 이러한 상황에서는 이자율을 올리더라도 경기를 진정시키기가 어려워진다. 반면, 비관적인 기대가 우세한 경우에는 투자가 위축되고 생산과 고용이 줄어들며, 이자율을 내려도 경기가 좀처럼 회복되지 않는 악순환이 발생할 수 있다.

이와 같이 시장경제체제가 불안정한 것은 기본적으로 가격기구가 제대로 작동하지 못함으로써 수급조절 기능을 수행하지 못하기 때문이다. 가령 임금만 하더라도 노동조합과 같은 제도적 요인에 의하여 결정되기 때문에 하방경직적이며 노동의 수급조절이 원활히 이루어지지 않는다. 이로 인하여 실업이 발생하게 되는데 임금수준을 인하한다고 해서 실업문제가 해결되는 것은 아니다. 왜냐하면 임금은 기업 입장에서는 비용이지만, 가계 입장에서는 가처분소득의 일부분이기 때문에 임금을 줄이게 되면 전체적인 가처분소득이 감소하고 이는 소비수요의 감소로 이어져 결국 생산과 투자에도 부정적인 영향을 주기 때문이다. 다시 말하면 고용수준은 임금수준에 의하여 결정되는 것이 아니라 유효수요의 크기에 따라 결정된다.

이와 같은 시장경제체제의 불안정성문제를 해결하기 위해서는 정부가 개입해 총수요관리를 해야 한다고 케인즈주의자들은 주장한다. 그들에 의하면 이를 위해서는 금융정책보다는 재정정책수단이 더 유효하다고 본다. 금융정책은 간접적이기 때문에 효과가 불확실하고 시차가 길어 신뢰성이 낮다. 반면 재정정책은 총수요에 직접적으로 영향을 주고 또 승수효과 때문에 실물경제에 주는 효과가 예측가능하다. 따라서 재정정책은 통화정책보다 신뢰성이 높고 효과적이라는 것이다. 또한 정부의 재정정책에 의해 총수요가 확대되더라도 인플레이션문제는 야기되지 않는다. 왜냐하면 실업이 존재하는 한 총수요가 총공급을 초과할 수 없기 때문이다. 비록 완전고용상태에서 일부 인플레이션이 발생하더라도 통화정책보다는 재정정책수단이 더 효과적이라는 입장이다. 가령 인플레이션을 억제하기 위해 금융긴축을 통해 통화량을 감소시키더라도 임금이나 가격의 하방경직성 때문에 물가가 쉽게 하락하지 않지만, 재정긴축을 통해 정부지출이 감소하면 소득이 줄어들고 이는 유효수요의 감소를 통해 물가 하락을 유도할 수 있다는 것이다. 이러한 케인즈주의자의 견해는 1970년대 서방선진국들의 경기 및 고용정책의 근간을 이루었다.

3. 신고전학파적 안정화정책론

1960년대에 들어오면서 프리드만(M. Friedman)과 존슨(H. G. Johnson)을 중심으로 한 통화론자는 케인지언의 이론에 대한 반기를 들고 나왔다. 이들에 의하면 케인지언의 이론은 다음과 같은 몇 가지 점에서 약점을 가지고 있다. 첫째, 케인지언은 경제활동의 변동을 설명함에 있어서 화폐적 요인을 무시하고 있다. 둘째, 통화정책이나 재정정책의 전달과정에 있어서 상대가격의 변화를 고려하지 않고 있다. 셋째, 인플레이션이 심할 경우에는 인플레기대심리가 작용한다는 것을 고려하지 않고 있다. 넷째, 단기적 거시변수간의 관계만 고려함으로써 장기적인 조정과정을 고려하지 않았다.

통화론자는 케인즈주의자의 시장경제질서의 불안정성의 근본가정에 대해서도 부정을 하고 있다. 통화론자에 의하면 첫째, 자본주의시장경제는 내재적인 안정성을 가지고 있기 때문에 교란요인이 발생하더라도 가격기구를 통해서 비록 시차는 있다 하더라도 균형으로 돌아온다. 둘째, 불안정이 현실적으로 있다면 이는 정부의 재량적 경제정책의 결과이지 시장기구 자체의 결함이 있는 것은 아니다. 셋째, 통화량과 경제활동 사이에는 밀접한 인과관계가 있기 때문에 거시경제변수에 영향을 주는 것은 재정정책적 수단보다 금융정책적 수단이 강하다. 이러한 통화론자들의 주장은 가격기구의 자율조정메커니즘을 신봉하는 신고전학파이론에 근거를 두고 있다. 민간부문은 케인지언들이 주장하는 것처럼 상승적인 경기변동을 가져오지 않을 뿐 아니라 교란요인이 있다 하더라도 가격기구의 신축적인 작동에 의하여 조정하여 주는 힘이 있기 때문에 안정성을 가진다는 것이다.

프리드먼에 의하면 경기변동이 발생하는 주된 이유는 정부의 재량적 개입에 의한 통화량의 변화 때문이며 통화량의 변화와 기업활동수준의 간에는 밀접한 관계가 있다고 본다. 불황은 통화량의 증가율이 추세증가율보다 낮기 때문이며, 호황과 인플레이션은 통화증가율이 추세증가율보다 높기 때문이라는 것이다. 따라서 경기변동을 줄이고 인플레이션을 억제하기 위해서는 통화의 증가율을 일정하게 유지하는 것이 바람직하다. 이러한 입장에 따르면 단기적인 경기정책을 위하여 통화량을 변동시키려는 정책, 예컨대 불황 시 통화공급을 늘리고 호황 시 통화공급을 줄이려는 방식은 바람직하지 않다. 그 이유는 통화공급과 국민소득 간에는 상관관계가 장기보다는 단기에서 훨씬 더 불확실하기 때문이다.

통화량의 변동은 일정한 시차를 두고 국민소득과 물가에 영향을 주는데 그 시차가 일정치 않고 상황에 따라 다르기 때문에 예측이 어렵다는 것이다. 따라서 정부가 갑작스럽게 통화를 줄이거나 늘리는 경우에는 국민경제에 불안정성을 주며 잘못하면 경기의 뒷북만 쳐서 사태를 악화시키게 된다고 한다. 가령 경기가 불황의 바닥을 지나 회복국면으로 진입하고 있는데 정부가 잘못 판단하여 활성화정책을 사용한다면 경기의 과열을 가져와 인플레이션을 자초하게 된다.

이와 같이 통화론자는 통화정책적 수단을 사용하여 단기적인 경기조절문제를 해결하고자 하는 데 반대할 뿐 아니라 재정정책에 의한 경기조절 역시 배격한다. 즉, 통화정책이든 재정정책이든 정부개입에 의한 단기적인 경기조절정책은 바람직하지 않다는 것이다. 따라서 통화론자에 의하면 안정화정책의 과제는 충격요법을 피하고 정책의 일관성과 안정성을 유지함으로써 민간부문의 자동조절과정이 잘 이루어지도록 하는 데 있다. 이를 위해서는 통화량의 증가율을 일정하게 유지하는, 즉 k% 준칙을 지키는 것이 중요하다. 이러한 접근은 통화량의 갑작스런 변동에 따른 불안정을 제거함으로써 민간부문의 자율조절기능을 용이하게 한다. 다시 말하면 안정화정책은 통화정책적 수단을 통해서만 성공할 수 있으며 재량적인 재정정책에 의존해서는 안 된다는 것이다. 재정정책은 어디까지나 구조정책과 분배정책과정에 국한되어야 하며, 그 목적은 민간부문의 적응력을 키우고 강화하는 데 두어야 한다. 인플레이션은 통화적인 현상이기 때문에 재정정책적 수단으로 대처하고자 하는 것은 바람직하지 않다는 것이다.

4. 통화정책의 전달메커니즘

통화론자의 근본적인 특징은 통화량 변동과 거시경제변수 간에 밀접한 인과관계가 있고 이는 민간부문의 자율조절메커니즘을 통해 균형을 유지하게 된다는 데 있다. 그러면 어떤 과정을 통해서 통화량의 변동이 실물경제에 영향을 주고 자율적으로 조정이 이루어지는지를 보기로 하자.

통화론자에 따르면 화폐에 대한 수요는 자산보유의 한 형태이기 때문에 경제주체는 자산의 수익성을 고려하여 여러 가지 형태의 자산을 보유하고자 한다. 통화량의 증가가 자산의 수익성에 어떤 영향을 미치는가를 공개시장 조작의 예를 들어 설명하면 아래와 같다.

중앙은행이 통화공급을 확대하기 위해서 시중은행으로부터 시장시세보다 높은 가격으로 채권을 매입한다고 가정하자. 그렇게 되면 그 채권의 시장수익률은 하락하게 된다. 시중은행은 그 돈을 가지고 수익률이 높은 다른 금융자산을 구입하고자 한다. 금융자산 예컨대 회사채의 가격이 상승하게 되고 기업은 유리한 조건으로 회사채를 발행할 수 있기 때문에 회사채 발행이 증가하게 된다. 기업은 유리한 조건으로 자금조달을 할 수 있기 때문에 투자의 수익성이 있는 한 투자가 증대될 것이다. 투자증대는 생산·고용의 증대를 가져오고 이는 소득증대를 통해 총수요를 증대시킨다. 즉 통화량증대는 금융자산의 상대가격변동을 통해서 결국 실물자산에도 영향을 준다는 것이다. 이와 같은 통화론자의 특징으로서는 다음과 같은 것을 지적할 수 있다.

첫째, 통화정책의 전달과정이 경제주체의 자율조절에 의하여 이루어진다는 것이다. 경제주체는 금융자산이나 실물자산의 상대가격의 움직임에 적극적으로 반응하기 때문에 시장경제체제에는 내재적인 안정화요인이 있다는 것이다. 가령 상기 예에서 기업의 투자가 늘어나더라도 어디까지나 수익성을 고려하여 이루어지기 때문에 과잉투자에 의한 경기과열이 일어나지 않는다. 만일 과잉투자가 일어난다면 결국 투자의 수익률이 떨어지기 때문에 기업의 투자는 줄어들어 안정은 다시 회복될 수 있다는 것이다.

둘째, 통화론자는 재량적 재정정책을 반대하고 있다. 그들에 의하면 재량적 안정화정책은 현재의 소득이나 수익률에는 영향을 주지만 항상소득이나 실물자산에는 영향을 주지 못하기 때문에 안정성이 없다고 한다. 따라서 경제의 안정성을 유지하기 위해서는 재량적인 재정정책보다는 금융정책이 바람직하다. 재정정책은 당기의 가처분소득에만 영향을 주지만 금융정책은 항상소득에 영향을 준다고 한다.

셋째, 금융정책을 쓰되 급격한 통화량의 변동은 불확실성만 제공하기 때문에 통화의 안정적 공급 예컨대 장기적인 잠재성장률에다 물가상승률을 더한 만큼을 공급하는 것이 바람직하다. 다시 말하면 통화정책은 경기순환에 따라 통화량을 증감하는 순환지향적이기보다는 국민경제의 장기추세에 맞추는 추세지향적이어야 한다고 한다.

제 3 절 안정화정책의 목표

경제의 안정화란 앞에서 지적한 바와 같이 물가·고용·국제수지와 같은 거시경제변수가 큰 변동 없이 안정적으로 유지됨으로써 국민경제의 흐름이 교란 없이 진행되는 것을 의미한다. 다시 말하면 안정화정책이란 여러 가지 정책적 수단을 동원해서 물가를 안정시키고 높은 고용수준과 적정성장을 유지하면서도 국제수지의 균형을 달성함으로써 국민경제의 전체적인 균형을 유지하는 것을 목표로 한다고 할 수 있다. 물론 다원화사회에서의 경제정책의 목표란 가치판단과 의사형성과정의 결과로 결정되기 때문에 시(時), 공(空)에 따라 다르고 국가나 사회가 당면하고 있는 상황에 따라 다르다. 따라서 안정화정책의 목표도 때와 장소에 따라 다르다 하겠으나 일반적으로는 다음과 같은 네 가지를 안정화정책의 목표로 하고 있다.

1. 물가안정

물가안정이 안정화정책의 목표 중에서도 가장 중요한 목표가 되는 것은 물가안정 없이는 시장경제질서 자체가 위협을 받을 수 있기 때문이다. 여기서 물가안정이라 함은 개별상품의 가격안정이 아니고 일반물가수준의 안정을 의미한다. 일반물가수준이 지속적으로 상승하는 것을 인플레이션이라 하는데 인플레이션이 진행되면 다음과 같은 문제가 발생한다. 첫째, 자원배분을 왜곡시키게 된다. 자원이 국민경제 측면에서 가장 생산성이 높은 곳으로 흘러가지 않고 인플레기대가 가장 큰 곳으로 흐르기 때문이다. 따라서 시장경제질서의 가장 큰 장점인 자원배분의 효율성을 기하기 위해서는 우선 물가가 안정되어야 한다. 둘째, 인플레이션은 소득과 자산의 불공평한 분배를 가져옴으로써 사회적으로 약한 계층, 즉 서민층이나 빈곤층의 상대적 박탈감을 유발하며 이는 사회적 불안정을 가져올 수 있다. 셋째, 인플레이션은 수출산업의 국제경쟁력을 약화시킴으로써 국제수지의 불안정을 가져오고 이는 나아가 국내경제에 대해서도 교란요인으로 작용할 수 있다.

이러한 이유 때문에 물가안정은 안정화정책의 기본요건이라 할 수 있으며 물가안정이 없는 경제안정이란 사상누각이라 할 수 있다. 물가안정이 곧 경제안정이라고 하는 이유도 여기에 있다. 다만 여기서 문제가 되는 것은 무엇을 물가안정으로 정의하느냐는 것이다. 다시 말하면 몇 %의 물가상승만을 허용하느냐의 문제인데 이에 대해서는 절대적인 기준은 없으며 그때의 상황이나 인플레이션에 대한 국민들의 관념(perception)에 따라 다르다. 선진국과 같이 경제성장은 1~2%밖에 되지 않는데 물가가 4~5%가 된다면 이는 물가안정이라 할 수 없다. 또 우리나라처럼 인플레기대심리가 강할 경우 경제성장이 7~8%나 되는데 1~2%의 물가안정을 목표로 한다면 이는 비현실적인 목표가 된다.

안정화정책의 목표로서의 물가안정이란 어떤 절대적인 기준이 존재한다기보다 경제성장, 고용 등 다른 거시변수와의 상관관계 속에서 고찰되어야 한다. 즉 물가안정이란 국민경제가 처한 특정한 상황 아래서 경제성장이나 고용 및 국제수지면에서 어떤 정책목표와 상충이 되지 않는 수준의 물가안정을 의미한다. 가령, 물가는 매우 안정된다 하더라도 경제성장이나 고용에 심각한 타격을 주어 국민경제의 균형 있는 발전을 저해한다면 이러한 물가안정은 바람직하다고 할 수 없다. 따라서 안정화정책의 목표로서의 물가안정이란 그 자체가 충격적인 정책수단이 되어서는 안 되며, 일시적인 현상이 아니고 지속적으로 이루어짐으로써 미래에 대한 불확실성을 제거하는 지속적인 물가안정을 의미한다. 그러기 위해서는 물가안정이 다른 정책목표와 상충되지 않도록 하는 것이 바람직하다. 물론, 인플레이션이 매우 심각하여 시장 경제 질서를 위협하고 사회적 폐해가 중대한 경우에는, 물가 안정이 다른 어떤 정책 목표보다도 우선될 수 있다. 그러나 이는 극히 예외적인 상황, 예를 들어 오일 쇼크와 같은 특수한 경우에 한정되어야 한다.

2. 높은 고용수준의 유지

1930년대의 세계 대공황 이후 고용문제는 자본주의경제체제가 안고 있는 가장 큰 과제 중의 하나이다. 고용이 중요한 것은 당사자의 소득을 증대시킴으로써 개인의 생활수준을 향상시키는 데 그치지 않고 개인의 자유를 신장시키고 분배를 개선하며, 생활안정을 보장해 줌으로써 자유·안전·정의 및 복지와 같은 사회적 기본가치의 실현에 기여할 수 있기 때문이다. 이러한 의미에서 완전고용은 오늘날 시장경제체제 특히 선진국에서는 가장 중요한 경제정책의 목표가 되고 있다.

완전고용의 실현은 그 밖에도 산업구조조정을 용이하게 한다. 왜냐하면 실업이 적어야 구조조정에 따른 비용이 적게 들기 때문이다. 그러나 완전고용이란 실제로 달성하기 어려운 정책목표이다. 마치 물가의 절대적 안정이 고용이나 성장을 희생하지 않고는 달성될 수 없는 것과 같이 완전고용도 인플레이션을 어느 정도 감수하지 않고는 달성될 수 없다. 따라서 안정화정책의 목표는 완전고용이라기보다는 가능한 한 높은 고용수준의 유지가 되어야 한다. 그러면 얼마만큼의 실업률을 허용하는 것을 고용정책의 목표로 삼아야 하는가. 이에 대한 대답으로 제시된 것이 이른바 자연실업률(natural rate of unemployment)의 개념이다.

프리드먼에 의하면 어떤 시점에서 한 나라의 경제는 물가상승과 양립될 수 있는 어떤 일정 수준의 실업률이 존재한다고 한다. 만일 정부가 실업률을 그 수준 이하로 떨어뜨리려 한다면 인플레이션을 촉진시키는 비용을 감수해야 하며 반대로 물가상승을 그 수준 이하로 떨어뜨리려 한다면 실업률이 그 수준 이상으로 증가하는 것을 감수해야 한다. 이러한 임계적(臨界的) 실업률(critical rate of unemployment)을 자연실업률 또는 비인플레이션 촉진적인 실업률(non-accelerating inflation rate of unemployment)이라 한다. 즉 자연실업률이란 인플레이션을 촉진시키지 않는 최소한의 실업률을 의미한다.

자연실업률은 각 나라의 경제사정과 시대에 따라 다른데 크루그먼(P. Krugman)에 의하면 미국의 경우 자연실업률은 1973년과 1989년 사이에 6% 정도로 추정되었다. 다시 말하면 이 기간 동안 물가와 실업률 간의 관계를 보니 실업률이 6% 이하가 되면 인플레이션이 올라가고 반대로 실업률이 6% 이상이 되면 인플레이션이 떨어지는 경향을 보였다는 것이다.[1)] 우리나라의 경

---

1) P. Krugman(1992), p.31 참조.

우 자연실업률은 1983년과 1994년 사이에 3% 수준으로 추정되었다.[2] 현재 우리나라의 실업률이 4% 수준임을 고려할 때 보다 적극적인 고용정책이 필요하다 하겠다. 따라서 우리나라에서도 높은 고용수준의 유지가 계속 주요 정책목표가 되어야 할 것이다.

3. 국제수지 균형

경제안정은 대외경제거래에 의하여 많은 영향을 받으며 특히 오늘날과 같이 개방화·국제화가 일반화되고 있는 상황에서 국제경제관계는 국내정책에 절대적인 영향을 준다. 가령 국제수지가 적자를 보임으로써 평가절하의 압력을 받게 되면 환율상승에 따른 수입인플레이션 때문에 물가안정이 위협을 받게 된다. 반대로 국제수지에 흑자가 생겼을 경우에는 통화증발로 인해 물가가 불안하게 된다. 이와 같이 대외거래관계가 국내 경제안정에 교란요인을 주지 않기 위해서는 국제수지가 균형을 이루도록 하는 것이 매우 긴요하다. 그러나 국제수지 균형은 국내경제의 안정화를 위한 하나의 수단으로 볼 수 있기 때문에 그 자체가 안정화의 목표라기보다는 하나의 중간목표라 할 수 있다. 이런 의미에서 국제수지 균형은 안정화정책의 중간목표라고도 한다.

4. 지속적이며 적정한 성장의 유지

안정화정책은 총수요와 총공급 간의 갭(gap)을 줄임으로써 국민경제의 균형적인 발전을 기하고자 하는 데 궁극적인 목적이 있다. 여기서 균형이란 정태적인 균형이 아니라 동태적인 균형을 의미한다. 안정화를 동태적인 균형의 개념으로 이해하는 한, 총공급을 결정하는 요인으로서의 경제성장은 안정화정책의 중요목표라 하지 않을 수 없다. 그러나 안정화정책의 목표로서의 경제성

2) 김적교(2013), p.388 참조.

장은 물가안정이나 완전고용수준과 저촉되지 않는 적정경제성장이어야 하며, 물가안정을 위협한다든지 완전고용을 보장하지 않는 다시 말하면 높은 실업률을 허용하는 경제성장이 되어서는 안 된다. 또한 적정성장은 지속적으로 이루어져야 한다. 왜냐하면 경제성장률의 지나친 변동은 불안정을 초래하기 쉽기 때문이다.

적정성장률이 안정화정책의 목표가 되어야 하는가에 대해서는 이론(異論)이 없는 것은 아니다. 왜냐하면 높은 고용수준을 경제정책목표로 하고 있기 때문에 이와 보완적 관계가 있는 경제성장을 별도의 정책목표로 삼을 필요가 있느냐는 것이다. 경제성장률은 고용량과 노동생산성에 의하여 결정되기 때문에 완전고용 자체가 적정성장률을 어느 정도 내포하고 있다고 볼 수 있기 때문이다. 또 다른 이유는 경제성장을 정확히 예측한다는 것은 실제로 매우 어렵기 때문에 정부가 목표성장률을 책정하는 일은 자칫 정부에 대한 신뢰성만 저하시키는 등 부작용을 초래할 가능성도 있다는 것이다. 그러나 우리나라와 같이 아직도 소득수준이 상대적으로 낮고 비교적 취업률이 낮은 경제에서는 적정성장률의 유지를 경제정책의 주요목표로 삼지 않을 수 없기 때문에 안정화정책의 정책목표로 삼아야 할 것이다.

제 4 절 목표간의 상충과 우선순위

위에서 우리는 네 가지 안정화정책목표를 제시하였다. 그러나 이러한 4가지의 목표를 동시에 달성하기는 매우 어렵다. 왜냐하면 목표 간에는 상충관계가 있기 때문이다. 가령 물가안정과 완전고용수준 간에는 필립스곡선이 제시하는 바와 같이 상충현상이 있고, 또 물가안정과 대외균형 사이에도 상충현상이 있을 수 있기 때문이다. 이러한 이유 때문에 네 가지 목표의 동시달성을 마(魔)의 사각이라고 한다. 따라서 안정화정책의 실제 운용에 있어서는 목표의 우선순위를 정할 수밖에 없다.

정책목표의 우선순위결정은 국민경제가 처하고 있는 실제상황, 정책주체

간의 역학관계 또는 국민경제의 역사적 경험 등에 의하여 결정된다. 가령 1, 2차 오일쇼크 때와 같이 인플레이션이 심각한 상황에 이르렀을 때는 당연히 물가안정이 최우선 정책목표가 되어야 할 것이다. 또 우리나라와 같이 역사적으로 물가안정보다는 성장지향적인 경제에서는 물가안정은 성장의 뒷전으로 물러나기가 쉬우며 반대로 독일과 같이 쓰라린 인플레이션의 경험을 가진 나라에서는 물가안정이 성장보다 우선하게 된다.

안정화정책목표의 우선순위는 실제로 여러 가지 요인에 의하여 결정된다 하더라도 논리적으로 볼 때 물가안정이야말로 안정화정책의 목표 중 가장 우선순위가 높은 목표로 삼지 않을 수 없다. 물가안정이 중요한 것은 그것이 다른 목표와는 달리 질서정책적인 중요성을 가지기 때문이다. 물가불안은 통화신용질서의 혼란을 가져오며 이는 시장경제질서는 물론 나아가서는 사회질서와 국가질서마저 파괴하게 된다. 이것은 레닌(V. I. Lenin)의 "시민사회의 질서를 파괴하기 위해서는 화폐제도를 파괴하라"는 성명에서 잘 표현되었다고 하겠다. 이는 1960년대와 1970년대에 남미제국에서 광란에 가까운 인플레이션 때문에 쿠데타가 연속적으로 일어난 것을 통해서도 알 수 있다. 인플레이션은 자원배분의 왜곡을 가져옴으로써 경쟁을 무력하게 할 뿐 아니라 소득분배를 악화시킴으로써 사회적 불안을 조성하게 된다.

시장경제질서란 기본적으로 경쟁과 화폐경제를 바탕으로 하기 때문에 화폐가치의 안정이야말로 질서정책의 기본이다. 따라서 물가가 안정되면 경쟁이 활성화되고, 이는 다시 자원배분의 효율을 가져옴으로써 중기적으로 보면 고용도 증대시키게 되고 국제경쟁력을 향상시킴으로써 국제수지 균형에도 기여하게 된다. 이러한 이유 때문에 물가안정이야말로 안정화정책목표 중에서도 으뜸가는 정책목표로 추진되어야 한다. 그러면 물가안정을 어떻게 추진해야 할 것인가. 여기서 중요한 것은 안정화정책의 목표를 추진함에 있어서 그것이 물가안정이든 완전고용이든 정책수단은 시장경제질서의 기본원리에 충실해야 한다는 것이다. 다시 말하면 가격기구를 활용하는 방향으로 정책이 추진되어야 한다. 가령 물가안정을 위해서는 통화량의 조절을 통해 간접적으로 개입하는 것이 바람직하며 행정규제와 같은 정부의 직접적인 규제는 바람직하지 않다.

제5절 안정화정책의 수단

1. 재정정책수단

재정정책이란 조세와 공채수입을 통해 들어오는 재정수입을 가지고 정부가 추진하고자 하는 정책목표의 실현을 위해 투입하는 정부의 행위를 말한다. 이러한 재정정책의 주된 관심사항은 경제가 불황에 빠지너가 또는 경기가 과열되어 인플레이션이 발생했을 때 이를 방지함으로써 경제안정을 도모하는 데 있다. 경기가 불황일 때는 정부지출을 증대시켜 경기의 활성화를 꾀하고, 경기가 과열되었을 때는 긴축정책을 실시하여 인플레를 진정시킴으로써 경기를 조정하게 된다.

이러한 재정의 총수요관리는 정부의 지출정책과 수입정책을 통해 이루어지는데, 총수요관리는 일반적으로 두 정책을 병행하여 실시하는 것이 일반적이다. 지출정책과 수입정책의 수단 중 어느 것을 선호하고 어느 수단을 얼마만큼 투입할 것인가는 그때그때의 경기상황이나 정치적 집행력에 따라 달라진다. 가령 경기가 과열되었을 때 정부지출을 줄이거나 세율을 인상하는 등의 선택 문제가 제기되지만, 이를 정치적으로 관철시킨다는 것은 용이하지 않으며, 특히 세율인상의 경우가 그렇다. 이와 같이 안정화정책의 수단으로서의 재정의 기능은 반(反)경기정책적(anti-cyclical fiscal policy) 기능을 의미한다. 다시 말하면 재정이 수입과 지출정책을 통해 총수요를 관리하되 총수요가 총공급, 즉 생산능력을 초과하는 경우에는 인플레이션갭이 생기기 때문에 지출을 줄인다든지 또는 세금을 더 걷어 총수요를 줄여야 하며 반대로 총수요가 총공급보다 적을 경우에는 디플레이션갭이 생기기 때문에 정부지출을 증대시키거나 감세를 통해서 총수요를 확대해야 한다.

이와 같이 재정정책은 재정지출과 재정수입의 변화를 통해서 경기를 조절하게 되는데 재정지출의 변화는 재정지출 규모와 재정지출 구조의 변화를 통하여 이루어진다. 총수요가 총공급보다 적어 경기가 불황인 경우에는 정부지출 규모를 확대하여 경기를 부양해야 한다. 지출규모를 증대시키면 이는 승수효과를 통해 총수요에 영향을 주며, 재정승수 배만큼 총수요는 확대된다. 이때 필요한 재원은 증세에 의하지 않고 중앙은행으로부터의 차입이나 자본시장에서의 기채행위에 의하여 마련되어야 한다. 증세를 통해서 정부지출이 증가하면 그만큼 민간부문에서의 구매력이 정부부문으로 이전되기 때문에 효과가 반감된다. 중앙은행으로부터의 차입, 즉 통화량의 증가를 수반하는 재정지출의 확대는 민간부문 유효수요에 영향을 주지 않으므로 승수 배만큼의 총수요가 확대된다.

그러나 정부지출의 증대가 자본시장에서의 기채행위, 즉 채권발행을 통해서 조달된다면 통화량의 증가가 없는 한 화폐시장에서의 초과수요를 유발하게 되고 이는 이자율을 상승시켜 민간투자를 감소시키게 된다. 이른바 구축효과(crowding out effect)가 작용하게 되는 것이다. 독일에서는 소위 경기조정 준비금제도를 두어 경기가 좋은 때는 재정수입의 일부를 중앙은행에 경기조정 준비금으로 예탁하고 경기가 나쁠 때는 이 준비금을 이용하여 경기를 부양하는 데 사용한다. 이러한 준비금을 인출하여 사용하는 경우에는 구축효과와 같은 부작용이 발생하지 않는다.

총수요가 총공급을 초과하여 인플레이션갭이 발생할 때는 긴축정책을 시행해야 한다. 이때는 정부지출을 감축 내지 지연시키거나 정부수입의 일부를 묶어두는 방법이 있다. 지출을 감축하는 경우에도 인건비나 이전지출과 같은 경비의 절감은 효과가 적은 반면, 투자적 지출은 승수효과 때문에 총수요의 억제에 매우 효과적이다. 또한 불요불급한 지출의 지연을 통해서도 총수요를 시간적으로 억제할 수 있다. 정부지출을 줄인다는 것은 정치적 저항으로 인해 실제로는 용이하지 않다. 이에 대한 대안으로는 독일의 사례처럼 조세 수입의 일부를 강제로 예치하여 사용하지 못하게 하거나, 공공 기관의 기채 행위를 억제하는 방법이 있다. 또한, 세계(歲計)잉여를 정부의 부채상환에 사용하는 것도 같은 효과가 있으나 강제규정이 없는 한 정부가 이를 실천하는 것은 용이하지가 않다. 예컨대 과거 1970년대 후반이나 1980년대 후반에 우리나라는 경기가 좋아 세금이 많이 들어오면서 세계잉여가 발생했음에도 불구하고, 부채를 상환하지 않고 추경예산을 편성하여 모두 사용해 버렸다. 이처럼, 조세수입이란 정부에게 다다익선(多多益善)인 것이 일반적이다.

이와 관련해서 유의해야 할 것은 아무리 재정부문에서의 지출억제가 있다 하더라도 금융부문에서 긴축정책이 뒷받침되지 않는다면, 긴축정책은 성공하기 어렵다는 점이다. 또한, 우리나라에서와 같이 재정부문은 긴축을 하지 않고 금융부문에만 긴축을 강요하는 경우에도 안정화정책은 성공하기 어렵다. 물론 이러한 정부지출 규모의 변동 외에도 지출을 시기적으로 앞당기거나 지연시킴으로써 경기에 영향을 줄 수 있다. 가령 경기가 나쁠 때는 예산을 조기 집행할 수 있고 또 경기가 과열기미를 보이면 예산집행을 지연시킬 수 있다.

또한 지출구조의 변화를 통해서도 경기에 영향을 줄 수 있다. 정부지출은 경상적 지출과 자본적 지출로 나누어지는데 이들이 얼마나 신축성을 가지고 있느냐에 따라 경기정책효과도 다르다. 경상지출은 주로 인건비와 물건비 및 이전지출로 구성되는데 이는 경직적인 성격을 가지고 있는 반면, 자본적 지출, 즉 투자적 지출은 사업비로서 신축성이 있고 또 승수효과가 크기 때문에 경기정책효과도 크다. 따라서 투자지출이 경기정책수단으로 선호되고 있다.

재정수입은 주로 조세수입에 의하여 충당되기 때문에 재정수입의 크기나 구조는 조세정책에 크게 영향을 받는다. 조세정책도 조세수입과 구조의 변동을 통해서 경기에 영향을 미치며, 이는 세율이나 조세구조의 변화를 통해서 이루어진다. 이러한 조세정책적 수단은 가계의 소비행위나 기업의 투자행위에 영향을 주기 때문이다. 경기가 나쁠 때는 세율을 인하하거나 조세의 감면폭을 확대함으로써 가계의 가처분소득을 증대시키고 기업의 투자의욕을 고취시켜 총수요를 진작시킬 수 있다. 이와 같이 감세를 하는 경우에도 어떤 세금이 감세되느냐에 따라 유효수요창출효과는 다를 수 있다. 가령, 소득세율을 인하하는 경우 가처분소득의 증대 중 얼마만큼이 소비로 지출되는가에 따라 승수효과는 다르다. 또 법인세율을 인하하는 경우, 기업의 투자의욕이 얼마나 진작되느냐에 따라 그 효과는 다르다. 그러나 일반적으로 세율인하를 통한 유효수요창출효과는 투자진작보다는 소비증대효과가 크다. 그러나 소비수요의 증대만으로 경기를 활성화시키는 것은 어렵기 때문에 경기부양조치를 위해서 투자수요를 증대시키는 데 조세정책의 초점을 맞추는 것이 일반적이다.

기업의 투자를 촉진하기 위한 조세정책수단으로는 특별상각제도와 투자세액공제제도가 있다. 경기가 나쁠 때는 고정자산에 대한 특별상각을 허용하거나 투자액의 일부를 과세대상에서 제외해 주는 투자세액공제제도를 도입함으로써 기업의 투자의욕을 고취시킨다. 그러나 이러한 투자촉진적 수단이 불경기에 얼마나 효과적인가에 대해서는 회의적인 견해가 많다. 왜냐하면 불경기에는 시설의 가동률이 낮은데 유휴시설을 두고도 기업이 신규투자를 하는 것을 매우 꺼려할 것이기 때문이다. 이러한 이유 때문에 경기가 불황인 때의 경기정책은 조세정책적 수단보다는 지출정책적 수단을 동원하는 것이 효과적이다.

1.1 자동안정화장치와 경제안정

지금까지 우리는 경제의 안정화를 위해서는 정부의 적극적인 개입이 필요하다는 이른바 적극적인 경기정책의 입장에서 그 수단과 방법론에 대하여 논의하였다. 그러나 시장경제체제에서는 정부가 경기상황에 따라 개입하는 재량적 정책이 없다 하더라도 경기를 자동적으로 안정화시키는 장치가 없는 것은 아니다. 가령 경기가 좋을 때는 인플레이션이 발생하고 명목소득이 상승하면서 누진소득세제하에서는 세수의 증가가 소득의 증가보다 빠르기 때문에 조세수입이 GDP 증가보다 더 빠르게 늘어나 재정수지가 개선되고 흑자가 쌓이게 된다. 이는 정부지출이 변하지 않는 한, 자동적으로 경기를 억제하는 효과를 낳는다. 반대로 경기가 나쁠 경우에는 조세수입이 줄어지고 세수입이 감소한 만큼의 적자가 발생하는데 이 적자를 차입으로 충당한다면 그만큼 경기를 부양하는 효과를 가지게 된다.

이와 같이 정부의 재량적 개입이 없더라도 경기를 자동적으로 안정화시키는 장치를 자동안정화장치(built-in stabilizer)라고 한다. 누진과세 외에도 자동안정화장치로는 실업보험제도를 들 수 있다. 경기가 나쁠 때는 실업수당 지출이 증가하고, 실업보험금수입은 실업자가 늘어나기 때문에 감소함으로써 경기를 부양하는 효과를 가진다. 반대로 경기가 좋은 경우에는 실업자가 줄어들어 실업수당의 지출은 감소하고, 실업보험금수입은 증가하여 경기를 억제하는 효과를 가져오게 된다.

그러나 자동안정화장치가 경제안정화에 실제로 얼마나 기여할 수 있느냐에 대해서는 회의적인 견해가 많다. 우선 세수가 경기변동에 얼마나 탄력적으로 움직이느냐에 따라 조세의 자동안정효과가 달라진다. 가령 조세수입의 일부만이 누진세율의 적용을 받는 경우에는 세수는 비탄력적이 되고 그만큼 자동안정화장치는 약해지게 된다. 소득세나 법인세의 경우만 해도 일반적으로 누진세율을 정하고 있으나 이들이 전체 조세수입에서 차지하는 비중이 절대적이 아니기 때문에 조세의 안정화장치가 강력하지 못한 경우도 있다.

또 법인세와 소득세의 경우 조세채무의 발생과 조세의 납부 사이에는 기간이 매우 길기 때문에 실제 세금의 징수는 늦게 일어나고 따라서 지출을 억제시키는 효과가 크지 않다. 왜냐하면 가계나 기업이 소비나 투자지출을 결정할 때 세금을 고려해서 결정하는 것은 아니기 때문이다. 또한 정부는 실제로 더 들어온 조세수입을 안 쓰기보다는 쓰는 경우가 더 많다. 이렇게 되면 지출을 더 많이 하게 됨으로써 자동안정화장치는 거꾸로 역효과만 낳게 된다.

이와 같이 조세의 안정화장치가 여러 가지 문제점을 지니고 있으나 누진세제도가 조세수입의 증대를 가져오는 것은 사실이기 때문에 정부가 예정보다 더 들어온 조세수입을 사용하지 않는 한 조세의 자동안정화는 어느 정도 효과를 발생한다고 할 수 있다.

1.2 재정정책의 한계

재정정책의 성공 여부는 주어진 제도적 여건하에서 정책주체인 정부가 적절한 정책수단을 동원해서 적절한 시기에 적절한 강도를 가지고 집행하느냐에 달려 있다. 그러나 재정정책의 실제 집행에는 여러 가지 제약과 한계가 존재하여, 재정정책의 효과는 반감되는 경우가 적지 않다. 때로는 재량적 재정정책이 경제의 안정화를 달성하기보다는 오히려 국민경제의 불안정을 초래하거나 이를 가속화시키는 경우도 있다. 재량적 재정정책이 가지는 문제점으로서는 다음과 같은 점을 지적할 수 있다.

첫째, 재정정책수단의 투입시기의 지연을 들 수 있다. 재정정책의 장점은 정책주체의 직접적이고도 신속한 정책수단의 투입이라 할 수 있는데 실제로는 여러 가지 시차 때문에 적기에 이루어지기가 어렵고 이에 따라 정책의 효과가 지연될 가능성이 높다. 재정정책의 수립·집행에서 생기는 시차로서는 우선 재정정책적 조치가 필요한가 여부에 대한 상황판단과 어떤 구체적인 수단이 필요한가의 결정에서 생기는 인식시차(recognition lag)가 있다. 그다음에는 어떤 정책수단 도출을 위해 행정부 내 관련부처와의 협의, 국회나 관련단체와의 협의하여 정책을 최정적으로 결정하기까지 걸리는 결정시차(decision lag)가 있다. 마지막으로는 정부 안에 대한 국회의 입법조치가 완결되기까지 생기는 제도적 시차(institutional lag)가 존재한다.

이와 같이 어떤 재정정책적 조치가 입안되어 실제집행이 되기까지는 상당한 시차가 발생한다. 특히 이러한 조치가 경제주체의 행위 변화를 수반하는 경우에는 시차가 더욱 길어질 수 있다. 이와 같이 시차가 길어지면 정책효과가 단순히 늦어지는 데 그치는 것이 아니라 정책투입의 적기를 놓침으로써 경제를 안정화시키기보다는 불안정을 심화시키는 결과를 초래하기 쉽다. 가령 경기가 저점에 있을 때 경기활성화정책을 쓴다고 가정해 보자. 활성화정책이 행정부 내 관련기관과의 협의를 거쳐 국회에서 그 안이 통과되어 실제집행이 되기까지는 6개월 이상이 걸린다면, 그 시점에서는 이미 경기가 바닥을 지나 회복국면에 접어들었을 가능성이 높다. 이러한 상황에서 굳이 활성화 정책을 시행하게 되면, 오히려 경기를 과열시킬 수 있다. 이와 같은 현상은 1990년에 우리나라가 실제로 경험한 바 있다. 1990년 조순 경제팀이 물러가고 새로운 경제팀이 경제정책을 맡게 되었다. 조순 경제팀이 물러난 주된 이유는 1989년 상반기부터 시작된 불황이 그 시점까지 별로 개선되지 않았기 때문이었다. 그러나 조순 경제팀은 경제안정기조의 유지에 정책의 초점을 맞추었기 때문에 제한된 범위에서의 활성화정책을 사용했으며 경기도 바닥을 쳤기 때문에 1990년 하반기부터는 어느 정도 회복이 예상되고 있었다. 그러나 당시의 노태우 대통령은 경기의 회복이 부진한 데 불만을 가졌고, 결국 개각을 단행하였다. 새롭게 출범한 경제팀은 강도 높은 경기부양정책을 시행했고 그 결과 1991년에는 경기과열현상이 나타났으며 물가 폭등과 국제수지의 악화를 초래함으로써 안정기조는 무너지게 되었다. 1990년의 사례는 재량적 경기정책이 시차 문제로 인해 오히려 경제 안정을 해치는 결과를 초래할 수 있다는 점을 보여주는 대표적인 예이다.

이와 같은 재량적 정책개입의 단점과 시차를 줄이고 정책의 자의성을 배제하기 위하여 재량적 정책 대신에 자동조정장치의 설치를 제안하는 학자도 있다. 재정정책의 자동조정이란 경제지표의 특정한 변화, 예컨대 물가가 5% 이상으로 올라가면 세율을 인상한다든지 또 세출을 줄이도록 입법화함으로써 재정정책적 수단이 자동적으로 개입하여 경기를 조절하는 장치를 말한다. 이와 같이 구속적인 규정을 통해 재정이 자동적으로 개입하는 방식은 공식적 신축성(formula flexibility)이라고 불린다. 이는 경기정책의 시차를 줄이고 정책 당국의 자의성을 배제하는 데 그 목적이 있다. 그러나 이를 실제로 도입하려면 경기예고지표의 선정과 국회의 입법권이 그만큼 제약되기 때문에 채택은 용이하지 않다. 또한 어떤 정책을 단순히 경기지표의 움직임에 따라 투입한다는 것은 우선 지표자체가 경기의 움직임을 정확하게 나타내는 신뢰성이 있어야 하는데 이런 지표의 발굴이나 선정이 용이하지 않다는 것이다. 만일 지표 자체의 신뢰성이 낮다면 자동화된 정책조정은 재량적 정책과 크게 다르지 않다고 할 수 있다. 이러한 이유에서 경기정책에서는 공식적 신축성이 거의 사용되지 않고 있다.

둘째, 재정정책은 정부지출이나 정부수입의 변동가능성, 즉 신축성이 실제로 매우 낮기 때문에 큰 효과를 기대하기는 어렵다는 점이 지적된다. 경직성 경비가 정부지출의 80% 이상을 차지하고 있는 것이 어느 나라를 막론하고 일반적인 현상이므로, 정부가 신축적으로 조정할 수 있는 경비의 규모는 크지 않다. 특히 지출의 삭감이나 조세수입의 확대는 정치적 저항이 심하여 이를 관철하기가 용이하지 않다. 예컨대 연간 3,000억 달러에 달하는 미국의 재정적자가 약 10여 년 동안 계속되어 왔다는 사실이 이를 잘 보여주고 있다. 이런 이유에서 안정화정책의 수단으로서의 재정정책의 실효성에 대해서는 회의적인 견해가 많다.

셋째, 정책효과의 비대칭성문제다. 경기확장적인 재정정책은 성공할 수 있으나, 경기억제적인 긴축정책은 성공하기가 어렵다는 것이다. 경기확장정책에서는 먼저 생산과 고용이 증가하고, 그다음에 물가상승과 임금상승이 나타난다. 반면, 긴축정책에서는 물가가 먼저 하락해야 하지만, 임금과 가격의 하방 경직성 때문에 물가는 쉽게 하락하지 않고 원하지 않는 실물효과, 즉 생산과 고용만 감소한다는 것이다. 이 때문에 경기진정을 위해서 수축정책을 쓰기에는 정치적으로 어려움이 있다.

2. 금융정책수단

금융정책의 과제는 통화 및 신용의 공급을 조절함으로써 화폐부문에서 국민경제의 발전에 교란적인 요인을 발생하지 않도록 하는 데 그 목적이 있다. 금융정책은 재정정책과는 달리 총수요와 총공급에 직접 개입하지 않고, 금융기관이나 경제주체의 의사결정에 간접적으로 영향을 미친다는 점이 특징이다. 따라서 금융정책의 핵심은 어떤 과정을 거쳐 화폐부문의 변화가 실물부문으로 전파되는가에 있다. 케인즈주의자의 이론에 의하면 금융정책은 재정정책의 보조수단으로 간주된다. 경기가 불황인 경우에는 금융정책은 금리의 인하를 통해 확장적인 재정정책을 지원해야 하며 호황기에는 고금리정책을 통해 경기수축적인 재정정책을 보완해야 한다고 본다. 다시 말하면 금융정책은 재정정책과 동일한 방향의 정책을 추구해야 한다는 것이다. 이러한 케인즈주의자들의 기본입장은 안정화정책에 있어서 재정정책을 주된 정책수단으로 보고 금융정책은 어디까지나 보조정책으로 보고 있는 데 기인한다.

이와는 반대로 신고전학파의 통화론자에 의하면 금융정책이 교란 없는 국민경제의 발전에 결정적인 역할을 한다고 본다. 이들에 의하면 화폐부문에서의 충격이 훨씬 더 큰 영향을 미치기 때문에 화폐공급의 증가를 일정하게 하고 장기적으로는 잠재성장률에 일치시키는 것이 경제안정화를 위해 가장 바람직하다고 주장한다. 또 고전학파의 화폐수량설에 의하면 물가는 통화량에 비례하기 때문에 물가안정을 위해서는 통화량의 공급을 가능한 억제하는 것이 바람직하다는 주장을 하고 있다.

이러한 여러 가지 금융정책에 관련된 이론 중에서 어떤 접근을 사용할지는, 그 나라 금융정책 당국의 상황판단이나 전략에 따라 달라질 수 있다. 그러나 대체로 선진국에서는 케인지언의 접근과 통화론자의 접근을 혼합하여 사용하는 것이 일반적이다. 통화론적 접근이 바람직하지만, 실제 금융정책을 운용하는 데 있어 통화량의 증가율을 일정수준에 고정시키는 것은 현실적으로 어렵다. 그때그때의 경기상황에 따라 재량적 정책개입이 불가피하기 때문이다.

따라서 실제 정책운용에서는 재량적 금융정책과 잠재성장률에 기초한 추세지향적 금융정책을 혼합하여 사용하게 된다. 통화정책은 예상경제성장률과 물가상승률을 감안하여 통화량의 증가를 결정하는 통화론적 접근을 취하는 경우가 많지만, 실제 운용에는 상당한 신축성을 가진다. 금융정책의 효율적인 추진을 위해서는 중간목표를 잘 선택하여야 한다. 왜냐하면 금융정책은 실물경제에 간접적으로 영향을 미치므로 경제활동에 영향을 주는 적절한 중간목표를 선택하는 것이 매우 중요하기 때문이다. 가령 통화량을 중간목표로 하는 경우에도 무엇을 통화량의 지표로 삼느냐에 따라 영향은 달라질 수 있다. 통화지표에는 본원통화, M_1, M_2 등이 있는데 우리나라에서는 과거에 M_2를 중심지표로 이용하였다.

2.1 금융정책수단의 종류

금융정책이란 중앙은행이 통화공급을 조절함으로써 민간의 경제활동과 물가에 영향을 주는 정책을 말한다. 중앙은행이 구사할 수 있는 통화정책 수단은 크게 간접조절수단과 직접조절수단으로 구분된다. 간접조절수단은 시장의 자연스러운 흐름에 부합하는 이른바 시장친화적 정책수단으로, 중앙은행 대출정책, 지급준비정책 및 공개시장조작정책이 이에 해당된다. 직접조절수단은 시장메커니즘보다는 정책당국에 부여된 규제적 권한(regulatory power)을 통하여 수행되는 것으로서 은행 여수신금리를 규제하거나 은행대출규모를 일일이 통제하는 것을 예로 들 수 있다. 이하에서는 중앙은행의 간접조절수단인 중앙은행 대출정책, 지급준비정책 및 공개시장조작정책에 대하여 좀 더 구체적으로 살펴보도록 하겠다.

2.1.1 중앙은행 대출정책

은행 등 금융기관이 기업이나 가계에 자금을 대출해 주는 것과 마찬가지로 중앙은행은 금융기관에 자금을 대출해 준다. 중앙은행 제도가 형성되기 시작했을 때 중앙은행은 상업은행이 기업에 할인해 준 어음을 다시 할인·매입하는 방식으로 자금을 지원했기 때문에 중앙은행 대출제도를 통상 재할인제도라 부르기도 한다. 가장 먼저 중앙은행 대출제도를 발전시킨 영란은행은 20세기 초까지 주로 어음을 재할인하여 통화를 공급하되 그 어음의 적격(eligibility) 여부를 엄격히 관리함으로써 유동성이 생산적인 부문으로 흘러갈 수 있도록 하였다. 이는 실물거래의 결과 발생한 진성어음(real bills)만을 재할인하면 자금의 공급량이 전체 경제활동 수준에 맞게 조절될 수 있기 때문이다.

예컨대 경기상승기에 금융기관의 어음할인이 증가하게 되면 중앙은행의 재할인이 증가하여 실물경제활동에 필요한 충분한 통화량의 공급이 가능해진다. 반대로 경기하락기에는 금융기관의 어음할인이 줄고 이는 중앙은행의 재할인감소로 이어져 통화량이 감소하게 된다. 이와 같이 실물경제의 움직임에 따라 통화의 공급규모가 자동적으로 조절될 수 있다는 것이다. 뿐만 아니라 적격요건의 변경을 통하여 상업은행의 대출종류도 통제할 수 있다.

이후 각 국가의 중앙은행은 어음재할인 방식뿐만 아니라 증권을 담보로 해서도 금융기관에 대출을 해 주게 되었다. 일반적으로 중앙은행이 대출시 징구하는 담보는 국채를 비롯하여 안전성이 높은 적격증권으로 한정되는데, 이는 중앙은행 대출이 부실화될 경우 국민경제 전반에 나쁜 영향을 미친다는 점을 감안하여 마련된 안전장치이다.

중앙은행 대출제도는 도입초기 상당기간 동안 은행들이 중앙은행으로부터 일상적인 영업자금을 조달하는 수단으로 활용되었다. 그러나 근래 들어서는 자금이 부족한 은행이 스스로의 힘으로 필요자금을 조달하기 어려울 경우

마지막으로 의존하는 창구로서의 성격이 강해졌다. 선진국의 경우 재할인제도는 매우 제한적으로 활용된다. 자금이 부족한 금융기관들이 중앙은행으로부터 차입할 수는 있지만 이는 자금조달 및 운용 능력의 부족을 스스로 인정하는 것으로서 신용과 신뢰에 타격을 입게 되므로 금융기관들은 가급적 중앙은행 차입을 피하려고 한다. 따라서 중앙은행 대출제도는 대출금리의 변경을 통해 통화정책 기조를 시장에 알리는 공시기능과 금융위기 시 시중에 충분한 유동성을 공급하는 최종대부자로서의 기능에 중점이 두어졌다.

개발도상국에서는 중앙은행의 대출정책이 통화조절수단으로 이용되기보다는 특정산업을 지원하기 위한 수단으로 활용되는 경우가 많다. 우리나라도 과거 고도성장기중 중앙은행(한국은행)의 대출정책이 특정 산업을 지원하기 위한 정책금융의 공급창구로 주로 활용되었다. 시중은행이 전략산업에 자금을 지원하면 한국은행은 그 중 일부(30~60%)를 낮은 금리로 은행에 대출해 주었다. 이로 인하여 통화가 과도히 공급되면 과다한 유동성을 흡수하기 위해 통화안정증권을 발행하고, 이에 따른 이자지급이 늘어나면 이를 다시 통화안정증권 발행으로 보전하게 되어 통화안정증권 잔액이 늘어나는 악순환에 빠지게 되었다.

이에 한국은행은 1994년 3월 정책금융을 축소하고 통화조절 기능을 대폭 강화하는 방향으로 한국은행의 대출제도를 전면 재정비하였다. 즉 총액한도대출제도를 도입하여 상업어음 재할인, 무역금융, 소재·부품 생산자금 등을 총액한도대출로 통폐합하였다. 아울러 대다수의 정책금융은 정부재정으로 이관하거나 폐지하였다. 총액한도대출제도는 은행이 한국은행으로부터 차입할 수 있는 전체 한도(총액한도)를 미리 정하는 방식으로서 자동재할인제도가 아니라는 점에 큰 의의가 있다. 즉 종전에는 한국은행이 수동적 위치에서 자금을 공급하였으나 총액한도대출제도하에서는 한국은행이 주도적 입장에서 대출규모와 대상을 결정할 수 있게 되었다. 총액대출한도는 금융통화위원회가 통화금융사정 등을 감안하여 분기별로 결정하며, 한국은행총재는 이 범위에서 개별은행에 배분되는 금융기관별 한도와 한국은행 지역본부에 따로 배분하는 지역본부별 한도로 구분하여 월별로 배정하여 운용하고 있다.

2.1.2 지급준비정책

금융기관이 고객의 지급요구에 부응하기 위해 미리 준비해 놓고 있는 유동성 자산을 지급준비금(reserve)이라 한다. 지급준비금은 가장 유동성이 높은 금과 금융기관이 중앙은행 계정에 예치하고 있는 자금으로 구성된다. 중앙은행은 무제한적 발권력을 가지고 있기 때문에 금융기관이 중앙은행에 맡겨 놓은 자금은 언제라도 현금화가 가능한 유동성 자산이라는 점을 고려한 것이다.

지급준비제도는 법에 의해 예금의 일정비율(지준율)에 해당하는 금액을 지급준비금으로 보유토록 하는 제도이다. 역사적으로 보면 1863년 제정된 미국 은행법(National Bank Act)이 은행권의 유동성확보와 예금자보호 차원에서 은행권 및 예금에 대해 법정지준을 부과한 것이 그 효시라 할 수 있다. 그러다가 1930년대 들어 지준율을 변경하여 본원통화를 조절하면 승수효과를 통해 통화량에 영향을 준다는 사실[3]이 밝혀지면서 지급준비제도는 중앙은행의 유동성조절 수단으로 그 위상이 높아졌다. 특히 1933년 미 의회가 연준에 대하여 일정 범위 내에서 지준율을 변경할 수 있는 권한을 부여함으로써 지급준비제도는 중앙은행의 정통적 통화정책수단으로 자리잡았다. 이후 지급준비제도는 여러 나라에 보급되어 제2차 세계대전 이후 설립된 대부분의 중앙은행들이 이 제도를 중요한 통화정책수단의 하나로 활용하였다.

특히 개발도상국들은 고도성장과정에서 성장통화 공급이나 외자유입 등

3) 승수효과(multiplier effect)란 중앙은행이 본원통화를 공급하면 통화는 승수(money multiplier) 배만큼 늘어난다는 이론으로서 금융기관의 신용창조 능력에 근거한다. 즉 중앙은행이 10만큼 본원통화를 공급하면, 은행은 이 중 1(지준율 10% 가정)을 지준으로 남겨두고 나머지 9를 대출한다. 대출받은 사람은 이를 은행에 예치하며, 은행은 다시 이 가운데 0.9를 지준으로 남겨두고 8.1을 대출한다. 이는 다시 은행예금으로 돌아온다. 이러한 과정이 무한정 반복되면 결국 통화는 100만큼 늘어난다. 이때 승수는 10이다. 이를 간단한 식으로 나타내면 다음과 같다.

$M = m \times MB$, $m = 1/r$ (M: 통화량, m: 통화승수, MB: 본원통화, r: 지준율)

그러나 대출을 받은 사람이 이를 모두 예금하는 것은 아니며 이 중 일부를 현금으로 보유하는데, 그렇게 되면 이 부분은 신용창조 사이클에서 누락되므로 실제 통화량은 덜 늘어나게 된다.

으로 유동성이 과잉공급되는 경우가 많았으므로 통화를 적정수준에서 관리하기 위해 지준율을 높은 수준에서 유지하였다. 또한 금융시장이 발달되지 못한 상황에서 법령의 제·개정만으로도 강력한 통화량조절효과를 거둘 수 있는 지급준비정책은 이들 나라에 매력적인 정책수단이었다고 할 수 있다. 그러나 1980년대 이후 금융의 자유화 및 개방화 등으로 법적 강제력보다는 시장기능에 바탕을 둔 통화정책의 필요성이 부각되면서 공개시장조작이 주된 통화정책수단으로 떠오르고, 여러 제약점을 가지고 있는 지급준비정책의 역할은 상대적으로 축소되었다. 이에 따라 많은 나라들이 지준율을 인하하였으며, 일부 국가에서는 지급준비제도 자체를 아예 폐지하기도 하였다. 지급준비정책의 역할이 축소된 이유는 다음과 같다.

첫째, 금융기관에 가해졌던 각종 규제가 완화되거나 철폐되는 상황에서 강제적·무차별적으로 이루어지는 지급준비정책도 금융기관의 자율적 자금운용을 제약하는 규제의 하나로 인식되었다.

둘째, 각국의 중앙은행들이 통화정책의 조작목표로 지준보다 금리를 중시하게 되면서 금리를 목표수준에 접근시키기 위한 미세조정(fine tuning)의 필요성이 높아졌다. 그러나 지준율은 조금만 조정하더라도 전체 유동성 수준이나 금융기관의 수지에 강력하고 지속적인 영향을 미치기 때문에 이를 빈번히 사용할 수는 없었다. 지급준비정책은 일상적인 유동성조절 수단으로 활용하기 어려운데 이러한 특성 때문에 지급준비정책으로 통화량을 조정하려는 시도는 망치로 다이아몬드를 다듬으려는 것에 비유되기도 한다.

셋째, 형평성의 문제가 제기되었다. 지급준비의무는 모든 금융기관에 부과되는 것이 아니며 주로 중앙은행 통화정책의 대상인 은행권에 부과된다. 그런데 지급준비금은 무수익 자산이므로 이를 강제로 보유하는 금융기관은 간접적인 세금, 즉 지준세(reserve tax)를 납부하는 셈이 된다. 이는 여타 금융기관과의 공정경쟁을 저해하는 요인이 된다. 일부 국가들은 이 문제를 해결하기 위하여 지준부과 대상 금융기관이나 대상채무를 확대하기도 하였으나 금융혁신과 더불어 다양한 형태의 금융기관이 설립되고 새로운 금융상품이 출현하면서 이러한 문제해결방식은 곧 한계에 부딪치게 되었다. 최근 들어서는 금융의 개방화가 진전되어 외국 금융기관의 국내진출이 활발히 이루어짐에 따라 국내 금융기관의 경쟁력 확보라는 차원에서도 지급준비제도의 재검토 필요성이 제기되었다.

이처럼 과거에 비해 지급준비정책의 위상이 약화된 것은 사실이지만 그 역할을 과소평가할 수는 없다. 지급준비정책은 그 자체보다는 공개시장조작 등 다른 통화정책 수단이 원활히 수행될 수 있는 여건을 조성해 준다는 점에서 아직도 중요하다.

2.1.3 공개시장조작정책

공개시장조작(open market operations)이란 중앙은행이 단기금융시장이나 채권시장과 같은 공개시장에서 금융기관을 상대로 국공채 등 증권을 사고팔아 이들 기관의 자금사정을 변화시키고, 이를 통해 통화나 금리를 조절하는 정책 수단이다. 공개시장조작은 중앙은행의 경기조절 의지에 따라 동태적 공개시장조작(dynamic open market operations)과 방어적 공개시장조작(defensive open market operations)으로 구분될 수 있다. 전자는 경제활동에 적극적으로 영향을 주기 위한 공개시장조작으로 통화정책 목표를 달성하려는 시도를 말한다. 경제침체가 오랜 기간 지속되어 경기를 부양할 필요가 있을 경우, 시중금리를 적극적으로 낮추기 위해 중앙은행이 시중은행이 보유한 채권을 매입하는 공개시장조작이 이에 해당한다. 이에 반해 방어적 공개시장조작은 일시적 요인이나 계절적 요인에 의해 자금사정이 변화할 때, 이를 중화시키기 위해 행하는 수동적 또는 수용적(accommodative) 공개시장조작을 가리킨다.

금융기관은 자금운용을 위해 채권을 매입하여 보유하는데, 만약 금융기관이 고객에게 자금을 지급해야 할 필요가 생겨 채권을 현금화시켜야 한다면 이를 유통시장에 내다 팔아 유동성을 확보할 수 있다. 그러나 채권을 매입한 상대방의 현금보유는 그만큼 줄어들기 때문에 금융기관 전체로 볼 때 유동성 규모는 변함이 없다. 금융시장이 불안해져 사람들이 일단 현금을 확보하려는 동기가 커지거나 중앙은행에 예치해야 할 지급준비금이 모자란다면, 금융기관이 채권을 팔려고 하더라도 이를 사고자 하는 상대가 없을 수 있다. 이때는 금융권 전체의 유동성 공급이 수요에 미치지 못하기 때문에 중앙은행이 개입하여 채권을 매입해 줌으로써 새로운 유동성(fresh liquidity)을 공급한다. 반대로 시중에 유동성이 풍부하여 채권을 사고자 하는 수요는 많은데 채권물량이 부족하다면, 이때는 중앙은행이 보유하고 있는 채권을 금융기관에 팔아 과잉유동성을 흡수한다.

이처럼 개별 금융기관의 입장에서 보면 보유채권을 유통시장에서 사고팔아 자신의 유동성 포지션을 조절할 수 있지만, 시장 전체로는 유동성의 보유주체만 바뀔 뿐 총규모에는 변화가 없다. 그러나 중앙은행이 공개시장조작을 통해 채권을 매매하면 시장 전체의 유동성이 늘어나거나 줄어든다. 금융기관들은 늘어난 유동성을 활용하여 대출을 해주거나 다른 채권을 매입하게 되는데, 이는 승수과정을 거쳐 통화량을 늘리고 금리를 낮춘다.

1980년대 들어 금융자유화와 혁신의 진전으로 금융시장 발전이 가속됨에 따라 우리나라를 포함한 많은 나라들은 공개시장조작을 주된 통화정책 수단으로 활용하게 되었다. 공개시장조작은 재할인정책이나 지급준비제도와 비교할 때 여러 가지 장점을 지니고 있다.

첫째, 중앙은행은 공개시장조작을 통해 자신의 주도 하에 능동적으로 시중유동성을 조절할 수 있다. 이에 비해 재할인정책은 중앙은행이 금리나 규모를 변경하여 금융기관들로 하여금 중앙은행 대출창구 이용을 권장하거나 아니면 이용을 하지 못하도록 유도할 수 있을 뿐 직접적인 영향을 주지는 못한다.

둘째, 공개시장조작을 통해 섬세한 유동성조절이 가능하다. 필요한 조절규모가 아무리 작더라도 그만큼만 채권매매를 하면 되기 때문이다. 또한 공개시장조작의 실시시기, 빈도, 조건 등을 필요에 따라 수시로 조절할 수 있어 대단히 신축적이다. 이에 비해 지급준비정책은 지준율을 소폭 변경하더라도 금융기관 유동성사정에 강력한 영향을 미칠 뿐 아니라 지준율을 수시로 조정하기도 어렵다. 중앙은행 대출금리나 대출규모를 수시로 변경하기 어려운 것도 마찬가지다.

셋째, 공개시장조작은 신속하다. 중앙은행 대출정책이나 지급준비정책은 제도를 변경하는 것이므로 상당한 행정적 절차가 뒤따라야 하나, 공개시장조작은 중앙은행과 시장참가자간의 즉각적인 매매거래만으로 절차가 시작되고 종결된다.

넷째, 중앙은행과 시장참가자간의 지속적인 피드백을 통해 정보의 신속한 교류가 이루어지므로 정책판단의 오류를 최소화할 수 있다.

이처럼 공개시장조작은 가장 시장친화적이면서 일상적인 유동성조절수단이라고 할 수 있지만, 조작대상이 되는 국공채물량이 풍부히 존재해야 하고 금융시장이 잘 발달되어 있어야 하며 금융자산의 만기별 금리체계(term structure)가 합리적으로 형성되어 있어야 하는 등 갖추어야 할 조건도 많다. 이 때문에 개도국들은 초기에는 주로 재할인정책이나 지급준비정책에 의존하다가 금융경제가 어느 정도 발전한 단계에 와서야 공개시장조작을 활용하는 것이 보통이다.

공개시장조작은 채권을 단순매매(outright sales and purchases)하거나 환매조건부매매(RP: Repurchase Agreement)하는 두 가지 방식으로 수행된다. 단순매매는 중앙은행이 채권을 완전히 사거나 파는 것을 말한다. 다시 말해 소유권이 이전되는 거래방식이다. 이는 시중유동성을 기조적으로 조절하고자 할 때 활용한다. 환매조건부매매는 중앙은행이 일정기간 후 다시 매입할 것을 조건으로 보유채권을 매각하거나, 반대로 일정기간 후 다시 매각할 것을 조건으로 채권을 매입하는 것을 말한다. 이는 채권을 담보로 일정기간 동안 자금을 빌려주거나 빌리는 형태인데, 시중유동성을 단기적으로 조절하고자 할 때 활용한다.

2.2 금융정책의 한계

금융정책은 재정정책과는 달리, 간접적으로 실물경제에 영향을 주는 것이 특징이다. 중앙은행은 재할인율조작이나 지급준비율 및 공개시장조작을 통해 시중은행의 대출활동에 영향을 주며 이는 경제주체의 자금수요에 영향을 미쳐 결국 총수요에 영향을 준다. 이와 같이 금융정책은 일련의 전달과정을 거치는데 그 과정에서 다른 요인에 의하여 영향을 받을 수 있기 때문에 그 효과를 분명히 파악하기가 어렵다. 금융정책이 가지는 한계로서는 다음과 같은 점을 지적할 수 있다.

첫째, 금융정책은 시중은행 즉 금융기관과 경제주체, 예컨대 기업이 이에 어떻게 반응하느냐에 따라 효과가 달라지고 지연될 수 있다. 가령, 중앙은행이 통화수축정책을 쓴다 하더라도 시중은행이 풍부한 유동성을 가지고 있다든지 또는 해외에서 자금조달을 하는 경우에는 이를 피해 나갈 수 있고 이에 따라 중앙은행의 통화수축정책은 성공하지 못할 수도 있다.

둘째, 통화정책적 수단은 미래에 대한 일반적 기대가 비관적일 경우 효력을 갖기 어렵다. 가령 이자율을 낮춘다 하더라도 미래에 대한 불확실성이 클 때는 자금에 대한 수요를 활성화시키기가 어렵다. 더구나 투자의 큰 부분이 공공부문에서 일어나는 경우에 이는 이자율과는 관계가 없어 금융정책의 효력이 없을 수도 있다.

셋째, 중앙은행의 통화량 조절이 전체 유동성을 통제하지 못한다는 것이다. 보험회사나 각종 사회보장 관련기금 등 제2금융권의 신용공급활동은 중앙은행의 규제 밖에 있기 때문에 금융정책의 효과는 매우 제한적일 수밖에 없다.

넷째, 대내적인 통화정책이 성공하기 위해서는 대외경제적인 면에서의 교란요인이 없어야 한다. 예컨대 국내에서 긴축통화정책을 실시하고 있을 경우 해외에서 외국자본이 대량유입된다면 이는 국내통화량의 증대를 가져와 긴축정책의 효과를 기대할 수 없기 때문이다.

이러한 이유에서 통화론자들은 재량적 통화정책에 반대하고 있다. 그들은 재량적 통화정책이 친(親)경기적인 행동의 위험성을 가지고 있을 뿐 아니라 오히려 경제의 불안정을 조장할 가능성이 있다고 보고 있다. 그 대안으로 그들은 일정한 준칙에 의한 통화량의 공급을 주장하고 있다. 통화 당국이 화폐공급의 증가율을 해마다 바꾸면 그때마다 경제주체는 예상을 수정해야 하므로 의사결정에 혼란을 가져오나 화폐공급의 증가율을 일정하게 유지하면 이러한 불안정이 없기 때문에 합리적 의사결정이 가능하다는 것이다.

그러나 이러한 통화론자의 주장에도 문제가 없지 않다. 안정적인 통화정책의 운영은 중앙은행의 통화공급에 의한 완전한 통제가 가능해야 하는데 이것이 현실적으로 어렵다는 것이다. 통화론자에 의하면 경기변동, 예컨대 불황이 있을 경우에도 정책 당국의 개입을 반대하나 이익단체로부터 경기부양의 압력을 받게 되면 이를 저지하기가 어려우며 따라서 현실적으로 재량적 정책 개입은 불가피하게 된다. 케인즈주의자들도 경기과열을 진정시키는 데는 금융정책이 효과적이라는 것을 인정하나 경기부양을 위한 확장적 금융정책의 성공에는 회의적인 견해를 가지고 있다.

3. 대외경제정책수단

3.1 대외경제거래와 교란요인

오늘날과 같이 개방된 경제 아래서 국내경제의 안정은 대외경제관계와 분리하여 생각할 수 없다. 앞에서 논의한 재정·금융정책은 대내경제적인 정책수단에 불과하기 때문에 이들 정책의 성공은 대외경제거래에서의 교란요인이 없을 때만 가능하다. 따라서 경제의 안정화를 위해서는 대외경제거래에서 불안정 요인이 발생하지 않도록 하고 아울러 재정·금융정책이 실효를 거두도록 하는 것이 매우 중요하다. 안정화정책에 있어서 대외경제정책의 역할이란 재정 및 금융정책적 안정화정책을 대외경제거래관계에서 뒷받침하는 데 있다고 할 수 있다.

대외경제거래에서 발생하는 교란요인으로는 첫째, 무역수지의 흑자 또는 적자를 들 수 있다. 무역수지의 흑자가 발생하면 그만큼 국내통화량의 증가를 유발하고 반대로 무역수지가 적자인 경우에는 그만큼 통화량이 흡수되어 통화량의 증감을 통해서 경제에 영향을 미치게 된다. 가령 국내 경제상태가 완전고용상태인 경우 무역수지의 흑자는 인플레이션 압력을 유발하기 때문에 국내 경제안정을 위협할 수 있다. 반대로 수출이 줄고 수입이 늘어나서 무역수지가 적자를 보이면 통화량의 감소를 통해 물가안정에는 도움이 되지만, 생산활동을 억제함으로써 경기를 위축시킬 수 있다. 무역수지의 변화는 단순히 통화량의 변동을 통해서만 국내경제에 영향을 미치지 않고 환율의 변동을 통해서도 실물경제에 영향을 미치게 된다. 이와 같은 대외거래의 수지변화가 구체적으로 어떤 영향을 미치는가는 국민경제가 처하고 있는 상황에 따라 다르나 정책 당국이 이에 적절히 대응하지 않는 한 안정화정책이 성공하기는 어렵다.

둘째의 교란요인으로는 국제자본이동을 들 수 있다. 개방경제하에서 자본은 금리차나 환차익을 노리는 투기목적 등으로 국가 간에 부단히 이동하게 된다. 외국자본의 유입은 그만큼 외화자산의 확대를 가져오고 이는 통화량을 증가시켜 국내경제에 교란작용을 일으킬 수 있다. 뿐만 아니라 외화의 급격한 유입은 외환수급에 영향을 미쳐 환율에 평가절상 압력을 가하게 되며, 이는 수출입의 변동을 통해 실물 측면에서도 국내경제에 영향을 미치게 된다.

셋째로는 주요원자재의 국제 가격변동이 국내 가격안정을 교란시킬 수 있다. 1, 2차 오일쇼크 때에 경험한 것처럼 국제 원자재가격의 급등은 수입가격의 상승을 통해 국내물가를 자극하게 된다. 가령 1973~75년 사이에 우리나라의 도매물가가 두 배가 이상 상승했는데, 그 요인을 분석해 보면 초과수요(국내요인)의 기여도가 24%, 환율변동 12%, 수입가격(해외요인)에 기인한 것이 64%로 나타났다. 이러한 수치는 해외에서 발생한 인플레이션이 국내물가에 얼마나 큰 영향을 미쳤는가를 잘 보여준다.[4)]

3.2 무역정책적 수단

이러한 대외거래에서 발생하는 교란요인을 중화하거나 방지하기 위한 수단으로는 크게 보아 무역정책적 수단과 환율정책적 수단을 들 수 있다. 무역정책적 수단으로서는 관세정책이나 비관세장벽과 같은 수입억제정책이 있고 수출촉진을 위해서는 보조금제도나 세제·금융상의 우대와 같은 지원정책이 있다. 무역수지가 적자일 경우에는 관세를 올리거나 비관세장벽, 예컨대 수입량의 규제를 통해 수입을 억제하는 한편 수출에 대해서는 금융·세제상의 지원을 강화할 수 있다. 그러나 이와 같은 정부의 직접적인 규제나 지원은 오늘날과 같은 개방화시대에서는 국제적으로 용인되기 어려우며 한계가 있기 때문

4) 안승철(1977), p.175 참조.

에 가격기구의 활용, 즉 환율정책을 이용하는 간접적 수단이 바람직하다.

3.3 고정환율제도

환율의 변동을 통해서 대외거래에서 생기는 교란요인을 방지하는 방법은 환율제도에 따라 달라진다. 환율제도는 기본적으로 두 가지가 있다. 하나는 고정환율제 아래서의 평가조정이다. 고정환율제는 각국의 정부와 중앙은행이 자국통화의 대외환율을 고정해 놓고 외환을 그 환율로 무조건 매수하거나 매도하도록 하는 제도이다. IMF체제 아래서는 미국이 달러화에 대하여 외국의 정부와 중앙은행에 금과의 교환을 보증했기 때문에 각국 통화는 대달러 비율을 고정시켜 왔다. 이것이 이른바 IMF체제 또는 브레튼우즈제도라고 하는데, 각국은 자국통화의 평가를 달러화로 설정하고 환율변동은 그 평가로부터 상하 1% 내에서 억제하도록 규정하였다.

그러나 미국경제의 상대적 쇠퇴와 달러화에 대한 국제적 신뢰의 추락으로 고정환율제도의 유지가 어려워졌고, 결국 1971년 8월 미국이 금태환정지를 발표함으로써 고정환율제도는 사실상 폐지되었다. 고정환율제도는 원칙적으로 환율의 변동을 허용하지 않으며 예외적으로만 인정한다. 따라서 고정환율제도는 대내거래에서 불균형이 생겨 고정환율의 유지가 위협을 받게 되면 중앙은행이 적극적으로 개입하여 환율 안정을 도모하는 제도이다. 부득이한 경우, 예컨대 구조적인 불균형에 한해서 절하나 절상을 하도록 허용하고 있으며 이러한 평가조정을 통해서 대외균형이 회복된다고 믿고 있다. 고정환율제도의 단점으로는 다음과 같은 점을 지적할 수 있다.

첫째, 고정환율제 아래서는 외국으로부터의 인플레이션 수입, 즉 해외 인플레이션의 국내파급을 저지하기 어렵다. 가령 국제 원자재가격이 상승하면 비용상승을 가져오므로 국내물가를 올리며(가격효과), 또 국제인플레이션으로 인하여 수출이 증가하여 소득이 늘어나면 유효수요가 증대되어 초과수요현상이 나타나 국내물가를 자극하며(수요효과), 또 수출의 증대는 국내통화량의 증대를 통해 유동성을 창출시킴으로써 국내물가를 자극하게 된다. 이러한 해외

인플레이션의 국내파급은 국내안정을 위한 재정·금융정책의 효과적인 집행을 매우 어렵게 한다. 1980년대까지 세계경제에 인플레이션현상이 만연되었던 것이 고정환율제의 후유증이라고 보는 학자도 없지 않다.

둘째, 고정환율제 아래서도 평가조정을 통해 대외거래상의 불균형을 시정할 수 있으나 평가조정이 간헐적으로 이루어지기 때문에 그 효과가 일시적이어서 근본적인 대책이 되지 못한다는 지적이 있다. 고정환율제 아래에서의 평가조정은 국가적 자존심의 문제로 인식되디 깨문에, 가능한 한 평가조정, 특히 평가절하는 회피하거나 지연시키고자 하기 때문에 평가조정의 시기를 놓치게 되어 그 효과를 감소시키게 된다. 평가절상의 경우도 구(舊)서독에서 경험하였듯이 수출산업이나 노동자의 완강한 저항에 부딪힘으로써 가령 무역흑자가 상당히 축적되어 평가절상이 필요하다 하더라도 이를 집행하기란 용이하지 않다. 이러한 이유로 인하여 평가조정이 신축적으로 이루어지지 않고 대외불균형이 적기에 해소되지 못하게 되어 고정환율제는 국제 간의 불균형을 심화시키는 결과를 초래하게 된다.

셋째, 평가절상이나 평가절하는 자국상품의 가격경쟁력의 변화를 통해서 국제수지를 조정하려는 방식이지만, 국제수지가 환율에만 의존하지 않고 다른 요인, 예컨대 상품의 품질이나 기타요인에 의하여 크게 영향을 받는다면 평가조정이 국제수지 균형에 별다른 도움이 되지 않고 오히려 국내경제의 안정을 해치는 결과를 가져올 수 있다. 예컨대 평가절하를 하더라도 자국상품에 대한 가격탄력성이 낮은 경우에는 수출은 늘지 않고 수입비용 상승으로 인해 국내물가만 불안정해질 수 있다. 이와 같이 고정환율제도는 해외교란요인의 국내파급을 방지하기가 어렵고 대외불균형 해소에도 근본적 해결이 되지 않기 때문에 바람직한 제도라고 보기 어렵다.

3.4 변동환율제도

변동환율제는 환율의 결정을 외환시장에서의 수요나 공급에 맡겨두는 제도이다. 변동환율제의 장점은 해외로부터 발생하는 통화교란요인을 환율의 변동을 통하여 어느 정도 방지할 수 있기 때문에 중앙은행이 외환시장에 개입할 필요가 없어진다는 데에 있다. 다시 말하면 대외거래에서의 불균형은 환율변동을 통해서 자동적으로 조절되므로, 중앙은행은 통화정책수단을 국내 경제안정을 위해서만 투입할 수 있게 된다. 가령 우리나라의 무역 수지가 흑자를 보일 경우, 달러에 대한 공급이 수요를 초과하게 되어 달러화 가치는 하락하고 원화 가치는 상승하게 된다. 이에 따라 원화가 절상되면 수출은 줄고 수입은 늘어나게 되어 무역 수지는 자동적으로 조정된다. 따라서 통화 당국은 외환시장에 개입할 필요가 없고 외환을 축적할 필요도 없다. 다시 말하면 국제 유동성의 문제가 발생하지 아니하기 때문에 무역수지 흑자가 외화자산의 증가를 통해서 인플레이션을 유발하는 문제도 발생하지 않게 된다. 또한 반대로 해외의 경기불황으로 무역수지에 적자가 발생하면 환율이 상승하게 되므로 수출은 증가하고 수입은 감소하여 경기가 활성화되며, 이로써 해외로부터의 불황의 수입을 방지할 수 있다. 변동환율제는 이와 같은 장점을 가지고 있으나 단점도 존재한다. 이의 단점으로서는 다음과 같은 것을 들 수 있다.

첫째, 환차익을 노리는 환투기 때문에 국제 간의 단기적인 자본이동이 심하고 이는 환율을 크게 불안정하게 한다. 환율의 급격한 변동은 국가 간의 교역이나 건전한 자본거래를 저해하는 데 만일 중앙은행이 환율의 변동을 줄이기 위해서 시장개입을 하게 되면 국내 경제안정을 희생하여야 하는 어려움을 가지게 된다.

둘째, 변동환율제하에서 통화 당국은 외환시장에 개입할 필요성을 느끼지 않기 때문에 엄격한 통화관리를 하지 않게 되며 결과적으로 인플레이션을 가져오기 쉽다. 예컨대 자국의 물가가 교역국의 물가보다 많이 오르면 환율은 올라가게 되어 수출은 늘고 수입은 줄어들어 대외불균형을 시정하여 주기 때문에 구태여 국내물가를 안정시켜야 할 필요성을 느끼지 않는다는 것이다.

변동환율제의 가장 큰 단점은 이미 지적한 바와 같이 투기적 자본이동에 의한 환율의 심한 변동이다. 환율의 변동을 줄이기 위해서 통화 당국의 시장개입이 불가피한 것이 현실이다. 따라서 오늘날의 변동환율제는 정부의 개입이 없는 순수한 변동환율제가 아니고 정부가 개입하여 환율의 급격한 변동을 줄이고자 하는 관리변동환율(managed floating exchange rate)제도가 일반적이다. 여기에는 통화 당국의 자율적인 개입의 형태가 있는가 하면 국제 간 협정에 의하여 환율의 변동폭이 일정 수준을 넘어서면 개입을 의무화하는 방식도 있다.[5)]

그러나 이러한 관리변동환율제도도 세계적인 인플레이션현상이나 국제적 불균형문제의 해결에는 역부족이라 하지 않을 수 없다. 물론 이에 대해서는 변동환율제가 통화 당국에 의하여 관리되어 왔으므로 그 기능을 제대로 발휘하지 못한 것이라는 평가도 없지 않으나 오늘날의 국제 간의 불균형문제는 신축적인 환율의 변동만으로 해결하기에는 너무나 구조적인 문제가 많기 때문에 국제적인 정책협조와 같은 정책조정이 없이는 불가능하다 하겠다.

4. 소득정책수단

4.1 소득정책의 의의

위에서 지적한 재정·금융정책 및 대외경제정책수단 외에 흔히 사용되는 안정화정책의 수단으로 소득정책(incomes policy)을 들 수 있다. 소득정책이란 생산요소나 재화 및 용역의 가격을 경제안정을 위해 설득이나 직접개입을 통해 일정 수준에서 안정시키고자 하는 정책을 말한다. 소득정책은 원래 1차 오일쇼크 이후 선진국에서 나타나기 시작한 스태그플레이션(stagflation)에 대처하는 데 있어 전통적인 재정·금융정책, 즉 총수요관리정책으로는 완전고용과 물가안정을 동시에 달성할 수 없게 되자 그 대안으로 채택된 정책이었다. 정책당국은 실업의 증가를 감수하더라도 총수요를 억제하느냐 아니면 완전고용을 위해 인플레이션을 감수하느냐의 딜레마에 빠지게 되었는데 이 두 문제를 동시에 해결하기 위해서는 임금인상이나 가격인상을 최소한으로 줄이는 것이 최상의 방법이라고 생각하여 나온 것이 소득정책이다.

---

5) EMS(European Monetary System)제도가 이에 속함.

4.2 소득정책의 종류

소득정책의 수단으로는 두 가지가 있는데 하나는 교시적 소득정책(informatorishe Einkommenspolitik)이다. 교시적 소득정책이란 정부가 각종 사회계층에 대해서 그들의 의사결정자유를 형식상으로는 제한하지 않고 정보의 제공이나 어떤 지침의 제공을 통해서 협조를 구하는 정책을 말한다. 이의 대표적인 예가 이른바 도덕적 호소(moral suasion)이다. 이는 정부가 경제주체에게 정부의 안정화정책에 대해 적극적인 협조, 예컨대 임금이나 가격 인상을 자제해 줄 것을 요청하는 방식이다. 또한 비공식적인 접촉이나 대화를 통해서 합의를 도출코자 하는 사회적 대화(sozialer Dialog)의 형태가 있다. 이 밖에도 독일에서와 같이 노동자, 경영자 및 정부의 대표가 모여서 임금인상과 같은 주요 정책목표에 대해서 합의를 구하는 이른바 협조된 행위(konzertierte Aktion)도 있다. 이는 3자 간의 의사교환을 통해 임금에 대한 합의를 도출하고자 하는 데 있는 것이지 정부가 노사 간의 임금협상의 독립성을 배제하고자 하는 것은 아니다. 교시적 소득정책의 목적은 근로자나 기업가와 같은 사회계층을 정부의 정책에 참여시킴으로써 협조와 공동책임의식을 갖게 함으로써 경제안정화정책의 효율적인 집행을 기하고자 하는 데 있다.

두 번째의 정책수단은 지시적 소득정책(imperative Einkommenspolitik)이다. 지시적 소득정책이란 재화나 용역의 가격결정에 정부가 직접개입하는 정책을 말한다. 이 정책은 앞에서 지적한 교시적 소득정책이 불확실하고 협조가 제대로 이루어지지 않고 있다고 판단되는 경우 자주 사용된다. 지시적 소득정책에도 여러 가지 형태가 있다. 예를 들어, 정부가 재화나 용역의 가격을 일정 기간 동결하거나, 그 가격상승률을 일정 수준에서 제한하는 정책이 있다. 또한 생산요소의 가격상승, 특히 임금상승을 물가상승과 연계시키는 인덱세이션(indexation)방법도 있다. 아울러, 정부가 대기업이나 노동조합의 권한을 제한한다든지 또는 이들의 경쟁제한적인 행위를 규제함으로써 경쟁을 촉진하고 임금이나 가격의 신축성을 제고하고자 하는 정책도 이에 속한다. 예컨대 1979년 영국 대처수상의 노동조합법개혁이나 1973~1974년에 있었던 서독 연방 카르텔청의 휘발유값 규제 등이 이에 속한다.

이러한 가격규제나 경쟁정책적인 직접규제 대신에 조세나 재산형성정책적인 개입과 같은 간접적인 규제를 통해서 안정화정책을 추진하고자 하는 대안도 있다. 가령 임금인상의 일부를 기업에 투자하는 형식으로 예치를 하게 함으로써 임금인상에 따른 기업의 부담을 덜어 주는 대신 근로자의 재산형성을 촉진시킬 수 있다. 과거 우리나라에서 시행하였던 근로자 재산형성 주식투자가 이에 속한다. 또 정부가 임금인상을 자제시키는 한편 조세상의 혜택을 통해서 근로자를 보상해 주는 방법도 있다.

4.3 소득정책의 문제점

1960년대 중반 이후 서구제국에서 자주 채택해 온 소득정책은 인플레이션과 실업문제를 방지하거나 해결하는 데 실패한 것으로 평가되고 있다. 신고전학파의 견해에 따르면 소득정책은 개념 그 자체가 잘못되었다는 것이다. 신고전학파에서는 물가를 안정시키는 것은 금융정책의 과제이지 소득정책이 이를 해결하고자 하는 것은 접근자체가 잘못되었다고 한다. 즉 소득정책은 어디까지나 금융정책을 지원하고 보완하는 역할에 그쳐야 하며, 이를 결코 대체할 수는 없다는 입장이다. 따라서 소득정책의 과제는 재정·금융정책의 부작용으로 나타날 수 있는 인플레이션의 압력을 공급 측면에서 다소나마 억제하는 데 두어야지 이것을 긴축적인 재정·금융정책의 대안으로 생각해서는 실패하기 마련이라는 것이다. 소득정책이 서방 여러 나라에서 실패한 것도 이들 국가들이 완전고용을 의식한 나머지 긴축적인 금융정책을 쓰지 못하고 소득정책으로서 이를 대체하고자 하였기 때문이다. 소득정책의 문제점으로서는 다음과 같은 것을 지적할 수 있다.

첫째, 가격의 동결이나 그에 대한 규제는 상대가격의 변화를 방해하여 자원배분과 소득분배의 왜곡현상을 초래한다. 둘째, 소득정책은 영구적인 정책이 아니라 단기간에 제한되기 때문에 소득정책이 해제되면 그동안 억제되었던 임금이나 가격이 일시에 상승하는 등 가격상승을 시간적으로 지연시키는 데 그친다. 셋째, 소득정책을 집행하려면 행정 당국의 개입과 간섭이 심해지기 때문에 비용이 많이 들고 비능률이나 부패를 수반하기 쉽다. 넷째, 확장적인 금융정책으로 인하여 초과수요가 있을 때 소득정책을 실시하면 암시장을 유발하거나 품귀현상이 나타나 오히려 역효과를 가져온다. 다섯째, 교시적 소득정책의 경우 이해당사자의 협조가 절대적으로 필요한데 모든 사람들이 물가의 안정을 원하나 자기회사의 상품이나 자기의 임금이 동결되는 것을 원치 않기 때문에 이해당사자가 정부의 정책에 쉽게 동참하거나 협조하기를 기대하기 어렵다.

소득정책에 이러한 단점이 있는 것은 사실이고 그 성공도 용이한 것은 아니나 경제의 위기적 상황 예컨대 인플레이션의 급속한 진행이 있는 경우와 같은 시기에는 일시적이나마 소득정책의 실시는 바람직하며 효과도 기대할 수 있다. 그러나 소득정책은 인플레이션을 잡는 근본대책은 될 수 없고 인플레이션의 통증을 일시적으로 멈추게 하는 진통제에 불과하기 때문에 이의 남용은 바람직하지 않다고 하겠다.

5. 질서정책수단

재정·금융정책적 조치는 주로 총수요관리의 조절에 초점을 맞추고 있는 수요정책이라 할 수 있다. 그러나 경제안정을 위해서는 총수요관리도 중요하지만 총공급의 관리, 다시 말하면 공급측면에서 애로요인을 타개해 주는 것도 매우 중요하다. 경제의 안정화가 지속적으로 이루어지기 위해서는 기업의 투자가 활발히 이루어져야 하며, 공급측면에서의 병목현상이 발생하지 않아야 하며 이를 위해서는 기업경영환경을 개선하는 등 질서정책 측면에서의 조치가 있어야 한다. 경제안정화를 위해서 질서정책적 수단이 중요한 이유로는 다음과 같은 두 가지 측면을 지적하고자 한다.

첫째, 경제주체의 의사결정은 미래지향적이기 때문에 정부의 정책에 의하여 크게 영향을 받는다. 정부의 정책방향은 민간경제주체의 행동이나 의사결정에 중대한 영향을 미치므로, 경제정책은 일관성과 지속성이 있어야 하며 이를 통해 경제미래에 대한 불확실성을 제거해야 한다. 따라서 안정화정책이 성공하기 위해서는 안정화정책이 지속적이어야 하며 경제주체가 정책에 대한 신뢰를 갖도록 하는 것이 매우 중요하다. 우리가 과거에 자주 경험하였듯이 정책이 자주 바뀐다든가 또는 정책을 추진하는 정책결정자, 예컨대 장관이 빈번히 교체되는 경우에는 정부에 대한 신뢰는 약화되고 정책의 성공가능성은 낮아진다. 정책이 자주 변경되지 않기 위해서는 정책결정자의 빈번한 교체가 있어서도 안 되겠지만 경제정책 자체가 신중히 결정되고 국민의 합의를 얻는 것이 매우 중요하다. 그렇지 않을 경우에는 정책의 시행착오가 생기고 정책의 실효성은 떨어지게 된다.

둘째, 공급측면에서 경제주체의 적응성을 질서정책적 측면에서 조성해 주는 것이 필요하다. 시장경제에는 여러 가지의 경쟁제한적인 행위, 예컨대 대기업의 시장지배력의 남용, 기업 간의 담합행위, 시장진입장애 등이 있기 때문에 이러한 경쟁제한행위를 규제하여 경쟁을 촉진시키는 것이 물가안정이나 기업의 투자를 활성화시키는 데 매우 중요하다. 다시 말하면 경쟁정책을 보다 철저히 집행하는 것이 경제안정화를 위해서도 바람직하다는 것이다. 이와 같은 경쟁의 촉진은 재정·금융정책의 효율성을 제고하는 데도 매우 유익하다. 이와 아울러 각종 행정상의 기업활동 저해요인을 제거하는 것도 안정화정책에 도움이 된다. 각종 행정규제를 완화하거나 법률이나 제도의 불투명성 등을 제거하는 것은 기업경영환경을 개선하는 데 기여하므로, 경제안정화에도 긍정적인 효과를 미친다. 이를 종합하면 안정화정책으로서의 질서정책은 경쟁질서의 작동을 위한 효과적인 경제환경을 조성하는 데 정책목표를 두어야 한다고 할 수 있다.

위에서 지적한 바와 같이 정책의 일관성이나 지속성, 그리고 엄격한 경쟁정책의 집행은 경제안정을 위해서도 매우 바람직하다. 그러나 각종 이익단체의 집합체라 할 수 있는 의회주의민주제도하에서 이를 실천에 옮긴다는 것은 결코 용이하지 않다. 의회제도 아래서의 경제정책은 이익집단의 영향을 받지 않을 수 없기 때문에 정책의 일관된 집행은 이익집단의 저항에 의해 좌초되기 쉽다. 특히 우리나라와 같이 재벌의 영향력이 막강한 경제구조 아래서 인기가 없는 안정화정책을 지속적으로 추진하기가 매우 어렵다. 과거 우리나라에서 안정화정책이 실패한 이유 중 하나도 이익집단의 영향력이 크게 작용했기 때문이다. 이익집단의 영향력행사를 제한하기 위해서는 사회적 계약(social contract)과 같은 제도적 장치를 통해 이익집단의 영향력을 규제하는 것이 바람직하다.

제 6 절 정책배합

지금까지 우리는 경제안정화정책을 위한 여러 가지 정책수단에 대해 설명하였다. 경제안정화란 단순한 물가안정뿐만 아니라 생산의 안정, 고용의 안정, 국제수지의 안정과 같은 여러 가지 정책목표를 가지기 때문에 복수의 정책수단의 투입이 불가피한데 이를 정책배합(policy mix)이라고 한다. 다시 말하면 재정정책이나 금융정책과 같은 어떤 특정 정책수단만의 투입으로는 경제안정을 달성하기는 어려우며 여러 가지 정책수단을 적절히 배합해야만 소기의 목적을 얻을 수 있다. 정책수단의 배합에는 여러 가지가 있을 수 있으나 대체로 금융정책 및 재정정책 간의 배합과 재정·금융 및 기타 정책수단간의 배합으로 나누어 볼 수 있다.

1. 재정정책과 금융정책의 배합

경제안정화를 위한 정책수단은 여러 가지가 있으나 그 중에서도 가장 중요한 정책수단은 전통적으로 재정정책과 금융정책이다. 재정정책과 금융정책의 효과나 문제점에 대해서는 위에서 이미 지적하였거니와 양 정책에 대한 일반적인 평가는 재정정책은 경기활성화 또는 불황타개책으로 더 효과적인 반면, 경기를 진정시키는 데는 금융정책이 더 효과적이라는 것이다.

재정정책은 국민경제활동에 대해 직접적이고 보다 강력한 영향을 행사할 수 있다. 왜냐하면 정부의 지출증대는 가계의 소비지출이나 투자활동의 변화를 통해서 총수요를 직접적으로 증대시킴으로써 경기를 자극하게 된다. 그러나 재정정책은 재정지출구조의 경직성, 세율인상이나 정부지출감축에 대한 저항 때문에 경기억제책으로는 그 효과가 제한적이다. 이에 반하여 금융정책은 불황대책으로서는 효과적이 되지 못하나 경기억제정책으로는 상대적으로 효과가 있다. 금리에 대한 투자의 탄력성이 낮기 때문에 불황 시에 예컨대, 저금리 정책을 쓴다고 해서 투자가 쉽게 회복되지는 않는다. 물론 금리인하가 기업의 금융비용을 절감해 준다는 의미에서는 다소 도움이 되겠으나 금리인하만으로 투자가 활성화되기는 어렵기 때문이다. 반면 호황시의 금융긴축은 통화량의 감소와 이자율의 상승을 가져옴으로써 기업자금사정을 어렵게 하여 투자를 억제시키는 효과가 있다.

이와 같이 일반적으로 재정정책은 불황대책으로, 금융정책은 경기억제정책으로 유효하다고 할 수 있으나 이것이 절대적인 기준이 될 수 없다. 경기의 구체적 상황, 금융기관이나 기업의 유동성 상태, 정부의 재정수지상태 및 기타 정치적·제도적 제약조건에 따라 양 정책의 실제효과는 다를 수 있기 때문이다. 가령 재정정책수단이 정치적 이유로 어려움이 있을 때는 금융정책수단의 투입을 선택할 수 있으며 또 그 반대 경우도 생각할 수 있다. 이와 같이 양 정책 간에는 대체관계가 있는가 하면 보완적 관계도 있다. 가령 경기부양을 위해서 재정지출을 확대하고자 하나 예산편성, 집행상의 시차 때문에 상당한 시간이 소요되는 경우에는 통화량의 공급을 늘린다든지 이자율을 떨어뜨려 기업의 투자를 자극할 필요가 있다. 재정정책의 시차문제를 떠나서도 경기불황이 심각한 경우에는 재정정책적 수단과 금융정책적 수단을 동시에 투입히야만 실효를 거둘 수 있는 경우도 있다. 이와 같이 경제안정화를 위한 실제의 정책은 재정정책이나 금융정책과 같은 하나의 정책수단만을 동원하는 것이 아니고 양 정책수단을 혼합하여 사용하는 것이 일반적이다. 혼합의 형태나 내용은 그때그때의 여러 가지 상황에 따라 다르기 때문에 어떤 일반적인 법칙이나 기준은 있을 수 없고 정책담당자의 판단에 의해서 결정된다.

2. 스태그플레이션과 정책배합

재정정책과 금융정책의 배합이 요구되는 전형적인 예로 흔히 스태그플레이션(stagflation)현상을 든다. 총수요를 적절히 관리함으로써 경제안정을 달성할 수 있다는 케인즈의 총수요관리정책(aggregate demand management)은 1973년 제1차 오일쇼크를 계기로 하여 나타난 서방선진국의 스태그플레이션, 즉 경기는 침체된 가운데 인플레이션이 진행되는 현상에 대해서는 효과를 발휘하지 못했다. 스태그플레이션현상은 원자재가격의 상승, 임금의 상승 및 생산성 저하와 같은 비용상승(cost-push)압력 때문에 경기가 나쁘더라도 물가는 올라가는 현상을 말한다. 이러한 경우에 확장적 재정정책을 쓰면 고용과 생산은 늘지만 물가는 더욱 올라가게 되고, 반대로 긴축정책을 쓰면 물가는 떨어지지만 생산의 감소와 실업증대를 가져오기 때문에 스태그플레이션현상을 해결할 수 없다.

〈그림 9-1〉에서 보는 바와 같이 비용인상 때문에 총공급곡선이 왼쪽으로 이동($AS \rightarrow AS'$)하게 되면 국민총생산은 Y_0에서 Y_1으로 감소하는 한편 물가는 P_0에서 P_1으로 상승한다. 즉 스태그플레이션현상이 생긴다. 이때 실업문

그림 9-1 스태그플레이션하의 재정정책

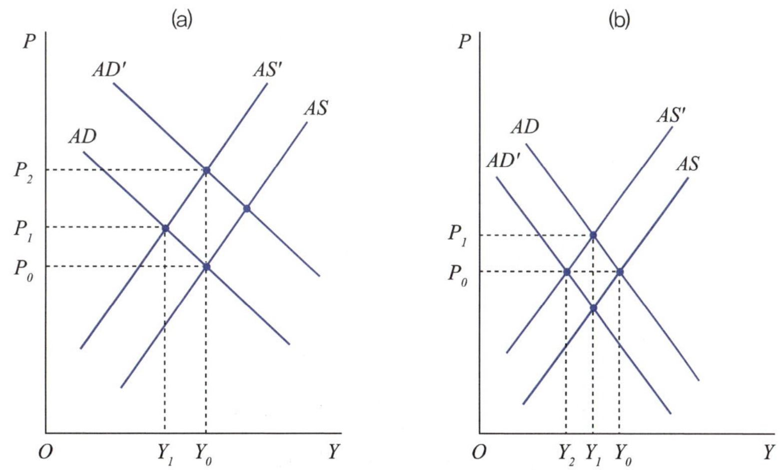

제를 해결하기 위해 확장적 재정정책을 쓰게 되면 총수요곡선은 AD에서 AD'로 이동하게 되어 국민총생산은 Y_1에서 Y_0으로 증가하나 물가는 P_1에서 P_2로 상승하게 되어 실업문제는 해결되지만 물가문제는 해결하지 못한다(〈그림 9-1(a)〉 참조). 반대로 물가안정을 위해 긴축재정정책을 쓰면 총수요곡선이 AD에서 AD'로 이동하게 되어 물가는 P_1에서 P_0로 떨어지지만 생산은 Y_1에서 Y_2로 떨어져서 실업문제는 악화된다(〈그림 9-1(b)〉 참조).

이와 같이 전통적인 총수요관리정책으로는 실업과 물가문제를 동시에 해결할 수 없다. 불황과 인플레이션을 동시에 해결하기 위해서는 재정정책과 금융정책의 적절한 배합으로써 가능하다. 불황타개를 위해서는 정부지출을 늘려서 유효수요를 창출하는 한편 인플레이션을 잡기 위해서는 금융긴축을 할 수도 있다. 반대로 확장적인 금융정책을 실시하는 한편 재정에서는 긴축정책을 쓸 수도 있다. 어떤 정책배합을 택하느냐는 그 당시의 경제 상황이나 여건에 따라서 다를 수 있다. 일반적으로는 전자의 배합이 선호되나 후자의 배합을 택할 수도 있다.

3. 종합적 배합

위에서 지적한 재정정책과 금융정책의 배합에서는 대외균형문제가 제외되었다. 안정화정책은 단순히 물가안정과 완전고용달성에만 있는 것이 아니고 국제수지 균형문제도 중요한 정책목표이기 때문에 재정정책 및 금융정책적 수단만으로는 여러 가지 목표를 동시에 달성하기는 어렵다. 국제수지 균형을 위해서는 재정·금융정책 외에 환율을 정책수단으로 사용하지 않을 수 없다. 또 인플레이션 문제만 하더라도 이미 지적한 바와 같이 오늘날의 인플레이션은 단순히 초과수요에 기인하지 않고 여러 가지 복합적 요인에 기인하는 복합형 인플레이션이 보통이다. 원자재나 원유가의 인상, 노동생산성 증가를 능가하는 임금상승, 투기적 국제자본이동에 따른 유동성 증가, 수요구조의 급격한 변화 등이 복합형 인플레이션의 요인이기 때문에 총수요정책적 수단만으로는 효과적으로 대처하기가 어렵고 다른 정책적 수단의 투입이 요청된다. 예컨대 소득정책, 경쟁촉진정책, 생산성향상정책, 노동정책, 도덕적 설득 등이 필요하다. 따라서 실제의 안정화정책에서는 재정·금융정책적 수단 외에도 소득정책, 경쟁촉진정책, 환율정책, 도덕적 설득 등 여러 정책수단을 적절히 배합하는 것이 매우 중요하다.

제 7 절 우리나라의 안정화정책

1. 성장제일주의와 경제안정

우리나라가 지난 30여 년 동안 고도성장을 이루어 오늘날 상위중진국 그룹에 속하게 된 중요한 요인 중의 하나는 정부의 개발전략과 경제정책이 비교적 잘 이루어졌다는 점이 일반적인 평가다. 그러나 다른 한편으로는 경제력 집중 문제, 소득 분배의 불균형, 양극화 등 한국 경제가 안고 있는 여러 구조적 취약점도 적지 않다. 이와 같은 한국경제의 구조적 문제의 주된 원인은 우리가 인플레이션을 근원적으로 퇴치하지 못한 데 있다고 하겠다. 다시 말하면 우리나라의 안정화정책은 실패하였다는 것이다. 그렇기 때문에 우리는 고도성장을 달성하였지만 인플레이션이 없는 고도성장이 아니라 인플레이션을 수반한 고도성장을 이루었고, 이것이 일본이나 대만과 다른 한국 경제발전의 특징이기도 하다. 물론 우리나라에서도 여러 차례의 안정화정책이 없었던 것은 아니지만, 1980년대 초를 제외하고는 대부분 실패하고 말았다. 그러면 왜 우리나라에서는 안정화정책이 실패하였는가?

첫째, 지난 30여 년 동안 우리나라 경제정책은 경제성장에 최우선을 두는 성장제일주의였다고 할 수 있다. 이는 5·16혁명 이후 군사정권이 집권하면서 빈곤의 퇴치를 혁명공약으로 내세운 것과 매우 밀접한 관계가 있다. 빈곤의 퇴치를 위해서는 고도성장전략이 불가피하고 이를 위해서는 인플레이션과 소득분배상의 다소의 불균형을 감수하더라도 밀고 나가야 한다는 것이 정부의 기본정책자세였으며 이러한 기본정책자세는 제3공화국이 끝난 1970년대 말까지 계속되었다. 고도성장을 위한 구체적 전략은 1960년대의 수출드라이브정책과 1970년대의 중화학공업육성정책이었다. 1980년대 들어오면서 고도성장의 후유증이 심화되자 성장제일주의는 후퇴하고 경제안정이 강조되면서 상당한 성과를 거두었으며 제6공화국이 들어오면서 경제정책의 기조는 다시 성장주의로 회귀하였다.

둘째, 무리한 정책수단의 동원을 지적할 수 있다. 고도성장을 한다고 하여 반드시 인플레이션이 수반되는 것은 아니다. 일본이나 대만이 물가가 안정된 가운데 고도성장을 이룩하였듯이 고도성장과 물가안정이 반드시 상충되는 것만은 아니다. 그러나 우리나라에서는 고도성장을 하는 데 인플레이션적인 정책수단을 동원하였다. 우리나라는 국민저축률이 매우 낮은 수준에서 공업화를 시작하였기 때문에 투자재원조달에 있어서 인플레이션적인 방법이 불가피한 데도 그 원인이 있으나 다분히 의도된 측면도 없지 않았다. 왜냐하면 개발독재하에서 경제성장은 지상과제였기 때문에 수단과 방법이 크게 문제시되지 않았으며 어떤 문제, 예컨대 분배상의 문제가 있더라도 이를 정치적으로 진화하는 것이 가능했기 때문이다.

1960년대의 수출드라이브정책만 하더라도 수출에 대해 파격적인 지원을 하였다. 수출금융을 무제한적으로 공급하였으며 그것도 공금리의 반 정도의 우대금리로 지원하였다. 재정면에서도 각종 세제혜택을 줌으로써 재정부담이 가중되었으며 금융부문에서는 통화증발과 함께 통화량의 증가가 급속도로 진행되었던 것이다. 1960년대 통화량증가율은 연평균 30%에 달하였다. 1970년대에 들어오면서 공업화전략은 중화학공업육성정책으로 바뀌었으나 육성방법면에서는 바뀐 것이 없었다. 수출을 지원하는 대신에 중화학공업을 지원하기 시작하였으며 파격적인 재정·금융상의 지원은 계속되었다. 지원의 심도면에서는 1960년대의 수출지원을 훨씬 능가하였다고 할 수 있을 것이다. 이는 1970년대 중반 이후 급격한 인플레이션을 가져 왔고 이는 국내정세를 정치·경제적 위기상황으로 몰고 간 중요한 요인이 되었다고 할 수 있다.

셋째, 고도성장의 중독(中毒)체질화현상이 안정화정책의 실천을 어렵게 만들었다. 우리나라는 수십 년 동안 지속적인 고도성장을 함으로써 비록 인플레이션의 수반, 분배의 불균형, 경제력의 집중화와 같은 부작용은 있었지만 국민

생활의 향상 등 많은 긍정적인 면도 있었다. 이 때문에 우리 국민들, 특히 기업들은 고도성장이 습관화되어 국민들의 의식 속에 고도성장이 마치 정상적인 성장이며 이는 당연한 것으로 생각하게 되었고 대내외 환경변화에 관계없이 고도성장으로부터의 이탈은 비정상적인 것으로 생각하는 것이 체질화되었다. 다시 말하면 우리 국민, 특히 기업가 사이에는 고도성장이 당연한 것으로 생각되는 중독현상이 생겼다는 것이다. 그래서 경제성장률이 조금만 떨어져도 비정상적이고 우리 경제가 위기국면을 맞은 것처럼 잘못 인식하게 되었다.

이러한 우리 경제주체의 고도성장중독화현상은 정부의 안정화정책을 추진하는 것을 매우 어렵게 하였다. 왜냐하면 정부가 안정화를 위해 긴축정책을 쓰게 되면 경기가 나빠지는 것이 당연한데 경기침체를 별로 경험해 보지 못한 우리로서는 경기가 조금만 나빠도 우리 경제가 마치 큰 위기상황에 있는 것처럼 착각을 하게 된다. 그래서 각종 이익단체, 특히 업계로부터의 압력이 가중되어 정부가 안정화정책을 추진하기는 어려웠다. 이와 같은 경우는 1960년대와 1970년대는 말할 것도 없이 그 이후에도 안정화정책의 추진을 가로막는 중요한 장애요인을 형성하였다. 예컨대 1989년의 안정화정책의 실패라든지 1993년의 안정화정책의 중단 등이 이에 속한다 하겠다.

넷째, 앞에서도 지적한 바와 같이 우리나라에서의 경제안정의 실패는 인플레이션적인 고도성장정책을 추진하여 온 데 기인한다. 성장제일주의를 지속적으로 추진한 배경에는 경제성장만 되면 빈곤문제는 말할 것도 없고 분배문제도 해결된다는 이른바 낙수효과(trickle down effect)를 신봉하였다고 볼 수 있다. 1960년대와 1970년대에 있어서의 고위정책결정자는 경제성장만 되면 분배문제도 결국 해결된다고 보았기 때문에 파이(pie)의 크기를 넓히는 데 정책의 우선순위를 두었다. 고도성장만 지속되면 성장의 혜택이 가난한 계층이나 소외된 계층에까지도 직접·간접으로 확산된다고 보아 고도성장에서 파생하는 인플레이션문제 등에 대해서는 심각하게 생각하지 않았다. 물론 인플레이션문제를 소홀히 한 것은 아니나 이는 정부의 행정력으로 통제할 수 있다고 믿었으며 또 실제로 물가정책도 그렇게 집행하여 왔다. 인플레이션문제를 비교적 소홀히 다루어 온 데는 가진 계층이나 사회적 지도계층은 인플레이션의 혜택을 받는 반면 피해 계층은 서민층으로 실제의 여론형성이나 정책수립에 영향을 주지 못한 데도 그 원인이 있지 않나 생각된다.

2. 1980년대의 안정화정책

1970년대까지의 성장제일주의는 고도성장을 가져왔으나 인플레이션과 국제수지 불균형의 심화 등 각종 부작용을 가져옴으로써 성장제일주의를 그 이상 지속한다는 것이 사실상 불가능하였다. 이러한 어려운 상황에서 출발한 제5공화국은 경제정책의 기조를 성장우선에서 안정우선으로의 전환을 시도하였으며 경제정책의 최우선순위를 물가안정에 두어 종합적인 안정화정책을 추진하였다. 물가안정은 자원배분의 효율은 물론 소득분배개선과 국제경쟁력의 강화를 위한 선행요건이란 기본인식을 가졌기 때문이다. 이러한 종합적인 안정화정책의 주요내용은 다음과 같다.

첫째, 강력한 재정긴축정책을 시행하였다. 1982년부터 제로베이스 예산편성제도를 도입하여 예산편성의 효율성을 기하는 한편, 1983년에는 정부예산규모, 공무원봉급 및 추곡수매가격을 동결함으로써 재정부문에서의 통화증발요인을 강력히 억제하였다. 이와 같은 재정긴축은 물가안정을 위해서 정부가 솔선수범한다는 강력한 의지의 표현으로서 민간부분의 가격 및 임금인상 자제에 상당한 영향을 미쳤다.

둘째, 물가안정에 대한 국민적 합의를 도출하기 위해 도덕적 호소(moral suasion)정책을 강력히 추진하였다. 정부는 근로자들의 임금인상 자제를 강력히 종용하였고, 기업인에게는 제품가격의 인상을 자제해 줄 것을 호소하였다. 이와 아울러 물가안정을 위한 강력한 행정지도가 있었다. 매월 대통령이 물가동향에 대한 보고를 받는 등 최고통치자가 물가안정에 대해 남다른 관심을 보였다. 물가안정법이 독점규제법으로 바뀌게 됨에 따라 가격승인제는 없어졌으나 시장지배적 사업자에 대한 가격남용이나 동조적 인상은 규제되었기 때문에 실질적인 행정규제는 1980년대에 와서도 계속되었었다. 이와 같은 도덕적 호소와 행정지도는 그 당시의 권위주의적 통치체제 아래서 상당한 효력을 발휘함으로써 임금과 물가안정을 가져오는 데 크게 기여하였다.

셋째, 기업의 금융비용감소와 국제경쟁력 향상을 위해 규제를 지속적으로 완화하였다. 은행의 대출금리는 1980년 20%에서 1981년에는 17%로, 1982년에는 10%로 인하되었다. 아울러 1982년에는 금리체계를 단순화하여 모든 대출금리를 단일화하고 정책금융도 축소하였다. 은행금리는 인하되었으나 통화의 양적 규제는 계속되었기 때문에 통화의 팽창이 초래되지는 않았다. 반면 금리의 대폭인하는 기업의 금융비용감소를 가져옴으로써 물가안정과 국제경쟁력 제고에는 상당한 기여를 하였다고 할 수 있다.

넷째, 변동환율제의 도입으로 해외로부터의 인플레이션유입을 차단하고 우리 상품의 가격경쟁력을 회복시키도록 하였다. 1970년대 말까지 환율이 사실상 고정된 반면, 국내인플레이션의 급속한 진행으로 원화가 과고평가되었으며 고정환율제도 때문에 해외로부터의 인플레이션유입을 차단하기가 어려웠다. 그래서 정부는 1980년에 환율을 현실화(평가절하)시킨 다음 변동환율제도를 도입하여 환율을 유동화시켰다. 1981년부터 1983년까지 명목환율을 연평균 5.6%씩 점진적으로 절하시킴으로써 실질실효환율을 안정적으로 유지할 수 있었다. 국제원자재가격의 안정으로 수입인플레이션의 문제는 제기되지 않았으나, 변동환율제도도 비교적 안정적으로 유지됨으로써 임금안정과 함께 수출산업의 경쟁력 유지에 크게 기여하였다.

이와 같은 종합적인 안정화정책의 노력으로 거시경제의 여러 부문에서 효과가 나타나기 시작하였다. 우선 물가가 안정되기 시작하였다. 1970년대까지 연평균 17%나 증가하였던 물가가 1982년부터 급격한 안정세를 보였다.

통화량(M_2) 증가율도 1970년대의 연평균 30%에서 1983년부터 20% 이내로 억제되었다. 재정적자도 1981년의 GNP대비 3.11%에서 1983년에는 1.50%로 떨어졌고 이러한 추세는 그 뒤에도 계속되었다. 임금상승도 1983년부터는 한 자리수에서 안정되기 시작하였으며 이는 환율의 인상과 더불어 달러표시 단위당 노동비용을 떨어뜨리게 함으로써 국제경쟁력향상에 결정적인 역할을 하였다(〈표 9-1〉 참조).

표 9-1 주요 경제지표(1980~1990)

	1980	1981	1982	1983	1984	1985	1986	1987	1988	1989	1990
GNP성장률	-3.7	5.9	7.2	12.6	9.3	7.0	12.9	13.0	12.4	6.8	9.3
경상수지 (10억 달러)	-5.3	-4.7	-2.7	-1.6	-1.4	-0.8	4.6	9.9	14.2	5.1	-2.2
소비자물가 상승률(%)	28.8	21.5	7.1	3.4	2.3	2.4	2.7	3.0	7.1	5.7	8.6
명목임금지수	100.0	120.6	139.8	154.7	167.4	184.2	200.7	224.1	268.5	336.3	403.9
명목환율지수	100.0	106.2	113.5	120.5	125.4	134.9	130.5	120.1	103.7	102.9	108.6
실질환율지수 (달러표시)	100.0	108.3	106.9	106.8	110.2	107.1	99.2	99.2	96.9	88.2	92.7
노임단가지수 (달러표시)	100.0	95.6	100.5	96.9	93.8	93.8	92.7	103.0	125.8	160.3	162.3
재정수지 (GNP대비, %)	-3.11	-4.50	-4.10	-1.50	-1.27	-0.89	-0.07	0.23	1.24	-0.01	-0.89

자료: 경제기획원.

이와 같이 1980년대 초의 안정화정책이 성공함으로써 1980년대에 있어서 우리 경제의 지속적 성장과 국제수지 개선 및 분배개선에도 크게 기여하였다. 안정화정책이 성공할 수 있었던 주요한 요인으로는 다음과 같은 점을 지적할 수 있겠다.

첫째는 안정화정책이 매우 종합적인 성격을 띠고 있었다는 것이다. 당시에는 어떤 부분적인 정책, 예컨대 통화정책이나 재정정책만으로 실효를 거두기가 어려워 재정정책, 금융정책, 외환정책 및 도덕적 호소 같은 모든 정책수단이 총동원되었으며 이런 여러 정책수단 간에 큰 상충관계가 없이 정합성이 잘 이루어짐으로써 경제안정화정책의 실효를 거둘 수 있었다는 것이다.

둘째는 최고통치권자의 강력한 지도력에 의하여 안정화정책이 상당기간 동안 일관성 있게 추진되었다는 점이다. 안정화정책은 많은 고통과 저항이 따르기 때문에 이를 일관성 있게 오랫동안 유지하기가 어려워 중도에 정책을 포기하는 경우가 많은데, 1980년대 초에는 경제안정에 대한 대통령의 강력한 의지 때문에 여러 가지 어려움을 극복할 수 있었다. 물론 여기에는 그 당시의 권위주의적 통치체제가 크게 도움이 된 것은 사실이다. 다시 말하면 최고통치자의 일관성 있는 정책자세가 절대적으로 중요하다는 것이다.

셋째는 정부가 강력한 재정긴축을 함으로써 정부가 솔선수범하는 자세를 보였다. 이는 정부정책에 대한 국민의 신뢰감을 조성하는 데 크게 기여하였다. 안정화정책이 과거에 실패한 중요한 요인 중의 하나는 정부가 경제안정화를 주장하면서도 재정긴축은 하지 않고 금융의 긴축이나 민간부문의 근검·절약만을 강조함으로써 국민 간에 공감대를 형성하는 데에 실패하였다는 데 있다. 이런 점에서 1980년대 초반의 정부의 재정긴축은 안정화정책의 국민적 합의를 얻는 데 결정적 역할을 하였다고 할 수 있다.[6)]

3. 1990년대 이후의 안정화정책

제5공화국에서 이룩한 안정화정책은 1980년대 후반에 불어닥친 정치적 민주화운동으로 커다란 시련을 겪게 되었다. 민주화 바람을 타고 일어난 과격한 노동운동은 급격한 임금의 상승을 가져왔고, 노태우정권의 200만호 주택건설계획과 더불어 물가상승을 자극한 결정적인 요인을 제공하였다. 이는 다시 우리 경제의 대외경쟁력의 약화로 이어져 1987년까지 다져 놓았던 안정화기반은 흔들리기 시작하였다. 모처럼 이룩하였던 경상수지 흑자는 적자로 돌아섰고 물가불안은 다시 되살아났다. 노태우정부부터 되살아난 우리경제의 불안정은 김영삼정부에서도 큰 변화는 없었다. 정부는 고도성장정책을 지속한 데다 노동운동의 활성화로 임금은 두 자릿수로 계속 상승하였고 경상수지 적자도 계속되었다. 이러한 거시경제의 불안정은 1997년의 외환위기를 가져오게 한 불씨를 제공하였다.

1997년의 외환위기 이후 우리 경제가 IMF관리체제로 들어가면서 안정화

6) 사공일(1993), p.102 참조.

정책은 새로운 국면을 맞이하게 되었다. IMF의 권고에 따라 정부는 재정·금융상의 긴축정책과 신축적인 환율정책을 실시하였고, 이를 통한 물가안정과 국제수지의 균형회복에 최대의 정책적 역점을 두었다. 이 결과로 물가가 안정되고 경상수지도 흑자로 돌아서게 되었다. 이러한 정책기조의 변화는 우리가 완전한 개방체제로 들어감에 따라 물가안정을 바탕으로 한 경제의 안정화가 무엇보다도 시급히 요청되었기 때문이다. 이에 따라 광범위한 규제완화가 이루어지고, 시장메커니즘에 의존하는 안정화정책이 보편적 틀로 자리잡기 시작하였다.

특히 1998년 4월 물가안정을 최우선으로 하면서 시장친화적 통화정책 수행을 규정한 한국은행법의 개정은 중앙은행의 독립적 통화신용정책의 수행을 가능케 하였으며, 이에 따라 통화신용정책은 물가안정에 최대역점을 둠으로써 인플레이션 기대심리는 현저히 줄어들었다. 1990년대 후반 연 5% 내외의 상승률을 보이던 소비자물가가 2000년 이후에는 3% 내외로 하향안정화되고 경상수지의 흑자기조도 지속되었다. 또한 경제성장률도 1998년에 심각한 마이너스성장을 경험하기는 하였으나 이후 곧바로 정상적인 성장경로를 밟고 있다. 물론 과거와 같은 고도성장시기와는 비교할 수 없지만 연 4~5% 수준에서 안정적인 성장을 하였다(〈그림 9-2〉 참조).

그림 9-2 우리나라의 GDP 및 소비자물가 상승률 추이 (단위: %)

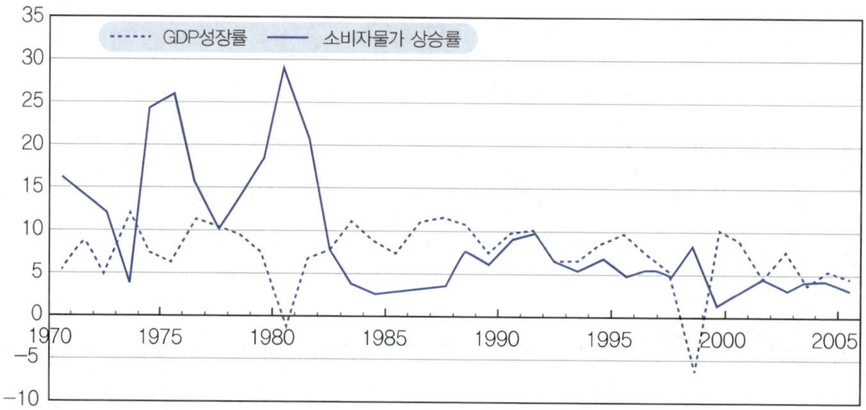

자료: 한국은행.

특기할 만한 사실은 2000년대 들어 경기변동의 양상이 그 이전과는 확연히 다른 모습을 보이고 있다는 것이다. 즉 경기변동의 순환주기가 현저히 짧아지는 동시에 진폭도 크게 줄어들었다는 것이다. 이러한 현상은 외환위기를 겪으면서 대내외경제환경의 변화 못지 않게 경제주체들의 소비, 투자, 저축 등의 행태가 과거에 비해 많이 바뀐 데서 기인하는 것으로 보이는데, 아무튼 이러한 경제주체들의 행태변화는 정부의 경제정책 효과를 제약하는 요인으로 작용할 가능성이 있기 때문에 앞으로 안정화정책의 유효성을 제고하기 위해서는 보다 세련된 정책적 대응을 요구하고 있다고 하겠다.

제10장
경제성장정책

제 1 절 경제성장의 중요성과 성장정책의 목표

1. 경제성장의 중요성

경제성장이란 실질국내총생산(GDP)의 증가를 의미한다. 실질GDP 증가로서의 경제성장은 우리에게 보다 풍요로운 생활을 가능하게 해줄 뿐 아니라 선택의 영역을 확대하는 등 국민생활에 지대한 영향을 미친다. 이처럼 경제성장은 경제정책에 있어서 매우 중요한 위치를 차지하는데, 경제성장이 중요한 이유를 좀 더 구체적으로 살펴보면 다음과 같다.

첫째, 경제성장은 국민에게 보다 많은 재화와 용역의 공급을 가능하게 함으로써 국민생활을 풍요롭게 한다. 경제성장은 환경의 파괴 등으로 인해 그대로 국민의 복지증대로 이어진다고는 할 수 없으나 경제성장이 복지증진의 가장 중요한 요소임은 틀림없다.

둘째, 경제성장은 소득증대를 통해서 개인적 및 국가적인 행동영역이나 의사결정 영역을 확대시켜 준다. 사람은 소득수준이 높아야 문화생활을 향유하고 사회적 활동을 할 수 있으며 마찬가지로 국가도 부강해야지 활동영역을 넓히고 자주적인 외교활동이 가능하다.

셋째, 경제성장은 사회의 문제해결 능력을 높인다. 가령 소득분배에 문제가 있을 때 경제성장이 있어야지 정부의 재정수입이 늘고 정부는 이것을 가지고 분배문제 개선에 도움을 줄 수 있다. 또 성장하는 경제에서는 산업구조조정이 큰 사회적 저항이나 비용을 수반하지 않고서도 이루어질 수 있다. 뿐만 아니라 경제성장은 공공재의 공급을 용이하게 함으로써 민간부문의 희생 없이도 사회가 필요로 하는 욕구, 예컨대 양질의 교육이나 쾌적한 환경을 제공할 수 있다.

2. 성장정책의 필요성과 목표

자본주의적 시장경제체제하에서의 경제성장은 시장에 맡기는 것이 원칙이다. 그러나 시장의 실패로 자원배분이 미래지향적이 되지 못하거나 불안정하고 불확실한 경우가 많다. 자원배분을 시장기구에만 맡기면 현재의 소득극대화에는 도움이 되나 다음 세대의 생활이나 복지문제는 등한시되기 쉽다. 따라서 정부가 개입해서 미래지향적 자원배분, 즉 자원의 세대 간 배분을 할 필요가 있다. 뿐만 아니라 경제성장은 경기적 또는 구조적 요인에 의하여 불안정하고 불확실한 경우가 많기 때문에 시장기구에만 맡겨 놓을 수 없다.

이러한 이유 때문에 경제성장은 오늘날 선후진국을 막론하고 모든 국가에서 경제정책의 중요한 목표가 되고 있다. 물론 경제성장이란 국민복지의 증대를 위한 하나의 수단이기 때문에 성장자체가 경제정책의 목표가 될 수 없다는 주장도 없지 않으나 오늘날과 같이 실업이나 고용문제가 선후진국을 막론하고 심각한 사회문제로 대두되고 있음을 고려할 때 적정한 경제성장의 지속은 아무리 강조하여도 지나치지 않다 하겠다.

그러면 성장정책의 목표는 무엇인가? 경제성장이 중요하다고 해서 경제성장이란 높으면 높을수록 좋다는 것은 결코 아니다. 지나치게 높은 성장은 여러 가지 부작용이 있기 때문에 성장정책의 제일 목표는 적정성장률을 실현하는 것이라 할 수 있다. 적정성장률이란 물가나 국제수지와 같은 다른 거시경제변수에 교란을 주지 않는 경제성장률로서 경제상황에 따라 다를 수 있기 때문에 일정한 수치로 표현하기가 어렵다. 다만 적정성장률이 잠재성장률(potential growth rate)을 초과할 수는 없다. 잠재성장률이란 인플레이션을 가속화시키지 않고 노동과 자본 등 생산요소를 활용하여 달성할 수 있는 최대의 성장률로 정의되는데 잠재성장률은 적정성장률의 상한치라 할 수 있다. 적정성장률은 그것이 물가와 국제수지에 교란을 주지 않는다는 뜻에서 안정성장률이라고도 할 수 있다.

성장정책의 두 번째 목표는 적정성장률을 지속적으로 유지하는 데 있다. 아무리 적정성장률이라 해도 그것이 1~2년의 단기에 그친다면 바람직하다고 할 수 없다. 성장정책이란 단기적인 안정화정책과는 달리 적정성장률이 지속적으로 이루어지도록 하는 데 있다. 적정성장 또는 안정성장이 지속적으로 유지되기 위해서는 수요의 관리도 중요하지만 기본적으로 공급 측면에서 접근해야 되기 때문에 성장정책은 공급지향적인 정책이라 할 수 있다. 공급 측면에서 보는 경제성장의 결정요인은 매우 다양하다. 경제성장은 노동과 자본과 같은 생산요소 외에도 경쟁, 산업구조의 변화, 기술개발 및 생산성 향상과 같은 여러 가지 구조적·제도적·환경적 요인에 의하여 영향을 받는다.

따라서 성장정책의 과제는 이러한 경제성장에 영향을 주는 요소들을 충분히 공급하고 잘 조직화하고 관리함으로써 적정성장률을 장기적으로 실현하고 유지·발전시키는 데 있다고 하겠다.

3. 성장정책과 다른 정책목표 간의 관계

우리는 위에서 성장정책의 목표는 적정성장률을 지속적으로 유지·발전시키는 데 있다고 하였으며 여기서 "적정"이란 물가나 국제수지와 같은 거시경제 변수에 교란을 야기하지 않는 성장률이라 하였다. 그러나 이러한 적정성장률의 개념은 매우 추상적이고 또한 경제성장은 다른 정책목표와의 상충관계가 있을 수 있기 때문에 실제로 경제성장을 어떤 수준에서 그리고 어떤 내용으로 추진하는가는 용이하지 않다. 성장정책을 추진함에 있어서 특히 유념해야 할 것으로는 다음과 같은 것을 지적할 수 있다.

첫째, 경제성장과 물가와의 상충문제를 어떻게 조화시키느냐의 문제이다. 경제성장과 물가 간에는 반드시 정(正)의 상관관계가 있는 것은 아니나 성장률이 잠재성장률을 초과하는 경우에는 인플레이션갭이 생기기 때문에 인플레이션을 수반하는 것이 일반적이다. 경제성장률을 잠재성장률 아래로 유지하는 것이 인플레이션을 막는 가장 기본적인 조건이 된다.

이와 같이 총수요관리 측면에서 인플레이션의 발생요인을 예방하는 것도 중요하지만 공급측면, 즉 비용 측면에서의 인플레이션을 저지하는 것도 매우 중요하다. 공급 측면에서 두 가지가 매우 중요한데 하나는 임금상승을 노동생산성의 증가를 초과하지 않도록 하는 것이다. 그러나 노동조합이 강력한 영향력을 행사하기 때문에 임금을 노동생산성 증가 내에서 억제하는 것은 쉽지 않다. 다른 하나는 사회간접자본 부문에서 애로요인이 생기지 않도록 하는 것이다. 사회간접자본은 미래의 경제성장에 영향을 줄 뿐 아니라 그 공급에 애로가 있을 경우 기업의 직·간접적인 비용을 상승하게 함으로써 물가를 자극하게 된다. 그러나 사회간접시설의 적기공급은 규모의 방대성이나 투자의 불가분성(indivisibility) 때문에 현실적으로 어려우며 따라서 물류비용의 증가나 기타 사회적 비용의 증가를 수반하는 것이 일반적이다.

이 외에도 우리나라와 같이 농업구조의 취약성과 유통구조의 복잡성 등으로 농산물가격이 매우 불안정성을 보이는 등 나라에 따라서 사정은 다르겠으나 경제성장이 어느 정도의 물가상승을 수반하는 것은 피하기 어렵다. 문제는 물가상승이 사회적으로 수용이 될 수 있는 수준이냐 아니냐가 중요하며 어느 정도의 물가상승을 물가안정으로 할 것이냐를 정확한 수치로 나타내기는 어렵다. 가령 독일과 같이 전통적으로 물가안정을 매우 중시하는 나라에서는 4~5%만 해도 이것은 물가안정으로 받아들이기 어려운 반면 우리나라와 같이 오랫동안 높은 인플레이션에 시달려온 국민에게는 4~5%도 안정된 물가수준이라 할 수 있다.

결론적으로 성장정책은 물가를 자극하는 지나친 경제성장을 추구해도 안되겠지만 그렇다고 해서 물가상승을 전혀 허용치 않는 경제성장은 있을 수 없으며 어느 정도의 물가상승은 감수해야 하되 그 물가상승이 국민이 수용할 수 있는 수준을 넘어서는 안 된다는 것이다. 물론 이러한 수준의 물가상승이 정부의 행정력이나 통제에 의하여 이루어졌다면 이는 물가안정이라 할 수 없을 것이며 상대가격의 왜곡을 통해서 장기적으로는 성장을 저해한다고 보아야 할 것이다.

둘째, 경제성장과 분배와의 상충문제다. 경제성장을 추구하고자 하는 중요한 이유 중의 하나는 경제성장이 소득분배에도 긍정적인 효과를 가져오기 때문이다. 경제성장을 통해서 떡의 크기를 키워야지 재분배할 수 있는 몫도 커지기 때문이다. 우리가 흔히 경제성장이 제일의 분배정책이라고 하는 이유도 여기에 있다. 그러나 실제로 경제성장정책을 추진하는 과정에서 공정한 분배를 해치는 현상이 일어날 수 있다. 경제성장을 촉진하기 위해서는 특정산업이나 부문에 정부가 지원을 할 필요가 있는데 정부의 지원을 받는 산업이나 기업이 다른 산업이나 기업에 비해 빨리 성장하게 되면 경제력의 집중을 가져오고 이는 소득과 재산형성상의 불평등을 가져오는 등 경제성장 과정에서 불공평한 분배가 발생하기 쉽다. 따라서 성장정책은 가능한 한 분배를 악화시키지 않는 방향으로 정책을 추진하는 것이 바람직하며 분배상의 불평등이 발생하였을 때는 재정정책이나 기타 정책수단을 통해서 사회적 형평을 증진시키는 것이 필요하다. 왜냐하면 분배의 악화는 계층 간 마찰과 갈등을 초래함으로써 장기적으로는 성장을 저해할 수도 있기 때문이다.

셋째, 경제성장과 생활의 질과의 상충문제이다. 경제성장은 자연자원을 파괴시키고 환경을 오염시킴으로써 생활의 질을 훼손시키는 결과를 가져오며, 이는 선후진국을 막론하고 오늘날 큰 사회적 문제로까지 확대되고 있다. 뿐만 아니라 경제성장이 물질적 풍요를 가져온 것은 사실이지만 물질만능주의를 조장하고 사회적 관계의 비인간화를 촉진시킴으로써 범죄의 증가, 도덕의 타락 등 많은 부작용을 수반하였다. 따라서 성장정책은 단순히 물질적인 양적 성장에만 치우치지 말고 질적이며 환경을 중시하는 방향으로 성격과 내용이 조정되어야 한다.

제 2 절 경제성장의 결정요인

성장이론에 의하면 경제성장은 자본, 노동 및 기술진보의 세 가지 요인에 의하여 결정된다고 보고 있다. 그러나 이러한 성장이론적 접근에는 경제성장에 있어서 제도적·구조적 요인을 등한시함으로써 실제의 경제성장을 설명하는 데는 불충분하다. 시장경제체제 아래서의 경제성장이란 시장기구가 잘 작동하여 자원을 효율적으로 결합하고 배분함으로써만 가능한 것이지 생산요소 자체가 많이 있다든가 또는 그 질이 좋다든가 하는 것만으로 높은 경제성장이 이루어지고 지속될 수 있는 것은 아니다.

따라서 경제성장이 지속적으로 이루어지기 위해서는 생산요소를 잘 동원하여 효과적으로 배분할 수 있는 여러 가지 제도적·구조적 틀이 잘 짜여 있어야 한다. 물론 이러한 틀은 직접적으로 생산에 영향을 주지는 않으나 간접적으로 또 시간을 두고 영향을 미친다는 뜻에서 간접적인 결정요인이라 할 수 있다. 다시 말하면 경제성장이란 자본, 노동 및 기술진보와 같은 직접적 요인과 제도적·구조적 틀과 같은 간접적 요인에 의하여 결정된다고 할 수 있다.

1. 직접적 결정요인

경제성장이론에 따르면 경제성장은 자본, 노동 및 기술진보에 의하여 결정된다. 자연자원도 경제성장의 요소이나 이는 재생산이 가능한 생산요소는 아니기 때문에 성장이론에서는 제외된다. 어느 나라나 경제발전의 초기에는 경제성장이 자본 및 노동과 같은 생산요소의 투입량에 의해 주로 결정되나 경제가 발전함에 따라 이러한 전통적인 생산요소의 역할보다는 이들 생산요소의 질, 즉 생산성의 변화가 더 큰 역할을 하게 된다. 이들 생산요소의 질의 변화를 우리는 기술진보(technical progress) 또는 총요소생산성(total factor productivity)이라고도 한다.

생산성을 생산요소의 질의 변화라 한다면 경제성장이란 생산요소의 투입량과 질의 변화 및 생산요소의 효율적인 결합에 의하여 결정된다고 할 수 있다. 물론 우리가 기술진보를 어떻게 정의하고 측정하느냐에 따라 기술진보의 개념이 달라지기 때문에 기술진보를 그대로 생산요소의 질의 변화라고 볼 수 없는 점도 없지 않다. 그러나 기술진보란 노동이나 자본과 같이 유형체가 아니고 어떤 형태든 노동이나 자본에 체화되고 있기 때문에 생산요소의 질의 변화라 해도 무방할 것이다.

기술진보의 정의를 어떻게 하든 기술진보가 현대성장이론에서 핵심적인 역할을 하게 된 가장 중요한 이유는 기술진보가 경제성장을 결정하는 가장 중요한 요인이라는 데 있다.

오늘날 선진국에서는 기술진보가 일반적으로 경제성장의 50% 이상을 설명해 주고 있으며 우리나라와 같은 중진국에서도 그 중요성이 점점 부각되고 있기 때문이다. 이러한 이유 때문에 기술진보의 원천은 어디에 있으며 이를 어떻게 측정하느냐가 성장이론의 주된 관심사가 되었다.

신고전학파 성장이론에 의하면 기술진보는 하나님이 주신 만나(manna)처럼 외생적인 것으로 보아 기술진보란 경제성장에서 노동과 자본의 기여분을 공제한 잔여(residual)로 보았다. 우리가 기술진보를 외생적으로 주어진다고 한다면 기술진보는 다음과 같은 성장회계방법(growth accounting method)을 통해 간단히 계산할 수 있다. 즉

$$g = \alpha k + \beta l + T$$

여기서 g는 경제성장률, k는 자본투입증가율, l은 노동투입증가율이며 α와 β는 자본과 노동의 소득분배율로서 $\alpha + \beta = 1$이다. T는 기술진보인데 이의 측정은 경제성장에서 자본과 노동의 기여를 공제한 잔여로 계산된다. 가령 우리나라가 지난 10년 동안 경제성장률이 9%, 자본과 노동투입이 각각 12%와 4%씩 증가하고 α와 β가 각각 0.4와 0.6이라 하면 기술진보 $T = 9.0 - (0.4 \times 12 + 0.6 \times 4) = 1.8$이다. 잔여로서의 기술진보는 지난 10년 동안 연 1.8%가 증가하였으며 이는 경제성장률의 20%를 설명한다.

기술진보를 자본과 노동의 성장기여를 공제한 단순한 잔여로서 계산하는

데에는 여러 가지의 문제가 제기된다. 이 잔여 속에는 기술진보만이 아니고 규모의 경제, 교육에 의한 노동자의 생산성 변화, 자원의 부문 간 이동에 따르는 생산성 변화 등이 모두 포함되어 있으며 이러한 요인은 기술의 발전이나 지식의 진보와는 관계없기 때문에 이들 요인을 적절히 감안해야 한다는 주장이 제기되었다. 왜냐하면 그렇지 않은 경우에는 기술진보를 과대평가할 수 있기 때문이다. 기술진보와 관련된 여러 가지 문제의 제기는 기술진보의 개념이나 측정방법을 둘러싼 많은 논쟁을 일으켰으며 지금까지도 일치된 의견이 없다 해도 과언은 아니다.

기술진보에 대한 실증연구의 대표적인 학자인 데니슨(E. F. Denison)에 의하면 경제성장의 요인은 노동과 자본의 질을 감안한 요소투입량의 변화와 총요소생산성 증가의 합으로 보고 있는데, 총요소생산성은 다시 규모의 경제, 산업 간의 자원이동과 지식의 진보(advance in knowledge)로 나누고 있다. 그는 지식의 진보를 순수한 기술진보로 보고 있다. 그에 의하면 1948~1969년 사이에 미국경제의 성장에서 지식의 진보가 차지하는 기여도는 23%가 된다.[1] 이와 같이 노동과 자본의 질의 변화를 고려하더라도 기술진보가 경제성장에 기여한 몫은 결코 적지 않음을 알 수 있다.

이와 같이 측정상의 방법론과 생산요소의 투입 및 산출의 추계방법에 따라 기술진보의 성장기여도는 다르게 나타나고 있다. 문제는 어떤 측정방법을 쓰더라도 기술진보의 정확한 기여도를 밝힌다는 것이 매우 어렵다는 데 있다. 기술진보란 노동이나 자본 및 산출물과 같은 유형체가 아니며 어떤 형태든지 이들 생산요소나 산출물에 체화되어 있기 때문에 이를 정확하게 분리시킨다는 것은 아무리 오늘날 계량기법이 발달되었다 해도 사실상 불가능하다.

---

1) 이에 대해서는 E. F. Denison and W. K. Chung(1976) 참조.

2. 간접적 결정요인

시장경제체제 아래서 경제성장을 결정하는 간접적 요인이란 앞에서 지적한 바와 같이 시장기구가 잘 작동함으로써 생산요소의 효율적 결합과 배분에 영향을 주는 요인을 말하는데 이에는 세 가지의 요인을 들 수 있다.

- 제도
- 경제구조
- 하부구조(infrastructure)

시장경제가 잘 작동되려면 생산요소의 효율적 결합과 이의 배분이 잘 이루어져야 하는데 이는 무엇보다도 경제활동을 지배하는 규범으로서의 경제제도에 의하여 크게 영향을 받는다. 여기서 경제제도란 매우 포괄적인 개념으로서 시장제도, 생산제도, 통화신용제도 및 재정제도 등을 총칭한다. 경제제도가 중요한 이유는 실제의 경제성장이란 자본·노동 및 기술진보 등의 측정 가능한 생산요소에만 의존하지 않고 이러한 생산요소를 어떻게 동원하고 결합하느냐에 따라 다른데 이는 제도에 의하여 크게 영향을 받기 때문이다. 다시 말하면 자원배분의 효율성에 따라 성장결과는 상당히 다를 수 있으며 이는 일차적으로 그 사회의 제도적 요인에 크게 의존한다는 것이다.

가령 제2차 세계대전 후 사회주의 국가의 경제성장이 서구 자본주의 국가의 경제성장보다 크게 뒤떨어졌던 것은 단순히 자본, 노동 및 기술수준과 같은 요인에 있다기보다는 사회주의라는 제도 자체에 근본적인 원인이 있었으며 구소련의 붕괴와 같은 역사적 사실이 이를 증명해 주고 있다. 같은 자본주의 시장경제체제를 가지고 있는 나라들 간에도 경제성장이 다른 데는 이러한 제도적 요인이 크게 작용하였다고 보아야 할 것이다.

제도적 요인 중에서도 가장 중요한 것은 시장제도이다. 시장제도란 시장의 경쟁과 투명성에 관련되는 규범을 말한다. 시장이 얼마나 경쟁적이며 투명성이 있느냐에 따라 가격기구의 작동이 달라지며 이는 자원배분의 효율성으로 이어진다. 이와 관련하여 특히 중요한 것은 경쟁의 역할이다. 경쟁은 자원배분의 효율성을 가져올 뿐만 아니라 기술혁신을 자극함으로써 경제성장을 촉진하기 때문이다. 제2차 세계대전 후 서독이 영국이나 오스트리아, 벨기에와 같은 나라보다 경제성장률이 높았던 주된 이유로서 서독의 경쟁정책이 큰 역할을 하였다고 한다.[2)]

제도적 요인은 시장제도에만 그치지 않고 생산·금융·무역 및 재정제도 등으로까지 확대된다. 가령 생산제도에서는 노사관계 관련 규범이 잘 정비되어 노사 간의 마찰이 적고 협조적 관계에 있느냐 또는 노동력의 이동성의 크기에 따라 경제성장은 적지 않은 영향을 받을 수 있다. 뿐만 아니라 금융제도에서도 금융정책의 자율성 여부는 자원배분의 효율성에 즉각적인 영향을 줄 수 있다. 무역제도에 있어서도 그 나라가 자유무역제도를 추진하느냐 아니면 보호무역주의를 택하느냐에 따라 무역신장은 크게 달라지며 이는 경제성장에도 큰 영향을 미칠 수 있다.

노스(D. North)에 의하면 경제발전의 역사적 차이, 즉 어떤 나라는 빨리 성장하고 또 어떤 나라는 빨리 성장하지 못한 이유가 근본적으로 제도의 발전방향의 차이에 있다는 것은 논란의 대상이 될 수 없다고 한다.[3)] 독일에서는 일찍부터 경제성장을 결정하는 요인은 자본·노동 및 기술진보만이 아니고 제도적·구조적 요인이 매우 중요하다는 것을 강조하여 왔다. 독일에서의 질서정책이란 제도를 말한다. 경제성장은 자본 및 노동의 투입과 이들의 질적 개선, 즉 기술진보를 다루는 과정정책과 제도 및 구조문제를 다루는 여건조성정책(Rahmenpolitik)에 의하여 결정된다고 봄으로써 경제성장에서의 제도적 요인을 크게 강조하였다.

제도적 요인과 더불어 자원배분의 효율성에 영향을 주는 두 번째의 요인으로서 경제구조 문제를 지적하지 않을 수 없다. 경제성장이란 기본적으로 동태적 과정이기 때문에 구조변화를 고려하지 않고서는 생각할 수 없다. 왜냐하면 구조변화가 없는 경제성장이란 현실적으로 생각할 수 없기 때문이다. 경제

2) J. Werner · B. Külp(1971), p.21; J. Werner(1979), p.256 참조.

3) D. North(1990), p.3 참조.

구조에는 인구구조, 생산구조, 기업구조, 유통구조 등 여러 가지 측면으로 나눌 수 있다.

그런데 문제는 이러한 구조나 구조의 변화가 경제성장에 유리하도록 짜여 있고 움직이느냐에 있다. 다시 말하면 구조조정이 잘 이루어지면 경제성장은 촉진될 것이고 반대로 구조조정이 원활히 이루어지지 못하면 경제성장은 그만큼 충격을 받게 된다. 구조조정이 잘 추진되느냐 되지 못하느냐는 구조 자체가 신축적이어서 외부 환경변화에 얼마나 잘 적응할 수 있느냐에 달려 있다. 가령 경제구조가 대기업 위주일 경우에는 변화에 대한 적응력이 중소기업 위주의 경제보다 떨어질 수 있다. 경제구조의 조정은 경제구조 자체의 적응력도 중요하지만 정부의 정책도 매우 중요한 역할을 한다. 정부가 구조조정을 촉진하는 여러 정책적 수단을 실시하면 구조조정이 원활히 이루어질 수 있으며 이는 경제성장을 촉진하기 때문이다.

경제성장을 결정하는 세 번째의 간접적 요인으로 하부구조 문제를 지적할 수 있다. 하부구조란 교통·통신·에너지·교육·보건·사회복지시설 등 생산활동을 간접적으로 지원하는 사회기반시설이란 뜻에서 사회간접자본이라고도 한다. 사회간접자본은 생산 활동의 효율을 제고하고 간접적으로 생산의 증가를 가져온다. 뿐만 아니라 물류비용을 절감시켜 생산비를 인하시켜 경쟁력을 향상시키는 등 경제성장을 촉진하게 된다. 따라서 사회간접자본의 원활한 공급은 경제성장을 위하여 절대적으로 필요하다. 그러나 이러한 사회간접자본의 공급은 소비의 비경합성(非競合性), 비배제성(非排除性) 등의 특성 때문에 시장기구에만 맡길 수 없고 정부가 개입해서 제공해야 한다.

제 3 절 인적 및 물적 자본형성과 경제성장

위에서 경제성장은 자본, 노동 및 기술진보 외에도 제도적 및 구조적 요인에 의하여 영향을 받는다는 것을 지적하였다. 물론 경제성장에서 기술진보의 중요성이 부각되고 있고 제도적 요인이 새롭게 인식되고는 있으나 경제성장의 전통적 결정요인이라 할 수 있는 노동과 자본의 중요성은 아무리 강조하여도 지나치지 않다. 왜냐하면 기술진보도 따지고 보면 노동이나 자본에 체화되는 것이 일반적이기 때문에 기술진보를 노동이나 자본의 투입과 분리해서 생각할 수 없기 때문이다. 따라서 여기서는 노동과 자본의 투입을 증대시키기 위해서는 어떤 정책수단이 필요한가에 대해서 논의하기로 한다.

1. 인적 자본형성

노동은 두 가지 방법에 의해서 경제성장에 영향을 미친다. 하나는 노동의 양적 투입증대를 통해서 경제성장을 촉진시키는 방법이고 다른 하나는 노동의 질의 변화를 통해서 경제성장을 촉진시키는 방법이다. 노동의 질은 교육투자에 의하여 결정되기 때문에 노동투입을 물적 자본형성에 대칭되는 개념으로서 인적 자본형성이란 측면에서 접근하게 되었다. 다시 말하면 노동이 경제성장에 어떤 영향을 미치는가는 인적 자본형성에 달려 있는데 인적 자본형성은 노동의 양과 질에 의하여 결정된다는 것이다. 따라서 경제성장을 촉진하기 위해서는 노동의 양적 투입증대와 함께 노동의 질을 개선해야 한다.

노동의 양은 경제활동인구와 노동시간에 의하여 결정된다. 경제활동인구는 인구증가, 인구의 연령구조, 교육연한과 경제활동참가율에 의하여 결정된다. 인구증가는 장기적으로만 변화가 가능하기 때문에 성장정책의 수단으로 고려되지 않는 것이 일반적이다. 그러나 인구과밀국가에서처럼 노동인구의 증가율이 빠른 경우에는 이를 잘 활용하는 것이 경제성장정책의 중요한 수단이 될 수 있다. 우리나라도 1970년대까지 노동인구의 증가율이 매우 높았으며 이는 우리의 고도성장을 가능케 한 주요한 요인이 되었다. 그러나 〈표 10－1〉에서 보는 바와 같이 1990년대에 들어오면서 생산가능인구(15세~64세 인구)의 증가율은 빠른 속도로 떨어져 경제성장의 제약요인이 되었다. 이를 해결하기 위해 외국인 노동자를 유치하여야 하는데 이는 여러 가지 사회적 문제를 야기하기 때문에 신중을 기할 필요가 있다.

표 10-1 노동력 관련 지표의 증가율 추이(1981-2018) (단위: %)

	1981-1990	1991-2000	2001-2010	2011-2018
생산가능인구(15-64)	2.28%	1.27%	0.72%	0.49%
경제활동인구	2.55%	1.77%	1.20%	1.40%
취업자	2.84%	1.63%	1.28%	1.38%
주당평균근로시간	54.9	51.8	47.8	43.3
실제유효근로시간	2.15%	1.26%	0.53%	-0.32%

주: 실제유효근로시간 = 취업자 수×총 근로시간
자료: 통계청, 고용노동부

노동의 양적 증대를 결정하는 다른 중요한 요인은 노동시간이다. 노동시간도 1980년대 중반 이후 노동운동이 본격화되면서 빠른 속도로 떨어지고 있고 이는 생활수준 향상과 함께 더욱 가속화될 것으로 보이기 때문에 경제성장을 제약하는 또 다른 요인으로 작용할 것이다.

노동의 양적 공급과 관련해서 우리가 기대할 수 있는 것은 여성들의 노동시장참가율을 높이는 것이다. 〈표 10-2〉에서 보는 바와 같이 여성의 노동시장참가율은 아직도 낮은 편이다. 2018년 현재 여성들의 노동시장참가율은 52.9%로서 남자의 73.7%에 비해 크게 낮을 뿐 아니라 선진국에 비해서도 낮기 때문에 이를 제고시킬 여지는 많다. 여성들의 경제활동참가를 촉진하기 위해서는 우선 여성들에 대한 취업에 있어서 차별정책을 철폐하는 것이 가장 중요하며 보육시설과 유치원의 확충 등이 요구된다. 우리나라의 노동시간은 최근에 급격히 줄고 있어서 경제활동인구의 감소와 함께 경제성장의 큰 제약요인으로 작용한다. 다시 말하면 노동력의 실효투입은 노동인구증가의 감소보다 훨신 빠르게 진행되고 있다(〈표 10-1〉 참조).

표 10-2 경제활동참가율 (단위: %)

	2000	2005	2010	2015	2018
전체	61.2	62.2	61.1	62.8	63.1
남성	74.4	74.8	73.2	74.1	73.7
여성	48.8	50.3	49.6	51.9	52.9

자료: 통계청

표 10-3 주요국의 GDP 대비 공교육비(2016) (단위: %)

	총계	초중등교육비	고등교육비
한국	5.4	3.7	1.7
미국	6.0	3.5	2.5
프랑스	5.2	3.7	1.4
OECD평균	5.0	3.5	1.5

자료: Education at a Glance 2019, OECD

우리가 앞으로도 높은 성장을 지속적으로 유지하기 위해서는 노동의 질을 제고시키는 것이 중요하다. 이를 위해서는 교육 및 훈련에 대한 투자를 강화해야 하는데 교육투자에 관한 한 우리나라는 선진국보다 결코 낮은 수준은 아니다. 우리나라의 GDP 대비 공교육비는 2016년 현재 5.4%로서 미국보다는 낮으나 OECD 평균(5.0%)보다 높다(〈표 10-3〉 참조). 재교육이나 직업훈련, 사내훈련 등 각종 훈련에 지출된 규모는 정확히 파악하기 어려우나 이에 대한 투자도 강화되어야 할 것이다.

교육 및 훈련은 투자의 절대규모도 중요하지만 성장정책적인 측면에서 중요한 것은 투자의 내용이다. 즉 어떤 부문이나 어떤 교육과정에 투자를 하느냐는 것이다. 산업구조가 고도화됨에 따라 인력에 대한 수요구조도 크게 변화하기 때문에 가능하면 앞으로의 사회가 필요로 하는 분야에 대한 투자가 바람직하다. 또 교육에서도 대학원 과정에 대한 투자가 바람직한지 아니면 전문대학이나 이공계대학에 대한 중점적 투자가 필요한지에 대한 결정을 하지 않으면 안 된다. 우리가 선진국이 되기 위해서는 첨단산업육성이 필요하고 이를 위해서는 고급과학기술인력이 필요한 것은 사실이나 기술·기능인력에 대한 수요가 더욱 절실한 점을 감안할 때에 전문대학 및 이공계대학에 대한 투자를 확대함으로써 단순한 양적 증대가 아니라 교육의 질을 제고하는 데 노력하여야 할 것이다. 따라서 바람직한 우리의 인력구조는 현재와 같은 피라미드형이 아니라 다이아몬드형이 되어야 할 것이다.

이러한 교육에 대한 투자와 더불어 직업훈련제도의 강화도 필요하다. 앞으로 산업구조가 급격히 변화함에 따라 성장하는 직종이 있는가 하면 쇠퇴하는 직종이 생김으로써 재교육의 필요성이 크게 대두될 것으로 예상된다. 뿐만 아니라 같은 직종에서도 업무가 전문화됨에 따라 새로운 지식의 습득을 위한 향상교육훈련이 증대될 것으로 예상되기 때문에 재교육 및 향상교육훈련에 대한 지원과 제도가 강화되어야 한다. 앞으로 예상되는 산업구조의 변화와 이에 따른 전문인력 수요에 맞게 정부가 교육이나 훈련계획을 수립하는 것도 바람직하다. 그러나 이에 문제가 없는 것은 아니다. 산업구조의 예측이나 다양화되는 인력수요를 정확히 예측한다는 것은 현실적으로 어렵고 또 앞으로 사회구조가 학제적인 지식을 요구할 것으로 예상됨에 따라 너무 세분화되고 특화된 교육보다는 사회적 및 직업적인 적응능력을 배양해 주는 것이 더 바람직하다는 주장도 있다.

2. 물적 자본형성

생산요소로서의 자본은 자본스톡을 의미한다. 자본스톡은 기계·설비·구축물(항만, 도로 등) 및 건물 등으로 구성되는데 이는 고정자본형성, 즉 물적 자본형성에 의하여 이루어진다. 따라서 자본스톡을 증대시키는 것은 투자, 즉 물적 자본형성을 증대시키는 것이다. 물적 자본형성을 촉진하기 위해서는 저축과 기업가가 있어야 한다. 저축은 투자의 원천을 제공하며 기업가는 투자를 결정하기 때문이다. 따라서 생산요소로서의 자본투입을 증가시키기 위해서는 저축을 늘리고 기업가의 투자활동을 어떻게 유인하느냐에 달려 있다.

저축증대를 위해서는 물가안정을 통한 실질금리의 보장이 중요하다. 인플레이션에 의한 강제저축도 하나의 저축증대방안이 될 수 있으며 경제발전의 초기에 흔히 이용되고 있다. 그러나 많은 실증적 연구는 장기적으로 물가안정이 최선의 저축증대 방법이라는 것을 뒷받침하고 있다. 이 밖에도 세제상의 각종 우대조치를 통해 저축을 장려할 수 있다. 정부가 이자에 대한 보조금을 지불한다든지 또는 정부가 가계나 기업의 저축증대를 유도하기 위해서 이자나 배당소득에 대한 세금을 감면한다든지 또는 기업의 사내유보를 장려하는 것 등을 들 수 있다. 이 밖에도 소득분배를 고소득층에 유리하게 하여 저축을 증대하는 방안이 있으나 이는 분배정책적인 측면에서 바람직하지 않다.

아무리 저축이 많다 하더라도 이에 상응하는 투자수요가 없으면 저축은 경제성장에 도움이 되지 않는다. 투자수요가 수반되지 않은 저축이란 소득의 누출(leakage)로서 오히려 경제성장에 방해가 되기 때문이다. 다시 말하면 저축은 투자의 필요조건이지만 투자의 충분조건은 아니다. 투자를 결정하는 것은 기업이기 때문에 기업의 투자를 유인하는 것이 투자정책의 핵심이라 하겠다. 기업의 투자활동을 유인하는 정책으로 다음과 같은 것을 들 수 있다.

첫째, 세제상의 유인정책으로, 예컨대 특별상각의 허용이라든지 투자세액공제제도이다.

둘째, 정부가 수요를 확대시켜 주는 방법이다. 정부의 공공지출을 확대하여 민간투자를 촉진하는 방법이다. 이런 경우에는 일반적으로 정부가 사회간접자본에 대한 투자를 확대하여 외부경제를 창출해 줌으로써 기업의 수익성을 개선해 주게 된다.

셋째, 정부가 투자의 위험성을 덜어 주는 방법이다. 수익성이 불투명한 대규모 투자나 회임기간이 긴 사업의 경우 기업은 투자를 기피하게 된다. 이와 같이 위험(risk)이 큰 사업에 대한 투자를 촉진하기 위해서는 정부가 세제나 금융상의 우대조치, 예컨대 보조금이나 저리금융을 제공하거나 아니면 정부가 출자 등을 통해서 직접 그 사업에 관여하는 것이 필요하다. 1970년대에 우리나라는 중화학공업을 육성하기 위하여 이러한 정책수단을 동원하였다.

넷째, 투자환경의 개선이 중요하다. 투자는 정도의 차이는 있지만 모험성과 불확실성을 가지는 것을 특징으로 하고 있기 때문에 투자를 할 수 있는 분위기를 개선해 주는 것이 중요하다. 금융·세제상의 지원도 중요하겠지만 정치의 불안, 불안정한 노사관계, 정부의 규제, 정책의 일관성 결여 등은 기업의 투자 마인드에 결정적인 영향을 준다. 따라서 기업의 투자활동을 촉진하기 위해서는 위에서 지적한 여러 가지 경제적 유인 외에 이와 같은 경제외적인 환경의 조성에도 정부의 적극적인 노력이 필요하다.

다섯째, 투자의 활성화와 관련해서 외자유치 문제를 지적하지 않을 수 없다. 오늘날과 같이 국제화, 세계화(globalization)가 급속히 진전되는 환경에서는 자유로운 외국인투자가 허용되어야 함은 당연하다 하겠다. 외국인투자가 필요한 실질적인 이유는 외국인투자가 기술을 가져오고 새로운 경영 노하우(know-how)를 가져옴으로써 기술이전과 경쟁을 촉진시킨다는 것이다. 특히 오늘날과 같이 선진국이 첨단기술의 이전을 기피하고 있는 실정을 감안할 때 외국인투자의 유치는 첨단기술의 도입이라는 측면에서도 매우 바람직하다.

끝으로 투자활동은 신기술의 확산을 촉진시키는 중요한 수단이 될 수 있다. 투자는 단순히 자본스톡을 증대시키는 데 그치지 않고 새로운 기술을 가져옴으로써 생산성 향상과 기술혁신을 촉진시킬 수 있다는 것이다. 투자의 증가는 새로운 생산시설, 즉 새로운 기계나 장비의 도입을 말하며 이에는 새로운 기술이 체화되는 것이 일반적이다. 따라서 투자가 활발히 이루어지면 새로운 기술의 확산이 이루어지고 생산성도 향상된다는 것이다.

칼도(N. Kaldor)가 말한 것처럼 기술진보를 자본축적과 분리시켜 생각할 수 없으며 이는 오늘날 대부분의 기술진보 형태가 노동절약적인 형태를 띠고 있음에서 알 수 있다. 다시 말하면, 칼도에 의하면 생산함수를 따라서 움직이는 것(movement along a production function)인 자본축적과 생산함수의 이동(shift in a production function)인 기술혁신을 구분한다는 것은 현실적으로 불가능하다는 것이다.[4] 왜냐하면 투자가 수반되지 않는 기술이란 발명(invention)은 될 수 있어도 혁신(innovation)은 될 수 없기 때문이다. 투자야말로 기술혁신을 성공시킬 수 있는 결정적인 수단이라는 것이며, 이런 의미에서 투자활동은 경제성장의 가장 중요한 결정요인이라 할 수 있다.

4) N. Kaldor(1957), p.596 참조.

제 4 절 기술진보와 경제성장

1. 기술진보의 내생이론

기술진보란 새로운 기술적인 지식의 경제적 응용을 말하는 것이므로 기술혁신(technological innovation)의 경제적 표현이라 할 수 있다. 기술혁신에는 제품혁신(product innovation)과 공정혁신(process innovation)이 있다. 제품혁신이란 새로운 제품의 개발이나 기존제품이라도 성능의 획기적 변화를 가져오는 기술개발을 의미하며, 공정혁신은 새로운 제품의 개발은 아니지만 기존의 공정상의 개선을 가져옴으로써 생산비용의 인하를 가져오는 기술개발을 말한다.

기술혁신의 형태가 어떤 것이든 기술혁신이란 신고전학파 경제학자들이 말하는 것처럼 하늘에서 떨어진 만나(manna)와 같은 외생적인 것이 아니라 자본이나 노동에 체화된 형태로 나타난다. 다시 말하면 기술혁신은 자본축적 없이 일어날 수는 없는 것이 일반적이라고 보아야 한다. 물론 경영혁신 예컨대 인사관리를 잘하든지 공장의 배치(layout)를 잘 한다든지 하는 경우에는 새로운 투자 없이도 생산효율을 올릴 수 있다. 그러나 이러한 이른바 중립적 기술진보(neutral technical progress)란 매우 드문 경우로서 이는 새로운 기술적 지식과 관계없는 경영혁신(managerial innovation)에 지나지 않는다. 기술혁신이 넓은 의미에서 경영혁신까지 포함한다 하더라도 경영혁신이 인간에 대한 끊임없는 투자 즉, 인적자본에 대한 투자 없이 지속적으로 일어날 수 있겠느냐는 것이다. 어떤 형태든 간에 물적 자본이나 인적 자본에 대한 투자 없이는 기술혁신이 불가능하다고 볼 때 기술진보란 외생변수가 아니고 내생변수로 보아야 할 것이다.

기술진보를 내생적 변수로 보는 경우에도 학자에 따라 보는 시각이 다소 다르다. 애로우(K. Arrow, 1962)와 칼도(N. Kaldor, 1957, 1965)는 기술진보의 원천을 학습효과(learning by doing)에 두고 있는데 학습효과는 지속적인 자본축적에 의해서만 가능하다고 본다. 또 루카스(R. Lucas, 1988), 스토키(N. Stokey, 1990), 타무라(R. Tamura, 1991) 등은 기술진보를 인적 자본축적의 결과로 보며 로머

(P. Romer, 1990) 등은 연구개발투자(R&D)의 결과라고 본다.[5]

기술혁신이란 매우 다양한 형태와 특성을 가지기 때문에 사실 무엇이 가장 결정적인 요인이라고 꼬집어 내어 말하기는 어렵다. 학습효과에 의하여 기술진보가 일어나는 경우가 있는가 하면 인적 자본축적이 결정적인 역할을 하는 경우도 있을 수 있고 또 연구개발투자가 핵심이 될 수 있다. 경제이론을 다루고 모델을 만드는 학자의 입장에서 보면 무엇이 가장 중요한 결정요소인가를 찾아내는 것은 매우 중요하며 그런 의미에서 특정변수를 기술진보의 대리변수로 처리하는 것은 상당히 의의가 있다고 할 수 있다. 그러나 실제의 기술혁신이란 매우 복합적인 요소에 의하여 결정된다고 보아야 할 것이다. 특히 우리가 기술진보를 어떤 일정시점에서의 기술개발이 아니라 시간에 따라 끊임없이 일어나는 혁신의 연속으로 볼 때 기술혁신이 단순한 물적 또는 인적 자본의 투자나 연구개발투자의 함수라고만 할 수 없으며 인적·물적 자본의 투자와 연구개발투자의 혼합된 결과라고 보아야 할 것이다.

다시 말하면 한 나라가 어떤 일정기간 동안에 얼마나 높은 생산성의 향상, 즉 기술진보를 이룩하였느냐는 인적·물적 자본축적과 연구개발투자의 종합된 결과로 보아야지 어느 특정요소만으로 설명하기는 어렵다는 것이다. 더 엄격하게 따지고 들어간다면 기술진보를 이들 세 가지 요소만으로 설명할 수도 없을 것이다. 왜냐하면 아무리 물적 자본이나 인적 자본에 대한 투자와 연구개발투자가 있다 해도 이를 잘 조직하고 효율적으로 활용할 수 있는 제도와 조직이 이를 뒷받침해 주지 않는다면 좋은 성과를 거두기 어렵기 때문이다. 이런 면에서 제도 및 조직의 효율성은 경제발전에 있어 매우 중요하다고 하겠다.

강철규는 기술진보는 인적 자원과 제도 및 조직의 효율성에 의하여 결정된다고 주장하고 있다.[6] 그는 인적 자원과 제도 및 조직의 효율성을 지력(knowledge power)이라고 부르고 기술진보를 가능하게 하는 것은 지력이기 때

---

5) 신고전학파와는 달리 이들은 기술진보를 내생변수로 보았다는 뜻에서 이들의 성장이론을 내생적 성장이론이라고 한다. 내생적 성장이론에 대해서는 유종일·장하준(1991) 참조.

6) 이에 대해서는 강철규(1993) 참조.

문에 경제발전이란 곧 지력의 함수라고 한다. 그에 의하면 지력이란 국민경제가 가지고 있는 지적 능력인데 이 지력(knowledge power)은 인적 자원을 잘 활용할 수 있는 제도나 조직이 있어야 제대로 발휘될 수 있다고 한다. 강 교수가 제도나 조직의 문제를 경제발전과 접목시키고자 한 것은 높이 평가할 만하다. 그러나 제도나 조직의 문제는 인적 자원에만 해당되는 것이 아니고 물적 자본의 활용에도 적용되어야 할 것이다.

2. 기술혁신의 원천

우리는 위에서 기술진보란 내생변수로서 물적 자본이나 인적 자본 및 제도나 조직에 체화되었다는 것을 지적하였다. 그러면 이러한 기술진보는 어떻게 발생하는가? 다시 말하면 기술진보의 원천에 대하여 알아볼 필요가 있다. 그렇게 함으로써 기술진보를 어떻게 하면 촉진시킬 수 있는지를 파악할 수 있기 때문이다.

기술진보의 원천으로 일반적으로 디맨드 풀(demand pull)과 테크놀로지 푸쉬(technology push)의 두 가지를 들고 있다. 디맨드 풀이란 기술혁신은 수요측 요인, 즉 시장의 필요에 의하여 유발된다는 것이다. 수요의 변화, 가격의 변화, 소비자의 기호변화, 경쟁자의 행위변화 등이 기업으로 하여금 기술혁신을 하게끔 한다는 것이다. 이와 반대로 테크놀로지 푸쉬란 기술혁신은 시장적 요인과는 관계없이 과학의 발전에 의하여 일어난다는 것이다. 이는 기술혁신이 순수히 과학, 즉 연구개발에 의존한다는 뜻에서 사이언스 푸쉬(science push)라고도 하며 반대로 디맨드 풀은 기술혁신이 시장요인에 의하여 결정된다는 뜻에서 마켓 풀(market pull)이라고도 한다. 기술혁신에 있어서 테크놀로지 푸쉬를 최초로 주장한 사람은 슘페터(J. A. Schumpeter)다. 슘페터에 의하면 기업가는 강한 모험심을 가지고 있기 때문에 혁신적인 새로운 기술개발이 가능하며 이를 통하여 새로운 산업이 탄생되고 이는 경제발전을 위한 기폭제가 된다. 슘페터에 의하면 기술혁신이야말로 경제성장의 엔진이라는 것이다.

이와 같이 과학의 발전만이 지속적인 경제발전의 원동력이 된다고 보는 테크놀로지 푸쉬(technology push)이론은 1960년대 후반부터 여러 학자에 의해 도전을 받기 시작했다. 과학이 기술개발이나 경제성장에 얼마나 기여를 했는가에 대한 다수의 실증적 연구가 시작되었는데 이들에 의하면 성공적인 기술혁신의 가장 중요한 결정요인은 수요라는 것이다.[7] 기술혁신이란 아이디어의 개발부터 상업화에 이르기까지의 하나의 과정이기 때문에 수요자의 요구를 잘 이해하고 이들과의 효과적인 대화와 협력을 가져야 어떠한 기술개발도 성공할 수 있다는 것이다. 따라서 수요요인이야 말로 기술혁신의 성공을 결정하는 가장 중요한 요인이라고 한다. 기술혁신에 있어서 수요 측 요인을 중시하는 학자로 슈무클러(J. Schmookler), 로스웰(R. Rothwell), 월쉬(V. Walsh) 등을 들 수 있다.[8]

수요 측 요인과 관련하여 경쟁의 중요성을 간과해서는 안 된다. 경쟁이 기술혁신을 촉진한다는 데는 두 가지의 뜻이 있다. 하나는 경쟁이 새로운 기술의 도입을 통해 기술의 확산을 촉진하며 다른 하나는 경쟁이 연구개발 활동 자체를 활성화시킨다는 것이다. 기업이 경쟁에서 살아남기 위해서는 새로운 생산시설에 투자를 하여야 하는데 새로운 생산시설에는 새로운 기술적 지식이 있고 이는 학습효과를 통해서 신기술의 급속한 확산과 함께 새로운 기술의 효과를 극대화하거나 이를 더 발전시킴으로써 기술혁신을 촉진시킬 수 있다. 따라서 기업의 시장진입을 자유롭게 하면 새로운 시장진입자는 새로운 생산시설을 가져오기 때문에 기술혁신을 촉진시키게 된다. 다시 말하면 시장진입장벽의 제거는 새로운 기술의 도입과 이의 확산을 통해서 기술혁신을 촉진시킨다는 것이다.

두 번째의 문제인 경쟁이 연구개발 자체를 촉진한다는 데 대해서는 일치되는 견해가 없다. 슘페터는 기술혁신이란 창조적 파괴과정을 통해서 일어나는데 여기에는 위험성이 크기 때문에 시장진입을 제한하여 독점이나 독과점적

7) R. Coombs et al.(1987), p.98 참조.

8) 우리나라의 기술개발에 있어서 수요 측 요인이 공급 측 요인보다 지배적이라는 실증연구에 대해서는 Linsu Kim(1982), p.43; 김적교(1983), p.120 참조.

위치를 굳혀 주고 위험성을 줄여 주는 것이 바람직하다고 주장한다. 왜냐하면 독점기업은 경쟁기업에 비하여 여러 면에서 유리한 점이 있기 때문이다. 독점기업은 시장지배력을 이용하여 경쟁기업으로 하여금 기술혁신의 모방을 하지 못하도록 할 수 있고 연구개발을 위한 자금과 연구인력의 동원에서 유리하기 때문에 기술혁신의 독점우위론을 주장한다.

이에 대하여 쉐러(F. M. Scherer, 1970)와 펠너(W. Fellner, 1951)는 기술혁신은 경쟁 상태에서 더 잘 촉진된다는 경쟁우위론을 펴고 있다. 독점기업은 시장의 독점력 때문에 기술혁신을 하지 않고도 생존할 수 있어 기술혁신을 소홀히 하기 쉽다. 특히 대기업의 경우에는 조직의 관료화 때문에 의사소통이 쉽지 않아 새로운 아이디어가 사장되기 쉽고 연구 활동에 대한 보상이 충분히 따르지 않기 때문에 기술혁신의 동기가 중소기업의 경우보다 약하다는 것이다. 경쟁적 시장에서는 새로운 기업의 시장진입이 자유롭고 모험적인 기업이 많기 때문에 위험성과 혁신성이 높은 연구개발에 뛰어들 가능성이 높다. 즉 기술혁신은 독점적인 시장에서보다 경쟁적인 시장구조 아래서 더 활발히 이루어진다는 것이다. 기술혁신에서 독점우위론이 타당한지 아니면 경쟁우위론이 타당한지에 대해서는 어떤 확정적인 결론을 내리기는 어려우나 많은 실증연구에 의하면 경쟁적 시장이 독점적 시장구조보다 기술혁신촉진적으로 나타나고 있다.[9)]

우리나라의 경우도 시장집중도가 높다고 해서 연구개발비 지출 비율이 증대하지는 않는 것으로 나타나고 있다. 시장형태별로 보면 과점형 업종에서는 시장집중도가 증대하더라도 연구개발비 지출이 증가하지 않으나 경쟁형 업종에서는 시장집중도의 증대가 연구개발비 지출을 촉진하는 것으로 나타나고 있어 연구개발 활동이 경쟁적 시장구조에서 더 활발히 일어나고 있음을 알 수 있다.[10)]

이와 같이 기술혁신의 원천(origin)은 순수한 과학기술의 발전, 즉 공급 측 요인에 있다기보다는 수요 측 요인에 있다고 보는 것이 일반적 견해다. 그러나

9) F. M. Scherer(1980), p.365; J. Werner(1979), p.59 참조.

10) 김적교 · 조병택(1989), p.95; 이원영 · 정진승(1985), pp.117-131 참조.

어느 요인이 기술혁신의 유일하고도 근본적인 결정요인이라고 하기는 어렵다.

기술혁신이란 과학 및 기술적 지식과 사회경제적 변수, 즉 과학기술의 수준, 제도, 과학기술자의 영감, 기업의 조직, 이윤의 기대 등의 상호작용에 의하여 결정되는 매우 복잡한 과정이기 때문에 어느 특정요인만이 절대적이라 할 수 없기 때문이다.[11] 따라서 우리는 공급 측 요인과 수요 측 요인이 공히 중요하다고 보아야 할 것이다. 영국 서섹스(Sussex)대학의 과학기술정책연구소(SPRU)에 의하면 여러 산업의 기술발전과정을 조사해 본 결과 기술발전의 초기에는 테크놀로지 푸쉬(technology push) 요인이 더 중요한 역할을 한 반면, 성숙기에 가서는 디맨드 풀(demand pull) 요인이 더 큰 작용을 하였다.[12] 이는 로스웰(R. Rothwell)과 지그벨드(W. Zegveld)의 발견과 대체로 일치하는데, 이들에 의하면 기술이 새로운 것이고 유동적(fluid)이고 시장이 급속히 확대되는 경우에는 소기업이나 기업가 정신이 매우 중요한 역할을 하지만 기술이나 산업이 성숙단계에 이르게 되면 이들의 역할은 감소한다고 한다. 따라서 산업의 초기단계에서의 공급 측 요인이 중요하지만 성숙기에 가서는 수요 측 요인이 중요하다.[13]

3. 기술혁신의 정책방향과 수단

3.1 기본방향

정부에 의한 기술혁신정책은 기본적으로 두 가지 측면에서 접근할 수 있다. 하나는 수요 측면이고 다른 하나는 공급 측면이다. 전자를 간접적 지원정책이라 한다면 후자는 직접적 지원정책이라 할 수 있다.

수요 측면에서 보는 기술혁신정책의 경우 기술혁신은 경제성장, 수요구

11) W. Weber(1970), p.217; R. Coombs et al.(1987), p.102 참조.

12) C. Freeman(1982), p.194 참조.

13) R. Rothwell and W. Zegveld(1982), p.61; R. Coombs et al., 전게서, p.103 참조.

조의 변화, 시장의 경쟁상태, 기술정보의 가용성 등 기술혁신에 영향을 주는 일반 경제적 환경에 의하여 크게 영향을 받기 때문에 이러한 환경적 요인을 개선해 주는 것이 매우 바람직하다는 것이다. 다시 말하면 기술혁신을 촉진시키기 위해 연구개발(R&D) 활동과 같은 기술혁신을 직접 지원하는 것은 효율성의 문제가 있기 때문에 연구개발 활동에 영향을 주는 경제적 내지 기술적 여건을 개선해 주는 것이 더 효과적이라는 것이다.

이에 반하여 공급 측면에서 보는 과학기술정책의 경우 기술혁신의 원천은 과학기술이기 때문에 연구개발 활동을 직접 지원하는 것이 가장 바람직하며 이를 위해서 연구개발 투자확대와 과학기술인력의 양성에 정부가 적극 지원함으로써 과학기술의 공급원을 확대해야 한다는 것이다. 이러한 공급지향적 기술혁신정책은 제2차 세계대전 후 1960년대 초까지 서방선진국의 과학기술정책의 근간을 이루었다. 제2차 세계대전에서 서방선진국의 승리는 과학기술의 승리로 볼 수 있었기 때문에 이들 국가는 전후 동서 냉전분위기에 힘입어 무기개발, 핵기술, 우주항공기술 분야에서의 연구개발 지출을 경쟁적으로 확대시켜 이른바 연구개발투자의 황금기를 구가하였다. 연구개발투자는 많으면 많을수록 좋다는 인식이 지배하였기 때문에 자금의 효율성에 대해서는 의문이 제기되지 않았다.[14)]

그러나 이러한 공급지향적 과학기술정책은 1960년대 후반에 들어오면서 비판을 받기 시작하였다. 연구개발 지출이 대규모화됨에 따라 대형기술개발 프로젝트의 시장성·경쟁력 및 상업성에 대한 검토가 불가피하게 되었다. 정부부문에서도 연구개발예산이 급증하게 되자 이의 관리에 대한 관심이 증대되는 등 정부나 기업할 것 없이 연구개발투자에 대한 효율성(cost effectiveness)의 문제를 검토하기 시작하였다. 이와 같은 일련의 움직임은 공급 중심의 과학기술정책이 연구개발투자의 중요성을 과대평가한 반면 기술혁신에 있어서 경제적 및 환경적 요인을 등한시하고 있다는 것을 지적하게 되었다. 기술혁신의 성공을 위해서는 연구개발 외에도 환경적 요인이 매우 중요하다는 인식이 대두되었으며, 이는 이들 선진국의 과학기술정책이 공급중심 정책에서 수요중심정책

---

14) C. Freeman(1982), p.196 참조.

또는 환경중심정책으로 전환되는 중요한 계기를 마련하였다.

이와 같은 과학기술정책의 전환은 기술혁신에 있어서 공급 측면은 중요하지 않고 수요 측면만 중요하다는 것은 결코 아니다. 성공적인 기술혁신을 위해서는 공급 측면과 수요 측면을 공히 감안하는 균형된 접근이 필요하다는 것을 시사한다고 보아야 할 것이다. 수요 측 요인이란 환경적 요인을 말하는데 환경적 요인은 다른 정책에 의하여도 영향을 받기 때문에 과학기술정책이 성공하려면 다른 여러 정책과도 잘 조화를 이루어야만 한다. 다시 말하면 기술혁신정책은 기술혁신에 간접적으로 영향을 주는 다른 정부의 정책, 예컨대 거시경제정책, 산업정책, 무역정책, 교육정책, 인력정책과 잘 조화를 이룬 통합접근(integrated approach)이 필요하다는 것이다. 이렇게 볼 때 효과적인 기술혁신정책은 수요 측면, 공급 측면과 이를 잘 결합시켜 주는 정책의 삼위일체적 접근이 가장 바람직하다 하겠다.

3.2 수요측면

수요 측면에서 기술혁신을 촉진시키는 가장 중요한 수단은 경쟁의 촉진이다. 경쟁을 촉진시키는 것은 크게 대내적 경쟁의 촉진과 대외적인 경쟁촉진 정책으로 나눌 수 있다.

대내적 경쟁촉진이란 시장진입의 자유, 독과점규제, 시장투명성 제고, 정부규제의 완화를 통해서 기술혁신을 위한 시장수요를 창출하는 것을 가리킨다. 이러한 일련의 정책수단을 동원하게 되면 기업은 시장에서 경쟁을 이기기 위해 투자활동을 증대시키거나 직접적으로 연구개발 활동을 하게 된다. 투자활동의 증대는 새로운 시설의 도입을 촉진시키고 이는 새로운 기술의 확산과 함께 학습효과를 통해 기술혁신을 촉진하게 된다. 투자의 증대는 단순한 물적 투자에만 그치지 않고 인적 자본형성도 촉진하여 생산성을 향상시키게 된다. 이와 같이 시장에서의 경쟁격화는 단순한 투자활동의 증대에만 그치지 않고 새로운 제품개발을 위한 기업자체의 연구개발 활동의 필요성을 느끼게 함으로써 기술혁신을 촉진하게 된다.

이러한 경쟁촉진적인 수단 외에 거시경제적 요인도 매우 중요하다. 예컨대 물가안정과 같은 거시경제적인 안정도 기술혁신에 매우 긍정적인 역할을 한다고 할 수 있다. 물가가 안정되지 않는다면 기업은 가격의 인상을 통해서 쉽게 돈을 벌 수 있기 때문에 생산성 향상이나 기술개발을 소홀히 하게 마련이다. 물가가 안정되고 시장이 경쟁적이 되면 기업은 원가절감이나 새로운 제품개발을 하지 않고는 돈을 벌 수 없기 때문에 기술개발을 게을리 할 수 없다.

이러한 대내적 경쟁촉진과 함께 대외적인 경쟁촉진도 매우 중요하다. 대외적 경쟁촉진은 국내시장의 대외개방을 의미하는데 이의 가장 중요한 수단은 무역자유화이다.

무역자유화는 두 가지 측면에서 경쟁을 촉진시킨다. 하나는 국내시장에서의 경쟁촉진인데 외국에서 좋은 제품이나 새로운 제품이 국내시장에 들어옴으로써 국내기업으로 하여금 기존제품의 품질고급화나 새로운 제품개발의 필요성을 강하게 느끼게 하여 기술혁신을 촉진시킨다. 다른 하나는 자국의 시장개방은 상대방 국가의 시장개방을 의미하며 이는 시장의 확대를 의미한다. 시장의 확대는 아담 스미스가 이야기하는 것처럼 분업을 촉진시킬 뿐 아니라 규모의 경제를 누리는 등 새로운 투자기회를 제공하여 기술혁신을 촉진시킨다. 무역자유화에 못지않게 중요한 것은 외국인 투자의 개방이다. 외국인투자는 국내에서의 공급자 수를 증가시킬 뿐 아니라 새로운 경영 노하우와 기술을 가져옴으로써 기술혁신과 새로운 기술의 확산을 촉진시키게 된다.

신제품에 대한 정부의 구매제도도 수요 측면에서 기술혁신을 도와주는 중요한 정책수단이 될 수 있다. 기술혁신에 의한 새로운 제품의 개발은 시장에서 검증이 되지 않는 경우가 많고 또 처음에는 대량생산이 불가능하기 때문에 가격에서 불리한 경우가 많다. 따라서 공공기관이 일정기간 동안 새로 개발된 제품을 구매하여 주는 것이 중요하다. 미국의 경우를 보면 연방정부가 75억 달러 정도를 해마다 불특정상품의 구입을 위해서 지출하고 있는데 이는 주로 방위산업 부문에 쓰인다.[15] 우리나라에서도 개인용 컴퓨터가 처음 개발

15) R. Nelson et al.(1969), p.198 참조.

되었을 때 공공기관의 구매가 컴퓨터산업의 발전에 적지 않은 기여를 하였다. 이것과는 다소 성격은 다르나 1980년대 초 자동차산업이 매우 어려운 상황에 있을 때 공직자의 자가운전제도의 도입은 자동차산업의 위기를 극복하는 데 일조하였다고 할 수 있다.

3.3 공급측면

이상에서 지적한 바와 같이 수요 측면이 기술혁신을 촉진하는 데 큰 역할을 하는 것은 사실이다. 기술혁신을 시장의 필요에 맡긴다는 것은 기본적으로 기술개발을 시장기구에 맡긴다는 것이다. 그러나 기술개발은 공공재적 성격을 가지고 외부경제를 창출하기 때문에 시장기구에만 맡겨 놓아서는 국가가 원하는 정도로 활성화되기 어렵다. 특히 기술혁신이 경제성장이나 국제경쟁력의 중요한 결정요인이 된다는 점을 감안할 때 국가가 어떤 형태든 기술혁신을 위해 적극적으로 개입할 필요가 있다. 기술개발의 공급 측면이란 정부가 기술개발의 능력을 제고하거나 정부가 기술개발을 직접 담당하는 것을 말하는데 이의 구체적 수단으로 다음과 같은 것을 지적할 수 있다.

첫째, 정부가 연구개발(R&D)에 대한 투자를 크게 확대하는 방법이다. 정부의 연구개발 활동 지원에는 두 가지 방법이 있다. 하나는 정부가 보조금을 통해 민간의 연구개발 활동을 지원하는 방법이고, 다른 하나는 정부가 직접 연구개발 활동을 추진하는 것이다. 전자의 경우는 정부가 특정산업기술개발을 위해 민간에게 보조금을 지원하는 것을 말하며 후자는 공공기술과 같은 공익성을 가진 기술개발을 정부가 직접 주관하여 개발하는 경우다.

기초연구나 에너지·통신·환경기술과 같은 공공기술은 외부경제를 창출하거나 공공성을 지니고 있기 때문에 시장기구에 맡겨서는 충분한 투자가 이루어질 수 없다. 따라서 이러한 기술은 정부주도로 개발해야 한다. 이러한 공공성을 가진 기술이 아닌 산업기술의 경우에도 투자규모가 크고 위험성이 크거나 산업전반에 공통적으로 활용될 수 있는 분야, 예컨대 첨단원천기술, 기반기술 및 중소기업 공통 애로기술 등은 정부가 적극 지원하거나 정부 주도하에

표 10-4 주요 과학기술지표 국제비교

	한국	미국	일본	독일
GDP 대비 R&D 투자(%)	3.37('08)	2.68('07)	3.44('07)	2.54('07)
경제활동인구 천명당 연구원수	9.7('08)	9.4('07)	10.6('07)	6.8('07)
SCI 논문수('08)	12위	1위	5위	4위
특허건수('07)	4위	1위	2위	3위
기초연구비중(%)	16.1('08)	17.5('07)	13.8('07)	–

자료: 2009 과학기술연감, 교육과학기술부

개발할 필요가 있다. 우리나라도 1980년대부터 이러한 미래지향적인 국책연구개발사업을 추진하는 등 연구개발투자를 지속적으로 확대하여온 결과 장족의 발전을 하였다. GDP대비 연구개발비투자는 2000년대 들어오면서 거의 선진국수준에 달하였다(〈표 10–4〉 참조).

둘째, 과학기술인력의 양성을 위한 투자를 들 수 있다. 장기적으로 볼 때 과학기술의 발전은 고급과학기술인력에 의하여 좌우된다고 할 수 있기 때문에 과학기술인력의 양성이야말로 기술개발의 능력을 제고시키는 원천이라 할 수 있다. 경제발전의 초기에는 과학기술인력의 양적인 양성이 중요하지만 경제가 발전함에 따라 고급인력에 대한 수요가 늘기 때문에 양질의 과학기술인력의 양성이 중요하다.

우리나라는 그동안 과학기술인력 양성을 위한 노력을 집중하였으며 그 결과 연구개발인력의 연구 활동은 크게 신장되었다. 〈표 10–4〉에서 보는 바와 같이 경제활동인구 천명당 연구원 수를 보면 우리나라는 9.7명(2008년)으로 일본, 미국과 거의 같은 수준이다. SCI 논문발표는 세계 12위로 선진국보다는 낮으나 특허건수는 세계 4위에 이르는 등 괄목할 만한 성과를 거두었다.

셋째, 과학기술의 하부구조를 확충하여 기술개발의 능력을 강화시키는 것이 중요하다. 공익성을 가지는 기술개발은 민간에 맡길 수 없기 때문에 공공연구기관이 맡아야 하며 산업기술개발의 경우에도 경제발전의 초기에는 산업계의 기술개발능력이 매우 취약하기 때문에 공공연구기관을 통해서 이를 지원할 필요가 있다. 특히 첨단산업과 같은 위험성이 크고 투자규모가 큰 산업기술의 경우에는 공공연구기관을 중심으로 추진되는 것이 바람직하다.

한국과학기술연구소(KIST)가 1966년에 처음 설립되었고 그 이후 수많은 전문출연연구소가 설립되었는데 이들 출연연구기관은 독자적인 신기술의 개발과 함께 도입기술의 소화·흡수·개량에 크게 기여하였을 뿐 아니라 수많은 과학기술인력을 학계나 업계에 배출하여 대학 및 민간기업의 기술개발능력을 제고하는 데 크게 기여하였다. 또한 정부는 민간의 기술개발능력을 향상시키기 위하여 기업의 연구개발투자를 적극 지원하였으며 그 결과 기업부설연구소와 연구개발투자도 크게 확대되었다.

3.4 수요와 공급의 연계

지금까지 우리는 기술혁신의 수요와 공급 측면에서 어떤 정책수단이 있어야 하는가에 대하여 논의하였다. 기술개발에 대한 수요와 공급이 있다 하더라도 그것을 연결시켜 주는 매개변수가 없으면 기술개발이 효과적으로 일어날 수가 없다. 자본과 노동의 경우 시장메커니즘이 수급을 적절히 조정해 주기 때문에 정부가 자본시장이나 노동시장에 직접적으로 개입해서 수급을 조정해 줄 필요는 없다. 물론 정부가 전혀 개입하지 않는 것은 아니지만 원칙적으로 시장메커니즘에 맡겨 놓고 있다.

그러나 기술시장에서는 자본이나 노동시장과 달리 매우 불완전하고 발달이 되지 않았기 때문에 가격기구가 제대로 작동하기가 어렵다. 다시 말하면 기술을 공급하는 대학이나 연구소는 산업계가 어떤 구체적 기술을 요구하는지를 파악하기 힘들고 반대로 산업계는 대학이나 연구소가 어느 정도의 기술개발능력을 가지고 있는지 제대로 알지 못하고 있다. 뿐만 아니라 기술의 속성상 기술에 대한 정보가 불완전하기 때문에 국내외적으로 어떤 기술이 어떤 가격으로 이용가능한지 알기 어렵고 국가 간의 기술이전도 원활하지 못하다. 따라서 정부가 개입하여 기술의 수요 측과 공급 측을 잘 연결시켜 주는 제도적·정책적 조치가 필요한데 이러한 조치로서는 다음과 같은 것을 지적할 수 있다.

첫째, 과학기술 정보유통체제의 구축을 들 수 있다. 기술시장은 앞에서 지적한 바와 같이 매우 불완전한데 이를 극복하기 위해서는 무엇보다도 과학기술에 관한 정보의 수집과 보급을 담당하는 유통망을 구축하는 것이 중요하다. 특히 중소기업 등 정보에의 접근이 어려운 다수 기업을 위한 과학기술 정보제공을 강화하는 것이 필요하다.

둘째, 산·학·연 협동연구 활동의 강화를 들 수 있다. 대학과 연구소는 과학기술의 공급원이며 산업계는 이를 사용하는 기관이다. 아무리 대학이나 연구소가 훌륭한 연구개발능력을 가지고 있다 하더라도 기업의 기술수요를 알지 못하고는 기술개발능력을 충분히 활용할 수가 없다. 반대로 기업은 기업자체의 기술개발 능력만으로는 급격하게 변하는 기술수요를 충족시킬 수가 없다. 따라서 기술의 공급 측면과 수요 측면을 잘 연계시키기 위해서는 산·학·연간의 공동연구나 협동 체제를 구축하는 것이 중요하다.

따라서 산·학·연의 연계와 협동연구를 장려하기 위해서는 산·학·연의 공동 및 협동연구에 대한 정부의 보다 적극적인 지원이 있어야 한다. 최근 정부는 대학에 우수공학센터(ERC)를 설치하여 산학협동연구를 장려하고 있는데 이는 매우 바람직하다. 대학에서도 연구중심으로 대학의 운영이 개편되어야 하겠으며 기업도 대학의 고급과학기술인력의 활용에 보다 적극적인 자세를 보여야 할 것이다.

셋째, 기술의 수요와 공급을 연결시켜 주는 중요한 수단으로 기술이전을 들 수 있다. 기술이전이란 기술을 필요로 하는 기업이나 국가가 기술을 공급하는 기업이나 국가로부터 기술을 도입하는 것을 말하는데 자본재의 수입, 외국인 직접투자, 특허나 노하우(know-how)구입 및 기술용역의 형태 등으로 이루어진다. 이러한 기술이전은 기술을 도입하는 기업이나 국가의 기술개발능력을 향상시키는 데 결정적인 역할을 한다. 기술을 도입하는 국가는 도입기술의 소화·흡수 및 개량을 통해서 자체의 기술개발능력을 제고시킬 수 있기 때문이다. 우리나라의 기술개발은 지난 수십 년 동안 자체적인 기술개발보다는 이러한 외국기술의 도입에 크게 의존하였으나 앞으로는 원천기술을 자체 개발하는 방향으로 정책이 전환되어야 한다.

넷째, 조세 및 금융상의 유인 제도를 지적할 수 있다. 연구개발, 인력개발, 모험기업(venture business)에 대한 조세나 금융상의 간접지원도 기술의 공급과 수요를 연결시켜 주는 역할을 한다고 할 수 있다. 기업이 시장의 필요성 때문에 기술개발을 위해 공공연구기관에 위탁연구를 의뢰하고자 한다든지 또는 자체 연구개발시설을 구입한다든지, 연구 인력을 교육·훈련시키고자 하는 경우 여러 가지 자금상의 부담 때문에 어떤 유인책이 없는 한 이를 실시하기가 어렵다. 이러한 경우 정부가 조세감면이나 저리금융과 같은 혜택을 주어 기업의 연구개발 활동을 크게 촉진시킬 수 있다. 모험자본(venture capital)의 육성도 중소기업의 기술개발활동을 촉진시키는 데 중요한 촉매수단이 될 수 있다. 우리나라에도 기업의 기술개발 활동에 대한 각종 세제 및 금융상의 유인책이 있으며 이는 민간기업의 연구개발 활동을 활성화시키는 데 크게 기여하였다고 할 수 있다.

제 5 절 제도와 경제성장

1. 제도의 종류와 기능

앞에서 이미 지적한 바와 같이 시장경제체제 아래서 경제성장이 촉진되기 위해서는 무엇보다 경쟁이 활발히 이루어져야 하는데 이는 여러 가지 제도적 요인에 의하여 크게 영향을 받는다. 여기서 제도(institution)라 함은 경기의 규칙과 같은 것으로 경제행위에 관련되는 규칙과 규범을 가리킨다. 제도에는 법률이나 규칙과 같은 공식적 제도가 있는가 하면 관행·관습과 같은 비공식적 제도도 있다. 이러한 제도에 근거하여 조직, 예컨대 기업·금융기관·노동조합 등이 설립되기 때문에 제도와 조직은 밀접한 관계를 갖는다. 제도와 조직은 경제활동에 대한 환경적 요인을 형성하기 때문에 제도와 조직이 얼마나 생산적이고 능률적이냐에 따라 경제활동은 크게 영향을 받게 된다.

경제제도는 대체로 다음과 같은 네 가지 유형, 즉 생산제도, 시장제도, 금

융제도, 재정제도로 나눌 수 있다.[16)]

생산제도란 생산 활동에 관련되는 기본적인 법령이나 규정을 말하는데 각종 인허가제도, 기업의 형태 및 운영에 관한 법률이나 규정, 노동관계법 등이 이에 속한다. 시장제도란 시장질서에 관련되는 기본법이나 규정을 말하는 것으로 불공정거래나 경제력의 남용방지를 위한 법률 등 시장진입과 관련된 규정, 대외무역과 관련된 법률이나 규정 등이 이에 속한다. 통화신용제도로 중앙은행제도, 외환제도 등이 있으며 재정제도로서는 조세제도, 공기업관련제도 등이 있다.

이러한 제도는 기본적으로 시장의 기능에 관련되는 규칙이나 규범이기 때문에 이것이 경제상황에 알맞게 잘 만들어지고 또 투명성이 있어 모든 경제주체가 주어진 틀 안에서 자유롭게 경제활동을 할 때 경제성장은 촉진될 수 있다. 그러나 반대로 이러한 제도가 발달이 되지 않았다든지 발달되어도 투명성이 없고 상황에 맞지 않는다면 경제성장을 저해할 수도 있다. 이러한 계량화가 힘든 제도적 요인과 경제성장과의 관계를 정확히 규명하기는 어렵다. 노스(D. North)는 제도와 경제적 성과의 관계에 대해서 거래비용(transaction cost)을 가지고 설명하고 있는데 이는 경제제도가 어떻게 경제발전에 영향을 미치는가를 이해하는 데 매우 유용하다.

노스에 의하면 제도는 교환과 생산에 대한 비용을 통해서 경제성장에 영향을 준다고 한다. 교환에 관련되는 비용을 거래비용(transaction cost)이라 하고 생산에 관련되는 비용은 전환비용(transformation cost)이라 한다. 총생산 비용은 거래비용과 전환비용으로 구성된다. 그는 신고전학파 경제이론이 거래비용을 영(zero)으로 보고 생산에 관련된 비용만을 다루고 있는 것은 큰 잘못이라고 한다. 거래비용이란 경제적 교환과정에서 발생하는 직·간접적인 비용을 말한다. 거래비용에는 시장을 통해서 발생하는 비용, 즉 측정 가능한 비용이 있는가 하면 시장을 통하지 않고 일어나는 비용, 즉 측정이 매우 어려운 비용으로 나누어진다. 전자는 금융·보험·도소매 무역관련 비용 등이며, 후자는 정보획

---

16) E. Tuchtfeldt(1966), pp.264-267 참조.

득시간·뇌물·인허가 등에 소요되는 시간, 행정규제 등으로 인한 손실 등이다. 이러한 거래비용은 경제발전과 함께 급속히 증가하는데 미국의 경우를 보면 국민소득의 45% 이상이 거래와 관련된 소득이며 이는 1세기 전의 25%에 비하면 엄청난 증가라는 것이다.[17] 거래와 관련된 소득이 늘면 거래비용도 증가하게 된다.

전환비용이란 주어진 기술로서 노동, 자본 및 토지를 이용하여 산출물을 생산하는 비용으로 우리가 통념적으로 말하는 생산비용이다. 노스에 의하면 생산비용이란 거래비용과 전환비용을 합산한 것으로 새로 정의되어야 한다고 한다. 노스에 의하면 제도가 거래비용을 결정하나 전환비용도 기술 및 제도의 함수이기 때문에 제도는 생산비를 결정하는 데 핵심적인 역할을 한다고 한다.

가령 기업을 하나 창업하는 경우를 생각해 보자. 은행으로부터 융자를 받기 위해서 각종 접대비, 인허가를 받기 위해서는 각종 수수료, 정보수집비, 그 밖에도 기업을 설립하기까지의 각종 행정절차에 따르는 시간의 낭비 등이 거래비용에 포함된다. 이러한 거래비용은 제도가 얼마나 잘 짜여 있고 투명성이 확보되어 있느냐에 따라 거래비용이 적게 들 수도 있고 많이 들 수도 있다. 전환비용도 제도에 의하여 영향을 받게 된다. 가령 노동의 이동성(mobility)이 얼마나 높으냐는 노동시장이 얼마나 잘 발달되었느냐에 달려 있으며, 자금조달이 얼마나 싸고 쉽게 이루어질 수 있느냐도 그 나라의 금융제도와 밀접한 관계가 있다. 또 새로운 기술의 획득이나 개발도 기술도입이나 개발에 대한 제도가 잘 되어 있느냐에 따라 다르듯이 노동, 자본 및 기술을 가지고 생산물을 생산하는 데에도 여러 가지 제도적인 요인이 영향을 미친다.

이와 같이 거래비용은 물론 전환비용도 제도에 의하여 크게 영향을 받기 때문에 성장정책의 과제는 제도개선을 통해 거래비용을 줄여 시장의 기능이 제대로 작동하고 자원의 효율적인 배분이 이루어지도록 하는 데 있다고 하겠다.

---

17) D. North(1991), p.28 참조.

2. 제도개선의 기본방향

위에서 우리는 경제제도를 네 가지, 즉 생산·시장·재정·금융제도로 구분하였다. 제도란 생산·시장·재정 및 금융부문에서의 기본질서에 관련된 법률·규칙 및 규범을 의미한다. 여기서는 경제성장이 촉진되기 위해서 제도가 어떤 형태로 구성되고 개선되어야 하는가에 대한 기본방향에 대해서만 간단히 살펴보기로 한다.

2.1 생산제도

생산제도란 기업의 생산과정에 관련되는 모든 법적 규범을 총칭한다. 생산과정과 관련된 기본질서로 생산수단의 소유관계, 즉 재산권과 관련된 질서, 기업의 형태 및 운영과 관련된 질서 그리고 노사관계 질서로 나눌 수 있다.

시장경제체제 아래서의 생산수단의 소유관계에 관한 기본질서는 말할 것도 없이 사유재산제도이며 이는 재산권의 보호를 말한다. 시장경제제도의 기본특징은 사유재산제도와 자유경쟁이기 때문에 어떤 경우에도 사유재산제도는 보호되어야 하고 생산수단의 사유화를 원칙으로 하여야 한다. 만일 사유재산제도가 위협을 받는다든지 재산권이 보호되지 않는다면 민간기업의 경제활동은 위축되고 경제성장은 촉진될 수 없기 때문이다.

물론 시장경제에서도 공익성이 있는 산업이나 또는 민간기업이 발달되어 있지 않은 경우에는 정부가 직접 기업을 소유하거나 운영하는 경우도 있다. 공기업의 규모나 국민경제에서 차지하는 비중은 나라마다 다소 차이가 있는데 자유기업주의를 철저하게 신봉하는 미국 같은 나라에서는 그 비중이 적고, 반대로 공익을 중시하는 유럽에서는 일반적으로 크다.

우리나라도 경제발전의 초기단계에서 민간의 자본축적과 경영능력이 부족한 상태에서 정부가 경제발전을 주도하다보니 공기업도 상당히 많아졌다. 1998년 말 기준 중앙정부가 관리하는 공기업(정부투자기관, 정부출자기관, 정부투자기관 출자회사) 수만 해도 98개에 인력규모도 212,000명에 달하였다. 그러나

1997년 외환위기 이후 정부의 구조조정과 민영화정책에 따라 공기업수도 35개로 줄고 인력규모도 81,000명으로 크게 감소하였다.[18)]

기업의 형태는 개인기업·주식회사·협동조합 등이 있는데 시장경제가 발달하기 위해서는 주식회사 형태가 가장 바람직하다. 그러나 여기서 중요한 것은 소유와 경영이 분리되어 전문경영인이 기업의 최고의사결정자가 되어야 한다는 것이다. 우리나라에서는 아직도 소유와 경영이 완전히 분리되지 않고 기업의 소유자가 경영도 맡는 전근대적인 기업경영 형태가 유지되고 있는데 이는 바람직하지 않다. 뿐만 아니라 기업의 창업에는 수많은 단계의 행정적 절차를 거쳐야 하는 등 규제적인 요소가 많은 것은 성장저해요인이며 이러한 행정규제는 간소화 내지 철폐되어야 한다.

생산제도에서 또 하나의 중요한 제도적 요인은 노사 간의 관계설정이다. 생산수단을 가진 자와 가지지 않은 자간의 관계를 어떻게 설정하느냐는 것이다. 노사관계가 갈등과 대립관계로 발전하느냐 아니면 타협과 공존공생의 관계로 발전하느냐는 기업의 발전은 물론 국민경제의 성장에 절대적인 영향을 미친다. 근로자가 기업경영에 참여하는 종류와 정도에 따라 여러 형태가 있다. 근로자가 어떤 형태든 기업경영에 전혀 참여하지 않는 경우의 1단계와 인사나 복지에는 참여하지만 기업운영에는 참여하지 않는 경우의 2단계 및 독일에서처럼 공동의사결정을 하는 경우의 3단계로 나눌 수 있다. 기업의 의사결정에 근로자가 어느 정도 참여하느냐는 경제발전과 민주화의 단계에 따라 다르다. 우리나라의 경우는 기업에 따라 차이는 있으나 대체로 1단계에서 2단계로 넘어가는 과정에 있다고 할 수 있다. 근로자의 기업경영참여는 공동체의식을 함양하여 노사 간의 화합과 경영능률을 제고하고자 하는 데 있는 만큼 바람직한 방향이라 하겠다.

2.2 시장제도

시장제도란 재화나 생산요소시장에 있어서의 경제주체의 행동에 관련되

---

18) 고영선 외(2007), p.130.

는 규범이나 규칙을 말한다. 다시 말하면 경제적 교환에서의 경제주체의 기본 행동에 관한 규정이라 할 수 있는데 여기에는 세 가지의 문제, 즉 시장진입, 가격형성 및 경쟁관계의 문제로 나눌 수 있다.

시장경제에서는 자유로운 시장진입을 원칙으로 하고 있으나 실제로는 여러 가지 이유로 시장진입을 규제하고 있는 경우가 많다. 가령 시장의 협소성을 이유로 신규기업의 진입을 규제한다든지 특정산업, 예컨대 중소기업의 보호를 위해서 대기업의 진입을 규제한다든지 또는 국내산업보호를 위해서 수입을 규제하는 경우도 있다. 진입규제는 비단 재화나 용역의 생산물시장에만 국한되는 것이 아니고 생산요소시장에도 있다. 부녀자의 노동시장 진입에 대해서 우리나라처럼 관행적으로 제동을 건다든지 외국인 노동자의 취업을 규제한다든지 또는 외국자본의 유입을 제한한다든지 하는 등 실제로는 수많은 시장진입규제가 법률에 의해서든지 또는 관행적으로 이루어지고 있으며 이는 직·간접적으로 경제성장에 엄청난 영향을 미치게 된다.

시장진입규제가 경제성장에 어떤 영향을 미치는가에 대해 일의적으로 말하기는 어렵다. 아무리 시장경제라 해도 모든 시장진입의 자유가 허용되어서는 안 되기 때문에 경제의 발전단계나 경제적 또는 기타 상황에 따라 진입규제가 바람직한 경우도 있고 그렇지 않은 경우도 있기 때문이다. 그러나 우리나라처럼 경제발전 수준이 상당히 높고, 또 개방화된 상황에서는 시장진입을 규제하는 것이 자원의 효율적인 활용이나 경쟁촉진이라는 측면에서 바람직하지 않다. 가격형성도 시장경제에서는 시장수급에 의하여 결정되는 것이 원칙이나 정부가 규제를 하는 경우가 적지 않다. 물가안정 측면에서 가격규제는 필요악이 될 수는 있으나 이는 가격구조를 왜곡시켜 자원배분의 효율성을 저해할 수 있다. 따라서 공공성이 있는 가격을 제외하고는 시장의 자율조정기능에 맡기는 것이 바람직하다.

시장제도와 관련해서 또 다른 중요한 문제는 시장의 경쟁질서와 관련된 제도이다. 오늘날 대부분의 시장은 독과점이 지배하는 경우가 많기 때문에 정부는 제도적 장치를 통해서 기업의 독과점행위를 규제하고 있다. 공정거래법이라든지 반독점법과 같은 입법조치를 통해서 경쟁제한행위를 규제하는 것은 경쟁을 촉진하여 경제성장을 도모하려는 데 그 목적이 있다. 그러나 독과점규제는 재벌 또는 대기업에 대한 규제의 형식으로 나타나기 때문에 지나친 규제는 잘못하면 기업의 투자의욕을 저하시키는 결과를 가져와 성장을 저해할 수 있으며, 반대로 너무 느슨한 규제는 성장촉진에는 도움이 될 수 있으나 사회적 형평과 분배의 정의 측면에서 부정적인 결과를 초래할 수도 있다. 따라서 성장정책 측면에서의 독과점규제는 경쟁촉진 차원에서 다루어야 할 것이며 분배 측면은 조세정책을 통해 해결하는 것이 바람직하다.

2.3 통화신용 및 재정제도

통화신용제도란 국민경제에 대한 통화 공급을 규정하는 모든 법적 규범을 말한다. 통화신용제도의 핵심은 중앙은행제도인데 이는 중앙은행의 독립성과 관련된다. 안정적인 통화 공급으로 국민경제의 지속적인 성장을 유지하는 것도 중요한 정책과제이나 통화가치의 안정이 주된 기능이기 때문에 자율적인 통화신용정책의 수립은 매우 중요하다. 만일 중앙은행이 정부에 종속되는 경우에는 중립적인 통화신용정책의 수립은 어렵고 우리나라가 과거에 그랬듯이 관치금융의 틀을 벗어 버리기 어렵다. 이렇게 되면 금융의 자율성은 없어지고 무절제한 통화 공급으로 금융자산의 효율적인 배분이 어려울 뿐만 아니라 경제안정을 위협하여 여러 가지의 부작용을 가져오기 쉽다. 따라서 안정적 경제성장을 위해서 중앙은행의 독립성과 금융의 자율화는 금융제도의 핵심적 과제라 하겠다.

금융제도와 더불어 경제성장에 중요한 영향을 미치는 것이 재정제도이다. 재정제도란 재정의 수입과 지출에 관련된 법적 규범을 총칭하는 것으로 조세제도와 정부의 예산제도를 말한다. 재정제도가 중요한 것은 정부의 재정활동은 금융과 더불어 총수요관리의 중요한 정책수단이기 때문이다. 재정은 정부지출과 수입정책을 통해서 경제성장에 영향을 준다. 총수요라는 측면에서 정부지출 규모 자체도 중요하지만 이것 못지않게 중요한 것은 재정지출이 어떠한 목적에 쓰이느냐에 따라 성장에 주는 효과가 다르다는 것이다. 투자적 지출이 보다 성장촉진적이나 근대 국가에서 정부기구의 비대화, 사회보장 지출이나 국방비 같은 경직성 경비의 지출이 많기 때문에 정부지출의 성장촉진적 기능은 매우 제한적일 수밖에 없다. 물론 적자재정을 편성하여 경기를 활성화할 수 있고 이는 일시적 경기부양을 가져올 수 있으나 경제안정을 위협하기 때문에 장기적 경제성장을 위해서는 바람직하다고 할 수 없다.

따라서 성장정책 측면에서 중요한 것은 재정지출보다 조세제도라고 할 수 있다. 조세제도는 다양한 조세정책 수단을 통해서 민간의 소비·저축·투자·연구개발·수출입 등에 영향을 미치게 된다. 뿐만 아니라 합리적인 세무행정이나 새로운 세원발굴을 통해서 조세수입에 영향을 주어 재정지출에도 영향을 준다.

제 6 절 사회간접자본과 경제성장

1. 사회간접자본의 의의

사회간접자본에 대한 개념은 분석하고자 하는 대상이나 범위에 따라 여러 가지로 정의되어 왔기 때문에 통일된 개념의 규정은 없다. 보통 생산 활동에 직접 기여하거나 또는 간접적으로 활동을 지원하여 경제활동이 원활하게 수행될 수 있도록 돕는 사회기반시설로 일컬어진다. 사회간접자본(social overhead capital)이란 이러한 사회기반시설의 기능적 측면을 강조한 개념이라 할 수 있다. 그러나 사회간접자본의 물리적 시설 측면을 강조하는 경우에는 기반시설 또는 하부구조(infrastructure)라고도 한다. 경제발전에서 사회간접자본의 중요성을 누구보다도 강조한 허쉬만(A. O. Hirschman)은 사회간접자본을 "생산 활동에 있어야 하는 기본적인 서비스"로 규정하고 있다.

이와 같이 사회간접자본은 매우 포괄적인 개념이기 때문에 논자에 따라 포괄범위나 분류기준이 일치되지는 않는다. OECD는 사회간접자본을 ① 수송·통신·전력·항만·용수 등 경제적 사회간접자본, ② 교육·보건·의료·후생·관광시설·사회개발 및 사회복지시설 등 사회적 간접자본, ③ 국방·법질서·치안

등 행정적 사회간접자본, ④ 자연환경 같은 자연적 사회간접자본 등의 4가지로 분류한다. 이 밖에도 사회간접자본을 물질적 사회간접자본과 비물질적 사회간접자본으로 분류하거나 또는 산업기반 사회간접자본과 생활기반 사회간접자본 등으로 분류하기도 한다.

사회간접자본을 너무 넓은 의미에서 파악한다면 공장에서의 직접생산 활동이나 농·수산업의 생산 활동을 제외한 거의 모든 활동이 사회간접자본에 속하게 된다. 왜냐하면 수송·통신·전력 등 이른바 경제적 사회간접자본 외에도 교육·문화·행정·보건·체육·환경 등 거의 모든 사회기반시설이 포함되기 때문이다. 이러한 비경제적 사회간접자본이 중요한 것은 사실이나 사회간접자본이라 할 때는 OECD 분류상의 경제적 사회간접자본으로 이해하는 것이 일반적이다. 따라서 본서에서는 사회간접자본을 경제적 사회간접자본과 비경제적 사회간접자본으로 나누고 전자와 경제성장과의 관계에 국한시키기로 한다.

2. 사회간접자본의 특징과 효과

사회간접자본의 특징을 다음과 같은 세 가지로 요약할 수 있다.

첫째, 규모에 대한 수익체증(increasing returns to scale) 현상이다. 규모에 대한 수익이란 생산요소의 투입을 변화시킬 경우 그 생산요소를 통하여 산출되는 양이 얼마나 변하는가를 나타내는 것이다. 일반적으로 사회간접자본을 구축하는 데는 초기에 대규모의 설비투자가 있어야 하기 때문에 상당한 비용이 소요되어 고정비용(fixed cost) 또는 매몰비용(sunk cost)이 크다. 따라서 생산요소의 투입을 증가시켜 생산규모를 증가시키면 증가시킬수록 생산단위당 비용이 감소하는 규모에 대한 수익의 체증현상이 나타난다.

둘째, 사회간접자본은 외부경제를 창출한다. 사회간접자본에 대한 투자는 그 자체의 수익성은 적지만 이를 이용하는 제3자에 대해서는 큰 편익을 줌으로써 외부경제를 창출한다. 즉 사회간접자본에 대한 투자의 경우는 사적 한계수익과 사회적 한계수익이 일치하지 않으며 이러한 이유 때문에 정부개입이 필요하다. 그런데 외부효과는 시장에서 가격이나 비용으로 환산하기 어렵기 때문에 사회간접자본의 투자결정 시 투자에 따른 비용이나 수익을 정확하게 계산하기 어렵고 따라서 적정규모나 적정투자 수준을 결정하는 데 많은 어려움이 따르게 된다.

셋째, 사회간접자본은 사회적으로 바람직한 기반설비로서 모든 사람이 원하고 또 많은 사람이 이용함으로써 사회적인 편의나 복지를 증대시키는 공공성(publicness)을 가진다. 이러한 공공성 때문에 사회간접자본은 국가가 제공하여야 할 의무가 있다.

이와 같은 특성을 가진 사회간접자본은 직·간접으로 경제활동을 촉진시킨다. 사회간접자본은 물류비용을 절감시켜 생산원가를 낮추고 국제경쟁력을 강화시킨다. 생산비 절감은 수요를 증대시켜 투자확대의 요인을 제공한다. 뿐만 아니라 사회간접자본은 국토의 효율적 활용을 가능케 하며 지역개발을 유도하고 지역 간의 연계성을 향상시켜 지역격차 해소에 도움을 주는 등 경제성장을 촉진하는 데 매우 중요한 역할을 한다. 그러나 사회간접자본은 주로 간접적으로 생산에 영향을 미치기 때문에 효과를 정확하게 측정하기가 거의 불가능하다. 따라서 한 가지 방법은 경제성장과 사회간접자본과의 상관관계를 고찰하여 사회간접자본이 경제성장에 얼마나 기여하는가를 규명하는 것이다. 이를 위해서 다음과 같은 간단한 회귀모형을 상정할 수 있다.

$$\ln GDP_t = \alpha_0 + \alpha_1 \ln PI_t$$

여기서 GDP_t는 t기의 국내총생산, PI_t는 t기의 사회간접자본투자다. 양지청(1994)에 따르면 위와 같은 간단한 회귀모형에 의하여 추정한 결과, 우리나라의 경우 사회간접자본투자의 GDP에 대한 탄력성(α_1)은 0.679로 나타났다. 이는 사회간접자본투자가 10% 증가하면 GDP는 6.79%가 성장한다는 것인데 미국, 일본 등 선진국의 경우는 대체로 α_1이 1.00으로 나타난 것과 비교한다면 우리나라 사회간접자본의 성장탄력성은 낮다고 할 수 있다. 이는 우리나라의 사회간접자본투자가 상대적으로 비효율적이었다는 것을 의미한다.

따라서 투자의 효율성을 제고시켜야 한다. 사회간접자본에 대한 투자는 회임기간이 길고 대규모투자를 요구한다. 뿐만 아니라 각 부문 간에 대체 및 보완관계가 있기 때문에 장기적이며 일관성 있는 투자계획이 무엇보다 중요하다. 그러나 사회간접자본에 대한 투자는 정부가 결정하기 때문에 잘못하면 특정계층이나 지역에 대한 정치적 고려가 개입되고 부처 간의 세력다툼 등 정치적 역학관계에 의하여 결정될 소지가 크다. 그렇게 되면 단기간에 가시적인 결과를 얻고자 하는 방향으로 투자계획이 수립되어 규모의 비경제성, 시설의 유휴화 또는 장기간에 걸친 공급부족 상태 등을 초래하기 쉽다. 따라서 이를 방지하기 위해서는 종합적인 개발계획이 작성되어 투자의 효율성에 입각한 우선순위에 따라 계획되고 집행되는 것이 무엇보다 중요하다.

제 7 절 우리나라의 성장정책

1. 개발전략

지난 반세기 동안 우리나라가 고도성장을 할 수 있었던 것은 1960년대부터 정부가 대외지향적 개발전략을 채택한 데 있다. 우리나라는 자원이 부족하고 시장이 협소하여 해외시장을 상대로 하는 대외지향적 공업화전략이 유리하였기 때문이다. 다시 말하면 공업화에 의한 수출증대를 통해 경제성장을 추진하는 개발전략을 채택하였다.

이리하여 수출촉진은 1960년대 초부터 우리나라 경제정책의 가장 중요한 목표가 되었다. 과감한 수출촉진정책으로 수출이 급증하고 경제가 활기를 띠면서 정부는 중화학공업육성의 필요성을 인식하게 되었다. 왜냐하면 중화학공업의 육성 없이는 지속적인 수출증대와 고도성장이 불가능하기 때문이다.

이러한 이유에서 정부는 1960년대 후반부터 수출을 지원하면서도 전자, 자동차, 철강, 석유화학 등 소득과 성장탄력성이 높은 수입대체산업을 육성하는 이중적 공업화전략을 추진하였다. 수출촉진과 수입대체산업육성을 동시에 추진했다는 점에서 우리나라의 개발전략은 대외지향적 개발전략과 대내지향적

표 10-5 산업부문별 GDP성장률, 1954-2017

(단위: %)

	54-60	61-70	71-80	81-90	91-97	54-97	98-07	08-17
국내총생산	3.9	8.5	9.1	8.7	7.5	8.0	4.7	3.0
농림어업	2.4	4.6	1.6	3.7	1.1	3.2	0.8	0.4
광공업	12.1	15.9	14.2	11.8	7.5	12.5	8.0	4.4
(제조업)	(12.8)	(17.0)	(16.2)	(12.3)	(7.7)	(13.2)	(8.1)	(4.7)
서비스	3.8	8.7	8.6	9.2	8.0	7.8	4.0	3.0
전기가스수도 및 건설	9.8	19.7	10.8	10.6	6.2	8.3	1.3	1.9
(건설업)	–	–	(10.6)	(8.9)	(5.4)	–	(0.2)	(1.7)

자료: 한국은행 국민계정, KOSIS 국가통계포털

개발전략의 절충형에 가깝다고 할 수 있으나 개발정책의 전체적인 흐름으로 볼 때 대외 지향적이었다고 함이 타당하다 하겠다.19)

우리나라는 대외지향적 공업화전략을 통해 지난 반세기동안 눈부신 발전을 하였다. 〈표 10-5〉에서 보는 바와 같이 외환위기 이전까지(1954~1997) GDP는 연평균 8.0%의 높은 성장을 하였는데 농림어업을 제외하고는 전 산업이 고르게 높은 성장을 하였다. 제조업은 13.2%라는 눈부신 성장을 통해 경제성장을 주도하였고 서비스와 SOC부문도 각각 7.8%와 8.3%의 높은 성장을 보였다. 농림어업만이 3.2%의 낮은 성장을 보였다. 외환위기 이후는 대내외여건의 변화로 경제성장률은 크게 떨어졌다.

2. 정부의 역할

이 발전과정에서 정부는 어떤 역할을 하였는가? 정부역할에 대해서는 국내외를 막론하고 보는 관점에 따라 상당한 견해 차이를 보이고 있다. 시장의 역할을 중시하는 신고전학파의 시장이론적 견해가 있는가하면 정부의 역할을

19) 김적교(2016), pp.143-161 참조.

중시하는 수정주의자의 제도론적 견해가 있으며 또 절충적인 시장친화견해도 있다.[20)]

시장친화적 견해는 세계은행이 대표적이라 할 수 있는데 신고전학파모델을 바탕으로 하되 이를 약간 보완하고 있다. 이에 의하면 정부는 시장기능이 작동되는 부문, 즉 생산부문에는 개입을 덜 하는 대신 시장기능이 작동되지 않는 부문 예컨대 교육, 과학기술 등 에는 개입을 많이 하였다는 것이다. 다시 말 하면 정부의 역할은 거시경제를 안정시키고 교육에 대한 투자를 통해서 인적자본을 형성하는 한편 대외개방과 우호적인 투자환경조성으로 고도성장이 가능하였다는 것이다. 시장친화적 견해도 기본적으로 자원배분은 시장에 맡겨야 한다는 입장이기 때문에 여기서는 시장이론적 견해와 제도론적 견해만을 보기로 한다.

시장이론적 견해는 개발도상국의 경제발전을 시장원리에 입각하여 설명하고자 하는 신고전학파의 주장으로 발라사(B. Balassa)와 크루거(A. Kreuger)가 대표적인 학자다. 이들은 한국과 대만이 전후 놀라운 경제발전을 할 수 있었던 것은 대외지향적 개발전략을 채택해 무역을 자유화하고 환율을 현실화하는 등 가격기구를 활용하는 방향으로 정책을 전개함으로써 수출을 통해 고도성장을 달성할 수 있었다고 한다.

신고전학파의 시장모델은 시장기능의 작동을 전제로 하기 때문에 가격을 정상화시키면(getting prices right) 자원이 비교우위가 있는 산업으로 투입됨으로써 지속적인 수출과 성장이 가능하다는 것이다. 저임금 국가는 처음에는 노동집약적인 산업에 비교우위를 가지나 공업화가 진전되면서 물적 및 인적자본축적을 통해 자본 및 숙련집약적인 산업으로 비교우위가 이동하기 때문에 환율을 현실화하고 수출과 수입대체 간의 유인율(incentive rates)의 차이를 줄이는 등 시장기구를 활용하는 방향으로 정책을 운용하면 중화학공업도 발전할 수 있다는 것이다.

발라사는 한국의 경우 정부에 의한 시장개입이 있었으나 1970년대 후반

---

20) 보다 자세한 내용에 대해서는 김적교(2016), pp. 61-75 참조

의 중화학공업육성기를 제외하고는 수출과 수입대체에 비슷한 수준의 유인(incentives)제공, 환율의 현실화, 금융의 자율성제고 등 자원배분을 시장기능에 맡기고자 하는 정책적 노력이 있었기 때문에 고도성장을 할 수 있었다.[21)]

크루거도 이와 비슷한 의견을 제시하고 있다. 한국은 1964년 이후 환율현실화와 무역자유화 등의 자유화조치를 취하였으며, 1970년대 중화학공업육성을 위한 수입대체정책이 있었으나 부작용으로 오래가지 못하였고 1980년대 와서 다시 대외지향적 정책을 썼기 때문에 수출을 통한 고도성장을 할 수 있었다. 수출에 대한 실효보조율과 국내 판매에 대한 실효보호율은 큰 차이가 나지 않아 전체적으로 보아 산업유인체계도 중립적이었다고 한다.[22)]

제도론적 견해는 시장이론적 접근과는 달리 자원배분에 있어 시장보다는 정부가 중심적 역할을 해야 한다는 견해로서 수정주의자로 불리는 학자들에 의하여 주장되었는데 그 대표적인 학자로는 암스덴(A. H. Amsden), 웨이드(R. Wade)를 들 수 있다. 암스덴에 의하면 독일이나 일본과 같이 상대적으로 공업화를 늦게 시작한 국가들은 예외 없이 정부의 강력한 개입에 의하여 선발공업국을 추격(catching-up)할 수 있었으며 우리나라도 이러한 추격정책을 통하여 공업화를 성공적으로 추진할 수 있었다는 것이다.

암스덴에 의하면 고전적인 무역이론을 바탕으로 하는 시장모델은 현실을 제대로 설명할 수 없다고 한다. 그 이유로 그는 다음과 같은 것을 지적한다.

첫째, 저임금은 경쟁력의 필요조건은 되나 충분조건은 되지 못한다는 것이다. 왜냐하면 경쟁력은 임금 외에 생산성도 중요한 요인이기 때문에 비록 후발공업국가가 저임금의 이점이 있어도 먼저 공업화를 시작한 나라의 높은 생산성 때문에 노동집약적인 산업에서도 경쟁력을 가지기 어렵다는 것이다. 다시 말하면 저임금의 이점만으로는 고생산성의 이점을 상쇄하기 어려우며 이의 구체적인 예로 암스덴은 1960년대 한국과 대만의 섬유산업을 들고 있다.

당시 한국과 대만의 섬유산업은 저임금의 이점을 가지고 있었으나 일본

---

21) B. Balassa(1990), p.16

22) A. O. Krueger(1991), p.57

섬유산업의 높은 생산성 때문에 경쟁력을 유지할 수 없었고 정부의 장기저리 금융과 같은 보조금정책을 통해서 이를 극복할 수 있었다는 것이다. 역사적으로 보아도 19세기 독일이나 미국의 산업혁명도 기술혁신을 통해 영국과의 경쟁에서 이겼지 저임금으로 이긴 것은 아니라고 한다.23)

둘째, 신고전학파의 시장모델은 물적 및 인적자본이 축적되면서 비교우위가 노동집약적인 산업에서 자본 및 숙련집약적인 중공업으로 자연적으로 이동한다고 하는데 이도 현실과는 상당한 괴리가 있다는 것이다.

노동집약적인 산업은 자본집약도가 낮아 기술이 비교적 단순하여 생산성 향상의 여지가 크지 않고 경쟁력의 기초가 임금인 반면 중공업은 자본집약도가 높고 기술이 복잡하여 숙련과 근대적 시설이 경쟁력의 기초가 되기 때문에 섬유산업과 같은 노동집약적인 산업을 발판으로 해서 중화학공업분야로 진출하는 것은 쉽지가 않다. 기업가는 보수적이고 단기적 이윤극대화에만 관심을 가지기 때문에 위험도가 높고 회임기간이 긴 중공업에 투자하는 것을 기피하는 경향이 있기 때문이다.

암스덴에 의하면 1950년대와 1960년대 우리나라 제조업을 이끌어왔던 면방업계에서 1970년대와 1980년대에 와서 대표적인 재벌기업으로 성장한 기업은 하나도 없으며, 1984년 현재 상위 65개 재벌기업 중 5개 기업만이 섬유산업을 주력산업으로 가지고 있는데 이 중 가장 큰 충남방직도 40위에 불과하다는 것이다.24)

이러한 사실은 신고전학파 학자들의 주장처럼 물적 및 인적자본의 축적으로 노동이 비싸지고 자본이 싸게 되면 비교우위가 노동집약적 산업에서 자본 및 숙련 집약적 산업으로 선형적으로 이동한 것은 아니며 실제로는 정부의 지원에 의하여 창조되었다는 것이다. 다시 말하면 노동집약적 산업의 기업이 수출을 통해서 자본과 기술을 축적하여 중화학공업에 투자하는 방식으로 발전하지 않았으며, 정부의 지원에 의하여 새로운 기업이 중공업의 주도적 기업이

23) A. H. Amsden(1989), p. 143

24) A. H. Amsden, 상게서, p. 258

되었다는 것이다.[25]

그러면 어떻게 하여 새로운 기업이 중화학공업분야에 진출하고 성공하게 되었는가? 이는 정부의 수입대체산업 육성과 밀접한 관계를 가지고 있다. 우리나라의 경우 정부는 제1차 5개년계획부터 시멘트, 비료, 정유 등의 수입대체산업을 육성하기 시작하였으며 1970년대 들어와서 거의 모든 중화학공업으로 확대하여 본격적으로 추진되었다. 이를 위하여 정부는 각종 세제금융상의 지원을 강화하였으며 민간기업의 참여를 적극 권장하였다. 이에 따라 많은 새로운 기업이 중화학공업분야에 진출하게 되었다.

이와 같이 정부는 자원배분을 시장에 맡기지 않고 저리금융, 관세 및 비관세장벽 등의 형태로 중화학공업을 지원하되 실적을 전제로 하였고 이에 기업이 적극 호응함으로써 성장할 수 있었다. 다시 말하면 우리나라의 고도성장은 시장의 보다 자유로운 작동 때문이 아니고 보조금지원과정(subsidization process)이 질적으로 탁월하였기 때문이다. 상대가격의 왜곡이 있었으나 수출지향적 개발전략을 추구하였기 때문에 방향설정이 옳았고 이에 따라 왜곡의 정도는 심하지 않았다고 한다.

이상에서 지적한 바와 같이 후기공업화모델(late industrialization model)은 자원배분에 있어 적극적인 정부개입의 필요성을 강조한 것으로서 신고전학파의 이론과는 상당한 차이를 두고 있다. 신고전학파도 정부개입을 부정하는 것은 아니지만 개입을 하되 가격을 정상화(getting prices right)하는 방향으로의 개입을 주장하는 반면 암스덴은 가격을 왜곡(getting prices wrong)하여 산업을 지원하는 방향으로의 개입을 주장하고 있다. 물론 암스덴도 가격왜곡형태의 보조금지원은 부패를 수반하는 문제가 있으며 한국의 경우도 이에서 자유롭지 못하지만 비용보다는 이득이 컸다는 것이다.

이상에서 지적한 바와 같이 우리나라 경제발전에 있어 시장이 더 큰 역할을 하였는지 정부가 더 큰 역할을 하였는지는 보는 사람이 어떤 시각에서 관찰하느냐에 따라 다를 수 있다. 왜냐하면 우리나라의 경제발전은 양면성을

25) A. H. Amsden, 상게서, p. 20

가지고 있기 때문이다.

신고전학파학자들은 1960년대와 1980년대의 자유화정책만을 긍정적으로 평가하는 반면 1970년대의 중화학공업정책은 부정적으로 보고 있다. 수출과 제조업의 급속한 성장도 환율을 현실화하고 비교적 중립적인 유인체계를 유지하는 등 자원배분을 시장기능에 맡기고자 하는 정책적 노력이 있었기 때문에 가능하였다는 것이다. 이러한 주장은 엄밀히 말하면 한국의 발전과정을 자기들의 이론적 틀에 맞추어 설명한데 불과하다고 할 수 있다.

우리나라는 적어도 박정희 대통령이 통치하였던 1960년대와 1970년대까지는 정부가 광범위한 분야에서 자원배분에 깊이 관여하였으며 유인체계도 결코 중립적이 되지 못하였다. 다만 환율을 현실화하는 등의 부분적인 자유화노력은 있었으나 가격은 전반적으로 왜곡되었기 때문에 시장기구가 자원배분에 큰 역할을 하지 못하였다. 1980년대 와서야 여러 분야에서 자유화 노력이 있었으나 중화학공업 투자조정과 산업합리화정책의 추진 등 정부개입은 계속되었기 때문에 자유화정책이 자원배분에 미친 영향은 매우 제한적이었다고 보아야 할 것이다.

반면 수정주의자들은 정부가 장기간에 걸쳐 저리금융 등으로 특정 산업을 지원하였기 때문에 경쟁력을 가질 수 있었으며 수출도 환율 외에 다른 지원정책, 예컨대 기술 및 인력개발정책을 병행함으로써 촉진시킬 수 있었다. 1980년대에 이르러 산업 및 무역정책과 금융정책에 있어 자유화가 이루어졌으나 실질적인 대외개방은 제한적이었고, 금융부문에서도 은행의 대출금리는 시장금리보다 낮았으며, 특히 외국 차관자금은 부의 실질금리를 보이는 등 가격왜곡 현상은 계속되었다. 정부가 가격왜곡형태의 보조금지원을 지원했음에도 불구하고 지대추구행위를 방지하고 공업화를 성공적으로 수행할 수 있었던 것은 정부가 기업에 실적을 부과하고 이를 규율을 하였기에 가능했다는 것이다.

이러한 암스덴의 주장은 우리나라의 공업화과정을 설명하는 데는 주류경제학적 접근보다는 더 현실성이 있다. 특히 흥미로운 것은 1989년에 출판한 그의 책 "Asia's Next Giant"에서 한국을 아시아의 차기 경제대국으로 성장할

것을 예상하였는데 그의 예측은 어느 정도 적중하였다고 할 수 있다.[26)]

이상에서 지적한 바와 같이 한국의 경제발전과정은 하나의 모델로는 설명하기는 어렵다. 1950년대는 대내지향적 개발전략을 취하였고 1960년대부터 대외지향적 개발전략을 취하였다고 하나 1960년대와 1970년대의 정책에는 상당한 차이가 있다. 1960년대는 원조의존경제에서 탈피하기 위하여 수출촉진에 총력을 기울였으며 이를 위하여 환율의 현실화 등 자유화의 노력이 있었으나 정부의 광범위한 시장개입이 있었기 때문에 그 당시의 정책을 시장모델로 설명하는 데는 한계가 있다.

1970년대에 와서는 정책의 중점이 수출촉진에서 중화학공업육성 쪽으로 옮겨짐에 따라 정부개입의 강도는 심화되었다. 수입자유화와 환율의 자유화는 후퇴하고 가격왜곡형태의 보조금지원도 강화되었다. 이와 같이 1970년대까지는 개발국가(developmental state)관이 지배함으로써 시장모델과는 거리가 먼 시기였다.

시장의 중요성이 부각된 것은 1980년대 들어오면서 시작되었다. 1970년대 후반에 오면서 중화학공업에 대한 과잉투자는 심각한 부작용을 가져왔기 때문이다. 경기가 과열되면서 물가와 임금이 급등하고 부동산투기가 성행하는 등 불균형 현상이 심화되었다. 이에 따라 자원배분에 대한 정부개입은 한계에 달하였고, 물가안정과 경쟁이 중요하다는 인식이 확산되기 시작하였고 이는 1980년대 전두환 정부가 들어오면서 구체화되었다. 정부는 물가안정에 총력을 기울이는 한편 독과점을 규제하고 수입자유화와 금융규제의 완화 등 시장기구를 활용하고 정부개입은 줄이는 방향으로 정책이 전환되었다. 이와 같이 1980년대는 정부주도에서 시장주도로 가는 과도기로서 시장모델과 제도모델이 혼재하였던 시기라고 할 수 있다.

1990년대 들어오면서 시장모델이 본격적으로 시도되었다. 정부는 무역,

---

26) 암스덴은 여러 차례 우리나라를 방문하여 각계의 전문가와 인터뷰는 물론 기업체를 방문하여 이들이 어떻게 생산성을 올리고 기술개발을 하였는지를 조사연구하였고, 이를 기초로 하여 그의 이론을 정립하고자 한 것은 높이 평가할 만하다. 이는 다른 대부분의 외국학자들이 주로 통계적 분석에 입각하여 주장하는 것과 상당한 차이가 있다.

금융 및 자본시장에서 대폭적인 규제완화를 실시하고 경제력집중을 억제하는 등 시장주도개발을 위한 개혁을 단행하였다. 규제 완화에 따른 부작용에 적절히 대처하지 못하고 대기업과 금융기관의 부실이 확대되면서 외환위기의 빌미를 제공하는 등의 문제가 있었지만 1990년대부터는 시장 친화적 정책이 주류를 형성하였다고 할 수 있기 때문에 제도론적 접근만으로는 한국의 1980년대와 1990년대를 설명하기에는 미흡하다 하겠다.

이상에서 보아온 바와 같이 우리나라 정부는 발전단계와 대내외 환경변화에 따라 비교적 적절히 대응하였다고 할 수 있다. 시장이 제대로 작동하지 못하는 발전 초기에는 정부가 자원배분에 직접 개입하는 정부주도개발전략을 추구함으로써 고도성장을 달성할 수 있었다.

급속한 공업화로 인한 부작용이 심화되자 정부개입을 줄이고 시장기능을 살리는 개혁을 통해 정부주도개발에서 오는 후유증을 무리 없이 극복할 수 있었다. 1990년대에 들어오면서 세계화가 급속도로 진행되자 개방화와 자유화를 적극적으로 추진하였다. 성급한 자본시장개방과 제도의 미비로 외환위기를 예방하지 못한 아쉬움은 있지만 고도성장을 지속함으로써 정부는 우리나라가 반세기만에 최빈국에서 근대적 산업국가로 발전함에 있어 중추적 역할을 하였고 선진국으로 도약할 수 있는 발판을 마련하였다고 할 수 있다.

3. 공업화정책의 성공요인

이상에서 지적한 바와 같이 우리나라는 1954~1997년 기간에 연 8.0%란 놀라운 성장으로 반세기만에 최빈국에서 근대적 산업국가로 도약하였으며 선진국의 문턱까지 오게 되었다. 이러한 우리나라 성공신화의 핵심은 성공적인 공업화에 있으며, 성공적인 공업화정책으로 제조업은 급성장하여 수출증대와 경제성장을 주도하였다.

제조업이 GDP에 차지하는 비중 즉 공업화율은 2000년에 25.2%로 공업대국인 독일, 일본보다도 높았다. 반세기만에 우리나라가 공업대국이 되었다는 것이다. 더욱 놀라운 것은 중화학공업이 제조업에서 차지하는 비율, 즉 중공업화비율은 2000년에 77.1%로 독일과 일본수준에 도달하였으며 2007년에는 82.3%로 독일과 일본을 능가하고 있다.[27)]

그러면 우리나라가 어떻게 하여 짧은 기간에 공업대국이 되었는가? 성공적인 공업화는 수입대체산업을 수출산업으로 발전시킨 데 있다. 물론 성공적인 공업화를 가져온 정책적인 요인으로는 여러 가지를 지적할 수 있으나 그의 핵심은 중화학공업을 중심으로 한 수입대체산업을 수출산업으로 발전시킨 데 있기 때문에 여기에서는 이를 중심으로 한 정부의 정책을 좀 더 구체적으로 보기로 한다.

우리경제의 성공요인으로 국내외를 막론하고 모든 전문가는 대외지향적 개발전략을 들고 있다. 대외지향적 개발전략이란 수출주도형 공업화전략으로 수출촉진정책을 의미한다. 이런 맥락에서 우리나라의 공업화과정을 설명할 때 흔히 수출정책만 강조하고 수입대체정책은 과소평가하거나 비판적으로 보는 경향이 없지 않다.

우리나라와 같이 자원이 없는 나라가 수출을 위해서는 새로운 산업의 육성이 필요하며 이를 위해서 처음에는 국내시장을 상대로 하는 산업보호정책, 즉 수입대체정책을 쓰지 않을 수 없다. 문제는 보호를 받는 산업이 경쟁력을 가짐으로써 수출산업으로 발전하느냐 하지 못하느냐에 따라 공업화정책의 성패가 달려있는데 우리나라는 이를 성공적으로 추진하였다.

우리나라 수출산업의 내용을 보면 대부분의 경우 처음에는 내수시장을 상대로 하는 수입대체산업으로 성장을 하다가 수출산업으로 발전하였다. 처음에는 비내구 소비재의 수입대체에서 시작해서 기초소재 및 중간재의 수입대체로 이어지고 이는 다시 생산재와 자본재의 수입대체로 이어지는 정책을 단계적으로 추진하였다. 이 과정에서 정부는 다양한 세제금융상의 유인을 통해 기업의 투자활동과 기술개발을 지원함으로써 수입대체산업이 수출산업으로 발전할 수 있었다.[28)]

27) 자세한 내용은 김적교(2016), pp.172-175 참조.

물론 이 과정에서 많은 부작용과 논란이 없지 않았다. 자유무역을 신봉하는 학자들은 중화학공업육성은 자원배분의 왜곡을 가져왔기 때문에 득보다 실이 크며 반대로 수정주의 학자들은 실보다는 득이 크다고 하였다. 그러나 중화학공업이 주력수출산업으로 발전함으로써 역사는 후자의 판정승으로 끝났다. 수입대체산업이 수출산업으로 발전할 수 있었던 중요 요인으로 다음과 같은 것을 지적할 수 있다.[29]

첫째, 정부의 보호와 지원이 1950년대와 1960년대는 관세 및 비관세장벽 중심으로 이루어졌으나 1970년대는 세제 및 금융상의 투자지원중심으로 바뀌었고 1980년대부터는 인력 및 기술개발지원의 간접지원으로 전환함으로써 산업의 발전단계에 따라 지원체제를 달리하였다. 처음에는 시장을 보호하는 데 초점을 두었으나 투자지원으로 성장을 촉진하는 방향으로 바뀌었고, 성장기를 거치면서 기술개발을 지원함으로써 경쟁력을 높이는 데 주력하였다.

둘째, 산업의 보호기간이 길지 않았기 때문에 비능률과 지대추구행위가 적었다. 정부는 1970년대까지 중화학공업을 적극 보호하였으나 1980년대 들어오면서 지원을 줄이고 수입자유화를 통하여 경쟁을 촉진시키는 등 시장기능을 적극 활용함으로써 비능률과 지대추구행위를 줄이도록 하였다.

셋째, 정부가 1980년대 들어와서 중화학공업의 투자조정을 통해 과잉시설과 중복투자를 줄이는 한편 산업합리화정책을 추진하고 산업정책을 산업별 지원정책에서 기능별 지원정책으로 전환함으로써 경쟁력배양을 위한 환경을 조성하여 주었다.

넷째, 과학기술정책이 공업화정책을 잘 지원하여 줌으로써 산업의 경쟁력 향상에 결정적 기여를 하였다. 1960년대는 기능인력을 집중 양성함으로써 노동집약적인 산업의 경쟁력을 향상토록 하였다. 1970년대는 기술인력의 양성과 해외 고급과학기술 인력의 유치 및 전문출연 연구기관의 설립을 통하여 중화학공업의 육성을 지원하였으며, 1980년대부터는 민간의 기술개발지원을 집중 지원

28) 공업화정책의 역사적 전개과정에 대해서는 김적교(2016), pp.143-171 참조

29) 김적교(2023), pp.171-176 참조

함으로써 산업의 경쟁력을 증대시키는 등 공업화의 발전단계에 따라 필요한 인력과 기술개발을 지원하였다.

다섯째, 중화학공업 육성정책이 성공을 한 데는 정부가 기업에 지원을 하되 이를 성과에 연계시킴으로써 정책의 실효성을 기할 수 있었다. 다시 말하면 정부가 지원을 하되, 성과를 전제로 지원하는 이른바 상호주의(reciprocity)를 철저히 지켰다는 것이다. 가령 1960년대는 수출을 지원하되 실적을 기준으로 지원을 하였고, 1970년대의 중화학공업지원도 생산설비나 투자를 근거로 지원하였다. 1980년대의 중화학공업 투자조정이나 산업합리화정책의 경우도 시장진입의 금지, 생산설비의 감축 및 노후시설의 폐기 등을 전제로 하여 세제금융상의 지원을 하였다. 기술개발자금지원에 있어서도 일정률의 참여를 전제로 하는 매칭펀드(matching fund) 형태를 취하였다.

일반적으로 개도국에서는 정부의 보조금정책이 일종의 선심용(giveaway)으로 인식됨으로써 실효를 거두지 못하는 경우가 많으나 한국에서는 지원을 성과와 연계시켜 정책의 실효성을 기할 수 있었으며 여기에는 관리의 공정한 정책집행도 일조를 하였다고 할 수 있다.

여섯째, 지속적인 고도성장에 따른 내수시장의 확대가 중화학공업의 경쟁력 향상에 크게 기여하였음을 지적하지 않을 수 없다. 중화학공업은 투자규모가 크고 일정규모의 생산시설을 요구하기 때문에 내수시장이 상당 기간 동안 이를 뒷받침하여 주지 않고는 규모의 경제를 누리고 기술축적을 할 수 없다.

우리나라는 5개년계획의 성공적인 집행으로 지속적인 고도성장이 유지되었으며 이로 인하여 내수시장은 상당 기간 동안 폭발적으로 성장하였다. 이를 바탕으로 해서 자동차, 철강, 전자, 석유화학 등이 높은 신장을 할 수 있었고 이 과정에서 기술력을 축적함으로써 수출산업으로 발전할 수 있었다는 것이다.

4. 성장정책의 과제와 방향

우리나라는 외환위기 이후 성장의 둔화, 중산층의 몰락, 소득분배의 양극화, 세계경제의 침체 등 대내외적으로 심각한 도전에 직면하고 있다. 성장을

표 10-6 우리나라의 잠재성장률 추이(2001-2026) (단위: %)

	잠재성장률	총요소생산성	자본투입	노동투입
2001~2005	5.0	2.1	2.2	0.7
2006~2010	4.1	1.7	1.9	0.5
2011~2015	3.4	1.2	1.6	0.6
2016~2020	2.6	1.5	1.6	−0.4
2021~2023	2.1	0.7	1.4	0.1
2024~2026	2.0	0.7	1.1	0.2

자료: 우리경제의 잠재성장률과 향후 전망 ,한국은행, 2024. 12.

뒷받침하였던 자본축적과 노동력의 공급이 크게 떨어지고 있고 생산성마저 지지부진하여 전망이 밝지 못할 뿐 아니라 저출산과 인구의 고령화로 우리 경제의 성장동력이 떨어지고 있기 때문이다.

문제는 추락하는 성장 동력을 다소나마 멈추게 함으로써 어느 정도의 성장을 유지하느냐에 있다. 분배문제도 시장경제하에서는 성장이 지속되지 않는 한 해결될 수 없기 때문에 3~4%정도의 성장은 필요하나 이 또한 쉽지 않다.

특히 우려되는 것은 〈표 10−6〉에서 보는 바와 같이 2000년대 들어오면서 우리나라의 잠재성장률은 크게 떨어지고 있고 저출산과 급속한 고령화로 앞으로 계속 하락할 것으로 전망되고 있기 때문이다. 우리나라는 일본의 공업화정책을 모방함으로써 중화학공업을 수출산업으로 육성하는 데 성공하였고 이를 바탕으로 높은 성장을 유지할 수 있었다. 그러나 이들 산업이 성숙기에 접어들고 중국 등 후발개도국의 도전과 국내의 고비용으로 경쟁력은 급격하게 떨어지고 있으나 이를 대체할 새로운 산업은 나타나지 않고 있다. 2000년대 들어오면서 정부는 신성장동력산업 육성을 위한 노력이 있었으나 정권교체에 따른 정책의 일관성 결여로 별로 큰 성과를 거두지 못하였다.

오늘날 우리 경제가 안고 있는 이러한 문제들은 기본적으로 장기적이며 구조적이고 제도적인 문제로 단기에 해결될 수 있는 문제가 아니다. 따라서 우리는 중장기적인 관점에서 인내심을 갖고 잠재성장률을 제고하는 데 역점을 두어야 할 것이다. 특히 과거와 같이 물적 및 인적인 양적투입에 의한 성장은 한계에 왔기 때문에 질적 성장, 즉 생산성의존형으로 성장패턴을 바꿔야 한다.

이를 위해서는 효율적인 인적자본형성을 촉진함으로써 하락하는 물적 자본형성을 대체하는 것이 무엇보다 중요하다. 이와 아울러 연구개발투자의 효율성을 높여 우리 산업 경쟁력을 향상시키고 새로운 성장 동력을 발굴·육성하여야 한다. 또한 제조업의 성장이 한계에 왔음을 고려할 때 서비스산업을 육성하여 성장의 돌파구를 찾을 필요가 있다.

이러한 중장기적인 문제 외에도 해결해야 할 과제가 적지 않다. 우리의 대외개방은 선진국과 별로 차이가 없으나 개방화의 이점은 생각보다 크지 않다. 외국에서 들어오는 투자보다는 나가는 투자가 더 커서 생산과 고용창출 효과는 기대보다 크지 않다. 이는 수도권규제를 비롯한 각종 기업규제가 국내기업의 공장 신·증설 투자는 물론 외국기업의 국내투자를 어렵게 하고 있기 때문이다. 따라서 투자를 저해하는 각종 규제를 철폐하여 투자를 활성화하여야 할 것이다.

노동시장의 경직성도 이에 적지 않은 영향을 미쳤다. 우리나라의 노동시장은 정규직에 대한 과보호로 정규직과 비정규직 간의 양극화로 이중구조가 심화되고 있다. 정규직의 해고가 어렵기 때문에 기업은 비정규직을 선호하여 비정규직고용만 크게 늘어났다. 이와 같은 노동시장의 경직성은 산업 간 인적자원의 효율적 배분을 어렵게 함으로써 기업의 투자와 생산성증대를 저해하고 있다. 따라서 노동시장의 유연성확보가 시급한 과제다.

또한 대기업은 규제의 대상인 반면 중소기업은 보호의 대상으로 인식됨으로써 중소기업은 중소기업에 안주하고자 하고 있고 이로 인하여 비능률적인 중소기업, 이른바 좀비기업을 양산시키는 결과를 가져왔다. 중소기업의 1/3 정도는 100% 이하의 이자보상비율을 보이고 있어 영업이익을 가지고 이자를 갚지 못할 정도로 부실하다. 이러한 비효율과 부실문제는 중소기업에만 그치지 않고 대기업과 공공부문 등 우리 경제의 도처에 산재하고 있어 성장의 걸림돌로 작용하고 있다.

이상에서 지적한 바와 같이 우리 경제는 여러 부문에 걸쳐 구조개혁이 필요하며 구조개혁 없이는 한국경제는 추락하는 성장잠재력의 복원이 어려울 것으로 보인다. 지금까지도 이러한 문제인식이 없었던 것은 아니나 정치적 논리와 이익집단 간 이해관계의 충돌로 해결하지 못하였다. 어떻게 보면 오늘날 우리가 안고 있는 문제는 경제내적인 문제보다 경제외적인 문제가 더 심각하다고 할 수 있으며 이러한 문제가 해결되지 않는 한 한국경제의 앞날은 결코 밝다고 할 수 없다 하겠다.

제11장
구조정책

제 1 절 경제발전과 구조변화

1. 산업구조와 구조변화

하나의 국민경제는 서로 다른 재화와 용역을 생산하는 개별산업으로 구성되며 이들의 활동은 여러 지역으로 나누어 전개된다. 다시 말하면 모든 국민경제는 산업구조와 지역구조를 가지는데 이를 통틀어 경제구조라 한다. 산업구조는 경제활동의 내용, 예컨대 생산, 판매, 고용, 소득 등에 따라 생산구조, 유통구조, 고용구조, 소득구조 등으로 나눌 수 있다. 이와 같이 경제구조는 보는 시각에 따라 수많은 구조로 나누어진다. 그런데 중요한 것은 이러한 경제구조는 기술의 변화, 요소가격의 변화, 기호의 변화 등으로 끊임없이 변화하며 이는 경제성장에 큰 영향을 미친다는 것이다. 왜냐하면 성장하는 산업이 많으면 그 경제는 빨리 성장하는 반면 정체하거나 수축하는 산업이 많으면 그 경제의 성장은 정체되기 쉽다. 다시 말하면 한 나라의 경제성장은 그 나라의 산업구조가 어떤 방향으로 변하는가에 크게 의존한다고 할 수 있다.

우리가 구조문제를 보지 않고 경제성장문제를 다룬다는 것은 마치 사람의 외형만 보고 그 사람의 체력을 논하는 것과 같다고 하겠다. 오장육부가 튼튼해야지 사람의 건강이 좋은 것처럼 튼튼한 경제구조를 가진 경제라야 그 나라 경제의 성장잠재력도 크다. 특히 장기적으로 경제성장을 결정하는 것은 구조변화이기 때문에 구조문제야말로 경제성장정책에 있어서 중요한 문제라 하지 않을 수 없다.

경제성장과 구조변화의 관계는 다음과 같이 간단하게 표현할 수 있다. Y를 국민총생산이라 하고 Y_1, Y_2, $\cdot\cdot$, Y_n을 산업 1로부터 산업 n까지의 부가가치(재화와 용역의 최종시장가격)라 한다면 국민총생산 Y는 Y_1에서 Y_n까지의 합이라 할 수 있다. 즉

$$Y = Y_1 + Y_2 + \cdots Y_n$$

위 식의 양변을 Y로 나누면 각 산업의 국민총생산에 대한 구성비를 얻을 수 있다.

$$1 = \frac{Y_1}{Y} + \frac{Y_2}{Y} + \cdots + \frac{Y_n}{Y}$$

국민총생산의 성장률이란 각 산업의 구성비를 가중치로 한 각 산업의 경제성장률의 합이기 때문에 다음과 같이 쓸 수 있다.

$$g_Y = \frac{Y_1}{Y} g_{Y_1} + \frac{Y_2}{Y} g_{Y_2} + \cdots + \frac{Y_n}{Y} g_{Y_n}$$

국민총생산의 성장률은 각 산업의 국민총생산에서 차지하는 비율과 각 산업의 성장률에 의하여 결정된다. 각 산업의 구성비와 성장률은 장기적으로 변하기 때문에 이들이 어떻게 변하느냐에 따라 경제성장도 달라진다. 가령 국민경제에서 차지하는 비중이 큰 산업의 경제성장이 빠르면 경제성장률도 높다. 그러나 비중이 큰 산업의 성장이 정체하게 되면 국민총생산의 성장도 정체하기 쉽다. 산업의 구성비도 그 산업의 성장률에 의하여 결정되기 때문에 경제성장률도 장기적으로는 산업의 성장률에 의하여 결정된다고 할 수 있다. 다시 말하면 한 나라의 경제성장은 개별산업이 얼마나 빠른 속도로 성장하는가에 따라 결정된다고 할 수 있다.

2. 피셔-클라크 가설과 구조변화

산업구조가 장기적으로 어떻게 변화하는가에 대해서는 이른바 피셔(A. G. B. Fisher)와 클라크(C. Clark)의 3부문가설이 있다. 이 가설에 의하면 경제발전의 초기에는 1차산업의 비중이 높으나 1인당 소득이 증가함에 따라 처음에는 2차산업의 비중이 커지나 소득수준이 일정수준을 넘어서면 2차산업의 비중은 위축되는 반면 3차산업의 비중이 증가하고 1차산업의 비중은 소득수준의 증가와 함께 계속 떨어진다는 것이다.

피셔는 1, 2, 3차산업을 수요의 소득탄력성을 가지고 구분한다. 그에 의하면 모든 산업의 생산물은 수요구조가 다르기 때문에 산업의 성장률도 다르다. 1차산업은 생필품(essentials)을 생산하기 때문에 수요의 소득탄력성이 낮다. 2차산업은 표준화(standardized)된 것이거나 보편적(conventional)인 생산물을 생산하며 3차산업은 생산물의 수요가 새롭거나 상대적으로 새로운 것을 생산하는 산업이라고 한다. 따라서 3차산업의 수요의 소득탄력성은 가장 크고 1보다 높으며, 2차산업의 소득탄력성은 1차산업과 3차산업의 중간 정도가 된다고 한다. 이러한 수요의 소득탄력성의 차이 때문에 경제가 발전하여 소득수준이 올라감에 따라 1차산업의 비중은 줄어드는 반면 2차산업과 3차산업의 비중이 늘어나는데 처음에는 2차산업의 비중이 3차산업보다 크나 소득수준이 높아질수록 3차산업은 그 비중이 더 커진다는 것이다. 이러한 피셔의 주장은 그 뒤 콜린 클라크에 의하여 계승·발전되었다.

이러한 피셔-클라크 가설은 쿠즈네츠(S. Kuznets, 1957, 1966)와 체너리(H. B. Chenery, 1960)의 실증연구에 의하여 적지 않은 도전을 받았다. 농업부문은 소득수준이 올라감에 따라 그 비중이 점점 떨어진다는 것은 대부분의 국가에서 발견된다. 그러나 소득수준이 점점 높아지면 2차산업의 비중은 떨어지고 3차산업의 비중은 올라간다는 가설은 일부국가에서는 통계적으로 뒷받침이 되지 않는 것으로 나타났다. 예컨대 아르헨티나, 우루과이, 칠레 등 일부국가에서는 1인당 소득이 1980년대 2,500달러가 되지 않는데도 서비스산업의 고용비중이 제조업보다 높게 나타나고 있고 우리나라의 경우도 3차산업의 고용비중

그림 11-1 OECD 국가의 산업별 고용구조의 변화

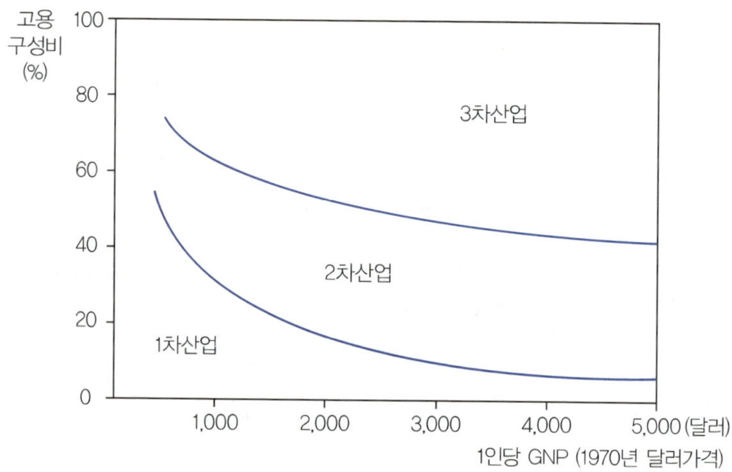

자료: M. Willms(1988), p.368.

은 소득수준이 매우 낮았던 1960년대 초부터 2차산업부문보다 훨씬 높은 것으로 나타나고 있다.

물론 산업구조변화라는 것은 그 나라 경제발전의 특수성에 따라 변화 패턴도 다를 수 있기 때문에 모든 국가에 피셔-클라크 가설을 그대로 적용하기는 어렵다. 그러나 최근 OECD국가를 대상으로 하여 분석한 결과에 의하면 일인당소득이 증가함에 따라서 생산과 고용면에서 1차산업과 2차산업의 비중이 상대적으로 떨어지는 반면 3차산업의 비중은 증가하는 것으로 나타나고 있다. 따라서 〈그림 11-1〉에서 보는 바와 같이 이들의 3부문 가설은 유효하다고 할 수 있을 것 같다.

이와 관련하여 주목할 만한 사실은 소득수준이 아주 높아지면 생산 및 고용구조가 안정화되는 경향을 보인다는 것이다. 다시 말하면 소득수준이 아주 높아지면 서비스산업으로의 구조변화가 상당히 둔화되는 경향을 보이고 있는데 이러한 산업구조의 안정화추세를 가져오는 이유로서는 다음과 같은 것을 지적할 수 있다.

첫째, 농업부문의 비중이 선진국에서 보는 바와 같이 하한선에 달하고 있

어 그 이상의 감소가 현실적으로 어렵다는 것이다. 나라에 따라 다소 차이는 있으나 농업이 국민총생산에서 차지하는 비중이 5% 이내에 있는데 이 이상으로 그 비중이 떨어지기는 어렵다. 그 이유는 농업은 식량안보나 환경보호라는 측면에서 특수한 예외적인 경우를 제외하고는 어떤 나라도 농업을 완전 포기하기는 어렵고 이 때문에 농업을 경쟁력 있는 산업으로 육성함으로써 농업노동력의 이동에도 한계가 있다는 것이다. 농업부문의 안정화경향은 산업구조의 전반적인 안정화경향에 도움이 된다. 왜냐하면 산업구조의 변동은 일반적으로 농업부문에서의 노동력이 3차산업으로의 이동에 의하여 이루어지는데 농업부문이 안정화됨에 따라 이러한 이동의 여력이 줄어들기 때문이다.

둘째, 제조업과 서비스산업 간에는 보완적 관계가 있는데 이는 경제가 발전함에 따라 심화된다는 것이다.[1] 서비스산업은 공산품과 최종소비자 간을 연결하거나 공산품의 활용과 관련된 다양한 활동을 포함하며 이는 끊임없는 기술개발로 인하여 더욱 밀접한 관계를 형성하게 된다. 즉 공업부문의 서비스화가 이루어진다는 것이다. 서비스산업의 발달은 공업화와 분리해서 생각할 수 없는 것으로서 공업부문의 서비스화가 진행되는 동시에 서비스부문의 공업화도 함께 이루어진다는 것이다. 공업부문의 서비스화란 공산품의 디자인, 마케팅, 엔지니어링 등 공산품의 고급화·전문화 및 고부가가치화를 위한 활동을 의미하며, 서비스부문의 공업화란 금융·보험·운송·정보화와 같은 활동이 매우 자본 및 지식집약적으로 변화함에 따라 새로운 시설과 장비를 요구하게 된다는 것이다. 가령 금융산업의 전산화·자동화로 컴퓨터와 같은 엄청난 새로운 시설투자를 요구하는 것처럼 서비스산업 자체가 급속한 공업화를 이루고 있기 때문에 공업의 발달이 수반되지 않은 서비스산업의 발달은 생각할 수 없다. 세탁기, 세차시설, PC 등도 서비스산업의 공업화의 대표적 예라 할 수 있다.

물론 공업과 서비스산업간의 보완적 관계가 모든 서비스산업에 해당되는 것은 아니지만 경제가 발달되고 국민복지와 여가가 증대됨에 따라 물질적인 재화에 대한 요구는 상대적으로 줄어든 반면 비물질적인 재화, 예컨대 전문화·

1) S. Kuznets(1966), p.150 참조.

정보화·다양화·개성화 등에 대한 욕구가 증대되어 서비스산업이 발달된다. 그러나 이러한 서비스산업의 발달도 공업의 발달이 뒷받침되지 않고는 어렵기 때문에 서비스산업과 제조업은 균형적인 발전관계를 유지하지 않을 수 없다는 것이다. 우리가 흔히 21세기는 정보화사회라고 하는데 여기서 말하는 정보화사회란 우리 사회가 탈공업화사회, 즉 서비스사회화가 된다는 것을 의미하는 것은 아니며 정보통신기술의 진보나 컴퓨터 네트워크 등 시스템기술의 발달로 정보화가 급속히 이루어지는 사회를 말하는 것이다.

셋째, 농업·공업 및 서비스산업에 있어서 생산성의 균등화현상을 들 수 있다. 체너리(H. B. Chenery, 1975)에 의하면 소득수준이 낮은 발전의 초기에는 부문간의 생산성 차이가 크다. 그에 의하면 공업과 서비스업은 국민경제 평균치보다 상당히 높으나 농업의 생산성은 경제전체의 평균치보다 매우 낮다. 그러나 1인당 소득수준이 1,500달러(1964년 미달러 기준) 수준에 이르면 농업의 노동생산성이 국민경제의 평균치에 수렴하는 현상을 보이고 있다(〈그림 11-2〉 참조). 산업부문간 생산성의 수렴은 자연히 부문간의 노동력 이동을 둔화시키게 됨으로써 산업구조는 안정화되는 경향을 보이게 된다.

구조변화는 1, 2, 3차산업간의 변화에만 그치지 않고 산업 내에서도 일어나게 된다. 가령 1차산업 안에서도 쌀과 같은 주곡생산이 줄어드는 한편 경제

그림 11-2 부문별 노동생산성 추이

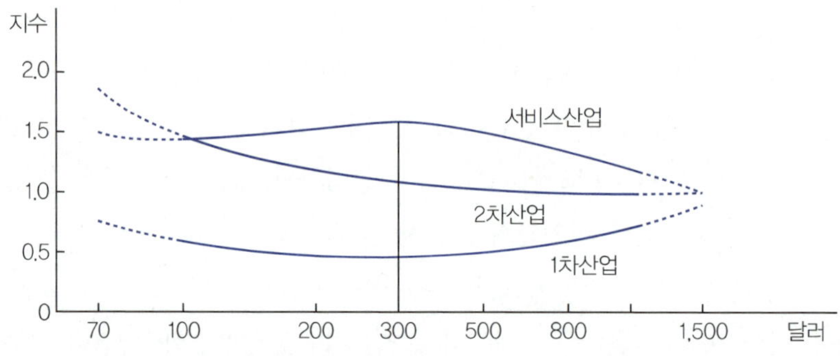

자료: Chenery, H. B. and M. Syrquin(1975), p.52.

작물의 생산은 늘고 있으며, 제조업 내에서도 경공업의 비중은 줄어들고 중공업의 비중은 증대하고 있다. 또 서비스산업 내에서도 통신이나 정보산업의 비중은 증가하는 한편 도소매업과 같은 전통적인 유통산업은 상대적으로 침체되는 등 경제발전에 따라 산업내부의 구조변화도 끊임없이 이루어진다.

구조변화는 이상에서 본 산업구조변화에만 그치지 않고 지역구조, 인구구조, 기업구조 등에서도 나타나는 다면성을 지니고 있다. 이러한 경제구조변화는 직·간접적으로 경제성장에 영향을 미치기 때문에 구조변화를 고려치 않고 성장정책을 논할 수는 없다.

제 2 절 구조변화의 요인

경제구조의 변화는 여러 가지 요인에 의하여 영향을 받는데 크게 보아 수요 측 요인과 공급 측 요인 및 국제경제 환경변화의 세 가지 요인으로 나눌 수 있다.

1. 수요 측 요인

경제구조의 변화를 가져오는 중요한 요인 중의 하나는 수요구조의 변화다. 수요구조는 두 가지 요인에 의하여 변화를 하는데 하나는 소득수준의 향상에 따른 소비자선호의 변화요, 다른 하나는 상대가격의 변화다. 소득수준이 낮을 때는 기초적인 생필품에 대한 수요가 강하나 소득수준이 높아짐에 따라 이들 재화에 대한 수요는 상대적으로 감소하는 한편 자동차나 냉장고 및 주택과 같은 우등재에 대한 수요는 늘어난다. 이에 따라 소득수준이 높아지면 산업구조도 수요의 소득탄력성이 높은 산업 중심으로 변화하게 된다. 체너리에 의하면 일반적으로 성장탄력성, 즉 경제성장변화에 따른 산업의 성장률은 소비재산업(1.31)보다는 중간재산업(1.50)이 높고, 중간재산업보다는 자본재산업(2.16)이 높

표 11-1 각 부문별 성장탄력성

농업	광업	제조업	건설업	교통 및 통신	기타 서비스
0.474	0.935	1.441	1.152	1.288	1.066

자료: H. B. Chenery(1960), p.634.

은 것으로 나타나고 있다. 체너리는 성장탄력성의 크기를 기준으로 하여 소비재산업은 초기산업(early industry), 중간재산업은 중기산업(middle industry), 자본재산업을 후기산업(late industry)이라 하였다.[2] 이는 소득수준이 아주 높아지게 되면 공업구조가 자본재산업 중심으로 변화한다는 것을 나타낸다.

또한 체너리는 51개국을 대상으로 한 횡단분석을 통해 각 부문별 성장탄력성을 계산하였다(〈표 11-1〉 참조). 그에 의하면 성장탄력성은 제조업이 가장 높고 교통 및 통신, 건설업의 순으로 되어 있으며 농업과 광업은 성장탄력성이 1보다 낮은 것으로 나타나고 있다. 성장탄력성은 엄격한 의미에서의 소득탄력성과는 다르기 때문에 성장탄력성이 수요 측 요인을 그대로 반영한다고 할 수 없으나 이는 소득수준의 변화에 따라 수요가 어떻게 변화하는가를 대체적으로 가리킨다고 할 수 있다. 이렇게 볼 때 성장탄력성의 크기를 가지고도 소득수준이 올라감에 따라 산업구조는 제조업과 교통·통신산업으로 변화하는 것을 알 수 있다.

수요의 소득탄력성 외에 수요 측면에서 구조변화를 가져오는 요인으로는 수요의 가격탄력성과 상대가격의 변화를 들 수 있다. 대량생산이 가능한 산업으로서 가격인하가 가능한 산업의 경우는 수요의 가격탄력성이 크기 때문에 높은 성장이 가능하다. 가령, 텔레비전이나 자동차의 경우 대량생산체재가 가능하기 때문에 가격인하가 가능하고 가격도 상대적으로 싸기 때문에 자동차나 TV에 대한 수요는 가격에 대하여 민감하다. 이와 같이 자동차나 TV와 같은 내구재산업의 급속한 성장은 높은 소득탄력성에도 그 원인이 있겠으나 가격탄력성이 높은 것도 중요한 요인이라 하겠다.

2) H. B. Chenery, and I. Taylor(1968), pp.96-99 참조.

2. 공급 측 요인

구조변화를 공급 측에서 발생시키는 요인으로는 기술혁신과 요소가격의 상대적 변화를 들 수 있다. 기술혁신에는 이미 지적한 바와 같이 제품혁신과 공정혁신이 있는데 이러한 기술혁신은 산업에 따라 속도가 다르다. 기술혁신의 속도가 빠른 산업은 그만큼 경제성장도 빠른 반면 그렇지 못한 산업은 성장도 빠르지 않고 구조변화도 느리다. 또 기술혁신에는 생산요소의 상대적 이용도에 따라 자본집약적 기술혁신이 있는가 하면 노동집약적 형태도 있다. 그러나 기술개발은 자본집약적인 기술혁신이 보편적이기 때문에 경제가 발전함에 따라 자본집약도가 증대된다.

생산요소의 상대적 가격도 노동에 유리하게 움직이는 것이 일반적 현상이다. 경제발전에 따른 계속되는 자본축적의 결과로 자본의 가격인 이자율은 하향 안정적인 추세를 보이는 반면 노동의 가격인 임금은 노동공급의 한계 때문에 계속 상승하고 있는 것이 일반적이다. 이와 같은 상대가격의 변화 때문에도 기술개발이 노동절약적인 특성을 가지기 때문에 산업구조는 자본집약적인 성격을 띠게 된다.

3. 대외경제환경의 변화

구조변화에 영향을 주는 세 번째의 중요한 요인으로서 대외경제여건의 변화를 들 수 있는데 크게 보아 비교우위구조의 변화와 개방압력을 들 수 있다. 한 나라 경제의 비교우위구조는 그 나라 경제의 요소부존(factor endowment)에 의하여 결정되는데 노동이 상대적으로 풍부한 나라에서는 노동집약적인 산업에 비교우위를 갖게 되고 자본이 상대적으로 풍부한 국가에서는 자본집약적인 산업에 우위를 갖게 된다. 그러나 이러한 비교우위구조는 경제가 발전함에 따라 변하기 때문에 경제구조도 비교우위구조의 변화에 상응하여 변하기 마련이다. 가령 우리나라도 경제발전의 초기에는 노동집약적인 산업에 비교우위를 가졌으나 임금의 상승에 따라 비교우위구조도 단순노동집약적 수출구조에서 숙련노동집약적 기술구조로 변하였고 최근에 와서는 다시 자본집약적이며 기술집약적 산업구조로 변하고 있다.

그러나 이러한 비교우위구조의 변화도 그 나라 경제의 개방화 정도에 따라 산업구조에 미치는 영향은 다르다. 개방화가 빨리 이루어지면 국민경제는 그만큼 세계경제환경에 빨리 노출되기 때문에 구조변화도 빠르고 그렇지 않은 경우에는 그만큼 세계경제에의 통합화 과정은 지연된다. 오늘날과 같이 개방화가 전산업에 걸쳐 급속도로 진전되는 국경 없는 무한경쟁의 시대에서는 특히 우리나라처럼 무역의 대외의존도가 높은 경제에서는 대외경제환경변화처럼 산업구조변화에 주는 중요한 요인은 없다고 할 수 있다.

제 3 절 구조정책의 의의와 분류

1. 구조정책의 의의

앞에서 지적한 바와 같이 산업구조는 여러 가지 요인에 의하여 부단히 변화하는데 그 과정에서 여러 가지 문제가 생길 수 있다. 예컨대 어떤 산업의 쇠퇴로 실업이 생긴다든지, 시설과잉이나 부족이 생긴다든지, 지역 간의 불균형적 발전이 생기는 등 구조적 문제가 생기는데 이를 시장기구에 맡겨서는 제대로 해결할 수 없는 경우가 있다. 설령 시장이 해결한다 해도 사회적 비용이 너무 클 때는 정부가 개입할 필요가 있다. 정부개입을 필요로 하는 구조문제로서는 다음과 같은 것을 지적할 수 있다.

- 어떤 산업(예컨대 우리나라의 금융산업)이나 또는 어떤 지역의 낙후로 국민경제의 성장이나 균형적 발전이 위협을 받는 경우
- 시설과잉이나 시설부족과 같은 불균형이 장기적으로 지속되는 경우
- 경제주체의 환경변화에 대한 적응력이 약하거나 결여된 경우

- 외부경제의 존재나 정보의 부족 등으로 시장기구가 제대로 작동하지 못하는 경우
- 구조변화과정에서 대량실업과 같은 사회적 고통이 큰 경우
- 잘못된 정책수단의 투입으로 정부정책이 실패하는 경우

이와 같이 구조적 문제는 매우 다양한데 이는 크게 보면 두 가지 문제로 나눌 수 있다. 하나는 시장실패로 구조변화가 정부가 바라는 방향으로 일어나지 않는 경우며, 다른 하나는 구조변화가 여러 가지 부작용을 가져오는 경우이다. 따라서 정부가 개입해서 구조변화에서 오는 부작용을 줄이면서 바라는 방향으로 구조변화를 유도할 필요가 있다. 즉 구조정책이란 구조변화를 바람직한 방향으로 유도·조성하는 한편 구조변화에서 오는 부작용을 최소화하고자 하는 정부의 정책이라 할 수 있다.

2. 구조정책의 분류

구조정책은 보는 시각에 따라 여러 가지로 분류할 수 있다.[3] 대상을 산업 또는 부문으로 하느냐 지역으로 하느냐에 따라 산업 또는 부문구조정책(sectoral structural policy)과 지역구조정책(regional structural policy)으로 나눌 수 있다. 부문구조정책이란 일반적으로 산업구조정책을 의미하는데 금융산업구조정책, 농업구조정책, 중소기업구조정책 등이며, 산업이 아니더라도 어떤 특정부문 예컨대 공공부문이나 기업을 대상으로 하는 공공부문구조정책이나 기업구조정책도 이에 속한다.

구조정책은 추진원리에 따라 구조질서정책과 구조계획정책으로도 나눌 수 있다. 구조질서정책이란 구조정책을 시장경제질서원리에 따라 추진하는 것을 의미하며 경쟁촉진을 위한 환경을 조성하는 데 초점을 둔다. 따라서 이때의 구조정책은 경쟁정책과 밀접한 관계를 갖는다. 구조계획정책이란 구조변화

3) H. Peters(1981), pp.60-68 참조.

를 시장기구에 맡기지 않고 정부가 직접 개입해서 구조변화를 계획적으로 조성하는 것을 의미한다. 이때는 구조변화를 주도하는 주체는 시장이 아니라 정부가 된다.

구조정책의 목적이 구조변화에 있는지 구조유지에 있는지에 따라 구조변화정책과 구조유지정책으로 나눌 수 있다. 구조변화정책은 구조변화를 촉진시키고자 하는 정책이며, 구조유지정책은 구조변화가 가져오는 부작용 때문에 구조변화를 지연시키고자 하는 정책이다.

끝으로 정부정책의 개입 정도에 따라 구조조정정책과 구조형성정책으로 나눌 수 있다. 구조조정정책은 구조변화에 대한 경제주체의 적응력을 강화시키고자 하는 정책을 의미한다. 구조형성정책은 정부가 원하는 방향으로 구조변화를 형성하는 정책을 의미한다. 구조형성정책은 구조변화를 정부가 주도한다는 뜻에서 구조계획정책의 성격을 지니는 반면 구조조정정책은 구조변화를 촉진시키는 데 목적이 있기 때문에 구조변화정책의 성격을 갖는다.

3. 구조정책과 산업정책

구조정책이란 용어가 우리나라에서 사용된 것은 1997년 우리나라가 IMF관리체제로 들어가면서부터라고 해도 과언은 아니다. 그전까지만 해도 구조정책이란 말을 사용하지 않고 산업정책(industrial policy) 또는 산업조정정책(industrial adjustment policy)이란 말을 주로 사용하였다. 그러면 구조정책과 산업정책은 어떻게 구별되는가?

산업정책이란 산업의 육성, 성장 및 조정을 위한 정부의 정책을 의미한다. 정부가 어떤 특정산업을 육성하고자 한다든지, 산업의 성장에 장애가 되는 애로요인을 제거한다든지, 또는 사양산업의 구조조정을 위해서 정부가 개입하는 경우 등을 말한다. 이와 같이 정부가 어떤 산업의 육성, 성장 및 조정을 하는 이유도 궁극적으로는 산업구조를 정부가 원하는 방향으로 유도·조성하고자 하는 데 있으며 이렇게 볼 때 구조정책과 산업정책은 사실상 차이가 없다. 이러한 뜻에서 산업정책을 산업구조정책이라고도 한다. 이와 같이 구조정책과 산업정책은 매우 유사한 점이 있으나 다음과 같은 점에서 구별된다고 할 수 있다.

첫째, 구조정책은 국민경제전체의 구조를 대상으로 하기 때문에 산업정책보다는 더 포괄적인 개념이라는 것이다. 통념적으로 산업정책은 공업화정책으로 이해하는 것이 일반적이며 제조업부문이 주요 대상이 된다. 그러나 구조정책은 공업부문뿐 아니라 농업, 금융 등 각종 서비스, 기업, 공공부문 등 국민경제를 구성하고 있는 모든 부문이 구조정책의 대상이 된다.

둘째, 산업정책은 구조정책의 한 수단이라 할 수 있다. 산업정책은 개별산업에 관련되는 정책이며 개별 산업의 변화는 산업구조의 변화에 영향을 주기 때문에 산업정책은 구조정책의 중요한 수단이라 할 수 있다.

제 4 절 시장경제와 구조정책

1. 구조정책의 과제

시장경제에서의 구조변화는 시장의 힘에 맡기는 것이 원칙이다. 그러나 시장의 힘만으로는 구조변화에서 오는 부작용을 줄이고 바람직한 방향으로 구조변화를 유도할 수 없기 때문에 정부의 개입이 필요한데, 시장경제에서 구조정책이 해결해야 할 과제로는 다음 세 가지를 들 수 있다.

첫째, 구조변화는 기본적으로 시장에 맡기되, 경쟁이 제대로 작동되지 않는다든지 생산요소의 이동이 원활하지 못하다든지 또는 경제주체의 환경변화에 대한 적응력이 약한 경우에는 정부가 개입함으로써 장애요인을 제거해서 자원배분이 효율적으로 이루어지도록 해야 한다. 다시 말하면 정부가 개입해서 시장의 기능을 보완해 주어야 한다는 것이다. 이를 위한 구조정책으로는 구조질서정책과 구조조정정책을 들 수 있다.

둘째, 경제가 발전하는 과정에서는 성장하는 산업이 있는가 하면 쇠퇴하는 산업도 있다. 쇠퇴하는 산업에서는 대량실업과 같은 사회적 문제가 발생하기 때문에 적자생존의 시장경제라 해서 이를 방치할 수는 없고 정부가 개입해서 구조변화에서 오는 부작용을 최소화할 필요가 있다. 이러한 경우 구조정책의 과제는 구조변화를 일시적이나마 지연시키는 것인데 구조유지정책이 이에 속한다.

셋째, 경제정책의 궁극적인 목적은 구조변화를 통해서 지속적인 경제성장을 달성하는 데 있으며 이를 위해서는 유망산업을 발굴하여 정책적으로 육성할 필요가 있다. 왜냐하면 이러한 산업은 불확실성이 높고 위험이 따르기 때문에 시장에 맡겨서는 제대로 육성될 수가 없다. 특히 개도국처럼 시장이 매우 불완전한 경우에는 정부가 직접 개입해서 전략산업을 육성할 필요가 있다. 다시 말하면 정부가 시장의 역할을 대신해 줄 필요가 있다는 것이다. 이에 속하는 정책이 구조형성정책이다.

2. 구조정책의 종류

위에서 지적한 바와 같이 시장경제에서 구조변화로 인한 부작용을 줄이고 바람직한 방향으로 구조변화를 유도·조성하기 위해 필요한 대표적인 구조정책으로는 다음 세 가지 정책, 즉 구조유지정책, 구조조정정책 및 구조형성정책을 들 수 있는데 이를 좀 더 자세히 설명하면 다음과 같다.

2.1 구조유지정책

구조유지정책이란 시장의 힘에 의하여 일어나는 구조변화를 시간적으로 지연시킴으로써 기존의 구조를 유지하고자 하는 정책을 말한다. 사양산업이나 구조불황산업의 경우 이를 시장에 맡겨 방치하게 되면 대량실업의 발생과 기업의 도산 등 사회적으로 어려움을 가져오기 때문에 정부가 개입하여 산업을 보호하고자 하는 경우를 말한다. 이러한 사양산업이나 구조불황산업은 그 자체로서는 경쟁력이 없기 때문에 정부의 직·간접적인 보조에 의하여 유지되는 수밖에 없다. 그러나 정부가 이들 산업을 지원한다고 해서 이들의 산업구조를 그대로 유지하고자 하는 데 있는 것이 아니고 구조조정을 하되 그 과정에서 생기는 사회적 비용을 줄이고자 하는 데 있기 때문에 구조유지정책도 어디까지나 구조조정정책이라 할 수 있다.

구조유지정책도 구조변화를 부정하는 것이 아니라 부분적으로 구조변화를 지연시키고자 하는 데 있다. 이러한 구조유지정책은 경제성장을 촉진시킨다기보다는 저해시키는 효과를 갖기 때문에 바람직한 정책이라고는 할 수 없으나 이익집단, 예컨대 노동조합, 농민단체 및 경제인단체 등의 압력에 의하여 부득이 하지 않을 수 없게 된다. 구조유지정책의 대상이 되는 산업은 선진국의 경우 농업·광업 및 조선산업이다.

우리나라의 경우도 광업정책과 농업정책은 구조유지정책적 성격이 강하다고 하겠다. 구조유지정책이 필요한 이유로는 다음과 같은 세 가지가 있다.

첫째, 일자리의 안정을 위해 정부의 지원이 필요하다. 사양산업이나 불황산업의 경우 대량실업을 막기 위해 정부가 한시적으로 지원하는 경우이다.

둘째, 국내생산의 확보를 위해서 정부지원이 필요한 경우도 있다. 식량이나 에너지와 같이 국가안보와 직결되는 산업에서는 국내공급을 해외에만 의존할 수가 없다. 따라서 이러한 전략적 산업의 해외의존에서 오는 불안을 줄이기 위해서는 어느 정도의 국내생산이 필요하기 때문에 경쟁력이 없다고 하더라도 정부가 지원할 필요가 있다.

셋째, 소득보장의 필요성 때문에 정부지원이 필요하다. 많은 선진국에서 보는 바와 같이 과잉생산 때문에 고민하는 농업의 경우 농산물가격을 시장기구에 맡겨 놓으면 농민들은 엄청난 소득손실을 보게 마련이다. 따라서 농민의 소득을 보장하기 위해서 정부가 최저가격을 설정하여 가격을 지지해 주고 있다. 반대로 소비자를 보호하고자 하는 경우는 최고가격을 설정하여 시장가격 이하로 가격을 묶어 놓는 경우도 있다.

2.2 구조조정정책

구조조정정책이란 구조변화에 장애가 되는 요인을 제거함으로써 구조변화를 촉진시키는 정책을 말한다. 다시 말하면 시장기구에 의한 구조변화를 수용하되 구조변화에 대한 애로요인이 생겼을 경우, 예컨대 사회간접자본이 부족한 경우에는 사회간접자본에 대한 투자를 해 준다든지, 시설과잉현상이 있을 때는 합리적 투자를 해서 시설감축을 지원한다든지 또는 독과점시장구조 때문에 구조변화가 지연된다든지 하는 경우 정부가 경쟁제한행위를 규제하는 등 여러 가지 정책수단을 동원하여 애로요인을 제거해 주는 정책이다. 이러한 구조조정정책은 구조변화가 시장의 불완전성 등으로 잘 이루어지지 않을 때 정부가 개입해서 구조변화를 촉진해 주고자 하는 데 있다.

구조유지정책이 시장의 힘에 의한 구조조정을 정부가 지연시키고자 하는 데 있다면 구조조정정책은 시장의 힘을 보완해 줌으로써 구조변화를 촉진하고자 하는 데 있다. 이런 의미에서 전자를 소극적인 구조조정정책이라 한다면 후자는 적극적인 구조조정정책이라 할 수 있다.

적극적인 구조조정정책의 가장 중요한 정책수단은 경쟁의 촉진이다. 경제성장을 위해서는 자원의 효율적인 배분이 이루어져야 하는데 이는 경쟁이 효과적으로 이루어지는 경우 가장 잘 달성될 수 있다. 경쟁은 단순히 주어진 기술 아래서 자원의 효율적 배분을 가져올 뿐만 아니라 기술혁신을 자극함으로써 새로운 제품의 개발, 새로운 시장의 개척, 새로운 기술의 도입 등을 촉진시키기 때문에 동태적 의미에서의 자원배분의 효율성을 가져온다.

경쟁의 촉진을 위해서는 국내적인 각종 경쟁제한행위를 규제하는 것도 중요하지만 효과적인 수단은 대외개방이다. 왜냐하면 국내시장의 개방은 해외로부터의 경쟁을 도입함으로써 국제가격 수준으로 생산비절하를 유도할 뿐 아니라 기업들이 국제적 수요구조와 품질수준에 적응하지 않으면 안 되기 때문이다. 대외개방은 구조조정에 따른 일시적인 마찰은 있으나 장기적으로는 성장촉진적이다. 경쟁력이 없는 기업은 시장에서 도태되는 반면 경쟁력이 있는 산업으로는 자원이 집중되기 때문이다. 이러한 경쟁촉진에 바탕을 둔 구조조정정책은 구조조정에 정부가 직접 개입한다기보다는 구조조정의 환경을 조성하여 준다는 의미에서 이를 구조질서정책(Strukturordnungspolitik)이라 할 수 있다.

구조질서적 정책 외에도 재정·금융정책적인 수단을 통해서 특정부문이나 산업을 정부가 바라는 방향으로 구조변화를 촉진하고자 하는 경우도 있다. 예컨대 금융산업개편을 위한 공적자금의 투입이 이에 속한다고 하겠다. 정부가 연구개발과 기술개발을 지원하여 구조변화를 유도하고자 하는 정책도 이에 속한다. 산업의 국제경쟁력 향상이나 앞으로의 산업발전에 중추적 역할을 할 특정기술부문을 선정하여 정부가 지원하는 정책이다. 위험성이 커서 민간기업이 하기 힘들고 외부경제의 창출효과가 큰 핵심기술이나 공통 애로기술과 같은 분야는 정부가 지원하는 것이 바람직하다.

노동력의 산업간 이동을 촉진시키는 것도 이에 속하는데 이를 위해서는 고용기회에 대한 충분한 정보를 제공함으로써 노동시장의 투명성을 제고시켜야 한다. 노동력의 지역 간 이동을 촉진시키기 위해서는 이동에 따른 이주비 지원, 교육 및 주택문제의 해결 등을 통해 노동력이 부족하거나 낙후된 지역으로 노동력 이동을 도와주어야 한다. 또한 전직훈련이나 향상교육을 통해 근로자의 직업적응력을 강화시키는 것도 부문간·지역 간 노동력의 이동을 촉진시킨다. 이러한 여러 가지 정책수단은 산업내의 구조조정뿐만 아니라 산업 간의 구조조정을 촉진시킴으로써 생산성을 올리고 나아가 경제성장을 촉진시키게 된다.

2.3 구조형성정책

구조유지정책이나 구조조정정책은 정부가 경제주체의 의사결정에 영향을 주지만 경제주체가 의사결정의 자유를 가지는 것을 원칙으로 한다. 다만 정부는 여러 가지 정책수단을 통해서 의사결정에 영향을 줄 뿐이지 정부자체가 의사결정을 하는 것은 아니다. 그러나 정부는 기술의 변화나 시장여건의 변화 등을 감안해서 장래성이 있다고 판단되는 유망산업 또는 첨단미래산업과 같은 이른바 전략적 산업을 선택하여 이를 정책적으로 육성할 필요가 있는 경우도 있다. 이러한 미래지향적 구조정책을 구조형성정책이라 한다. 정부가 유망산업을 직접 선정하여 육성하는 이른바 승자선택(picking the winner)이 이에 속한다고 할 수 있다. 이러한 정책은 의사결정을 시장, 즉 민간에 맡기는 것이 아니라 정부가 시장의 기능을 대체해 준다는 뜻에서 구조조정정책과는 성격이 다르다.

구조조정정책은 정부가 유인수단을 통해서 간접적으로 개입하는 데 대해서 구조형성정책은 정부가 직접적으로 구조변화에 개입하는 차이가 있다. 이러한 구조형성적 정책이 정당화되는 이유로서는 다음과 같은 것이 지적된다.

시장가격이란 정확한 투자의 신호기능을 하지 못한다. 현재의 투자수익률은 투자가 이루어지는 시점에서의 투자수익성에 대한 정보만 제공하는 것이지 미래에 있어서의 투자의 수익성에 대해서는 정확한 정보를 제공하지 못한다는 것이다. 현재의 수익률이 낮다고 해서 미래의 수익률이 낮다고 단언하기는 어려우며 반대로 현재의 수익성이 높다고 해서 미래에도 높다고 할 수 없다.

어떤 산업의 미래수익률은 그 산업에 대한 수요와 기술혁신에 달려 있다. 즉 그 사업의 제품에 대한 수요의 소득탄력성이 얼마나 높으며 기술혁신을 통해서 얼마나 생산비를 절감하고 새로운 제품을 개발할 수 있느냐에 달려 있다. 전자는 산업이나 제품의 시장성을 말하며 후자는 그 제품의 경쟁력을 의미한다. 현재는 투자의 수익률이 시장의 협소성 때문에 낮다고 하더라도 소득탄력성이 크고 기술개발의 속도가 빠르면 수익성은 올라갈 수가 있다. 따라서 경제성장을 촉진하기 위해서는 수요의 소득탄력성이 크고 기술개발속도가 빠른 전략적 산업을 선정하여 이를 적극 육성하는 것이 바람직하다.

이와 같은 전략산업 또는 유치산업의 보호·육성은 경제발전의 초기단계에서 일반적으로 많이 사용하는 전략이다. 우리나라에서도 70년대 중화학공업의 육성은 이러한 기본적 전략 아래서 추진되었다. 정부가 전략산업을 미리 선정하여 민간기업으로 하여금 투자를 하도록 유도하였으며 때로는 할당하는 식으로 강요하였다. 또 어떤 부문에서는 포항제철과 같이 정부가 직접투자를 하기도 하였다. 민간기업으로 하여금 투자를 유도하기 위하여 재정·금융·관세상의 파격적인 특혜조치를 취해 주기도 하였다.

물론 정부가 전략산업을 선정하는 것이 과연 바람직한가에 대해서는 논란이 적지 않다. 전략산업을 제대로 선정하기 위해서는 국내의 수요, 기술변화, 생산요소 공급 등 종합적이고 체계적인 정보를 가지고 합리적인 의사결정을 해야 하는데 관료기구가 갖는 경직성과 할거주의 등 이른바 정부실패 때문에 오히려 잘못된 의사결정을 할 가능성도 있다. 그러나 이러한 정부실패의 가능성 여부는 정부가 정보수집능력이나 전략산업을 효과적으로 추진할 수 있는 국민경제적 능력이 있느냐에 따라 다르다.

국민경제가 기술수준, 기술개발능력, 기술인력의 공급능력, 경영관리능력 등 유치산업을 효과적으로 발전시킬 수 있는 잠재력을 가지고 있다면 유치산업보호는 성공할 것이고 그렇지 못하는 경우에는 실패할 수 있다.[4] 우리나라에서는 전략적 산업정책이 성공한 반면, 남미제국에서는 실패한 것은 국가의 경제관리능력이나 국민경제적 잠재력의 차이에 때문으로 보인다.

제 5 절 우리나라의 구조정책

1. 개 관

우리나라는 과거 고도성장을 하는 과정에서 몇 차례의 구조정책이 있었다. 그 대표적인 것이 1970년대의 중화학공업 육성정책이었다. 중화학공업 육성정책은 정부가 전략적인 산업을 지정하여 각종 세제·금융상의 파격적인 지원을 한 전형적인 구조형성정책이었다.

중화학공업 육성정책은 70년대의 고도성장에는 크게 기여하였으나 여러 가지 부작용이 있었으며, 특히 일부 산업에서 과잉·중복투자가 발생함으로써 1980년대에 들어오면서 구조조정이 불가피하게 되었다. 그래서 나온 정책이 중화학공업 투자조정정책이었다. 투자조정 대상업종으로는 발전설비, 전자교환기, 디젤엔진, 건설중장비, 자동차, 중전기기 등으로서 이들 산업에 있어서 진입제한, 합병 및 생산조정 등을 강력히 추진하였다. 투자조정정책은 1980년대 초의 불황타개와 재벌기업의 중복·과잉투자를 해소하는 데는 어느 정도

---

4) 이경태(1991), p.78 참조.

기여하였으나 재벌의 문어발식 기업확장과 경제력 집중현상은 계속되었다.

1993년 김영삼 정부는 재벌의 문어발식 팽창을 억제하고 이들 대기업의 국제경쟁력 향상을 위하여 30대 재벌그룹으로 하여금 주력업종과 주력업체를 선정하게 하는 이른바 주력업종전문화제도를 도입하였다. 선정된 주력업종에 대해서는 여신관리규제의 완화, 총액출자제한완화 등 여신규제를 완화하여 주었다. 그러나 주력업종전문화제도는 주력기업이 그룹의 자금파이프라인 구실만 함으로써 여신관리제도만 왜곡시켰을 뿐 재벌기업의 전문화유도에는 실패하게 되자 1997년에 폐지되었다.

이와 같이 1980년대 이후의 우리나라 구조정책은 재벌중심의 고도성장과정에서 파생된 문제를 해결하기 위한 구조조정정책으로서 정부주도로 이루어진 것이 특징이다. 이러한 정부주도 구조조정정책은 그때그때의 문제해결에는 어느 정도 기여를 했으나 공정한 경쟁질서의 확립이나 경쟁력향상과 같은 근본적인 문제해결은 하지 못한 채 소유권의 침해, 특혜의 시비 등 많은 부작용을 낳았다.

2. IMF 체제와 구조정책

2.1 금융위기와 IMF

위에서 우리는 1980년대와 1990년대에 몇 차례의 구조조정정책이 있었지만 재벌기업의 팽창을 억제하고 경쟁력을 강화시키는 데는 기여를 하지 못하였다는 것을 지적하였다. 더구나 국민경제의 심장과 같은 금융산업의 구조정책은 손도 대지 못한 채 WTO 출범과 OECD 가입으로 인한 급격한 개방화로 결국 1997년 말에 금융위기를 맞이하여 IMF관리체제로 들어가게 되었다. 우리나라 금융위기의 원인으로는 다음과 같은 것을 지적할 수 있다.

- 국제자본시장의 불안정으로 발생한 동남아금융위기의 전염
- 금융산업의 낙후, 기업의 과다부채, 외채의 과중 등 한국경제의 구조적

취약성
- 경직된 환율정책, 성급한 금융 및 자본자유화 등 정부정책의 실패
- 정부주도형 개발에서 시장주도형 개발로 이행되는 과정에서의 제도적 미비 및 결함

IMF는 1997년 12월 긴급자금지원을 조건으로 우리 정부에 대해서 광범위한 구조개혁을 요구하였다. IMF 권고안은 크게 두 가지로 대별할 수 있는데 하나는 긴축거시경제정책이고 다른 하나는 금융, 기업, 노동시장 등 광범위한 분야에 걸친 제도개혁이다. 거시경제정책에서는 재정·금융 긴축과 고금리정책으로 투자를 억제하는 한편 저축을 증대시켜 경상수지 개선과 물가안정을 기하도록 권고하였으며, 이를 위하여 1998년도 GDP 성장률 3%, 물가상승률 5%의 거시경제지표를 제시하였다. 제도개혁으로는 금융개혁, 기업지배구조개혁, 노동시장유연성제고, 기업경영의 투명성제고 및 산업구조조정을 촉진할 것을 요구하였다. 이러한 IMF의 권고에 따라 정부는 4대 분야에 걸쳐 구조개혁정책을 실시하였다. 그에 따른 내용과 성과를 보면 다음과 같다.

2.2 금융구조개혁

금융은 국민경제의 중심적인 자원배분기구로서 금융산업이 건전하고 효율적인 산업이 되지 않고서는 국민경제가 제대로 발전될 수 없다. 따라서 금융산업의 구조개혁은 어떤 개혁보다도 중요성을 지닌다 하겠다. 금융부분의 구조개혁은 다음과 같은 원칙하에서 추진되었다.

- 회생불가능한 금융기관의 퇴출과 금융시장의 불확실성 제거
- 회생이 가능하다고 판단되는 금융기관에 대해서는 자구노력을 전제로 공적자금의 지원을 통한 경영정상화
- 금융기관의 구조조정을 촉진하고 자산운용의 건전성과 수익성제고를 위한 제도개선
- 부실책임에 대한 손실분담원칙을 확립함으로써 시장규율의 정립

이러한 원칙 아래서 추진된 금융산업 구조개혁은 크게 금융구조조정, 금융규제 완화, 금융의 하부구조 확충 등 세 가지 차원에서 이루어졌다.

첫째, 금융구조조정 차원에서 정부는 퇴출 또는 인수·합병의 방법으로 부실금융기관을 대거 정리하였다. 그 결과 14개 은행, 29개 종금사, 18개 보험사 등이 퇴출 또는 합병되는 등 1997년 말 6,571개에 이르던 전체 금융기관수가 2004년 말까지 4,517개로 줄어들어 전체 금융기관의 1/3 정도가 소멸하였다(〈표 11-2〉 참조). 한편 금융구조조정의 원활한 지원을 위해 166.5조원의 공적자금을 예금보험공사, 한국자산관리공사 등을 통해 금융기관의 출자·출연, 부실채권 매입, 예금대지급에 사용하였다(〈표 11-3〉 참조). 금융구조조정 과정에서 정부는 금융기관의 생존가능성 판단, 부실금융기관 매각 등에 있어 주도적 역할을 행사하였으며, 금융시스템에서 차지하는 은행의 중요성을 감안해 전

표 11-2 금융기관[1] 수의 변화(1997년 말~2004년 말)

	1997년 말 (A)	퇴출[2]	합병[3]	계(B)	신설 (C)	2004년 말 (A-B+C)
은 행	33	5	9	14	–	19
종 금	30	22	7	29	1	2
증 권	36	8	4	12	18	42
보 험	45	11	6	17	8	36
자산운용사	30	6	2	8	12	47[5]
상호저축은행	231	103	27	130	12	113
신용협동조합	1,666	501	112	613	13	1,066
새마을금고	2,743	370	857	1,227	131	1,647
농·수협 등[4]	1,757	–	–	–	–	1,545
합 계	6,571	–	–	–	–	4,517

주: 1) 외국회사 국내지점 및 가교금융기관 제외.
2) 인가취소(신청), 파산, 해산 포함.
3) 합병으로 소멸된 금융기관.
4) 산림조합 및 인삼협동조합 포함.
5) 2004년부터 기존의 투자신탁운용회사 및 구 자산운용회사가 자산운용회사로 일원화.

자료: 한국은행

표 11-3 주체별 공적자금 지원액수(2005년 3월 말 누계) (단위: 조원)

예금보험공사	한국자산관리공사	재정자금	한국은행	합 계
108.5	39.0	18.1	0.9	166.5

자료: 공적자금관리위원회, 예금보험공사 홈페이지 및 「공적자금관리백서」 참조.

체 공적자금의 절반 이상을 은행권에 투입[5]하는 등 은행중심의 구조조정을 단행하였다.

둘째, 금융구조조정과 함께 정부는 금융의 세계화추세에 대응하고 글로벌 스탠다드에 부합하기 위해 금융개방을 지속적으로 추진하는 한편, 이를 뒷받침하도록 금융규제를 크게 완화하였다. 우선 OECD 가입으로 외국인 국내투자 등 외환거래 자유화를 확대한 이후 외환위기를 계기로 자유변동환율제도로 이행하는 한편 대외송금을 전면 자유화하는 등 외환자유화 조치를 단계별로 시행하였다. 1998년 5월에는 외국인 주식투자한도를 폐지함으로써 주식시장을 완전 개방하였다. 아울러 요구불예금에 대한 금리규제를 폐지함으로써 1991년부터 추진된 4단계 금리자유화계획을 2004년 2월에 완결하였을 뿐만 아니라, 경쟁력강화와 다양한 금융서비스 제공을 위해 금융기관의 업무영역을 확대하였다.[6]

마지막으로 정부는 금융구조조정 및 금융규제 완화와 더불어 금융의 하부구조를 정비하는 데도 많은 노력을 기울였다. 이의 일환으로 외환위기 이후 모든 금융권에 적기시정조치제도를 도입·시행하고 자산건전성 분류기준을 강화하는 등 건전성규제를 강화하였다. 또한 경영의 투명성을 제고하고 책임경영체제를 확립하기 위해 금융기관의 회계 및 공시제도를 대폭 강화하였다. 구체적으로는 회계제도의 신뢰성제고를 위해 금융기관보유 유가증권에 대한 가치평가

5) 외환위기 이후 2005년 3월까지의 공적자금 투입액 166.5조원 중 86.8조원(52%)이 은행에 투입되었다.

6) 은행의 수익증권 판매를 허용(1998.9)하고, 방카슈랑스를 단계적으로 도입하였으며, 간접투자자산운용업법 제정을 통해 간접투자증권 판매를 활성화(2004.1)하고, 간접투자기구의 자산운용 대상을 확대(2004.1)하였다. 또한 보험사, 증권사 등 금융기관 설립기준을 완화하고, 자산운용 및 점포에 대한 규제를 완화(2003.2)하였다.

방식을 시가평가방식으로 전환(1998. 11)하고, 은행·증권·보험(2000. 1), 자산운용사(2004. 1) 등의 회계정보 및 경영관련보고서 공시주기를 반기에서 분기로 단축하였을 뿐만 아니라, 공시서류의 허위기재, 미공개 정보의 이용, 시세조작 등으로 인한 피해구제를 위해 증권관련 집단소송제도를 도입(2005. 1)하였다.

아울러 정부는 건전한 금융자본 출현을 유도하고 금융기관 책임경영을 촉진하기 위해 은행법 및 금융지주회사법을 개정(2002. 4)하여 은행 및 은행지주회사의 의결권 있는 주식에 대한 동일인 보유한도를 4%에서 10%로 확대하는 등 금융기관 소유제한을 완화하였다.[7)]

이 외에도 외부감사제도의 충실화를 위해 일정규모[8)] 이상의 은행, 증권, 보험, 자산운용사 등에 대해 사외이사 중심의 이사회제도를 도입하고 감사위원회의 설치를 의무화(2000. 1)하였다.

이상과 같이 그동안 추진된 금융산업 구조개혁은 금융기관도 파산할 수 있다는 시장규율을 확립하는 등 상당한 성과를 거둔 것으로 평가되고 있다. 특히 은행은 공적자금을 통한 재무구조 개선, 건전성규제 강화, 자체 위험관리 시스템 구축 등으로 건전성이 크게 개선되었다(〈표 11-4〉 참조). 그러나 금융시

표 11-4 일반은행의 경영건전성 개선추이(기말기준) (단위: %)

	1997	1998	1999	2000	2001	2002	2003	2004
BIS자기자본비율	7.0	8.2	10.8	10.5	10.8	10.5	10.5	11.3
원화유동성비율	–	–	108.0	114.5	101.8	111.6	110.0	116.3
고정 이하 여신비율	–	–	13.6	8.8	3.3	2.4	2.7	2.0
대손충당금적립비율[1)]	–	–	46.3	64.6	74.0	83.2	82.2	96.4

주: 1) 고정 이하 여신대비 대손충당금 적립비율.
자료: 금융감독원, 「은행경영통계」.

7) 다만 비금융주력자(산업자본)의 경우에는 종전처럼 4%로 제한하되 금감위 승인시 예외적으로 의결권제한을 조건으로 10%까지 소유를 허용하였다.

8) 모든 은행 및 종금사, 자산총액 2조원 이상 증권·보험·신용카드사, 간접투자기구 자산총액 6조원 이상 자산운용회사, 자산총액 3천억원 이상 상호저축은행.

장의 효율성이나 안정성 등의 면에서 여전히 개선의 여지가 있는 것으로 보인다. 꾸준한 구조조정과 경영혁신으로 금융기관의 수익성은 개선된 반면, 수익구조가 선진국에 비해 여전히 취약한 데다 경영지배구조의 개선도 미흡한 것으로 평가된다. 은행의 경우 수익의 대부분을 이자부문에 의존하고 있으며, 증권회사는 위탁매매와 펀드판매 수수료수입에 과도하게 의존하고 있을 뿐 아니라 기업금융 등 업무다각화는 미흡한 실정이다. 아울러 사외이사 및 감사위원회 제도 등의 도입으로 금융기관 경영에 대한 주주의 견제장치가 마련되었으나 사외이사 역할의 미흡, 소액주주권 활성화지연 등 문제점이 상존하고 있다.

2.3 기업구조개혁

기업구조개혁은 정부와 재계간에 합의한 「기업구조개혁 5+3 원칙」에 의거하여 추진되었는데 이는 3개의 구조개혁, 즉 재무구조개선(financial restructuring), 지배구조개선(governance restructuring) 및 사업구조개선(business restructuring)으로 나눌 수 있는데 주요내용은 다음과 같다.

2.3.1 재무구조개선

우리나라 기업은 고도성장과정에서 차입경영에 의존해 왔다. 1997년 말 현재 우리나라 기업의 부채비율은 396.3%로서 미국 159.7%, 일본 206.3%, 대만 85.7%에 비하여 매우 높다. 높은 부채비율을 줄이기 위하여 정부는 ① 30대 대기업집단의 계열사 간 신규채무보증을 전면 금지하여 1999년 말까지 채무보증을 완전히 해소하도록 하고, ② 주 채권은행은 대기업과 1999년 말까지 부채비율을 200% 이하로 낮추도록 재무구조개선약정을 체결하며, ③ 자기자본의 5배 이상 차입금에 대한 이자를 2000년부터 손비로 인정하지 않도록 하였다.

이러한 조치로 1998년에 기업들의 자산재평가가 대폭 증가하였으며, 1998년과 1999년의 대규모 유상증자, 1999년과 2000년의 IT업종을 중심으로 한 기업공개 확산 등으로 기업의 자기자본 확충이 이루어졌다. 또한 우량 대기업의 적극적인 차입금상환과 설비투자 축소, 기업구조조정에 따른 출자전환 및 부실기업정리 등으로 기업부문의 차입금이 크게 감소하였다. 이에 따라 30대 기업집단의 평균부채비율이 1997년 말 518.9%에서 지속적으로 감소하여 1999년 말에는 200% 이하로 낮아졌으며, 제조업 부채비율도 2003년에는 미국(2003년 154.8%)이나 일본(2002년 156.2%)보다도 낮은 수준인 123.4%로 하락하였다.[9]

2.3.2 기업지배구조개선

기업지배구조개선은 회계 및 공시제도 개선, 기업의 내부지배구조 개선, 주주권강화 등에 초점을 두었다. 그 주요 내용은 다음과 같다.

우선 회계의 투명성제고를 위해 정부는 회계기준을 국제기준에 부합하도록 개정하는 한편, 외부감사인의 독립성을 강화하기 위해 감사인 선임위원회를 구성하도록 하고 감사인과 회계관계인의 법적 책임을 높였다. 또한 동일그룹 소속의 모든 계열사를 포함하는 결합재무제표의 작성을 의무화하였다. 공시제도와 관련하여 공시의 범위와 수단을 대폭 보강하고 공시의무 위반에 대한 제재를 강화하였다.

기업의 내부지배 구조에 있어서 정부는 그룹조정센터의 역할을 해왔던 그룹회장실 또는 기획조정실을 폐지하는 대신 한시적으로 구조조정본부를 두도록 유도하였다. 그리고 지배주주를 업무집행지시자로 상법에 규정하는 한편, 주요 계열사의 대표이사로 등재하도록 함으로써 지배주주에 대해 경영책임을 물을 수 있는 법적 근거를 마련하였다. 이사회의 기능활성화를 위해 대규모 기업에 대해 사외이사의 선임과 사외이사 후보추천위원회 및 감사위원회의 설치를 의무화하고, 감사위원 선임 시에는 대주주의 의결권을 3% 이내로 제한하였다.

일반주주들이 직접 이사 및 경영진의 경영책임을 추궁할 수 있는 법적 수단들도 대폭 보강하였다. 상법상 대표소송제기를 위한 지분요건을 최소 1%로 낮췄고, 상장기업에 대한 대표소송 제기요건은 최소 0.01%로 대폭 낮추었다. 또한 이사 및 감사의 해임청구를 위한 지분요건을 최소 0.25%로, 이사의 위법

9) 이건호 외(2004) 참조.

행위유지청구권은 0.025%, 회계장부열람청구권은 0.5%로 각각 낮추었다.[10)]

2.3.3 사업구조개선

사업구조개선은 기업인수·합병의 활성화 및 기업의 구조조정을 원활하게 하는 데 역점을 두었다. 기업인수·합병(M&A)의 활성화를 위해서는 증권거래법의 의무공개 매수조항을 폐지하였고, 근로기준법상의 고용조정요건에 M&A를 추가하였다. 또한 종목당 외국인의 주식소유한도를 폐지하였고, 주식취득 시 재경부장관의 허가대상을 방위산업체로 축소하였으며, 이사회의 승인이 필요한 외국인 1인의 지분한도를 10%에서 1/3로 상향조정하였다.

구조조정을 원활하게 하기 위해서는 기업집단간 대규모 사업조정(big deal)과 기업개선작업 대상기업 지원을 위한 조세특례를 허용하였고, 기업분할 도입 및 세제지원을 강화하였으며, 퇴출관련 절차를 간소화하였다.

이상에서 지적한 바와 같이 기업구조개혁은 광범위하게 진행되고 있어 그 구체적인 성과를 판단하기에는 이르나 가시적인 성과가 없는 것은 아니다. 앞에서 지적한 바와 같이 우선 우리나라 기업의 재무구조가 크게 개선되었으며, 계열사 간 상호출자와 상호지급보증이 축소되었다. 다국적기업의 전략적 제휴를 통하여 다국적기업화가 촉진되고 있으며, 국제재무기준에 맞는 개방적이고 투명한 기업지배구조가 정착되어 가고 있다. 또한 소수주주권활용 및 사외이사의 역할확대 등으로 책임경영제도가 정착되어 가고 있다.

그러나 문제점도 없지 않다. 대기업의 부채비율은 크게 줄어들었으나, 이는 기업에 의해 자율적으로 성취된 결과라기보다는 정부주도의 기업구조조정 정책에 의해 단기간에 그리고 반강제적으로 이루어진 것이다. 따라서 긍정적으로만 보기 어려운 면이 있다. 특히 정부에 의해 강조된 내부자금 위주의 자금조달 방식은 기업들의 재무구조를 개선시키는 데는 기여했으나 축소지향적인 기업경영행태를 유발하고 있기도 하다. 또한 기업재무구조 개선의 상당부분은 투자자금 수요의 하락에 기초하고 있으며, 시설투자가 이루어지더라도 기존 시

10) 황인학(2002) 참조.

설에 대한 유지보수 위주로 투자가 이루어지고 있다. 2003년 현재에도 자금조달규모가 환란 이전의 수준을 회복하지 못하고 있는데, 우리 경제의 성장잠재력 향상을 위해서도 기업의 투자활성화를 위한 다각적인 노력이 필요하다.[11)]

또한 정부는 기업지배구조의 문제에 개입함에 있어서 그 한계를 분명히 설정할 필요가 있다. 일반적인 관점에서 볼 때, 정부는 시장메커니즘에 대한 직접적인 개입이 아니라 시장메커니즘의 정상화를 지원하기 위해 시장참가자들의 게임규칙을 정하고 보호하는 역할에 충실해야 한다. 마찬가지로 기업지배구조에 있어서도 정부는 경영투명성과 시장규율기능의 제고를 위해 관련제도를 개선하는 데 역량을 집중해야 한다. 반면 내부지배구조에 해당하는 이사회나 기업의 조직형태에 대해서는 정부가 선험적인 판단하에 획일적으로 규제하는 것은 곤란하며, 투자자와의 상호작용 과정에서 기업 스스로 선택하도록 남겨둘 필요가 있다.[12)]

2.4 공공부문구조개혁

그동안 정부주도의 경제운용에서 나오는 폐단을 없애고 시장경제체제에 맞는 정부의 기능을 수행한다는 취지 아래서 정부는 다음과 같은 것을 주요내용으로 하는 공공부문구조개혁을 추진하여 왔다.

- 정부조직개편
- 규제완화
- 공기업 민영화
- 경쟁, 성과 및 수요자 중심의 운영시스템 확립

국민의 정부는 정부조직을 핵심역량 위주로 개편하여 총 243개국, 1,366개과를 감축하였으며, 인력도 1998~2001년까지 14.1만 명을 감축하였다. 이에 따라 국민의 정부출범 이후 총 공무원수는 7.7% 감소하여 10년 전 수준으

11) 이건호 외(2004) 참조.

12) 황인학(2002) 참조.

로 축소되었다. 그러나 참여정부가 들어서면서 공공부문의 구조개혁은 크게 둔화되어 공공부문이 오히려 민간부문에 비하여 상대적으로 확대되었다. 정부의 크기는 크게 증가하여 장차관급의 정무직공무원은 27명이 증가하여 2002년보다 25%가 증가하였고, 2005년 7월 말까지 총 공무원수는 2만 2천여 명이 증가하였다. 공무원인건비는 2006년 20조 4천억원으로서 참여정부출범 첫해인 2003년의 16조 8천억원보다 3조 6천억원이 증가하였다. 결국 참여정부 들어서 민간부문은 경기침체와 소비둔화로 위축되었으나 공공부문은 꾸준한 확장기조를 유지하고 있는 셈이다.[13]

규제완화에 있어서 국민의 정부는 경제위기극복을 위한 최선의 방안의 하나로 대대적인 규제개혁을 설정하고, 행정규제기본법에 따라 규제개혁위원회와 규제개혁조정관실을 두어 모든 정부규제를 등록하고, 이 가운데 약 50%를 폐지하고 20%를 개선하는 획기적인 규제개혁을 시행하였다. 그러나 참여정부가 출범한 이후 임기 초반에는 규제개혁이 중요 정책과제로 전혀 주목받지 못하였다. 이에 따라 2004년 7월까지 참여정부가 시행한 규제개혁은 규제개혁위원회에서 일상적으로 행하던 신규 및 강화규제에 대한 사전심사를 행하는 것을 제외하고는 아무런 진전이 없었다. 오히려 이 기간 동안 참여정부의 개입주의적 정책으로 인해 새로운 규제가 지속적으로 증가하는 추세를 보였다. 2004년 7월 이후 정부는 지속되는 경기침체와 고용상황악화를 타개하기 위해 투자를 저해하는 규제의 해제 등에 보다 적극적인 노력이 있었으나, 규제개혁의 성과는 그다지 만족스럽지 못한 것으로 보인다.[14]

우리나라 공기업은 1999년 현재 총 157개가 있으며, 이들의 예산규모는 98조 9천억원으로서 중앙정부 일반회계의 144%에 해당한다. 정부는 1998년 7월 총 24개 공기업 중 기업성이 강한 11개사를 민영화대상으로 선정하여 포철, 한국통신 등 8개 공기업의 민영화를 완료하였다. 그러나 한국전력, 가스공사, 지역난방 등 3개 공기업에 대한 민영화는 증시침체, 기득권층의 반발, 경제력

13) 조성봉(2006) 참조.

14) 이주선(2006) 참조.

집중에 대한 우려, 정부계획의 변경 등으로 사실상 중단상태에 있다. 정부운영 시스템의 개선측면에서는 공무원의 개방형 임용제도 확대, 연봉제 및 성과상여금제 시행, 고객지향적 서비스를 위한 정보기술의 활용, 인사, 조직, 예산 등에 대한 부처의 자율성제고 등 많은 제도적 개선이 있었다.

참여정부에 들어서는 공기업, 산하기관, 연구기관들을 총칭하는 공공기관에 대한 혁신을 통하여 공공기관의 변화를 시도하였다. 국민의 정부에서 민영화, 인력감축, 자산감축 등 하드웨어적인 개혁을 중점으로 추진한 반면, 참여정부에서는 일하는 방식, 공공서비스 개선 등 소프트웨어적인 변화를 추진하였다. 이와 같은 참여정부의 공공기관 혁신은 구체적인 경영혁신의 방법과 수단을 제시하고 이를 평가하고 있다는 점에서, 그리고 상당수의 공공기관을 감독할 수 있는 외부적인 지배구조를 제시하여 향후 공공기관을 감독하고 그 경영을 개선할 수 있는 제도적인 장치를 마련하였다는 점에서 긍정적인 평가를 받고 있다.[15)]

이상에서 보는 바와 같이 형식적이나마 가시적인 성과도 있고 상당한 제도적 개선이 있었으나, 그 효과를 판단하기에는 아직 이르다. 정부조직이 개편되고 민영화와 규제완화가 이루어졌다고 해서 공공부문의 효율이 올라간다고 믿기는 어렵다. 관료집단의 의식변화와 자질향상 없는 외형적이고 단기적인 개혁만으로는 소기의 성과를 거두기 어렵기 때문이다.

2.5 노동시장개혁

노동시장개혁은 노동시장의 유연성제고에 초점을 맞추었다. 이를 위하여 노사정위원회를 법제화시켜 노사정 간 합의를 통하여 고용조정과 근로자파견제를 실시하도록 하였다.

정부는 1998년 근로기준법을 개정하여 경영상의 이유로 해고를 할 수 있도록 하고 파견근로의 합법화를 허용하였다. 이러한 제도의 변화는 노동시장의 유연성제고에 기여를 하였고, 외환위기 이후 실업률이 떨어진 것도 이에 상당히 기인한다고 할 수 있다. 그러나 그 내용면에서는 문제점도 없지 않다.

---

15) 조성봉, 전게서, 참조.

표 11-5 고용구조 추이

(단위: %)

	1990	1991	1992	1993	1994	1995	1996	1997	1998	1999	2000
상용직	54.2	55.1	56.9	58.8	57.9	58.1	56.7	54.1	53.0	48.3	47.6
임시직	29.0	28.8	27.8	26.6	27.8	27.7	29.5	31.6	32.8	33.4	34.3
일용직	16.8	16.1	15.3	14.6	14.4	14.2	13.8	14.3	14.2	18.3	18.1

자료: 최경수, 「노동시장 유연화의 고용효과 분석」, 한국개발연구원, 2001, p.57.

왜냐하면 경영상의 이유에 의한 해고가 현실적으로 어렵기 때문에 기업은 규제가 약한 임시직과 일용직 근로자를 선호하는 반면, 상용직 근로자의 고용을 기피하게 되어 비정규직 근로자는 증가하고 정규직인 상용직 근로자는 감소하는 결과를 가져왔기 때문이다.

따라서 우리나라 노동시장에서 규제완화가 실제로 큰 진전이 있었다고 보기 어려우며, 이는 규제가 강한 상용직 근로자에 대해서는 규제완화가 실질적으로 없었기 때문이다. 이 결과로 〈표 11-5〉에서 보는 바와 같이 외환위기 이후 상용직 근로자의 비중은 급속히 감소하는 반면, 일용직과 임시직의 비중은 증가하였다.

정리해고의 법제화 외에도 노사정위원회를 통하여 추진된 중요한 노사관련합의 사항으로는 전교조 인정, 공무원의 단결권 인정, 민주노총 합법화 등이 있다. 이들 정책은 김대중정부가 일종의 정치적 교환으로 체결된 사항으로서 노동시장에 적지 않은 영향을 주었다. 그러나 민주노총이 노사정위원회에 불참하게 되고, 기업 내 노사관계의 환경이 악화됨에 따라 노사정위원회의 위상과 기능이 현저히 쇠락함과 동시에 대립적 노사관계의 관행은 지속되었다.

국민의 정부에서는 외환위기 이후 실업문제의 해결과 빈곤층의 복지를 위하여 사회안전망의 구축에도 상당한 정책적 역점을 두었다. 그 철학적 기반으로 이른바 '생산적 복지'를 주창하였고, 이러한 정책기조 하에서 적극적 노동시장 정책이 강조되었다. 이에 따라 고용보험제도를 적극 활용하여 재직자 및 실업자들의 고용안정을 위한 각종 프로그램들을 신설하여 상당한 성과를 거두었다.

참여정부는 국민의 정부에서 추진되어 온 각종 노동개혁정책을 지속적으로 추진하는 것을 목표로 하였으나, 노동정책의 일관성부재와 리더십상실로 진전을 보지 못하였다. 예컨대 정부 초기의 두산중공업 사태, 철도노조 사태, 화물연대 파업 등에서 본 바와 같이 정부가 자율과 타협을 존중하고, 법과 원칙을 고수하는 균형잡힌 정책능력을 보여주지 못하였다. 이는 참여정부의 친노동적인 정책성향과 밀접한 관계가 있으며, 이에 대하여 기업은 정규직 근로자를 줄이고 비정규직 근로자를 늘이는 방향으로 반응하게 되었다. 왜냐하면 기업은 구조조정 시 노동조합과 근로자들의 저항이 강한 정규직의 채용을 가급적 줄이고, 고용조정이 용이하고 인건비가 저렴한 비정규직을 선호하기 때문이다.

이로 인하여 노동시장은 비정규직의 증대와 정규직의 감소란 양극화현상을 보임으로써 경직성을 벗어나지 못하고 있다. 경영상의 이유로 인한 정리해고의 가능성은 제도화되었으나 노조와의 사전협의를 거쳐야 되기 때문에 정리해고가 현실적으로 어렵고, 실업급여 등 각종 사회보험부담금의 증대로 비임금노동비용이 증대되어 노동비용의 가격조절기능이 제한되는 등 노동시장의 유연성을 제약하는 요인이 적지 않다. 노동시장 유연화에 대한 노사 간의 입장차이가 큰 것도 문제해결을 어렵게 하고 있다. 노조는 정리해고제의 철폐를 주장하는가 하면, 사용자는 노동시장의 경직성 때문에 산업구조조정이 어렵고 외국인 직접투자가 장애를 받고 있다고 한다. 이 때문에 노사정위원회가 제대로 작동되지 않는 가운데 대기업에서의 노사분규가 지속되는 등 노사관계는 계속 불안정한 상태를 보이고 있다. 더구나 경제성장과 투자의 부진으로 인한 청년실업자 양산, 비정규직의 확대, 일자리 부족심화 등 고용사정이 날로 악화되고 있으나 정부는 적절한 정책대응을 하지 못하였다.

3. 구조정책의 과제와 방향

이상에서 지적한 바와 같이 우리나라의 구조개혁은 광범위한 분야에 걸쳐 진행되어 왔으며, 상당한 성과가 있었으나 해결해야 할 과제도 적지 않다.

금융구조개혁과 기업구조개혁은 나름대로 많은 성과가 있었으나 공공부문개혁과 노동시장개혁은 크게 진전이 있었다고 보기 어렵다. 공공부문개혁은 나름대로 노력이 없었던 것은 아니나 결과적으로 공공부문의 비대화만 가져옴으로써 실패하였고, 노동시장개혁 역시 노동시장 경직성의 해소라는 측면에서는 큰 진전이 있었다고 보기 어렵다. 구조개혁의 목표는 시장경제가 제대로 작동할 수 있는 제도적 틀을 만들어 주는 데 있는 만큼 작은 정부의 실현, 규제완화 및 노동시장의 유연성제고라는 기본원칙하에서 추진되어야 하며, 이러한 시각에서 해야 할 중요한 정책과제로서는 다음과 같은 것을 들 수 있다.

첫째, 공공부문의 구조개혁은 효율성의 제고라는 측면에 초점을 맞추어 추진되어야 한다. 이를 위해서는 우선 기구와 조직의 슬림화가 절대적으로 필요하다. 참여정부의 구조개혁은 조직이나 인력의 감축은 도외시한 채 정부운영시스템의 개선, 즉 정보기술의 활용, 개방형 공무원 임용제, 연봉제 및 성과급제도의 도입 등 소프트웨어적 개혁에만 초점을 맞추었는데, 이는 마치 숲은 보지 않고 나무만 보는 형국이다. 개별 기관이나 조직의 효율성보다는 공공부문 전체의 효율성이 더 중요하기 때문이다. 공공부문의 비대화는 인력과 예산의 낭비를 가져오고, 이는 재정에 큰 부담을 줄 뿐 아니라 규제완화를 어렵게 함으로써 민간부문의 경쟁력과 창의력을 저해하는 요인으로 작용하기 쉽다. 최근에 와서 국가의 채무는 급증하는 반면, 민간투자는 매우 저조한 것도 이와 무관하다고 할 수 없다. 따라서 공공부문의 효율성을 제고하기 위해서는 정부조직과 규제의 축소를 통한 작은 정부의 실현이 무엇보다 중요하다 하겠다. 이명박 정부에서도 작은 정부의 실천을 위한 노력이 있었으나 큰 진전을 보지 못하였다.

둘째, 노동시장의 유연성을 보다 적극적으로 제고시킬 필요가 있다. 이를 위해서는 노동시장의 최대현안으로 대두되고 있는 비정규직문제에 대한 적극적인 대응이 필요하다. 정보화의 진전, 서비스산업의 발달에 따른 고용형태의 다양화, 기업의 인력운용방식의 변화 등으로 비정규직의 증가는 불가피하기 때문에 비정규직을 없앤다든지 정규직화시킨다는 것은 불가능하며, 노동시장의 유연성제고에도 배치된다. 따라서 이 문제에 대한 정책의 핵심은 기업에 고용형태의 결정권은 맡기되 비정규직에 대한 불합리한 차별대우를 금지하고 남용을 규제하는 데 두어야 하며, 이렇게 함으로써 노동시장의 유연화를 기하면서 노동시장이나 노사관계의 건전한 발전도 기할 수 있기 때문이다.

셋째, 구조개혁의 성공을 위해서는 정책을 입안하고 집행하는 주체가 높은 도덕성을 가지고 투명하고 일관성 있게 추진해야 한다. 구조개혁은 새로운 법과 규정을 만들고 조직을 개편하는 등 외형적·제도적 환경을 만들어 주는 데 불과하며, 개혁은 실제로 각 경제주체, 예컨대 관료, 금융인, 기업인 및 근로자에 의하여 추진되기 때문에 이들이 제도개혁을 어떻게 수용하고 실천에 옮기느냐에 따라 성패가 좌우된다고 할 수 있다. 우리가 구조개혁을 하는 이유는 우리 경제의 운영을 정부주도에서 시장주도로 바꾸자는 데 있다. 시장경제가 제대로 작동하기 위해서는 제도적 틀이 먼저 잘 갖추어져야 하겠지만, 이를 움직이고 이용하는 경제주체들이 정직하고 공정하며 책임감 있게 행동할 때 시장경제는 효율성을 발휘하게 된다. 다시 말하면 구조개혁의 핵심은 단순한 제도적 틀의 개혁에 있는 것이 아니고 경제주체들의 의식구조와 행태에 달려 있다 해도 과언이 아니다. 이런 의미에서 우리나라의 구조개혁은 아직도 갈 길이 멀다 하겠다.

제12장

대외경제정책

제 1 절 대외경제정책의 의의와 과제

1. 의 의

대외경제정책이란 한 나라의 대외경제관계에 영향을 주는 정부의 모든 행위를 말한다. 대외경제관계란 국가 간의 상품·자본·노동력 및 서비스에 관련되는 거래를 의미한다. 그런데 이러한 국가 간의 경제적 거래, 즉 국제경제관계는 국가 간의 교역이 활발해짐에 따라 확대·심화되었으며 대외경제정책도 그 중요성이 더욱 커지게 되었다. 대외경제정책이 특히 최근에 와서 중요시된 이유로서는 다음과 같은 것을 지적할 수 있다.

첫째, 국가 간 경제적 상호의존성의 증대이다. 오늘날 세계경제는 국제화·개방화가 급속도로 진전됨에 따라 무역·금융 및 서비스 등 모든 분야에 있어서 경제적 거래가 급증하게 되었고 이는 필연적으로 국가 간의 경제적 의존성을 심화시키게 되었다. 이러한 경제적 상호의존성의 심화는 국가 간의 협의·협조·마찰 등 다양한 성격의 문제를 야기시킴으로써 정부의 역할이 매우 중요하게 되었다.

둘째, 국민경제에서 차지하는 대외경제관계의 비중이 커짐에 따라 대외경제관계의 변화가 대내경제에도 즉각적이고 매우 큰 영향을 미치게 되었다.

국가 간의 상호의존성 증대로 인하여 대내경제정책도 대외경제정책과 잘 조화를 이루지 못하면 성공을 할 수 없고, 반대로 대외경제정책도 대내경제정책이 제대로 뒷받침해 주지 못하면 성공을 할 수 없게 되었다. 가령 안정화정책이 성공을 하려면 재정·금융정책도 중요하지만 환율정책과 같은 대외경제정책이 매우 중요하게 된다. 이와 같이 대내정책과 대외정책은 서로 떼어 놓을 수 없는 관계에 있는 만큼 한 국가의 경제정책에 있어서 대외경제정책의 역할이 더욱 커지게 되었다.

셋째, 개방경제체제 아래서의 경제정책은 세계경제질서나 국제경제환경에 어떻게 적응하느냐가 매우 중요하다. 특히 우리나라와 같이 소국의 경우는 세계경제질서의 형성에 영향을 주기가 어렵고 이를 주어진 것으로 받아들일 수밖에 없는데다가 오늘날과 같이 세계경제질서가 급격히 변하고 있는 상황 아래서는 새로운 국제경제 환경변화에 어떻게 효과적으로 적응하고 이를 활용하느냐는 우리 경제의 사활에 직결된다고 할 수 있다.

이와 같이 상호의존성이 높고 세계경제질서가 급격히 변화하고 있는 국제경제환경 아래서는 대외경제정책의 중요성은 아무리 강조하여도 지나치지 않다고 하겠다.

2. 대상과 과제

이와 같이 오늘날 대외경제정책은 한 나라의 경제정책 중에서도 매우 중요한 위치를 차지하고 있다. 그러면 대외경제정책은 구체적으로 무엇을 대상으로 하여야 할 것인가?

첫째는 정책목표를 설정하는 문제다. 대외정책의 목표는 그 나라가 추구하고 있는 이념이나 발전단계 및 상황에 따라 다를 수 있다. 국제수지 균형을 정책목표로 할 수도 있고 우리나라의 1960년대와 1970년대처럼 수출드라이브를 정책목표로 삼을 수도 있다. 또 사회주의국가에서 보는 것처럼 자급자족(Autarky)을 대외정책의 목표로 삼을 수 있다.

둘째는 정책목표를 달성하기 위한 기본질서 및 정책수단의 채택 문제다. 가령 국제수지 균형을 정책목표로 삼았을 때 이 목표를 자유무역의 기본질서 아래서 추구하여야 할 것인지, 아니면 보호무역주의의 테두리 안에서 추구하여야 할 것인가를 결정하지 않으면 안 된다. 또 대외경제정책의 기본질서 또는 정책의 테두리가 정해지면 이러한 주어진 질서 속에서 어떤 구체적인 정책수단을 채택하는 것이 바람직한가를 다루지 않으면 안 된다. 가령 무역정책에서는 어떤 정책수단을 동원해야 하고 외환정책에서는 어떤 정책수단이 바람직한가를 다루어야 한다.

끝으로 대외경제정책이 다루어야 할 중요한 문제는 세계경제 및 무역질서의 문제다. 일반적으로 대외경제정책은 주어진 세계경제 및 무역질서 아래서 한 나라의 대외경제관계를 어떻게 효과적으로 대처해 나가느냐에 초점을 둔다고 할 수 있다. 그러나 오늘날과 같이 세계무역질서가 급변하고 있는 경우에는 세계무역질서가 어떻게 변화하고 이것이 국내경제에 어떤 영향을 미치며 이러한 변화에 어떻게 대응하느냐는 중요한 정책적 과제라 하지 않을 수 없다. 따라서 세계경제환경의 변화도 대외경제정책이 다루어야 할 중요한 대상이 된다.

제 2 절 대외경제정책의 목표

1. 대외균형

대외경제정책의 가장 전통적이고 중요한 목표는 국제수지의 균형을 달성하는 데 있다. 국제수지 균형이란 대외경제거래에 있어서의 균형을 의미하는 것이기 때문에 대외균형(external equilibrium)이라고도 한다. 그런데 국제수지 균형 또는 대외균형은 여러 가지 뜻으로 이해하는데 이를 어떻게 이해하느냐에 따라 대외경제정책 목표도 달라진다.

국제수지 균형은 경상수지, 기초수지 및 종합수지상의 균형여부를 가지고 판단하는 세 가지 방법이 있다. 경상수지란 재화와 용역의 국가 간의 흐름을 나타내는 것으로서 그 나라의 실물경제의 대외경쟁력을 잘 나타내고 있다. 기초수지는 경상수지에 장기자본수지를 합한 것인데 그 나라의 결제능력을 나타내고 있다. 경상수지가 적자를 보이더라도 장기자본수지가 흑자를 보이면 외국자금의 유입이 있기 때문에 경상수지의 적자를 메꿀 수 있다는 것을 의미한다. 종합수지는 기초수지에다 단기자본수지를 합한 것으로서 그 나라의 총괄적인 대외지불능력을 나타낸다.

이러한 세 가지 기준 중 어떤 것을 국제수지 균형의 개념으로 할 것인가는 그 나라의 경제발전단계나 상황에 따라 다를 수 있다. 가령 경제가 발달되지 않은 개발도상국의 경우 무역외거래나 자본거래가 미약할 때는 무역수지 균형이 가장 중요한 정책의 목표가 된다. 그러나 현실적으로는 무역외수지나 이전수지도 중요한 요인이기 때문에 경상수지를 대외경제정책의 목표로 삼는 것이 일반적이다. 우리나라에서도 대외경제정책의 주요목표는 경상수지의 균형을 이루는 데 있다고 할 수 있다. 선진국인 미국의 경우만 하더라도 기초수지나 종합수지는 대체로 균형을 유지하고 있으나 경상수지가 만성적인 적자를 보이고 있으며 이 때문에 일본이나 우리나라에 대해서 시장개방압력을 가하고 있다. 따라서 대부분의 국가에 있어서 대외경제정책의 중요한 목표는 경상수지 균형을 달성하는 데 있다고 할 수 있다.

그러나 이론적으로 본다면 경상수지와 자본수지를 합한 종합수지의 균형을 가지고 대외균형으로 보는 것이 일반적이다. 왜냐하면 종합수지야말로 한 나라의 대외지불능력을 측정하는 데 가장 적합한 기준이기 때문이다. 따라서 바람직한 상태의 국제수지 균형은 경상수지에서 GDP의 1~2%의 흑자를 내고 자본수지에서 적자를 냄으로써 종합수지에서 균형을 이루는 것이라 하겠다. 다만 종합수지균형을 기준으로 할 때도 종합수지상에 나타난 수치만 가지고 보는 것보다는 그 내용이 중요하다. 종합수지의 균형이 독립적 거래(autonomous transaction)에 의한 것인지의 여부를 판단하는 것이 매우 중요하다. 왜냐하면 정책 당국은 국제수지의 균형을 달성하기 위해서 보정적 거래(accomodating transaction), 예컨대 정책 당국이 보유외환이나 금의 판매를 통해서 종합수지의 균형을 달성할 수도 있기 때문이다. 따라서 대외균형이란 엄격하게 말하면 정부의 정책적 개입이 없는 자동적 거래만을 고려한 종합수지의 균형을 의미한다고 하겠다.

그러면 왜 국제수지의 균형이 대외경제정책에서 중요한 역할을 하는가? 국제수지 균형을 대외경제정책의 주된 목표로 하는 데는 다음과 같은 이유가 있다.

첫째, 개방체제 아래서 국제수지 균형, 즉 대외균형이 없이는 물가안정과 적정성장률이 유지되는 대내균형을 지속적으로 유지하기가 어렵다. 가령 국내물가가 다른 나라보다 안정되어 국제수지가 흑자상태에 있을 때는 해외부문의 통화증발로 인해 인플레이션이 유발되기 쉽다. 고정환율제 아래서는 주어진 환율로 외환을 자국통화로 바꾸어야 하기 때문에 통화정책의 독자성을 잃게 되고 통화증발로 인플레이션이 발생하게 되어 통화가치의 안정이 위협을 받게 된다. 또한 국제수지의 흑자는 통화가치의 안정뿐 아니라 경제성장까지 위협하게 된다. 국제수지 흑자가 되면 환율이 떨어져야 한다. 만약 환율이 하락하지 않으면 환율이 과소평가됨으로써 관세보호와 수출보조금의 기능을 하기 때문에 경쟁력이 없는 산업을 결국 지원해 주는 결과를 초래하게 된다. 그렇게 되면 필요한 산업구조조정은 일어나지 않게 되고 효율적인 자원배분이 이루어지지 않는다. 또 경쟁이 심화되지 않기 때문에 기술혁신의 압력은 줄어들어서 경제성장을 저해하게 된다.

반대로 국내물가가 상대적으로 높아서 국제수지 적자가 생기면 중앙은행은 외환의 수급을 맞추기 위해서 수입을 줄이고 수출을 증대시키고자 한다. 이때에 환율조정을 하지 않는다면 긴축적인 재정·금융정책을 쓰지 않을 수 없게 되어 경제성장의 둔화와 실업을 감수해야 하는 문제가 제기된다. 이러한 인기 없는 디플레이션정책은 오래가기가 힘들기 때문에 다시 확장정책을 쓰게 되는데 이는 다시 국제수지 적자를 가져오는 등 경제의 불확실성만 가져오게 된다.

이와 같이 대외균형이 불안하게 되면 대내균형을 지속적으로 유지하기가 어렵게 되는 등 여러 가지의 부작용을 가져오기 때문에 대내균형을 지속적으로 유지하기 위해서도 대외균형은 반드시 필요하다.

둘째, 국제수지의 균형은 세계경제의 지속적 발전을 위해서도 필요하다.

국제무역의 이점은 자원의 합리적 배분을 통해서 무역에 참여하는 모든 국가의 복지를 증대하는 데 있다. 이러한 무역의 역할은 국가 간에 무역이 자유로이 이루어질 때만 가능하다. 그러나 국가 간의 자유무역은 무역에 참여하는 국가의 국제수지가 불균형상태, 예컨대 적자상태에 있다면 국제수지 문제를 해결하기 위해 무역장벽을 쌓게 되고 이렇게 되면 세계무역은 위축됨은 물론이고, 궁극적으로는 무역흑자국의 국민복지 증대에도 기여를 하지 못하게 된다. 따라서 한 나라의 무역증진은 물론 세계무역의 지속적 성장을 위해서도 국제수지가 균형상태에 있거나 균형상태에 가까운 수준이 유지되는 것이 바람직하다.

2. 효과적 개방화

오늘날 세계경제질서는 자유화가 급진전되면서 국경 없는 경쟁의 시대로 변하고 있다. 이러한 상황 아래서는 대외경제정책의 목표는 단순히 국제수지의 균형을 넘어서 어떻게 새로운 세계경제질서에 적응해 나갈 것인가 하는 것이 매우 중요하다. 지금 세계경제는 WTO체제의 출범을 계기로 상품무역은 말할 것 없이 금융·투자·지적소유권·환경·각종 서비스·보조금·농업 등에 걸쳐 새로운 국제규범이 형성되는 대전환기에 놓여 있다.

이와 같이 급격히 변화하는 세계경제질서에 어떻게 효과적으로 적응해 나가는 것이야말로 대외경제정책의 가장 중요한 과제라 하겠다. 다시 말하면 성공적인 국제화와 개방화야말로 대외경제정책의 가장 중요한 목표라 할 수 있으며, 특히 우리나라와 같이 선진국 진입을 목표로 하고 있는 경우에는 더욱더 그러하다.

3. 경제외적 목표

대외균형이나 효과적인 개방화가 대외경제정책의 주된 목표가 되나 이러한 경제적 목표만이 대외경제정책의 목표만은 아니다. 대외경제관계에 대한 국가의 행위로서 대외경제정책은 현실적으로 그 나라의 대외정책, 즉 외교정책과 완전히 분리하여 생각할 수는 없다. 한 나라의 대외정책은 대외균형과 같은 경제적 논리에 의해서만 결정되는 것이 아니라 경제외적 요인에 의해서도 영향을 받기 때문이다. 가령 6.25동란 이후 냉전체제 아래서 우리나라는 미국으로부터 막대한 경제원조를 받았는데 이는 미국이 단순히 무역흑자를 줄이기 위한 수단으로서 원조를 제공하였다고 보기는 어렵다. 물론 그러한 점이 없는 것은 아니나 그것보다는 민주주의 수호와 공산주의세력 확산을 막기 위해 원조를 제공하였다고 보아야 할 것이다. 또 미국이 7년 동안의 오랜 협상 끝에 UR협상을 타결하고 WTO체제를 출범시킨 것은 미국이 세계무역질서의 개편에 주도적인 역할을 하기 위한 대외정책의 일환으로 추진되어 왔음은 잘 알려진 사실이다. 이와 같이 강대국일수록 대외경제정책을 그 나라의 대외정책의 수단으로 이용하는 경우가 많다.

대외경제정책을 경제외적인 요인을 고려하여 수립하는 것은 비단 강대국에만 있는 것은 아니다. 가령 우리나라가 UR협상과정이나 APEC논의에서 그토록 농업개방을 반대하는 데에는 경제적인 논리보다는 식량안보나 다른 정치적 요인이 크게 작용하고 있음은 잘 아는 사실이다. 경제외적인 요인이 대외경제정책에 어떤 영향을 미치는가는 여기서 다루지 않기로 한다.

제 3 절 대외경제정책의 목표상

1. 자유무역

대외경제정책의 가장 일반적이고 중요한 목표상은 두 말할 필요도 없이 자유무역의 실현이다. 아담 스미스 등 고전학파경제학자의 자유주의경제사상에 뿌리를 두고 있는 자유무역사상은 오늘날에도 내용의 차이는 있을 망정 한 나라의 무역정책의 형성에 있어서 지대한 영향을 미치고 있다. 자유무역이란 국가 간의 무역에 있어 정부의 개입이 없는 상태를 의미하는데 이러한 순수한 자유무역은 현실적으로 존재하지 않는다. 실제로는 어떤 국가든 대외무역에 있어서 관세나 수입할당과 같은 정부의 규제가 없는 나라는 거의 없다. 그럼에도 불구하고 아담 스미스 이후 오늘날까지 많은 경제학자들이 자유무역을 무역정책이 추구하여야 할 하나의 이상형으로 생각하고 있는 데에는 다음과 같은 이유가 있다.

첫째, 자유무역은 마치 국내시장에서의 자유로운 경제활동이 보장되면 경제주체의 사적인 이익추구가 사회적 이익의 극대화를 가져오는 것과 마찬가지로 국제무역에서도 정부의 규제가 없이 무역이 자유롭게 이루어지면 각국은 상대적으로 비용이 가장 적은 산업에 특화하여 상대적으로 값이 비싼 상품과 교환함으로써 무역에 참여하는 모든 국가의 후생증대를 가져온다는 것이다.

둘째, 시장의 개방은 관세인하와 함께 외국기업의 시장접근을 용이하게 하며 이는 더 많은 재화와 용역을 더 싼 값에 공급케 함으로써 소비자후생을 증대시킨다. 관세인하로 자원배분의 효율성과 소비자후생이 증대되는 것을 그림으로 표시하면 다음과 같다. 〈그림 12-1〉은 소규모 국가의 시장개방효과를 나타내고 있다. S와 D는 각각 국내의 수요와 공급을 표시하며 P_w는 국제시장가격이고 P_t는 국내가격으로서 관세만큼 국제가격보다 높다. 이러한 경우

그림 12-1 소규모 국가의 시장개방효과

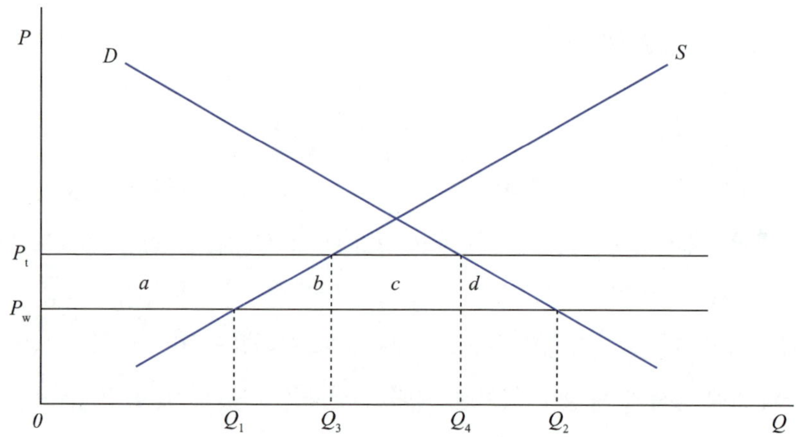

수요량은 Q_4가 되고 이 중 Q_3만큼 국내생산에서 충당되고 그 나머지(Q_4-Q_3) 만큼은 수입에 의하여 충당된다. 이때 수입이 자유화된다면 가격은 P_w로 떨어지고 수요량은 Q_2로 늘어나지만 국내공급은 Q_1으로 줄어든다.

국내생산은 시장개방 전보다 (Q_1-Q_3)만큼 감소하게 되며 이에 따라 이에 투입되었던 생산요소는 다른 산업으로 전용될 수 있는데 자유무역은 이들 요소가 비교우위가 있는 산업으로 전용되기 때문에 보다 효율적으로 사용될 수 있다고 한다. 즉 자원의 효율적인 투입이 가능하다는 것이다. 또 수입자유화 이전보다 더 많은 양을 더 싼 가격으로 살 수 있기 때문에 수입자유화는 (a+b+c+d)만큼의 소비자후생을 증대시킨다. 여기서 a는 관세가 부과되었을 때 국내생산자에게 돌아가는 생산자잉여인데 관세인하로 생산자잉여가 줄어들며 그만큼 소비자는 혜택을 보게 된다. b는 소비자가 관세인하로 국내공급을 값이 싼 수입으로 대체하는 데서 생기는 혜택을 가리킨다. c는 관세인하로 소비자가 그만큼 싸게 사는 데서 오는 후생증대이며, d는 관세철폐로 소비자가 그만큼 소비를 더 할 수 있는 데서 오는 후생증대효과이다. 이와 같은 통상적인 효과뿐만 아니라 시장개방은 소비자에게 선택의 폭을 넓게 함으로써 효용을 증대시킬 수 있다. 뿐만 아니라 시장개방에 따른 수입증대는 국내물가 안정에 기여함으로써 실질소득증대를 통해서도 효용증대를 가져온다.

셋째, 자유무역은 위에서 지적한 것처럼 단순히 자원의 효율적인 활용에서 오는 이익에만 그치지 않고 국내의 협소한 시장에서 생기는 여러 가지 문제를 해결할 수 있다. 예컨대 국내의 협소한 시장에서는 규모의 경제적 이익을 누릴 수 없으나 자유무역은 시장의 크기를 확대하여 주기 때문에 대량생산이 가능하고 이로 인하여 생산비절감이 가능하다.

넷째, 자유무역은 외국기업의 국내시장진입을 가져올 뿐 아니라 외국시장에 대한 국내기업의 자유로운 진입도 가능하다. 시장진입의 자유는 경쟁을 촉진시킴으로써 자원의 효율적인 활용을 가능하게 할 뿐 아니라 기술혁신을 자극함으로써 경제성장에 활력소를 주입하게 된다.

다섯째, 자유무역은 정치적 이유에서도 필요하다. 실제로 무역정책은 각종 이익단체의 영향을 받기 쉬우며 이렇게 되면 무역정책은 자칫 잘못하면 국가이익보다는 정치적 영향력이 있는 계층이나 집단에 소득을 이전시켜 주는 결과를 가져오게 된다. 이와 같이 무역정책이 어떤 특정 계층이나 이익집단에 유리하게 이루어지는 것을 막기 위해서는 자유무역이 매우 효과적인 수단이 될 수 있다.

2. 무역자유화

2.1 무역자유화의 의의

이상에서 지적한 바와 같이 자유무역이 이론적으로나 논리적으로는 여러 가지 이점이 있는 것은 사실이다. 그러나 무역에 대한 국가의 개입이 없는 순수한 자유무역, 즉 자유방임적 무역(laissez-faire trade)이란 현실적으로 존재하지 않기 때문에 국가의 개입이 없는 완전한 자유무역을 무역정책의 목표상으로 삼는 데는 한계가 있다. 이러한 자유무역에 대한 차선책으로 나온 것이 보다 자유스러운 무역(freer trade), 즉 무역자유화(trade liberalization)의 개념이다.

무역이란 정치적 함의가 많은 경제활동으로서 주권국가 간에는 이해관계가 서로 다르기 때문에 마찰이 있기 마련인데 이러한 마찰은 보이지 않는 손이 해결해 주지 않는다. 따라서 국가는 자국의 이익을 보호하기 위해 무역에 개입하지 않을 수 없다. 이러한 이유로 오늘날 모든 국가는 정도의 차이는 있더라도, 다양한 형태로 무역에 깊숙이 개입하고 있다. 이렇게 볼 때 오늘날의 세계경제는 자유무역이 지배하기보다는 오히려 관리무역(managed trade)이 지배하고 있다고 해도 과언이 아니다. 물론 자유무역이 무역정책의 이상으로는 훌륭한 목표가 될 수 있으나 현실적으로는 어렵기 때문에 그의 대안으로서 제시된 것이 보다 자유스런 무역, 즉 무역자유화이다. 무역자유화란 각종 무역장벽을 제거하거나 가능한 한 줄임으로써 무역이 보다 자유롭게 이루어지도록 하여 자유무역이 갖는 이점을 최대한으로 활용하고자 하는 데 목적이 있다. 오늘날 우리가 자유무역이라 할 때는 고전적 자유방임무역이 아니라 이러한 보다 자유스런 무역, 또는 무역자유화를 의미한다고 보아야 할 것이다.

무역자유화를 추진하는 데는 세 가지의 접근이 있다. 하나는 이른바 다자주의(multilateralism)이다. 다자주의란 무역자유화를 다자간의 합의에 의하여 추진하되 제3자에 대하여 차별적 무역정책을 쓰지 않는다. 이의 대표적 예가 제2차 세계대전 후 태동한 GATT체제이며, 1995년부터 GATT에 대체하여 출범한 WTO체제가 이에 속한다. 다자주의체제란 무역협상에 참여하는 모든 국가들이 각종 대외경제거래, 예컨대 상품, 서비스 및 자본거래 등에 대한 국제적인 규범을 준수케 하고 약속한 자유화계획에 따라 무역을 자유화하는 제도를 말한다.

둘째로는 이른바 지역주의(regionalism)이다. 다자주의에 의한 무역자유화는 협상에 참여하는 국가가 많기 때문에 여러 가지로 한계가 있다. 역사적·문화적 배경과 경제발전단계가 다른 수많은 국가가 협상에 참여하게 되면 협상타결자체가 어려울 뿐만 아니라 타결을 본다 하더라도 타협에 의존할 수밖에 없기 때문에 자유화의 실질적 진전은 기대하기가 어렵다. 예컨대 GATT체제가 관세율의 인하에 의한 무역증진에는 기여한 바가 적지 않으나 다른 한편으로는 각종 비관세장벽이 강화됨으로써 실질적인 세계무역의 자유화에는 크게 기여하지 못했다는 것이다. 오히려 보호무역주의가 1980년대에 들어오면서 강화되었기 때문이다. 뿐만 아니라 유럽공동시장(EEC)과 같은 지역주의가 대두됨으로써 다자주의의 무차별원칙은 손상을 입게 되었다.

이와 같은 다자주의의 한계 때문에 세계무역의 자유화를 보다 실효성 있게 추진하기 위해서는 이해관계를 같이 하고 지리적으로 인접해 있는 국가 간의 무역자유화를 추진하는 것이 바람직하다는 주장이 제기되었다. 이것이 이른바 지역주의인데 북미자유무역협정(NAFTA), 동남아 국가에서 논의되고 있는 ASEAN 자유무역협정(AFTA)과 구주연합(EU) 등이 이에 속한다. 지역주의는 다자주의를 어디까지나 보완해 주는 데 있는 것이지 대체하는 데 있는 것은 아니며 무역자유화를 지역단위에서 보다 내실 있고 실효성 있게 추진하고자 하는 데 그 목적이 있다. 그러나 지역주의는 무역자유화의 혜택이 역내 국가에만 한정됨으로써 역외 국가에 대해서는 차별성을 가지기 때문에 상황에 따라서는 폐쇄성을 가질 가능성이 있다. 따라서 지역주의가 세계무역자유화에 기여하기 위해서는 무역자유화의 혜택을 다른 모든 국가에 대해서도 제공하는 개방적 지역주의(open regionalism)가 되어야 한다.

무역자유화를 위한 세 번째 접근은 쌍무주의(bilateralism)에 의한 무역자유화의 추진이다. 지역주의가 세계무역의 자유화에 도움이 될 수 있으나 그 나름대로의 한계가 있다. 오늘날 세계무역의 가장 핵심적인 문제는 경제대국 간의 무역불균형이기 때문에 NAFTA나 AFTA와 같은 자유무역지역이 형성된다 하더라도 그것이 세계경제의 불균형해결에 얼마나 도움이 되겠느냐는 것이다. 따라서 시장의 폐쇄성이 높은 국가에 대해서는 쌍무적인 협상이나 협정에 의해서도 시장개방을 유도하는 것이 바람직하다는 것이다. 이러한 주장은 돈부쉬(R. Dornbusch)와 같은 미국의 경제학자에 의하여 강력히 주장되고 있는데 1989년에 시작된 미·일 간의 구조조정협의(Structural Impediment Initiative: SII)와 1993년에 설치된 한·미 간의 경제협력대화기구(Dialogue for Economic Cooperation: DEC)와 같은 쌍무적인 협의에 의한 무역자유화가 그 대표적 예이다. 특히 최근에 와서 DDA 협상타결이 어렵게 되자 양자 간의 자유무역협정(FTA)이 세계무역질서의 새로운 대세로 등장하기 시작하였다.

2.2 무역자유화의 문제점

시장개방이 자원의 효율적 활용을 가능케 하고 소비자의 후생을 증대시키는 등 여러 면에서 긍정적인 효과가 있는 것은 사실이나 이는 어디까지나 시장이 경쟁적이어서 시장기구가 제대로 작동하는 것을 전제로 하고 있다. 그러나 현실적으로 시장의 불완전성 때문에 자유무역의 이점에 대해서 비판적인 견해가 없지 않다. 자유무역의 문제점으로 다음과 같은 것을 지적할 수 있다.

첫째, 시장은 불완전하기 때문에 시장을 개방한다고 해서 자원의 최적활용이 가능하겠느냐는 것이다. 〈그림 12－1〉에서 지적한 바와 같이 관세인하로 생산의 왜곡현상이 없어지고 자원이 보다 생산적인 부문으로 전환된다고 하나 시장이 경쟁적이 아닌 경우에는 이러한 자원의 전환이 쉽게 일어나지 않을 수 있다. 예컨대 노동시장이 불완전한 경우 노동력의 부문 간 이동이 용이하지 않기 때문에 시장개방이 되면 오히려 실업만 생기는 경우도 있을 수 있다. 이렇게 되면 시장개방으로 생산만 감소되는 결과를 가져올 수 있다는 것이다. 가령 미국의 자동차산업이 경쟁력이 없기 때문에 시장을 개방하면 자동차산업이 문을 닫게 되어 자동차산업에 종사하는 노동자들이 다른 산업으로 전업을 해야 하는데 오랫동안 자동차산업에서 일하던 노동자들이 쉽게 다른 산업으로 자리를 옮길 수 있겠느냐는 것이다. 이러한 경우 자동차시장의 완전개방은 자동차생산의 감소와 실업만 증대시키게 된다는 것이다.

둘째, 기술적 파급효과(technological spill-over effect)가 큰 산업의 경우는 사적 이익보다는 사회적 이익이 크기 때문에 관세보호에서 오는 생산왜곡과 소비왜곡에 따른 비용보다는 사회전체로 볼 때의 이익이 크다. 따라서 이러한 산업의 경우는 자유무역보다는 관세보호가 바람직하다. 이를 그림으로 표시하면 〈그림 12－2〉와 같다.

그림에서 a는 t만큼의 관세를 부과하였을 때 생기는 생산증가이나 이는

그림 12-2 관세보호의 효과

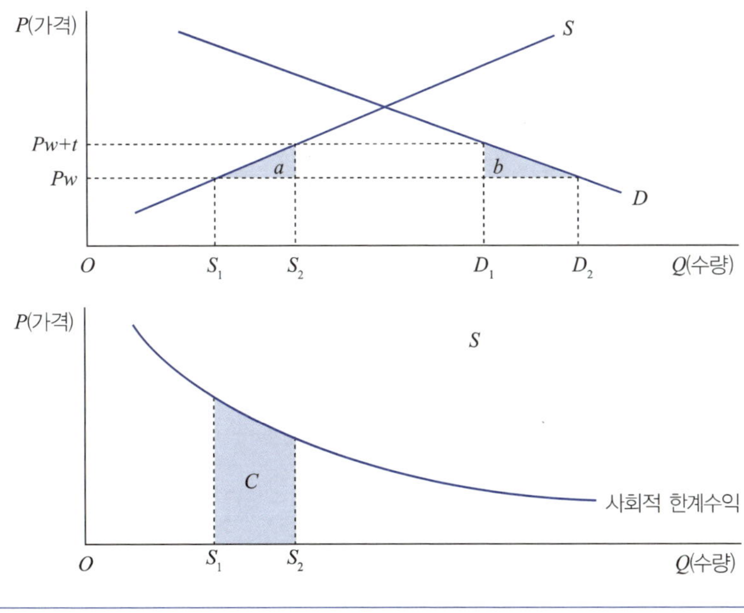

관세보호에 따른 생산증가이기 때문에 생산왜곡(production distortion)을 가리킨다. b는 관세로 인한 소비왜곡(consumption distortion)이다. 따라서 $a+b$는 관세로 인한 후생의 손실을 의미한다. 그러나 이 산업이 기술적 파급효과 때문에 c만큼의 사회적 수익 즉, 후생의 증대를 발생한다고 하자. 이러한 경우 c가 $a+b$보다 크다면 관세보호가 자유무역보다 유리하다.

유치산업의 경우도 이와 비슷한 논리가 적용될 수 있다. 유치산업이란 개발초기에는 생산비가 높아서 경쟁력이 없으나 일정기간이 지나면 비용이 감소하여 경쟁력을 갖는 산업을 말한다. 따라서 민간기업이 자발적으로 유치산업에 투자하기는 어렵다. 그러나 정부가 일정기간 보호를 해 주면 경쟁력을 갖출 수 있기 때문에 자유무역보다는 관세보호가 필요하다.

위에서 지적한 바와 같이 자유무역은 시장이 매우 불완전한 경우에는 보호무역보다 바람직하지 못할 수도 있다. 또 유치산업의 경우처럼 장기적으로 비용이 떨어져서 경쟁력이 생긴다는 보장만 있다면 그런 산업은 보호·육성하여야 할 필요가 있다. 이와 같이 보호무역도 경제발전의 단계나 상황에 따라 자유무역보다도 더 큰 사회적 후생증대를 가져올 수 있다. 그러나 보호무역은 경쟁을 배제함으로써 비능률을 조장하는 등 보이지 않는 사회적 비용이 크다. 따라서 자유무역에 문제가 있다고 해서 자유무역을 버리고 보호무역을 채택해야 한다고 이해해서는 안 된다. 시장이 불완전한 경우에는 보호가 일시적으로 필요할 수도 있다. 그러나 다른 한편으로는 시장의 불완전성을 제거하여 시장기구가 제대로 작동할 수 있도록 정책을 유도한 후에 시장기구가 작동하게 되면 보호를 철폐하는 것이 바람직하다.

마찬가지로 자유무역이 좋다고 해서 무조건 보호주의를 배척해서도 안 된다. 시장이 제대로 작동을 하지 못하는 경우에는 아무리 자유무역이 좋다 하더라도 차선책(second-best policy)으로서 보호주의를 쓸 수 있다. 경제이론이 자유무역을 옹호한다고 해서 자유무역을 교조적으로 방어하고자 하는 것은 아니기 때문이다.[1)]

---

1) P. Krugman and M. Obstfeld(1991), p.221 참조.

3. 관리무역

3.1 관리무역의 의의

자유무역은 이론적으로는 매우 바람직한 무역정책의 목표상임에는 틀림이 없으나 현실적인 무역정책의 목표로 삼는 데는 문제가 있다는 주장이 있다. 오늘날 어떤 나라를 막론하고 정도의 차이는 있겠지만 정부가 무역에 관여하고 있지 않는 나라는 없기 때문에 현실의 세계무역은 자유무역의 세계가 아니라 관리무역(managed trade)의 세계라고 해도 과언이 아니다. 따라서 정부의 대외경제목표도 현실성이 없는 이상적인 자유무역이 되어서는 안 되며 관리무역이 정책목표가 되어야 한다는 주장이 미국의 경제학자들에 의하여 제기되어 왔다.

관리무역이란 관세·수출입에 대한 양적 제한 등을 통해 무역의 흐름에 정부가 관여하는 것을 총칭하는 것으로서 자유무역에 대칭되는 개념이다. 무역에 대한 단순한 개입으로서의 관리무역은 오래전부터 있었기 때문에 사실상 새로운 개념은 아니다. 그러나 최근에 와서 관리무역이 무역정책에 있어서 관심의 대상이 된 것은 정부가 단순히 무역에 개입한다는 차원을 넘어서 다자간 또는 쌍무간의 협정을 통해서 무역을 조율하고자 하는 움직임이 강하게 대두되고 있기 때문이다. 가령 미·일간의 구조조정협의(SII)와 같은 거시경제적인 협의가 있는가 하면 미·일간의 반도체협정과 같은 미시적·산업별협의도 있고, 또 수출자율규제와 같이 무역에 대한 양적 목표치를 설정하는 등 다양한 형태를 취하고 있다.

다시 말하면 오늘날과 같이 관리무역이 일반화된 국제무역환경 아래서는 자유무역이 정책목표가 될 수 없고 다자간이든 쌍무간이든 협정을 통하여 무역을 조율하는 것이 현실적이고 바람직하다는 것이다. 이러한 협정은 대체로 수입확대나 수출자제 등 어떤 양적인 목표치를 설정하는 결과지향적 협정(results-oriented agreement)이 있는가 하면 무역의 규범을 정하는 규칙지향적 협정(rules-oriented agreement)의 형태로 나누어진다. 이러한 관리무역론은 미국의 경제학자에 의하여 주장되었는데 대표적인 학자로서는 크루그만(P. Krugman), 타이슨(L. Tyson) 및 돈부쉬(R. Dornbusch) 등을 들 수 있다. 이들이 관리무역론을 주장하는 이유를 보면 다음과 같다.

첫째, 앞에서도 지적한 바와 같이 정부의 개입이 없는 순수한 자유무역이란 현실적으로 존재하지도 않고 존재할 수도 없기 때문에 이를 정책목표로 삼는다는 것은 잘못된 것이라는 것이다. 타이슨에 의하면 GATT체제도 따지고 보면 정부 간의 협상에 의하여 만들어진 규칙에 의해 운영되고 있기 때문에 이것도 넓게는 관리무역의 형태라고 할 수 있다고 한다. 따라서 무역정책의 과제는 순수한 자유무역과 보호무역간의 양자택일 문제가 아니라 무역의 자유화와 정부의 개입을 적절히 결합한 무역정책, 즉 관리무역이 되어야 한다는 것이다.[2)] 현실성이 없는 자유무역을 주장한다든지 또는 반대로 보호무역만을 주장하는 것은 모두가 비현실적이고 옳지 않다고 한다.

둘째, 관리무역은 보호무역과는 다르며 형태에 따라서 관리무역은 국민의 후생증대와 무역을 증진시킴으로써 개방적 세계무역질서에 도움이 된다는 것이다. 가령 미·일 간의 반도체협정에 의하여 일본이 미국으로부터의 반도체 수입을 확대하는 경우와 같은 자율적 수입확대(voluntary import expansion)는 경쟁을 촉진시키고 수입을 증대시키는 효과가 있기 때문에 무역의 신장과 자유화를 촉진시켜 준다는 것이다. 따라서 무역을 억제하는 보호무역주의와는 다르다고 한다. 이러한 방법을 통한 미국 첨단산업의 수출은 미국 국내에 있어서 보호무역주의 압력을 완화시켜 줌으로써 자유무역질서의 유지에 도움이 된다. 물론 수출자율규제(voluntary export restraint)와 같은 관리무역형태는 국내산업을 보호하기 위해 특정국으로부터의 수입을 억제하는 보호무역적인 조치도 있으나 관리무역을 무조건 보호무역으로 보아서는 안 된다는 것이다. 정부의 개입을 무조건 나쁘다고 할 것이 아니라 개방적 무역질서를 침해하지 않고 국민의 후생을 증대시킬 수 있는 개입은 정당화가 될 수 있다. 다시 말하면 무역정책의 과제는 무조건 정부의 개입을 줄이는 것이 아니고 필요한 경우, 예컨

2) L. Tyson(1990), p.143 참조.

대 다자간이든 쌍무간이든 정부개입이 무역증진에 도움이 된다면 나쁠 것이 없다는 것이다.

셋째, 기술집약적인 첨단산업에 있어서의 관리무역은 단기적으로는 경쟁과 무역을 억제하나 장기적으로는 이를 오히려 촉진시켜 준다. 첨단산업분야에서는 모든 나라가 각종 형태의 지원을 통해서 이들 첨단산업을 육성하는 한편 국내시장은 개방을 하지 않는 경우가 많다. 또한 이런 산업분야에서는 국제적으로 통용될 수 있는 규칙이 마련되지 않아 불공정한 경쟁이 이루어지고 있기 때문에 공정한 경쟁을 위한 국제적인 규칙을 만들고 시장의 개방을 위해서는 국가 간의 협정을 통해서 문제를 해결하는 것이 보호무역주의의 예방을 위해서도 바람직하다. 그렇지 않은 경우는 첨단산업이 가지는 기술확산효과나 장기적인 비용절감의 이익 때문에 각국이 이들 첨단산업을 보호하게 되고 이렇게 되면 국제무역의 신장에도 도움이 되지 않는다는 것이다.

이러한 주장은 규모의 경제이익과 기술적 외부효과 및 불완전경쟁시장을 가진 첨단산업에 있어서는 이들을 정부가 적극적으로 지원하는 것이 자유무역보다도 더 큰 국민복지를 증대시킨다는 이른바 신국제무역이론에 근거하고 있다. 이 이론에 의하면 이들 산업에서의 비교우위는 요소부존에 의하여 결정되는 것이 아니라 인위적으로 창조될 수 있기 때문에 이들 산업의 육성을 시장기구에 맡겨서는 안 되며 정부가 맡아야 한다고 한다.

넷째, 관리무역론은 구조적인 미국 무역수지의 역조를 개선하기 위한 하나의 방안으로 주창되었다고 할 수 있다. 첨단산업제품은 미국의 비농산물 수출의 약 1/3을 점하고 있는데 관리무역은 이들 첨단산업제품의 수출을 촉진시키고 수입을 억제함으로써 국제수지 개선에도 도움이 되기 때문이다. 첨단산업에 있어서 미국의 무역수지 흑자는 1980년대에 들어오면서 크게 줄어들고 있다(〈표 12-1〉 참조). 다른 나라들은 첨단산업을 정부가 집중적으로 육성을 하는데 미국이 이를 소홀히 한다면 장기적으로 미국경제의 성장과 무역수지에 치명적인 영향을 줄 가능성이 있다. 뿐만 아니라 다른 나라가 보조금을 통해서 첨단산업을 육성한다는 것은 국제적인 무역규범을 침해하는 것이며 이를 방치하게 되면 기존의 국제무역질서를 파괴시키는 결과를 가져올 수 있기 때

표 12-1 미국 첨단산업제품의 무역수지 (단위: 10억 달러)

	1980	1984	1988
수 출	54.7	66.0	104.3
수 입	28.0	59.4	98.3
무역수지	26.7	6.6	6.0

자료: L. Tyson(1990), p.164.

문에 미국이 이에 대하여 제재를 가하는 것은 미국경제의 이익만을 위해서가 아니라 자유무역질서를 보호하기 위해서도 바람직하다는 것이다.

3.2 관리무역론과 무역정책

이와 같이 관리무역론은 첨단산업에 있어서 필요하다고 주장하고 있는데 그러면 어떤 구체적인 정책수단을 통해서 관리무역을 추진할 것인가. 타이슨에 의하면 관리무역은 첨단산업분야에 있어서 국가 간의 협정을 통해 공정한 경쟁이 가능하도록 규칙을 정하는 것인데 여기에는 세 가지 측면에서 규칙이 필요하다고 한다.

첫째, 국가가 첨단산업을 지원함에 있어서 어떤 정책이 수용가능한가에 대한 다자간이나 또는 쌍무간에 합의가 있어야 한다는 것이다. 첨단산업은 시장자체가 불완전하여 기업들의 경쟁제한행위가 있을 수 있기 때문에 이를 규제하기 위해서는 국제적으로 통일된 경기의 규칙이 필요하다. 다시 말하면 첨단산업에 있어서의 독과점을 규제하기 위한 규칙을 제정함으로써 외국으로부터의 경쟁제한행위를 못하도록 하여야 하는데 이러한 규칙은 다자간 또는 쌍무간의 협상을 통해서 제정되어야 한다. 물론 이 규칙에는 보조금에 대한 규정이라든지 무역관련투자에 대한 규정 등이 포함되어야 한다.

둘째, 첨단산업은 컴퓨터나 반도체산업과 같이 투자규모가 크고 감가상각률이 높기 때문에 매몰비용(sunk cost)이 높다. 따라서 생산자들은 외국상품의 국내시장접근을 봉쇄하면서 외국시장에 대해서는 경쟁기업을 축출하기 위해 약탈적인 가격으로 덤핑을 하기 쉽다. 이러한 덤핑에 의한 시장침투를 막기 위해서는 덤핑에 대한 정의와 측정 및 덤핑으로 인한 국내산업 피해와 관련된 문제들에 대하여 협정을 체결하는 것이 필요한데 이를 위해서는 정확하고도 통일된 기준과 절차에 대하여 합의를 하여야 한다.

셋째, 위에서 지적한 바와 같이 공정한 경쟁이나 덤핑에 대한 기준을 설정하는 것과 같은 관리무역형태를 규칙지향적 관리무역(rules-oriented managed trade)이라고 한다. 관리무역은 이와 같이 쌍무간이나 다자간에 공통된 규칙을 만들어서 무역을 하는 경우도 있지만 수출이나 수입의 목표를 정해 놓고 그것을 달성하고자 하는 경우도 있는데 이를 결과지향적 관리무역(results-oriented managed trade)이라 한다. 결과지향적 관리무역에는 수출자율규제와 수입자율확대가 있다. 수출자율규제는 이미 지적한 바와 같이 보호무역적 조치이기 때문에 이를 경제적으로 정당화하기는 어렵지만 수입자율확대는 경우가 다르다. 수입자율확대는 그만큼 시장개방을 확대하고 공급자(외국 수출업자) 간에 경쟁을 촉진시켜 주기 때문에 개방적인 자유무역질서에 도움이 되면 되었지 이를 저해하지는 않는다고 한다. 1991년의 미·일간 반도체협정에 의하여 일본 반도체시장의 20%를 외국기업에 개방토록 하였는데 이는 미국기업에만 개방하는 것이 아니고 모든 외국기업에게도 개방하기 때문에 일본 반도체시장을 개방하고 세계 반도체산업에 경쟁을 촉진하는 데 크게 기여하였다고 한다.

따라서 관리무역론자에 의하면 수입자율확대도 수출자율규제와 마찬가지로 GATT의 무차별원칙에 저촉된다고 주장하는 것은 잘못되었다고 한다. 결론적으로 말하면 수입자율확대는 시장접근을 확대시켜 주는 것이기 때문에 경쟁의 촉진이나 무역신장에 도움이 된다는 것인데 다만 시장접근의 확대가 특정 국가에 제한되어서는 안 되며 모든 국가에 적용되어야 한다는 것이다.

3.3 관리무역론에 대한 비판

첨단산업분야에 있어서의 미국의 상대적 쇠퇴와 국제수지 방어를 위하여 고안된 관리무역론은 미국의 대외경제정책 수립에 많은 영향을 끼쳤다. 관리무역은 논자에 따라 다소 개념상의 차이가 있기 때문에 이를 하나의 통일된 개념으로 파악하기는 어렵다. 그러나 관리무역을 첨단산업의 전략적 무역정책으로 이해할 때에는 다음과 같은 문제점을 지적할 수 있다.

첫째, 첨단산업(high technology industry)의 선택문제이다. 첨단산업이란 시장이 불완전하고 규모의 경제가 있고 기술의 확산효과가 큰 산업으로 규정하고 있는데 이를 파악하기란 현실적으로 어렵다. 반도체·통신·생명공학·신소재 등을 첨단산업이라고 하지만 사람에 따라 견해가 다르기 때문에 결국은 관료에 의하여 결정될 수밖에 없다. 이렇게 되면 이익집단의 영향력이나 정치적 판단에 의하여 결정되기가 쉬운데 이는 시장기구에 맡겨 놓는 것보다 더 나쁜 결과를 초래할 수 있다. 왜냐하면 시장의 실패보다는 정부의 실패가 더 클 수 있기 때문이다. 따라서 정부가 할 수 있는 것은 어떤 특정산업을 선택하여 이를 지원하는 것보다는 연구개발, 교육훈련 등 모든 산업에 혜택이 돌아가는 지원이 필요하며 기업이 어떤 산업에 투자를 하고 안 하는 것은 기업에 맡겨 두어야 한다.

둘째, 관리무역론자에 의하면 수입자율확대와 같은 관리무역은 시장개방을 통해서 경쟁촉진적이고 무역자유화에 도움이 된다고 주장하고 있으나 반드시 그렇지는 않다. 자율적 수입확대는 특정상품의 수입에 대해 협정을 체결한다는 것인데 이렇게 되면 수출업자들이 가격인상을 담합할 가능성이 있기 때문에 경쟁촉진적이 아니라 오히려 경쟁제한적이 될 수도 있다.

셋째, 첨단산업제품에 대한 불공정경쟁을 저지하기 위해서는 기업의 경쟁에 대한 공정한 규칙을 합의하여야 하는데 이러한 협정을 특정국가와 체결한다면 다른 제3국에 대해서는 차별적 대우를 하게 됨으로써 세계시장을 분할하는 결과를 가져오며 이는 세계경제를 위해서 바람직하지 않다.

넷째, 관리무역을 통해 미국의 경상수지 적자를 해결하는 데 도움이 된다고 생각하는데 이것은 잘못된 견해이다. 경상수지 적자는 기본적으로 거시경제적 현상이기 때문에 무역정책만으로 해결할 수 없다. 미국의 무역수지 적자는 미국의 저축률이 투자율을 따르지 못하는 데서 기인하는데 이는 미국사람들이 자기들이 생산하는 것보다 더 많이 지출하기 때문이다. 따라서 미국의 국제수지 문제를 해결하기 위해서는 재정·금융정책적 수단을 통해서 거시경제적 균형을 달성함으로써만 가능하다.

다섯째, 관리무역론이 대두된 중요한 이유 중의 하나는 일부 국가의 시장 폐쇄성과 불공정무역에 있는데 이러한 무역장벽은 GATT와 같은 다자체제 아래서 해결하는 것이 바람직하다. 관리무역과 GATT체제와의 차이는 전자의 경우 특정산업에 대한 양적인 목표를 설정하는 것인데 이러한 결과지향적인 무역정책은 개방적인 국제무역체제를 파괴시키고 나아가 국제 간 재화와 용역의 원활한 흐름을 저해하는 결과를 가져오기 쉽다. 이러한 정책은 무역장벽을 줄이거나 해소하는 데 일시적으로 도움이 될 수 있을지 모르나 장기적인 무역수지에 대해서 큰 영향을 주지도 못하면서 세계무역질서만 손상시키는 결과를 가져온다는 것이다. 결과지향적인 무역과는 달리 규칙지향적인 무역협정, 예컨대 불공정거래의 규제나 반덤핑규제와 같은 것은 다자체제에서 협의를 할 수 있기 때문에 WTO와 같은 기존의 국제무역기구를 통해서 해결하는 것이 바람직하다고 하겠다.

이상에서 지적한 바와 같이 관리무역론은 여러 가지 문제점이 있고 이론적으로 정당화되기는 어려운 점이 많다. 그럼에도 불구하고 많은 나라들이 실제로는 관리무역적인 정책수단을 동원하고 있고 이러한 현상은 미국에서 더욱 심하다. 이는 무역정책이란 현실적으로 정치적 요인에 의하여 많은 영향을 받지 않을 수 없는 데다 관리무역은 단기적으로 가시적인 효과가 있기 때문이다.

제 4 절 무역정책

무역정책이란 정부가 특정의 경제적 목표를 달성하기 위하여 수입·수출 등 무역행위에 개입하는 것을 말한다. 무역정책의 수단으로서는 가격정책과 수량정책으로 대별할 수 있다. 가격정책이란 수출상품이나 수입상품의 가격에 영향을 줌으로써 무역거래를 간접적으로 규제하고자 하는 정책을 말하며 수량정책이란 정부가 수입과 수출의 물량에 대한 직접적인 통제를 통해서 무역거래에 영향을 주는 정책을 말한다. 전자의 대표적 예가 관세(tariff)이며 후자의 대표적 예가 이른바 수량규제(quantitative restriction)이다.

1. 수량정책

1.1 수량정책의 의의

수량정책은 규제의 강도에 따라 전면적인 수량규제를 하는 경우와 부분적인 수량규제를 하는 경우로 나눌 수 있다. 전자의 경우가 어떤 특정품목에 대한 수입이나 수출의 전면금지를 하는 경우이며 후자의 경우는 금지를 원칙으로 하되 일정한 범위 내에서 수입이나 수출을 허용하는 제도이다. 이의 대표적인 예가 수입할당제이다.

정부는 여러 가지 이유 때문에 수입이나 수출을 금지하는 경우가 있다. 어느 나라든지 공업화 초기에서는 국내산업을 보호하기 위해 국내산업과 경쟁되는 상품의 수입을 금지하거나 제한하는 경우가 많다. 또한 국가의 재정수입을 올리기 위해서 수입을 금지하는 경우, 예컨대 담배수입금지와 같은 경우도 있는가 하면 국제수지 방어를 위해 수입을 규제하는 경우도 있다. 이 밖에도 총포수입금지와 같은 안보상의 이유로 수입을 금지 또는 제한하는 등 여러 가지 목적을 위해서 수입에 대한 규제를 하고 있다.

정부는 수출에 대한 양적 규제도 여러 목적을 위해 시행한다. 경기가 과열이 되어 국내시장에서 특정상품에 대한 공급의 불안정이 생겼을 경우에는 그 상품의 수출을 제한하는, 다시 말하면 경기정책적 목적에서 규제를 하는 경우가 있다. 우리나라에서도 건설경기가 좋으면 시멘트나 철근 등의 가격안정을 위해서 수출을 규제하는 정책을 종종 사용하여 왔다. 또는 국내산업의 육성을 위하여 수출을 규제하는 경우도 있다. 가령 인도네시아와 같은 원목수출국가는 자국의 합판산업을 육성하기 위해 원목수출을 제한하는 것과 같은 구조정책적인 이유에서 규제하는 경우도 있다. 이 밖에도 정부가 외교정책적인 이유에서 특정국가에 대한 특정상품의 수출을 규제하는 경우, 예컨대 사회주의국가에 대한 첨단산업제품의 수출규제(COCOM)가 있는가 하면 통상정책적인 차원에서 수출을 자율적으로 규제하는 경우도 있다.

수출자율규제는 선진국의 보호무역주의를 회피하기 위한 수단으로 수출국들이 자발적으로 수출을 제한하는 경우를 말한다. 수출자율규제는 정부 간의 협정에 의하여 수출을 제한하는 경우와 다자간 섬유류협정인 MFA (Multifiber Arrangement)와 같이 다자간협정에 의하여 이루어지는 등 다양한 형태를 취하고 있다. 그 범위도 섬유류와 의류에서부터 시작하여 신발류, 철강제품, 자동차 등 광범위하게 적용되어 왔다. 수출자율규제의 동기도 따지고 보면 수출국이 자발적으로 금지한다기보다는 수입국인 선진국의 압력에 의하여 강요되는 경우가 많다. 따라서 엄격하게 따진다면 수출자율규제는 수출국의 국내정책목표를 달성하기 위한 수단이라고 하기보다는 수입국의 보호무역주의, 즉 수입제한정책의 한 형태로 봄이 옳다고 하겠다. 이렇게 볼 때 수량규제에서 실제로 중요한 무역정책적수단은 수출규제가 아니라 수입규제라고 할 수 있다.

1.2 수량정책의 장·단점

앞에서 지적한 바와 같이 수량규제 중에서 가장 널리 이용되고 있는 중요한 정책수단은 수입규제조치이며 그 중에서도 대표적인 수단이 이른바 수입할당제 또는 수입쿼터(import quota)제도이다. 수입할당이란 수입을 전면 금지하는 것이 아니고 수입의 일정량을 허용해 주는 제도인데 여기에는 특정상품의 수입총량을 정해 주는 총량할당제와 개인 수입업자의 수입을 할당해 주는 개별수입할당제, 즉 수입허가제, 특정지역이나 특정국가로부터의 수입만을 허용하는 국가할당제 등이 있다.

수입할당제는 국내산업을 보호하거나 국제수지 방어를 위해서 사용되고 있는데 그 장점으로서는 다음과 같은 것을 지적할 수 있다.

첫째, 수입할당제는 관세정책보다 국내산업보호나 국제수지 대책으로서 더 효과적이라는 것이다. 관세와 같은 가격정책은 그 효과가 불확실하지만 수입수량규제는 그렇지가 않다. 관세의 경우는 그 상품에 대한 가격의 탄력성이 높지 않다든지 또는 외국의 수출업자가 덤핑을 하는 경우에는 관세정책은 효과를 거둘 수 없으나 수입할당제는 가격의 움직임과는 관계가 없기 때문에 규제가 확실하고 효과적이라는 것이다.

둘째, 수입할당제는 정책의 집행에 있어 신축성이 크다는 이점이 있다. 관세의 경우는 관세율을 변경하자면 법률의 개정 등 국회의 동의를 얻어야 하나 수량규제는 행정적 조치로서 가능하기 때문에 정책의 투입이 상황에 따라 신속히 집행될 수 있다.

셋째, 수입할당제는 그 효과를 정확히 측정할 수 있는 데 비하여 관세는 가격을 통해서 간접적으로 수입에 영향을 주기 때문에 정확한 효과측정이 어렵다. 관세의 효과는 수요와 공급 등 현재의 시장상황뿐만 아니라 미래의 시장상황에 따라 다를 수 있기 때문에 그 효과를 측정하기가 어렵고 이에 따라 적정관세율의 계산도 어렵다.

이와 같이 수입의 양적 규제는 관세정책에 비해 여러 가지 장점이 있으며 이러한 이유에서 대부분의 나라는 경제발전 초기에 자국산업의 보호를 위해서나 국제수지 방어를 위해 많이 사용하고 있다. 그러나 수입할당제는 기본적으로 가격기구에 의한 경제주체의 자율조정기능을 무시함으로써 여러 가지 부작용을 가지고 있다는 것을 결코 간과해서는 안 된다.

수입할당제가 가지는 단점으로서는 다음과 같은 것을 지적할 수 있다. 첫째, 수입수량규제는 수입품의 가격을 상승시킴으로써 수입업자에 대한 독점이윤을 발생시킨다. 수입업자에 대한 이러한 특혜는 각종 비리와 부정부패를 불러일으킴으로써 정치적으로나 경제적으로 바람직하지 못한 결과를 가져올 수 있다.

둘째, 수입할당제는 국내산업의 독과점화현상을 촉진시키기 쉽다는 것이다. 정부로부터 수입허가를 받는 것은 곧 특혜를 받는다는 것인데 이러한 경우에는 대기업이 항상 중소기업보다 유리한 입장에 있다. 뿐만 아니라 일단 수입허가를 받게 되면 수입업자와 수입원자재를 사용하는 생산업자는 국내시장에서 독점적 지위를 이용하여 새로운 경쟁자의 시장진입을 저지함으로써 그들의 시장지배력을 강화하게 된다. 오늘날 우리나라 상당수의 대기업들도 따지고 보면 1950년대와 1960년대의 수입허가제하에서 많은 자본축적을 할 수 있었으며 이것이 그들로 하여금 오늘날과 같은 대기업집단으로 발전하는 데 적지 않은 도움이 된 것은 부인하기 어렵다.

셋째, 수입할당제는 가격메커니즘을 무시함으로써 자원의 효율적 배분을 저해하게 한다. 수입규제는 수입규제를 받는 분야의 산업을 보호해 주기 때문에 보호를 받는 산업으로 생산요소가 유입되는데 이렇게 되면 자원이 효율적으로 활용되지 못하게 된다. 왜냐하면 자원은 생산성이 가장 높은 산업으로 투입되어야 하는데 보호를 받는 산업은 생산성이 낮기 때문이다. 이와 같이 수입규제는 자원의 효율적 배분을 왜곡시킴으로써 국제경쟁력을 약화시키게 되고 나아가 국제수지 개선에도 도움이 안 되는 결과를 초래하게 된다.

2. 가격정책

가격정책은 가격의 변화를 통해서 무역량에 간접적으로 영향을 주는 정책을 말한다. 수량정책이 국제무역에 있어서 가격메커니즘을 전혀 무시하고 있는 데 반해 가격정책은 국제무역에 있어서 가격메커니즘을 이용하고자 하는 데 특징이 있다. 가격정책은 두 가지로 구분할 수 있는데 하나는 가격에 부담을 주는 것으로서 관세나 조세와 같이 수입과 수출에 부과되는 부담금의 형태를 취하는 정책이며 다른 하나는 보조금이나 조세감면과 같이 가격의 부담을 경감해 주는 정책이다.

2.1 관세정책

관세라 함은 국경을 통과하는 상품에 부과하는 세금을 말하는데 관세에는 수입상품에 부과하는 수입관세와 수출상품에 부과하는 수출관세가 있으나 수출관세는 흔하지 않기 때문에 관세라 함은 일반적으로 수입관세를 의미한다.

수입품에 대하여 관세가 부과되면 여러 가지로 국내경제에 영향을 주게 된다. 우선 일차적으로 관세가 부과되면 관세만큼 수입상품의 국내가격이 상승하게 되는데 이러한 가격상승효과는 여러 가지의 2차적 효과를 가져온다. 가격이 올라간 상품을 국내에서 생산하는 기업은 가격이 올라간 만큼 이윤이 증대하며 따라서 국내생산은 증대되는 생산효과(production effect)가 있다. 반면 가격이 올라간 수입상품에 대한 수요는 줄기 때문에 관세의 부과는 수입의 감소를 가져오는 무역효과(trade effect)가 있다. 국내생산이 얼마나 증가하고 또 수입이 얼마나 감소하느냐는 공급과 수요의 가격탄력성에 따라 다르겠으나 관세의 부과가 국내생산을 증가하고 수입을 감소시키는 것이 일반적이라 하겠다. 이 밖에도 관세는 재정수입을 올리고 소비를 억제하고 소득분배를 생산자에게 유리하게 하는 등의 효과를 가지나 관세의 주된 경제적 효과는 앞에서 지적한 생산효과와 무역효과라 하겠다.

관세는 이와 같이 국내산업을 보호함으로써 국내생산을 증대시키나 다른 한편으로는 수입을 감소시킴으로써 무역을 위축시키기 때문에 그만큼 국제분업의 기회를 상실한다고 할 수 있다. 이러한 뜻에서 관세부과는 세계경제의 발전을 저해한다고 할 수 있다. 그럼에도 불구하고 관세정책은 국내산업의 보호나 무역수지 개선을 위한 정책적 수단으로 빈번히 사용되고 있다. 관세를 무역정책의 수단으로 옹호하는 주장으로서는 다음과 같은 것을 지적할 수 있다.

첫째는 이른바 관세정책을 써서 교역조건을 개선할 수 있다는 것이다. 가령 관세를 부과하게 되면 관세를 부과한 만큼 수입상품의 국내가격은 상승하게 된다. 수입상품의 국내가격이 상승하게 되면 그 수입품에 대한 수요는 감소하게 된다. 만일 그 나라가 국제시장에서 그 상품의 가격결정에 어느 정도 영향력이 있다고 한다면 그 상품의 국제가격은 하락하게 된다. 수입품을 전보다 더 값싸게 사올 수 있기 때문에 교역조건은 개선된다. 이렇게 되면 한 단위의 수출로서 더 많은 수입을 할 수 있기 때문에 자국민의 후생은 증대된다. 그러나 관세의 부과는 수입을 줄임으로 무역량의 감소를 통해 후생을 감소시키는 효과도 있다. 따라서 관세부과에 의한 교역조건의 개선은 후생증대효과와 감소효과를 다 같이 감안하여야 하는데 자국의 후생을 극대화시키는 관세율을 이른바 최적관세률(optimum tariff rate)이라고 한다.

이러한 최적관세이론에는 몇 가지 문제점이 있다. 우선 앞에서 지적한 바와 같이 국제시장에서 그 상품의 가격에 영향을 미칠 정도의 대국이 되어야 하며 영향력이 없는 소국의 경우는 교역조건의 개선이 어렵다는 것이다. 만일 관세를 통해 보호하고자 하는 상품이 국내에서 생산되는 경우 관세부과에 의하여 수입가격이 하락하면 할수록, 다시 말하면 교역조건이 개선되면 될수록 역설적으로 그 산업의 보호는 점점 어려워지게 된다. 최적관세이론에 따라 관세를 부과하게 되면 자국의 교역조건은 개선되었을 때 무역상대국은 교역조건의 악화와 무역감소를 감수하여야 하며 이는 상대국으로 하여금 보복관세로 대응하고자 할 것이기 때문에 관세를 통한 교역조건개선은 현실적으로 여러 가지 문제점을 안고 있다.

둘째는 이른바 유치산업보호론(infant industry argument)이다. 유치산업보호론은 보호관세론의 대표적인 경우로서 오랜 역사를 가질 뿐 아니라 오늘날에도 많은 개도국에 의하여 널리 이용되고 있다. 유치산업이란 산업의 유치 단계, 즉 개발의 초기에는 생산비용이 너무 높기 때문에 국제경쟁력이 없으나 장래에는 생산비용이 떨어져 경쟁력확보가 가능한 산업을 말한다. 이러한 유치산업에 대해서는 정부가 관세를 부과하여 그 산업이 경쟁력을 가질 때까지 일시적으로 보호해 주어야 한다는 것이 유치산업보호론이다. 유치산업보호론은 어디까지나 산업이 국제경쟁력을 갖출 때까지의 일시적 보호를 의미하는 것이지 경쟁력이 없는 산업을 영구히 보호하고자 하는 것은 아니다. 다시 말하면 유치단계가 지나면 보호를 철폐하고 자유화시켜야 한다는 것이다.

유치산업보호론은 이론 자체만 가지고 볼 때 그것이 나쁘다고 할 수 없다. 왜냐하면 어떤 산업이 일정기간 보호를 해 주면 경쟁력을 갖출 수 있다고 한다면 그런 산업은 보호를 받을 만한 정당성이 있다고 할 수 있기 때문이다. 문제는 어떤 산업이 그러한 보호를 받을 만한 유치산업인가를 판단하기가 매우 어려우며 한번 보호를 받으면 보호를 철폐하기가 현실적으로 용이하지 않다는 데 있다. 이러한 이유 때문에 많은 개도국에서는 유치산업보호론이 성공을 하지 못하고 있으며 이로 인하여 자원의 낭비를 초래하였다. 그러나 우리나라와 같은 일부 신흥공업국에서는 유치산업보호가 성공을 한 경우도 있다. 우리나라의 철강·자동차·전자 등 많은 중화학공업이 오늘날과 같이 국제경쟁력을 갖출 수 있었던 것은 이들 산업의 발전초기에 정부가 각종 관세 및 비관세장벽을 통해 보호해 주었기 때문에 가능하였다. 이러한 이유 때문에 유치산업보호론은 이 이론이 가지는 여러 가지 문제점에도 불구하고 아직도 많은 경제학자와 정책담당자들에게도 관심의 대상이 되고 있다.

셋째로는 관세정책을 무역수지 개선의 수단으로 사용할 수 있다는 견해다. 수입품에 대한 높은 관세를 부과하면 수입은 줄게 되어 무역흑자가 생기고 무역수지는 개선되며 무역흑자는 국내산업에 대한 파급효과를 통해서 국내생산과 고용을 확대해 준다는 것이다. 따지고 보면 이러한 정책은 결국 관세정책을 써서 국내실업을 무역상대국에 수출함으로써 국내경제안정에 도움이 되는 것이다. 따라서 이러한 정책을 근린궁핍화정책(beggar-thy-neighbor-policy)이라 한다. 그러나 한 나라의 무역흑자는 상대국의 무역적자를 의미하기 때문에 상대국의 보복을 불러일으킬 가능성이 높고 그러한 경우에는 이러한 중상주의적인 무역정책을 사용하기 어렵다. 만일 모든 나라가 이와 같은 관세정책을 쓴다면 세계무역은 감소하게 될 것이기 때문이다.

이와 같이 관세정책만으로 무역수지를 개선한다는 것은 현실적으로 어렵기 때문에 비관세장벽도 관세정책과 함께 사용되는 경우가 있다. 그러나 무역수지 적자문제는 개별산업의 문제라기보다는 근본적으로 거시경제적 불균형에서 일어나는 것이기 때문에 무역정책, 그 중에서도 관세정책으로 무역수지 문제를 해결하고자 하는 것은 불가능하고 또 올바른 정책수단이 될 수 없다고 하겠다.

2.2 수출지원정책

관세정책이 무역을 위축시키는 정책이라면 수출지원정책은 무역을 확대시키는 정책이다. 수출지원정책이란 간접적으로 수출가격의 인하를 통해서 수출을 증대시키는 모든 정책을 말한다. 수출가격의 인하는 금융·재정의 긴축정책이나 통화의 평가절하를 통해서도 가능하지만 그러한 정책을 통한 가격경쟁력 향상은 여기서 논외로 한다.

여기서 말하는 수출지원정책이란 디플레이션정책이나 평가절하를 통하지 않고 수출산업의 가격경쟁력을 향상시키고 유지하는 데 필요한 정부의 제반 지원정책을 말한다. 정부에 의한 수출지원정책은 공개적 지원과 비공개적 지원으로 구분할 수 있다. 전자를 직접적 지원이라 한다면 후자는 간접적 지원이다. 직접 지원정책으로는 수출업자에게의 수출상의 손실을 보상하거나 또는 수출을 장려하기 위하여 지급되는 수출보조금제도가 있다. 직접 지원정책은 우리나라에서도 해방 이후 줄곧 시행되었으나 수출상품에 대한 직접적인 보조방식을 지양하고 있는 GATT규정(제16조)에 따라 1965년 우리나라가 GATT에 가입(1967)하기 전에 폐지하였다. 수출입링크제도도 직접적인 지원제도에 속한다. 수출입링크제란 장려하여야 할 수출과 채산성이 높은 품목의 수입을 연계시킴으로써 수출을 지원하고자 하는 제도이다. 이와 유사한 제도로 수출로 획득된 외화의 일정비율을 수익성이 높은 상품의 수입을 허용함으로써 수출에서 오는 손실을 보상하고자 하는 이른바 특혜외환제도가 있다.

수출에 대한 직접적인 지원제도는 대체로 경제발전의 초기에 수출산업 기반이 취약한 경우에만 사용되는 제도이다. 그러나 이러한 직접적인 지원제도는 GATT나 IMF와 같은 국제기관이 권장하지 않고 있는 데다 또 상대국의 보복 가능성 때문에 오늘날은 별로 사용되지 않고 있다. 우리나라에서도 수출산업의 기반이 취약하였던 1950년대와 1960년대 중반까지 실시되기도 하였으나 단일변동환율제를 실시(1965년)하고 GATT가입에 앞서 폐지되었다.

간접적 지원제도는 그 형태가 다양하고 쉽게 파악하기가 어렵기 때문에 많은 나라들에 의하여 광범위하게 사용되고 있는데 그 형태는 대체로 다음과 같은 다섯 가지 유형으로 나눌 수 있다.

첫째, 수출에 대한 세제상의 보상제도이다. 이 제도는 수출산업이나 수출업에 대한 조세나 관세의 부과는 그만큼 대외경쟁에 있어서 불리하기 때문에 이를 감면해 주자는 제도이다. 수출기업에 대한 소득세·법인세·영업세·물품세의 감면이 이에 속한다. 이 밖에도 수출산업에 대한 특별상각제도와 투자세액공제제도가 있다. 관세상에도 여러 가지 지원제도, 예컨대 수출산업용 시설재나 원자재에 대한 관세의 감면 또는 환급제도가 있다.

둘째, 저리금융지원제도이다. 수출업체 및 수출품 제조업체에 대한 저리의 금융을 지원하는 제도이다. 여기에는 상품을 수출하여 대금을 회수할 때까지 일정기간 동안 수출업체에 자금을 지원해 주는 수출금융이 있는데 수출금융은 일반대출금리보다 낮은 금리로 융자되는 것이 일반적이다. 우리나라에서도 1970년대까지 일반대출금리보다 현격히 낮은 저리의 수출금융을 집중적으로 지원해 주었다. 이 밖에도 중화학공업제품의 수출을 촉진시키기 위한 중장기 연불수출금융 등이 있다. 수출금융제도는 거의 모든 나라에서 널리 사용되고 있는 지원제도이나 이와 같은 저리금융은 실질적으로 보조금과 다를 것이 없기 때문에 새로 출범한 WTO체제 아래서는 허용되지 않는다.

셋째, 정부가 수출에 따른 위험부담을 지원하는 제도이다. 정치적으로나 경제적으로 불안한 지역이나 국가에 대한 수출은 수출시장의 개척이나 수출자금의 회수에 위험이 따르기 쉽다. 이러한 경우에는 정부가 수출업자의 위험부담을 덜어 줄 필요가 있다. 가령 해외시장개척준비금제도와 같이 수출시장개척에 따른 위험부담을 덜어 주기 위해 외화수입의 일정비율을 세법상 손비로 처리해 주는 제도가 이에 속한다. 또 상품수출, 해외건설공사, 해외투자 등에서 생길 수 있는 정치적 또는 경제적 위험으로부터 수출업자, 해외건설업자 및 해외투자자를 보호하기 위하여 마련된 수출보험제도도 이에 속한다. 우리나라에서는 1992년에 수출보험공사가 설립되어 수출보험업무를 전담하고 있다.

넷째, 수출활동과 관련된 각종 정보의 수집분석 및 보급을 지원하는 제도이다. 정부가 수출시장정보를 제공하거나 상품전시회를 지원한다든지 해외시장조사활동의 지원 등이 이에 속한다. 오늘날과 같이 국제화·개방화가 급속히 이루어지는 환경 아래서는 정보의 신속한 획득이야말로 무엇보다 중요하다. 이런 활동에 대해서는 주로 공공기관, 예컨대 우리나라의 대한무역진흥공사나 한국무역협회 등을 통해서 지원하거나 아니면 보조금지급 등의 형태로도 지원된다.

다섯째, 수출과 관련된 비용을 보조해 주는 경우도 있다. 가령 수출상품에 대한 철도요금이나 해상운송 및 전기요금과 같은 것을 할인해 줌으로써 수출산업의 운송비 또는 생산비용을 경감해 주는 제도이다. 우리나라에서도 1960년대에는 수출산업에 대한 전기요금이나 운임을 할인해 주었다. 그러나 이러한 보조금성격의 지원은 이제는 더 이상 허용되지 않는다.

제 5 절 외환정책

1. 외환정책의 의의와 수단

외환정책이란 외환시장의 개입을 통해서 정부가 추진하고자 하는 목표를 달성하고자 하는 정책을 말한다. 한 나라의 대외거래는 반드시 외환결제를 수반하는데 이는 모두 외환시장을 통해서 이루어진다. 외환시장이란 대외거래에 수반되는 통화간의 교환을 매개시켜 주는 기구를 말하는데 외환시장에서는 외환의 수급에 따라 자국통화의 대외가치가 결정된다. 외환정책이란 이와 같은 외환의 수급조절을 통해 대외거래에 영향을 주는 정책이라 하겠다.

외환정책이 외환의 수급에 영향을 주는 데에는 두 가지 방법이 있다. 하나는 정부가 외환수급에 직접 개입하는 정책이고, 다른 하나는 자국통화의 대외가치를 나타내는 환율의 변동을 통해서 외환수급에 영향을 주는 정책이다. 전자를 외환관리정책이라 한다면 후자는 환율정책이라 한다.

2. 외환관리정책

외환관리정책이란 정부가 외환거래를 시장기구에 맡기지 않고 정책 당국의 관리하에 두는 정책이다. 일반적으로 개도국에서는 외환시장이 제대로 발달되지 않고 또 만성적인 외환부족상태에 놓여 있기 때문에 정부의 개입이 불가피하다. 만성적인 외환부족상태에 있는 경제의 경우 외환거래를 시장기구에 맡겨 놓을 경우에는 국제수지 불균형과 이에 따른 통화가치의 불안으로 건잡을 수 없는 경제 및 정치적 불안으로 이어질 가능성이 있다. 따라서 정부가 개입해서 외환의 수급을 적절히 조절함으로써 국제수지의 균형을 유지하고 통화의 대외가치를 안정적으로 유지하는 것은 매우 중요하다.

외환관리정책의 내용은 그 나라의 경제상황에 따라 다르나 대체로 외국환의 수취와 지급에 대한 제한과 거래통화의 지정 등으로 나눌 수 있다. 외국환의 효율적 관리를 위해서는 먼저 외국환의 수취관리가 철저하게 이루어져야 한다. 이를 위한 정책수단으로 이용되는 것이 외국환집중제도이다. 이 제도는 외국으로부터 수취한 모든 외국환을 외국환관리 당국에 집중시키는 제도다. 집중형태로는 매입집중과 예치집중이 있다. 매입집중은 외국으로부터 취득한 외국환을 외환관리 당국, 예컨대 중앙은행에 매각케 함으로써 외국환 취득자의 외국환소유권을 허용하지 않는 제도이다. 예치집중제는 외국환을 외환관리 당국에 매각할 의무는 없고 대신에 외화상태로 예치토록 하는 제도이다. 예치집중제는 외국인(비거주자)에게만 허용되는 것이 일반적이나 현재 우리나라처럼 내국인에게도 허용하기도 한다. 또 외국환은행들이 보유하고 있는 외국환도 일정수준을 넘으면 이를 중앙은행에 매각해야 하는 의무를 지우는데 이를 환포지션집중이라고 한다. 이와 같은 외국환집중제는 대외거래에서 발생한 모든 외국환취득이 최종적으로 중앙은행에 집중되도록 함으로써 외환지급면에서의 관리를 용이토록 하기 위한 것이다.

다음은 외환지급의 관리인데 외국환집중제에 의하여 수집된 외환자금은 효율적으로 사용하기 위해 지급면에서도 정부가 제한을 하는 것을 의미한다. 즉 무역거래, 무역외거래 및 자본거래에서 발생하는 외환의 지급에 대해서 외환관리당국의 허가를 받도록 하는 제도를 말한다. 외환지급의 관리는 외환 수급계획의 작성을 통한 총량관리와 개별적 사용면에서 관리하는 개별관리로 나눌 수 있는데 외환사정이 아주 어려울 때는 총량관리와 개별관리를 병행하고 그렇지 않은 경우에는 개별관리에 국한시키는 것이 일반적이다.

끝으로 거래 외국통화를 지정함으로써 외환거래를 규제하는 방법이다. 대외거래를 지정된 통화를 통해서만 결제를 하도록 하는 것은 거래통화의 불안정성에서 오는 환리스크(risk)와 지급불능현상을 방지함으로써 외환거래의 안정성을 도모하고자 하는 데 있다. 즉 안정성(stability)과 태환성(convertability)

이 보장됨으로써 국제거래에 있어서 수수성(acceptability)을 갖춘 통화를 거래통화로 지정하는데 현재 우리나라에서는 미국의 달러화, 영국의 파운드화, 독일의 마르크화, 일본의 엔화 등 몇 개국 통화를 지정통화로 사용하고 있다.

앞에서 지적한 바와 같이 외환관리정책은 외환의 만성적인 수급불균형에서 오는 여러 가지 폐해를 막기 위해 채택하는 정책수단이다. 따라서 이러한 규제적인 외환정책은 일반적으로 경제발전의 초기에서 광범위하게 사용하는 제도이다. 그러나 이러한 외환관리제도는 경제가 발전하고 이에 따라 국제수지가 개선되고 대외거래가 확대됨에 따라 완화되는 것이 일반적이다. 우리나라도 1980년대까지는 강력한 외환규제정책을 썼으나 1988년도 IMF 8조국으로 이행된 후 급속한 개방화 추세에 맞추어 외환규제도 크게 완화되었다.

3. 환율정책

3.1 환율제도

환율은 서로 다른 통화간의 교환비율로서 자국통화의 대외가치를 나타낸다. 환율의 결정은 기본적으로 외환에 대한 수요나 공급에 의하여 결정된다. 환율의 변동은 일반적으로 외환의 수급상 불균형이 생겼을 때 일어나지만 투기 등 심리적 요인에 의해서도 생기게 된다. 그러나 환율변동의 폭은 환율제도에 따라 다른데 환율제도로서는 고정환율제도와 변동환율제도가 있다. 고정환율제도는 환율을 금이나 기축통화, 예컨대 미 달러화에 고정시킴으로써 환율변동을 억제하는 제도이며 변동환율제도는 환율의 변동을 외환시장의 수급에 맡기는 제도이다. 고정환율제도는 1971년 8월의 닉슨선언으로 미 달러화의 금태환이 정지됨에 따라 무너졌고 이에 따라 그 후 거의 모든 국가는 변동환율제도를 채택하고 있다. 변동환율제도라 하더라도 환율이 순수하게 외환시장에서의 외환의 수요와 공급에 의하여 자유롭게 결정되는 순수 변동환율제는 존재하지 않는다. 어떤 형태든 정부가 외환시장에 개입하는 관리변동환율제도

(managed floating exchange rate system)를 채택하고 있는 것이 일반적이다.

3.2 변동환율제도의 장·단점

1973년부터 변동환율제를 각국이 채택하게 된 데에는 세계기축통화로서의 달러화의 불안정에 따른 고정환율제도의 유지가 불가능한 데에도 있으나 변동환율제도는 그 나름대로의 장점이 있었기 때문이다.

변동환율제를 주장하는 사람들에 의하면 환율도 다른 재화나 서비스의 가격과 마찬가지로 하나의 가격이기 때문에 이를 고정시키는 것은 불균형과 정부의 통제만 가져오게 된다. 따라서 정부가 통화목표만 고정시켜 놓고 환율을 자유롭게 움직이게 하면 국제수지는 균형을 유지하게 된다는 것이다. 가령 통화량 증가율을 경제성장률과 통화수요의 장기적 변화를 감안하여 일정률로 고정시켜 놓고 환율은 외환수급에 따라 자유롭게 결정하게 되면 통화가치의 안정, 물가안정 및 국제수지 균형을 동시에 이룩할 수 있다는 것이다. 국제수지 흑자가 생기면 외환의 공급이 늘어나 평가절상이 되고 적자가 나면 반대로 평가절하가 되어 균형이 이루어진다. 투기적 자본이동도 안정되어 국제수지 문제는 자동적으로 해결된다는 것이다. 통화 당국은 외환시장에 개입할 필요가 없기 때문에 외환준비를 축적할 필요도 없어 국제유동성의 문제도 발생하지 않는다. 따라서 각국 정부는 국내균형을 달성하는 데만 신경을 쓰면 된다는 것이다.

그러나 현실은 변동환율제 옹호론자가 주장하는 것과는 많은 괴리현상을 가져 왔다. 1976년 변동환율제가 채택된 이래 미국의 국제수지 적자는 누적되었고 그 결과 미국의 대외채무는 1조 달러를 넘어서는 등 국제적 유동성의 불균형문제는 심각한 수준에 달하게 되었다. 변동환율제가 국제수지 문제를 해결해 줄 것이라는 당초의 기대는 충족되지 않은 반면, 외환시장에 대한 정부의 개입만을 가져옴으로써 외화준비(foreign reserves)의 누적현상만 가져오게 되었다.

3.3 환율과 국제수지 조정

이와 같은 변동환율제의 국제수지 조정 실패로 국제통화제도의 근본적인 재검토와 함께 환율이 과연 국제수지 문제 해결에 얼마나 도움을 줄 수 있느냐에 대한 회의와 비판이 제기되었다. 여기서는 국제통화제도에 대한 검토는 논외로 하고 환율문제에 대한 논의만을 다루기로 한다.

환율이 국제수지 조정에 얼마나 기여를 하는가에 대해서는 긍정적인 견해와 부정적인 견해로 나눌 수 있다.[3)]

3.3.1 긍정적인 견해

환율조정이 국제수지 조정에 긍정적인 영향을 미친다는 견해로서는 고전학파적 접근과 거시경제적 접근으로 나눌 수 있다.

고전학파적 접근에 의하면 국제수지 조정은 환율의 자유로운 변동에 의하여 이루어진다. 수입이 수출을 초과하게 되면 외환의 초과수요가 생기고 이에 따라 환율이 오르면 수입은 감소하고 수출은 증대하기 때문에 무역적자는 없어져서 국제수지 균형이 다시 회복된다. 균형으로의 회복이 얼마나 빨리 이루어지느냐는 환율변동, 즉 상대가격 변화에 대해서 수입과 수출이 얼마나 민감하게 움직이는가를 나타내는 가격탄력성의 크기에 달려 있다. 다시 말하면 국제수지 조정은 수출과 수입의 탄력성에 의하여 결정된다는 의미에서 이러한 접근을 탄력성접근(elasticity approach)이라고 한다. 탄력성접근은 상대가격의 변화를 통해서 국제수지효과를 분석하기 때문에 가격조정메커니즘에 의존하고 있다. 그러나 이러한 고전학파적 접근은 소득과 지출 및 통화량의 변동이 없다는 가정 위에서 환율변동이 재화시장에서의 수입과 수출에 미치는 영향만 분석하고 있는 데 문제가 있다.

물론 상대가격의 변화가 수출입에 영향을 주지 않는 것은 아니지만 국제거래관계를 단순히 실물거래만을 대상으로 하여 분석하는 것은 비현실적이다.

---

3) 환율과 국제수지 조정에 대한 보다 자세한 논의에 대해서는 P. Krugman(1991), pp.277-320 참조.

오늘날 국가 간에는 대규모의 자본이동 현상이 이루어지고 있는데 이를 환율로만 설명할 수 없다. 뿐만 아니라 수입과 수출을 결정하는 요인도 단순히 환율변동에 의한 상대가격 변화에만 있는 것이 아니라 소득이나 통화량과 같은 다른 변수에 의해서 크게 영향을 받고 있기 때문에 이러한 변수를 고려하지 않은 국제수지 조정접근은 현실적이 되지 못한다.

국제수지 조정에 대한 거시경제적 접근은 국제수지의 불균형을 대외거래 부분의 국부적 현상으로만 보지 않고 이를 국민경제 총량면, 즉 거시경제적 측면에서 분석하고자 하는 접근을 말한다. 이러한 접근을 총지출접근법(absorption approach)이라고 한다. 이 접근에 의하면 무역수지 적자란 총소득과 총지출간의 괴리에서 발생하는 것이지 가격메커니즘의 실패에 있는 것이 아니라는 것이다. 근본적으로 국제수지 불균형은 소득(생산)과 지출 간의 괴리에서 발생하는 거시경제적 현상이기 때문에 국민이 생산하는 것보다 더 많이 지출하면 국제수지 적자가 생기고 반대로 지출이 수입보다 적으면 흑자가 발생한다는 것이다. 이와 같은 관계는 국민소득의 항등식 $Y=C+I+X-M$을 이용하여 다음과 같이 나타낼 수 있다.

$$B=Y-A$$

여기서 국제수지는 $B=X-M$이고 총지출은 $A=C+I$이고 Y는 국민총생산이다. 이 식은 국제수지를 총생산과 총지출의 차이로 표시한 것이다. 총지출이 총생산을 초과하면 국제수지는 적자가 되고 총지출이 총생산보다 적으면 흑자가 된다. 국제수지를 개선하기 위해서는 총생산을 늘리거나 총지출을 감소시킴으로써 가능하다. 가령 국제수지 적자가 생겼을 때는 총생산을 증대시키거나 총지출, 즉 소비와 투자를 줄임으로써 가능하다. 총생산의 증대를 위해서는 외국상품에서 국내상품으로 수요를 전환시키는 정책이 필요한데 이러한 정책을 지출전환정책(expenditure switching policy)이라고 한다. 지출전환정책은 평가절하를 통해서 달성할 수 있다. 총지출을 감소시키기 위해서는 재정금융정책을 통한 긴축정책이 필요한데 이러한 정책을 지출감축정책(expenditure reducing policy)이라 한다.

총지출접근에 의하면 국제수지 적자를 해소하기 위해서는 지출전환정책과 지출삭감정책을 잘 결합하는 정책배합(policy mix)이 있어야 한다. 예컨대 국제수지 적자가 있을 때는 재정금융상의 긴축정책과 함께 평가절하를 통한 지출전환정책을 병행함으로써만 소기의 목적을 달성할 수 있다. 만일 지출삭감 없이 지출전환정책을 쓰면 인플레이션을 유발하고 지출전환 없이 지출삭감정책을 쓰면 경기불황을 가져오기 쉽기 때문이다. 지출전환정책에는 환율조정 외에도 관세정책, 수입할당제와 같은 정책수단이 있으나 환율조정은 모든 상품에 무차별적으로 적용되기 때문에 보다 효과적이다. 따라서 환율정책은 국제수지 조정의 중요한 정책수단이 될 수 있다는 것이다.

특히 거시경제정책에 의하여 총수요를 적절히 관리함으로써 경제안정이 이루어지면 변동환율제도와 같은 신축적인 환율제도는 국제수지 조정에 큰 도움을 줄 수 있다는 것이다. 다시 말하면 거시경제정책과 환율정책이 잘 조화를 이루면 국제수지 조정문제도 어렵지 않다고 한다. 이러한 입장을 취하는 대표적 학자로서는 존슨(H. G. Johnson, 1958), 스완(T. Swan, 1963)과 크루그만(P. Krugman, 1988) 등이다. 이들에 의하면 1985년 플라자합의(plaza accord) 이후 미국의 경상수지 적자(대GNP 비율)가 줄고, 일본과 독일의 흑자가 줄게 된 것은 미국의 국내수요 침체로 수출을 늘이고 수입품을 대체하게 된 데에도 그 요인이 있지만 미국 달러의 가치하락으로 지출전환이 일어났기 때문에 가능하였다는 것이다(〈표 12-2〉 참조).

미국에 있어서 환율변동과 경상수지 적자의 움직임을 보더라도 〈그림 12-3〉에서 보는 바와 같이 다소 시차는 있지만 달러값이 올라가면 경상수지

표 12-2 미국·독일·일본의 경상수지 (단위: GNP 대비 %)

	1985	1986	1987	1988	1989	1990
미 국	–3.0	–3.4	–3.6	–2.6	–2.1	–1.8
독 일	2.6	4.4	4.1	4.2	4.6	2.6
일 본	3.7	4.4	3.6	2.8	2.0	1.7

자료: F. Bergsten(1991), p.278.

그림 12-3 1980~1990년의 미국의 경상수지 적자와 실질환율 변동추이

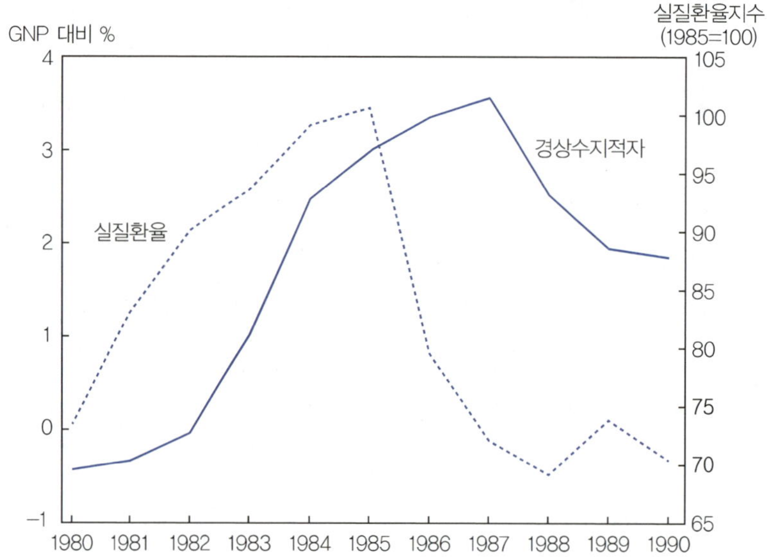

적자(대GNP비율)도 늘어나는 경향을 보이고 있고 반대로 달러값이 떨어지면 경상수지적자도 떨어지는 경향을 보이고 있다. 이는 환율조정이 국제수지 조정에 어느 정도의 긍정적인 영향을 미치고 있음을 가리키고 있다 하겠다.

이와 같이 총지출접근은 국제수지 조정은 환율뿐 아니라 물가나 소득변동에 의하여도 영향을 받는다는 입장을 취하고 있다. 총지출접근은 가격조정메커니즘과 소득조정메커니즘을 결합한 종합적인 국제수지 조정이론으로서 오늘날 국제수지 조정이론의 주류를 형성하고 있다.[4)]

4) 이를 주장하는 학자들은 모두 Harvard, MIT 및 Brookings연구소와 국제경제 연구소(Institute for International Economics)의 학자들인데 이들 대학이나 연구소가 모두 Cambridge나 Washington D. C.의 Massachusetts가(街)에 위치하고 있기 때문에 Massachusetts가 모델(Massachusetts avenue model)이라고 부르기도 한다. P. Krugman(1991), p.280 참조.

3.3.2 부정적 견해

위에서 지적한 바와 같이 국제수지 조정에 있어서 환율변동이 긍정적인 역할을 한다는 견해가 있는가 하면 환율변동이 국제수지 조정에 있어서 필요가 없다든지, 또는 별 효과가 없다고 하는 비판적 견해도 없지 않다. 비판적인 견해를 가진 접근으로서는 ① 구조론적 접근, ② 추세론적 접근, ③ 통화론적 접근으로 나누어 볼 수 있다.

첫째는 구조론자의 견해(structuralist view)다. 환율조정이 국제수지 개선에 도움이 안 된다는 것을 구조적 측면에서 주장한 학자는 남미의 개발경제학자들에 의하여 처음 제기되었다. 이들에 의하면 개도국에서는 제도적 경직성 때문에 시장기구가 잘 작동이 되지 않으며 이는 특히 평가절하의 경우 심하다는 것이다. 평가절하가 되더라도 반봉건적 토지제도 때문에 농산물의 생산이 늘지 않으며 도시 근로자들은 인플레이션 때문에 높은 임금을 요구함으로써 가격경쟁력도 향상되지 않아 수출도 증대되지 않는다는 것이다. 뿐만 아니라 수입대체산업이 발달되지 않았기 때문에 환율이 올라가더라도 수입은 줄지 않아 국제수지는 개선되지 않는다. 다시 말하면 평가절하는 국제수지 개선에는 도움이 되지 않는 반면 실질소득만 떨어뜨리고 인플레이션만 가속화시킨다는 것이다.

이러한 구조론적 견해는 1980년대 후반 달러화가치의 하락에도 불구하고 미국의 경상수지 적자가 개선되지 않게 되자 미국에서도 고개를 들기 시작하였다. 앞에서 지적한 바와 같이 미국의 경상수지 적자는 대 GNP비율로 보아 개선된 것은 사실이나 구조론자의 주장은 달러화의 실질환율은 미국의 경상수지가 거의 균형상태에 있던 1980년대 초의 수준으로 회복되었는데도 불구하고 경상수지 적자는 해소가 되지 못하고 있다는 데 초점을 맞추어 환율조정이 국제수지 조정에는 한계가 있다고 한다. 다시 말하면 경상수지 적자가 개선되지 않는 것은 환율보다는 다른 구조적 요인에 기인한다는 것이다.

이들에 의하면 달러값의 하락은 국제수지 개선에는 도움이 되지 않고 미국 국민의 실질소득만 감소시켰다고 한다. 미국상품은 품질면에서 일본상품과 경쟁이 되지 않을 뿐 아니라 일본상품과 경쟁이 되는 제품을 생산도 하지 못하기 때문에 달러값의 하락은 미국의 수입과 수출에 별 큰 영향을 주지 못하는 반면 수입품에 대한 구매력을 감소시킴으로써 실질소득만 줄었다는 것이다. 따라서 미국의 국제수지 문제를 해결하기 위해서는 수입규제와 같은 보호무역주의적 수단을 사용하여야 한다고 주장한다. 이러한 입장을 가진 대표적 학자로서는 팰로우즈(J. Fallows, 1989), 프레스토비츠(C. Prestowitz, 1989)와 돈부쉬(R. Dornbusch, 1989) 등이 있다. 이들은 국제수지 조정에 있어서 상대가격의 역할을 무시하고 있다는 데 특징이 있다.

이러한 극단적인 구조론자와는 달리 일부 국제수지 조정에 있어서 상대가격의 중요성을 인정하지 않는 것은 아니나 외환시장이 갖는 특수성, 즉 불확실성 때문에 환율조정이 국제수지 개선에 별 도움을 주지 못한다고 주장하는 사람도 있다. 이러한 견해를 신구조론(neo-structuralism)이라고 하는데 이른바 히스테리시스(Hysteresis)[5] 이론이 이에 속한다.[6] 예컨대 일본 엔화의 값이 올라서 엔화의 대 달러환율이 떨어졌다고 하자. 이렇게 되면 일본상품의 경쟁력은 약화되고 이에 따라 미국에서의 시장을 잃을 가능성이 크다. 이런 경우 엔화의 값이 다시 본래의 수준으로 떨어진다 해도 잃은 미국시장을 다시 찾는다는 것은 어렵기 때문에 포기를 하지 않는다는 것이다. 왜냐하면 미국시장개척을 위해서 그동안 판매망의 설치 등 막대한 투자를 하여 일정한 시장점유율을 확보하였다고 한다면 엔화의 값이 올라서 경쟁력이 다소 떨어졌다 해서 이를 포기한다는 것은 엄청난 손해를 가져오기 때문에 일본기업의 입장에서 보면 외환시장이 매우 불확실한 상황 아래서 엔화의 값이 단순히 올랐다고 해서 미국시장을 포기하지는 않는다는 것이다. 한번 시장을 확보하게 되면 쉽사리 이를 포기하지 않는 것을 교두보효과(beachhead effect)라 하는데 1985년 플라자합의 이후 엔고에도 불구하고 미국의 대일 무역수지 적자가 줄지 않은 것은 이러한 교두보효과 때문이라는 것이다.

---

5) 이는 원래 물리학에서 사용되는 자기이력(磁氣履歷)에서 유래된 말이며 과거에 일시적인 큰 충격에 의하여 발생한 효과가 없어지지 않고 현재의 상태를 지배하는 현상을 묘사할 때 사용된다.

6) P. Krugman(1991), p.287 참조.

두 번째의 비판적 견해는 국제수지 불균형은 국가 간 경쟁력 차이에 있다고 하는 추세변동론자의 견해(secularist view)이다. 이 견해에 의하면 무역불균형은 근본적으로 국가 간의 경쟁력의 차이에서 발생하는 것이기 때문에 환율조정만으로 국제수지 문제를 해결할 수 없다고 한다. 미국의 경상수지 적자가 장기간 계속되는 이유는 미국상품의 경쟁력, 즉 상품의 질이나 생산성 및 기술력이 낮은 데서 생기는 것이지 환율의 문제만은 아니라는 것이다. 이를 뒷받침하는 근거로서는 미국수출상품의 소득탄력성이 수입상품의 소득탄력성보다 낮다는 데서 알 수 있다는 것이다. 미국수출상품의 소득탄력성이 수입상품의 소득탄력성보다 낮다는 것은 미국상품의 비가격경쟁력이 낮다는 것이며, 이는 결국 생산성이나 기술의 차이에서 발생한다고 볼 수 있기 때문이다.

이러한 경쟁력의 차이에서 오는 무역수지의 불균형은 환율의 조정만으로는 해결하기 어렵다. 가령 미국달러의 실질환율은 1990년에 와서 미국의 경상수지가 거의 균형상태에 있던 1980년 수준으로 회복되었는데도 불구하고 경상수지는 균형으로 돌아가지 않고 막대한 규모의 적자를 보이고 있다는 사실이 이를 뒷받침한다는 것이다. 수출의 소득탄력성이 수입의 소득탄력성보다 낮기 때문에 미국의 경제성장률과 여타 국가의 경제성장률이 같은 한 미국의 수입은 미국의 수출보다 빨리 증대하게 될 것이며 이는 실질환율이 변하지 않더라도 미국의 무역적자를 확대시키게 된다는 것이다. 따라서 미국의 무역수지 적자 확대를 방지하기 위해서는 장기간에 걸쳐 지속적인 달러화의 평가절하가 필요하다는 것이다. 다시 말하면 미국의 무역수지 적자를 해소하기는커녕 현재의 상태를 더 이상 악화시키지 않기 위해서도 달러화의 지속적인 평가절하가 필요하다는 것이다. 이와 같은 견해를 추세변동론적 견해라 한다.[7)]

이러한 구조론적 견해는 미국 달러화의 실질가치가 무역수지 적자 때문에 장기적으로 떨어지고 있다는 사실을 설명하는 데는 상당히 설득력이 있는 것은 사실이다. 그러나 이러한 견해는 적어도 10년 이상의 장기적인 추세변동을 설명하는 데는 유용하지만 그렇다고 해서 무역수지가 단기적이나 중기적으

7) P. Krugman(1991), p.291 참조.

로 환율변동에 무관하다는 것을 뜻하는 것은 아니다.

세 번째의 비판적 견해는 국제수지 조정에 대한 통화론자의 견해(monetarist view)이다. 이 견해에 의하면 국제수지불균형은 근본적으로 통화적 현상이라고 보고 있다. 다시 말하면 국제수지불균형은 화폐에 대한 수요와 공급 간의 괴리에서 일어난다. 국제수지 적자는 통화의 초과공급이 있을 때 생기며, 흑자는 통화에 대한 초과수요가 있을 때 생긴다. 가령 화폐의 초과공급이 있으면 국내의 재화와 유가증권에 대한 지출이 증가하게 되고 이로 인하여 가격이 상승하게 되면 수입이 늘고 또 해외유가증권에 대한 지출이 증대하여 국제수지가 악화된다는 것이다. 이 경우 일국의 외화자산이 줄게 되면 화폐공급량이 줄고 이에 따라 수입도 줄고 해외유가증권에 대한 지출도 줄어서 국제수지는 균형을 이루게 된다.

이와 같이 통화론적 접근에 의하면 국제수지 조정은 자본이동에 의하여 결정되는데 자본이동이 있을 경우 환율변동은 국제수지 조정에 큰 역할을 할 수 없다는 것이다. 가령 자본이동이 없는 경우에는 평가절하가 되면 수출은 늘고 수입은 줄어서 국제수지는 균형을 이루게 되지만 자본이동이 일어나면 국제수지는 오히려 악화될 수도 있다는 것이다. 예컨대 평가절하가 있을 때 평가절하국의 임금이 평가절하된 만큼 상승되지 않는 한 임금은 상대적으로 싸게 되어 평가절하국에 있어서의 투자수익률이 올라감으로써 외국으로부터 투자, 즉 자본유입이 일어나게 되고 이것은 국내지출을 증가시킴으로써 수입을 증대시켜 무역수지를 악화시킨다는 것이다. 뿐만 아니라 평가절하는 평가절하국의 토지와 자산을 싸게 함으로써 자본유입을 촉진시켜 국제수지를 악화시키게 된다.

다시 말하면 평가절하는 재화와 용역의 수출을 증대시키기보다는 오히려 금융 및 실물자산의 매각과 국제수지의 악화 및 대외채무의 순증으로 이어질 수 있다는 것이다. 이와 같은 현상은 1980년대 중반 이후 달러값이 폭락되었음에도 불구하고 미국의 경상수지는 개선되지 않은 반면 일본기업의 대미 현지투자 및 각종 실물자산의 구입증대에서 잘 나타나고 있다. 특히 환율은 단기적으로는 수입·수출과 같은 무역수지에 의하여 결정되는 것이 아니라 자본이동에 의하여 영향을 받기 때문에 변동환율제는 당초의 기대와는 달리 미국의 국제수지 개선에 도움이 되지 않고 있다는 것이다. 이러한 주장을 하는 학자는 먼델(R. A. Mundell)과 맥키논(R. Mckinnon) 등이다.[8]

3.4 환율과 국제수지 조정에 대한 평가

우리는 위에서 환율이 국제수지 조정에 유효한가, 유효하지 않은가에 대한 두 개의 견해, 즉 긍정적 견해와 부정적 견해를 제시하였다. 그러면 결론적으로 어떤 견해가 더 현실을 잘 설명해 주고 있는가. 크루그만(P. Krugman)에 의하면 국제수지 조정에 대한 주류경제학자의 견해인 총지출접근이 현실을 비교적 잘 설명하고 있다고 보고 있다. 물론 국제수지 조정이 환율변동만으로 이루어지는 것은 아니지만 환율변동이 국제수지 조정에 효과가 있고 필요하다는 것이다. 그 이유로서는 1985년 플라자합의 이후 미국의 경상수지 적자가 즉각 개선되지는 않았으나 2년이 지난 후에는 미국의 수출이 급속히 증대하였고 그 결과 경상수지 적자가 크게 감소하였는데 이는 달러값의 하락에 기인하는 것이며, 다만 약간의 시차가 있었을 뿐이라는 것이다. 미국의 수출과 수입의 소득탄력성도 일부학자의 주장과는 달리 양자 공히 2에 가까우며, 가격탄력성도 단기적으로는 적으나 2년이 지나서는 거의 1에 가까워짐으로써 상당히 탄력적이라는 것이다. 히스테리시스이론이 주장하는 것처럼 미국시장에서의 외국기업들의 전략적 행위가 없는 것은 아니지만 이것이 수출과 수입의 전체의 흐름에 영향을 주지는 못한다는 것이다.

물론 환율이 시차는 있지만 국제수지 조정에 유효하다는 것은 환율변동만으로 국제수지 조정이 가능하다는 것은 아니다. 국제수지 조정은 거시경제정책과 미시경제정책을 잘 배합함으로써 가능하다. 거시경제정책에서는 재정·금융정책을 활용하여 거시경제의 안정을 가져오는 것이 매우 긴요하며 미시경제정책으로는 환율의 자유로운 변동을 허용함으로써 가격메커니즘을 충분히 활용하여야 한다. 이와 같이 거시경제정책과 미시경제정책을 잘 배합하여 상

8) R. A. Mundell(1991), p.189 참조.

호간의 보완성을 살림으로써만 국제수지 불균형 문제가 해결될 수 있다는 주류경제학의 접근이 신빙성이 있다고 보아야 할 것이다.

제 6 절 자유화정책

1. 자유화의 의의

대외경제정책의 궁극적인 목표상은 개방을 통한 대외거래의 자유화를 성공적으로 수행함으로써 국민후생을 증대시키는 데 있다. 대외거래의 자유화, 즉 무역의 자유화나 자본 및 외환거래의 자유화는 대외경제정책의 궁극적인 목표이기는 하나 이를 효과적으로 실천하는 것은 용이하지 않다. 여기서 자유화란 무역·외환 및 자본거래에 있어서 정부의 규제를 철폐하거나 완화하는 정부의 정책을 말한다. 그런데 실제로 자유화를 실천하는 데는 저항세력이 있는가 하면 여러 가지 부작용이 따르기 때문에 이러한 문제를 극복하면서 소기의 목적을 달성하는 것은 용이치 않다.

이론적으로 자유무역은 여러 가지의 장점을 가지고 있는 것은 사실이나 이는 어디까지나 완전경쟁시장을 전제로 하고 있는데 현실은 그렇지가 않다. 완전경쟁시장보다는 불완전경쟁시장이 지배적인가 하면 규모의 경제나 학습과정(learning process)이 있기 때문에 자유무역이 좋다 하여 일시에 모든 규제와 보호를 풀 수도 없으며 또 풀어서도 안 된다. 다시 말하면 자유화의 속도의 문제가 제기된다. 자유화는 그것이 어떤 특정부문에만 국한되는 것이 아니고 여러 부분에 걸친 정책개혁을 필요로 하는데 이럴 경우 어떤 부문부터 자유화계획을 추진하여야 하는 순서의 문제가 제기되며 또 한 부문의 자유화는 다른 부문에 영향을 주기 때문에 부문 간의 조화문제가 제기된다. 자유화는 정부의 규제나 간섭을 배제함으로써 가격기구가 제대로 작동하게끔 하는 데 근본적인 취지가 있다. 그런데 정부의 규제나 간섭은 개발도상국의 경우 거의 모든 부문에 걸쳐 광범위하게 진행되고 있는데 이러한 경우 자유화의 대상을 어느 부분에 국한시킬 것인가라는 자유화대상의 범위문제가 제기된다. 다시 말하면 자유화정책의 과제는 다음 네 가지로 요약할 수 있다.

- 자유화의 대상 또는 범위
- 자유화의 순서
- 자유화의 속도
- 자유화와 다른 정책과의 관계

2. 자유화정책의 대상

자유화란 넓은 의미에서는 경제활동에 대한 정부의 통제를 철폐하거나 완화하는 정부의 모든 행위를 의미하나 실제로 모든 국가에서의 정부의 통제는 정도의 차이는 있지만 매우 광범위하게 걸쳐 이루어지고 있기 때문에 자유화정책의 대상은 경제의 거의 전 부문이 된다고 할 수 있다. 그러나 대외 경제정책과 관련한 자유화란 대외거래와 관계가 되는 부문에서의 자유화정책으로 이해되어야 할 것이다. 대외거래에서의 가장 중요한 시장은 외국무역시장, 자본 및 외환시장과 금융시장으로 나눌 수 있기 때문에 자유화정책이란 이들 시장에 있어서의 통제의 철폐나 완화를 의미한다고 하겠다. 대외부문의 자유화라 할 때는 흔히 무역자유화(trade liberalization)로 이해하는 경우가 있으나 무역자유화는 금융 및 외환정책과 밀접한 관계가 있기 때문에 자유화정책이라 할 때는 무역·외환 및 금융시장의 자유화를 포함하는 넓은 의미의 자유화로 보는 것이 통념적이다. 이러한 넓은 의미의 자유화를 경제적 자유화정책(economic liberalization policy)이라고도 한다.

3. 자유화순서의 기본원칙

자유화의 순서는 여러 가지 측면에서 볼 수 있는데, 첫째 실물부문과 금융부문간의 순서, 둘째 대내부문과 대외부문간의 순서, 셋째 대외부문 내에 있어서의 순서의 문제 등으로 나눌 수 있다.

자유화의 순서에 대해서 절대적인 기준은 없으며 그 나라의 경제상황, 정치상황 및 시장왜곡의 정도 등에 따라 다를 수 있다. 가령 그 나라가 심한 인플레이션 상태에 있을 때는 시장개방보다는 거시경제적 안정이 선행되어야 할 것이며 반대로 대내적 경제안정이 이루어졌을 때는 대외개방이 선행될 수 있을 것이다. 또 국제수지 상황이 매우 어려운 경우에는 수입자유화에 앞서 수출촉진을 먼저 추진해야 하며, 그렇지 않은 경우에는 수입자유화를 과감하게 추진할 수도 있다. 같은 시장이라도 그 시장의 왜곡 정도에 따라 자유화의 순서가 다를 수 있다. 가령 규제가 심한 시장부터 자유화를 먼저 하고 그렇지 않은 시장은 늦출 수도 있기 때문이다. 이와 같이 자유화의 순서는 나라마다 다를 수 있으나 대체로 다음과 같은 기본원칙은 세울 수 있다.

첫째, 실물부문이 금융부문보다 먼저 자유화가 이루어져야 한다. 실물부문에 대한 통제가 철폐되거나 완화됨으로써 자원이 가장 생산적인 부문으로 우선 흘러가도록 물고를 터야 한다. 그 다음에 금융부문의 자유화를 통해서 자원의 생산적인 흐름을 뒷받침해 주어야 한다.

둘째, 국내부문에 대한 규제완화가 선행되어야 한다. 국내부문의 규제완화는 경쟁을 촉진시킴으로써 자원의 효율적 활용과 함께 생산성의 제고가 가능하기 때문에 대외부문을 개방하였을 때 일어날 수도 있는 조정비용(adjustment cost)을 줄일 수 있다. 예컨대 국내의 각종 규제로 인하여 기업의 경쟁력이 취약한 상태에서 시장개방을 하면 기업의 도산이나 실업의 증대를 가져올 수 있기 때문에 국내시장에서의 자유화를 먼저 시행함으로써 기업의 경쟁력을 향상시키는 것이 바람직하다.

셋째, 자본시장의 개방에 앞서 국내금융시장의 자유화가 이루어져야 한다. 가령 국내금리가 낮은 수준에서 고정되었을 때 자본시장을 개방하면 해외자본도피가 일어날 수 있다. 따라서 국내금융시장을 자유화함으로써 국내금리가 자유화되면 이러한 현상은 일어나지 않게 된다. 또 금융시장의 자유화 후에 금리가 너무 빨리 오르면 자본시장의 자유화는 급작스런 외국자본의 유입을 가져오고 이는 환율을 절상시킴으로써 국제수지를 불안하게 하는 등 부정적인 요인도 없지 않다. 따라서 금융시장의 개혁을 하되 이것이 지나치게 금리를 상승시키는 방향으로 해서는 안 된다. 이를 위해서는 재정적자를 줄임으로써 거시경제의 안정을 기하고 금융기관의 경쟁을 통해서 금리를 안정시키는 것이 매우 긴요하다.

넷째, 무역자유화가 자본자유화에 선행되어야 한다. 무역자유화가 되기 이전에 자본시장을 자유화하게 되면 격심한 자본의 유출·입 때문에 실질환율이 매우 불안정하게 되어 무역자유화를 어렵게 한다. 특히 자본의 유입은 실질환율의 평가절상을 가져오므로 국제수지 문제를 어렵게 하기 때문에 무역자유화를 오히려 저해할 가능성이 크다. 따라서 무역자유화를 먼저 해서 산업의 경쟁력이 어느 정도 다져진 이후에 자본시장을 개방하는 것이 바람직하다. 이와 같이 무역자유화의 선행을 주장하는 학자인 맥키논(R. Mckinnon, 1973), 에드워즈(S. Edwards, 1986) 등이 있는가 하면 크루거(A. O. Krueger, 1986)와 같이 외국자본의 유입은 무역자유화를 원활히 촉진시켜 주기 때문에 무역자유화와 함께 해외자본유입의 규제를 완화해야 한다고 주장하는 사람도 있다.

어떤 시장이 먼저 개방되어야 하느냐는 그 나라의 국제수지 상황과 밀접한 관계가 있다. 국제수지가 매우 불안한 나라에서는 무역의 자유화를 통해서 경쟁력을 강화시킨 이후에 자본시장을 개방하는 것이 바람직하며 반대로 국제수지가 안정된 나라에서는 자본시장을 먼저 개방해도 좋을 것이다. 왜냐하면 환율이 안정되어 있기 때문에 자본시장 개방으로 인한 환율의 변동성(volatility)은 매우 적을 수 있기 때문이다. 동남아 여러 나라, 예컨대 말레이시아와 태국이 자본시장 개방을 먼저 할 수 있었던 것도 이들 국가의 국제수지가 상대적으로 안정되었기 때문이 아닌가 생각한다.

4. 무역자유화의 순서

위에서 우리는 좀 넓은 의미에서의 자유화정책의 순서에 대해서 설명하였는데 좁은 의미의 자유화, 즉 무역자유화에서도 순서의 문제가 제기된다. 가령 무역부문에서도 관세·비관세 등의 규제가 있는데 어떤 규제부터 풀어야 하며 또 어떻게 푸는 것이 가장 바람직한가에 대한 판단을 하여야 하기 때문이다. 무역부문에서는 수입에 대한 규제가 대부분이기 때문에 무역자유화란 곧 수입자유화를 의미한다. 수입자유화의 순서는 일반적으로 다음과 같다.

① 수량규제의 관세화
② 명목관세율의 인하
③ 관세율 구조의 균등화

4.1 수량규제의 관세화

수입에 대한 규제는 크게 수량규제와 관세로 나눌 수 있는데 수량규제를 관세로 대체시키는 것이 무역의 자유화에 도움이 된다고 보는 이유는 수량규제는 정부의 직접적인 규제인 대신 관세는 간접적인 규제이며 가격메커니즘을 활용하기 때문에 무역제도를 보다 중립적인 상태로 만든다는 것이다. 여기서 중립적이라 함은 가격기구가 자유롭게 작동하는 것을 의미하는데 수량규제 대신에 이에 상응하는 관세, 즉 관세상당(tariff equivalents)을 부과하게 되면 가격을 통해서 수입을 규제하는 것이기 때문에 무역제도가 보다 중립적이 되고 이는 자유화에 도움이 된다. 수량규제를 관세상당으로 대체하게 되면 무역제도가 보다 투명하게 되고 수입업자에게 돌아가는 지대(rent)를 줄이는 대신 정부의 재정수입을 증대시키는 효과가 있다.

수량규제를 관세로 대체시킴에 있어서도 여러 가지 문제가 제기된다. 첫째는 모든 수량규제를 동시에 풀기는 어렵기 때문에 수량규제 철폐는 단계적으로 추진하지 않을 수 없으며, 둘째는 수량규제를 관세상당으로 바꾸는 데는 현실적으로 많은 어려움이 따른다. 첫째 문제와 관련해서는 국내생산과 경쟁이 되지 않는 비경쟁상품을 먼저 푸는 것이 일반적이다. 원자재·중간재 및 자본재의 대부분이 비경쟁재이기 때문에 이들을 먼저 자유화하는 것이 일반적이다. 이들 비경쟁품목을 먼저 푸는 이유는 이들 투입재를 사용하는 downstream산업들의 경쟁력과 수익성을 개선시킬 수 있는 것과 동시에 국제수지에 대한 부담을 줄일 수 있기 때문이다. 이렇게 함으로써 다음 단계의 자유화, 즉 완제품에 대한 자유화를 용이하게 할 수 있다. 다만 이러한 경우, 이들 투입재를 사용하는 산업들에 대한 규제나 관세가 완화되지 않는 한 이들의 실효보호율이 상승하는 문제가 있다.

또 수량규제를 관세상당으로 대체하는 경우에도 실제로 수량규제와 동등한 수준의 관세를 부과하는 데는 현실적으로 어려움이 있기 때문에 실제는 새로 부과되는 관세가 관세상당보다는 낮은 경우가 많고 그러한 경우에는 그만큼 무역자유화가 촉진된다고 하겠다. 가령 수입이 금지된 품목의 관세상당은 이른바 금지관세율(prohibitive tariff) 수준이어야 하는데 금지관세율은 매우 높을 수밖에 없기 때문에 실제관세율은 관세상당보다는 낮은 수준에서 책정되지 않을 수 없고 이에 따라서 수량규제의 관세화는 무역자유화를 촉진시키면 시켰지 자유화에 역행하기는 어렵다는 것이다.[9)]

그러나 수량규제의 관세화에 반대하는 의견도 없지 않다. 수량규제를 관세상당으로 대체하는 것은 결국 관세율을 올린다는 것인데 관세율이 한번 올라가면 이를 내린다는 것은 현실적으로 쉽지가 않기 때문이다. 수량규제의 관세화는 이론적으로는 매우 바람직하나 실제는 이러한 문제 때문에 자유화에 도움이 안 될 수도 있다. 따라서 수량규제를 관세화로 대체할 것이 아니라 수량규제 자체를 독립적으로 철폐 혹은 완화해 나가는 것이 더 바람직하다. 다시 말하면 관세율을 인상하지 않고 수량규제 철폐의 목표를 세워서 이를 실천해 나감으로써 기업들로 하여금 자유화에 대비토록 하는 것이 더 바람직하다는 것이다.[10)] 따라서 대부분의 국가에서는 수량규제에 대한 자유화를 먼저 하고 그 다음에 관세인하를 추진하고 있다.[11)]

9) M. Michaely et al.(1991), p.15 참조.
10) B. Balassa(1986), p.64 참조.
11) M. Michaely et al., 전게서, p.56 참조.

4.2 명목관세율의 인하와 균등화

관세율을 인하하는 데는 대체로 네 가지 방법이 있다. 첫째는 모든 관세를 동일한 비율로 인하하는 것이다. 이 방법은 관세보호율의 수렴현상을 가져옴으로써 보호율의 편차를 점진적으로 줄인다는 이점이 있다.

둘째는 동일한 금액만큼 관세율을 낮추는 방법인데 이는 관세인하로 인한 충격, 특히 과보호를 받고 있는 산업에 대한 충격을 줄인다는 장점은 있으나 보호율의 편차를 증대시키는 단점이 있다.

셋째는 이른바 컨서티나(concertina)방법으로서 높은 관세율부터 관세율을 인하하는 방법인데 처음에는 목표관세율을 정해 놓고 그보다 높은 관세율은 그 목표관세율로 인하하고 그 다음에는 목표관세율을 낮추어 이보다 높은 관세율은 모두 그 낮은 목표관세율로 인하하는 등 관세율을 높은 것부터 단계적으로 인하하는 방법이다. 일반적으로 이 방법이 많이 시행되는데 이는 보호를 가장 많이 받는 산업부터 자유화를 단계적으로 추진함으로써 보호율의 편차를 줄이는 것과 동시에 이들 산업에 경쟁력을 제고함으로써 자원의 보다 효율적인 배분이 가능케 하며 궁극적으로는 생산 및 소비증대에 긍정적인 영향을 줄 수 있다는 것이다.

넷째로는 모든 산업에 대해서 관세율을 차등적으로 인하하는 방법인데 관세율이 높은 산업에 대해서는 관세인하폭을 크게 하고 관세율이 낮은 산업에 대해서는 관세인하폭을 낮게 하는 방법이다. 이 방법의 장점은 처음부터 모든 산업에 대해서 무역자유화의 바람을 불어 넣는 데 있는데 이는 자유화가 간혹 중단되는 경우가 있기 때문에 이를 방지하기 위해서 이러한 방법이 유효하다는 것이다.

5. 자유화의 속도

자유화의 속도에 대해서는 일반적으로 점진적이며 다단계적 자유화(gradual and multi-stage liberalization)정책이 즉각적이며 단단계적 자유화(single-stage liberalization)보다 바람직하다고 한다. 즉각적이고도 한꺼번에 모든 규제를 철폐하는 것이 바람직할 수도 있다. 이는 자유화정책에 대한 불확실성을 제거함으로써 정부정책에 대한 신뢰감을 줄 수 있고 정치적 저항을 최소화할 수 있다. 또 보다 집중적인 자유화는 부분적이며 점진적인 자유화정책에 비하여 보다 큰 반응을 보일 수도 있기 때문이다. 그러나 이러한 가능성은 개발도상국에서는 현실적으로 매우 적다. 개도국에 있어서 국민경제의 구조적 경직성 때문에 일시에 모든 규제를 푼다고 해도 긍정적인 효과가 즉각적으로 나타나기는 어렵기 때문이다.

가령 보호를 심하게 받고 있는 산업에 대한 보호장벽을 일시에 철폐한다면 생산감축은 심각하게 될 것이다. 왜냐하면 이들 산업의 생산시설은 다른 용도에는 이용될 수 없기 때문에 가동이 중지되고 여기에 종사하는 노동자들도 일부 비숙련공을 제외하고는 다른 산업으로의 전입이 불가능하므로 실업을 면치 못하게 된다. 실업의 증대는 소득분배까지 악화시키게 된다. 개방화로 새로운 성장산업에 대한 투자증대는 고용문제의 해결에 도움이 되나 단기적으로는 실업의 증대와 같은 조정비용이 매우 높고 이는 정치적 부담까지 가져온다. 또한 개도국에서는 경제상황 변화에 대한 경제주체의 반응이 느리기 때문에 사회적 비용은 더욱 클 수밖에 없으므로 즉각적이고 단단계적 자유화정책은 현실적으로 불가능하다는 것이 경제학자들의 지배적인 의견이다.

이에 비하여 점진적이며 다단계적 접근이 보다 현실적이며 자유화에 수반되는 조정비용이 적게 든다. 보호를 단계적으로 풀게 되면 보호의 철폐로 생기는 생산의 감소나 실업의 증대를 최소한 줄일 수 있고 시간적인 여유를 줌으로써 경제주체로 하여금 자유화에 대비토록 할 수 있는 이점이 있다. 또한 자유화정책은 다른 정책, 예컨대 경제안정화정책과 조화를 이루어야 성공을 할 수 있기 때문에 점진적인 접근이 바람직하다. 다만 점진적이며 단계적으로 하되 최초의 자유화는 형식적이 아닌 실질적인 내용 있는 조치가 됨으로써 정책의 신뢰성을 갖도록 하는 것이 매우 중요하다. 정책의 신뢰성을 보다 확고히 하기 위해서는 자유화계획을 예시하는 것이 더욱 바람직하다.

자유화를 점진적으로 하되 자유화의 기간은 어느 정도로 설정하느냐의 문제가 제기된다. 이 문제는 경제구조가 어느 정도의 신축성을 가지고 있으며 경제주체의 적응력이 어느 정도에 있느냐에 달려 있다. 경제구조의 신축성이 높고 경제주체의 적응력이 높으면 높을수록 자유화의 기간이 짧을 것이며 그렇지 않을 경우에는 자유화의 기간은 오래 걸린다고 보아야 한다. 이에는 정치적·경제적 초기조건도 크게 영향을 미치기 때문에 일반적으로 논하기는 어려우나 대체로 제1단계의 자유화계획은 4~5년이면 정책의 신뢰도를 쌓는 데는 충분하며 이러한 초기의 학습과정을 거쳐 본격적인 자유화계획을 추진하는 것이 바람직하다.[12)]

6. 자유화와 거시경제정책

자유화정책이 성공하려면 거시경제적 안정이 매우 중요하다. 무역자유화는 단기적으로 경제안정을 교란시키기 쉽기 때문이다. 무역자유화는 수입을 증대시킴으로써 국제수지를 어렵게 하고 또 국내경쟁을 심화시킴으로써 국내기업에 대해 여러 가지 어려움을 가중시키게 된다. 따라서 무역자유화를 시행하기 전에 거시경제적 균형상태를 유지하는 것이 긴요하며 이를 위해서는 우선 안정화정책이 선행되어야 한다. 물론 국제수지 균형과 물가안정과 같은 거시경제적 균형상태를 달성한 이후에 무역자유화정책을 실시하는 것이 이상적이기는 하나 실제로는 이런 이상적인 초기조건을 충족하기가 어렵기 때문에 자유화정책과 함께 거시경제정책을 보완적으로 활용하는 경우가 많다. 우선 거시경제정책적 수단으로서는 재정적자를 줄임으로써 인플레이션 압력을 억제하는 것이 중요하다. 이와 같이 총수요를 적절히 관리함과 함께 임금인상의 억제를 통해서 비용상승요인을 제거함으로써 경제안정을 이룩하여야 한다.

두 번째의 중요한 거시경제정책은 환률의 평가절하다. 무역자유화는 필연적으로 무역수지를 악화시킬 가능성이 크기 때문에 평가절하를 통해 수출산

12) B. Balassa(1986), p.63 참조.

업의 수익성을 개선해 주고 수입을 억제하는 것이 자유화정책의 지속적인 추진을 위해서도 중요하다. 자유화의 초기와 같이 산업이 많은 보호를 받고 있는 상황에서는 환율이 일반적으로 고평가되고 있기 때문에 평가절하는 자유화정책에 수반되는 필요불가결한 조치라 하겠다.

이러한 거시경제적 보완정책 외에 무역자유화를 촉진시킬 수 있는 정책으로 수출지원정책을 들 수 있다. 무역자유화는 원칙적으로 반수출편향성(anti-export bias)이 있기 때문에 수출을 증대시키는 것은 수입자유화정책을 지속적으로 추진하는 데 매우 중요하다. 특히 국제수지 상황이 매우 어려울 때는 수출촉진은 무역자유화의 선행조건이 될 수 있다. 우리나라의 경우 1970년대까지 수출을 적극적으로 증진시킨 한편 수입자유화는 1980년대에 와서 추진하였는데 이는 우리나라가 1970년대 중반부터 엄청난 국제수지의 어려움을 가졌기 때문이다. 1960년대와 1970년대의 수출지원정책이 1980년대의 수입자유화정책을 촉진하는 데 도움이 되었음은 두말할 필요가 없다.

제 7 절 우리나라의 자유화정책[13)]

우리나라의 자유화정책[14)]은 경제발전단계와 대내외 경제환경 변화에 따라 적지 않은 우여곡절을 겪어 왔는데 이를 시대별로 보면 다음과 같이 구분할 수 있다.

- 1960년대의 개방화 시도
- 1970년대의 개방화 후퇴
- 1980년대의 단계적·제한적 개방화
- 1990년대의 전면적 개방화

13) 보다 자세한 내용에 대해서는 김적교(2016), pp.239-268 참조.

14) 여기서 자유화정책은 무역, 자본 및 외환거래 등 대외거래의 자유화를 중점적으로 다루기 때문에 개방화정책과 동의어로 사용하였다.

1. 1960년대의 개방화 시도

우리나라의 개방화정책은 1960년대 정부가 대외지향적 개발전략을 추구하면서 시작되었다고 할 수 있다. 1950년대의 전후복구기에 정부는 국민의 기본수요를 충족시키기 위해 대내지향적 개발전략을 쓸 수밖에 없었고 이에 따라 정부는 국내산업을 보호하는 한편 대외무역은 강력한 정부의 통제하에 두었다. 그러나 1950년대 말 전후복구가 거의 완결되고 1960년대 초 군사정부가 들어오면서 경제정책은 일대 변화를 하게 되었다. 국내시장의 협소성을 고려할 때 대내지향적 개발전략으로는 심각한 빈곤문제를 해결할 수 없다는 판단하에 수출촉진에 초점을 맞춘 대외지향적 개발전략을 추진하였다.

수출촉진을 위해 먼저 환율을 현실화하고 환율제도를 종전의 고정환율제에서 변동환율제로 바꾸었으며 환율조정 외에도 수출촉진을 위해 다양한 세제·금융상의 지원을 하였고 특히 일반대출금리의 반도 되지 않은 저리의 수출금융을 제공하는 등 파격적인 지원을 하였다. 다시 말하면 수출은 세금도 안 내고 관세도 안 물고 금리도 국제수준에다 아무 통제도 없는 완전자유무역상태에 있었다고 할 수 있다. 이러한 수출의 자유화정책은 중소기업, 대기업 할 것 없이 수출전선에 뛰어들게 함으로써 수출신장에 크게 기여하였다.

국제수지가 다소 개선되면서 정부는 수입규제를 완화하기 시작하였다. 1965년부터 1967년까지 수입자동품목의 수를 늘리고 수입금지품목이나 제한품목을 점진적으로 줄였다. 또한 1967년 GATT에 가입하면서 수입규제를 포지티브제도에서 네거티브제도로 바꾸고 최고관세율도 250%에서 150%로 내리는 등의 관세개혁도 단행하였다. 그러나 이러한 수입자유화 노력은 오래가지 못하였다. 수입자유화로 인한 수입급증으로 국제수지가 악화되자 정부는 1968년 다시 수입규제를 강화하였기 때문이다.

국제수지 문제가 아니라도 1960년대는 산업정책상 개방화를 적극적으로 추진하기는 어려웠다. 혁명정부의 일관된 정책기조는 공업화정책을 추진하는 데 있었으며 이를 위해서는 수입대체산업을 육성해야 했고 관세 비관세상의 보호가 필요하였기 때문이다. 이와 같이 정부는 국제수지 압력과 수입대체정책의 추진으로 수입규제는 계속할 수밖에 없었고 이로 인하여 개방화정책의 시도는 있었으나 오래 지속될 수 없었다.

2. 1970년대의 개방화 후퇴

1970년대 들어오면서 중화학공업육성정책이 본격적으로 추진되면서 조세, 금융, 무역정책면에서 일대 변화를 가져왔다. 정부는 무역정책을 통해 중화학공업을 보호하는 한편 조세 및 금융정책에서는 이를 적극적으로 지원하는 방향으로 정책을 개편하였다.

1973년에 관세제도를 개편하여 중화학공업제품과 중간재에 대한 관세율은 올리는 대신 섬유류 등 소비재에 대한 관세율은 인하하였다. 정부는 중화학공업을 중심으로 한 이른바 중요사업을 지정하여 이들 산업용으로 국내생산이 되지 않는 기계 등 자본재수입에 대해서는 관세를 면제하여 주는 반면 이에 해당되지 않는 산업은 그것이 수출산업이라도 관세면제를 허용하지 않았다. 중요산업은 거의 전부가 수입대체산업이기 때문에 관세개편은 수입대체산업에는 유리한 반면 수출산업에는 불리하게 작용하였다.

1976년에도 관세를 개편하여 관세구조를 단순화하고 관세율은 전반적으로 인하하였으나 기계 등 자본재에 대한 관세는 인상함으로써 중화학공업의 보호는 강화되었다. 이와 함께 수입수량규제도 더욱 강화하였는데 자동수입품목의 수는 1967년 이후 점점 감소한 반면 수입금지 및 제한품목의 수는 늘어나는 추세를 보였다. 이로 인하여 수입자유화율은 1967년의 58.5%에서 1977년에는 52.7%로 떨어짐으로써 개방화정책은 1970년대 와서 후퇴하였다고 할 수 있다(〈그림 12-4〉).

물론 1970년대도 개방화 노력이 없었든 것은 아니다. 박대통령은 1970년대 후반 물가급등 등 경제사정이 악화되자 물가안정 및 부동산투기억제를 내용으로 하는 종합적인 안정화정책을 발표하였으며 그 일환으로 수입자유화도 추진하였다. 석유파동의 진정과 세계경제의 회복으로 인한 수출증대로 경상수

그림 12-4 수입자율화율 추이, 1967~2001 (단위: %)

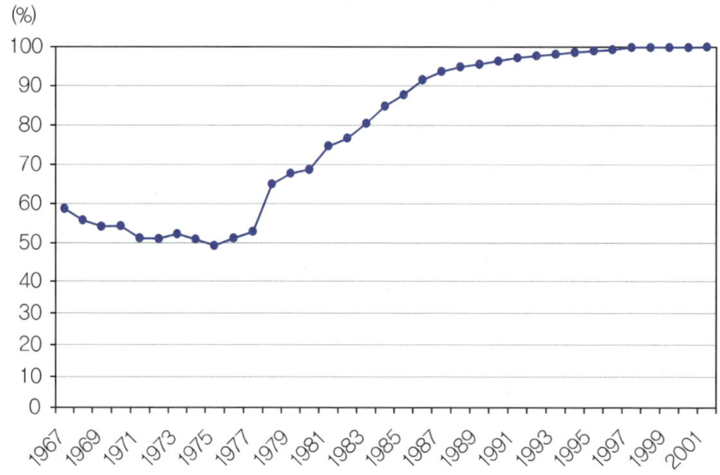

자료: 산업자원부(2003), p.22.

지가 1976년부터 개선되기 시작하여 1977년에는 소폭이나마 흑자를 시현하게 되자 정부는 1978년 3차에 걸쳐 수입자유화조치를 취하였다. 이로 인하여 수입자유화율은 1978년부터 상승하기 시작하여 1979년에는 67.6%에 달하였다. 그러나 1979년 제2차 석유파동과 박대통령의 서거로 인한 정치적 혼란으로 수입자유화는 중단되고 안정화정책도 빛을 보지 못하게 되었다.

환율도 1970년대 초 몇 차례의 평가절하가 있었으나 1974년 이후에는 높은 물가상승에도 불구하고 평가절하가 없었으며 이로 인하여 실질실효환율은 상당히 평가절상되는 결과를 가져왔다. 수출에는 불리함에도 불구하고 원화의 평가절하를 하지 않았던 것은 환율인상으로 인한 비용부담을 중화학공업에 주지 않기 위해서였다.

3. 1980년대의 점진적·제한적 개방화

1970년대의 중화학공업육성정책은 고도성장을 달성하고 산업구조를 개편

표 12-3 제조업의 생산성 증가율(1967~1979) (단위: %)

	1967-1979	1967-1973	1973-1979
산출(A)	23.6	28.0	19.4
노동생산성	12.0	16.2	7.9
자본생산성	1.9	4.5	-0.5
총요소생산성(B)	5.5	8.5	2.5
B/A	23.3	30.4	12.9

자료: 김적교 외(1984), p.50, pp.94-95.

하는 되는 일단 성공을 하였으나 이로 인한 후유증도 만만치 않았다. 무엇보다도 높은 인플레이션과 국제수지 적자에 시달려야 했고 이는 1979년 제2차 오일쇼크를 거치면서 더욱 악화되었다. 중화학공업에 대한 과도한 지원과 보호는 중복과잉투자를 초래함으로써 중화학공업의 경쟁력을 약화시켰을 뿐 아니라 자원의 효율적 활용이란 점에서도 적지 않은 문제점을 제기하였다.

이와 같은 부작용은 생산성의 저하로 잘 나타나고 있다. 〈표 12-3〉에서 보는 바와 같이 정부의 중화학공업 선언이 있었던 1973년 이전과 이후의 제조업 생산성 추이를 보면 1973년 이후 생산성은 전반적으로 떨어졌음을 알 수 있다. 1967~1973년 기간 중 총요소생산성은 연평균 8.5% 증가하였으나 1973~1979년에는 2.5%의 증가에 그쳤으며 노동생산성과 자본생산성도 1967~1973년에 비하여 크게 떨어졌다. 특히 주목할 점은 자본생산성이 연평균 0.5%나 하락하였다는 사실인데 이는 주로 철강, 비철금속, 석유정제, 석유 및 석탄제품, 기계, 수송장비와 같은 중화학공업의 자본생산성이 낮아진 데 기인한다. 이러한 하락은 중복과잉투자로 인한 가동률 저하가 크게 영향을 미쳤기 때문이다.

이와 같이 중화학공업의 생산성이 부진한 데는 중복과잉투자가 상당한 영향을 미친 것은 사실이나 정부의 지나친 보호로 인한 경쟁의 결여로 기업이 생산성향상이나 기술개발을 할 유인이 없었던 것도 크게 작용하였다고 할 수 있다. 왜냐하면 기업은 국내에서 독과점시장을 가진데다가 인플레이션이 진행되는 상황이기 때문에 구태여 생산성향상이나 기술개발을 할 필요성을 느끼지 못하였기 때문이다.

이러한 문제를 해결하기 위해서 정부는 무엇보다도 대외개방을 통해 경쟁을 촉진시키는 것이 가장 시급하다고 보았던 것이며 이와 아울러 정부의 지원도 직접적인 지원보다는 기업의 인력이나 기술개발을 도와주는 간접적인 지원이 바람직하다는 인식을 하게 되었다. 이러한 취지에서 1981년에 집권한 전두환 정부는 개방화정책을 추진하였다.

우선 수입을 자유화하여 경쟁을 촉진토록 하였다. 1983년에 수입자유화 5개년계획(1983~1988)을 세워 수입자유화율을 1988년까지 95%로 올리기로 하였다. 수입자유화를 하되 자유화될 품목을 예시하여 점진적으로 추진하도록 하였다. 예시품목의 선정도 산업의 경쟁력수준을 고려하여 경쟁력이 있는 품목이나 보호의 실효가 없는 품목 및 독과점품목을 우선적으로 개방하고 경쟁력이 약한 중소기업제품에 대해서는 개방을 늦추도록 하였다. 이에 따라 수입자유화율은 1983년의 80.5%에서 1989년에는 95.5%로 크게 올라갔으며, 관세제도도 개편하여 산업의 보호를 줄이도록 하였는데 평균관세율은 1983년의 23.7%에서 1989년에는 12.7%로 떨어졌다(〈표 12-4〉 참조).

수입자유화 외에 외국인 직접투자도 적극 유치하였다. 1970년대까지 정부는 수출의 의무화, 투자비율, 로얄티(royalty) 지불조건 등을 통해 외국인 투자를 매우 제한적으로 허용하여 왔다. 그러나 1980년대 들어오면서 외채문제가 부각되면서 정부는 국제수지 방어를 위해서도 차관보다는 직접투자가 유리하다는 판단하에 1984년 외국인투자를 포지티브시스템에서 네거티브시스템으

표 12-4 우리나라의 평균관세율(1983-2007)[1)] (단위: %)

	1983	1988	1989	1990~1991	1992	1993	1994~1998	1999~2006	2007 이후
전체	23.7	18.1	12.7	11.4	10.1	8.9	7.9	8.6	8.5
공산품	22.6	16.9	11.2	9.7	8.4	7.1	6.2	6.3	6.9
농산물	31.4	25.2	20.5	19.9	18.5	17.8	16.9	18.6	16.9

주: 1) Σ(세목×세율)/전체세목수

자료: 기획재정부.

로 바꾸어 외국인투자를 대폭 자유화하였다. 이러한 노력으로 외국인투자는 1980년대 들어와서 크게 증가하였다. 그러나 외국인투자 자유화도 주로 제조업에 집중되었으며 서비스와 농·어업과 광업에 대해서는 매우 제한적으로 이루어져 1993년 외국인투자 자유화율은 84.6%에 그쳤다.

기술도입도 1984년부터 자유화하여 승인제를 신고제로 바꾸었다. 외국기술을 도입하고자 하는 기업은 관계기관에 기술도입신고를 한 후 20일 내 정부로부터 이의가 없으면 기술도입은 자동적으로 허용되었다. 환율도 1980년에 20%를 평가절하를 함과 동시에 교역상대국의 물가상승률을 감안한 복수통화바스켓제도로 이행함으로서 현실화를 시켰다. 이와 같이 1980년대는 일련의 자유화조치를 과감히 취하였으나 국민경제에 주는 충격과 산업의 경쟁력을 고려하여 점진적이며 제한적으로 이루어졌다.

4. 1990년대의 전면적 개방

1990년대 들어와 UR협상타결이 가시화 되면서 세계경제는 국경 없는 단일시장경제체제로 급격하게 변화하고 있었다. 이러한 대외환경 변화에 적극적으로 대응하기 위하여 1993년에 집권한 김영삼 정부는 세계화(globalization)를 국정의 최고지표로 설정하여 개방화정책을 보다 적극적으로 추진하였다. 이는 대외환경 변화에 적극적으로 대응하기 위한 것이기도 하지만 기본적으로는 개발전략을 정부주도에서 시장주도로 전환하는 데 따른 정책변화의 일환으로 보아야 할 것이다.

이를 위하여 김영삼 정부는 상품시장은 물론 서비스시장과 자본시장도 개방하는 본격적인 개방체제로 이행하였으며 1995년의 WTO 출범, 1996년의 OECD 가입, 1997년의 외환위기를 거치면서 완전한 개방체제로 들어가게 되었다.

먼저 상품시장부터 대외개방을 촉진하였다. 앞에서 지적한 바와 같이 정부는 1988년부터 제2차 수입자유화계획에 따라 관세 및 비관세장벽을 계속 완화하여 왔으며 UR협상을 거치면서 관세율과 수입수량규제는 크게 완화되었다. 평균관세율은 1988년의 18.1%에서 1997년에 7.9%%로 떨어졌는데 공산품과 농산물은 각각 16.9%와 25.2%에서 6.2%와 16.9%로 떨어졌다(〈표 12-4〉).

수입수량규제도 1990년대 들어오면서 계속 완화하였는데 수입제한품목은 1994년의 150개 품목에 달하였으나 점점 줄어서 1997년 7월에는 8개 품목만 남았으며 이것도 2001년에는 모두 자유화되었다. 이는 수입선다변화계획이 1999년에 폐지된 데다가 쌀 관련품목을 제외하고는 농축산품목을 포함하여 모두가 자유화되었기 때문이다. 쌀은 2004년 재협상 결과 2005년부터 2014년까지 10년 동안 다시 관세화를 유예하되 대신 최소시장접근(MMA)방법을 수용하여 매년 일정량을 수입하기로 하였다.

서비스시장은 우루과이라운드협상을 거치면서 본격적인 개방이 시작되었다. 김영삼 정부는 세계화정책의 일환으로 1993년 6월 외국인투자개방 5개년계획을 세워 서비스산업에 대한 외국인 직접투자를 적극 유치하기 시작하였다. 1996년 OECD 가입과 함께 개방 폭이 확대되었고 1997년 IMF 관리체제로 들어가면서 전면적인 개방이 이루어졌다.

이에 따라 외국인 직접투자 제한업종은 1995년 말 195개에서 1997년 말에는 52개로 줄었고 2009년 4월 현재 29개(완전제한 3개, 부분제한 26개)로 크게 줄었다. 외국인 직접투자가 완전제한된 업종은 라디오와 TV방송 및 원자력발전뿐인데 원자력발전은 서비스업으로 보기 어렵기 때문에 순수한 서비스업만 보면 28개가 된다. 그 외의 업종은 국내에 미치는 영향이 매우 민감한 특성상 직접투자한도를 설정하고 있지만 실질적인 개방은 이루어진 상태이다.

자본시장개방도 1990년의 시장평균환율제도의 도입, 1992년의 외국인의 국내상장주식의 직접취득허용 등의 부분적인 자유화가 있었으나 1996년 OECD 가입과 1997년 외환위기를 겪으면서 급속도로 진행되었다. 1997년 12월에 환율제도가 일일변동제한폭을 폐지하여 자유변동환율제로 이행하였고 상장채권에 대한 외국인투자를 허용하였으며 1998년 5월에는 상장주식 및 단기금융상품에 대한 외국인투자도 자유화되었다. 1999년 4월 자본거래에 대한 규제를 원칙자유·예외규제체계(negative system)로 개편함으로써 금융시장 개방은 급속도로 진전되어 선진국에 못지않은 수준으로 발전하였다. 1998년에는 제1단계 외환자유화계획이 실시되면서 여행경비 한도폐지 등 경상지급에 대한 규제를 완전히 자유화하고 자본거래도 원칙자유·예외규제로 바꾸었다. 2002년에는 제2단계 외환자유화계획을 발표하여 제1단계 자유화조치에서 유보되었던 해외이주비 등 개인의 대외지급한도 등을 폐지하였다.

제13장
WTO체제와 FTA정책

제 1 절 WTO체제 출범의 배경

1994년 12월 14일 UR협상이 타결되면서 제2차 세계대전 후 세계무역질서를 지켜온 GATT체제는 막을 내리고 이른바 WTO체제가 출범하게 되었다. 경제 UN이라 불리는 WTO체제는 과거 GATT체제보다 강력한 다자체제로서 세계무역질서 형성에 지대한 영향을 미치고 있기 때문에 이에 대한 올바른 이해와 대응은 우리 경제의 지속적 발전을 위해서 매우 중요하다.

우선 WTO체제 출범의 배경부터 살펴본다면 다음과 같은 요인이 작용하였다고 하겠다.

첫째, 1980년대에 들어오면서 주요 선진국이 보호무역주의적 수단을 남용함으로써 자유무역질서가 후퇴한 점이다. 주요 선진국은 GATT규정에 위배되는 반덤핑 및 상계관세 부과 등 보호주의적 수단을 남용하였고, GATT체제를 우회하는 수출자율규제(VER), 시장질서유지협정(OMA) 등 회색지대조치를 제정함으로써 교역질서를 문란하게 하였다. 이러한 보호무역주의의 부활은 GATT체제를 위협할 뿐 아니라 세계무역의 신장을 저해하는 요인으로 작용하였다. 따라서 자유무역질서의 새로운 구축을 위해서 GATT를 대체할 수 있는 새로운 무역기구가 필요하게 되었다.

둘째, 1947년에 창설된 GATT는 출발할 때부터 여러 가지 취약점을 지니

표 13-1 서비스교역의 증가추이 (단위: 10억 US달러, %)

구 분	2005	2015	2023	연평균 증가율
서비스교역(1)	5,329	9,979	15,254	5.8%
상품교역(2)	21,309	33,292	48,068	4.6%
세계총교역(1+2)	26,638	43,271	63,322	4.8%
총교역 중 서비스 교역의 비중	20.0	23.1	24.1	1.0%

자료: UNCTAD stat Data Centre, https://unctadstat.unctad.org/datacentre/

고 있었다. GATT는 명칭에서도 알 수 있듯이 국제협정일 뿐 국제기구가 아니기 때문에 GATT 규정을 위반했을 때도 이를 규제할 수 있는 구속력이 없다. 또한 GATT는 주로 공산품교역에 관한 규범으로서 농산물은 물론 섬유제품은 GATT체제 밖에서 다루어짐으로써 이에 대한 통상마찰이 심화되고 있으나 이를 해결할 실효성 있는 분쟁해결절차를 갖고 있지 않아서 GATT 무용론까지 등장하는 등 GATT의 기능이 매우 약화되었다.

셋째, 서비스·무역관련 투자 및 지적재산권보호와 같은 새로운 분야(new issues)가 세계무역에서 차지하는 비중이 급속히 확대되어 왔음에도 불구하고 GATT는 이를 다룰 수 없었기 때문에 이러한 새로운 분야에 대한 국제규범의 제정이 필요하게 되었다. 〈표 13-1〉에서 보는 바와 같이 2005년 서비스교역은 5조 300억 달러를 넘고 이것은 세계교역총량의 20.0%나 차지하고 있으며 이후 그 비중이 지속적으로 증가하고 있다.

넷째, 1980년대에 들어오면서 일방주의(unilateralism), 쌍무주의(bilateralism) 및 EU, NAFTA 등과 같은 지역주의가 확산됨으로써 자유·호혜·평등을 이념으로 하는 다자주의(multilateralism)가 쇠퇴하는 조짐이 나타났다. 그 결과 세계무역질서가 불안정하게 되었는데 이는 세계경제의 번영과 발전을 위해 결코 바람직하지 않기 때문에 자유롭고 안정적인 새로운 세계무역질서가 시급히 요청되었다.

제 2 절　WTO체제의 특징

GATT를 대체하여 등장한 WTO체제는 보다 광범위한 분야에 걸쳐서 자유로운 세계무역질서를 구축하고자 하는 데 그 목적이 있는데 이의 주요한 특징으로 다음과 같은 것을 지적할 수 있다.

첫째, 관세인하와 비관세장벽의 철폐뿐 아니라 반덤핑, 긴급수입제한 등 각종 보호무역조치의 발동을 제한함으로써 보다 자유로운 무역환경을 조성하고자 하는 점이다.

둘째, WTO체제는 GATT체제 아래서 사실상 방임해 왔던 농산물과 섬유를 포함할 뿐 아니라 서비스와 무역관련 투자 및 지적재산권보호 등 무역에 영향을 미칠 수 있는 모든 부문에 대한 규범을 제정 내지 강화함으로써 포괄범위가 매우 확대되었다.

셋째, WTO는 GATT에 비하여 보다 강력한 통제력을 가지게 된다. GATT체제 아래서는 분쟁이 발생하더라도 아무런 조치를 취하지 못하였으나 WTO체제 아래서는 분쟁해결기구가 신설됨으로써 구속력 있는 조치를 취할 수 있고, 회원국의 무역관련 법·제도·관행 등을 검토, 평가하여 그 명료성을 제고시키는 등 감시 및 강제기능이 강화되었다.

넷째, GATT체제에서와 같이 개발도상국에 대해 특별히 배려하는 평등이념이 크게 퇴색되고 경제적 강자인 선진국에 유리한 자유이념이 강화되었다. 예컨대 개발도상국의 산업정책관련 보조금지원이 허용되지 않으며 농업부문의 시장개방에 있어서도 개발도상국에 대한 배려가 크게 후퇴되었고 앞으로의 성장산업이라 할 수 있는 서비스시장을 완전 개방함으로써 개발도상국의 부담이 크게 늘어나게 되었다. 이에 반해, 선진국은 시장개방에 따른 부담이 별로 없고 있다 하더라도 다자간 섬유협상(MFA)처럼 점진적이며 매우 적다. GATT체제와 WTO체제를 비교하면 〈표 13－2〉와 같다.

표 13-2 GATT체제와 WTO체제의 비교

	GATT체제	WTO체제
형 태	• 협정	• 기구
감시 및 분쟁해결 기능강화	• 분쟁해결조항의 불명료 및 산재 • 회색조치 남발, 감시기능취약	• 분쟁해결 조항의 통합 및 분쟁해결기구를 통한 기능강화 • 무역정책검토기구 등을 통한 감시기능 제고
다자간 규범강화	• 보조금지급 등 불명료 • 반덤핑조치의 남용 등 자의적 운용	• 보조금 정의의 명료화 및 규율강화 • 반덤핑조치의 발동기준 및 부과절차를 명료화하여 남용방지 • 세이프가드협정, 원산지규정, 선적전검사협정 등을 새롭게 도입
시장개방 노력	• 관세인하에 주력 • 동경라운드의 비관세 장벽철폐 노력이 선언적 규정수준으로 실효성 미흡	• 관세인하는 물론 특정분야 무관세화로 관세율의 하향평준화 달성 • 비관세장벽의 철폐를 강화 (모든 회색조치를 4년 안에 폐지)
관할범위	• 상품(주로 공산품)	• 농산물과 섬유 포함
신분야 협상	• 없음	• 서비스교역, 지적재산권보호, 무역관련 투자조치협정 또는 규범 도입

자료: 한국산업은행(1994), p.54.

제 3 절 WTO체제의 영향

우리나라와 같이 무역의존도가 높은 나라에게 무역의 자유화를 지향하는 다자주의는 매우 바람직하다 하겠으며, 그런 의미에서 WTO체제의 정신이나 기본방향은 환영할 만하다. 그러나 구체적 UR협정의 내용으로 들어가면 우리에게 유리한 점이 있는가 하면 불리한 점도 있고, 또 중립적인 부분도 있다. UR협정은 그 범위가 매우 광범위하고 포괄적이기 때문에 이해득실을 계량화한다는 것은 어렵고, 다만 정성적인 방법에 의하여 분석할 수밖에 없다.

우리나라에게 유리한 분야로는 우선 관세 및 비관세장벽의 완화를 들 수 있는데, 이는 우리나라의 수출환경을 크게 개선시킬 것으로 보이기 때문이다. 반면 우리나라는 그동안 지속적으로 관세를 인하하여 왔기 때문에 WTO체제 출범으로 인한 추가적인 관세인하 부담은 거의 없다(1986년의 평균관세율 17.8%에서 이의 2/3인 12.2%로 인하해야 하는데, 1994년 평균관세율이 7.9%임). 그러나 무세화참여품목, 예컨대 건설장비, 의료기기, 농기계, 의약품 등의 무세화에 따라 수입증가가 예상되나 개발도상국의 대폭적인 관세인하를 고려할 때, 우리에게 다소 유리하다고 할 수 있다. 또 선진국이 남용하고 있는 반덤핑, 긴급수입제한, 상계관세, 원산지규정에서도 선진국의 부담이 크기 때문에 우리에게 유리하다고 할 수 있다.

지적재산권, 무역관련투자조치, 섬유, 분쟁해결절차에 있어서는 대체로 부담이 적기 때문에 특별히 유리한 점이 없는가 하면 불리한 점도 없다. 지적재산권 분야에서는 그동안 우리나라는 미국, EU, 일본 등의 선진국과 쌍무협상을 통해 법규가 많이 개선되어 추가적인 부담이 많지 않다. 반면 우리의 지적재산권이 개발도상국에 의하여 종종 침해당하고 있는 사실을 감안한다면, 유리한 점도 있기 때문에 지적재산권보호가 우리에게 반드시 불리하다고 할 수 없다. 섬유의 경우 쿼터철폐에 따라 봉제의류 수출은 감소하지만, 직물류 등의 대개발도상국 수출은 늘어날 것으로 보인다. 한편 관세인하로 인하여 중·저가 및 고가제품의 수입은 다소 늘어날 것으로 보이나, 정책적으로 볼 때 큰 부담은 되지 않을 것으로 보인다. 분쟁해결절차에 있어서도 우리에게 특별히 불리한 점은 없으나, 수입선다변화제도는 GATT 정신에 정면으로 위배되는 것이기 때문에 이를 수용해야 하는 부담이 있다.

우리에게 크게 부담이 되는 분야로 농산물, 서비스교역, 정부조달 및 보조금 등을 들 수 있다. 농산물의 경우 예외 없는 관세화로 인한 수입제한의 철폐, 관세 및 관세상당치의 점진적 인하, 보조금의 점진적 감축이 불가피하게 됨에 따라 농가소득의 감소와 이농 및 탈농현상이 발생함으로써 농업의 급속한 쇠퇴가 예상된다. 따라서 농업부문이야말로 그 피해가 가장 클 것으로 예상된다.

그 다음은 서비스시장의 개방이다. UR협상 타결에 따라 우리나라는 8개

분야 78업종을 양허하였으며, UR협상에서의 개방 폭이 그리 크지 않았다 하더라도 시장 확대는 계속될 것으로 보이기 때문에 그 영향은 매우 클 것으로 예상된다. 우리나라의 서비스산업은 시장의 협소와 규제로 인하여 기술수준이나 생산성이 낮아 그 구조가 취약하기 때문에 시장개방으로 서비스산업에 미치는 영향은 클 것이며, 경쟁력이 약한 업체의 도산 및 실업발생 등 부작용을 가져올 가능성이 있다. 물론 시장개방으로 인하여 효율성의 증대, 기술이전 혜택, 수출증대 등의 긍정적 효과도 있으나 어떤 형태든 시장개방이 국내기업에 부담을 줄 수도 있다.

정부조달에 있어서도 시장개방이 불가피하게 됨에 따라 우리로서는 부담이 크며 보조금에 있어서도 금지대상의 보조금, 예컨대 해외시장 개척준비금 등은 폐지되어야 하고, 또 상계관세대상이 될 수 있는 보조금, 예컨대 공업발전기금과 같은 것은 제한적으로 운용할 수밖에 없어 우리에게 불리하다 하겠다.

제 4 절 WTO 뉴라운드의 주요의제와 전망

1. 뉴라운드의 출범배경

앞에서 지적한 바와 같이 WTO체제는 UR협상의 타결로 출범은 되었으나 UR협정은 여러 가지 문제점을 안고 있었다. 특히 개도국에 대한 지원문제가 충분히 고려되지 않은 데다 농산물이나 서비스시장의 개방에 대해서는 협상 자체가 미흡하였던 것이다. 이로 인하여 전반적인 시장개방은 생각보다 진척이 부진하였다. 이 때문에 뉴라운드의 필요성이 일찍부터 제기되었는데, 뉴라운드 출범을 위한 노력은 1998년 제네바에서 개최된 제2차 WTO 각료회의 때부터 시작되었다. 이 회의에서 UR협상 당시 미흡하였던 농산물과 서비스시장의 추가협상과 아울러 다른 의제를 포함하여 새로운 라운드를 추진하기로 하였던 것이다.

제네바 각료회의 이후 1년 반의 준비를 거쳐 1999년 11월 시애틀에서 제

3차 WTO 각료회의를 개최하여 뉴라운드를 출범시키려 했으나, 회원국 간의 의견대립으로 뉴라운드를 출범시키는 데 실패하였다. 그러나 2000년 초부터 시작된 세계경제의 경기침체와 통상마찰의 심화로 세계무역이 위축되는 등 세계경제의 불확실성이 증대되자 다자간 협상을 통한 무역자유화가 필요하다는 인식이 회원국 간에 공감대를 형성하여 2001년 11월에 뉴라운드가 출범하게 되었다. 개도국의 경제개발 지원을 심도 있게 논의하자는 뜻에서 뉴라운드의 이름도 도하개발아젠다(DDA: Doha Development Agenda)로 부르게 되었다.

DDA의 당초 협상기간은 2002년 1월부터 2004년 12월 말까지 3년으로 되어 있었으나, 협상의제가 다양할 뿐 아니라 일괄타결방식(single undertaking)에 따른 협상의 어려움, 이전의 다자간 무역협상과 달리 중국, 인도, 브라질 등 개도국그룹의 상대적인 약진에 따른 선진국과 개도국의 대립, 그동안의 미국 발 금융위기 및 유럽경제의 위기 등으로 인하여 출범 20년째인 아직도 타결되지 못하고 있다. 다만 그동안의 계속된 각료회의를 통해 무역원활화(TFA: Trade Facilitation Agreement) 협정의 도출, 농산물 수출보조금 철폐 등 부분적인 성과는 있었다.

2. 주요 의제별 협상 내용과 쟁점

DDA 협상은 서비스와 농업은 물론 비농산물(공산품과 임수산물)의 시장접근, 반덤핑협정 등 규범 및 무역과 투자 등 다양한 의제를 대상으로 하고 있다(〈표 13-3〉 참조). DDA 협상은 그 명칭이 시사하듯이 개도국의 경제개발 및 기술지원문제가 협상의 핵심과제로 설정되었다는 점에서 과거의 라운드와는 다르다. 주요 의제별 협상내용과 쟁점을 보면 다음과 같다.

표 13-3 DDA 협상의 주요의제

구분		의제
시장개방 관련 의제		농업, 비농산물(공산품, 임산물), 서비스
규범 관련 의제	기존협정 개정	규범(반덤핑), 보조금(수산보조금 포함), 지역무역협정, 분쟁해결
	신규규범 제정	싱가포르 이슈(투자, 경쟁정책, 무역원활화, 정부조달 투명성)
기타		환경, 지식재산권

2.1 농산물분야

농업부문은 각국의 입장이 가장 첨예하게 대립되고 있는 의제다. 농업협상의 중요한 쟁점은 시장접근(market access), 국내보조(domestic supports) 및 수출경쟁(export competition) 분야로 구분할 수 있다.

첫째, 시장접근에 있어서 농산물수출국은 UR협상 결과 나타난 관세가 너무 높고, 주요 품목은 소폭만 감축하여 농산물 교역이 별로 신장되지 않았기 때문에 고율관세를 대폭 감축하여 시장개방을 크게 확대해야 한다는 입장이다. 반면 수입국은 각국 농업의 다양한 여건을 감안하여 신축적이고 점진적인 관세감축을 주장하고 있다. 예컨대 미국은 최대 90% 관세감축을 주장하는가 하면, 한국과 일본 등 수입국은 많아야 45% 선에 그쳐야 한다는 주장이다.

관세상한(tariff peak)은 미국과 EU 등 주요국들이 75~150%의 범위에서 의견을 모으고 있는 반면, 일본과 스위스, 한국과 아프리카 국가들은 관세상한 자체를 정하는 것을 반대하고 있다. 매우 높은 관세를 부과하고 있는 민감품목의 숫자도 미국과 G20은 1%대로 하자고 주장하는 반면, EU는 8%를, 일본, 한국 등 일부 수입국은 최대 15%까지 허용해야 한다는 입장이다.

또한 시장접근물량에 있어서도 수출국은 이를 대폭 확대하고 수입관리도 엄격한 규범을 마련하여 수입국의 재량을 축소할 것을 요구하는 반면, 우리나라와 일본 등 수입국은 각 품목의 교역상황 등 현실적 변수를 고려해야 하며, 수입관리에 있어서도 각국의 상황에 맞는 관리방법을 채택해야 한다는 입장을 취하고 있다.

2008년까지는 구간별 관세감축에 따른 접근에 어느 정도 의견 일치를 보여 농업분야 관세 및 보조감축의 의장초안이 배포되기도 했다. 그러나 이후 시장접근과 국내보조의 쟁점이 연계되면서 개도국과 선진국이 다시 첨예하게 대립하면서 협상은 교착상태에 빠졌다. 브라질, 인도 등 개도국들은 선진국의 대폭적인 농업보조 감축 없이는 시장접근분야 관세감축 논의가 무의미하다고 주장한 반면 선진국들은 특별품목(special products), 특별세이프가드(special safeguard mechanism) 등 시장접근분야에서 과도한 개도국우대 때문에 시장접근의 의미가 거의 없어졌다고 주장하며 첨예하게 대립하였다. 이후 시장접근분야 협상은 사실상 논의가 중단된 상태로 오늘에 이르고 있다.

둘째, 국내보조금은 크게 허용보조금과 그렇지 않은 감축대상보조금으로 나눌 수 있다. 보조금을 거의 주지 않는 또는 줄 여건이 되지 못하는 수출 개도국들은 현재의 허용보조의 규범이 느슨하여 이것이 남용되고 있기 때문에 허용보조의 요건을 강화할 것을 주장하는 반면, 보조금을 다양하게 지급하고 있는 국가들은 (대개는 선진국) 농업의 공익적 기능을 고려하여 이를 신축성 있게 설정하고 다양한 정책을 허용보조로 인정해야 한다는 주장이다. 감축대상보조금은 많이 지급하는 국가가 더 많이 감축하는 데까지는 이미 합의하였다.

문제는 감축 폭인데, 수출개도국들은 총액기준으로 대폭 감축하는 이외에 품목기준으로 감축해야 한다고 주장한 반면, 선진국들은 감축대상보조금도 필요하기 때문에 총액기준으로 점진적인 감축을 해야 한다고 주장하였다.

최근에는 모든 감축대상보조금을 합해 총액을 기준을 감축하는 방안이 논의되었으나 감축률을 놓고서 선진국과 개도국이 대립하고 있으며, 특히 농업보조가 많은 미국이 중국의 보조감축 없이는 국내보조 논의를 진행하는 것이 무의미하다는 입장을 고수하면서 국내보조분야 역시 논의가 중단된 상태이다. 미국은 중국이 2000년대 중반 이후 농업보조금을 크게 증가해 왔으나 개도국우대 등으로 감축에서 면제를 받게 되는 상황이 전개되자 보조금을 주는 나라들은 모두가 적절한 수준의 보조감축을 해야 한다는 입장을 취하고 있다.

한편 과거와 달리 최근에는 중국, 인도 등의 국내보조가 늘어나면서 감축

표 13-4 주요국의 감축보조총액 규모

국가	단위	감축보조총액
미국	10억 미 달러	12.1
EU	10억 유로	11
중국	10억 위안	96
인도	10억 루피	104
브라질	10억 미 달러	3
일본	10억 엔	984

자료: WTO, "Disciplines on Domestic Support and Current Support Level", WTO/JOB/AG/32 (2015. 1. 28)

보조의 절대 규모로는 중국이나 인도의 보조가 미국이나 EU의 농업보조를 넘어서고 있는 것도 새로운 현상이다(〈표 13-4〉 참조). 이에 미국 등 선진국이 인도, 중국의 보조감축을 주장하고 있는 반면 중국, 인도 등은 개도국우대를 이용해 감축의무를 회피하는 방향으로 협상에 임하고 있어 개도국우대에 대한 근본적인 틀을 바꾸지 않는 이상 보조금 감축에서 타협이 용이하지는 않을 전망이다.

셋째, 수출경쟁분야는 가장 큰 쟁점이었던 수출보조금의 철폐 여부가 지난 2005년 12월 홍콩 각료회의에서 2013년까지 철폐하기로 합의되어 상당 부분 쟁점이 해소된 상태였다. 그러나 수출신용과 식량원조를 두고, EU와 케언즈 그룹 및 농산물 수출개도국들은 강력한 규범을 만들어 수출보조효과를 제거해야 한다는 입장인 반면, 수출신용과 식량원조를 가장 많이 사용하고 있는 미국은 이에 소극적인 입장을 보여 갈등이 계속되었다.

그럼에도 불구하고 가장 직접적으로 무역을 왜곡시키는 수출보조를 철폐하자는 점에는 이미 합의한 바 있어 시장접근이나 국내보조와 달리 2015년 12월 케냐 나이로비에서 열린 제10차 WTO 각료회의를 계기로 농산물 수출보조 및 수출신용에서 합의가 도출되었다. 이에 따라 농산물 수출보조는 합의 즉시 철폐하기로 하였으며, 수출신용의 경우 최대 상환기간이 18개월로 설정되었다. 다만 개도국의 경우 약간의 유예기간이 인정되었다. 식량원조도 우회수출을 방지하기 위해 매우 제한된 상황에서만 현금화를 인정하고 있다.

이상에서 본 바와 같이 농업부문협상은 농산물 수입국과 수출국간에 의견이 대립하고 있을 뿐만 아니라 선진국과 개도국 간에도 서로의 입장이 팽배하게 대립되고 있어 과거와 달리 그만큼 협상구도가 복잡해졌고, 이에 따라 최종합의 도출이 순탄치 않을 것으로 예상되어 DDA 협상 타결의 걸림돌로 작용할 가능성이 크다.

한편 우리나라의 쌀 협상과 관련해서는 2004년 말 미국, 중국 등 9개국과 최종 합의한 대로 쌀의 관세화를 유예하는 협정안이 국회서 비준되었다. 이에 따라 쌀의 관세화를 10년간 유예하는 대신 미국, 중국 등으로부터 낮은 관세율로 일정량의 쌀을 의무적으로 수입하게 되었다. 이에 한국은 지난 1995년 WTO 출범부터 10년간(1995~2004) 쌀의 관세화를 유예한 데 이어 두 번째로 2005년부터 2014년까지 관세화를 유예하였다. 대신 10년 동안 의무수입물량을 매년 균등하게 늘려 2014년에는 7.96%(40만 8천 700백t)까지 쌀을 수입하였다. 이렇게 늘어난 의무수입물량은 결국 국내 쌀 공급의 구조적 과잉을 초래하는 한 요인으로 작용하였고 결국 두 차례에 걸친 관세화 유예가 끝나는 2014년을 계기로 정부는 쌀 관세화로의 전환을 결정하고 513%라는 고율의 쌀 관세를 WTO에 통보하였다. 이른바 쌀의 관세화를 단행한 것이었다. 513%라는 높은 관세율에 미국과 중국 등 WTO 회원국은 이의를 제기하고 우리나라에 양자협상을 요청하였고, 2019년 11월까지의 4년여에 걸친 협상을 통해 최종적으로 513% 관세를 지켜내는 동시에 쌀 수입물량도 이전과 동일한 40만 8천 700톤을 그대로 유지하는 성공적인 협상결과를 도출하였다.

2.2 비농산물분야

비농산물분야의 협상대상은 관세 및 비관세장벽을 완화 내지 철폐하는 데 있다. 관세협상에서는 관세정점(tariff peaks), 고관세(high tariffs), 경사관세(tariff escalation)가 쟁점이 되고 있는데, 관세정점이란 특정품목 예컨대 민감품목이 평균관세 수준보다 높은 관세율을 가지는 경우로서 주로 선진국에 나타나는 관세구조를 말한다. 고관세는 전반적으로 관세율이 높은 경우로서 개도국이 이에 해당되며, 경사관세란 수입원료에는 낮은 관세율을 부과하는 대신 완제품에는 높은 관세율을 책정하는 관세구조를 말한다.

선진국은 이번 협상을 통하여 개도국의 높은 관세를 감축하고 비관세장벽을 철폐하여 실질적인 시장개방을 달성하고자 하는 반면, 개도국은 무역자유화가 개도국의 경제발전에 도움이 되는 방향으로 추진되어야 하며, 이를 위해서는 선진국이 높은 관세로 보호하고 있는 민감품목은 대부분 개도국이 비교우위를 가지고 있기 때문에 이들 품목의 높은 관세를 해소해야 한다는 입장을 취하고 있었다.

이러한 취지에서 2004년 7월에 관세의 감축방법과 비관세장벽의 접근방법 등 협상진전을 위한 준거점을 마련하였으나 구체적 합의에는 이르지 못하였다. 예컨대 관세의 감축방법에 있어서는 일괄적으로 감축한다는 원칙에는 합의하였으나, 구체적인 감축 폭을 두고는 선진국과 개도국의 입장이 대립되고 있다. 선진국은 개도국의 실행관세와 양허관세 차이가 크기 때문에 개도국의 관세감축 폭이 일정수준 이상 되어야 실질적인 시장접근이 이루어질 수 있다고 주장하고 있는 반면, 개도국들은 이번 DDA가 개도국의 경제발전을 가장 중요하게 고려해야 하고, 이에 따라서 개도국에게는 보다 큰 폭의 융통성이 주어져 관세를 적게 감축해야 한다는 입장이다.

선진국은 관세감축에서 개도국에게 많은 신축성을 부여했기 때문에 분야별 무세화 협상에서는 중국 등 주요 개도국들이 의무적으로 참여해야 한다는 입장인 반면, 개도국들은 분야별 무세화협상의 참여는 자발적이라는 입장을 굽히지 않았다. 이후 비농산물분야 협상은 거의 열리지도 않은 채 사실상 논의가 중단된 상태이다. 한편 인도와 브라질 등 소위 농산물 수출개도국들은 선진국들이 농업분야에서 보조금을 대폭 감축하지 않으면, 개도국들도 공산품의 관세를 대폭 감축할 수 없다고 농업과 비농산물 분야의 쟁점을 연계하여 협상의 복잡성을 키우기도 하였다.

비관세장벽 완화에 있어서도 접근방법에 대한 논의가 활발히 진행되었으나 관세감축에 대한 진전이 없는 상황에서 더 이상 논의가 이루어지지 못하고 있다.

비농산물분야 협상은 현재 사실상 중단 상태로 향후 그 전망도 매우 어둡다. 이는 IT 및 전자제품의 경우 그동안 두 차례에 걸친 정보기술협정 확대협상(ITA)으로 이미 상당 부분 자유화되어 있으며, 많은 FTA를 통하여 주요 교역국간의 공산품 관세가 매우 낮은 상태가 되었기 때문에 다자관세감축 협상에 대한 장점(merit)이 과거만큼 크지 않기 때문이다. 아울러 전자상거래 등이 활발해지면서 상품보다 서비스의 무역거래가 확대되고 상대적으로 상품무역의 중요성이 떨어진 것도 한 원인이 된다.

2.3 서비스분야

서비스분야 협상은 12개 부문 155개 업종에 대한 협상으로 양자협상방식(Request/Offer)과 복수국가 협상방식(Plulateral R/O)을 채택하고 있는 것이 특징이다. 양자협상방식은 국가 간에 개방할 서비스업종 및 개방 폭에 대한 요청서를 서로 교환하고 협상하여 최종양허안을 확정해 나가는 방식이며, 복수국가 협상방식은 2개 이상의 국가들이 모여서 개방할 서비스업종 및 개방 폭을 서로 요청하고 서로 확정해 가는 협상방식으로 지난 2005년 12월 홍콩 각료회의 이후 추진되어 왔다.

서비스분야는 2005년 5월 말로 2차 양허안 제출 시한을 설정하였으나, 제출실적은 저조한 편이다. 우리나라는 36개 국가에 대하여 양허요청서를 제출하였으며, 25개국으로부터 양허요청서를 접수하여 현재까지 35개국과 협상을 하고 있으나 사실 큰 진전은 없는 상태이다.

서비스협상은 문제의 특성상 협상이 용이하지 않다. 다양한 서비스분야에서 Mode 1부터 Mode 4까지 시장접근(MA: Market Access), 내국민대우(NT: National Treatment), 추가적 약속(AC: Additional Commitment)에 대해 협상을 전개시켜야 하기 때문에 그 구도가 극히 복잡하다는 구조적인 한계도 있다. 특히 시장접근, 내국민대우, 추가적 약속 간에 중요성의 차이가 부여되지 않아 이들 간 주고받기(trade-off) 협상이 어렵다는 문제가 있다. 더욱이 각각의 하위분야 서비스를 관장하는 국내 관련 부처 간에 이해단체 및 시민단체(NGO)의 압력을 받아 그 이해관계를 조정하기가 쉽지 않다는 어려움도 내재한다.

한편 개도국의 입장에서는 시장실패에 대한 우려로 인하여 다자 서비스 협상에 관심을 갖지 못하는 상황이다. 즉 WTO 서비스협정(GATS: General Agreement on Trade in Services)은 국가 간 서비스 공급의 네 가지 공급형태(mode)에 걸쳐 시장접근과 차별적인 내국민대우에 대한 규제 장벽의 감축과 주로 관련되기 때문에 시장 경쟁이나 경합성(contestability)이 제고되지 않거나, 취약지역, 사회 또는 가정에 대한 서비스 공급과 같은 공공성 목적이 달성되지 않는 한, 서비스 자유화를 통한 후생증대를 부정적으로 보고 있다.

아울러 UR 당시와 비교하여 업계(business community)의 유인이나 기대치가 낮아져서 UR 협상 때에 비해 DDA 협상에서는 업계가 협상에 관여하는 정도가 적다는 점도 협상교착의 원인이다. 즉 업계의 기대수준이 낮아지게 됨에 따라 협상을 수행하는 정부 측의 노력도 적어지게 되고, 따라서 서비스 협상이 진전을 보지 못하고 있다.

최근에는 DDA 다자 서비스협상과는 별도로 미국 등 선진국이 주도하는 서비스분야 복수국간협상이 사실상 DDA 서비스협상을 대체하여 진행되고 있으나 이 역시 서비스 개방 폭을 놓고 미국과 인도 등 개도국의 대립으로 개점휴업 상태로 진전이 전혀 이루어지지 않고 있다.

2.4 규범분야

규범분야는 반덤핑, 보조금 및 지역협정의 세 분야로 나누어진다.

반덤핑분야는 DDA 협상에서 가장 중요한 쟁점의 하나인데, 회원국 간에 이견이 좁혀지지 않아 합의에는 이르지 못하고 있다. 반덤핑 프렌즈그룹(Anti-dumping Friends Group)에 속해 있는 한국, 일본, 브라질 등은 반덤핑의 오남용을 막기 위한 규범의 강화를 주장하고 있으나, 미국은 반덤핑조치를 약화시킬 수 있는 규범강화에 반대하고 기존의 협정 틀을 유지하고자 하는 데 초점을 맞추고 있다.

보조금분야에서는 2000년에 소멸된 허용보조금 및 심각한 손상관련 규정의 부활, 개도국에 대한 보조금범위 확대 등이 주요 쟁점사항인데, 이에 대한 회원국 간의 입장차이가 크다. 미국은 보조금의 규제필요성을 강조하는 반면, 개도국은 2000년 효력이 소멸된 허용보조금조항의 재도입을 주장하고 있다. 우리나라는 대체로 보조금에 대한 규제를 강화하고자 하는 선진국의 입장을 따르고 있다. 한편 수산보조금의 경우는 감축을 주장하고 있는 피쉬 프렌즈그룹(Fish Friends Group)에 대하여 한국과 일본 등 주요 수산물수출국은 강한 반대 입장을 보이고 있다.

지역협정분야는 다른 두 부문에 비하여 협상진전이 더디고 참여도 저조한 편이다. 지역협정은 최근 확산되는 경향이 있는데, 이는 자유무역의 확대에도 기여하지만 최혜국대우(MFN)에 근거한 다자무역체제에 대한 위협이기도 하다. 따라서 DDA 협상에서는 지역협정을 WTO 규범에 맞게 체결하도록 하는 절차 문제를 의제로 다루고 있으나, 지역협정에 WTO 차원의 통제가 가해지는 것을 꺼리기 때문에 회원국들의 관심이 적다.

규범분야에서의 협상은 2008년 의장초안이 배포되기도 했으나 다른 상품이나 서비스 분야의 협상과 마찬가지로 그 이후 전혀 진전이 없는 상황이다. 이는 규범분야 협상의 특성상 다른 상품이나 서비스분야에서의 협상 진전이 중요한데 다른 분야 협상이 교착된 상황에서 규범분야 역시 협상진전의 필요성이 그만큼 작아졌기 때문이다. 다만 보조금분야에서 수산보조금 규제는 상당한 진전을 보고 있다. 이는 UN의 지속가능개발(SDG) 목표에 따라 수산자원의 보존을 위해 2020년까지 유해 수산보조금에 대한 철폐를 결정한 바 있으며, DDA에서도 이에 대한 결과를 도출해 내야 한다는 부담이 있기 때문이다. 이에 따라 수산보조금 협상은 2017년 아르헨티나에서 열린 제11차 WTO 각료회의에서 협정문안의 도출에 상당한 진전이 있었고 이후 계속된 협상을 통해 2019년 말에는 세부적인 협정문안이 논의되고 있다. 이에 향후 가장 성과도출 가능성이 높은 분야로 수산보조금 협상이 거론되고 있다.

2.5 무역 및 환경분야

무역 및 환경 분야에서는 WTO 규범과 다자간 환경협약(MEA) 간의 관계와 환경상품의 자유화, 즉 관세 및 비관세장벽의 감축 또는 철폐가 주요 협상 대상이다. EU는 환경보호를 위한 환경협약상 무역규제조치가 WTO 규범에 자동적으로 합치될 수 있도록 논의의 범위를 확대할 것을 주장하고 있으나, 미국, 호주, 개도국 등 대다수 국가가 이에 반대하고 있다.

환경상품의 자유화에 대해서는 선진국과 개도국 간에 큰 의견 차이를 보이고 있다. 선진국은 환경보호에 도움이 되는 상품을 개방함으로써 환경보호와 자유무역을 동시에 달성할 수 있다는 의미에서 이를 적극 추진하고자 하나, 개도국은 환경보다는 빈곤퇴치와 경제개발이 더 시급한데다가 환경상품의 경우 선진국이 주로 경쟁력을 가지고 있기 때문에 매우 소극적이다. 여기에는 환경상품을 어떻게 정의하고 또 자유화도 관세감축을 할 것인지, 무관세로 할 것인지, 비관세장벽은 어떻게 할 것인지에 대한 논의는 활발하나 견해 차이로 협상은 큰 진전을 보이지 못하고 있다.

2.6 기타 DDA 협상의 의제와 주요쟁점

DDA 협상은 그 제목이 시사하듯이 개도국에 대한 우대조치를 강화하기 위한 논의가 이루어지고 있다. 개도국들은 현행 개도국우대조항을 개도국의 필요와 이익을 실질적으로 충족시킬 수 있는 구속력을 갖는 조항으로 개정하여야 한다고 주장하는 반면, 선진국들은 개도국우대조항은 한시적으로만 적용되는 조치로서 기본적으로 기존 협정체제를 유지해야 한다는 입장을 고수하고 있어 큰 진전을 보지 못하고 있다. 최빈개도국에 대해서는 관세와 쿼터를 철폐해야 한다는 주장도 있으나, 이를 의무화하는 데는 대부분의 국가가 반대하고 있다. 개도국의 기술지원을 위해서 DDA신탁기금(Global Trust Fund)을 설정토록 하였으며, 우리나라는 2002~2005년 사이에 85만 달러를 공여하였다.

이 밖에도 DDA 협상에서는 싱가포르 이슈(투자, 경쟁정책, 무역원활화, 정부조달투명성)에 대한 논의가 진행되었으나 무역원활화를 제외한 다른 이슈들은 개도국의 반발로 협상의제에서 제외되었다. 무역원활화의 협상목표는 상품이동을 촉진하기 위하여 통과의 자유, 수출입관련 수수료 및 절차, 그리고 무역규정의 공표 및 관리 등에 있어서 실질적인 개선을 이루고자 하는 데 있다. 이에 무역원활화만큼은 선진국과 개도국 모두가 혜택을 누릴 수 있어 지난 2013년 인도네시아 발리에서 개최된 제9차 WTO 각료회의를 통해 다자간무역협정이 합의 도출되었다. 이후 2014년 11월 무역원활화협정의 WTO 편입을 위한 개정의정서가 채택된 이후 회원국의 2/3 이상이 의정서 수락을 위한 국내 절차를 완료함에 따라 2017년 2월 22일에 정식 발효되었다. 무역원활화협정은 WTO 설립 및 DDA 협상 개시 이후 타결된 최초의 다자무역협정으로 매우 큰 의미를 갖고 있으며, 2018년 7월 현재 무역원활화협정 제1절의 36개 무역원활화 조치에 대해 WTO 전체 회원국이 이행하고 있는 조치 비중은 60.4%, 개도국 및 최빈개도국이 이행하고 있는 조치의 비중은 47.4%에 이르고 있다.

3. 전 망

DDA 협상은 큰 분수령을 맞고 있다. 지난 2015년 12월 케냐 나이로비에서 개최된 제10차 WTO 각료회의(MC10)에서 WTO 회원국들은 '향후 DDA 지속여부'에 관한 첨예한 논의 끝에 상이한 의미를 갖는 문안을 병렬적으로 명시하는 임시봉합 형태의 각료선언문을 채택하였다. 다시 말하면 나이로비 각료선언문은 "2001년 DDA 출범 당시, 그리고 그 이후 각료회의에서 채택된 선언과 결정을 재확인하고 또한 그러한 기초 위에서 DDA를 종료한다는 약속을 재확인 한다"는 표현이 있는가 하면 "다자협상에서 의미 있는 결과를 만들어 내기 위해 새로운 접근방법이 필요하다는 것을 믿는바, Doha 지침(mandate)을 재확인하지 않는다"고 하는 기이한 선언문이 도출되었다.

이러한 기이성은 새로운 협상접근 틀 및 신규 의제의 도입 가능성을 언급하는 부분에도 다시 나타난다. 즉 각료선언 32항은 "잔여 DDA 이슈에 대한 협상을 추진해야 하지만 그 방법에 있어 기존 도하 구조(Doha structure)에 기초해야 한다"는 입장과 "새로운 접근방법을 찾아야 한다"는 두 개의 대립된 상반된 의미의 내용이 병렬적으로 명기되어 있다.

이에 선진국들은 DDA는 더 이상 존재하지 않고 사실상 죽었으며, 향후 협상은 DDA가 아닌 WTO 다자협상이라고 주장하면서 협상방식도 일괄타결 방식(single undertaking)이 아닌 정보기술협정 확대협상(ITA)과 같은 복수국 간 타결방식(plurilateral approach)이 필요하고 아울러 DDA 출범 이후 변화된 무역 환경을 반영하기 위해 경쟁, 전자상거래 등과 같은 신무역이슈가 DDA 의제로 추가되어야 한다고 주장하기 시작하였다. 이에 개도국들은 DDA 종료를 명시적으로 언급한 바 없기 때문에 DDA는 여전히 계속되어야 한다는 입장이며, 새로운 무역이슈는 도하 지침(mandate)에 없으며, 또한 기존 협상이 중요하기 때문에 현 단계에서 새로운 무역이슈 논의 자체를 거부하였다.

이러한 DDA를 보는 선진국과 개도국의 근본적인 시각 차이는 이후 계속되었으며, 이로 인해 2017년 아르헨티나에서 개최된 제11차 WTO 각료회의(MC11) 역시 특별한 성과를 도출하지 못한 채 DDA를 보는 근본적인 시각차이로 각료선언의 채택마저 실패하였다. 특히 중국, 인도 등 개도국들의 노력에도 불구하고 미국의 반대로 모든 합의문서에서 DDA 관련 내용이 포함되지 못하였으며, 미국은 향후 어떠한 WTO 협상에서도 DDA 지침(mandate)을 언급하는 한 참여하지 않을 것이라는 입장을 발표하였다. 이에 결국 DDA는 그 이름은 유지하더라도 실제에 있어서는 내용이 없어져 사실상 종료된 것으로 볼 수 있는 상황이다.

그럼에도 불구하고 개도국들은 기존의 DDA에 기초한 협상을 계속 추진할 것으로 보인다. 그러나 여기에 미국이 참여하지 않을 것으로 보여 개도국만의 협상으로 변질될 가능성이 있으며, 향후 WTO 협상은 개도국 중심의 다자협상과 선진국 중심의 분야별 협상이 병행될 것으로 전망된다.

특히 최근 들어 미국 등 선진국 주도로 WTO 체제 개편에 대한 논의가 점차 구체화되면서 선진국들의 주장이 받아들여지지 않을 경우 선진국들만의 연합으로 새로운 무역규범을 만들 움직임이 나타나고 있기도 하다. WTO 체제 개편 논의가 이번이 처음은 아니지만 선진국이 주도하고 있으며, 구체적인 제안에 기초해 몇 가지 주제를 집중적으로 다루고 있다는 점에서 기존의

WTO 체제 개편 논의와는 성격을 달리하고 있어 주의가 요구된다. 특히 이러한 WTO 체제 개편 논의가 사실상 중국을 겨냥하면서 미·중 양자 통상갈등이 WTO 체제 안에서 선진국과 개도국 간 갈등으로 다자화되는 경향을 보이고 있다는 점에서 우리나라의 신중한 전략적 대응이 요청된다.

이렇게 본다면 DDA 협상은 사실상 그 이름만을 유지한 채 개도국을 중심으로 선진국들이 수동적으로 그리고 부분적으로(선진국의 이익이 예상되는 분야에 한하여)만 참여해 진행될 가능성이 높으며, 특히 선진국과 개도국이 첨예하게 대립되어 있는 농업이나 비농산물분야 협상은 DDA를 바라보는 근본 틀, 특히 개도국우대에 대한 시각이 획기적으로 바뀌기 전에는 진전을 기대하기 어려울 것으로 예상된다. 다만 선진국들이 관심을 가지고 주도하고 있는 전자상거래나 투자원활화 등은 복수국간협상의 틀을 유지하면서 향후에도 계속 진전될 것으로 보인다.

이러한 가운데 선진국 공동의 중국 때리기가 WTO 장(場)에서도 본격적으로 나타나 중국의 국영무역을 통한 보조금 지급이나 기술탈취 등의 불공정무역을 규제하기 위한 WTO 관련 규정의 개정활동이 활발히 나타날 것으로 보인다. 특히 미국과 EU, 일본 등 3개국이 힘을 모아 공동으로 비시장경제국가(사실상 중국)에 대한 새로운 내용의 규제를 도입하는 법안을 예시하고 있어 향후 중국과 미국 등의 대결이 WTO에서도 본격화될 것으로 예상된다.

제 5 절 FTA정책

1. 추진현황

앞에서 지적한 바와 같이 이해당사국간 합의 도출에 실패하면서 DDA 협상타결이 어렵게 되자 지역무역협정(Regional Trade Agreement: RTA)이 1990년을 기점으로 급속히 증가하기 시작했다. RTA는 관세동맹과 자유무역협정(FTA)을 포괄하는 개념으로 2000년대에 들어서는 매년 두 자리 숫자의 상품 무역협정과 서비스협정이 체결되었다. 최근 일부 선진국들의 보호무역주의로 인해 다소 둔화되고 있는 추세이나 전 세계적으로 WTO에 통보된 RTA는 2024년 기준으로 594건이다. 그 중에서 자유무역협정(FTA)은 332건(56%)이며, 서비스협정은 202건(34%), 개도국간 특혜협정은 29건(5%), 관세동맹은 31건(5%)이다.

우리나라는 전통적으로 다자주의 무역정책을 선호하여 왔다. 그러나 외환위기 이후 산업구조조정과 대외개방이 본격적으로 추진되면서 FTA는 한국경제의 새로운 돌파구로 등장하게 되었으며 이에 따라 정부는 FTA를 적극적으로 추진하기 시작하였다.

그 이유로는 첫째, 외환위기 이후 우리나라가 전면적인 개방체제로 진입하면서 기존시장의 유지와 새로운 시장에의 진출이 절실히 요청되었다. 우리나라의 대외경제규모가 GDP의 80% 이상을 차지하고 있음을 고려할 때 새로운 시장의 확보는 지속적 성장을 위해 절대적으로 필요하였기 때문이다.

둘째, FTA는 단순한 무역장벽 철폐의 차원을 넘어서 경제제도 개선을 통한 한국경제의 선진화를 위해서도 필요하다고 판단하였던 것이다. 과거에는 FTA가 회원국 간의 관세인하, 원산지규정, 통관절차 등 시장접근에 관련된 내용이 주류를 이루었으나 1990년대 이후는 시장접근의 확대뿐 아니라 서비스, 투자, 지적재산권, 경쟁정책, 정부조달 등 대부분의 통상규범을 포함하는 포괄적 FTA로 범위가 확대됨으로써 FTA가 산업구조의 효율적 조정뿐 아니라 투자활성화와 제도개선을 위한 수단으로 인식됨으로써 선후진국을 막론하고 적극적으로 추진하고 있다. 따라서 우리가 FTA를 체결하지 않을 경우 경쟁국에 비하여 상대적으로 불이익을 당할 뿐 아니라 장기적으로는 성장잠재력을 훼손당할 가능성이 있기 때문에 정부가 FTA에 적극 참여할 필요성이 제기되었던 것이다.

이러한 환경변화에 적극적으로 대처하기 위하여 정부는 1999년 12월에 칠레와 첫 FTA 협상을 재개하여 2002년 10월에 타결(2004년 4월에 발효)하였으며 2003년 9월에는 상품관세철폐, 서비스, 투자, 지적재산권, 경쟁, 정부조달 등을 포함하는 포괄적이고 높은 수준의 FTA를 체결하는 것을 목표로 하는 'FTA 추진 로드맵'을 작성하여 적극적으로 추진하기 시작하였다. 우리나라는

표 13-5 주요 FTA 체결 현황

(2024.01 기준)

<table>
<tr><th rowspan="2">구분</th><th rowspan="2">상대국</th><th colspan="3">추진현황</th><th rowspan="2">의의</th></tr>
<tr><th>개시</th><th>서명</th><th>발효</th></tr>
<tr><td rowspan="11">발효</td><td>칠레</td><td>1999.12</td><td>2003.2</td><td>2004.4</td><td>최초의 FTA
중남미 시장 교두보</td></tr>
<tr><td>싱가포르</td><td>2004.1</td><td>2005.8</td><td>2006.3</td><td>ASEAN 시장 교두보</td></tr>
<tr><td rowspan="3">ASEAN[1]</td><td rowspan="3">2005.2</td><td>2006.8
(상품무역협정)</td><td>2007.6
(상품무역협정)</td><td rowspan="3">거대경제권과 체결한 최초의 FTA</td></tr>
<tr><td>2007.11
(서비스협정)</td><td>2009.5
(서비스협정)</td></tr>
<tr><td>2009.6
(투자협정)</td><td>2009.9
(투자협정)</td></tr>
<tr><td>인도</td><td>2006.3</td><td>2009.8</td><td>2010.1</td><td>BRICs 국가, 거대시장</td></tr>
<tr><td>EU[2]</td><td>2007.5</td><td>2010.10.6</td><td>2011.7.1(잠정)
2015.12.13(정식)
* 2011.7.1 이래 만 4년 5개월 간 잠정적용</td><td>거대 선진경제권</td></tr>
<tr><td rowspan="2">미국</td><td>2006.6</td><td>2007.6</td><td>2012.3.15</td><td rowspan="2">세계 최대경제권
(GDP기준)</td></tr>
<tr><td>2018.1
(개정협상)</td><td>2018.9.24
(개정협상)</td><td>2019.1.1
(개정의정서)</td></tr>
<tr><td>중국</td><td>2012.5</td><td>2015.6.1</td><td>2015.12.20</td><td>우리의 제1위 교역대상국
('19년 기준)</td></tr>
<tr><td>베트남</td><td>2012.8</td><td>2015.5.5</td><td>2015.12.20</td><td>우리의 제5위 투자대상국
('19년 기준)</td></tr>
</table>

주: 1) ASEAN(10개국): 브루나이, 캄보디아, 인도네시아, 라오스, 말레이시아, 미얀마, 필리핀, 싱가포르, 베트남, 태국

2) EU(27개국): 오스트리아, 벨기에, 체코, 키프로스, 덴마크, 에스토니아, 핀란드, 프랑스, 독일, 그리스, 헝가리, 아일랜드, 이탈리아, 라트비아, 리투아니아, 룩셈부르크, 몰타, 네덜란드, 폴란드, 포르투갈, 슬로바키아, 슬로베니아, 스페인, 스웨덴, 불가리아, 루마니아, 크로아티아

자료: 산업통상자원부.

59개국(2024년 12월 발효기준)과 21건의 FTA를 체결했고, 여타 신흥국가들과도 FTA를 지속적으로 추진해 오고 있다. 주요 FTA 체결 국가는 미국, 중국, 인도, ASEAN, EU, EFTA 등이며, 호주, 캐나다, 터키, 페루와 같은 자원부국이나 통상의 거점이 될 수 있는 국가들과도 FTA를 체결하여 우리경제와 상호 보완성을 높이고자 했다.

우리나라는 동아시아 16개 국가가 참여하는 역내포괄적동반자협정(RCEP)에도 참여하고 있다. 동 협정은 인도를 제외한 동아시아 15개국이 2019년 11월에 타결했으며 2022년 2월에 발효되었다. 다만 기존에 미국이 주도했던 환태평양경제동반자협정(TPP)에서 미국이 빠지면서 일본주도로 추진된 포괄적·점진적 환태평양경제동반자협정(CPTPP)에는 한국이 참여하지 않고 있다. 그 밖에도 우리나라는 한중일 FTA를 비롯해 러시아, 말레이시아와도 협상을 진행 중이다. 뿐만 아니라 이미 체결된 한-아세안 FTA도 추가 자유화 협상이 이루어지고 있고, 한-인도 CEPA, 한-칠레 FTA 업그레이드 협상도 진행 중이다. 한중 FTA 역시 서비스 투자 후속협상이 진행되고 있다. 이와 같이 우리나라는 많은 국가와 FTA 체결을 적극적으로 추진하고 있으며 이 과정에서 농업과 서비스의 개방이 확대됨에 따라 대한민국은 명실공히 완전개방체제로 진입하게 되었다.

2. FTA 성과와 과제

위에서 지적한 바와 같이 많은 나라와 FTA를 추진하고 있으며 이미 발효된 국가 수도 59개국에 달하고 있어 성과에 대한 관심은 매우 크다. 칠레와 최초의 FTA를 체결한 2004년만 하더라도 주로 대륙 거점별로 소규모 국가들과 FTA를 추진했고, 이후에는 미국, EU 등과 같은 거대 선진 경제권과 21개의 FTA를 체결함으로써 광범위한 FTA 네트워크를 구축하였다. 현재까지 체결한 FTA는 대부분 90%가 넘는 상품 자유화율을 달성함으로써 수준 높은 FTA를 체결하였고, 상품, 서비스, 투자, 지적재산권, 정부조달 등을 포함하여 광범위한 내용을 포함하고 있다.

지난 20여 년간의 FTA 정책을 뒤돌아보면, 우리나라는 동시다발적으로 포괄적이고 수준 높은 FTA를 체결하여 성공적인 FTA 네트워크를 구축한 것으로 평가된다. 또한 FTA 체결을 통해서 수출 시장을 다각화하였고 우리 기업들이 글로벌 가치 사슬에 통합되는 데 기여해 왔고 상대 교역국과의 관세 및 비관세 장벽을 낮춤으로써 수출시장 개척에도 큰 도움이 되었다. FTA 상대국별 교역 현황에서도 전반적으로 FTA 체결이 상대국과의 교역에 긍정적인 영향을 미치는 것으로 평가된다. 수출입 품목 역시 FTA를 체결한 국가들에 있어서 그렇지 않은 국가들보다 더 많이 증가한 것으로 나타났다. FTA 체결로 인한 서비스 교역효과도 긍정적으로 나타나고 있고, 특히 운송, 통신, 보험, 컴퓨터 및 교역관련 서비스 분야에서 그 효과가 명확히 나타난다.

FTA 체결 이후 우리나라의 FTA 상대국에 대한 해외직접투자 유출입도 증가했다. 2006년 540억 달러였던 우리나라의 해외직접투자(OFDI)는 2017년 3,396억 달러로 약 6배 증가했다. 반면, 우리나라에 대한 외국인 직접투자(IFDI)는 2005년 약 619억 달러에서 2017년에는 2,119억 달러로 해외로 나간 것 보다는 적으나 크게 증가했다.

〈그림 13－1〉과 〈그림 13－2〉에서는 우리나라의 해외직접투자에 대한 업종별 유출입 현황을 볼 수 있다. 〈그림 13－1〉에서는 광업, 도매 및 소매업, 부동산업, 제조업에서 우리나라의 해외직접투자가 증가한 것을 볼 수 있고, 〈그림 13－2〉에서는 우리나라에 대한 외국인직접투자가 금융 및 보험업, 도매 및 소매업, 부동산업, 운송기계업, 화공분야에서 증가한 것을 확인할 수 있다.

한편, FTA는 기술 및 지적 재산권 협력을 촉진하여 우리 기업의 경쟁력을 높이는데도 기여하였을 뿐만 아니라 FTA 체결로 추가적인 경제성장에도 기여했다.[1] 그 밖에도 한국은 한미 FTA(KORUS) 및 한EU FTA와 같은 주요 경제 강국과 양자관계를 강화하는 수단으로 활용하여 이들 국가들과의 전략적 중요성을 강화해왔다. 아울러 FTA 체결은 국내 산업구조의 개혁을 촉진하는 계기가 되었고 특히 농업, 서비스 및 영화산업에 있어서도 경쟁력을 높이는

1) 구체적인 내용에 대해서는 조문희 · 배찬권 · 김영귀(2019) 참조.

그림 13-1 우리나라의 업종별 해외직접투자 비중 (단위: %)

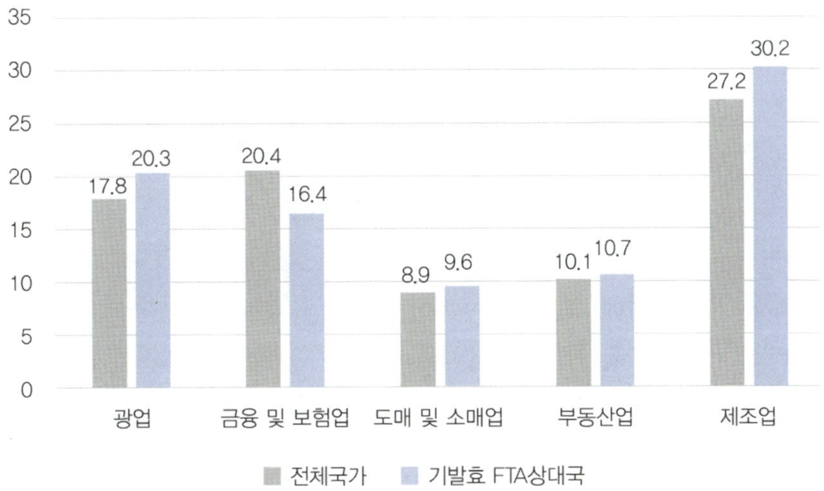

주: 2004년-2018년 누적 신고금액 기준.
자료: 한국수출입은행, 해외직접투자 통계

그림 13-2 우리나라에 대한 업종별 외국인직접투자 비중 (단위: %)

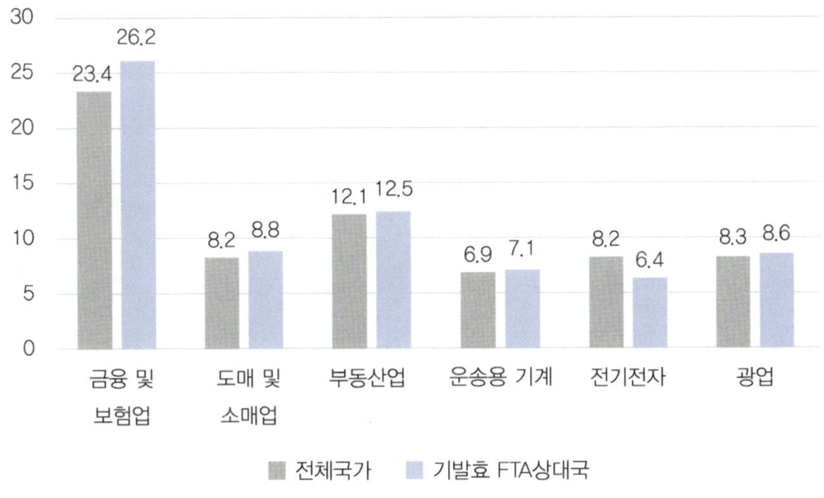

주: 2004년-2018년 누적 신고금액 기준.
자료: 한국수출입은행, 해외직접투자 통계

데 기여하였다.

앞서 설명한 바와 같이 수치상으로 나타난 FTA 체결효과는 여러 측면에서 긍정적인 것으로 나타났다. 그러나 FTA의 성과를 단순 수치로만 평가하기에는 무리가 있을 수도 있다. 중요한 것은 FTA는 시장 확대뿐 아니라 직접투자(FDI) 유치 등 다양한 측면이 있기 때문에 중장기적으로 이러한 요인들이 우리 산업의 경쟁력을 어떻게 제고 하느냐에 따라 성패가 달려있다고 보아야 한다. 우리 산업의 경쟁력을 향상시킨다면 성공할 것이며 그렇지 않은 경우에는 실패할 수 있기 때문에 FTA를 결코 만병통치로 이해해서는 안 된다는 것이다. 또한 FTA의 추진은 필연적으로 산업구조조정을 초래하게 되며 특히 농업, 수산업을 비롯하여 일부 제조업 등 경쟁력 취약산업에 대한 구조조정 압력이 가중되는 등 부작용도 있기 때문에 이를 어떻게 지혜롭게 극복하느냐가 큰 정책적 과제라고 할 수 있다.

제14장
사회정책

제 1 절 사회정책의 의의와 필요성

사회정책(social policy)은 사회에서 소외된 계층이 인간다운 삶을 영위할 수 있도록 지원하고 생존을 위협하는 위험으로 인해 취약계층으로 전락하는 것을 방지하기 위해 국가가 수행하는 행위를 말한다. 우리나라에서는 사회정책 대신 사회복지정책(social welfare policy)이란 용어를 사용하는데, 이는 주로 영미권 국가에서 사용하는 용어이다. 사회복지정책은 정책 범위를 복지 문제의 직접적인 해결에 국한하고 본질적 문제인 사회의 기본질서와 구조에 대한 개입은 자제한다. 사회정책은 독일과 프랑스 같은 국가에서 주로 사용하는 용어로 시장에서의 분배 결과에 대한 재분배뿐만 아니라 복지에 영향을 주는 경제와 사회의 기본질서와 구조를 재조정하는 것을 포함한다. 따라서 사회복지정책보다 정책 대상의 범위가 넓어 노동자보호정책, 노동시장정책, 사회보험정책 및 재산형성정책 등이 포함된다.

사회정책의 필요성은 사회문제가 이전과 다른 차원의 양상을 보이기 시작한 초기 산업화 시대에 급격히 증가했다. 산업화 초기에 신분적 예속 상태인 농노에서 해방되면서, 계약, 이주, 결사, 직업선택 및 직장선택의 자유뿐만 아니라 자유선거, 보통선거 및 비밀선거가 보장되었다. 그러나 소유한 재산이 없어 생존을 위해 전적으로 육체노동에 의존해야 했던 초기 산업노동자

(proletariat)는 산업안전 시설이 전무한 열악한 작업환경과 저임금에 자신의 노동력을 제공해야 했다. 산업노동자는 자본가의 착취에 무방비 상태로 노출되었고, 국가는 이들을 보호할 현실적 방안을 가지지 못했다. 빈곤한 산업노동자는 질병, 산업재해, 노령, 실업 등에 노출되었고, 중세 사회의 붕괴로 신분적 예속에서 벗어난 농민이 도시로 몰리면서, 주택 부족으로 인해 참혹한 주거환경에서 생활해야 하는 등 노동자 문제가 심각한 사회문제로 대두되었다.[1)]

공장의 열악한 작업환경뿐만 아니라 산업안전과 보건에 대한 정부와 자본가의 무관심 때문에 사망자와 중상자가 속출했다. 노동의 과잉 공급과 공장노동자에 대한 수요 부족으로 인해, 육체적 생존을 위협할 정도의 저임금에 시달렸고, 노동자 가족의 영양 섭취가 부족했다. 영양실조와 열악한 작업 환경에서의 장시간 노동으로 인해 산업재해와 질병이 빈번하게 발생했으며, 이는 빈곤의 악순환을 초래했다. 저임금으로 인해 생계를 유지하기 위해 더 많은 노동을 제공해야 했고, 그 결과 임금은 더욱 하락했다. 가족의 부족한 생계비를 보충하기 위해 아동노동이 빈번하게 이루어졌고, 아동을 대상으로 한 노동착취가 만연했다.

한편 현대 사회에서 사회정책이 필요한 이유는 다양하다. 첫째, 장애인, 병자 및 노인처럼 취업을 통해 생계비를 확보하기 어려운 취약계층이 존재한다. 둘째, 국민 대부분이 취업을 통해 생계를 유지하는데, 사회보장제도가 없으면 취업 능력의 감소, 질병, 실업, 산업재해 및 노령으로 소득을 상실할 때 생계를 위협받을 수 있다. 셋째, 경제발전은 필연적으로 경제구조와 사회구조의 변화를 수반한다. 경제구조가 빠르게 변화하면서 슘페터의 표현처럼 창조적 파괴(creative destruction) 과정을 통해 경제성장이 촉진된다. 그런데 이 창조적 파괴 과정에는 혁신으로 인해 손해를 보고 변화된 환경에 적응해야 하는 사회계층이 생겨난다. 따라서 변화된 경제제도와 사회제도를 수용하도록 사회구성원의 유연성을 높이고, 혁신에 수반되는 변화에 대한 저항을 줄여 경제발전을 촉진하려면 피해 계층의 반발을 최소화할 필요가 있다. 넷째, 교육, 소득

1) H. Lampert et al.(2007), pp.16-17 참조.

및 자산 취득에서 균등한 기회를 제공해 사회정의를 실현하고자 한다.[2)]

이에 더해, 현대 사회에서는 생활양식의 변화로 가족해체가 빈번하게 일어나고, 이에 따른 우울, 고독, 소외, 자살 같은 사회적 병리 현상이 발생한다. 이로 인해 현금성 복지뿐만 아니라 심리 안정을 위한 사회서비스 등 다양한 복지서비스에 대한 수요가 증가하고 있다. 또한 산업사회에서 정보사회와 지식사회로 전환됨에 따라 여성의 경제활동이 늘어나고, 일가정 양립이 가능하도록 아동보호시설 같은 육아를 위한 사회간접시설을 구축할 필요성이 증가했다. 아울러 저출산에 따른 노동력 부족과 고령사회 도래로 다양한 사회문제가 발생해 사회정책의 필요성이 더욱 커지고 있다.[3)]

제 2 절 사회정책의 대상과 범위

앞에서 사회정책이 소외계층의 경제적 상황과 사회적 지위를 개선할 뿐만 아니라 생존을 위협하는 위험에 대비하게 함으로써 취약계층으로 전락하지 않도록 보호하는 것을 목표로 한다고 언급했다. 이는 사회정책의 적용 대상이 소외계층뿐만 아니라 일반 국민이 될 수 있음을 의미한다. 즉 국민 전체가 사회정책의 적용 대상이 될 수 있다는 것이다.

사회정책은 포괄적인 개념이어서 그 사회가 지향하는 정치적, 경제적 이념이나 경제발전 단계에 따라 대상, 범위 및 정책 수단이 달라질 수 있다. 앞에서 기술한 사회정책의 필요성에 대한 이유에서 사회정책의 대상과 범위가 계속 확대되어 왔음을 알 수 있다. 사회정책의 대상과 범위가 소외계층의 기초생활 보장(절대빈곤 완화)에서 출발해 취업자의 실업, 질병, 산업재해 및 노령 같은 사회적 위험에 대비한 소득보장(사회보험)으로, 경제발전에 필요한 혁신에 수반되는 구조조정 피해자의 경제적 지위 보장으로, 취약계층의 상대적 빈곤

2) H. Lampert et al.(2007), pp.17-19 참조.

3) 이정우(2018), pp.61-62 참조.

완화와 기회의 균등 같은 사회정의 실현 방안으로, 이어서 가족해체, 여성의 경제활동 증가 및 저출산·고령사회 도래에 따른 사회문제 해결책으로 점차 확대되었다.

사회정책의 대상과 범위가 확대된 내용을 구체적으로 살펴보면 산업혁명 초기의 산업노동자 빈곤 구제에서 출발해 작업장 산업안전보건으로, 아동노동 착취 금지와 위험한 직종에 종사하는 생산직 노동자에 대한 노동자보호로 확대되었다. 이어서 비스마르크(Otto von Bismarck) 수상의 사회보험 입법을 통해 독일에 도입된 건강보험(1883년), 산재보험(1884년) 및 생산직 노동자를 대상으로 한 국민연금(1889년)을 계기로 사회보험에 의한 소득보장으로 확대되었다.[4]

최근에는 신자유주의 확산에 따른 양극화 현상에 대응하기 위해 상대빈곤율(일반적으로 중위소득 50% 미만인 소득 계층이 전체 국민에서 차지하는 비율)을 낮추고 취약계층에 균등한 기회를 제공하는 것으로, 이어서 저출산 극복을 위한 일가정 양립을 위해 보육서비스 같은 현물급여와 아동수당 같은 현금급여를 제공하는 형태로 확대되었다. 이처럼 특정 계층을 대상으로 선별적으로 실시하던 사회정책의 대상과 범위가 국민 전체를 대상으로 하는 보편적 복지로 확대되었다.

제 3 절 사회정책의 구성

사회정책은 노동자보호정책, 노동시장정책, 사회보장정책 및 분배정책으로 구성된다(〈그림 14-1〉 참조). 노동자보호정책은 가장 오래된 영역으로 생산현장이나 자본가와의 종속적인 관계에서 일어나는 유형과 무형의 피해나 위험으로부터 노동자를 보호하는 모든 정책수단이다. 사업장의 산업안전과 보건의

4) 비스마르크는 '당근과 채찍정책'을 실시해 사회보험 입법을 통해 노동자를 회유하는 한편 사회주의자탄압법(1878년)을 통해 집회와 결사의 자유를 제한하고 노동운동과 사회주의 정당을 불법화해 사회주의 활동을 탄압했다.

확보, 노동시간의 제한, 휴식과 자유시간의 보장, 임금의 정기적이고 규칙적인 지급보장과 부당해고 금지 등이 이에 속한다. 노동시장정책은 노동에 대한 수급을 조정해 근로자가 희망하고 본인 능력에 적합한 일자리를 가질 수 있도록 지원하고, 구직활동 지원을 통해 직업 탐색(job search) 비용을 최소화하도록 하며, 산업별과 지역별 노동이동(job mobility)을 촉진하고, 직업훈련을 장려하기 위한 정책이다.

사회보장정책은 사회보험, 공공부조 및 사회서비스로 구성된다. 사회보험정책은 건강보험, 산재보험, 연금보험, 고용보험 및 노인장기요양보험으로 구성되는데, 이는 취업 활동을 할 수 없게 만드는 질병, 산업재해, 직업병, 노령, 실업 및 노화 같은 사회적 위험에 대비하는 위험공동체를 만들어 소득을 보장하려는 정책이다.

공공부조정책은 본인의 소득, 재산 및 사회보험 급여를 통해 생계를 유지할 수 없는 사람에게 최저생계비를 제공해 인간다운 생활을 보장하려는 것이다. 취업 소득이 있는 사람을 포함해 모든 연령대의 사람이 적용 대상이 될 수 있다. 절대빈곤으로 고통 받던 사람이 많던 시절에는 빈곤정책인 공공부조정책이 중요했지만 경제성장에 따른 소득 상승으로 사회가 부유해짐에 따라 공공부조정책이 사회정책에서 차지하는 역할이 축소되었다. 그러나 공공부조를 통한 최저생계(national minimum) 보장은 여전히 저소득층의 인간다운 삶을 책

그림 14-1 사회정책의 구성

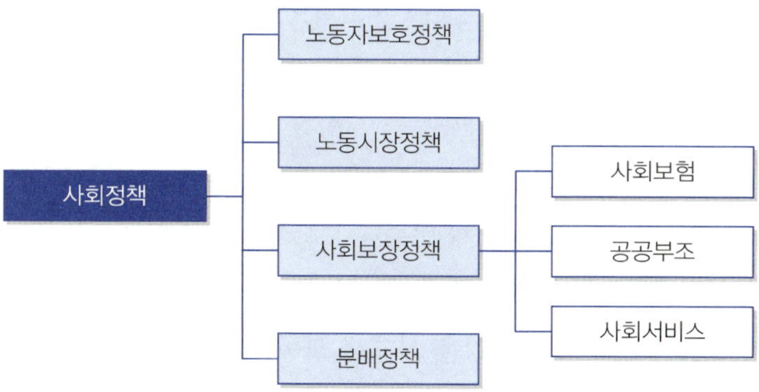

임지는 최종 사회안전망(last social safety net) 역할을 한다.

사회서비스는 다양한 계층의 사람에게 제공되며, 최근에 그 중요성이 증가하고 있다. 노인에게 제공되는 사회서비스는 핵가족화에 따른 가족 내 부양기능의 약화와 노인인구의 증가로 점점 주목받고 있다. 대가족제도의 해체와 자녀들의 부양의식 약화로 독거노인의 비중이 증가하면서 노인빈곤, 돌봄 서비스 및 소외가 중요한 사회문제로 부상했다. 기대여명의 지속적인 증가에도 기대수명과 건강수명의 차이가 줄어들지 않아 노인 돌봄 수요가 늘어나고 있다. 또한 영유아와 아동에게 제공되는 사회서비스 역시 최근에 급증하고 있는데, 핵가족화와 저출산 추세 강화 등으로 정부가 보육서비스 등을 빠르게 확대하고 있다. 장애인에게 제공되는 사회서비스 역시 빠르게 증가하고 있다.

한편 분배정책은 시장에서의 분배 결과가 사회적으로 바람직하지 않을 때 정부가 시장을 통한 분배가 바람직한 방향으로 개선되도록 사회의 기본질서와 구조에 개입하고, 시장에서의 분배 결과에 대해 조세와 이전지출 등을 통해 개입해 바람직한 방향으로 소득이 재분배되도록 하는 정책이다.

제 4 절 노동자보호정책

1. 역사적 배경과 목표

노동자보호정책은 역사적으로나 논리적으로 볼 때 사회정책에서 가장 중요한 위치를 차지한다. 이는 산업화 초기 공장제 생산방식에서 양산된 산업노동자들이 생계유지 목적의 경제활동을 지속할 수 있도록 국가가 노동력을 보호하는 데에서 유래했기 때문이다. 초기 산업화 시대에 노동자가 처한 비참한 상황은 앞에서 설명했다. 국가가 법률로 노동자를 보호하게 된 것은 서구 사회의 산업화 과정에서 경험한 자본가에 의한 노동 착취를 방지하고 각종 위험으로부터 노동자의 생명과 건강을 보호해 노동을 지속 가능하게 하고 생계를 유지할 수 있도록 하기 위해서였다. 초기에는 미성년자의 취업금지, 소년과 여성의 야간노동 금지처럼 취약계층 보호에 중점을 두었지만 적용 대상이 점차 모든 근로자로 확대되었다. 또한 노동자보호 범위가 노동시간과 임금에서 산업안전 및 보건과 단체협약에서의 노동자 권익 보호로 확대되었다.

이처럼 노동자보호정책은 노동자를 사회적, 경제적 약자로 인식하고 이들을 보호하기 위한 법률 제정에서 출발했다. 따라서 초기에는 적용 대상에서 성인 남성을 배제하고 소년과 여성을 대상으로 하는 빈곤 구제 성격이 강했다. 역사적으로 노동법은 소년과 여성을 적용 대상으로 한 노동보호법에서 출발해 성인 남성을 포함한 포괄적인 노동보호법으로, 적용 범위를 공장 중심에서 기타 산업을 포괄하는 노동보호법으로 발전했다.[5]

노동자보호는 노동과 노동자의 사용 종속적 특성에서 발생하는 피해와 위험으로부터 노동자를 보호하기 위한 모든 사회정책 수단이다.[6] 노동자보호정책은 두 가지 목표를 지향한다. 첫째, 노동자의 건강을 보호하고 이를 통해 노동력이 유지되도록 한다. 둘째, 계약관계상 노동자에게 불리한 근로조건이 적용되는 것을 방지하고자 한다.

노동자보호정책은 영역별로 네 가지 분야로 구성된다. 첫째, 근로시간 보호로 근로시간을 적절히 제한해 과로로 발생하는 다양한 문제를 예방하고자 한다. 또한 충분한 휴식과 휴가를 제공해 재생산을 위한 근로 능력의 보호, 건강 유지, 자기 계발 및 사회활동 참여 등을 할 수 있게 한다. 둘째, 산업안전과 보건으로 산재사고와 직업병 발생을 예방해 근로자의 건강이 유지되도록 한다. 셋째, 고용관계 보호로 기업주의 부당해고, 기업주의 횡포 및 전횡 등으로부터 노동자를 보호해 근로자의 권익이 침해되지 않도록 한다. 넷째, 임금보호로 임금이 적기에 규정대로 지급되도록 한다. 예컨대 현금 대신 생산된 물건으로 지급하는 것과 임금에 대한 압류를 금지한다.

노동자보호를 위해 국가가 각종 관련 법률을 제정해 최소 기준을 강제하지만 노사의 단체협약을 통해 근로자에게 유리하게 개선될 수 있다. 이러한

5) 전윤구(2018), pp.146-147 참조.

6) H. Lampert et al.(2007), p.189 참조.

경향은 특히 노동조합 활동이 활발한 선진국에서 관찰할 수 있다. 단체협약을 통해 법정 기준근로시간보다 짧은 근로시간을 적용받고, 법정 최소휴가기간보다 오래 휴가를 사용할 수 있으며, 법정 기준보다 엄격한 해고기준을 적용토록 한 것 등을 예로 들 수 있다. 광범위한 분야에서의 노동자보호정책은 노동의 인도주의화라는 측면에서 바람직하다.

그러나 역사적으로 공장제 생산방법의 폐해로부터 생산직 노동자를 보호하기 위해 도입한 노동자보호 규정이 직업 형태가 다양화된 21세기의 정보화 시대에 적합한지에 대한 비판도 있다. 직업의 다양한 특성과 근로자의 선호를 무시한 채 국가가 가부장적 위치에서 모든 근로자를 동일한 집단으로 인식하고 획일적인 보호 규정을 적용함으로써 오히려 피해를 보는 근로자가 발생할 수 있기 때문이다. 아울러 근로시간 단축을 통해 노동 공급을 줄이고 높은 수준의 최저임금과 과잉보호를 통해 글로벌 경쟁력을 떨어트려 기업의 생산성과 국제경쟁력에 부정적인 영향을 미칠 수 있기 때문이다.

2. 우리나라의 노동자보호정책

우리나라 노동보호법의 대표적인 법률은 근로기준법과 선원법 등이며, 이를 보완하는 부속 법률로 최저임금법, 남녀고용평등법, 산업안전보건법, 산업재해보상 보험법, 근로자퇴직급여보장법 등이 있다. 이 부속 법률은 근로기준법상의 근로자를 적용 대상으로 하며, 개별적 노사관계법이라고 한다. 반면에 노사 간의 불평등한 지위를 고려해 힘의 균형을 맞추어 사용자와 대등한 지위에서 교섭하고 단체협약을 체결할 수 있도록 단결권, 단체협약권 및 단체행동권을 보장하는 집단적 노사관계법이 있다.[7] 근로조건의 최저 기준을 정해 모든 근로자에게 적용하는 노동보호법의 대표적 법률인 근로기준법을 중심으로 노동자보호정책을 설명하도록 한다.

---

7) 박지순(2018), p.147 참조.

2.1 근로기준법의 연혁과 내용

우리나라의 노동자보호정책은 일본의 노동기준법을 모델로 삼아, 1953년 근로기준법이 제정되면서 본격적으로 시작되었다. 근로기준법은 6.25전쟁 이후 좌우익의 이념대결이 치열했던 시대적 상황에서 탄생했기 때문에 노동자보호에서 상당히 진보적인 법으로 평가되며 다음과 같은 특징을 지닌다.[8] 첫째, 근로자의 고용안정과 실업 대책을 대단히 중시해 정당한 사유 없는 해고는 물론 전직, 감봉, 기타 정당한 사유 없는 징벌을 금지했다. 이는 외국에서 사례를 찾기 어려울 정도로 근로자의 고용을 강하게 보호한 조치였다. 둘째, 주휴일 같은 각종 휴일이나 휴가 등을 유급으로 정해 국가가 할 수 없는 사회보장 책임을 사용자에게 부과했다. 주휴일과 생리휴가가 유급으로 부여되거나 월차 유급휴가가 의무화된 외국 사례는 드물다. 셋째, 특정 기업에 고용된 근로자의 고용안정에 치우쳤고 기업 간 이동이나 정년퇴직 후 재고용에 이르기까지를 포괄적으로 규정하지는 못했다.

근로기준법의 내용은 여러 가지 미흡한 점이 있지만, 당시의 여건으로 보아 대단히 진보적이고 근로자의 생존권 보장에 크게 기여한 것으로 평가할 수 있다. 그 이후 여러 차례의 법률 개정을 거치면서 근로자보호가 강화되었다. 특히 1987년의 민주화선언 이후 노사관계 개혁과 임금을 포함한 각종 근로조건의 개선을 요구하는 노사분규가 폭발적으로 증가했고, 이는 근로조건이 획기적으로 개선되는 계기가 되었다.

1987년 법률 개정에서 1일 8시간, 1주 48시간을 초과해 근로할 수 있도록 한 변형근로시간제를 폐지하고, 기업도산 시 최종 3개월분의 임금을 최우선 변제토록 했고, 근로기준법 적용 대상을 상시 10인 이상 사업체로 확대하는 등의 개선이 있었다. 1989년 개정에서는 적용 대상을 5인 이상 사업체로 확대하고, 법정 근로시간을 주 48시간에서 주 44시간으로 단축하고, 휴업수당을 평균임금의 60%에서 70% 이상으로 높였다. 또한 개근 시 연차유급휴가일

8) 황삼남(1995), p.109 참조.

수를 8일에서 10일로 늘리고, 청구하지 않아도 여성근로자에게 생리휴가를 부여하는 등 근로조건이 개선되었다. 이러한 근로조건의 개선은 1987년의 6.29 선언 이후 일시에 분출된 민주화 요구와 여소야대 국회라는 특수상황에서 이루어진 것이었으며, 우리나라 실정에 비추어 보면 매우 선진적인 조치도 포함되어 있었다. 예컨대 법정 근로시간이 주 48시간에서 44시간으로 단축된 것은 독일의 주 48시간보다 짧은 수준이었다.

1993년 문민정부 출범 이후, WTO 체제와 OECD 가입이라는 경제환경 변화에 대응하고, 고비용·저효율의 경제체질을 극복해 기업의 국제경쟁력을 강화할 필요성이 대두되었다. 이러한 배경에서 1996년 말과 1997년 초에 근로기준법을 포함한 대폭적인 노동법 개정이 이루어졌다. 두 차례의 법률 제·개정에서는 퇴직금제도를 기업 실정에 맞게 탄력적으로 운영할 수 있도록 퇴직금중간정산제와 퇴직연금제도를 도입했고, 근로시간의 신축적 운영을 위해 2주 및 1개월 단위의 탄력적 근로시간제(변형근로시간제)와 선택적 근로시간제(flexible work time) 등을 도입했다. 이어서 2004년에 법정 근로시간이 주 44시간에서 주 40시간으로 단축되었다.

문재인 정부는 노동자보호를 강화하기 위해 근로시간 단축, 최저임금 인상 및 비정규직의 정규직화를 실시했다. 2018년 3월의 근로기준법 개정에서 최대 근로시간이 주 68시간에서 52시간으로 줄어들어 근로자가 '저녁 있는 삶'을 영위할 수 있게 되었다. 또한 1일 8시간 이내 휴일근로에 대해 통상임금의 50%를 가산해 지급하고, 1일 8시간 초과 휴일근로에 대해 통상임금의 100%를 가산해 지급하도록 했다. 최대근로시간을 주 68시간에서 52시간으로 단축한 것은 스타트업 분야 등에서 큰 충격으로 작용했다. 장시간 근로가 필요한 것으로 인정된 업종에 대해서는 노사 합의를 통해 주 12시간을 초과하는 연장근로를 허용하면서 근로시간 특례업종을 26개에서 5개(운송업과 보건업)로 대폭 축소했다. 아울러 시간당 최저임금을 2018년 16.4%(6,470원에서 7,530원으로), 2019년에는 10.9%(7,530원에서 8,350원으로) 인상하고, 공공부문 비정규직의 정규직화를 추진했다.

또한 외주근로, 파견근로 및 아웃소싱 등의 명칭으로 산업재해 위험을 외주화하는 관행에 제동을 걸고, 위험의 외주화를 방지하며 산업 현장에서의 안전 규제를 대폭 강화한 산업안전보건법(일명 김용균법)이 2018년 12월 개정되었다. 이 법은 하청 근로자의 산업재해에 대해 원청 사업주의 책임을 강화한 것으로 그동안 만연했던 대기업의 산재 위험 외주화 관행에 제동을 걸고 원청 사업주의 산재 예방을 위한 투자와 관리 책임을 획기적으로 강화함으로써 산재사고를 줄이는 전기가 될 것으로 기대한다. 산재사고를 줄이는 일은 근로자 보호뿐만 아니라 저출산 여파로 부족한 경제활동인구를 확보하는 측면에서도 매우 중요하다.

2.2 노동환경 변화와 근로기준법의 문제점

근로기준법은 근로자와 사용자 간의 근로계약에서 근로자가 사용자에 대해 갖는 계약상의 권리를 규정한 법으로, 사회적 세력 관계에서 사용자가 우월적 지위에 있다는 것을 전제로 한다. 이 법은 사용자가 자신의 지위를 남용해 근로조건을 일방적으로 결정하지 못하게 일정한 규제를 하는 것을 목적으로 한다. 그런데 1953년의 근로기준법 도입 후 노사관계와 기업이 직면한 경영 환경은 크게 변화하였다.

첫째, 1987년 이후 근로자 지위가 강화되면서 노사관계가 어느 정도 대등한 관계로 발전되었고, 문재인 정부의 친노동 정책으로 이러한 경향이 강화되었다. 이에 따라 단순한 보호 차원의 노동자보호정책은 더 이상 우리나라의 시대 상황에 맞지 않게 되었다.

둘째, 산업구조가 제조업 위주에서 서비스업 위주로 변화하였다. 2025년 2월 기준 산업별 취업자는 사회간접자본 및 기타서비스업이 80.2%, 제조업과 광업이 15.6%, 농업, 임업 및 어업이 4.2%를 차지한다. 또한 근로자의 소득 수준 향상, 여성 노동력의 증가, 고용구조의 유연화로 인해 임시직, 단시간근로(파트타임), 파견근로, 재택근로 등 근로 형태가 다양해지고 있다. 더욱이 근로자 특성과 자영업자 특성이 혼재된 '특수형태근로종사자'가 급증하고 있다. 대리기사와 택배기사 같은 유형이 증가하고 있으며, 특정 사업주에게 노동을 제공하고 수입의 대부분을 그 사업주에게 의존하는 형태(예컨대 전속택배기사)에서 진화해 사용자 확정이 어려운 비전속 형태로 활동하는 특수형태근로종사자(예컨대 퀵서비스기사와 간병인)도 증가하고 있다. 근로기준법은 적용 범위를 근로자로 한정하고 있기 때문에, 이러한 사회적 취약계층인 특수형태근로종사자는 법적 보호의 사각지대에 놓여 있다.

셋째, 근로자의 선호가 다양화되어 고용 안정보다 고임금을 선호하는 경우가 있고 그 반대의 경우도 있을 수 있다. 따라서 근로계약도 노사 간의 자율적 결정의 폭을 넓혀 줄 필요가 있다.

넷째, WTO 체제 출범 후 국경 없는 무한경쟁이 심화되어 전 세계가 가치사슬에 편입되면서 핵심 분야인 설계는 내부화하고 비핵심분야인 생산은 외부화하는 분업체계가 확립되었다. 가격경쟁력 확보를 위해 해외생산 비중이 늘어나면서 전문직에 대한 수요는 증가하는 반면, 단순직에 대한 수요는 감소하는 양극화 현상이 발생했다.

이에 따라, 1953년 도입된 근로기준법 역시 새로운 환경에 적응하면서 우리나라 노사관계와 기업 상황에 맞게 새롭게 정립될 필요가 있었으며, 이것이 1996년 말과 1997년 초에 이루어진 노동법 개정 논의의 출발점이었다. 현행 노동법은 공동선을 극대화하고, 참여와 협력을 증진하며, 노사자율과 책임을 존중하고, 인간존중의 원칙에 입각해 제도와 의식을 선진국화한다는 원칙 아래 권위주의 정부에서 왜곡된 법제도를 바로잡고 21세기에 적합한 미래지향적인 법제도를 정립하기 위한 노력에서 출발했다는 점에서 긍정적으로 평가할 수 있다.[9)]

그러나 4차 산업혁명 시대에 업종과 업무의 특성을 고려하지 않고 근로기준법을 통해 획일적으로 근로시간을 규제하는 것은 현실에 부합하지 않는다는 비판도 제기되고 있다. 현행의 일 8시간, 주 40시간, 주 12시간의 연장근로(따라서 주 최대 52시간)로 구성된 법정 근로시간 체계는 다양한 산업과 직업의 특성을 반영하지 못하며, 획일적 규제가 다양한 부작용을 야기한다는 것이

---

9) 이철수(1997), p.44 참조.

표 14-1 주요 국가의 근로조건 비교

	한국	일본	독일	미국
법정 근로시간	일 8시간 주 40시간	일 8시간 주 40시간	1일 8시간	주 40시간
연장 근로시간	주 12시간 연장근로, 야간근로, 휴일근로에 50% 임금 할증	1개월 45시간, 1년 360시간 연장근로와 야간근로에 25% 임금 할증, 휴일근로에 35% 임금 할증, 월 60시간 초과 시 50% 임금 할증	단체협약	연장근로 한도 규정 없음. 연장근로에 50% 임금 할증
탄력적 근로시간제 적용기간	6개월	1년	1년	1년

자료: 한국경제인연합회, Global Insight Vol.87(2022.8.4.).

다.[10] 〈표 14-1〉은 우리나라의 근로조건에 대한 규제가 일본, 독일 및 미국보다 강해 노동시장에서의 유연성이 부족한 것을 보여준다.

2.3 근로기준법의 개선 방향

1953년의 골격을 새로운 시대환경에 맞게 개선하기 위해 근로기준법을 수차례 개정해 왔지만, 여전히 부족한 부분이 많다. 학계와 노사 간 논의되고 있는 근로기준법의 과제는 크게 세 가지로 나눌 수 있다. 첫째, 노동법제의 패러다임 변화에 대한 대응, 둘째, 노동유연성 제고와 근로조건의 국제적 기준 적용, 셋째, 적용의 사각지대 해소와 관련된 문제들이다.

우선, 노동법제의 패러다임 변화에 대한 논의 관련해서 독일과 일본 등에서 논의하는 것처럼 근로기준법을 전통적인 노동보호법의 성격에서 탈피해,

10) 박지순(2018), p.136 참조.

근로자에게 참가의 권한과 함께 책임도 부여하는 형태로 재구성해야 한다는 주장이 제기되고 있다. 오늘날의 환경은 노동보호법이 도입된 19세기와는 크게 달라, 국가 간 자본이동이 자유롭고 지식정보 산업과 서비스산업이 발달함에 따라 근로자 보호제도 역시 후견적 차원에서 자치적, 협조적 차원으로 발전되어야 한다는 지적이 있다. 지금까지 제조업 근로자를 상정해 법적 보호를 강화해 왔지만 현실에서는 고액 연봉의 전문기술직 등 다양한 직종이 존재하기 때문에 적용 범위와 사회경제적 위치에 따라 보호 수준을 다층화할 필요가 있다는 주장이 제기된다.[11)]

근로기준법의 현대적 모습은 근로자의 실질적이고 합리적인 보호를 위한 필수적 보호 규정은 유지하되, 근로자와 사용자 간의 건전하고 균형 잡힌 개별 근로계약 관계를 유지할 수 있도록 하는 것이다. 그러나 현재의 근로기준법은 근로자 보호에 치중하고 이들의 사회적, 경제적 지위 변화를 충분히 반영하지 못해 오히려 실질적이고 합리적인 근로관계 형성에 장애요인으로 작용하는 측면이 있다. 따라서 개별근로자의 의사와 사업의 특수성을 반영할 수 있도록 자율적 결정 원리에 바탕을 두는 방향으로 법제가 개정되어야 한다는 주장이 제기된다.[12)]

또한 과도한 고용보호법(Employment Protection Legislation)은 급격한 최저임금 인상과 마찬가지로 기업의 생존과 경쟁력에 장애요인으로 작용해, 장기적으로 보호 대상인 근로자의 일자리를 줄이는 결과를 초래할 수 있다. 우리나라는 외국에 비해 고용 경직성, 고용 비용, 해고 비용 등에서 매우 경직적인 구조를 보인다. 세계경제포럼(WEF)이 발표한 2019년 국가경쟁력평가에서 우리나라는 전체 141개 국가 중 13위로 상위권을 차지했으나, 노동시장은 51위에 불과하였다(〈표 14-2〉 참조).[13)] 노동시장의 세부 항목 중 특히 유연성과 관련된 지표에서 우리나라는 매우 낮은 순위를 기록하였다. 예를 들어, 노사협력은

---

11) 전윤구(2018), p.155 참조.

12) 박지순(2019), p.187 참조.

13) 세계경제포럼은 2019년 이후 보고서를 발행하지 않고 있다.

표 14-2 2019년 세계경제포럼의 우리나라 국가경쟁력 및 노동시장 평가 결과

항목	순위(총 141개국)
국가경쟁력	13
노동시장	51
유연성	97
정리해고 비용	116
고용 및 해고 관행	102
노사 협력	130
임금 결정의 유연성	84
적극적 노동정책	20
근로자 권리	93
외국인 고용의 유연성	100
내부 노동 이동성	70
능력주의 및 보상	25
전문경영인 신뢰도	54
급여 및 생산성	14
남성 대비 여성 임금근로자 비중	59
근로세율	55

자료: 한국경제연구원 보도자료(2019.12.5.).

130위, 정리해고 비용은 116위, 고용 및 해고 관행은 102위로, 전반적으로 최하위 수준에 머물렀다.

IMF 외환위기 이후 노동의 유연성을 높이기 위해 근로자파견제와 정리해고제를 도입했지만 노동시장은 여전히 매우 경직적인 구조를 보이고 있다. 정리해고가 정당화되기 위해서는 다음의 네 가지 요건이 모두 충족되어야 한다(근로기준법 제24조). 첫째, 긴박한 경영상의 필요가 있어야 하며, 둘째, 해고 회피를 위한 사용자의 상당한 노력이 전제되어야 한다. 셋째, 합리적이고 공정한 기준에 따라 해고 대상자가 선정되어야 하며, 넷째, 노동조합 또는 근로자 대표에게 통보하고 성실하게 협의해야 한다. 그러나 현실에서는 이러한 요건을 충족시키는 것이 매우 어렵다는 지적이 많다. 근로자에 대한 과잉보호가 경영자의 신규 인력 채용을 억제해 노동시장에 진입하지 못한 청년들의 취업 장애 요인으로 작용하게 되어 청년실업을 유발한다는 비판도 제기되고 있다. 이러

한 문제의식에 기반해, 노동유연성을 높이고 근로조건을 국제적 기준에 맞게 개선하자는 주장이 대두되고 있다.

마지막으로 근로자와 자영자를 엄격히 구분하는 현행의 법체계에서, 새로운 형태의 취업 방식이 확산됨에 따라, 근로기준법의 적용 대상이 아니어서 법적 보호를 받지 못하는 취약계층 근로자가 다수 발생하고 있다. 근로기준법에서 상정하는 전형적인 사용종속 관계에 부합하지 않는 특수형태근로종사자들은 보호가 가장 필요한 취약계층이지만 근로기준법 적용의 사각지대에 놓여 있다. 또한 근로기준법의 적용 대상을 차용하고 있는 고용보험과 산재보험의 적용 대상에서도 배제되고 있어 특수형태근로종사자를 보호할 수 있는 법적·제도적 방안 마련이 시급하다.

제 5 절 노동시장정책

노동시장정책은 취업할 능력과 의사가 있는 모든 근로자들이 자신의 능력과 성향에 적합한 일자리에서, 특히 임금과 노동시간 관련해 가장 좋은 조건으로 지속적으로 일할 수 있도록 노동시장에 영향을 주는 모든 조치를 말한다.[14] 전통적으로 경제정책의 한 영역으로 분류되는 노동시장정책의 필요성은 취업, 근로시간, 임금 및 근로환경 등이 근로자에게 직접적인 영향을 미치는 요소들에서 확인할 수 있다. 노동시장정책은 임금, 사회보험료 및 그에 따른 급여, 실업자를 위한 재정 지출, 직업 선택의 자유, 그리고 취업을 통한 자아 실현 가능성 등에 영향을 미친다. 따라서 노동시장정책은 국가가 시행하는 사회정책의 규모와 질을 결정하는 중요한 요소 중 하나이다. 노동시장정책은 노동시장조정정책, 노동시장질서정책 및 완전고용정책으로 구성된다.[15]

14) 우리나라에서 고용정책이라는 용어를 사용하는 것과 달리 이 분야 연구가 활발한 독일에서는 노동시장정책이라는 용어를 사용한다.

15) H. Lampert et al.(2007), p.211 참조.

1. 노동시장조정정책

협의의 노동시장정책으로 분류되는 노동시장조정정책은 노동시장에 대한 기본질서하에 노동시장의 작동을 개선해 실업을 예방하거나 기존의 실업을 줄이려는 정책이다. 국가는 조직되지 않은 노동시장에서 발생하는 문제를 극복하고 노동시장에 대한 조정 능력을 제고하고자 한다. 이는 노동시장이 대표적인 불완전경쟁시장으로 성별, 직종별, 지역별로 차별화된 이질적인 다수의 개별시장으로 구성되어 있기 때문이다. 특히 직종별 차별화는 직종 내 근로자의 교육 수준, 성별, 연령 및 출신 가정 등 개인적 특성에 의해 더욱 확대된다. 예를 들어, 단순노동자 시장이 있는가 하면 전문직 노동시장이 있고, 이동 제약으로 인해 지역별로 분할된(segmented) 노동시장이 형성되기도 한다.

경제발전에 수반되는 산업구조 변화는 개별 노동시장에 상이한 영향을 미친다. 국가 전체적으로는 일자리가 남아돌아 구인난을 호소하는 기업이 있는 반면, 동시에 다른 분야에는 많은 실업자가 발생하기도 한다. 경제가 발전함에 따라 일반적으로 단순노동에 대한 수요는 감소하고 전문직 인력에 대한 수요는 증가하는 경향이 있다. 그러나 직종별 또는 지역별로 노동시장 상황이 서로 달라, 특정 직종, 지역 또는 산업에서 노동력이 부족한 반면, 다른 분야에서는 여전히 다수의 실업자가 존재하기도 한다.

실업의 종류는 다양하다. 먼저, 노동시장의 투명성 부족으로 인해 발생하는 실업이 있다. 구인자와 구직자 간의 정보가 불완전해, 구직자가 일자리를 찾는 데 시간이 소요되면서 발생하는 실업을 마찰적 실업(frictional unemployment)이라고 한다. 마찰적 실업은 일반적으로 단기간 지속되며, 임금이 균형 임금을 초과해서 발생하는 실업은 아니다. 이러한 마찰적 실업은 새로운 직장을 찾기까지의 직업탐색 실업(job search unemployment)에 해당하며, 통상 호경기에 감소하고 불경기에 증가하는 경향이 있으나, 경제 구조상 완전히 제거하기는 어렵다. 또한 일정 수준의 마찰적 실업은 오히려 노동이라는 생산요소의 효율적 배분 측면에서 바람직할 수도 있다. 이는 구직자가 자신의 적성과 능력에 적합한 직장을 찾아 장기간 안정적으로 근무하며 높은 생산성을 실현하는 것이 생산성이 낮은 직장에 조기에 단기 취업하는 것보다 근로자 개인뿐만 아니라 국가경제 전체에도 긍정적인 영향을 미치기 때문이다.

한편 경기 침체로 인한 노동 수요 감소로 발생하는 실업을 경기적 실업(cyclical unemployment)이라고 한다. 정부는 총수요관리정책을 통해 이러한 경기적 실업을 해소하고자 한다. 경기적 실업은 마찰적 실업과 달리 비자발적 실업에 해당한다.

마찰적 실업과 경기적 실업 외에도, 소비자 선호 변화에 따른 노동 수요 감소, 기술혁신에 따른 생산구조의 변화, 그리고 사양산업의 확산에 따른 산업구조 변화로 발생하는 구조적 실업(structural unemployment)이 있다(예: 석탄산업, 자동차산업, 조선산업, 의류산업, 신발산업 등). 구조적 실업은 법·제도의 경직성과 근로자의 집단이기주의에 의해서도 발생할 수 있다. 예컨대, 성장 잠재력이 큰 교육, 의료 및 빅 데이터를 사용하는 분야에서의 진입규제는 해당 분야의 투자를 위축시키고, 그 결과 고용 창출이 억제된다. 또한 최저임금제 역시 시장에서 형성되는 균형 임금보다 높은 수준으로 임금을 상승시켜, 취업 취약계층의 실업을 초래할 수 있다. 아울러, 노동조합이 단체협약에 고용보호조항 등을 설정해 기존 조합원의 고용을 보호하려는 시도가 신규 채용을 위축시켜 청년 실업을 초래할 수 있다는 지적도 있다.[16] 비자발적 실업에 해당하는 구조적 실업은 노동자원의 효율적 배분을 저해하며, 이는 결과적으로 경제 전반의 비효율성을 초래한다.

구조적 실업은 주어진 임금 수준에서 노동 공급이 노동 수요를 초과해 발생하는 실업이다. 이 실업은 기술 변화, 산업 구조의 재편, 산업 입지 변화 등 구조적 요인에 기인하며, 일반적으로 장기간 지속되는 특징을 가진다. 구조적 실업이 장기화되는 이유는, 해당 실업자들이 새로운 직종이나 기술에 적응하기 위해 재교육이나 재훈련이 필요하고, 산업 입지의 변화로 다른 지역에 일자리가 있을 경우 이주가 요구되기 때문이다. 그러나 근로자의 숙련도 부족, 이동성 제한 등의 이유로 발생하는 구조적 실업은 가장 해결하기 어려운 실업

16) 남성일(2017), pp.193-195 참조.

형태로 평가된다.

마찰적 실업과 구조적 실업은 취약한 직장알선 인프라, 기술 진보에 따른 산업구조의 변화, 근로자의 이동성과 직업훈련 부족 등 실물경제 요인에 의해 발생한다. 따라서 이러한 실업은 재정정책과 금융정책 같은 거시경제정책으로 해결하기 어렵고 노동시장조정정책을 통해서만 해결할 수 있다. 노동시장조정 정책이란 직장알선, 직업훈련, 노동이동 지원 및 고용안정사업 등을 통해 노동시장에서 구조적 불균형이 발생하는 것을 방지하거나 제거하는 정책을 말한다. 이러한 정책은 다음 네 가지 유형으로 구분할 수 있다.[17)]

- 직장알선, 직장상담 및 직업상담
- 직업훈련과 노동이동 지원
- 고용유지, 고용 촉진 및 고용 창출
- 취약계층 고용정책

직장알선은 구직자와 구인자를 연결해 노동시장의 투명성 부족으로 발생하는 마찰적 실업을 줄이기 위한 노동시장조정정책의 핵심 수단이다. 정부는 공공기관을 통해 직장알선 서비스를 제공하고 있으며, 인터넷 발달로 인해 구직자와 구인자 간에 존재하는 정보의 비대칭 문제가 점차 완화되고 있다. 또한 공공기관에서 직장상담 및 직업상담 서비스를 제공해 마찰적 실업을 줄이기 위한 노력을 지속하고 있다.

직업훈련은 양성훈련과 향상훈련으로 구성된다. 직업훈련의 필요성은 사회 발전에 따라 지속적으로 높은 수준의 기술이 요구되고, 경제성장에 수반되는 산업구조 및 생산기술의 변화로 인해 시간이 흐를수록 직장 생활 초기의 기술만으로는 대응이 어려워지기 때문이다. 정부는 직업능력 개발을 촉진하기 위해 사업주, 재직근로자, 실업자 등을 대상으로 다양한 형태의 현금 및 현물 지원을 제공하고 있다. 또한 경제발전 과정에서 사양산업은 퇴출되고 신산업은 성장하게 되며, 이들 산업이 위치한 지역도 서로 다른 경우가 많다. 따라서

17) H. Lampert et al.(2007), p.216 참조.

사양산업에서 실직한 근로자가 성장산업에 취업하려면 다른 지역으로 이주해야 하는데, 문화, 교육환경 및 생활환경 등이 생소한 지역으로의 이주는 결코 쉽지 않다. 이에 따라 정부는 구조적 실업을 완화하고자 구직자의 지역 간 노동이동을 촉진하기 위해 이주비, 구직을 위한 교통비와 숙박료 등을 지원하고 있다.

고용유지, 고용 촉진 및 고용 창출은 고용 안정을 위한 대표적인 고용안정정책 수단으로, 정부는 이 정책들을 통해 사업주에게 임금 보조금을 지급한다. 첫째, 고용유지정책은 대량 해고가 불가피한 경우 사업주에게 임금과 훈련비에 대한 보조금을 제공해 다수의 실업자가 발생하는 것을 예방하는 정책이다. 둘째, 고용촉진정책은 취업이 어려운 구직자를 채용하는 사업주에게 임금의 일부를 지원해 취약계층의 취업을 촉진하는 정책이다. 셋째, 고용창출정책은 구직자에게 취업 기회를 제공할 목적으로 사업주의 신규 일자리 창출을 지원하는 정책이다.[18] 우리나라에서는 고용보험에서 이 정책들을 실시한다.

장애인, 고령자(특히 여성) 및 직업훈련을 받지 않은 청년들의 취업은 본인 생계를 위해 중요하지만 이들이 취업하는 데는 많은 어려움이 있다. 정부는 노동시장조정정책의 일환으로 취업 취약계층이 안정적으로 취업할 수 있도록 지원한다.

2. 노동시장질서정책

노동시장질서정책은 누가, 언제, 어디서, 어떤 근로조건에서 일을 하는가에 대한 기본규칙을 정하는 것에 관한 것이다. 노동의 공급자와 수요자 간에 힘의 균형을 이루고 나아가 생산의 성과를 바람직하게 분배하려면 일정한 규칙, 즉 질서가 필요하다. 노동시장질서정책은 이러한 규칙을 만드는 것을 목적으로 한다.

18) 정연택(2018), pp.255-257 참조.

노동시장질서정책의 목표는 높은 고용 수준을 유지하면서 최적의 고용조건에 도달할 수 있는 정책 수단을 투입하는 데 있으며, 이는 무엇보다 임금결정 메커니즘의 과제이기도 하다. 노동을 통해 생계를 유지해야 하는 노동자는 생산수단을 소유하고 생산물에 대한 처분권을 가지고 있는 고용주와의 관계에서 형식상 동등한 위치에 있지만 실제로는 불리하다. 또한 생산물을 자본과 노동 같은 투입 요소에 분배해야 하는 문제가 있기 때문에 노동시장질서정책이 필요하다.

미시경제학 이론에 따르면 시장경제에서 노동의 대가인 임금은 노동의 한계생산성에 의해 결정된다. 그러나 생산물은 노동뿐만 아니라 자본과 기업가 활동 같은 다양한 요인에 영향을 받기 때문에 투입요소별 기여도를 객관적으로 측정해 생산물을 분배하는 것은 현실적으로 불가능하다. 또한 노동 거래 과정에서 인간의 존엄성이 훼손되어서는 안 되기 때문에 노동이 일반 상품처럼 취급되어서는 안 되며, 노사관계의 특성상 일반적으로 노동자가 사용자보다 불리한 위치에 있다. 따라서 노동의 가격인 임금을 다른 재화처럼 수요와 공급에 의해 결정되는 자유경쟁 메커니즘에 맡겨 놓을 수는 없고 다른 형태의 의사결정 메커니즘이 필요하다는 것이다. 시장경제에서 생산물 분배 관련한 갈등을 해결할 수 있는 의사결정 메커니즘 중의 하나가 자율적 단체교섭(collective bargaining)제도이다.[19]

단체교섭제도는 19세기 후반 서구 국가에 도입된 이래 대부분의 선진국에서 채택했는데, 시장경제의 기본원리에 저촉되지 않을 뿐만 아니라 근로자와 사용자 모두에게 도움이 되는 장점이 있다. 근로자 입장에서 보면 그들의 대표를 통해 임금을 협상하기 때문에 자유경쟁에서 오는 부작용, 예컨대 임금 인하 압력을 방지할 수 있고 단체행동권을 통해 요구를 관철할 수도 있다. 사용자 입장에서도 일단 단체협약이 체결되면 최소한 단체협약 적용 기간(우리나라에서는 2년) 중에는 노사관계의 안정성이 보장되기 때문에 생산 활동을 안정적으로 유지할 수 있는 장점이 있다.

19) 사회주의 국가에서처럼 국가가 임금정책을 통해 생산물 분배를 결정하는 방법도 있다.

단체교섭제도는 시장경제의 기본질서에도 저촉되지 않는다. 우선 단체교섭을 통해 임금이 결정되더라도 노동의 이동성이 제한되지 않기 때문에 단체교섭으로 직업선택의 자유가 제한받지 않는다. 또한 합의된 임금수준이 너무 높을 경우 노동 수요를 줄일 수 있기 때문에 노동조합이 무리한 임금 인상을 관철시키기가 쉽지 않다. 즉 무리한 임금 인상은 해당 기업의 경쟁력 약화를 통해 실업을 증가시킬 수 있으므로, 기업이 수용할 수 있는 수준에서 임금 인상에 합의하게 된다. 단체교섭 대상은 사회적 환경과 제도적 차이에 따라 나라마다 다르지만 전통적인 임금, 근로시간 및 재해보상에서 복지, 산업안전과 보건, 고용안정 및 교육훈련 같은 근로조건으로 확대되었다.

이처럼 단체교섭은 개인의 자유를 허용하기 때문에 시장경제의 의사결정 과정과 다르지 않다. 이 제도는 거래 대상인 노동의 특성을 반영하고 시장경제의 부작용인 과당경쟁을 줄이는 동시에, 노사 양측의 이해를 조정해 산업평화를 달성한다는 측면에서 오히려 시장기구에 맡기는 것보다 우월하다고 평가할 수도 있다. 이해당사자인 노사가 수용할 수 있는 단체협약이 체결되려면 노사가 동일한 협상력을 가져야 하므로, 파업과 직장폐쇄는 단체교섭의 독립성을 보장하기 위한 필수 요소이다. 그러나 단체교섭에서 노사 간 합의에 실패하고 파업이나 직장폐쇄 같은 일방의 힘에 의존해 문제를 해결하고자 하면 높은 사회적 비용이 발생할 수 있기 때문에 타협을 통해 문제를 해결하려는 성숙한 노사관계가 선행되어야 한다.

3. 완전고용정책

완전고용정책은 근로 능력과 근로 의사가 있는 모든 사람에게 고용 기회를 제공하는 정책으로 경제정책 목표 중 가장 중요하다고 할 수 있다. 완전고용이 중요한 것은 실업이 정치적, 사회적 불안을 조성해 사회 안정을 위협하기 때문이다. 특히 청년실업이 사회불안에 미치는 파급효과는 매우 크다. 완전고용이 고용 기회의 창출에 그치지 않고 가능한 한 높은 임금을 포함한 양질의 고용조건을 보장하고, 직업과 일자리 선택의 자유를 보장하고, 근로자의 교육 수준에 맞는 일자리에서 근로조건, 업무조직 및 근로환경 관련해 인격이 존중되는 상황에서 근무할 수 있어야 진정한 의미가 있다.[20]

완전고용정책의 수단으로 재정정책, 금융정책, 대외정책 및 구조정책 등이 있다. 경기순환 요인으로 인해 실업이 발생하면 일반적으로 재정정책과 금융정책을 통해 지출을 확대해 완전고용을 추구하는 총수요관리정책이 사용된다. 그러나 이러한 확장정책은 임금과 물가 상승을 초래해 기업의 국제경쟁력을 약화시켜 실업을 초래하기 쉽다. 해외의존도가 높은 개방경제체제에서 임금 상승률이 생산성 상승률보다 높을 경우, 다른 경제 목표인 물가안정, 대외수지균형 및 지속적인 성장이 위협받기 때문에 다양한 요인을 동시에 고려해야 한다. 또한 완전고용은 노동시장 여건에도 영향을 받는다. 노동시장은 다양하게 분할되어 있어 고급 인력과 임금 수준이 높은 시장이 있는가 하면 저숙련 인력과 임금 수준이 낮은 시장도 존재한다. 노동시장 간 상호의존성이 낮고 이동도 제한되어 있기 때문에, 이러한 상황에서는 총수요관리정책만으로 완전고용을 달성할 수 없으며, 노동의 이동성을 촉진하는 정책이 병행되어야 한다.

이러한 이유 때문에 대외균형과 물가안정을 달성하면서 모든 사람에게 일자리를 제공한다는 의미에서의 완전고용은 현실적으로 불가능하다. 어느 정도의 인플레이션을 감수하지 않는 완전고용이란 존재할 수 없다는 것이다. 다시 말해, 완전고용이란 인플레이션을 자극하지 않으면서 일정 수준의 실업률을 허용하는 수준의 고용 상태를 의미한다. 이러한 수준의 실업률을 자연실업률(natural rate of unemployment) 또는 비인플레이션 촉진적인 실업률(non-accelerating inflation rate of unemployment)이라고 한다.[21] 물가안정과 대외균형을 달성하면서 동시에 완전고용을 달성하기 어렵기 때문에 정책당국은 정책 목표 중 우선순위를 정해 결정하게 된다. 우리나라는 1990년대 중반까지는 대외균형이나 물가보다 성장과 고용에 역점을 두어 고도성장과 완전고용은

20) H. Lampert et al.(2007), p.245 참조.

21) P. Krugman(1992), p.183 참조.

달성했지만 인플레이션과 국제수지 불균형을 경험했다.

4. 우리나라의 노동시장정책

4.1 노동시장의 특성

우리나라의 노동시장은 본격적인 경제개발이 시작된 1960년대 이후 급격한 변화를 겪었다. 1962년 시작된 경제개발계획의 성공으로 고도성장과 노동시장정책의 가장 중요한 과제인 완전고용을 달성했다. 실업률은 1963년 8.1%에서 1970년대에 3~4% 수준으로 하락했고, 1980년대 후반부터 1997년까지 2%대의 완전고용을 달성했다. IMF 외환위기 여파로 실업률이 1998년과 1999년에 일시적으로 급증했지만 이후 하락해 2~3% 수준을 유지했고, 2024년에는 2.8%를 기록했다.22)

〈그림 14-2〉에서 눈여겨 볼 것은 높은 청년실업률이다. 2024년에 전체

그림 14-2 실업률과 청년실업률 추이(2000-2024)

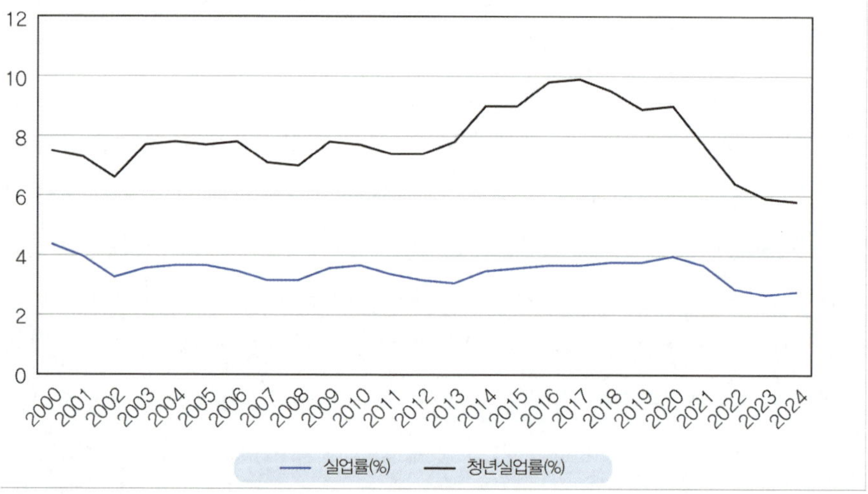

자료: 통계청 국가통계포탈 「경제활동인구조사」.

22) 통계청 국가통계포탈 「경제활동인구조사」 실업률 통계.

표 14-3 주요 선진국의 고용률 현황(2024년 4/4분기)

(단위: %)

	한국	덴마크	핀란드	독일	노르웨이	스웨덴
계	69.6	76.9	71.8	77.6	77.0	76.2
남성	76.6	79.6	72.1	80.9	79.1	77.9
여성	62.4	74.2	71.6	74.1	74.8	74.4

주: 국가마다 통계 작성 기준이 상이한 점에 유의할 필요가 있음.
자료: OECD http://stats.oecd.org의 Labour Force Statistics.

실업률은 2.8%인 반면 20세에서 29세의 실업률은 5.9%로 전체 실업률보다 두 배 이상 높다. 청년실업률이 높은 이유는 학교 교육과 산업 수요가 달라 청년 노동시장의 수요와 공급이 일치하지 않는 경우가 많고, 신규 졸업자 중심에서 경력자 중심으로 기업의 채용 방법이 전환되었으며, 최근에는 전문직과 준전문직 일자리 창출이 부진해 대졸 실업률이 증가한 데 있다. 프랑스 같은 해외 사례에서 알 수 있듯이 높은 청년실업률은 사회 안정 위협 요소로 작용하기 때문에 청년실업을 줄이기 위한 노력이 필요하다.

〈표 14-3〉은 북구 선진국의 경우 고용률이 70%를 상회하고 남녀 간 차이가 미미한 것을 보여준다. 우리나라는 남성 고용률에서 이들 국가 수준에 도달해 있지만 여성 고용률은 60% 수준에 불과하다. 20대의 경우 여성 고용률이 남성보다 높지만 30대부터 50대까지 남성이 90% 수준을 유지하는 반면, 여성은 60% 수준에 불과하다. 이는 출산 후 일가정 양립의 어려움 등으로 노동시장에서 퇴장하는 여성 취업자가 많기 때문이다. 이 통계는 우리나라의 고용정책이 향후 지향해야 할 방향을 제시한다.

따라서 우리가 당면하고 있는 과제는 어떻게 통계상 낮은 실업률을 달성하느냐보다 어떻게 하면 북구 선진국 수준의 70%대 고용률을 달성하고, 동시에 여성 고용률을 획기적으로 높일 수 있느냐에 있다. 현실에서 출산 후 직장 복귀를 포기하는 경력단절여성이 많기 때문에 여성 고용률을 높이기 위해 일가정 양립이 가능하도록 육아시설을 포함한 사회적 인프라를 구축하고 기업 환경도 불필요한 저녁 회식을 자제하는 등 육아 친화적으로 개선해야 한다.

실업률과 고용률이 모두 낮은 것 외에 우리나라 노동시장의 다른 특징은 이중구조이다. 2024년 기준으로 임금근로자 중 정규직 근로자 비중이 74.2%, 비정규직 근로자 비중이 25.8%인데, 여성의 비정규직 비율(31.5%)은 남성(21.0%)보다 훨씬 높다. 비정규직 근로자 비중은 IMF 외환위기를 겪으면서 큰 폭으로 증가했다. 2023년에 정규직 근로자는 비정규직 근로자보다 근로시간이 1.6배 많고 임금은 2.1배 높다. 사업장 규모별 임금은 같은 정규직 근로자여도 300인 이상 사업장 종사자가 300인 미만 사업장 종사자보다 1.5배 많다.[23] 이는 같은 정규직 근로자여도 사업장 규모별로 임금 격차가 큰 것을 보여준다. 이처럼 우리나라 노동시장은 비정규직 근로자 비중이 높고, 남성보다 여성의 비정규직 비중이 높으며, 대규모 사업장의 임금이 중소기업 사업장보다 월등히 높은 특성이 있다.

또한 비정규직에서 정규직으로의 이동이 제한되고 1990년대 후반부터 대기업과 중소기업 간 임금 격차가 확대되었다.[24] 이처럼 고용 형태별, 기업규모별 임금 격차가 크며, 정규직과 비정규직 간 이동이 제한되어 있는 특징이 있다. 이러한 이중구조의 원인이 정규직에 대한 근로기준법의 강력한 해고 규제와 노동 성과를 제대로 반영하지 못하는 호봉제 임금체계에 기인한다는 주장이 있다. 정규직 근로자에 대한 과잉보호와 1990년대의 노동운동을 통해 달성한 정규직에서의 높은 임금 인상이 비정규직 근로자의 증가를 초래했다는 것이다. 글로벌화로 국가 간 경쟁이 치열해지자 기업은 경직된 정규직 노동시장의 문제를 극복하고 유연성을 높이기 위해 아웃소싱 등을 통해 대처해 왔다. 정규직 근로자에 대한 과잉보호가 청년층과 같은 취약계층의 취업을 어렵게 하고 비정규직의 증가를 초래했다.[25] 세계화로 글로벌 가치사슬 체계가 확립되는 과정에서 전문직과 단순직에 대한 노동수요의 변화, 인건비 절감을 위한 생산방식 변경 및 경직된 노동시장이 이중구조를 심화시켰다는 지적이다. 노동시장 상층은 과잉 경직화된 반면 노동시장 하층은 과잉 유연화되어 있

23) 통계청 국가통계포탈 「경제활동인구조사」와 「고용형태별 근로실태조사」 참조.
24) 전병유 외(2018), p.10 참조.
25) 박지순(2017), p.2 참조.

다.[26] 노동시장의 다른 특징으로 연공성 임금체계, 주된 일자리에서의 조기퇴직 및 정년퇴직자보다 많은 조기퇴직자를 들 수 있다.

산업구조가 정보산업과 첨단산업으로 변함에 따라 인적 자원의 전문화, 다양화 및 다기능화가 필요하지만 정부의 인력정책은 단순기능인력을 양성하는 틀을 크게 벗어나지 못하고 있다. 대학 교육 역시 다기능화를 요구하는 산업계의 수요에 적절하게 대응하지 못하고 있다. 또한 1987년 6.29선언 이후의 노동운동과 최근 진보정당의 집권을 통해 분배정의 실현, 최저임금 인상 및 노동조합의 인사경영권 참여에 대한 요구가 증가했다. 그러나 아직도 협력적 노사관계가 정착되지 못해 노사 간 극단적 대립과 갈등이 존재한다. 따라서 노동시장정책을 위한 정책과제는 우리나라 실정에 맞는 협력적 노사관계를 구축하도록 노동시장의 질서를 정립하는 데 있다고 하겠다.

4.2 노동시장조정정책

1980년대 초반까지만 해도 노동시장정책의 주된 목적은 늘어나는 노동인력을 위해 고용기회를 창출하는 데 있었다. 그러나 1980년대 후반에 산업인력 수급 구조와 노동 공급 행태에 큰 변화가 일어났다. 종래의 풍부했던 인력자원이 양적으로 부족할 뿐만 아니라 질적으로도 문제가 되는 등 인력이 국가경쟁력 향상에 장애요인으로 등장했다. 첫째, 노동력 수급상의 불균형 문제로 저학력생산직의 경우 구인난이, 고학력사무직의 경우에는 구직난이 발생했다. 둘째, 청소년 인구 감소와 인문계 위주의 고등학교 교육정책으로 생산직 기능인력 부족 현상이 심화되었다. 셋째, 근로시간 단축과 근로의욕 저하 현상이 발생했다. 법정 근로시간이 줄어들고 근로자의 고학력화와 소득 증대로 실근로시간이 단축되었으며, 소위 3D업종 기피 풍조가 만연하고 불량률 증가 등 전반적인 근로의욕 감소 현상이 발생했다.

2025년 현재 우리나라의 노동시장은 1990년대 상황과 너무나 다르다. 우리 사회의 메가트렌드(mega trend)인 저출산·고령화는 노동시장에 엄청난 영향

---

26) 장홍근(2019), p.144 참조.

을 미친다. 통상적으로 65세 이상 인구의 비중이 7%를 넘으면 고령화 사회, 14%를 넘으면 고령사회, 20%를 넘으면 초고령 사회로 분류하는데, 우리나라는 2000년에 고령화 사회가, 2018년에 고령사회가, 그리고 2024년 12월에 초고령 사회에 진입했다. 저출산 여파로 생산연령인구(15세－64세)는 2020년부터 감소하고 있으며, 65세 이상의 고령인구 비중은 계속 증가해 2060년에 44.2%에 달할 것으로 전망한다.[27] 인구구조 변화뿐만 아니라 경제의 성장 엔진이 식어 경제성장률이 2024년에 2.0%로 하락했고, 한국개발연구원(KDI)에 따르면 잠재성장률이 2040년대에는 0.1%까지 낮아질 것으로 전망된다. 경제구조의 고도화로 고용 창출 없는 성장이 이루어지는 상황에서 경제성장률이 하락하는 저성장 저고용의 '뉴 노말' 시대에 진입함에 따라 노동시장 상황은 더욱 악화될 것이다.

저출산·고령화로 생산가능인구가 급격히 줄어들면서, 향후 노동정책의 주요 과제는 안정적인 노동 공급 확보에 있게 될 것이다. 노동 공급 부족과 복지지출의 폭발적 증가를 억제하기 위해 조기퇴직을 줄이고 오랜 기간 경제활동을 지속할 수 있는 여건을 조성해야 한다. 조기퇴직의 중요한 요인으로 작용하는 연봉제 임금제는 이러한 측면에서 시급히 개선해야 할 과제이다. 연봉제 임금제의 대안으로 제시되는 것이 임금피크제이며, 박근혜 정부 당시 공공기관에 임금피크제를 도입했고 민간기업도 이를 시행할 것을 장려했다. 임금피크제의 정착을 통해 조기퇴직 관행을 없애고 퇴직 연령까지 근무할 수 있도록 하는 유인 체계를 구축해야 한다. 또한 주된 일자리에서 퇴직한 근로자가 연장된 기대여명과 건강수명에 부합하게 오랜 기간 취업할 수 있도록 고용보험제도를 통한 알선, 컨설팅 및 직업능력개발 훈련 기능을 강화해야 한다. 이를 통해서 노동에 대한 수요와 공급이 원활하게 이루어지도록 해야 한다. 참고로 정부는 직장알선포탈로 워크넷(www.work.go.kr)을, 직업훈련포탈로 HRD－Net(www.hrd.go.kr)을 운영하고 있다.

---

27) 통계청 국가통계포탈 「장래인구추계(중위추계)」 참조.

4.3 노사관계와 노동시장질서정책

우리나라의 노사관계는 1987년의 민주화선언 이후 단기간에 엄청난 변화를 경험했다. 노동조합 수는 1987년 6월 말 2,725개에서 1990년에 7,698개로 거의 3배 증가했으며, 노동조합 조직률도 11.7%에서 17.2%로 급상승했다. 노동조합이 활성화된 배경은 사용자 우위의 권위주의적 노사관계가 노사 대등의 민주적 노사관계로 변하기 시작했기 때문이다. 그 결과 임금 결정도 사용자 주도에서 교섭을 통한 노사 합의 방식으로 바뀌었다. 노사관계가 점차 민주적 관계로 변함에 따라 1990년대에 노사분규가 크게 줄고 노동쟁의도 온건하고 합법화되는 경향을 보여 불법쟁의 비율이 감소했다.

노동조합 조직률은 1990년 17.2%를 정점으로 하락해 2010년 9.7%로 최저점을 기록한 후 오랜 기간 침체기를 겪었다(〈표 14-4〉 참조). 이후 상승세로 전환되었고 2015년부터 2020년까지 5년 연속 증가했다. '노동존중사회'를 표방한 문재인 정부 출범 후 2018년에는 조합원 수와 조직률이 급증했다. 2023년 기준 상급단체별 조합원 수는 한국노총(1,160,162명, 42.4%)이 민주노총(1,086,618명, 39.7%)보다 많았고, 조직 형태별로는 초기업 노동조합 조합원이 59.4%를 차지했다.[28] 부문별 조직률은 민간부문이 9.8%에 불과한 반면, 공무원과 공공기관으로 구성된 공공부문이 71.6%에 달한다. 사업장 규모별로는 30명 미만 사업장 1.1%, 30~99명 사업장 3.5%, 100~299명 사업장 6.7%, 300인 이상 사업장 88.7%이다.[29] 이처럼 노동조합이 정규직, 공공부문 및 대기업 위주로 조직되어 있다.

노동조합 조합원의 절반 이상이 초기업 노동조합 소속이고 기업별 노동조합 조합원의 비중이 감소했는데도 단체교섭은 아직도 주로 기업 단위에서 이루어지고 있다. 그동안 우리나라 대기업은 단체교섭을 할 때 그룹 차원에서 대응해 왔고 다른 대기업 그룹과의 협력과 행동 통일 등에 소극적이었는데,

---

28) 초기업 노동조합은 기업 또는 사업장 단위로 조직된 개별기업 노동조합과 달리 지역, 산업, 직종 등을 단위로 조직된 노동조합이다.

29) 고용노동부 보도자료(2024.12.18).

표 14-4 노사관계 주요 지표 추이

	노동조합			노사분규	
	노동조합 수(개)	조합원 수(천명)	조직률(%)	발생건수(건수)	손실일수(천 일)
1990	7,698	1,887	17.2	322	4,487
2000	5,698	1,527	11.4	250	1,894
2010	4,420	1,643	9.7	86	511
2015	5,794	1,939	10.2	105	447
2020	6,564	2,805	14.2	105	554
2023	6,169	2,737	13.0	223	355

자료: 고용노동부 보도자료(2024.12.18.) 및 연도별 노사분규 발생건수 및 근로손실일수(노동부)

노동조합 구성원이 초기업 단위로 변하는 추세를 반영해 초기업단위 단체교섭이 활성화되도록 정부와 사용자단체가 준비해야 할 것이다.

우리나라 노사는 아직도 정부에 대한 의존도가 높다. 노사 자율의 원칙에 기반해 근로조건에 대해 논의해야 하는데, 아직도 정부가 자기들 입장을 대변해 줄 것을 기대하는 경향이 있다. 정부 의존도가 높은 현실에서 문재인 정부는 대통령직속 경제사회노동위원회에서 노동정책에 관한 주요 의제를 토론하고 사회적 합의를 도출하도록 논의의 장을 마련했다. 그러나 주요 이해당사자인 민주노총이 참여를 거부해 위원회의 실질적 운영이 마비된 상태가 윤석열 정부까지 이어졌다.

우리나라의 노사관계는 민주적이며 협조적이고 효율적인 관계로 발전해야 한다. 민주적 노사관계는 노사가 대등한 입장에서 법질서를 존중하고 국민경제나 기업경영에 대한 책임을 공유하는 것이다. 협조적 노사관계는 노사정 대표가 상호신뢰를 바탕으로 국민경제나 기업경영이 어려울 때 상호 협의하고 협력해 각자의 역할을 분담하는 것이다. 효율적 노사관계는 노사분쟁이 발생했을 때 이것이 국민경제나 기업경영에 큰 손실을 주지 않도록 노사 한쪽에 치우치지 않고 공정하게 해결해 주는 노사분쟁조정제도를 확립하는 것이다.

제 6 절 사회보장정책

1. 의의와 필요성

사회보장정책은 질병, 산업재해, 노령 및 실업 등으로 일시적이나 지속적으로 소득을 상실할 위험, 배우자나 부모 같은 부양자의 사망 위험, 그리고 질병, 모성, 재해 및 사망에 수반되는 높은 지출에 대한 위험으로부터 국민을 보호하기 위한 국가의 모든 제도와 조치이다.30) 사람은 사회생활을 하면서 여러 형태의 위험에 직면하는데, 국가는 각종 생활상의 위협으로부터 국민을 보호하고자 한다. 이에 따라 사회보장제도의 영역은 질병, 산업재해, 노령 및 실업 같은 사회적 위험에 대비하는 사회보험뿐만 아니라 공공부조와 사회서비스 등을 포괄한다.

각종 위협으로부터 개인이나 가계를 보호할 때 적용할 수 있는 원칙은 크게 개별원칙(individual principle)과 사회원칙(social principle)으로 나눌 수 있다. 개별원칙은 당사자가 책임을 지는 것으로 위험 발생에 따른 재정 부담을 당사자의 저축, 민영보험 및 가족 지원 같이 개인 차원에서 감당하는 방식이다. 그러나 개별원칙에 의한 위험 대비는 한계가 있는데, 그 이유는 다음과 같다. 첫째, 이러한 위험의 발생에 본인뿐만 아니라 사회도 일정한 책임이 있으며, 위험이 언제 발생할지 예측하기 어려운 경우가 많기 때문이다(예: 경제위기로 실업될 위험이나 감염으로 질병에 걸릴 위험). 둘째, 위험은 개인 차원에서 해결이 쉽지 않으며 위험 극복 능력이 개인마다 달라 사회갈등을 초래할 수 있다(예; 가장의 실업이나 산업재해에 따른 가정해체). 이러한 점에서 집단적 해결이 필요하다. 셋째, 사람들은 현재를 과대평가하고 미래를 과소평가(myopia)하는 경향이 있어, 사전 대비를 소홀히 하며, 이는 특히 저소득층에서 흔히 관찰할 수 있다. 경제적 능력이 충분한 사람의 경우 개별원칙에 의한 위험부담이 불가능하지 않지만 대부분 경제적 능력의 한계 때문에 이러한 위험이 발생하면 고통

30) H. Lampert et al.(2007), p.275 참조.

을 받을 가능성이 높다. 따라서 각종 위험으로부터 사회구성원을 보호하기 위해 국가가 개인의 위험부담에 관여해 공동으로 대응하는 사회원칙을 적용한다.

2. 사회보장정책의 기본원칙

사회보장제도는 보험원칙, 공급원칙 및 부조원칙에 따라 설계할 수 있는데, 현실에서는 이 세 가지 원칙을 혼합해 운영되는 제도가 많다. 보험원칙(insurance principle)은 개별위험의 크기와 비용은 사전에 예측할 수 없지만 동일 종류의 위험에 노출된 대상 전체에 대해서는 위험의 크기와 비용을 예측할 수 있다는 대수의 법칙(law of large numbers)에 기초한다. 또한 개인이 미래에 납부할 보험료의 기댓값과 위험 발생 시 지급받는 금액의 기댓값(위험 발생 확률에 예상 피해액을 곱한 수치)이 동일하여야 한다는 수지상등의 원칙(equivalence principle)이 보험원칙에 적용된다.

사회보험은 모든 국민이 직면하는 실업, 질병, 산업재해 및 장수에 대한 위험에서 비롯된 사회문제를, 위험공동체를 구성해 보험원칙에 기초해 해결하는 방식이다. 사회보험은 민영보험과 다음과 같은 점에서 다르다. 첫째, 연대성 원칙에 따라 당연가입대상에 포함되면 본인 의사에 관계없이 강제로 적용되어 보험료를 납부해야 한다. 둘째, 수지상등의 원칙이 가입자 개인 차원에서 엄격하게 적용되는 민영보험과 달리 사회보험에서 완화된 형태로 적용된다. 민영보험과 달리 국가가 의도적으로 취약계층에 유리하게 소득을 재분배한다. 예컨대 건강보험에서 보험료를 납부하지 않는 가입자의 피부양자에게도 동일한 현물급여를 제공하며, 보험료 수준에 관계없이 모든 가입자에게 동일한 현물급여를 제공한다. 또한 보험위험 발생 확률을 반영하지 않기 때문에 성별, 연령별, 개인별 건강 상태에 관계없이 동일한 보험료율을 적용한다. 셋째, 재원 조달에 보험료 외에 국가 보조금이 투입된다. 한편 급여 수급 요건으로 보험료 납부를 전제로 하는 사회보험은 사전 대비 성격이 강한데, 독일은 사회보장제도를 사회보험 위주로 운영하는 대표적인 국가이며 '사회보험 복지국가'로 불리기도 한다.

공급원칙(supply principle)은 국가의 가부장적 역할에 기초해 사회문제를 해결하는 방식이다. 복지 혜택을 받을 수 있는지 여부가 대상자의 필요성에 따라 결정되기 때문에 보험료를 납부하지 않아도 혜택을 받을 수 있고 재원이 일반재정에서 조달되는 점에서 보험원칙과 구분된다. 공급원칙은 다시 사회보상의 원칙과 보편성의 원칙으로 분류된다. 사회보상의 원칙은 공익 활동을 수행했거나 공익 활동 과정에 발생한 피해에 대해 국가가 보상하는 것으로 국가유공자보훈제도, 의사상자보호제도, 고엽제 피해자 보상제도 등이 이에 속한다. 보편성의 원칙은 법률이 정한 사회문제에 직면한 모든 사람을 보호하는 제도에 적용된다.[31)]

보편성의 원칙은 보편적 복지 프로그램(universal welfare program)에 적용된다. 우리나라는 2025년 기준, 만 7세까지의 모든 아동에 대해 월 10만원의 아동수당을 지급하고 있다. 또한 무상보육, 무상급식, 무상교육 및 노인 지하철 무임승차 역시 보편성의 원칙에 입각한 제도이다. 보편성의 원칙에 기초한 사회보장제도는 모든 사람에게 적용되기 때문에 사각지대가 없고 수치심을 자아내는 사회적 낙인효과(social stigma effect)가 없다는 장점이 있다. 반면에 보호의 필요성이 낮은 계층에게도 혜택이 돌아가기 때문에 목표 효율성(target efficiency)이 낮은 한계가 있다. 고소득층에 이러한 복지 혜택을 제공할 필요가 있는지, 예산제약하에 사회보장제도를 운영해야 하는 상황에서 복지 혜택을 취약계층으로 집중하는 것이 빈곤 문제 해결에 더 바람직하지 않느냐는 문제제기가 가능하다.

부조원칙(care principle)은 기초생계 보장을 통해 빈곤 문제를 해결하는 데 활용된다. 사전에 보험료를 납부하지 않아도 되고 공익 활동 관련 여부에 관계없이, 피해가 발생하거나 곤궁에 처해 있을 경우 빈곤한 사람에게 지급된다는 점에서 보험원칙 및 공급원칙과 구분된다. 부조원칙이 적용되는 사회보장제도에는 보충성원칙이 적용되며, 이는 보장하려는 소득을 충족시키지 못하는

31) 이정우(2018), p.237 참조.

부족한 부분에 대해서만 급여를 제공하는 방식이다. 또한, 이러한 제도에서는 자산조사(means test)를 통해 수급 대상자를 선별하는데, 이 과정에서 수급자의 수치심을 유발하는 낙인효과가 발생할 수 있다는 단점이 있다. 아울러, 보충성 원칙은 개인의 자조(self help) 노력을 저해하고 복지 의존도를 높여 탈빈곤 효과가 낮은 한계도 있다. 부조원칙을 적용해 운영하는 대표적인 제도는 국민기초생활보장제도이다.

한편 보편성의 원칙과 부조원칙을 혼합해 만든 대표적인 제도로 기초연금과 중증장애인연금을 들 수 있다. 기초연금은 65세 이상 노인의 70%를 지급 대상으로 하기 때문에 포괄성이 높아 보편적인 사회수당 성격이 강하면서 동시에 수급자 선정을 위해 자산조사를 실시하기 때문에 부조원칙의 성격도 가지고 있다. 중증장애인연금은 만 18세 이상 만 64세까지의 중증장애인 중 소득 하위 70%에게 기초연금 수급 시까지 연금을 지급하는 제도이다.

개인주의가 발달하고 평균적으로 높은 생활 수준을 향유하지만 소득 양극화 현상이 심각해 취약계층이 많은 미국에서는 빈민대책으로 부조원칙에 따라 운영되는 공공부조의 역할이 크다. 반면 사회민주주의 복지국가로 분류되는 스웨덴, 핀란드, 노르웨이 및 덴마크에서는 소득재분배 효과가 큰 공급원칙에 기반한 보편적 복지 프로그램을 많이 운영한다. 이들 국가에서는 보편성의 원칙에 따라 전 국민을 적용 대상으로 하는 제도가 중요한 역할을 차지하며, 이에 따라 공공사회복지지출의 GDP 대비 비중이 높다.

3. 우리나라의 사회보장제도

우리나라의 사회보장제도(social security system)는 사회보험, 공공부조 및 사회서비스로 구성되어 있다. 사회보험은 공적연금제도, 건강보험제도, 산재보험제도, 고용보험제도 및 노인장기요양보험제도로 구성된다. 공적연금제도는 다시 일반국민을 가입대상으로 하는 국민연금제도와 특수직종 종사자를 가입대상으로 하는 특수직역연금으로 이루어져 있다. 공공부조제도인 국민기초생활보호제도는 1997년에 발생한 외환위기를 극복하는 과정에서 경험한 기존 생활보

표 14-5 우리나라와 OECD 국가의 공공사회복지지출 추이 (단위: GDP 대비 %)

	1990	1995	2000	2005	2010	2015	2020	2022
한국	2.6	3.0	4.4	5.9	7.9	9.6	14.4	14.8
독일	21.4	25.3	25.5	26.4	26.1	25.1	27.9	26.7
OECD 평균	16.4	18.0	17.3	18.1	20.4	20.1	23.0	21.1

자료: OECD 홈페이지(2025.4).

호제도의 한계를 극복하기 위해 도입했다. 사회서비스는 고령자 복지서비스, 장애인 복지서비스, 아동 및 보육서비스, 주택 및 주거서비스로 구성된다.

공공사회복지지출(Public Social Expenditure)의 GDP 대비 비중은 1990년 2.6%에서 IMF 외환위기 이후 빠른 속도록 증가해 2022년에 14.8%를 기록했다. 이러한 빠른 상승에도 불구하고 아직 선진국과 비교할 수 없을 정도로 낮을 뿐만 아니라 OECD 평균인 21.1%에 훨씬 못 미친다(〈표 14-5〉 참조). 공적연금이 성숙되어 있고 노인인구 비중이 높은 OECD 국가에서는 공적연금이 공공사회복지지출에서 차지하는 비중이 가장 큰 지출 항목인데, 우리나라에서는 공적연금 지출 비중이 아직 낮다.

3.1 사회보험

3.1.1 공적연금제도

우리나라의 공적연금제도는 일반국민을 가입 대상으로 하는 국민연금과 특수직역 종사자를 가입 대상으로 하는 특수직역연금으로 구분된다. 특수직역연금은 공무원연금제도, 군인연금제도 및 사립학교교직원연금제도(사학연금제도)로 구성된다. 국민연금제도의 규모가 가장 크며 가입 대상 연령은 18세부터 59세이다. 국민연금 가입 대상은 당연가입대상자와 임의가입대상자로 구분되는데, 당연가입대상자는 다시 사업장가입자와 지역가입자로 구분된다. 임의가입대상자는 전업주부처럼 소득이 없어도 가입하는 임의가입자와 60세 이후 희망할 때 64세까지 계속 가입하는 임의계속가입자로 구성된다.

표 14-6 국민연금 가입 현황(2023년 말 기준)

(단위: 명, %)

	합계	사업장 가입자	지역가입자		임의가입자	임의계속 가입자
			소득신고자	납부예외자		
총계	22,384,787(100.0)	14,812,062	3,769,862	2,944,252	324,601	534,010
남자	12,155,943(54.3)	8,477,079	1,843,745	1,613,006	55,763	166,350
여자	10,228,844(45.7)	6,334,983	1,926,117	1,331,246	268,838	367,660

자료: 국민연금공단(2024), pp.48-49 참조.

국민연금제도는 1988년 1월 상시근로자 10인 이상 사업장 근로자를 대상으로 도입된 후 적용 대상이 1992년 1월 상시근로자 5인 이상 사업장으로, 1995년 7월 농어촌지역 자영자와 농어민에게로, 1999년 4월 도시지역(시 지역) 주민(자영자, 비정규직 근로자, 실직자 등)으로 확대되어 전 국민 국민연금 시대가 시작되었다. 우리나라는 적용 대상을 선별적으로 확대해 적용 범위를 단기간에 확대했지만 지역가입자 중 보험료 납부 능력이 없어 납부 대상에서 제외되는 납부예외자가 많은 문제가 있다(〈표 14-6〉 참조).

국민연금 재원은 보험료와 적립금 운용수익으로 조달되고, 정부는 일부 행정관리비만 부담한다. 보험료는 가입자의 기준소득월액에 보험료율을 곱해 산정하는데,[32] 보험료율은 1988년 3%에서 시작해 1993년에 6%로, 1998년에 9%로 인상되었다. 이어서 2026년부터 매년 0.5%p씩 인상해 2033년부터 13%를 적용하도록 2025년에 개정되었다. 사업장 가입자의 경우 근로자와 사업주가 절반씩 보험료를 부담하지만 지역가입자, 임의가입자 및 임의계속가입자는 본인이 전액 부담한다.

국민연금 급여는 연금과 일시금으로 구성되는데, 연금으로 노령연금, 장해연금, 유족연금이 있다. 일시금으로는 반환일시금, 장애일시금 및 사망일시금이 있다. 노령연금 수급 요건은 10년 이상 가입하고 만 60세가 될 때 충족되며, 40년 가입 기준 급여 수준은 가입 기간 평균소득의 70%에서 시작해 단

32) 보험료 부과 시 상·하한액을 적용해 2024년 7월 1일부터 2025년 6월 30일까지 기준소득월액의 상한액이 617만원이고, 하한액은 39만원이다.

계적으로 낮춰졌다. 즉 소득대체율이 1998년 국민연금법 개정을 통해 60%로, 국민연금법 개정을 통해 2008년에 50%로 낮춰진 후 2009년부터 매년 0.5% 포인트씩 낮춰져 2028년부터 40%가 되도록 설계되었다.[33] 그러나 2025년 법 개정으로 40년 가입 기준 소득대체율이 2026년부터 43%로 인상된다. 한편 유족연금으로 20년 이상 가입한 가입자의 경우 가입자 기본연금액의 60%가 지급된다. 노령연금을 받기 시작할 때 연금 산식을 통해 연금을 산정한 후 매년 소비자물가 상승률에 연동해 인상한다.

국민연금제도의 주요 문제점으로 다음을 지적할 수 있다.[34] 첫째, 국민연금을 적용받지 못하는 넓은 사각지대가 존재한다. 지역가입자의 약 절반이 납부예외자여서 보험료를 납부하지 않으며(〈표 14-6〉 참조), 장기체납자가 많다. 이들은 국민연금을 수급하지 못해 노인 빈곤에 직면할 가능성이 높다.

둘째, 2024년 12월 기준 적립금이 1,213조원에 달하지만 미래에 적립금이 고갈될 위기에 처해 있다. 2023년 발표된 제5차 국민연금 재정계산에 따르면 2041년 지출이 수입을 초과한 후 2055년에 적립금이 고갈되며, 기금 고갈 후 해당연도 보험료 수입으로 지출을 충당하면 보험료율이 26.1%에서 시작해 2080년 34.9%까지 상승하는 것으로 분석되었다.[35] 또한 현행 제도에서 2025년 신규가입자의 연금액에 상응하는 보험료를 충당하는 데 필요한 보험료율(균형보험료율)은 21.4%로 추정된다.[36] 이는 수지균형을 유지하려면 보험료율을 대폭 인상해야 함을 의미한다. 〈표 14−7〉에서 전체 가입자 평균소득으로 40년 가입한 가입자의 경우 9% 보험료에 대한 연금액 비율인 수익비가 2.38인데, 이는 납부하는 보험료보다 2.38배 많은 연금을 기대할 수 있음을 의미한다. 장기재정 위기의 근본 원인은 연금액에 비해 보험료율이 낮기 때문이며, 기대여명 증가로 연금 수급 기간이 급격히 증가하는 것도 재정위기를 초래하

---

33) 또한 1998년 국민연금법 개정에서 연금 수급 연령을 2013년 61세로 높인 후 5년마다 1세씩 높여 2033년부터 65세를 적용토록 했다.

34) 이에 대한 상세한 내용은 김상호(2025), pp.190-193 참조.

35) 국민연금재정추계전문위원회(2023), pp.62-65 참조.

36) 김상호(2025), p.192 참조.

표 14-7 국민연금의 소득계층별 소득재분배 효과 (단위: 천원)

소득 수준	연금액(A)	보험료(B)	수익비(A/B)	순이전액(A-B)
0.2배	198,258	27,980	7.09	170,278
0.5배	248,549	69,950	3.55	178,597
1배	332,367	139,900	2.38	192,463
1.5배	416,186	209,851	1.98	206,329
2배	500,004	279,801	1.79	220,195

주: 2025년 신규가입자를 대상으로 하고, 소득 수준은 평균소득월액 대비 비율임.
자료: 김상호(2025), p.193.

는 중요한 요인이다. 이처럼 국민연금 재정의 지속가능성 위기는 제도적 요인과 인구학적 요인에 기인하며, 이에 따른 적자는 결국 미래세대가 부담해야 하기 때문에 재정 위기를 극복하기 위한 구조개혁이 시급하다.

셋째, 보험료 대비 높은 연금액을 기대할 수 있어 후세대 부담으로 많은 혜택을 보지만 세대 내 소득재분배 효과가 적다. 〈표 14-7〉에 따르면 소득이 낮을수록 수익비는 증가하지만 순이전액(연금액－보험료)은 감소한다. 따라서 순이전액 기준으로 세대내 소득재분배 효과가 미흡하다. 더욱이 소득 수준에 관계없이 모든 신규가입자가 2025년 현가 기준 1억 원 이상의 순이익을 기대할 수 있는 상황에서 국민연금에 가입하지 못한 취약계층은 후세대 소득을 이전해 혜택을 보는 소득재분배에 참여하지 못한다.

넷째, 급여 수준이 낮아 국민연금에만 의존해 노후생활을 하기에 부족하며, 연금 수급 연령과 법정 퇴직연령(2025년 기준 60세)의 격차로 소득 단절이 발생한다.

한편 1960년에 공무원연금제도가 공무원과 군인을 대상으로 도입된 후 1963년에 군인연금이 공무원연금에서 독립되었고, 1975년에 사학연금이 도입되었다. 군인연금과 사학연금은 공무원연금을 준용해 설계돼 급여와 보험료 산정 방법 등에서 공무원연금과 유사하다.[37]

37) 공무원연금제도에 대한 상세한 내용은 김상호(2020) 참조.

군인연금제도 가입 대상은 하사 이상의 직업군인이며, 사학연금제도 가입 대상은 사립학교 교원과 직원이다. 특수직역연금의 특징은 종합적인 사회보장제도인 점이다. 노후소득 보장 기능을 하는 퇴직급여와 유족급여, 재해보상 기능을 하는 장해급여와 유족급여, 퇴직금 기능을 하는 퇴직수당, 상호부조 기능을 하는 단기급여가 있어 급여 범위가 넓다. 또한 국민연금보다 보험료율이 높지만 급여 수준도 월등히 높다. 2015년의 공무원연금 개혁을 통해 보험료율이 14%에서 단계적으로 올라 2020년부터 18%를 적용하고, 1년 가입 시의 소득대체율을 1.9%에서 단계적으로 낮춰 2035년부터 1.7%를 적용한다. 이는 40년 가입 시의 연금이 가입 기간 평균임금의 68%로 하락함을 의미한다.[38)]

특수직역연금의 가장 큰 문제는 재정위기이다. 군인연금은 1973년에 적립금이 고갈되었고, 공무원연금도 2002년에 고갈되었으며, 사학연금은 2037년에 고갈될 것으로 전망된다. 수입을 늘리고 지출은 줄이는 내용의 공무원연금 개혁이 2015년에 이루어진 주된 이유는 막대한 정부보전금 때문이었다. 개혁을 통해 정부보전금 규모를 2015년 3조 727억 원에서 2016년 1조 2,118억 원으로 줄였지만 이후 증가해 2024년에 8조 6,040억 원을 기록했고, 2025년에는 10조원을 초과할 것으로 전망한다. 공무원 수는 정체되어 있는데, 연금 수급자 증가, 보험료 대비 높은 급여, 기대여명 증가에 따른 수급 기간 증가가 복합적으로 작용해 재정위기가 발생했다.

3.1.2 건강보험제도

우리나라의 의료보장 관련 제도로 사회보험 방식으로 운영되는 건강보험제도와 저소득층을 대상으로 공공부조 방식으로 운영되는 의료급여제도가 있는데, 두 제도 모두 1977년에 도입되었다.[39)] 건강보험제도는 기본적인 의료보장을 통해 국민건강을 개선하고, 가계의 과중한 의료비 부담을 분산하여 소득을 재분배하고, 이를 통해 국민 생활을 안정화하는 데 목적이 있다.

38) 2015년 공무원연금제도 개혁에 대한 상세한 내용은 김상호(2015) 참조.

39) 의료급여는 공공부조제도에서 설명한다.

건강보험제도의 유형을 OECD처럼 다음과 같이 분류할 수 있다. 첫째, 사회보험 방식(Social Health Insurance)으로 독일과 프랑스가 대표적인 국가이다. 비스마르크 방식으로도 불리는 이 방식은 자기 책임을 강조해 보험 형태의 위험공동체를 구성하고 가입자 스스로 비용 문제를 해결하기 때문에 재원이 주로 보험료로 조달되며 관장기구인 보험자의 자치운영이 보장된다. 다수의 보험자가 존재하기 때문에 보험자 간 경쟁을 촉진하는 장점이 있지만 규모의 경제를 실현하기 어려워 행정 효율성이 떨어지는 단점이 있다.

둘째, 국민건강보험 방식(National Health Insurance)으로 우리나라와 대만이 대표적인 국가이다. 사회보험방식과 유사한 사회보험 운영 원리를 적용하는데, 관장기구인 보험자가 한 개이기 때문에 행정 효율성이 높지만 독점에 따른 폐해가 발생할 수 있는 단점이 있다.

셋째, 국민보건서비스 방식(National Health Service)으로 영국, 스웨덴 및 이탈리아가 대표적인 국가이다. 베버리지(Beveridge) 방식으로도 불리는데, 모든 국민에게 보편적 의료서비스를 제공한다. 국가가 의료를 책임지며 재원이 일반재정에서 조달되기 때문에 공공의료 서비스가 무상으로 제공된다. 소득재분배 효과가 크고 의료비 통제가 용이한 반면 의료의 질이 떨어지고 의료서비스 남용과 과도한 의료비 지출이 발생하는 문제가 있다.

건강보험은 500인 이상 사업장을 적용대상(486개 조합)으로 시작해 1979년 300인 이상 사업장으로, 1981년 100인 이상 사업장으로, 1988년 5인 이상 사업장으로, 2001년 5인 미만 사업장으로 확대되었다. 또한 1988년 농어촌 지역 의료보험의 전국 확대와 1989년 도시지역 의료보험 실시를 통해 전 국민 의료보험이 실현되었다. 사업장 단위의 의료보험조합은 1980년 통합되기 시작했고, 1998년에 지역의료보험조합(227개)과 공·교의료보험관리공단이 통합되어 국민의료보험관리공단이 출범했다. 2000년에는 국민의료보험공단과 139개 직장조합이 통합되어 의료보험조직의 완전 통합이 이루어졌다.[40] 건강보험조합을 통합한 것은 조합 규모가 작고 영세해 행정 효율성이 낮고, 위험을 분산하

40) 이에 관한 상세한 내용은 보건복지부 홈페이지 참고.

표 14-8 건강보험과 의료급여 적용 현황(2023년)

(단위: 천명, %)

<table>
<tr><th colspan="3">구분</th><th>적용인구</th><th>비율</th></tr>
<tr><td colspan="3">의료보장</td><td>52,964</td><td>100.0</td></tr>
<tr><td rowspan="5">건강보험</td><td colspan="2">소계</td><td>51,453</td><td>97.1(100.0)</td></tr>
<tr><td rowspan="2">직장</td><td>가입자</td><td>19,834</td><td rowspan="2">(68.6)</td></tr>
<tr><td>피부양자</td><td>16,531</td></tr>
<tr><td rowspan="2">지역</td><td>세대주</td><td>9,584</td><td rowspan="2">(28.5)</td></tr>
<tr><td>세대원</td><td>5,504</td></tr>
<tr><td colspan="3">의료급여</td><td>1,511</td><td>2.9</td></tr>
</table>

자료: 국민건강보험공단 · 건강보험심사평가원 2023년 건강보험통계연보(2024.11).

는 보험 기능이 제한적이기 때문이었다. 또한 재정 적자가 발생하던 지역건강보험조합을 정부에서 지원할 능력이 제한되었던 것도 통합의 이유였다. 한편 1998년 의료보험이 국민건강보험으로 바뀌었고, 1999년의 국민건강보험법 제정을 계기로 의료보장에서 건강보장으로 보장 범위가 확대되었다.[41)]

건강보험 가입자는 직장가입자와 지역가입자로 구분된다. 직장가입자는 다시 일반사업장 가입자(당연적용 사업장에 고용된 근로자와 그 사용자)와 그 피부양자, 그리고 공교 사업장 가입자(공무원 또는 교직원으로 임용되거나 채용된 자)와 그 피부양자로 구성된다. 지역가입자는 농어민과 자영업자 등이다. 〈표 14-8〉에 따르면 2023년 전체 가입자는 직장가입자 68.6%와 지역가입자 28.5%로 구성되었다. 건강보험 적용제외 대상자는 의료급여 수급자, 고용기간이 1개월 미만인 일용근로자 및 현역병 등이다.

건강보험 급여는 요양급여와 건강검진 서비스로 구성되는 현물급여와 피보험자가 지급한 의료비를 상환하는 현금급여로 이루어져 있다. 우리나라에서는 현물급여 제공을 원칙으로 하기 때문에 긴급 또는 부득이한 사유로 요양기관과 유사한 기능을 수행하는 기관에서 발생한 요양비와 임신·출산 진료비, 장애인보장구 급여비 및 본인부담상한액 초과액 등에 대해서만 현금급여를 지급한다.

---

41) 신현웅 외(2018), p.390 참조.

보험자의 재정 부담과 가입자의 도덕적 해이를 줄이기 위해 진료비의 일부를 본인이 부담하도록 하는 본인부담금 제도를 운영하고 있다. 입원의 경우 진료비의 20%를, 외래의 경우에는 요양기관 종별에 따라 진료비의 30~60%를 본인부담금으로 적용한다. 약국 조제료에 대해서는 요양비 총액의 20~40%를 본인이 부담한다. 우리나라에는 대부분의 선진국에 도입되어 있는 현금급여인 상병급여(sickness benefit)가 없었으나, 2022년부터 일부 지역에서 시범사업 형태로 시행 중이다.

과도한 의료비가 의료 서비스 이용에 장애가 되지 않도록 본인부담 상한제를 운영하고 있다. 2024년 기준으로 소득 하위 10%의 경우 연 87만원이, 소득 상위 10%에 대해서는 연 808만원이 본인부담상한액이기 때문에 본인이 부담하는 연간 의료비 총액이 이 금액을 초과하면 그 차액을 건강보험공단에서 지급한다. 다만, 이는 급여 항목에 대해서만 적용되기 때문에 비급여 항목에서 높은 비용이 발생할 수 있다.

재원은 보험료, 국고지원금, 건강증진기금(담배부담금) 및 기타수입으로 조달한다. 직장가입자의 보험료는 보수월액에 보험료율(2025년의 경우 7.09%)을 곱해 산정하는데, 근로자와 사용자가 절반씩 부담한다. 다만, 교원의 경우 가입자, 재단 및 정부가 보험료를 각각 50%, 30% 및 20%씩 부담한다. 지역가입자의 보험료는 소득과 재산(자동차 포함)의 등급별 적용점수를 합한 보험료부과점수에 점수당 단가(2025년의 경우 208.4원)를 곱해 산정한다. 한편 국고 지원은 당해연도 보험료 예상 수입액의 14%에 해당하는 금액이며, 건강증진기금에서의 지원은 보험료 예상수입액의 6%에 해당하는 금액이다. 이어서 지출을 살펴보면 2023년의 경우 65세 이상 노인이 건강보험 적용 인구에서 차지하는 비중이 17.9%인 반면, 총 진료비에서 차지하는 비중은 44.1%였다.[42)]이는 고령화가 진행될수록 진료비 증가 속도가 빨라져 재정압박 요인으로 작용할 것을 보여준다.

정부는 건강보험 보장성 강화를 위한 정책을 추진했다. 1차 계획으로

---

42) 국민건강보험공단 · 건강보험심사평가원 2023년 건강보험통계연보(2024.11).

2005년에 '건강보험 보장성 강화 로드맵(2005-2008)'을 발표했고, 2009년에 발표된 2차 건강보험 중기보장성 강화계획에서는 2013년 보장률 80%를 목표로 설정했다. 2015년에 발표된 3차 건강보험 중기보장성 강화계획에서는 4대 중증질환(암, 심장, 뇌혈관, 희귀난치질환) 치료에 필요한 모든 의료서비스의 급여화, 3대 비급여(선택진료비, 상급병실료, 간병비)의 급여화, 노인 틀니·임플란트의 급여화 및 본인부담상한제 개선을 추진했다.

2017년 발표한 '건강보험 보장성 강화 대책'과 제1차 국민건강보험 종합계획(2019~2023)에서는 비급여의 급여화를 통해 초음파와 MRI 검사 등 치료에 필요한 비급여 항목과 고가의 항암제 등에 단계적으로 건강보험을 적용해 의료비를 경감하고자 했다. 제2차 국민건강보험 종합계획(2024~2028)에서는 비용 중심의 보장성 강화에서 탈피해 필수의료 분야에 대한 공백을 채워주는 인프라 구축에 중점을 두고 보장성을 강화하고자 한다. 또한 비급여 항목에 대한 관리를 강화해 재정의 지속 가능성을 확보하려는 노력이 병행되고 있다. 이를 통해 중증·희귀질환 등 필수의료 서비스에 대한 접근성을 높이고, 불필요한 의료비 지출을 줄이는 것이 목표이다. 이러한 보장성 강화 정책은 의료서비스에 대한 접근성을 강화했다는 점에서 긍정적으로 평가할 수 있다.

건강보험제도의 주된 문제점으로 다음을 지적할 수 있다. 첫째, 재정의 지속 가능성에 대한 우려이다. 2023년까지 건강보험 재정은 흑자를 기록해 누적 준비금이 약 28조 원이었지만 지속적인 보장성 강화, 저출산과 고령화로 인한 의료비 증가 및 경제성장 둔화로 2025년부터 당기수지 적자가 발생해 2028년에는 누적 적립금이 소진될 것으로 전망된다.[43] 둘째, 우리나라는 선진국과 달리 본인부담금 비중이 높다. 입원의 경우 총진료비의 20%를, 외래의 경우 30~60%를 본인이 부담해야 하는데, 보장성 강화 측면에서 높은 본인부담금 비율을 낮추어야 한다. 셋째, 보험료 부과체계가 여전히 이원화되어 있다. 직장가입자의 경우 근로소득을 기준으로 보험료를 산정하는 반면, 지역가입자의 경우에는 소득 파악의 어려움 때문에 종합소득과 재산을 기준으로 보

43) 국회예산정책처. 「2023~2032년」, 건강보험재정전망. 2023.10.

험료를 산정하고 있다.

3.1.3 고용보험제도

고용보험제도는 1995년 7월 도입되었는데, 도입이 지연된 것은 고도성장으로 실업률이 낮아 실업이 심각한 사회문제가 아니었고 보험사고인 실업의 발생확률을 예측하기 어려워 재원 조달을 위한 추계에 어려움이 있었기 때문이다. 또한 실업급여가 근로자의 도덕적 해이를 초래해 실업의 발생과 장기화를 초래할 수 있다는 우려도 지연 요인으로 작용했다. 그러나 1980년대 말부터 노동 수급의 불균형이 심해지고 노동시장의 이중구조화 등으로 3D업종 중심으로 제조업 생산직에서 심각한 인력난이 발생했다. 또한 국내시장 개방 등에 따른 산업구조 조정의 가속화로 구조적 실업문제가 발생하는 등 노동시장이 이전과 다른 양상을 띠게 되었다. 이러한 대내외 환경 변화에 대응하기 위해 고용보험제도를 도입했다.

우리나라 고용보험 제도의 특징은 그 명칭에서 잘 드러난다. 다른 나라에서 실업보험(unemployment insurance)으로 부르는 것과 달리 우리는 의도적으로 고용보험(employment insurance)으로 명명했다. 실업보험제도는 실직자의 생활안정을 도모하는 실업급여 위주로 운영되는 사후구제적인 제도인 반면, 고용보험제도는 실업급여 외에 취업알선, 고용안정사업 및 직업능력사업을 연계하는 적극적 노동시장정책(active labor market policy) 위주로 운영되는 제도이다.

우리나라는 일본 제도를 벤치마킹해 실업급여, 고용안정 및 직업능력개발의 세 개 사업으로 구분하고 사업별로 별도의 기금계정을 운영했다. 그러나 고용안정사업 계정의 적립금은 대폭 증가한 반면, 직업능력개발사업 계정의 적립금이 계속 감소하자 2006년에 계정을 통합해 고용안정·직업능력개발사업으로 통합했다. 또한 2000년대 들어 관장 기관을 둘러싼 논란이 있었던 육아휴직 등에 대한 지원사업을 고용보험이 맡게 되면서, 실업급여사업, 고용안정·직업능력개발사업 및 모성보호·일가정양립 지원사업으로 개편되어 현재에 이르고 있다.

고용보험 적용 제외 대상은 농업·임업·어업 분야에서 상시 4명 이하 근로자를 사용하는 개인 사업장, 1개월 근로시간이 60시간 미만인 초단시간 근로자로 3개월 미만 근로하는 자 등이다. 실업급여는 실직자의 생활 안정을 도모하고, 적성에 맞는 직장에 취업하도록 해 노동의 효율적 배분을 촉진하며, 실업 위험이 낮은 사람에게서 높은 사람으로 소득이 재분배되도록 하는 기능을 가진다. 동시에 실업 발생을 유인하거나 장기화를 초래하는 역기능도 존재하기 때문에, 우리나라는 초기부터 규정상 엄격한 실업급여 수급 요건을 적용해 왔다.

실업급여사업은 구직급여와 취업촉진수당으로 구성되는데, 소득대체 성격의 구직급여를 수급하려면 다음 요건을 충족시켜야 한다. 이직 전 18개월 중 180일 이상 취업해 보험료를 납부하고, 자발적으로 이직하거나 중대한 귀책사유로 해고되지 않았으며, 근로 의사(willingness)와 능력(ability)이 있고, 적극적으로 재취업 활동을 해야 한다. 실업급여 수준인 임금대체율(wage replacement ratio)은 평균임금(이직 전 3개월 동안의 총임금을 그 기간의 근무일수로 나눈 금액)의 60%인데, 상한액과 하한액이 있다.[44] 구직급여 지급기간은 연령과 가입기간에 따라 120일부터 270일까지이다.

실업급여사업으로 취업이 어렵고 생활이 곤란한 경우에 지급하는 훈련연장급여(구직급여일액의 100%를 최장 2년 지급), 개별연장급여(생계지원이 필요할 때 구직급여일액의 70%를 최장 60일 지급) 및 특별연장급여(실업 급증 시 구직급여일액의 70%를 최장 60일 지급)가 있다. 또한 취업촉진수당으로 조기재취업수당, 직업능력개발수당, 광역구직활동비 및 이주비가 있다.[45]

고용안정사업은 실업 예방, 재취업 촉진, 노동시장 취약계층의 고용 촉진 및 기업의 고용조정을 지원할 목적으로 실시된다. 이의 일환인 고용조정 지원사업으로 휴업, 훈련, 휴직, 인력재배치 같은 고용유지 조치를 실시하는 기업에 고용유지 지원금을 지급한다. 고용촉진 지원사업으로 취업이 어려운 구직자를 1년 이상 상근직에 채용하고 취업 전후에 다른 근로자를 해고하지 않은 기업에 임금보조금을 지급한다. 고용창출 지원사업으로 취약계층을 채용하거

---

44) 2025년 현재 1일 상한액은 66,000원이며, 1일 하한액은 시간급 최저임금(10,030원)의 80%에 1일 근로시간(8시간)을 곱한 64,192원이다.

45) 현행 고용보험제도에 대한 상세한 내용은 정연택(2018), pp.253-282 참조.

나 교대제 개편, 근로시간 단축 등을 통해 고용 기회를 확대한 사업주에게 지원금을 지급한다. 또한 중소기업과 중견기업에 정규직으로 취업한 청년에게 장기근속을 유도하고 목돈마련 기회를 제공하는 청년내일채움공제가 있다.

직업능력개발사업은 근로자의 생애 직업능력개발을 지원하는 것으로 사업주에 대한 지원, 재직근로자에 대한 지원 및 실업자에 대한 지원으로 구성된다. 이의 일환으로 직업훈련을 실시하는 사업주에게 훈련과 훈련시설에 대한 지원금을 제공하고, 재직근로자와 실업자가 직업능력개발을 하면 근로자의 훈련비를 지원한다.

모성보호·일가정양립 지원은 출산전후의 모성건강을 보호하며 육아와 취업을 병행할 수 있도록 지원하는 사업이다. 법정휴가인 출산휴가(출산전후 90일)에 대해 임금의 전부 또는 일부를 지원하고, 육아휴직과 육아기 근로시간 단축에 대해 임금보조금을 지급한다.

재원은 근로자와 사용자가 부담하는 보험료로 조달한다. 보험료는 보수총액에 보험료율을 곱해 실업보험사업과 고용안정사업·직업능력개발사업으로 분리 징수하는데, 전자에 대해 근로자와 사용자가 절반씩 부담하며, 후자에 대해서는 사용자가 전액 부담한다. 2025년 3월 기준 실업보험사업에 대한 보험료율은 1.8%이며, 고용안정사업·직업능력개발사업에 대한 보험료율은 기업규모별로 0.25%에서 0.85%이다. 한편 모성보호·일가정양립사업에 소요되는 비용은 실업보험사업 기금에서 충당한다.

우리나라 고용보험제도의 특징은 다음과 같다. 첫째, 적극적 노동시장정책을 통해 실업을 예방하고 직업능력을 향상시키고자 한다. 둘째, 규정상 실업급여 수급 요건이 엄격하다. 셋째, 고용안정사업과 직업능력개발사업의 프로그램이 다양하며, 모성보호·일가정양립 사업을 포함해 사업의 범위가 넓다. 넷째, 미국을 제외하고는 도입한 국가가 드문 조기재취업수당이 있다.

고용보험제도의 주요 문제점으로 다음을 지적할 수 있다. 첫째, 고용안정사업의 순고용효과가 낮다. 둘째, 구직급여 수급 요건이 규정상 엄격하지만 지급 여부를 엄격하게 심사하는 선진국과 달리 거의 모든 신청자가 구직급여를 수급하고 있어 남용 가능성이 높다. 셋째, 근로자와 사용자가 쉽게 이해하고 활용할 수 있도록 노동시장정책 수단이 간단명료하게 구성되어 있는 독일과 달리 100여 개의 프로그램으로 운영되어 효율성이 낮다.

이러한 한계에도 불구하고 취약계층인 저소득층, 고령자, 임산부 및 청년 등을 우대해 소득을 재분배하고자 하는 사회보험 원칙에 비교적 충실하게 설계해 운영되고 있다고 평가할 수 있다. 또한 IMF 외환위기로 실업이 사회문제가 되었을 때 다양한 사업을 통해 실업문제를 완화해 외환위기를 극복하는 데 기여했다.

3.1.4 산재보험제도

산재보험은 1964년 최초의 사회보험제도로 도입되었다. 산업화가 본격적으로 추진되기 전에 도입된 것은 근로자에 대한 선심 공세라는 군사정부의 정치적 목적 외에 산업화를 지원하는 제도로 인식했기 때문이다.[46] 산업화에 수반되는 산업재해가 노사관계, 기업 재정 및 근로자 복지에 미칠 피해를 예방해 산업화를 촉진하는 제도로 인식했다.

산재보험제도는 업무상의 재해를 보상하고, 재활을 촉진하며, 재해 예방사업을 실시해 근로자를 보호하는 것을 목적으로 한다. 초기에는 광업과 제조업에서 상시근로자 500인 이상 사업장을 당연가입대상으로 하여 도입되었으며, 2007년에 대부분 업종의 상시근로자 1인 이상 사업장으로 확대되었다. 2018년부터는 상시근로자 수에 관계없이 근로자를 사용하는 모든 사업장으로 확대됨에 따라 농업·임업·어업 분야의 상시 4명 이하 근로자를 사용하는 개인사업장 등만 적용에서 제외된다. 이러한 적용 범위 확대를 통해, 1년 기준으로 상시근로자 1인을 고용하지 못하는 영세사업장의 근로자도 산재보험 혜택을 받을 수 있게 되었다. 또한 당연가입대상에 1988년에 현장실습생이, 2008년에 특수형태근로종사자가 포함되었다.[47] 상시근로자 5인 미만 사업장의 사업주는 임의가입대상자이다.

46) 윤조덕(2014), p.65 참조.

47) 특수형태근로종사자는 당연가입대상자이지만 적용제외 신청 시 탈퇴할 수 있다.

장기보험인 연금제도와 단기보험인 건강보험 및 고용보험과 달리 산재보험에는 단기보험과 장기보험 성격이 혼재되어 있다. 산재보험 급여 중 요양급여, 휴업급여, 유족보상일시금, 장해보상일시금, 간병급여, 직업재활급여 및 장의비는 단기보험 성격을, 장해보상연금, 유족보상연금, 상병보상연금 및 진폐연금은 장기보험 성격을 가지고 있다.

요양급여는 업무상 재해로 4일 이상의 요양이 필요할 때 의료기관에서 받은 요양 치료에 대해 지급하는 현물급여이다. 4일 미만의 업무상 재해는 요양급여 대상이 아니기 때문에 사업주 비용으로 치료받으며, 이를 공상이라 한다. 요양급여는 가장 먼저 발생하며 휴업급여와 장해급여 같은 다른 급여에 영향을 준다. 의학적 근거에 기초한 경제적 효율성을 강조하는 건강보험과 달리 산재보험에서는 재해근로자의 직장 복귀를 우선적으로 추구하기 때문에 양질의 의료 서비스를 제공한다.[48)]

휴업급여는 4일 이상의 요양 때문에 취업하지 못할 때 평균임금의 70%를 보상하는 현금급여이다. 과도한 금액의 휴업급여가 지급되는 것을 방지하기 위해 61세부터 휴업급여를 매년 4% 포인트 삭감해 65세 이후에는 20% 포인트 삭감한다.

상병보상연금은 요양 개시 2년 후에도 증상이 고정되지 않고 부상 또는 질병 상태가 폐질 1~3급에 해당할 때 휴업급여 대신 지급하는 급여이다. 장해등급 1급의 경우 평균임금의 329일분(평균임금의 90.1%)을, 장해등급 2급의 경우 평균임금의 291일분(평균임금의 79.7%)을, 장해등급 3급의 경우 평균임금의 257일분(평균임금의 70.4%)을 지급한다. 저소득 근로자에게 최저임금의 70%를 보장하고, 휴업급여처럼 61세부터 연금을 삭감한다.

장해급여는 요양 치료 후 장해가 남아 있을 때 지급하는 현금급여이며 급여 지출에서 차지하는 비중이 가장 높다. 장해등급 1~3급에 대해 상병보상연금과 같은 수준의 연금을 지급하며, 장해등급 4~7급에 대해 연금 또는 일시금을 선택할 수 있도록 하고, 장해등급 8~14급에 대해서는 일시금으로 지

---

48) 원종욱(2014), p.189 참조.

급한다.

유족급여는 사망 근로자의 임금으로 생활하던 유족의 생활을 보장하기 위한 급여이다. 사망 당시 생계를 같이 하던 가족에게 지급하는데, 유족보상연금 수준은 유족 1인의 경우 평균임금의 52%, 유족 2인의 경우 57%, 유족 3인의 경우 62%, 유족 4인 이상의 경우 67%이다. 유족이 희망하면 연금 대신 일시금을 지급한다.

산재보험의 재원은 주로 사업주가 부담하는 보험료로 조달되며, 근로자는 피보험자이고 사업주는 보험가입자이다. 다른 사회보험과 달리 사업주가 모든 보험료를 부담하는 것은 사업주의 재해보상 책임과 민법상 손해배상 책임의 전부 또는 일부를 면제해 주기 때문이다. 그러나 특례가입 대상자인 특수형태근로종사자의 경우 사업주와 당사자가 보험료를 절반씩 부담하며, 임의가입대상자는 본인이 전액 부담한다. 업종별로 분류한 보험료율을 적용하되 사업장의 재해 활동 결과를 반영하는 개별실적요율제도를 통해 업종별 보험료율을 조정한다. 개별실적요율제도에서 상시근로자 30인 이상 사업장에 대해 최대 20%를 할인 또는 할증한다.

산재보험제도의 주요 문제점은 다음과 같다. 첫째, 산업재해 예방 기능이 취약해 사고사망만인율(근로자 10,000명당 사망자수 비율)이 일본, 미국, 독일, 영국 및 싱가포르와 비교해 월등히 높고 산업안전 수준이 OECD 국가 중 최하위권이다.[49] 〈표 14-9〉에 따르면 산재 사망자가 매일 평균 6명 발생한다. 문재인 정부는 사망재해를 절반으로 줄이겠다는 목표를 가지고 출범했지만 사망자 수는 줄어들지 않았다. 안전 규제를 대폭 강화한 산업안전보건법(일명 김용균법)이 2018년 12월 개정됨에 따라 그동안 부실하게 운영되던 사업장 안전과 감독이 내실화되면 향후 시망재해가 줄 것으로 기대한다. 또한 개별실적요율제도가 사업주의 예방 노력을 강화하기 위한 산재 예방 투자를 유인하기에 취약하다.[50] 둘째, 재활 기능이 취약하고 여전히 보상 위주로 운영되고 있다. 현금급여 수준

49) 김상호(2015), p.214 참조.

50) 개별실적요율제도의 개선방안에 대해서는 김상호 외(2011) 참조.

표 14-9 최근의 산업재해 추이(2014-2023)

구분		2014	2016	2018	2020	2022	2023
사망 만인율 (‱)	합계	1.08	0.96	1.12	1.09	1.10	0.98
	사고	0.58	0.53	0.51	0.46	0.43	0.39
	질병	0.50	0.44	0.61	0.62	0.67	0.58
사망자 수(명)	합계	1,850	1,777	2,142	2,062	2,223	2,016
	사고	992	969	971	882	874	812
	질병	858	808	1,171	1,180	1,349	1,204

자료: 고용노동부(2024), pp.19-27.

은 높은 반면 재활서비스 기능이 취약해 재활에 적극적으로 참여하도록 하는 유인이 부족해 장기요양을 유발한다. 셋째, 산업구조 변화로 자영자와 근로자 성격이 혼재해 있는 특수형태근로종사자가 증가하지만 이들 대부분이 적용의 사각지대에 놓여 있다. 넷째, 미래의 연금 지출을 위해 적립한 기금(2024년 말 기준 23조 8,775억 원)이 미래의 연금 채무를 충당하기에 턱없이 부족하다.

3.1.5 노인장기요양보험제도

노인장기요양보험(long-term care insurance)은 가족이 책임지던 노부모 수발에 대한 위험을 사회적 돌봄을 통해 해결하기 위해 2008년 7월 도입되었다. 우리나라는 유교 전통의 영향을 받아 일상생활을 혼자서 수행하기 어려운 노부모의 수발을 가족이 책임져 왔다. 그러나 핵가족화로 부모 부양이 어려워지고 경제적 부담 역시 적지 않아 노인 수발의 위험이 사회적 위험으로 인식되었고, 이에 따라 위험공동체를 구성해 공동으로 대처할 필요성이 증가했다. 이러한 상황에서 독일(1995년 도입)과 일본(2000년 도입)의 제도는 우리나라가 고령 또는 노인성 질병 때문에 일상 활동을 혼자서 수행하기 어려운 노인의 신체활동이나 가사 활동 지원을 위한 제도를 설계할 때 벤치마킹의 대상이 되었다.

장기요양급여 제공의 기본원칙은 최대한 자립적으로 일상생활을 수행할 수 있도록, 노인의 종합적 욕구를 고려하고, 재가급여 우선으로, 의료서비스와 연계해 급여를 제공하는 것이다. 독일에서 비용지출의 효율성을 위해 재가급여 우선원칙을 적용하는 반면 일본에서는 가족구성원(특히 여성)의 과중한 부담을 예방하기 위해 시설급여 우선원칙을 적용하고 있다. 노인장기요양보험 역시 여타 사회보험처럼 보험료가 주된 재원이며, 관리운영기관은 국민건강보험공단이다.

노인장기요양보험 적용 대상은 건강보험과 동일하며, 의료급여 대상자는 보험료를 부담하지 않고도 동일한 급여를 받을 수 있다. 급여를 받으려면 장기요양 인정자로 선정되어야 하는데, 이를 위한 신청 대상자는 65세 이상의 노인 또는 노인성 질환을 가진 65세 미만의 국민이다. 장기요양등급은 1~5등급으로 구분되며, 급여 종류로 재가급여, 시설급여 및 가족요양비가 있다. 재가급여와 시설급여는 현물급여로 지급되며, 가족요양비는 특수한 사정상 재가급여와 시설급여 이용이 어려워 가족 등이 보호할 때 지급된다. 장기요양 1~2등급은 시설급여를 받을 수 있고, 3~5등급은 치매 등으로 재가급여가 어려울 때 시설급여를 받을 수 있다.[51] 재원은 보험료, 국고지원금 및 의료급여 지원금으로 구성되는데, 2025년 보험료는 건강보험 보험료의 12.95%(소득의 0.9182%)이다.

노인장기요양보험의 주된 문제점으로 다음을 지적할 수 있다. 첫째, 시설에서 제공하는 서비스 질에 관한 문제이다. 장기요양시설의 인력 부족 등으로 노인에 대한 관리 소홀과 학대가 언론을 통해 종종 보도되고 있는데, 부실한 관리를 개선해 서비스의 질을 높여야 한다. 둘째, 제도상 재가급여 제공이 원칙임에도 불구하고, 현실에서 재가급여를 제한하는 다양한 규정 때문에 시설급여 위주로 운영되고 있다. 정책의 최우선이 돌봄 노인의 복지 증진에 있는 만큼, 노인이 편안하게 생활할 수 있도록 살던 곳에서 서비스를 받을 수 있게 재가급여 위주로 운영을 전환하여야 한다. 이는 세계적 추세인 Aging in Place 개념에도 부합한다. 셋째, 고령화 진전으로 지출이 급증해 보험료율 인상 속도가 빠르고, 앞으로 고령화가 더욱 가속화될 것으로 예상되기 때문에 재원 조달 압박이 가중될 것이다. 이에 대비해 지출 합리화 등의 재정 건정성 확보를 위한 대책을 조속히 수립해야 한다.

---

51) 이윤경(2018), p.421 참고.

3.2 공공부조제도

공공부조제도(public assistance system)는 기본생계가 어려운 빈곤층을 보호하기 위한 최종 사회안전망이다. 일반예산에서 재원이 조달되며 자산조사를 통해 수급자를 선정하기 때문에 사회적 낙인효과가 큰 특징이 있다. 우리나라 공공부조제도는 1961년 도입된 생활보호제도에서 시작되었는데, 생활보호제도 지원 대상자는 ① 65세 이상의 노쇠자, ② 18세 미만의 아동, ③ 임산부, ④ 질병 또는 심신장애로 근로 능력이 없는 자, ⑤ 기타 생활이 어려운 자이면서 동시에 부양의무자가 없거나 있어도 부양 능력이 없는 자로 제한되었다. 이처럼 엄격한 인구학적 기준과 부양의무자 기준을 선정 기준으로 적용하고 생계보호 중심의 현물급여 위주로 운영했다. 이에 따라 근로 능력이 있는 사람은 급여를 받을 수 없고 시혜 차원의 제도여서 수급 대상자의 낙인효과가 컸다.

생활보호제도의 문제점은 1997년 10월에 시작된 IMF 외환위기 때 극명하게 노출되었다. 1997년 11월 57만 명이던 실업자 수가 1998년 10월에 150만 명으로 급증해 실업자 빈곤 문제가 심각했지만 생활보호 대상자 선정기준으로 엄격한 인구학적 요건을 적용했기 때문에 수급 대상자 확대에 한계가 있었다. 또한 선정 기준에 소득과 재산을 중복적으로 적용했기 때문에 재산은 있지만 소득이 없는 실업자를 보호할 수 없었다.

이러한 상황을 반영해 저소득층에 대한 보호를 강화하고 수급자의 권리와 빈곤에 대한 국가 책임을 강조하는 국민기초생활보호제도가 2000년 10월 도입되었다. 기존의 수급자 선정 기준이었던 근로 능력 여부, 연령, 임산부 및 장애 등이 폐지되었으며, 소득과 재산을 합산한 소득인정액과 부양의무자 기준이 적용되었다. 가구의 소득인정액이 최저생계비 이하이고 부양의무자 기준을 충족하면 급여를 받을 수 있게 되었다. 선정 기준을 완화하면서 수급권자 범위를 확대하고, 동시에 자활제도를 통해 수급자의 빈곤 탈피 노력을 유도하는 방식으로 제도를 설계했다. 급여 종류에는 생계급여, 주거급여, 의료급여, 교육급여, 해산급여, 장제급여 및 자활급여가 있다. 이 중에서 일상생활에 필요한 현금을 지급하는 생계급여가 가장 중요한 급여이다. 자활급여는 자활사업 참여를 조건으로 생계급여를 지급하는 새롭게 도입된 급여이다.

국민기초생활보장제도의 도입은 빈곤정책의 획기적 변화로 평가할 수 있으며, 제도의 특징은 다음과 같다. 첫째, 생활보호제도와 달리 근로능력이 있는 빈곤층(working poor)이 적용 대상에 포함되었다. 둘째, 근로 능력이 있는 비취업자에게 자활사업 참여를 조건으로 생계비를 지급할 수 있다. 자활급여는 자활사업 참여를 수급 요건으로 하고, 이를 이행하지 않으면 급여를 삭감하는 근로연계복지(workfare) 프로그램이다. 셋째, 시혜적 차원의 제도에서 생존권적 권리를 보장하는 제도로 전환되었다.

그러나 수급 가구로 선정되는 것이 어려워 일단 선정되면 수급 대상에서 벗어나지 않으려는 빈곤의 함정에 빠지기 쉬웠다. 또한 생계급여를 받으면 여타 급여도 받을 수 있는 '전부 아니면 전무'(all or nothing)의 통합급여 방식이었다. 통합급여 방식에서는 근로소득이 최저생계비를 초과해 생계급여 수급 자격을 상실하게 되면 여타 급여 수급 자격도 상실하기 때문에 수급 자격 기준을 초과하지 않도록 일정 지점부터 노동 공급을 줄여 탈수급 효과가 작았다.

이러한 문제를 인식하고 2015년에 통합급여 방식을 맞춤형 급여 방식으로 개편했다. 제도 개편의 목적은 사각지대를 해소하고, 급여 수준을 적정화하며, 취업과 탈수급을 촉진하는 것이었다. 사각지대 해소를 위해 급여별 선정 기준을 달리하고 부양의무자 기준을 완화했다. 또한 급여 수준 적정화를 위해 선정과 급여 기준을 최저생계비에서 기준 중위소득으로 변경했다. 취업을 통한 탈수급 효과를 높이기 위해 주거급여, 교육급여 및 의료급여 수급 요건을 생계급여보다 높게 설정해 생계급여를 수급하지 못해도 여타 급여를 수급할 수 있도록 했다(〈표 14-10〉 참조).[52]

수급자로 선정되려면 소득인정액 기준과 부양의무자 기준을 충족해야 하는데, 소득인정액 기준은 가구의 소득인정액이 급여종류별 수급자 선정 기준 이하일 때 충족된다. 예를 들면 가구의 소득인정액이 기준 중위소득의 32%보다 작을 때 생계급여의 소득인정액 기준이 충족된다. 소득인정액은 소득평가

52) 김태완(2018), pp.334-336 참조.

표 14-10 중위소득 및 기초생활보장 급여별 선정 기준(2024) (단위: 원)

구분	1인가구	2인가구	3인가구	4인가구	5인가구	6인가구	7인가구
기준 중위소득	2,228,445	3,682,609	4,714,657	5,729,913	6,695,735	7,618,369	8,514,994
생계급여 (32%)	713,102	1,178,435	1,508,690	1,833,572	2,142,635	2,437,878	2,724,798
의료급여 (40%)	891,378	1,473,044	1,885,863	2,291,965	2,678,294	3,047,348	3,405,998
주거급여 (48%)	1,069,654	1,767,652	2,263,035	2,750,358	3,213,953	3,656,817	4,087,197
교육급여 (50%)	1,114,223	1,841,305	2,357,329	2,864,957	3,347,868	3,809,185	4,257,497

자료: 보건복지부 홈페이지(2025.4).

액에 재산의 소득환산액을 합산해 산정하는데, 재산의 소득환산액은 재산(주거용 자산, 일반재산, 금융자산, 승용차)에서 기본재산액과 부채를 차감한 후 소득환산율을 곱해 계산한다. 부양의무자 기준은 부양의무자가 없거나, 부양의무자가 있어도 부양 능력이 없거나, 부양 능력이 있어도 부양받을 수 없을 때 충족된다. 부양의무자 범위는 1촌의 직계혈족(부모, 아들, 딸)과 그 배우자이다.[53)]

국민기초생활보장제도의 특징은 보충성원칙을 적용해 최저 수준의 생활을 보장하는 데 있다. 이에 따라 생계급여 선정 기준과 해당 가구 소득인정액 간의 차액을 산정해 지급한다. 의료급여는 수급 대상자가 보험료 부담 없이 건강보험의 요양급여 혜택을 받을 수 있도록 하는 급여이다. 주거급여는 기준 임대료를 상한액으로 해 임차료를 지원하는 사업과 자가 가구의 주택개량비를 지원하는 사업으로 구성되어 있다. 교육급여로 초중고 학생에게 수업료, 교과서 비용 및 학용품비를 지원한다. 출산 시 지급하는 해산급여(2024년 70만원)와 사망자에 대해 지급하는 장제급여(2024년 80만원)도 있다.

53) 기초생활보장 수급자 수는 2023년에 2,554,627명(일반수급자 2,458,608명, 시설수급자 96,019명)이다(보건복지부 2024, p.19).

국민기초생활보장제도의 주요 문제점으로 다음을 지적할 수 있다. 첫째, 보충성원칙 때문에 가계소득이 전혀 없을 때 지급하는 최대 금액에서 가계소득을 차감한 금액이 생계급여로 결정되는데, 이것이 근로 동기에 부정적 영향을 미쳐 취업을 저해하고 불법 취업의 원인으로 작용해 탈빈곤과 탈수급 효과가 작다. 둘째, 자활사업 참여를 조건으로 비취업자에게 생계비를 지원해 수급을 탈피하도록 하는 자활급여의 효과가 작다.

3.3 기초연금제도

노무현 정부는 2003년부터 국민연금의 장기 재정 위기를 완화하기 위해 개혁을 추진했다. 장기 재정 안정화를 위해 국민연금 급여 수준을 낮출 필요성에 대해 논의하는 과정에서 이미 은퇴한 노인의 빈곤 문제가 주요 쟁점으로 부상했다. 노인 빈곤의 주요 원인으로 부모 부양과 자식 부양의 이중 부담에 따른 노후 준비 부족, 국민연금제도의 늦은 도입에 따른 적용 제외, 핵가족화와 젊은 세대의 사고 변화에 따른 부모 봉양 의식의 결여를 들 수 있다. 또한 조기 정년 관행도 노인들의 경제력 약화를 가중시켰다.

심각한 노인 빈곤 문제를 완화할 필요성에 여야가 공감해 만 70세 이상 노인 중 소득 하위 60%에게 국민연금 산식의 A항(균등항목) 값의 5%에 해당하는 금액을 연금으로 지급하는 기초노령연금제도가 2008년 1월 도입되었다. 적용 대상을 2008년 8월에 만 65세 이상 노인으로, 2009년 1월에 소득 하위 70%로 확대했다. 또한 급여 수준을 2028년까지 국민연금 산식 A항 값의 10%로 인상하도록 개정되었다. 공무원연금, 사학연금, 군인연금, 별정우체국연금 수급권자와 그 배우자는 기초연금 수급 대상에서 제외되었다.

2012년 대선에서 박근혜 후보가 급여를 월 20만 원(이는 당시 국민연금 산식 A항 값의 10%에 해당)으로 인상할 것을 공약했고, 당선 후 2014년 7월 기초노령연금을 기초연금으로 개편하고 급여를 월 20만 원으로 인상했다. 2017년 대선에서는 문재인 후보가 급여를 월 30만 원으로 인상할 것을 공약한 후 실행했다. 윤석열 대통령은 임기 중 급여를 월 40만 원으로 인상하겠다고 발표했다.

표 14-11 처분가능소득 기준 상대빈곤율(중위소득 50% 기준) 추이 (단위: %)

	2012	2014	2016	2018	2020	2021	2022	2023
근로연령인구 (18세 65세)	13.6	13.6	12.7	11.5	10.3	10.1	10.0	9.8
노인인구 (65세 이상)	45.2	44.4	43.5	42.0	39.1	37.6	38.1	38.2

자료: 통계청 국가통계포탈 가계금융·복지조사 소득분배지표.

한편 부부 모두 기초연금을 수급하면 각각에 대해 20%를 감액한다. 기초연금 예산은 2009년 3조 4,106억 원에서 연금액 인상과 적용대상자 증가로 2025년에 26조 1,000억 원으로 증가했다.

우리나라에서는 노인인구의 상대빈곤율이 근로연령 인구의 상대빈곤율보다 월등히 높다. 〈표 14-11〉에서 기초연금 인상이 2014년 이후 노인의 상대빈곤율 완화에 일정 부분 기여한 것을 알 수 있으며, 이는 기초연금의 성과로 평가할 수 있다. 2023년에 65세 이상 노인의 상대빈곤율이 38.2%로 매우 높게 측정되는 이유 중의 하나는 상대빈곤율을 측정할 때 소득만 지표로 사용하고 부동산 같은 자산을 제외하기 때문에 자산이 많아도 소득이 낮으면 빈곤 노인으로 분류되는 데 기인한다. 이러한 이유로 우리나라의 노인빈곤율이 과장되었다는 비판을 받기도 한다.[54]

기초연금의 주된 문제점으로 다음을 지적할 수 있다. 첫째, 2022년의 경우 기초연금의 빈곤 감소 효과는 6.4% 포인트에 불과하다(기초연금 지급을 통해 노인빈곤율이 44.5%에서 38.1%로 하락).[55] 65세 이상 노인 중 소득 하위 70%에게 동일한 금액을 기초연금으로 지급하기 때문에 목표 효율성(target efficiency)이 낮다. 빈곤 완화 효과를 높이려면 지원 대상을 축소하고 취약노인을 집중적으로 지원해야 한다. 둘째, 급격한 고령화로 노인인구가 빠른 속도로 증가해 향후 소요 비용이 급증해 2060년에 GDP의 3.0%에 달할 것으로 추정한다(김상호

54) 윤석명(2018), pp.125-127 및 김상호(2021), p.46 참조.

55) 김상호(2025), p.189 참조.

2021, p.49). 잠재성장률이 계속 하락해 2040년대에 0.1%에 불과할 것으로 예상하는 상황에서 재정압박을 완화하기 위해 지출 효율성을 높이는 제도 개선이 필요하다.

3.4 사회복지서비스

사회복지서비스가 과거에 빈곤 퇴치와 취약계층의 생활 여건 개선에 중점이 주어졌지만 최근에는 사회의 도움을 필요로 하는 모든 사회구성원의 삶의 질을 향상시키는 것으로 적용 대상과 목표가 확대되었다. 이에 따라 최저생활 보장에서 최적 보장으로, 자선 차원에서 복지기본권 보장 차원으로 목표가 변했다. 사회복지서비스 예산은 노인복지, 아동복지 및 장애인복지에 주로 사용된다.

평균수명 연장으로 노인인구 비중이 증가함에 따라 노인복지에 대한 수요는 계속 증가할 것이다. 고령화에 대한 대응으로 저출산·고령사회기본법이 2005년 제정되고 대통령 직속 저출산고령사회위원회가 출범하면서 노인 복지서비스 정책이 전환점을 맞이했다.

고령자의 사회참여 기회를 확대하기 위한 노인일자리사업 예산이 꾸준히 증가해 2025년에 2조 1,847억으로 109만 8,000개의 노인일자리를 제공한다. 노인일자리사업은 공익 활동, 사회서비스형, 사회서비스형 선도모델 및 시장형으로 구성되는데, 가장 높은 비중을 차지하는 공익 활동의 경우 노노케어, 취약계층 지원, 공공시설 봉사, 경륜전수 활동에 월 30시간 이상(일 3시간 이내) 활동하면 월 29만원의 활동비를 지급한다. 노인일자리사업은 노인들의 부족한 소득을 지원하고 사회활동 참여를 통해 우울증을 감소시키며 건강을 회복시키는 사업이라는 긍정적인 평가도 있지만 효율성이 낮은 퍼주기 사업이라는 비판도 있다.

아동 복지서비스는 보호가 필요한 아동(요보호아동)을 대상으로 하는 복지서비스와 모든 가정의 아동을 대상으로 하는 복지서비스로 구분할 수 있다. 보호가 필요한 아동을 대상으로 하는 복지서비스는 학대아동 보호서비스, 가정위탁 보호와 입양서비스, 시설보호서비스 및 빈곤아동대상 지역사회서비스로 구분할 수 있다. 부모의 실직, 빈곤, 방임 및 가족해체 등으로 발생하는 요보호아동 수는 감소하는 추세이다.

반면에 모든 가정의 아동을 대상으로 하는 복지서비스는 폭발적으로 증가하고 있다. 합계출산율이 2000년 1.48에서 2024년에 0.75로 하락했다. 여성의 경력단절이 출산을 기피하는 중요한 요인이라는 인식 아래, 정부는 출산장려책의 일환으로 일가정 양립을 지원하기 위해 2016년 7월 맞춤형 보육사업을 실시했다. 2025년에는 영유아 보육료 지원사업을 통해 0~5세 아동의 어린이집 이용을 위한 보육료(월 81만 원까지)를 지원한다. 어린이집 또는 유치원을 이용하지 않고 가정에서 양육하는 취학 전 24개월 이상 86개월 미만 영유아에 대해서는 가정양육수당으로 월 10만 원을 지급한다. 또한 2025년에 만 7세(95개월)까지의 모든 아동에게 월 10만 원의 아동수당을 지급한다. 보육료 지원, 가정양육수당 및 아동수당은 부모의 소득 수준에 관계없이 모든 대상자에게 지급하는 보편적 복지 프로그램이다. 아울러 정부는 양질의 보육서비스를 제공하기 위해 부모들이 선호하는 국공립어린이집을 확충하고 있다.

장애인복지는 사회구조가 고도화되면서 교통사고와 산업재해 등으로 모든 사람이 장애인이 될 수 있는 위험에 처해 있기 때문에 점점 중시되고 있다. 장애인에 대한 소득지원은 1990년 저소득 중증장애인에 대한 시혜적 차원의 생계수당(2만원)으로 시작해서 2010년 7월에 중증장애인연금으로 확대되었다. 중증장애인연금은 만 18세 이상의 중증장애인 중 본인과 배우자의 소득과 재산을 합산한 금액이 선정기준액 이하일 때 지급되는데, 선정기준액은 만 18세 이상 중증장애인의 70%가 연금을 수급할 수 있도록 설정된다. 만 65세 이상의 중증장애인에게는 기초연금이, 만 18세 이상의 경증장애인에게는 장애수당이, 18세 미만 장애아동에게는 장애아동수당이 지급된다.

장애인에 대한 돌봄지원은 연령으로 구분할 수 있는데, 65세 미만에게 장애인활동 지원서비스를, 65세 이상에게는 노인장기요양보험제도의 서비스를 제공한다.[56] 장애인 문제를 근본적으로 해결하기 위해 장애 발생을 최소화하

56) 이민경(2018), p.476 참조.

표 14-12 공공사회복지지출의 GDP 대비 비중과 노인인구 비율 추계(단위: GDP 대비 비율, %)

	2024	2030	2040	2050	2060	2065
소계	15.7	17.2	20.5	24.0	26.2	27.1
사회보험	8.5	10.2	13.2	16.6	18.9	19.8
일반재정	7.2	7.1	7.2	7.3	7.3	7.3
노인인구 비율	20.0	25.3	34.3	40.1	44.2	46.6

자료: 사회보장위원회(2024), pp.8-10.

는 것이 중요하며, 이를 위해 모자보건사업과 건강검진 강화뿐만 아니라 교통사고와 산업재해 예방 강화가 중요하다. 또한 국민의 장애인에 대한 인식 전환도 필요하다.

3.5 복지재원 조달의 지속가능성

우리나라 공공사회복지지출의 GDP 대비 비중은 2022년 14.8%로 OECD 평균의 70% 수준이다(〈표 14-5〉 참조). 그런데 추계시점(2024년)의 제도가 미래에 그대로 유지된다는 보수적 가정하에 추정한 공공사회복지지출의 GDP 대비 비중이 2065년에 27.1%로 증가한다(〈표 14-12〉 참조). 이의 주된 원인은 노인인구 비중이 2024년 12월 20.0%에서 2065년에 46.6%로 급증하고, 국민연금제도의 성숙으로 노령과 유족 분야 지출이 11.9%로, 보건 분야 지출이 10.6%로 상승하기 때문이다.[57] 미래에는 공공사회복지지출의 대부분을 연금과 보건 분야가 차지하게 된다. 인구구조 변화에 기인하는 요인 외에 미래의 낮은 경제성장률도 공공사회복지지출의 GDP 대비 비중을 급증시키는 요인이다.

아직 노인인구 비중이 높지 않고 국민연금제도에서 연금을 수급하지 못하는 노인의 비중이 높기 때문에, 공공사회복지지출의 GDP 대비 비중은 낮은 편이다. 따라서 노인 빈곤 완화를 위해 복지지출을 확대해야 한다는 주장이 설득력이 있으며, 이를 위한 재정 여력도 존재한다. 그러나 우리나라 경제가 점차 성장 동력을 상실할 것으로 예상되는 가운데, 급속한 고령화, 국민연금의 성

57) 사회보장위원회(2024, p.12) 참조.

숙, 노인을 위한 보건 지출의 증가 등으로 복지지출에 대한 수요가 폭발적으로 증가할 것으로 보인다. 이에 따라 미래의 복지재원 조달 가능성에 대해 심각한 우려가 제기되고 있다. 특히 2065년 복지지출의 대부분이 의무지출 항목일 것으로 예상되어 정부가 유연하게 재정을 운영할 여력을 상실할 가능성이 크다. 복지 혜택은 한 번 도입되면 번복하기 어려운 특성이 있기 때문에, 복지 혜택 확대를 결정할 때에는 미래의 재원 조달 가능성을 충분히 고려하고 신중하게 접근해야 한다.

제 7 절　분배정책

1. 의의와 목적

시장경제체제에서 소득분배는 원칙적으로 각 생산요소가 생산에 기여한 공헌도에 따라 결정된다. 생산에 대한 공헌도는 생산요소 투입량과 그 요소의 가격에 의해 결정되는데, 요소 가격은 해당 요소에 대한 시장의 수요와 공급 상황에 따라 형성된다. 따라서 요소의 보유량, 생산요소시장에서의 수급 상황 및 시장의 경쟁 정도 등이 소득분배에 영향을 미친다. 만일 요소시장이 매우 경쟁적이어서 요소 가격이 그 요소의 생산성을 제대로 반영한다면 해당 요소의 소득은 생산에 기여한 만큼의 보상을 받게 되며, 이 경우 소득분배는 공평하다고 할 수 있다. 그러나 실제의 요소시장은 많은 경우 경쟁적이지 못하기 때문에 생산요소 가격이 요소의 생산성을 제대로 반영하지 못하는 경우가 많다. 설령 요소시장이 경쟁적이어도 요소의 한계생산성을 정확히 측정하는 것은 어렵기 때문에 요소 가격이 요소의 생산기여도를 제대로 반영하기 어렵다.

이러한 점을 논외로 하더라도 시장경제체제에서 분배상의 불공평이 발생할 소지가 많다. 예를 들면 생산요소 가격은 요소시장의 수급 상황에 영향을 받는데 만일 어떤 요소, 예컨대 노동이 과잉 공급되어 실업이 발생하면 실업자는 능력과 관계없이 소득을 상실하게 되므로 분배상의 문제가 발생한다. 뿐만 아니라 병약자나 장애자 또는 고령자는 능력이 매우 제한적이며 낮은 소득 때문에 생계를 유지하기 어려운 경우도 있다. 이러한 경우에도 소득분배를 시장기구에만 맡기면 소득분배는 불공평해질 수밖에 없다. 또한 부모로부터 많은 상속을 받았거나 부동산 투기 같은 불로소득으로 많은 재산을 축적한 사람이 있다면 그들의 소득은 능력과 관계가 없기 때문에 소득분배가 공평하다고 보기 어렵다.

교육 수준 차이로도 소득격차가 생길 수 있다. 고학력자는 높은 임금을 받고 저학력자는 낮은 임금을 받게 되는데, 이는 기본적으로 능력 차이에 기인하기 때문에 능력 기준에서 본다면 저학력자의 소득이 낮다고 해서 분배가 불공평하다고 보기 힘들다. 그러나 고학력자와 저학력자 간의 소득격차가 심하다든지 또는 저학력자의 부양가족이 많아 낮은 소득으로는 생활하기 어려운 경우 계층 간 위화감이 생기기 때문에 사회적 형평의 증진이란 측면에서 고소득자 소득의 일부를 저소득자로 이전해 주는 것이 바람직하다.

이상에서 지적한 것처럼 시장경제체제에서 여러 가지 요인으로 분배상의 불공평이 생기거나 사회적 형평이 저해되는 경우가 있는데 이를 요약하면, ① 능력이나 노력의 차이, ② 상속 등 재산상의 차이, ③ 교육의 차이, ④ 직업의 차이, ⑤ 우연과 행운 등으로 나눌 수 있다.[58]

분배정책은 이러한 여러 요인에 의해 발생하는 소득과 자산의 개인 간 또는 계층 간 격차를 줄이거나 해소해 사회구성원의 사람다운 삶을 보장해 주는 국가의 행위라고 할 수 있다. 따라서 분배정책의 목적은, 첫째, 사회구성원이 가능하면 높은 수준의 능력소득, 특히 근로소득을 갖도록 하며, 둘째, 소득은 경제적 능력에 따라 결정되도록 하고 능력에 의하지 않은 소득의 발생을 억제해 사회구성원의 근로의욕을 높이고, 셋째, 부양가족의 부담이 큰 가계에 대해 부담 경감을 도와주고 근로 능력이 없거나 매우 제한된 사람에 대해 최저생활을 보장해 주는 데 있다.[59]

58) 분배상의 불공평이 생기는 요인에 대해서는 이준구(1989), p.112; 김창남(1990), p.74 참조.

2. 소득분배의 개념과 분류

2.1 기능별 소득분배와 계층별 소득분배

소득분배는 보는 관점에 따라 여러 가지로 구분되는데, 분배이론에서 대표적으로 사용되는 개념이 기능별 소득분배(functional distribution of income)와 계층별 소득분배(size distribution of income)다. 기능별 소득분배는 생산요소가 생산과정에 참여한 기능에 따라 생산요소의 소유자 또는 공급자들에게 소득을 분배하는 것을 말한다. 생산과정에 노동을 공급한 노동자들에게 돌아가는 소득을 노동소득이라 한다. 자본을 제공한 자본가에게 돌아가는 소득을 자본소득이라 하며, 토지소유자에게는 임대소득인 지대가 발생한다. 토지를 소유한 지주는 자본가이기 때문에 지대를 자본소득에 포함시키면 기능별 소득은 노동소득과 자본소득으로 나눌 수 있다.

이와 같이 소득분배를 기능별로 보는 것은 사회계층을 자본가계급과 노동자계급으로 나눌 때 양 계급 간에 소득분배가 어떻게 이루어지는가를 보고자 하는 데 목적이 있다. 이러한 기능별 소득분배는 역사적으로 보면 자본주의 경제의 발전 초기에 분배이론 또는 정책의 주류를 형성했다. 왜냐하면 총소득이 자본가계급과 노동자계급의 어느 쪽에 많아 돌아가느냐는 이념적으로 중요하고 정치적으로 민감한 사항일 수 있었기 때문이다.

기능별 소득분배는 경제이론에서 아직도 중요한 역할을 하지만 경제정책에서는 그 중요성을 거의 상실했다. 그 주된 이유는 경제가 발달하고 소득 수준이 향상됨에 따라 서구 선진국에서처럼 사회계층을 자본가와 노동자계급으로 이분(二分)하는 것은 비현실적이기 때문이다. 노동자도 자산을 소유해 자본가가 되고 자본가도 최고경영자의 경우처럼 근로소득이 주요 소득원천이 되기 때문에 자본가와 노동자의 이분법(二分法)은 현실에 맞지 않게 되었다.

따라서 소득분배의 실상을 파악하기 위해서는 소득의 원천이 자본에 대

---

59) H. Lampert(1982), p.71 참조.

한 보수인지, 노동에 대한 보수인지를 따지기보다는 개인이나 가계가 실제로 가지는 수입(소득) 총액이 얼마나 되는지를 비교하는 것이 더 중요해졌다. 이와 같이 소득이 그 원천에 관계없이 개인이나 가계에 어떻게 배분되는지를 보는 것을 인적 소득분배(personal distribution of income)라 한다. 그러나 인적 소득분배를 개인이나 가계별로 계산해서 국민 전체의 소득분배를 따져보는 것은 현실적으로 어렵고 통계적으로도 큰 의미가 없기 때문에 가계를 소득 계층별로 나누어 고찰하는 것이 더 유용하고 편리하다. 이렇게 국민소득을 계층별로 나누어 분석하는 것을 계층별 소득분배라고 한다. 일반적으로 인적 소득분배라 할 때는 계층별 소득분배를 의미한다. 따라서 오늘날 소득분배가 잘 이루어졌는지 여부를 판단할 때는 계층별 소득분배를 기준으로 삼는다. 소득의 원천이 자본소득이든 노동소득이든 또는 정부의 이전소득이든 그것은 최종적으로 별로 중요하지 않다.

2.2 1차 소득분배와 2차 소득분배

앞에서 소득이 자본소득인가 노동소득인가를 따지는 기능적 분배와 원천을 따지지 않는 계층별 분배를 설명했다. 이어서 소득분배가 시장에 의해 결정되는가 아니면 정부에 의해 결정되는가에 따라 1차 소득분배(primary distribution of income)와 2차 소득분배(secondary distribution of income)로 나눌 수 있다.

1차 소득분배는 시장기구에 의해 결정되는 소득분배를 말한다. 생산요소 공급자는 생산과정에 참여한 대가로 요소소득을 받는데, 요소소득은 요소시장에서 결정되는 요소 가격과 요소 투입량에 의해 결정된다. 요소시장이 경쟁적이고 요소 가격이 요소의 생산성을 제대로 반영한다면 1차 소득분배와 기능적 소득분배는 동일한 개념으로 볼 수 있다. 다만, 후자는 소득을 자본소득과 노동소득으로 나누어 관찰하는 반면 ,전자는 그런 원천을 따지지 않고 소득분배의 결정 기구가 누구인가에 중점을 두는 점에서 차이가 있다.

시장기구에 의한 소득분배는 앞에서 지적한 것처럼 문제가 많기 때문에 정부가 여러 형태, 예컨대 조세와 이전지출을 통해 시장에 개입해 1차 소득분배에 개입하는 데, 정부에 의한 소득재분배정책을 통해 나타난 소득분배를 2차 소득분배라고 한다.

정부는 2차 소득분배에 큰 영향을 미치지만 1차 소득분배에도 영향을 미칠 수 있다. 예를 들면 정부는 최저임금과 이자율에 관여해 요소시장에 영향을 줄 수 있고, 재산형성정책이나 교육, 훈련 등을 통해서도 1차 소득분배에 영향을 줄 수 있다. 근로자에 대한 교육과 훈련을 지원해 그들의 생산성을 높일 수 있고, 근로자에 대한 주식배당이나 근로자증권저축 등을 장려해 1차 소득분배에 영향을 미칠 수 있다. 따라서 분배정책은 1차 소득분배와 2차 소득분배에 영향을 주는 정부의 모든 조치를 말한다고 할 수 있다.

3. 분배정책의 목표와 기본원칙

3.1 분배정책의 목표

분배정책의 목표는 소득분배의 불공정을 제거하거나 완화해 공평한 분배를 이루는 데 있다고 할 수 있다. 그러나 무엇을 공평하다고 할 수 있는가? 공평의 기준은 매우 추상적이고 관념적이어서 형식적인 목표는 될 수 있어도 실질적인 목표는 될 수 없다. 공평의 개념은 이념이나 주관적 판단에 따라 그 의미가 달라질 수 있다. 가령 자유주의자들이 보는 공평은 사회주의자들이 생각하는 공평과 다를 수 있기 때문이다. 따라서 공평이란 분배정책이 추구하여야 할 목표의 범위(Zielbereich)는 될 수 있어도 목표의 내용(Zielinhalt)이 될 수는 없다.[60]

정책의 목표는 정책결정자들이 여러 가지 대안 중에서 무엇이 가장 바람직한지 선택할 수 있는 기준, 즉 규범적 내용이 있는 기준을 가질 때만 의미가 있다. 어떤 기준이 규범적 내용을 갖지 못한다는 것은 여러 대안 중에서 무엇을 선택해도 좋다는 뜻인데, 이는 선택의 기준이 될 수 없고 공허한 형식에 불과하게 된다. 이와 마찬가지로 공평의 개념도 이를 보완해 주는 규범적 기준

60) B. Külp(1971), p.109 참조.

이 없으면 단순한 추상적인 개념으로 분배정책 목표로서의 역할을 할 수 없게 된다. 다시 말해, 공평이 분배정책의 목표가 되기 위해서는 규범적 내용을 가지는 기준에 의해 보완되어야 한다. 그렇지 않으면 실질적인 내용을 가질 수 없기 때문이다.

공평한 소득분배를 판단하는 기준으로 다음과 같은 세 가지 원칙이 존재한다.

- 평등원칙
- 성과(공헌)원칙
- 필요원칙

3.2 평등원칙

공평한 소득분배를 판단하는 중요한 기준으로 평등원칙이 있다. 평등원칙은 인간은 기본적으로 평등하기 때문에 동등한 소득을 요구할 권리가 있다는 사상에 기초한다. 평등원칙은 평등의 개념을 어떻게 이해해야 하느냐에 따라 다음 세 가지, 즉 ① 균등분배, ② 균등대우, ③ 최저생활보장으로 나누어진다.

첫째, 균등분배 개념으로서의 평등원칙이다. 균등분배란 사회의 모든 구성원이 일정한 기간 안에 동일한 수준의 소득을 가지는 경우를 말한다. 이러한 균등분배는 하나의 이상적인 목표로서 현실성은 부족하지만, 후생경제학 이론 측면에서는 흥미로운 주장이다. 후생경제학의 관심은 어떤 정책수단을 활용해 사회 전체의 후생을 극대화하느냐에 있는데, 전통적으로 후생경제 이론에 따르면 사회 전체의 후생 극대화는 모든 사회구성원에 국민총생산을 똑같게 분배할 때 가능하다. 소득 불균등이 존재하는 경우 잘사는 사람에게 불리하고 가난한 사람에게 유리하게 소득을 재분배하면 사회 전체의 효용이 증대하기 때문이다. 소득이 모든 구성원에 똑같이 분배되면 소득재분배를 통해 사회 전체의 효용을 증대할 수 없기 때문에 소득의 균등분배가 국민경제의 후생 극대화를 위한 최선의 정책대안이 된다. 그러나 이러한 이론은 사람 간의 효용 비교가 가능하며, 개인 효용의 합은 사회 전체의 효용과 같고, 모든 개인의 욕구구조가 동일하다는 등의 가정을 전제로 하는데, 이러한 가정은 현실성이 적다.[61)]

균등분배원리는 사람이 사람인 이상 다 같다는 면에서 정당화될 수 있고 이론적 측면에서 흥미롭지만 현실성이 부족하다. 사람은 능력이나 욕구, 생활환경 등이 서로 다르기 때문에 모든 사람에게 동일한 소득을 분배하는 데는 여러 가지 문제가 제기된다. 사람의 교육 수준, 연령, 가족 상황 등에 관계없이 똑같은 수준의 소득을 분배해야 하며, 특히 생산에 아무런 기여도 하지 못한 사람에게도 동등한 소득분배를 해야 하는지, 사람마다 취향이 다르고 욕구가 다른데 똑같이 소득을 분배한다는 것이 과연 개인의 자유를 침해하지 않는지 등 다양한 문제가 제기된다. 따라서 균등분배는 현실적으로 불가능할 뿐 아니라 바람직하지도 않다고 할 수 있다.

둘째, 균등대우 개념으로서의 평등원칙이다. 앞에서 지적한 것처럼 균등분배는 절대적 균등분배이기 때문에 평등 개념이 너무 경직적으로 사용되고 있다. 이러한 평등 개념의 경직성을 해소하기 위한 개념이 균등대우 또는 균등 취급의 개념이다. 이는 동일한 경우에는 동일한 대우를 해 주고 동일하지 않은 경우에는 다른 대우를 해 준다는 것인데, 전자를 수평적 평등(horizontal equity), 후자를 수직적 평등(vertical equity)이라 한다. 수평적 평등은 동일한 노동이나 능력에 대해 같은 임금을 지급하고 같은 부담을 부과해야 하며, 모든 사람에게 동일한 권리와 기회를 제공해야 하고, 모든 경제활동에 대해 같은 진입이 허용되어야 하는 것 등을 의미한다. 반면, 수직적 평등은 일의 성격이나 개인의 능력이 다를 경우, 그에 따라 다른 보수와 부담이 주어져야 한다는 것을 의미한다. 균등대우 개념은 절대적인 균등의 개념을 상대화시켜 많은 면에서 평등의 개념이 현실성을 가지게 되었다.

셋째, 최저생활 보장이라는 개념으로서의 평등원칙이다. 사람은 누구나 최저생활이 가능한 최소한의 소득을 보장받을 권리가 있고, 최저생활은 모든

61) B. Külp(1975), p.82; Ahrns · Feser(1982), p.180 참조.

사람에게 동일하기 때문에 공평의 기본원리가 되어야 한다는 주장이다. 이러한 이유 때문에 최저생활 보장은 공평한 분배의 기본요건으로 널리 인정된다. 최저생활 보장은 사람의 기본수요를 충족시켜 주는 최소한의 사람다운 생활을 의미하며, 의·식·주 같은 물리적 기본필요 외에 최소한의 사회적·문화적 생활이 가능한 문화적 기본필요까지 포함되어야 한다.

3.3 성과원칙

공평한 분배와 관련된 두 번째 원리로 성과원칙을 들 수 있다. 소득분배에서 성과원칙은 소득분배가 생산 활동에 참여한 생산요소의 성과에 따라 결정되어야 한다는 주장이다. 여기서 생산요소의 성과란 생산요소가 생산에 기여한 공헌도인 한계생산성을 말한다. 다시 말하면 각 생산요소가 그 요소의 한계생산성에 일치하는 보수를 받으면 소득분배가 성과원칙에 따라 이루어졌다고 할 수 있고, 그러한 소득분배는 공평하다는 것이다.

소득분배에서 성과주의는 자유주의 학자들에 의해 주장되었다. 그들에 의하면 시장의 수급 상황에 의해 결정되는 요소의 시장가격은 요소의 희소성을 잘 반영하기 때문에 요소의 객관적인 성과를 나타내는 지표가 될 수 있다는 것이다. 따라서 이들에 의하면 가장 공정한 분배는 시장에 맡겨두고 정부는 개입하지 않는 데 있다고 한다.

이러한 자유주의자들의 주장이 문제가 없는 것은 아니다. 우선 이들은 현실적으로 존재하기 어려운 완전경쟁시장을 전제로 한다. 기업가는 그들의 시장독점력을 이용해 상품가격에 영향을 주고 있고 노동시장에서 제도적 및 경제적 이유로 노동의 이동성이 제약받는 등 생산물시장과 요소시장이 불완전하기 때문에 생산요소의 가격, 예컨대 임금은 그의 생산성을 정확하게 반영하기 어렵다. 더욱이 실제의 임금은 자본가와 노동자 간의 역학관계에 의해 결정되는 경우가 많기 때문에 실제의 임금 수준은 노동의 한계생산성과 매우 다를 수 있다.

또한 성과원칙은 모든 시장참여자가 동일한 출발조건을 가지고 있는 것을 가정한다. 이 때문에 성과원칙에 의하면 소득분배의 불공평은 일하고자 하는 의욕의 차이인 성과 의욕의 차이에서 발생한다고 한다. 일을 하고자 하는 의욕이 동일하다면 성과도 같을 수밖에 없기 때문에 소득분배의 불공평이란 있을 수 없다는 것이다. 그러나 성과 의욕만큼이나 성과의 기초가 되는 성과자산도 중요하다. 성과 의욕이 같아도 성과자산, 예컨대 근로자가 얼마나 재산을 가지고 있고 어떤 수준의 교육을 받았으며 어떤 건강 상태에 있느냐에 따라 성과는 달라질 수 있다. 다시 말해, 출발조건이 다르면 성과도 달라질 수 있다는 것이다. 예를 들어, 재산을 많이 가진 자는 더 많은 소득을 얻을 수 있고 더 많은 부의 축적이 가능하지만 재산이 없는 사람은 이런 부의 축적이 불가능하기 때문에 빈부격차가 더 벌어질 수 있다. 또한 교육 수준이 높은 사람은 낮은 사람보다 같은 시간에 더 많은 수입을 올릴 수 있기 때문에 고학력자와 저학력자 간에 소득격차가 생기기 마련이다. 아울러 사람은 산재·질병·실업 등 사회적 위험에 직면하기 마련인데, 이 위험은 사람마다 다르게 나타날 수 있고 성과의 차이를 가져올 수 있다는 것이다.

이와 같이 성과원칙도 여러 가지 문제점을 지니고 있으나 시장경제체제에서 가장 중요하고 현실적인 분배정책의 원리가 되고 있다. 성과원칙은 자유주의 학자에 의해 주창되었는데, 이들에 의하면 분배 문제를 각자의 성과에 맡겨 두어야 경제활동의 자유가 가장 잘 보장된다. 성과원칙이 실현되면 모든 경제주체는 최선을 다하게 되어 자원의 최적배분이 이루어지고 국민총생산이 극대화된다는 것이다.

분배 문제에 대한 이러한 자유주의적 입장은 앞에서 지적한 것처럼 여러 가지 이유로 분배의 불공평을 가져올 수 있고, 이는 사회적 안정이나 평화와 충돌할 가능성이 있다. 물론 자본주의 시장경제에서는 능률인 성과가 매우 중요한 것이 사실이지만 형평도 중요하기 때문에 분배정책을 성과원리에 기반해서만 추진할 수 없다. 경제적 능률이 아무리 중요하다 하더라도 출발조건의 차이에서 오는 분배의 불공평은 정부가 해결해 주어야 할 중요한 정책과제이기 때문이다.

3.4 필요원칙

필요원칙은 경제주체가 각각 상이한 필요를 가지고 있기 때문에 그 상이한 필요에 따라 분배가 이루어져야 한다는 원리이다. 이 원리는 가톨릭교회의 사회론자들이 처음 주장했는데 성과원칙의 보완 원리로 사용되는 것이 일반적이다.

이 원리의 문제점은 "필요"를 어떻게 정의하느냐에 있다. 사람의 욕심은 무한하고 필요로 하는 것도 무한할 수 있기 때문에 필요의 크기를 개인이 결정할 수 없다. 만일 개별경제주체가 필요로 하는 것을 모두 열거한다면 아무리 잘 사는 나라라도 그 사회의 총소득을 투입해서도 충족시킬 수 없을 것이다. 따라서 무엇이 필요한가는 개별경제주체가 결정할 것이 아니라 국가가 결정해야 하며, 이는 정치적 판단에 맡길 수밖에 없다. 일반적으로 국가가 인정하는 필요는 우선 최소한의 생존 유지를 의미하는데 이를 국가가 보장해 주어야 하며, 이 근본적 필요 외에도 사회적 위험, 예컨대 질병, 산재 및 실업으로부터 생기는 부담은 국가가 책임져야 한다는 것이다.

4. 분배정책의 수단과 종류

4.1 1차 소득분배정책

앞에서 지적한 것처럼 소득분배정책은 두 가지 측면에서 접근할 수 있다. 하나는 1차 소득분배를 개선하는 방법이다. 분배정책이라 할 때 흔히 국가에 의한 재분배정책만을 의미하는 경우가 없지 않으나 사실 1차 소득분배를 개선하는 것이 더 중요한데, 이를 통해 분배 불평등의 원천을 개선할 수 있기 때문이다. 1차 소득분배정책의 수단은 임금정책, 재산형성정책 및 교육정책으로 나눌 수 있다.

4.1.1 고용 및 임금정책

분배정책의 핵심과제는 어떻게 하면 노동소득을 증대시키느냐에 있다. 노동소득은 노동 투입량과 임금에 의해 결정되며 노동 투입량은 고용량에 의해 결정되는데, 고용량은 경제성장과 밀접한 관계를 가지고 있다. 경제성장률이 높으면 높을수록 고용도 커지고 노동소득도 증가한다. 우리가 흔히 경제성장이 최선의 분배정책이라는 것도 이러한 이유 때문이다. 그러나 노동 공급이 주어졌다 한다면 노동소득이 임금 수준에 의해 결정되기 때문에 임금정책이 분배정책에서 중심적인 역할을 한다 해도 과언이 아니다.

높은 임금은 노동소득의 증대를 가져오지만 동시에 자본소득의 몫을 줄이기 때문에 임금정책은 자본가 측면에서 보면 쉽게 양보할 수 없는 사안이다. 또한 임금은 성별, 직종별, 교육 수준별로 그 수준이 다르기 때문에 이러한 임금의 격차를 줄이는 것도 노동소득을 증대시키는 수단이 될 수 있다. 이렇게 볼 때 임금정책은 ① 임금 수준, ② 노동소득분배율, ③ 임금구조에 대한 영향을 통해 소득분배에 영향을 준다.

시장경제체제에서 임금 수준은 노동시장에서의 수급 상황에 의해 결정되는 것이 원칙이다. 그러나 노동시장은 일반적으로 불완전하기 때문에 임금의 결정을 노동 수급 상황에만 맡길 수 없고 노사 간의 단체교섭을 통해 이루어지는 것이 일반적이다. 그러나 노사 간의 타협이 쉽게 이루어지지 않아 노동쟁의가 빈발하는 등 정부 개입이 불가피한 경우도 적지 않다. 이 경우 정부가 임금정책에서 임금가이드라인을 제시해 노사 간의 조정자 역할을 하는 것이 필요하다. 또는 독일에서처럼 노·사·정이 협의체를 구성해 임금협상의 기본 방향을 제시할 수도 있다. 이 경우 일반적 준칙은 생산성 임금원칙, 즉 생산성 향상 범위 내에서의 임금인상을 원칙으로 하는 것이 일반적이다.

이와 같이 정부가 여러 형태로 개입해 임금 결정에 영향을 줄 수 있으나 임금 결정에 가장 많은 영향력을 행사하는 것은 노동조합이다. 노동조합의 가장 큰 목적은 임금 수준 자체를 올리는 것이지만 이에 못지않게 중요한 관심사는 노동소득의 몫을 늘리는 데 있다. 노동조합이 임금이나 노동소득 분배에 미치는 영향은 노동조합 조직률이 높으면 높을수록 임금인상 압력이 비조직 부문보다 강하기 때문에 효과가 크다. 또한 노동조합은 노동조합이 결성된 부문 내에서의 각종 임금 격차를 줄이도록 압력을 가해 노동소득 분배에 영향을 미친다. 그러나 이러한 노동조합의 임금인상 압력이나 임금 격차 축소 압력이 실제로 어느 정도 효과가 있는가에 대해서 의견이 일치하는 것은 아니지만 우리나라에서는 노동조합의 상대적 임금 효과나 임금 격차 효과가 상당히 있는 것으로 분석되었다.[62]

노동소득분배율은 국민소득에서 노동소득이 차지하는 비중인데, 이를 높이는 두 가지 방법이 있다. 하나는 임금인상을 생산성 증가보다 크게 하는 방법이고, 다른 하나는 성별, 학력별 격차를 줄인다든지 하후상박식(下厚上薄式) 임금인상을 통해 노동자에게 돌아가는 전체 소득의 몫을 크게 하는 방법이다. 명목임금을 생산성 증가보다 더 올리는 것은 일시적으로 가능하겠지만 장기적으로는 인플레이션을 초래해 실질임금의 감소를 가져올 뿐 아니라 산업 경쟁력 약화를 통해 고용 감소를 초래해 분배개선에 도움이 되지 못한다.

이러한 임금인상의 부정적 효과를 상쇄시키기 위한 수단으로 채택하는 것이 시설 자동화나 합리화 조치 등 시설투자를 확대하는 것이다. 시설투자 확대는 임금인상을 흡수하는 효과가 있을 뿐 아니라 장기적으로는 노동생산성을 높여 노동소득을 증대시키는 요인이 된다.

노동소득분배율은 독일에서 1960년부터 1980년에 지속적으로 증가했다(〈표 14-13〉 참조). 우리나라에서도 노동소득분배율은 1953년 측정을 시작한 이후 지속적으로 증가했다(〈그림 14-3〉 참조). 그러나 노동소득분배율이 올라가는 데는 한계가 있다. 왜냐하면 노동소득분배율이 올라가는 만큼 기업으로 돌아가는 자본소득의 몫이 줄어들게 되고, 이는 투자 여력을 줄여 실업을 발생시키기 때문이다. 임금인상분을 가격에 전가하면 인플레이션을 유발하기 때문에 임금정책을 통한 소득분배 개선은 한계가 있다. 따라서 교육과 훈련을 통해 노동자의 자질을 향상시켜 생산성을 올린다든지 근로자의 재산형성을 통해 소

62) 배무기(1991), pp.99-122; 김장호(2008); 조동훈(2008) 참조.

표 14-13 서독의 노동소득분배율 추이(1960-1980) (단위: %)

	노동소득분배율	경제활동인구 중 근로자 비중
1960	60.4	77.2
1965	65.6	80.9
1970	67.8	83.4
1975	72.3	84.5
1980	72.2	86.4

자료: Ahrns·Feser(1982), p.174.

그림 14-3 우리나라의 노동소득분배율 추이(1953-2023) (단위: %)

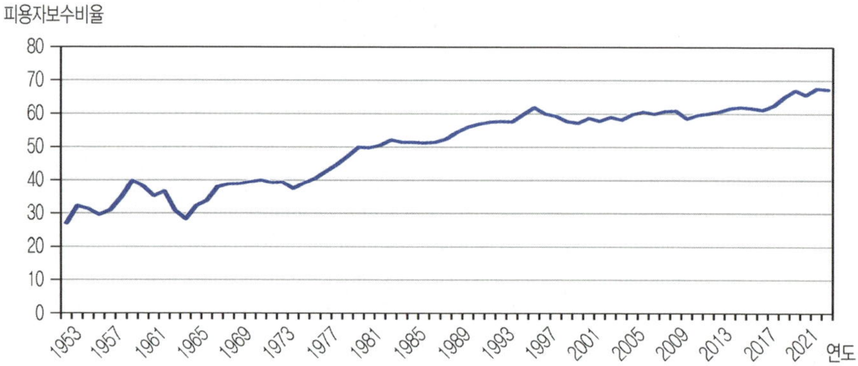

자료: 한국은행 경제통계시스템 국민계정 피용자보수 비율.

득증대를 도모하는 것이 분배정책에서 더 중요하다.

4.1.2 재산형성정책

임금정책을 통해 소득분배를 개선하는 것은 앞에서 지적한 것처럼 한계가 있기 때문에 자본소득의 불균형을 줄여 소득분배 문제를 개선하는 것이 중요하다. 자본소득을 개선하는 데는 두 가지 방법이 있다. 하나는 기존자산을 재분배하는 것이고, 다른 하나는 자산 증가를 재분배하는 것이다. 다시 말해, 기존의 자산 소유 형태를 개선하는 방법과 자산 증식인 재산형성을 개선하는 방법이다. 불균형적인 자본소득이 발생하는 원인은 근본적으로 자산 소유의 집중에 있기 때문에 자본소득을 개선하기 위해서는 집중된 자산 소유를 광범위하게 분산시켜야 한다. 그러나 기존의 자산 소유를 개선하는 것은 시장경제 질서의 기본인 사유재산제도와 관련된 문제이므로 현실적으로 쉽지 않다. 따라서 자산분배정책의 초점은 일반적으로 자산 증가의 재분배, 즉 재산형성을 개선하는 데 있다.

자산의 소유구조를 개선하는 데는 사유 자산을 국유화하는 방법과 국유자산을 사유화하는 방법이 있다. 전자는 사회주의국가에서 가능하지만 시장경제 체제에서는 체제의 기본이념인 사유재산제도와 충돌하기 때문에 불가능하다. 국유재산의 사유화는 국가 소유 재산을 넓은 국민 계층에 분산시키는 의미에서 분배 개선에 도움이 될 수 있다. 예컨대 주식시장을 통한 정부 소유 주식의 공개매각(예: 과거 기아자동차의 주식매각) 등이 이에 속한다. 국가재산의 사유화에서 재산이 재벌이나 기존의 부유층에 집중되지 않도록 하는 것이 중요하다.

재산형성을 통한 분배개선 방법으로 ① 국가의 근로자 저축장려정책, ② 투자임금제, ③ 근로자의 이윤참여 등이 있다. 국가의 근로자 저축장려정책은 정부가 근로자의 저축과 재산형성을 장려하기 위해 여러 가지 유인을 제공하는 정책이다. 근로자의 저축증대는 근로자의 재산형성을 지원해 분배를 개선할 수 있는데, 근로자저축에 대한 각종 세제상의 지원이 이에 속한다. 우리나라에서도 근로자저축, 근로자증권저축, 주택청약제도 등 근로자 재산형성정책이 있다.

투자임금제(Investionlohn)는 기업주가 임금의 일부를 떼어서 장기적인 재산형성에 예치하는 제도이다. 이는 독일에서 실시된 제도로 생산성 증가를 초과하는 임금인상이 가격 인상으로 전가되는 것을 막기 위해 노동조합이 조합원 임금의 일부를 재산형성용으로 예치하는 경우 추가적인 저축장려금을 지급하는 제도이다. 이 제도는 노동조합이 생산성을 초과하는 임금인상을 관철하기 위한 전략적 수단과 밀접한 관계가 있다. 노동조합이 노동생산성 증가율보다 높은 임금인상을 요구하되 생산성 초과분을 재산형성용으로 기업에 예치하는 방식이다. 예치된 임금은 기업의 투자재원으로 사용되거나, 다른 형태의 재산 증식 목적으로 사용될 수 있다. 이 제도의 단점은 예치된 만큼의 임금이 근로자들에게 현금으로 지불되지는 않지만 추가의 저축장려금 지급으로 생산비를 증가시킨다는 점에서 기업에 부담이 되며, 그 돈이 소비되지 않기 때문에 유효수요를 감소시키는 효과이다.

세 번째 방법은 근로자 기업이윤참여제도이다. 이 제도는 기업 이윤을 기업주와 근로자가 공동으로 분배하는 제도로 장점은 자본가와 근로자의 공동체 의식을 함양해 갈등 관계 해소와 함께 기업 능률을 제고시킬 수 있고 근로자의 공격적인 임금인상 요구를 억제할 수 있는 데 있다. 또한 근로자의 이윤 참여는 기업의 비용이나 수익성 자체에는 영향을 미치지 않기 때문에 기업의 투자나 고용을 억제하는 위험이 없는 등의 장점이 있다. 단점으로는 기업 이윤이 경기변동에 민감하기 때문에 경기침체 시에는 이 제도가 실효성을 거두기 어렵고 오히려 근로자들의 재산 증식에 불리하게 작용할 수도 있다. 또한 기업 이윤은 기업의 경영 상태에 따라 달라지기 때문에 근로자의 재산형성 기회가 다를 뿐만 아니라 이 제도가 노동조합의 임금정책을 무력화시켜 근로자들의 생활 안정을 불안하게 할 가능성도 있다. 근로자의 기업 이윤 참여 형태는 여러 가지가 있는데 주식의 무상공여도 이의 한 예이다.

근로자 재산형성정책은 앞에서 지적한 것처럼 여러 가지 형태가 있을 수 있고 어떤 정책이 현실적이고 소득분배 개선에 도움이 되는가는 국가별 상황에 따라 제도와 내용이 달라질 수 있어 쉽게 판단하기 어렵다.

4.1.3 교육·훈련정책

소득분배는 근로자의 소득이 증대할 때 개선되는데 소득증대는 장기적으로 생산성 향상 없이는 불가능하다. 교육은 근로자들의 생산성을 향상시키기 때문에 소득분배 개선의 중요한 정책수단이 된다. 교육이 생산성을 향상시키기 위해서는 우선 보다 많은 사람이 교육받을 수 있는 기회를 마련해 주는 것이 중요하다. 교육시설을 확충하고 교육비 부담을 줄여 누구나 자기의 적성과 희망에 따라 교육받을 수 있도록 균등한 교육 기회를 제공해야 한다. 이러한 목표를 실현하기 위해 국가의 교육투자 확대가 필수적이다.

근로자의 생산성 향상을 위해 교육의 공급을 증대하는 것도 중요하지만 이에 못지않게 중요한 것은 교육수요의 확대이다. 아무리 교육을 많이 받은 사람이 배출되더라도 이들이 취업하지 못한다면 비용만 증대하고 생산성 향상에는 기여하지 못하기 때문에 국민경제 전체의 생산성은 제고되지 않고 소득이 증가하지도 않는다. 이 경우에는 교육이 분배개선에 도움이 되지 못한다. 따라서 교육의 공급을 교육의 수요에 맞춤으로써 교육받은 인력이 고용기회를 갖도록 하는 것이 중요하다.

이와 같은 공식적인 교육 기회의 확충을 통한 노동력의 생산성 증대도 중요하지만 재훈련, 전직훈련, 향상훈련 같은 직업훈련을 제공해 근로자의 생산성을 향상시키고 이를 통해 그들의 소득을 증대시켜 주는 것도 중요하다. 경제가 발전하고 이에 따른 산업구조 변화 때문에 사양산업에 종사하는 근로자에게는 전직훈련이 필요하며, 새로운 기술과 시설에 적응하기 위해서는 재훈련과 향상훈련이 필요하다. 이러한 훈련은 구조적 실업을 예방해 저기술, 저소득계층의 소득을 확보해 줄 뿐만 아니라 그들의 생산성을 향상시켜 소득증대는 물론 근로소득 계층 간의 내부 격차를 줄여 분배개선에 기여한다.

4.1.4 경쟁정책

경쟁 촉진이 소득분배 개선을 위해서도 바람직한 이유는 독점이나 과점이 카르텔이나 기업결합 및 기타 경쟁제한 행위를 통해 독점이윤을 향유하기 때문이다. 이러한 독점이윤은 소유집중을 통해 자산분배의 불공평을 초래하기도 한다. 따라서 카르텔이나 기업결합 및 시장지배력의 남용을 규제해 독과점이윤이 발생하지 않도록 하는 것이 소득분배 개선에 기여한다. 우리나라에서는 '경제 분야의 경찰'인 공정거래위원회를 통해 독과점 행위, 내부거래 및 중소기업에 대한 대기업의 횡포 같은 불공정 거래를 집중적으로 감시하며, 이 기업 감시 활동은 문재인 정부에서 대기업 분야에서 강화되었다.

4.1.5 물가정책

물가정책도 분배정책의 중요한 수단이다. 물가 안정은 저소득층의 실질소득을 보장해 줄 뿐만 아니라 부동산투기 같은 불로소득의 원천을 제거해 분배

악화를 방지하는 데 중요한 역할을 한다. 우리나라의 자산 소유가 매우 불공평하게 된 주된 이유는 지난 수십 년 동안 물가를 안정시키지 못해 부동산 가격이 폭등한 데 있는 것을 상기할 때 물가 안정이야말로 분배정책의 필수적 정책 수단이라 하겠다. 문재인 정부에서 부동산 가격이 다시 폭등했는데, 이는 특히 청년들의 근로의욕을 저해하고 세대 간 갈등을 유발하면서 저출산 문제를 악화시키는 요인으로 작용했다. 따라서 정부는 부동산 가격 안정에 최선의 노력을 다해야 할 것이다.

가격차별화정책도 분배개선에 기여할 수 있다. 예를 들면 저소득층이 시장가격보다 유리한 조건으로 주택을 매입하거나 임대할 수 있게 지원하는 것이다. 우리나라에서 영구임대주택, 국민임대주택, 다가구 매입임대 및 기존주택 전세임대주택, 행복주택 같은 공공임대주택을 공급해 저소득층, 신혼부부, 사회 초년생 및 대학생 같은 취약계층의 주거비용을 경감해주고 있다. 또한 생활필수품 가격을 안정시켜 서민 생활을 보호하고 독과점품목의 가격을 규제하는 것도 분배정책 측면에서 중요하다.

4.2 2차 소득분배정책과 재정정책

4.2.1 소득재분배정책의 의의와 종류

정부 정책은 다양한 활동을 통해 소득분배에 직간접으로 영향을 미친다. 엄격하게 말하면 정부 정책치고 소득분배에 영향을 미치지 않는 활동이 없다 해도 과언이 아니다. 국가는 재화와 용역을 직접 생산할 뿐만 아니라 정부지출을 통해 요소시장에도 영향을 미치기 때문에 1차 소득분배에 영향을 미치며, 조세정책이나 이전지출을 통해 2차 분배인 재분배에도 영향을 미친다. 정부 정책이 1차 소득분배에 미치는 영향에 대해 앞에서 설명했기 때문에 여기서는 2차 소득분배에 대한 재정정책 수단에 국한해 논의하겠다.

정부가 재정정책을 통해 소득재분배에 영향을 미치는 수단으로 이전지출정책과 조세정책이 있다. 이전지출정책은 정부가 고소득층 소득의 일부를 저소득층으로 이전해 주는 정책이다. 이전지출은 가계에 대한 이전지출과 기업에 대한 이전지출로 나뉘며, 후자는 일반적으로 보조금이라 한다. 가계에 대한 이전지출은 주로 노령, 산업재해, 질병 및 실업 같은 사회적 위험에 대비해 운영되는 사회보험에 대한 정부의 보조금, 빈곤층에 대한 공공부조, 기초연금과 아동수당 같은 현금 이전 등으로 구성된다. 소득을 재분배하기 위해 고소득층에 대한 이전지출은 적게 하고 저소득층에 대한 이전지출은 많이 하는 것이 원칙이다. 이전지출은 사회가 발전함에 따라 그 범위와 규모가 증가하는데, 우리나라의 정부지출에서 차지하는 이전지출 비중이 2011년 42.1%에서 2022년에 54.0%로 증가했다.[63]

기업에 대한 정부의 이전지출은 농업 같은 경쟁력이 약한 사양산업에 대한 보조금 지원을 의미하는데, 이는 농민에게 일정한 소득을 보장하려는 정치적 목적으로 이용되는 경우가 많아 소득재분배 측면에서 얼마나 효과가 있는지에 대해서는 논란의 여지가 있다.

조세에 의한 재분배정책은 어떤 조세를 대상으로 하느냐에 따라 그 효과가 달라진다. 조세 중에서도 소득세의 재분배효과가 가장 크다. 지불 능력의 가장 큰 척도인 소득을 대상으로 하는 소득세는 조세부담을 타인에 전가하기 어렵고 누진세율이 적용되어 고소득층일수록 조세부담이 크고, 저소득층일수록 부담이 적다. 법인세 역시 고소득자인 주주가 주로 부담하게 되므로 일정한 재분배효과를 가진다. 그러나 세금부과가 제품가격 상승으로 소비자에게 전가될 경우, 재분배효과는 그만큼 상쇄된다. 재산에 대한 세금부과도 재분배효과가 있는데 상속세, 증여세, 토지·건물에 대한 재산세 등이 이에 속한다. 소득세와 달리 부가가치세 같은 간접세는 조세부담이 소비자에게 전가되므로, 소득분배에 악영향을 미치기 때문에 분배정책에 적합하지 않다.

63) 이 수치는 한국은행 경제통계시스템 국민계정(2.1.8.2)에서 사회보장 현물 수혜, 사회수혜금, 기타 경상이전 및 자본이전을 합산한 수치가 일반정부 총지출에서 차지하는 비중으로 저자가 산정했다.

4.2.2 소득재분배정책의 목적

정부가 재정정책 수단을 동원해 잘 사는 계층으로부터 가난한 계층으로 소득을 재분배하고자 하는 목적은 다음과 같다.

첫째, 소득세에서 누진세율을 통해 소득을 재분배하는 이유는 고소득자에게 높은 세율을 적용하고, 저소득자에게는 낮은 세율을 적용해 모든 납세자의 한계효용의 상실이 같게 만들 수 있다는 점에 있다. 이 주장은 한계효용체감의 법칙에 이론적 근거를 두고 있다. 만일 고소득자와 저소득자에게 동일한 세율을 적용한다면, 조세 부담으로 발생하는 효용의 상실은 저소득자보다 고소득자가 적기 때문에 공평의 원칙에 어긋난다는 것이다. 따라서 고소득자와 저소득자의 효용 상실을 동일하게 만들기 위해서는 누진세를 적용해야 한다는 것이다. 물론 효용은 객관적으로 측정이 불가능하다는 효용의 불가측성 문제가 있으나 설득력 있는 주장이라 하겠다.

둘째, 누진세가 정당화되는 두 번째 이유는 일반적으로 고소득자는 저소득자보다 정부 활동의 더 큰 수혜자이기 때문에 이에 상응해 반대급부로 더 많은 세금을 부담해야 한다는 것이다. 이를 대등원칙(Äquivalenz Prinzip)이라 한다.

셋째, 시장기구에 의해 결정되는 1차 소득분배는 계층 간의 위화감을 조성하는 등 형평성 측면에서 문제가 많기 때문에 정부가 개입해 저소득층에 유리하도록 1차 소득분배를 개선해서 계층 간의 소득격차를 줄이는 것이 사회적으로 바람직하다는 것이다.

넷째, 성과원칙이 시장경제에서 소득분배의 중요한 원칙이지만 성과원칙이 바람직한 방향으로 실현되지 않는 경우가 있다. 가령 독과점기업은 독점이윤을 얻게 되는데, 이것이 기업의 성과와 무관한 경우가 있다. 이 경우 독점이윤을 세금으로 징수해 저소득층으로 이전시켜 줄 필요가 있다. 또한 소득분배를 엄격히 성과원칙에만 맡기면 빈곤 문제를 해결할 수 없는데, 국가는 가난한 사람에게 최소한의 생활 수준을 제공할 의무가 있다. 다시 말하면 국가는 필요원칙에 의해 빈곤층의 최저생활을 보장할 의무가 있고, 이를 위해 국가의 재정적 지원이 있어야 한다.

다섯째, 사람은 여러 가지 이유로 능력의 차이가 있어 취약계층이 각종 사회 위험에 대처하는 데 한계가 있기 때문에 사회보험이 필요하며, 국가는 사회보험의 재분배정책을 통해 초기조건의 불평등을 보상할 필요가 있다는 것이다.

4.2.3 소득재분배정책의 문제점

재정정책 수단인 조세정책과 이전지출정책이 얼마나 효과적인가는 조세 전가와 이전소득의 상쇄 가능성 여부에 달려 있다. 가령 납세자가 세금 부담을 다른 사람에게 전가할 수 있어 납세자와 담세자가 다를 경우 조세의 재분배효과는 작아진다. 반대로 조세 전가가 적을수록 조세가 실제 고소득자에게 부과되기 때문에 재분배 효과는 커진다. 이전지출의 경우에도 이전소득이 수혜자의 근로의욕을 떨어뜨려 근로소득을 상쇄하면 재분배효과는 없고, 반대로 이전소득의 상쇄 가능성이 적으면 재분배 효과가 크다.

조세 전가(tax incidence)에는 전방 전가(forward shifting)와 후방 전가(backward shifting)가 있다. 전방 전가는 납세자가 조세부담을 제품가격에 전가하는 것이며, 후방 전가는 납세자가 조세부담을 생산요소 가격의 인하를 통해 생산요소 공급자에게 전가하는 것이다. 조세가 얼마나 전가되느냐는 조세 전가 가능성과 조세 전가 의지에 달려 있다. 일반적으로 비탄력적인 측이 세금을 부담하고 탄력적인 측은 세금을 부담하지 않는다. 예를 들어 대체재가 많아 가격탄력성이 높은 생산요소와 제품의 경우 조세부담을 상대방에게 전가하기 어려운 반면 희귀의약품처럼 대체제가 적어 가격탄력성이 낮은 생산요소와 제품의 경우에는 상대방에게 전가하기 쉽다. 수요와 공급의 가격탄력성만 알면 조세 전가 가능성을 측정할 수 있다. 그러나 실제로 수요와 공급의 탄력성을 측정하기 어려울 뿐만 아니라 설령 측정할 수 있어도 탄력성이 시간이나 상황에 따라 변하기 때문에 전가 가능성을 수치화하기는 매우 어렵다. 이것을 다 안다 하더라도 기업이 실제로 이를 얼마나 이용하느냐에 따라 조세 전가가 달라질 수 있으므로, 구체적으로 어떤 조세가 얼마나 전가되는지 명확하게 말하기 어렵다.

이와 관련해 법인세의 전가 가능성에 대해 전가 불가론과 완전 전가론의 상반된 견해가 있으나 이는 어디까지나 현실성이 없는 극단적인 이론이며 실제로는 어느 정도 전가가 가능하다고 보아야 할 것이다.[64] 법인세의 전가 가능성은 여러 가지 상황에 따라 다를 수 있다. 가령 호경기에 인플레이션이 진행 중일 경우 가격 전가가 쉬워 법인세의 전방 전가가 용이하다. 대기업은 불경기에 중소기업의 중간재나 부품의 납품가격 인하를 통해 조세부담을 납품업자에게 전가할 수도 있다.

조세 전가가 조세의 재분배정책을 제한하는 것과 마찬가지로 이전소득도 이전소득 수혜자의 처분가능소득을 증대시켜 근로소득을 감소시킬 수 있다. 이전소득으로 처분가능소득이 늘어나게 되면 일을 열심히 해서 소득을 획득하고자 하는 노력이 줄어들 가능성이 크기 때문이다. 이로 인해 근로소득이 줄어들어 개인의 소득이 실제로 증가하지 않게 된다면 이전지출의 재분배효과는 상쇄된다. 오늘날 서구의 여러 선진국에서 잘 발달된 사회보장제도가 근로의욕을 저하시키고(소위 복지병), 지나친 누진세제가 기업의 투자 의욕을 감퇴시키는 등 재분배정책은 적지 않은 부작용을 가져오는 것도 사실이다. 따라서 재분배정책도 근로의욕과 투자 의욕을 저해하지 않는 범위에서 추진하는 것이 바람직하다.

5. 우리나라의 소득분배와 분배정책

5.1 소득분배 추이

우리나라는 공업화를 통한 성장제일주의 전략을 추구해 실업을 줄이고 소득을 증대시켜 절대빈곤을 해결해 소득분배를 개선할 수 있었다. 이러한 소득분배 개선 추세는 1997년 10월 발생한 외환위기 이전까지의 통계를 통해 확인할 수 있다. 물론 외환위기 이전에도 소득분배가 개선되었다가 악화된 후 다시 개선되는 추이를 보이지만 전체적으로 볼 때 외환위기 이전까지는 지표

64) B. Külp(1971), p.168 참조.

표 14-14 절대빈곤율 추이(1965-2000) (단위: %)

연도	1965	1970	1980	1984	1996	2000
절대빈곤율	40.9	23.4	9.8	4.5	5.1	10.1

자료: 1965-1984년까지는 Sang Mok Suh & Ha-Cheong Yeon(1986), p.21; 1996년과 2000년은 유경준·김대일(2003), p.34.

상으로 볼 때 소득분배가 개선되었다.

우선 절대빈곤율(절대빈곤인구/전인구) 추이를 보면 1965년에 전체 인구의 40.9%가 절대빈곤선 아래에 있었으나 1970년에 23.4%로 떨어진 후 1984년에는 4.5%로 크게 줄었다(〈표 14-14〉 참조). 이는 정부의 적극적인 성장정책으로 일자리가 증가해 실업률이 크게 떨어졌기 때문이다. 실업률은 1980년대 후반에는 3% 이하 수준으로 거의 완전고용 상태에 있었기 때문에 일부 취업 취약계층을 제외한 대부분이 최저생활을 유지할 수 있었다.

소득분배가 외환위기 이전까지 대체로 개선되었다는 것은 지니계수나 10분위 분배율 같은 분배 지표 추이에서도 확인할 수 있다. 〈표 14-15〉에 따르면 지니계수는 1970년까지 하락하다가 1970년대 후반에 상승했으나 1980년대에 다시 떨어졌고, 이러한 추세는 1990년대 중반까지 이어졌다. 이는 소득분배가 1960년대 후반에 개선되다가 1970년대 후반에 악화되었고 1980년대에 다시 개선되었으며 개선 추세가 대체로 1990년대 중반까지 이어졌다는 것을 의미한다.65)

표 14-15 소득계층별 소득분포 추이(1965-1988)

	1965	1970	1976	1980	1985	1988
지니계수(1)	0.344	0.332	0.391	0.389	0.345	0.336
지니계수(2)	0.37	0.35	0.40	0.39	0.41	0.40
10분위 분배율	0.463	0.472	0.372	0.354	0.405	0.466

주: 1) 지니계수(1)은 주학중·경제기획원, 지니계수(2)는 김대모·안국신·권순원의 연구 결과임.
2) 10분위 분배율은 상위 20% 가구 소득 대비 하위 40% 가구 소득의 비율임.

자료: 최광·권순원(1995), p.610.

65) 이러한 추세는 다른 연구들에서도 확인할 수 있다(황수경 외 2017, p.16 참조).

표 14-16 도시 2인 이상 가구의 지니계수, 5분위 배율 및 소득계층별 비율(1990-2016)

(단위: %, 배)

	지니계수	5분위 배율	빈곤층	중산층	상류층
1990	0.256	3.72	7.1	75.4	17.5
1995	0.251	3.68	7.7	75.3	16.9
2000	0.266	4.05	9.2	71.7	19.0
2005	0.281	4.55	11.9	69.2	18.9
2010	0.289	4.82	12.5	67.5	20.0
2016	0.278	4.46	11.0	71.0	18.0

주: 1) 5분위 배율은 하위 20% 계층의 평균소득에 대한 상위 20% 계층의 평균소득의 배수임.
2) 빈곤층은 중위소득의 50% 이하, 중산층은 중위소득의 50~150%, 상류층은 중위소득의 150% 이상으로 정의함.

자료: 통계청 국가통계포탈 가계동향조사

이 소득분배 추세는 10분위 분배율(상위 20% 가구 소득 대비 하위 40% 가구 소득의 비율)에서도 확인할 수 있다. 10분위 분배율은 1965년의 0.463에서 1970년에 0.472로 상승한 후 하락해 1980년에는 0.354로 떨어졌지만 1980년 이후 다시 상승했다. 이는 소득분배가 60년대 후반에 개선되다가 1970년대에 악화된 후 1980년대에 개선된 것을 보여준다.

통계청은 도시가구를 대상으로 조사한 지니계수를 1990년부터 발표하였는데, 〈표 14-16〉은 도시 2인 이상 가구의 경우 1990년보다 1995년에 지니계수와 5분위 배율이 소폭 하락하였지만 외환위기를 겪은 후 2010년까지 상승한 것을 보여준다.[66] 이는 외환위기 전후를 전환점으로 해 소득분배가 2010년까지 악화된 것을 보여준다.

소득분배가 개선된 것은 빈곤층이 줄어들고 중산층이 증가한 것을 의미하는데, 중산층 비중은 1990년대 중반 이후 감소하다가 2016년에 다시 증가했다. 반면에 빈곤층 비중은 1990년 7.1%에서 증가해 2010년 12.5%를 기록한

66) 이 통계는 도시 2인 이상 가구를 대상으로 하기 때문에 전체 가구를 대상으로 할 때보다 소득분배가 양호하다. 또한 초고소득층이 과소대표 되었다는 비판을 받았고 2016년까지의 통계자료만 공표되었다.

후 하락하는 추세이며, 상류층 비중은 1990년 17.5%에서 상승해 2010년에 20.0%를 기록한 후 하락하는 추세이다. 이는 1990년대 중반 이후 중산층이 줄어들고 빈곤층과 상류층이 증가하는 양극화 현상이 심화된 것을 보여준다고 하겠다.

1960년대에 소득분배가 개선된 것은 노동집약적인 제조업의 높은 성장으로 일자리가 확대되어 저소득층의 소득이 크게 상승하였기 때문이다. 1970년대에 정부의 강력한 중화학공업 육성정책에 따른 물가 상승과 부동산 가격 급등으로 저소득층과 고소득층의 소득격차가 확대되면서 소득분배가 악화되었다. 그러나 1980년대에는 정부의 강력한 안정화정책으로 물가가 안정된 가운데 1980년대 후반부터 최저임금제도 도입과 노동운동 활성화로 성별, 학력별 임금 격차가 감소하고 사회복지 지출 증대로 이전지출이 증가하면서 소득분배가 다시 개선되었다.

우리나라의 소득분배가 1990년대 중반까지 개선되거나 안정된 것은 앞에서 지적한 요인 외에 해방 이후 토지개혁으로 지주계급이 몰락하고 6.25전쟁에 의한 막대한 물적 자산의 파괴로 개발 초기부터 특별한 부의 편중 현상이 없었던 것도 소득 불평등을 줄이는 데 기여했다. 거의 모든 사람이 가난하게 출발했기 때문에 소득분배의 초기조건이 유리했다.[67] 또한 국민의 높은 교육열과 평등한 교육기회 제공으로 대부분의 사람이 일할 수 있는 능력을 갖게 되어 경제성장의 혜택을 비교적 고르게 누릴 수 있었다.

우리나라가 고도성장을 하면서도 소득분배가 개선되고 불평등도가 비교적 낮았다는 것은 국제적으로 평가받는데, 이는 다른 개발도상국과 비교해 보아도 알 수 있다. 〈표 14-17〉에 따르면 1988년의 우리나라 지니계수는 0.34로 일본이나 대만보다는 높지만 멕시코와 필리핀은 물론 미국보다 낮다. 우리나라의 소득분배가 대만이나 일본보다는 균등하지 못하나 다른 개도국은 물론 미국보다 양호하다는 뜻이다.

우리나라의 소득분배가 분배 지표 기준으로 평가할 때 1990년대 중반까

67) 필리핀에서는 제2차 세계대전 이전의 불평등한 토지분배 상태가 유지되었다.

표 14-17 지니계수 국제 비교

국가	미국 (1986)	일본 (1986)	대만 (1987)	한국 (1988)	멕시코 (1978)	필리핀 (1985)
지니계수	0.37	0.28	0.30	0.34	0.49	0.43

자료: 한국개발연구원

지 개선되었다는 주장에 대해 반론이 없는 것은 아니다. 소득분배를 추계하는 기본자료인 「도시가계연보」와 「농가경제조사」에 문제가 있다는 것이다. 이들 가계조사의 표본 크기가 작을 뿐만 아니라 최저소득 계층과 최고소득 계층이 표본에서 제외되어 불평등도가 적게 나타날 가능성이 있다는 것이다.

우리나라의 소득분배는 비교적 양호한 편이나 자산의 분배는 소득분배보다 훨씬 불공평하다. 1988년 한국개발연구원이 전국 5,000가구를 대상으로 실시한 조사에서 소득보다 자산의 불평등도가 심하고, 자산에서도 실물자산보다 금융자산의 불평등도가 높은 것으로 나타났다. 지니계수를 보면 소득의 경우 0.404인 데 비해 자산은 0.579이며, 특히 금융자산은 0.770으로 가장 높다. 10분위 분배율도 소득은 0.342인데 자산은 0.121로 불평등도가 훨씬 높다.[68] 자산분배가 소득분배보다 불공평한 것은 선후진국을 막론하고 일반적인 현상이지만 우리나라의 경우 장기간의 인플레이션에 따른 부동산 등 실물자산에 대한 투기가 부의 불평등을 심화시키고 소득분배 불평등을 초래해 체감 분배 상황을 악화시킨 중요한 요인으로 작용했다고 할 수 있다.

앞에서 지적한 것처럼 1990년대 중반까지 비교적 안정적인 움직임을 보였던 소득분배는 1997년의 외환위기 이후 크게 악화되었다. 외환위기 동안 대량 실업에 의한 빈곤층의 증가, 고금리정책에 따른 금융자산 소유자와 비소유자 간 소득격차의 확대로 소득분배가 악화되었다. 외환위기를 극복한 후에도 세계화의 진전에 따른 저소득계층 임금에 대한 압박 가중과 비정규직 확대 등으로 인해 소득분배가 악화되었다.

우리나라의 소득분배는 분배 지표만 보면 1990년대 중반까지 비교적 양

68) 김적교(2008), p.443.

호하지만 많은 사람들은 이에 의구심을 가지고 있다. 현실적으로 느끼는 빈부 격차는 더 심해졌다고 생각하기 때문이다. 다시 말하면 체감 분배는 지표상의 분배와 다르다는 것이다. 그러면 이러한 체감 분배와 지표상 분배와의 괴리현상을 어떻게 설명할 수 있을까?

지니계수나 5분위 배율 같은 분배 지표는 전반적인 분배 상태의 변화만 제시하고 그 이상의 정보를 제공하지 못한다. 따라서 이러한 분배 지표로는 내가 남보다 얼마나 잘 사는지 또는 못 사는지 알 수 없기 때문에 분배의 실상을 설명하는 데 한계가 있다. 소득분배가 현실적으로 문제가 되는 것은 상대적 빈곤 개념이 아니라 부자와 빈자 간의 소득격차가 좁혀졌는지 또는 확대되었는지 절대 수준의 문제라는 것이다.

가령 하위계층의 소득상승률이 상위계층의 상승률보다 높다 하더라도 절대적 소득의 차이가 확대된다면 하위계층 입장에서 소득분배가 개선되었다고 보기 어렵다는 것이다. 소득격차로 인해 생활 수준 차이가 확대될 것이기 때문이다. 따라서 피부로 느끼는 체감 분배를 설명하기 위해서는 계층 간 절대적인 소득격차가 어떻게 변했는지 파악할 필요가 있다.[69]

한편 통계청은 2011년부터 기존 설문조사 방법을 개선한 가계금융복지조사에 기초한 소득분배 지표를 발표하고 있다. 〈표 14-18〉은 2011년 이후 지니계수와 5분위 배율이 하락하며, 상대빈곤율이 감소하는 것을 보여준다. 이는 우리나라의 소득재분배가 2011년 이후 개선되는 것을 의미한다.

그런데 우리나라의 소득재분배 수준과 재분배에서의 국가 역할은 OECD 국가와 비교해 어느 정도일까? 〈표 14-19〉에 따르면 2019년의 경우 시장소득 기준의 소득분배는 우리나라가 가장 양호한 편에 속한다. 그러나 조세와 이전지출에 의한 재분배 후의 처분가능소득 기준으로 하면 우리나라는 미국보다 양호하고 서구 선진국보다는 열악한 수준이다. 이는 2011년 이후 소득분배가 개선되었지만 서구 선진국에 비해 상당한 격차가 있음을 의미한다. 또한 국가에 의한 소득재분배 효과가 이들 국가와 비교해 현저히 적다. 즉 시장소

69) 자세한 내용은 김적교(2016), pp.329-331 참조.

표 14-18 지니계수, 5분위 배율 및 상대빈곤율 추이(2011-2023) (단위: 배, %)

	지니계수	5분위 배율	상대빈곤율
2011	0.387	8.25	18.5
2015	0.350	6.81	17.4
2019	0.336	6.17	16.1
2023	0.323	5.72	14.9

주: 1) 5분위 배율은 하위 20% 계층의 평균소득에 대한 상위 20% 계층의 평균소득의 배수임.
2) 상대빈곤율은 중위소득 50% 이하(빈곤선)인 계층이 전체 인구에서 차지하는 비율임.
자료: 통계청 국가통계포탈 가계금융복지조사 소득분배 지표.

표 14-19 지니계수에 의한 소득분배 효과의 국제 비교(2019)

	시장소득 (A)	처분가능소득 (B)	지니계수 개선효과 (A-B)	상대빈곤율
한국	0.365	0.324	0.041	14.8
독일	0.403	0.299	0.104	11.6
일본	0.392	0.324	0.068	15.4
스웨덴	0.366	0.271	0.095	9.2
미국	0.480	0.372	0.108	15.2
OECD 평균	0.410	0.312	0.098	-

주: 상대빈곤율(중위소득 50% 기준)은 2021년 자료임(독일은 2020년 자료).
자료: Government at a Glance 2023, p.177 및 OECD Home Page.

득 지니계수와 처분가능소득 지니계수의 차이로 측정하는 재분배정책의 효과가 OECD 국가는 평균 0.098인 반면 우리나라는 0.041에 불과하다. 이러한 낮은 소득재분배효과는 우리나라 재분배정책의 문제점을 잘 보여준다. 2021년 기준 상대빈곤율 역시 일본 및 미국과 비슷한 수준이지만 서구 선진국에 비해 상당히 높다. 현행 우리나라 재분배정책의 불평등도 완화효과가 크지 않기 때문에 효과를 높일 수 있도록 재분배 기능을 대폭 강화해야 한다고 결론내릴 수 있다.

5.2 우리나라의 분배정책

5.2.1 개관

앞에서 설명한 것처럼 경제성장, 물가, 고용, 임금, 교육정책 등이 직간접으로 소득분배에 영향을 미치기 때문에 소득분배는 경제 개발 전략이나 일반 경제정책과 밀접한 관계가 있다. 현대 사회에서 성장과 분배는 민주국가의 핵심 가치이며, 어디에 더 중점을 둘 것인지는 국가와 정부에 따라 다르다. 일반적으로 개도국에서는 분배보다 성장에 더 큰 비중을 두기 때문에 경제정책은 자연히 성장에 초점을 맞추고 분배를 소홀히 하는데, 이러한 경향은 과거에 우리나라에서도 동일했다.

물론 이것이 우리나라 정부가 분배를 위한 노력을 전혀 하지 않았다는 것을 의미하지는 않는다. 1970년대까지만 해도 개발 정책은 성장제일주의였고 소득 분배에 대한 관심은 거의 없었다. 그러나 1980년대에는 경제개발 5개년 계획의 명칭을 경제사회개발 5개년 계획으로 바꾸고 사회적 형평성 증진에 관심을 기울이기 시작했다. 우선, 물가 안정을 통해 저소득층의 생활 안정을 도모했고, 1989년 전 국민 건강보험이 실현되었다. 1988년에 최저임금제도를 실시해 근로자의 최저생활을 보장하고자 했고, 1987년 6.29선언 이후 근로자의 단체교섭권 강화는 근로자의 임금과 근로조건 개선에 기여했다. 또한 1995년 7월 고용보험제도를 도입해 선진국형 사회보장제도의 기틀을 마련했다.

1980년대 들어오면서 재정정책에서 사회적 형평성을 높이려는 노력이 있었으나 미흡했다. 그러나 1990년대에 정부지출에서 교육과 주택 같은 사회개발 관련 지출이 뚜렷하게 증가했고, 2000년대에는 사회복지 지출이 크게 증가했다. 특히 삶의 질 개선에 정책의 초점을 둔 문재인 정부에서 기초연금, 중증장애인연금, 근로장려세제(EITC), 아동수당 및 노인일자리사업 같은 현금복지 지출뿐만 아니라 아동 복지서비스와 노인돌봄서비스 같은 복지서비스 공급이 폭발적으로 증가했다.

조세정책에서도 1990년대 중반까지는 소득재분배 기능이 매우 미흡했다. 우리나라 조세 구조는 부가가치세 같은 간접세 비중이 높아 역진성이 강했다

표 14-20 직접세와 간접세 비중의 추이(1992-2017) (단위: %)

	1992	1995	2000	2005	2010	2015	2017
직접세	41.7	41.6	40.4	45.1	45.2	52.0	57.5
간접세	58.3	58.4	59.6	54.9	54.8	48.0	42.5

자료: 예산정책처 nabostats 재정경제통계시스템(2020.2).

(〈표 14-20〉 참조). 또한 성장 우선의 개발 정책 때문에 조세 감면제도가 광범위하게 시행되었고, 혜택이 주로 소수의 고소득층에 돌아갔다. 1971년 이후 여러 차례 소득세 면세점을 인상하고 세율의 누진도를 강화했으나, 1993년 8월 12일 금융실명제가 실시될 때까지 세원이 제대로 포착되지 않았고 부동산도 공시지가가 시가에 비해 크게 낮아 고소득층에 대한 과세가 제대로 이루어지지 않았다. 특히 소득세에서 광범위한 비과세와 감면제도로 과세 「베이스」가 크게 줄어들어 고소득층보다 중·저소득층에 무겁게 부과되어 과세상의 형평성이 저하되었다. 이와 같이 1990년대 중반까지 우리나라 조세정책은 경제 개발을 지원하는 데 초점을 맞춘 결과 전반적으로 조세부담이 적었고, 세원이 주로 간접세에 의존하고 재산에 대한 과세는 낮은 수준에 머물러 조세의 소득

그림 14-4 정부 총지출에 대한 사회보장 예산 비율 추이(2011-2023) (단위: %)

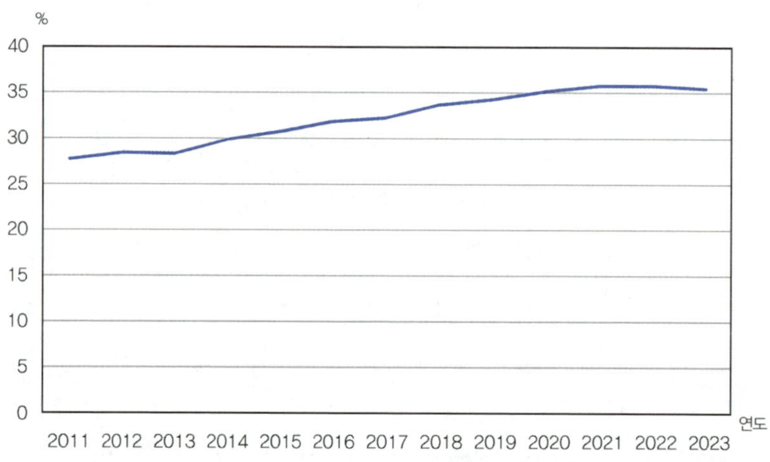

자료: 한국노동연구원 2024, p.165.

재분배 기능이 매우 부족했다.

그러나 분배정책은 1997년 발생한 외환위기를 계기로 급격히 바뀌었다. 외환위기 이후 급증한 실업자와 빈곤층의 확산을 막기 위해 정부는 사회복지 예산을 대폭 증액했다. 실업대책으로 공공근로사업과 직업훈련 관련 지출이 크게 증가했고, 고용보험 적용 대상이 확대되고, 실업급여 소득대체율이 인상되었다. 또한 국민기초생활보장법에 따라 빈곤층의 최저생활을 보장하는 생계급여 지출이 급증했다. 이후 복지에 대한 수요가 증가함에 따라 사회보장 예산의 정부 총지출 대비 비중이 꾸준히 증가해 2023년에는 35.5%를 기록했다 (〈그림 14-4〉 참조). 향후 사회보장 예산의 비중은 고령화 진전으로 가파르게 증가할 것으로 예상한다.

사회복지 지출 확대 등으로 조세 수입이 증가해 국민부담률이 1990년의

표 14-21 OECD 주요국의 국민부담률 변화 추이(1990-2021) (단위: %)

		한국	일본	미국	독일	스웨덴	OECD 평균
1990	조세부담률	16.7	20.4	19.3	21.8	35.5	23.7
	사회보험 부담률	1.9	7.3	6.7	13.0	13.3	7.1
	국민부담률	18.6	27.7	26.0	34.8	48.8	30.8
2000	조세부담률	17.4	16.4	21.6	22.2	37.3	24.5
	사회보험 부담률	3.5	8.9	6.7	14.2	12.7	8.4
	국민부담률	20.9	25.3	28.3	36.4	50.0	32.9
2010	조세부담률	17.2	15.4	17.3	21.7	32.1	22.9
	사회보험 부담률	5.2	10.8	6.1	13.8	10.8	8.6
	국민부담률	22.4	26.2	23.4	35.5	42.9	31.5
2021	조세부담률	22.0	20.8	20.4	24.5	33.8	25.2
	사회보험 부담률	7.8	13.3	6.1	14.8	8.9	9.0
	국민부담률	29.8	34.1	26.5	39.3	42.7	34.2

주: 1) GDP 대비 비율임.
2) 국민부담률=조세부담률+사회보험 부담률

자료: OECD(2023), p.72 및 p.81 참조.

18.6%에서 2021년에는 29.8%로 증가했다. 이는 미국보다 높지만 OECD 평균보다 낮은 수준이다(<표 14-21> 참조). 조세정책도 재정의 소득재분배 기능을 강화하도록 했는데, 재산세의 대폭 인상과 종합부동산세의 도입이 대표적인 예이다.

5.2.2 분배정책의 과제와 방향

앞에서 설명한 것처럼 우리나라의 분배정책은 외환위기 이후 큰 전기를 맞았다. 특히 노무현 정부와 문재인 정부에서 성장보다 분배를 우선하는 정책을 실시해 재정의 소득재분배 기능을 크게 강화했지만 소득분배는 가시적으로 개선되지 않고 있다. 분배정책의 방향으로 다음을 제안한다.

첫째, 분배정책의 효율성을 높여야 한다. 1997년 외환위기 이후 실업과 빈곤이 급증하면서 소득분배는 급속도로 악화되었다. 이에 정부는 취약계층을 위한 사회안전망을 확충하고 재정 부담이 큰 국민기초생활보장제도를 도입했다. 또한 2014년 이후 기초연금을 월 10만원에서 30만원으로 인상하고, 문재인 정부에서 근로장려세제(EITC)와 노인일자리사업을 확대했다. 사회복지 지출이 급증했지만 소득분배가 크게 개선되지는 않았다. 앞으로 고령화 심화 등으로 복지 수요가 증가해 사회복지 지출은 빠르게 증가할 것이다. 하지만 경제성장의 동력이 점점 약화되고 있는 상황에서 사회복지 지출의 GDP 대비 비중이 급증하면, 향후 복지재원 조달의 지속가능성에 의문이 제기될 수밖에 없다. 따라서 소득재분배를 실질적으로 개선하기 위해서는 먼저 복지지출의 효율성을 높여야 한다. 예를 들어 2025년 기초연금에 21조원 이상의 예산이 투입되지만, 노인 빈곤과 재분배 개선 효과는 크지 않다. 이는 65세 이상 노인의 70%에게 수혜자의 소득과 재산 상황을 충분히 반영하지 않고 동일한 금액의 기초연금을 지급하기 때문이다. 동일 예산을 투입하더라도 선택과 집중을 통해 저소득 노인을 집중적으로 지원해야 노인 빈곤과 재분배 효과를 높일 수 있다.

또한 공적연금제도를 개선해야 한다. 많은 취업 취약계층이 공적연금 적용의 사각지대에 처해 있어 후세대 부담으로 현세대 연금 수급자가 이익을 보는 세대 간 소득재분배에서 제외된다. 따라서 정부는 보다 많은 취약계층 취업자가 국민연금에 가입해 보험료를 납부할 수 있도록 두루누리사업을 확대할 필요가 있다. 아울러 현행의 국민연금제도에서는 낮은 보험료율 때문에 순이전액(총연금액－총보험료) 기준으로 고소득 가입자가 더 많은 혜택을 받게 되어 재분배에 부정적인 영향을 미친다. 따라서 국민연금의 재정 안정뿐만 아니라 재분배 개선을 위해서도 국민연금 보험료율을 대폭 인상하는 방안을 적극적으로 검토해야 한다.

이러한 현금급여 외에 규모에 비해 재분배 효과가 낮은 현물급여의 효율성을 높여야 한다. 교육서비스는 보편적 급여로 제공되어 규모가 가장 큰 프로그램임에도 불구하고, 저소득층에 대한 수혜의 집중도가 낮아 정책의 효과성과 효율성이 모두 떨어진다. 이는 노인을 포함한 저소득층에 집중적으로 제공되는 의료서비스와 달리 고소득층이 교육서비스의 혜택을 더 많이 받기 때문이다. 따라서 보편적인 교육서비스 외에 저소득층 자녀에게 특화된 인적 역량 강화 사업을 강화할 필요가 있다.[70)]

둘째, 최근에 정부가 재정의 재분배 기능을 대폭 강화한 것은 원칙적으로 바람직하다. 그러나 재정건전성을 해치는 급격한 복지지출 증가는 일부 선진국에서처럼 근로의욕을 떨어뜨려 성장을 저해해 빈곤과 소득불평등을 오히려 악화시키는 역효과를 초래할 수 있기 때문에 신중해야 한다. 또한 조세의 재분배 기능도 개선할 여지가 많다. 고소득층에 대한 누진도가 큰 소득세 같은 직접세 비중을 높이고 간접세 비중을 낮추어야 한다. 특히 소득세 과세 대상을 확대해 세제의 수평적 형평성을 확보해야 하며, 현재 광범위하게 실시되고 있는 비과세 및 감면 혜택의 대상을 축소하는 한편, 개인사업소득, 부동산임대소득 같은 비근로소득에 대해서는 누진세를 강화해 조세부담의 형평성을 높일 필요가 있다. 이러한 세제개혁으로 증대되는 재원은 교육, 보건, 주택 분야 저소득층의 기본수요 충족을 위한 지출에 충당하는 것이 바람직하다.

셋째, 교육·훈련제도를 강화해 빈곤층의 근로 능력을 높여야 한다. 소득

70) 박형수(2019), p.99 참조.

분배 개선의 가장 직접적인 방법은 임금 소득의 지속적 증대에 있으며, 이는 노동력이 부족하고 산업구조가 급격히 변화하는 상황에서 근로자가 새로운 고용 환경에 어떻게 효과적으로 적응하느냐에 달려 있다. 이를 위해 새로운 산업이나 기술에 적응할 수 있도록 교육과 훈련계획을 체계적으로 강화해야 한다. 특히 재교육과 직장알선포탈의 기능향상 등을 통해 저소득근로자를 위한 적극적인 노동시장정책이 필요하다. 교육과 훈련 강화는 생산성 증대를 통해 소득분배의 원천을 증대시키고 학력 간, 직종 간 임금 격차를 줄여 임금구조 개선에도 기여한다.

넷째, 소득분배 개선의 가장 기본적 조건은 안정적인 경제성장을 통해 고용기회를 창출하는 데 있다. 외환위기 이후 우리나라는 일시적으로 경기가 회복되는 것 같았지만 일부 정치권의 반기업적 정서, 규제개혁 미흡, 노동시장 경직성 등으로 투자가 극히 저조했고, 그 결과 경제성장이 잠재성장률을 크게 밑도는 부진한 현상을 보였다. 이는 고용창출력을 떨어뜨려 실업을 증가시키고 빈곤층을 확산시키는 요인이었다. 우리나라가 과거처럼 고도성장은 어려우나 투자만 활성화되면 3%대의 성장은 가능하다. 따라서 기업의 투자 의욕을 저해하는 혁신산업에 대한 규제 완화와 노동시장의 유연성 제고를 통해 투자를 활성화해 잠재성장률을 높이면서 경제성장률을 잠재성장률 수준으로 회복시키는 것이 시급하다. 특히 4차 산업혁명 시대에 우리나라가 경쟁력을 확보할 수 있는 원격의료, 의료서비스, 인공지능(AI) 및 문화사업(K culture) 분야에서의 규제개혁을 통해 이들 분야를 신성장 분야로 육성할 필요가 있다. 또한 노동시장의 유연성을 높이는 것은 경제성장뿐만 아니라 젊은 세대의 노동시장 진입장벽을 낮추어 세대 간 갈등을 완화하고 분배 개선에도 기여한다. 경제성장을 통해서만 양질의 고용이 창출될 수 있고, 빈곤층의 확산을 구조적으로 방지할 수 있다.

제15장

환경정책

제 1 절 환경문제 대두의 배경

환경에 대한 정부와 국민의 관심이 크게 증가했다. 이는 우선 국내적으로 급속한 경제성장과 산업 발전으로 환경오염이 가속화되고 있는 반면, 소득 수준 향상으로 쾌적한 환경에 대한 국민의 욕구가 증가한 데 기인한다. 국제적으로도 지구환경 보호를 위해 국제환경협약이 속속 체결되고 있고 선진국들이 환경기준을 무역 규제 수단으로 활용하려는 움직임이 증가해 이에 대한 적절한 대응책 마련이 시급히 요구되고 있기 때문이다. 또한 중국의 공업화로 황사나 미세먼지 형태로 국내에 유입되는 환경오염 물질이 증가해 깨끗한 공기를 원하는 열망 또한 커진 것이 환경에 대한 관심 증가의 또 다른 요인이다.

미국 예일대학이 3개 분야로 나누어 국가별 환경정책 성과를 평가한 2024년 환경성과지수(Environmental Performance Index)에서 우리나라는 180개국 중 57위를 차지했다. 기후 변화 분야에서 58위였으며, '2050년 온실가스 예상 배출량' 부문은 166위로 최하위권에 속했다. 환경보건 분야에서는 45위였으나, 미세먼지·오존 오염도 등의 지표로 평가한 대기질 이슈는 76위였다. 또한 생태계 활력도 분야에서 88위를 기록했다.[1] 국민의 환경에 대한 만족도가 낮

1) https://epi.yale.edu 참조.

고 국제적 환경성과 평가에서 저조한 성적을 받는 것은 현행의 환경정책이 전환되어야 할 필요성을 시사한다. 한편 환경문제가 대두된 배경을 구체적으로 살펴보면 다음과 같다.

1. 국내적 이유

1.1 환경 오염의 가속화

1970년대와 1980년대의 급속한 산업화와 도시화는 생활 쓰레기와 산업 쓰레기의 폭발적인 증가를 가져왔다. 이후 지속적인 경제성장과 산업화의 진전에 따라 각종 환경오염물질의 배출이 크게 증가했고, 이 추세는 앞으로 계속될 것으로 전망된다. 특히 우리나라의 산업구조가 비철금속, 철강, 석유화학 등 에너지·용수 다소비형 중화학공업 중심이며, 앞으로 공업단지 조성 확대와 발전설비 확충 등이 계속될 것으로 보여 대기오염, 수질오염, 산업폐기물에 의한 토양오염 등 환경오염이 가중될 것으로 예상된다. 또한 산업화에 따른 도시 집중화, 인구 과밀화, 소득 수준 향상에 따른 대량소비, 제품수명 단축 및 1회용품 사용 확대 등으로 쓰레기, 생활오수, 자동차 배기가스의 급증과 같은 부가적인 환경오염도 증가할 것으로 보인다.

1.2 쾌적한 환경에 대한 국민 욕구의 증대

환경오염이 심화하는 반면 소득 수준 향상으로 쾌적한 환경에 대한 국민 욕구가 급속히 증가하고 있다. 이는 국민 생활과 사회의식에 관한 각종 여론 조사에서 환경문제가 가장 심각한 사회문제 중의 하나로 손꼽히고 있는 데서도 알 수 있다. 또한 환경보호를 주장하는 각종 반공해운동단체 수가 급격히 증가하면서 활동이 활발해졌고, 일반 친목단체까지 환경보호를 주요 활동 내용으로 채택하고 있다. 지방자치제 실시 이후 지역주민들이 공장·발전소 등을 환경 오염의 주요 요인으로 인식해 산업생산시설의 입지화를 기피하는 님비(NIMBY)현상이 확산되며 환경이 사회문제의 전면에 부상했다.

2. 국제적 이유

2.1 국제환경협약체결의 가속화

1972년 유엔환경기구(UNEP, United Nations Environment Programme)가 설립된 후 범세계적인 산업화와 도시화의 진전으로 지구환경이 크게 악화되면서 유엔환경기구 주도하에 국제환경협약의 체결이 가속화되었다. 주요 국제환경협약은 멸종위기에 처한 야생동식물의 국제교역에 관한 협약(1985), 오존층보호를 위한 비엔나협약(1985)과 동 협약의 이행을 위한 몬트리올의정서(1987), 유해폐기물의 국가 간 이동통제 및 처리에 관한 바젤협약(1989), 국제교역에서 화학제품에 관한 정보교환을 위한 개정 런던지침(1989) 등이다. 또한 1992년 6월 브라질 리우데자네이루에서 개최된 유엔환경개발회의(UNCED)에서 추가로 지구온난화방지를 위한 기후변화협약과 희귀동식물멸종방지를 위한 생물다양성협약 등이 채택되었다. 2023년 기준, 우리나라는 대기·기후 9개, 해양·어업 23개, 유해물질·폐기물 4개, 자연·생물보호 8개, 기타 6개의 국제환경협약에 가입했다.[2)]

이 협약들은 협약에 관한 각국의 의무 사항을 명시해 국내 산업 활동에 직접적인 제약요인으로 작용할 뿐만 아니라 비가입 또는 위반 시 대부분 무역 규제 형태로 제재할 수 있어 우리나라 교역에도 커다란 장애요인으로 작용한다.

2.2 각국 환경 관련 무역 규제의 확산

국제환경협약과는 별도로 미국, 유럽 등 선진국들은 독자적으로 자국의 환경기준을 강화해 일정 기준에 미달하는 제품에 대해 일방적으로 수입을 규제하거나, 수출국에 포장지 등 폐기물의 회수 의무를 부과하려는 움직임이 확산되고 있다. 예를 들면, 미국은 신대기정화법에 기반해 교역 대상국에도 동일

---

2) 환경부(2024), pp.909-915; 환경백서 2023 참조.

한 대기오염 방지 기준을 적용하게 요구하고 있으며, EU는 이산화탄소 배출억제를 위해 2026년부터 역외 국가에 탄소세를 부과할 계획이다. 탄소세 도입에 중국, 인도 및 브라질이 반발하고 있어 탄소세가 개별 국가의 환경정책을 넘어 글로벌 무역 분쟁의 새로운 이슈로 등장할 전망이다.

2.3 환경과 무역에 관한 국제규범의 형성

GATT 체제에서 환경기준의 이행 여부가 고려되지 않아, 환경기준을 지키지 않는 국가의 상품이 환경기준을 지키는 국가의 상품보다 오히려 경쟁력을 갖게 되었는데, 이에 대해 선진국들은 비판적인 입장을 보였다. 그들은 이를 생태적 덤핑(ecological dumping)으로 규정하고, 이에 상응하는 상계관세 부과를 주장했다. 대표적인 예로, 맥스 보커스(Max Baucus) 미국 상원의원은 1991년 10월 환경기준이 대외경쟁력을 좌우하게 되었다고 지적하고 GATT 체제 내의 환경 코드(Code) 정립, 환경 규범 협상을 위한 환경라운드(Green Round) 출범, 환경기준 비준수국가에 대한 환경관세 부과, 일반특혜관세(GSP) 등 무역특혜제도의 환경기준 연계 등을 통한 적극적인 교역제재장치의 도입을 주장했다.

반면 개도국들은 환경이 새로운 비관세무역장벽이 되어서는 안 되며, GATT는 국제무역 창출에만 충실해야 한다고 주장하면서 GATT 내에서의 환경문제에 대한 논의를 기피하였다. 또한 국제적인 환경규제가 실효성 있게 시행되기 위해서는 먼저 개도국에 대한 환경보호를 위한 자금과 기술지원이 선행되어야 한다고 주장했다.

미국과 유럽 환경론자들이 주장한 상계관세 등을 포함한 환경 조치와 무역 규범 간의 갈등을 해소하기 위한 작업은 GATT 내의 무역-환경 작업반을 거쳐 1994년 WTO 설립 후 WTO 산하 무역환경위원회(Committee on Trade and Environment)가 설립되면서 본격화되었다. 특히 2001년 11월 출범한 도하개발아젠다에서의 환경무역 협상은 국제적 차원은 물론 국내적 차원에서의 환경보호 노력을 세계무역 규범과 조화시키고, 환경서비스와 환경상품의 교역을 확대해 환경 기술의 국가 간 이전을 촉진하는 것을 목표로 했으나, 도하개발아젠다가 합의에 실패함에 따라 효력이 발생하지 않았다. 환경문제에 적절히 대응하지 못하면 기업의 존립, 국내의 산업기반 및 향후의 지속적인 경제성장 등이 큰 위협을 받을 수 있다는 우려가 확산되면서, 환경문제의 중요성을 인식하게 되었다.

제 2 절 환경과 시장실패

1. 두 개의 시장실패

앞에서 지적한 것처럼 환경문제는 여러 가지 이유로 국내외를 막론하고 정부의 중요한 관심사가 되었으며, 이를 따지고 들어가면 결국 두 가지의 문제로 집약할 수 있을 것이다. 하나는 경제가 발전함에 따라 자연자원이 점점 줄어들어 고갈되기 쉬우므로, 이를 잘 보전하지 않으면 경제성장의 제약요인이 될 수 있다는 경제성장의 제약요인으로서의 환경문제다. 다른 하나는 환경이 일종의 공공재와 같아 과용·남용하기 쉽고 환경오염을 유발하는데, 외부성 때문에 이를 시장기구에 맡겨서는 효율적으로 해결될 수 없다는 환경오염의 문제다.

첫 번째 문제인 자연자원의 부족 또는 고갈 문제는 부분적으로 타당성이 없지 않지만 로마클럽이 주장한 것처럼 경제성장의 제약요인이 될 정도로 심각하지는 않다고 할 수 있다. 자연자원의 희소성으로 인한 가격상승은 자원개발의 촉진, 대체재의 생산, 가공 기술의 개선, 자원절약 등의 효과를 가져오기 때문에, 경제성장의 제약요인이 되지 않는다는 것이다. 다시 말해, 자원의 공급 문제는 시장기구를 통해서 어느 정도 해결이 가능하다는 것이다. 가령 로마클럽이 주장한 성장 한계에 의하면 1970년 세계 주석매장량은 91백만 M/T였으나 1970년과 1989년 사이에 실제 사용량은 98.5백만 M/T로, 로마클럽이 추정한 매장량보다 많았고, 1988년 기준 세계 매장량은 125백만 M/T라는 것이다. 식량문제 또한 지난 20년 동안 생산 증가율이 인구증가율보다 높아 식량 위기 문제는 적어도 세계 전체로 볼 때 발생하지 않았다고 한다.[3]

따라서 환경문제의 핵심은 산업화로 심화되는 대기 오염, 수질 오염, 폐기물, 소음 및 악취 등에 대처해, 후손에게 깨끗한 환경에서 살 수 있도록 환경자원을 효율적으로 관리하는 데 있다고 하겠다. 환경문제의 어려움은 소득 증대에 따라 쾌적한 환경에 대한 수요는 크게 늘어나지만, 환경자원의 공공재적 성격 때문에 과용·남용이 발생해 공급이 제약되고, 그 결과 수요와 공급 간의 괴리현상이 심화한다는 데 있다. 환경자원의 공공성과 환경오염의 외부성 때문에 시장기구를 통해 해결할 수 없다는 점에서 그 심각성이 크다.

환경문제와 관련해 두 가지 시장실패가 존재한다. 하나는 공기와 물 같은 환경재가 사유재가 아닌 공유재(common property)로 공공재 성격이 강하다는 점이다. 예컨대 강물과 공기는 사적 소유권이 없어 대가를 지불하지 않고도 누구나 쓸 수 있고 다른 사람의 사용을 방해하지 않고 함께 사용할 수 있다. 다시 말해, 시장경제의 배제성과 소비의 경합성이 적용되지 않는다. 따라서 환경자원은 무임승차(free riding)가 가능하며, 이는 결국 환경자원을 과용·남용하게 된다는 것이다. 또한 소비의 비경합성 때문에 깨끗한 물과 공기의 공급이 소홀히 되는 경향이 있다. 따라서 정부가 개입해 환경 남용을 규제하고, 쾌적한 환경을 조성하는 데 힘써야 한다는 것이다.

다른 하나는 외부성에 의한 시장실패다. 자연환경의 남용은 필연적으로 환경오염을 초래하게 되는데, 환경오염의 사적비용은 적지만 사회적 비용은 크며, 그것이 시장기구를 통하지 않고 제3자에게 불이익을 주기 때문에 외부비경제를 유발한다. 환경오염의 사적비용이 적기 때문에 오염은 쉽게 가속화되며, 이로 인한 생태계 파괴 등의 피해는 심각하다. 그러나 이러한 문제는 시장기구를 통해 해결할 수 없기 때문에 정부가 개입해 규제해야 한다는 것이다.

3) B. Beckerman(1992), p.483 참조.

2. 최적의 공해방지 수준

앞에서 환경오염의 발생 원인과 정부 개입의 필요성에 대해 설명했다. 그렇다면, 정부는 공해방지를 위해 어느 수준까지 개입하는 것이 바람직한지를 검토해 보기로 한다. 모든 경제활동에는 언제나 비용이 수반되기 때문에 아무리 공해방지가 중요해도 모든 자원을 공해방지에만 사용할 수 없다. 따라서 정부는 공해방지를 위해 투입되는 비용을 그로부터 얻는 수익과 비교해 결정해야 한다. 이와 관련된 경제적 원칙은 공해방지의 한계비용과 한계수익이 일치하는 점에서 생산하는 것이다. 이와 같은 관계를 구체적으로 설명하면 〈그림 15−1〉과 같다.

〈그림 15−1〉은 공해를 유발하는 어떤 재화시장의 경우인데, DD는 그 재화의 수요곡선이며 SS는 공급곡선으로 기업의 한계비용을 나타낸다. 그런데 그 산업은 환경오염, 예컨대 폐수를 배출하기 때문에 사회적 비용은 기업

그림 15-1 공해의 외부비경제

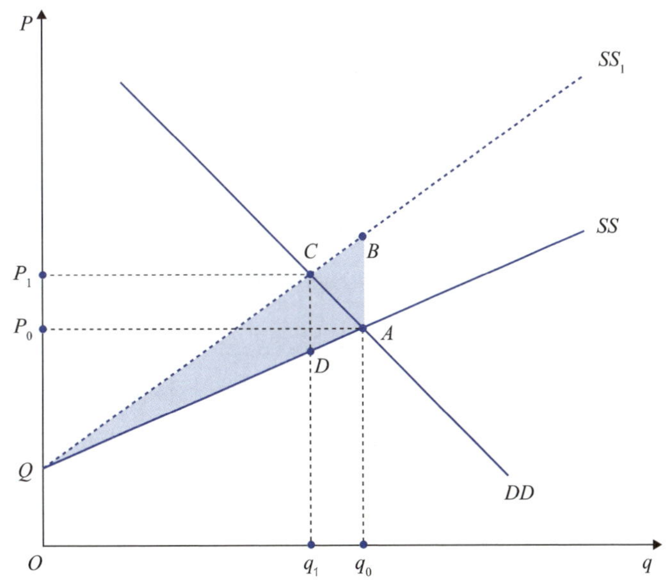

의 비용인 사적비용보다 크며, SS1 은 사회적 비용을 가리킨다. 시장경제원칙에 의하면 SS 와 DD 가 교차하는 A점에서 균형이 이루어지는데, 이때의 사회적 비용은 사적비용보다 AB 만큼 크며, Oq_o 만큼 생산하면 사회가 사선으로 된 QBA 만큼의 추가 비용을 부담해야 하는데, 이것이 외부비경제가 된다.

이 경우 가장 바람직한 해결 방법은 생산 결정이 A점이 아니라 사회적 한계비용이 수요곡선과 만나는 C 점이 되어야 한다. 가격을 P_1 으로 올리고 생산량을 q_1 으로 줄이는 것이 사회적 비용을 ABCD 만큼 줄일 수 있기 때문에 가장 합리적이다. 공해를 유발하는 생산 활동을 시장기구에 맡기면 사회적으로 바람직한 수량 이상으로 과잉 생산되기 때문에 정부가 개입해 규제해야 한다.

기본적으로 두 가지 규제 방법이 있다. 하나는 공해 기준을 설정해 금지하는 양적 규제 방법이다. 이렇게 되면 기업은 공해방지를 위한 투자를 하게 되는데, 이 경우 그 기업의 한계생산비가 상승해 공급곡선이 SS1 이 된다. 이러한 경우를 사회적 비용의 내부화(internalization)라고 한다. 다른 규제 방법은 세금을 부과하는 것이다. 이때 부과되는 세금은 생산물 단위당 CD 만큼이며, 적어도 조세부담이 사회적 비용 QAB 보다 커야 한다. 그래야 세금을 내는 것보다 공해방지 시설에 투자하는 것이 유리하게 되어 기업이 기술개발 등을 통해 공해 배출을 줄이거나 하지 않게 되는 것이다. 이상을 요약하면 정부 개입은 공해방지의 두 가지 효과를 가져온다. 하나는 생산량을 q_0에서 q_1으로 축소해 ABCD 만큼의 공해를 줄일 수 있는 것이며, 다른 하나는 정부가 조세나 다른 규제를 통해 q_1만큼의 생산으로 생기는 공해를 제거할 수 있는 것이다. 다만, 여기서 중요한 것은 이러한 국가 개입이 공해를 완전히 제거하는 데 목적이 있는 것이 아니라, 최적 수준에서 제거하는 데 있다는 점이다. 이와 같은 관계를 나타내는 것이 〈그림 15-2〉이다.

〈그림 15-2(a)〉의 x 축은 〈그림 15-1〉의 생산량 q_1을 생산했을 때 공해방지를 위한 노력을 나타낸다. 오른쪽으로 갈수록 공해방지 수준이 높은 것을 가리키는데, T 점에서는 공해의 사회적 비용이 영이 된다. 반대로 O 점은 공해방지 노력이 전혀 없는 경우로 공해방지 비용이 영이 되고 사회적 비용은 최대가 된다(*OR*). 공해의 사회적 비용은 공해가 심하면 심할수록 올라가기 때문

에 공해의 사회적 비용곡선은 오른쪽에서 왼쪽으로 올라간다(TR). 반대로 공해방지 비용은 공해방지 수준이 높을수록 증가하기 때문에 공해방지 비용곡선은 왼쪽에서 오른쪽으로 올라간다(OS). 총비용곡선 RS는 공해방지 비용과 공

그림 15-2 최적공해수준

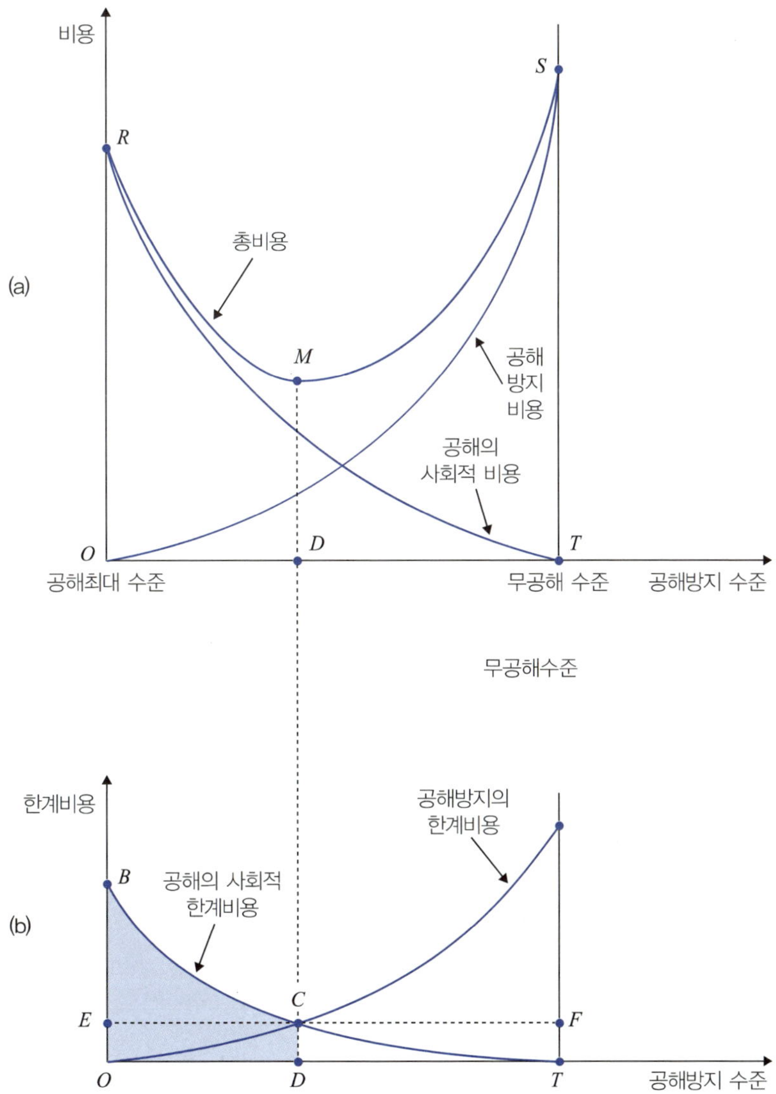

해로부터 생기는 사회적 비용의 합으로 M 점에서 총비용이 가장 낮다. 이 M 점이 〈그림 15-2(b)〉에서 공해의 사회적 한계비용과 공해방지의 한계비용이 일치하는 점에 상응하는 점이다.

공해의 사회적 한계비용은 공해방지 수준이 낮을수록 높고, 공해방지 수준이 높을수록 낮다. 공해방지 수준이 높을수록 공해의 사회적 한계비용이 감소한다는 것은, 환경개선으로 인한 사회적 한계수익이 감소한다는 것을 의미한다. 즉 공해의 사회적 한계비용곡선은 공해방지에 따른 사회적 한계수익곡선을 나타낸다. 공해방지에 드는 한계비용과 공해방지에서 발생하는 한계수익이 일치하는 C 점에서 최적의 공해방지가 이루어진다. D 점 이상의 수준으로 공해를 방지하면, 그로부터 얻는 한계수익보다 한계비용이 크기 때문에 바람직하지 않고, 반대로 D 점보다 공해방지 수준이 낮으면 한계 수익이 한계 비용보다 크므로, 공해 방지 활동을 늘려야 한다. 따라서 D 점에서 최적의 공해방지가 되며, 〈그림 15-2(b)〉의 OBCD 는 〈그림 15-1〉의 QCD 와 같다.

이러한 최적의 공해방지를 위해 정부는 *DT*만큼의 공해를 허용하는 한편, *OD*만큼은 법으로 금지하거나 *CD*만큼의 조세를 통해 실질적으로 공해를 방지하는 방법을 택할 수 있다. *CD*만큼의 조세를 부과하면 조세부담은 *OECD*가 되나 공해방지 비용은 *OCD*가 되므로, 공해방지 시설에 투자하는 등의 방식으로 공해를 배출하지 않게 된다. 여기서 중요한 것은, 최적의 공해방지가 이루어지는 *D*점에서 공해가 완전히 제거되지는 것은 아니라는 점이다. 〈그림 15-2(b)〉에서 *DCT*만큼의 사회적 비용인 공해가 여전히 존재한다. 따라서 환경정책의 핵심은 환경오염을 완전히 제거하는 데 있는 것이 아니라, 생산을 통한 성장을 일정 부분 유지하면서, 사회가 수용할 수 있을 정도로 공해를 억제하는 데 있다는 것이다.

제 3 절 경제성장과 환경

경제발전이 환경에 어떤 영향을 미칠 것인가에 대해서는 대체로 경제발전과 환경보전이 대립관계(trade-off)에 있다는 견해와 양자가 보완관계(complementarity)에 있다는 견해로 나눌 수 있다.

1. 대 립 론

환경보전과 경제발전이 상충관계에 있다고 보는 입장은, 로마클럽 보고서인 「성장의 한계」(The Limit to Growth, 1972)에서 최초로 강하게 제기되었다. 이 보고서는 급속한 인구 증가, 공업화, 식량 부족, 환경오염 및 자원고갈의 현재(1972년) 추세가 지속될 경우, 환경오염과 자원고갈로 인해 100년 이내에 지구가 성장의 한계에 도달할 것이라고 주장했다. 국민총생산(Gross National Product: GNP)은 국민총공해(Gross National Pollution)를 유발하므로, 쾌적한 환경보전을 위해 경제성장을 중지해야 한다고 주장했다. 이 경제성장중지론은 쾌적한 환경의 질을 유지하기 위해서는 경제성장의 둔화를 감수해야 하며, 반대로 높은 경제성장을 추구하면 보다 낮은 수준의 환경의 질을 받아들일 수밖에 없으며, 쾌적한 환경의 질과 높은 경제성장을 동시에 추구하는 것은 불가능하다는 주장을 담고 있다. 물론, 로마클럽의 경제성장중지론 또는 무성장론은 극단적인 주장으로 현실성이 떨어지지만, 경제성장과 환경보존이 상충관계에 있다는 점을 일찍이 경고했다는 측면에서는 높이 평가할 만하다. 한편 경제성장과 환경의 질 간의 상충관계를 그림으로 표시하면 〈그림 15－3〉과 같다.

〈그림 15－3〉에서 AB 와 CD 는 환경기준을 나타내는 선이다. 환경 기준선을 CD 로 결정하면 환경 질의 청정도는 OC 이며, 경제성장률은 OR 이다. 환경 기준선이 왼쪽으로 이동하면 경제성장률이 증가하지만 환경의 질은 나빠지며, 반대로 오른쪽으로 이동하면 환경의 질은 개선되지만 경제성장률은 낮아진다. 환경 기준선이 매우 엄격해 AB 가 되면 생산 활동 위축으로 영의 성장(zero growth)이 되지만 환경의 질은 현저히 개선된다.

쾌적한 환경의 질을 위해 경제성장을 중지해야 한다는 경제성장중지론은 현실적으로 수용하기 어렵다. 우선, 경제성장이 정지되면 실업이 증가하고 실

그림 15-3 경제성장과 환경의 질 간의 상충관계

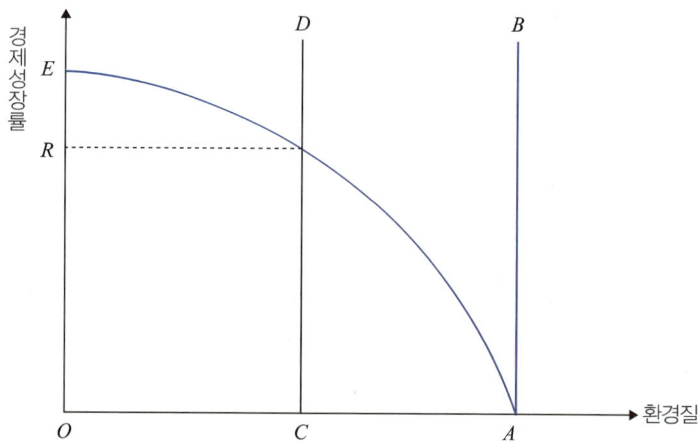

업 증대로 인한 실질임금의 감소는 국민 생활 수준의 하락을 초래한다. 또한 성장의 정체는 공공재 공급을 어렵게 하고 소득분배를 악화시키는 등의 다양한 부작용을 가져온다. 더 중요한 것은 경제성장이 정체된다고 해서 연속적인 환경보전이 이루어질 수 있느냐는 점이다. 경제성장의 중단은 단기적으로는 환경 개선에 도움이 될 수 있지만, 장기적으로도 그러하리라는 보장은 없다. 환경악화의 근본 원인은 대가를 지불하지 않고 환경자원을 무분별하게 이용하면서 발생하는 외부비경제 현상인데, 경제성장이 멈춘다고 해서 외부비경제 현상이 발생하지 않는다는 보장은 없다. 대가 없이 환경을 이용하면 환경오염이 발생하기 마련이므로, 경제성장중지론은 현실성이 없다는 비판을 면하기 어렵다.

2. 보 완 론

경제성장중지론의 비현실성에 대한 인식이 확산되면서 환경문제에 대한 인식과 대응이 새로운 각도에서 조명되기 시작해 환경과 경제발전의 관계를 상충적 관계가 아닌 보완적 관계로 보는 견해가 대두되었다.[4)]

이 견해에 따르면 환경의 질 개선은 인간의 건강과 노동력을 증진시키고 공해방지 기술 등 관련 산업 분야의 고용을 창출하기 때문에 경제성장에 도움이 된다는 것이다. 또한 반(反)성장론자들이 주장하는 것처럼 경제성장이 이루어지면 자원이 고갈되고 환경이 파괴되어 장기적으로 경제성장 자체가 불가능해진다는 주장은 타당하지 않다고 본다. 경제성장으로 자원고갈이 문제가 되면 자원의 가격이 상승해 수요가 감소하거나 자원을 절약하는 기술을 개발하고, 대체재가 등장하기 때문에 경제성장을 굳이 중단할 필요가 없다는 것이다. 경제성장이 가능하고 환경보전을 위해서도 필요하다는 것이다. 환경오염을 방지하고 오염된 환경을 다시 복원하려면 막대한 자금이 필요한데, 이 자금의 조달은 경제성장 없이는 불가능하므로, 환경보전을 위해서도 경제성장이 필요하다는 것이다.

환경과 무역에 관한 논의에서 드러난 GATT와 UNCTAD의 입장도 보완론의 한 부류로 파악할 수 있다. GATT와 UNCTAD는 전후 세계 경제 성장에 크게 기여한 자유무역 기조가 환경문제로 인해 제한받거나 위축되어서는 안 되며 적절한 환경정책이 뒷받침된다면 자유무역을 통한 국제무역 확대는 오히려 환경에 긍정적인 영향을 미칠 수 있다고 주장했다.[5] 또한 양 기구는 개도국 환경문제와 관련해 개도국이 환경보호에 적극적이지 못한 이유는 환경에 관심이 없어서가 아니라 환경보호에 투자할 재원이 부족하기 때문이라고 보았다. 개도국 환경을 개선하기 위해서는 이들 국가가 환경보호 재원을 마련할 수 있도록 자유무역을 확대해 국부 축적의 기회를 제공해야 한다고 주장했다.

3. 지속 가능 발전

환경보전과 경제발전의 관계를 보완적 관점에서 바라보는 구체적 대안으로 제시된 것이 지속 가능 발전(sustainable development) 개념이다. 이 개념은

4) D. Pearce et al.(1989) 참조.

5) GATT(1992); UNCTAD(1991) 참조.

그림 15-4 지속가능발전

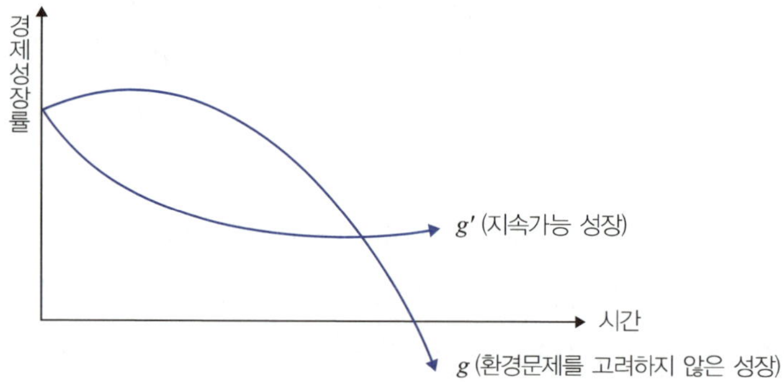

1972년 스톡홀름에서 공식적으로 제기되었고, 1987년 UN에 제출된 「Our Common Future」, 일명 브룬틀란트(Bruntland) 보고서에서 구체화되었다. 이 보고서는 지속 가능 발전을, 미래 세대의 후생을 감소시키지 않는 선에서 현재 세대의 복지를 극대화하는 발전으로 정의했다. 동 보고서는 가난한 사람들의 기본 욕구를 충족시키기 위해 경제개발이 필요하나, 경제발전이 환경용량의 한계를 초과해서는 안 된다고 주장한다. 다시 말해, 지속 가능 발전은 환경용량의 수용 능력 범위 안에서 이루어지는 경제성장이라고 할 수 있다.

〈그림 15－4〉에서 보이는 것처럼 지속 가능한 개발은 성장곡선 g를 새로운 성장곡선 g′로 수정하는 개발정책이라고 할 수 있다. 지구환경에 대한 특별한 고려 없이 세계 각국이 경제개발을 계속하면, 일시적으로 높은 성장이 유지될 수 있지만 자원고갈과 함께 지구환경이 자정능력을 상실하게 되어 경제성장이 하락해 결국 부(負)의 성장으로 이어질 수 있다는 것이다.

따라서 경제성장 하락을 다소 감수하더라도 환경보전을 위한 조기 투자가 미래 성장을 위해서도 바람직하다는 것이 지속 가능한 성장정책의 핵심이다. 지속 가능 발전은 경제 발전과 환경보전을 조화시키려는 견해로 OECD, WTO 및 UN 등 각종 국제기구의 공식적인 입장으로 표명되었고 선진국 환경정책의 기본 방향으로 제시되었다.

4. 역U자형 가설

지속 가능 발전 개념은 경제발전에서 환경보전의 중요성을 강조하며, 강력한 환경보전정책을 주장한다. 그러나 이 주장에 대해 다소 비판적인 견해로 대두된 것이 경제발전과 환경 간에 역U자 관계에 대한 주장이다. 역U자형 가설에 따르면, 경제가 발전하는 초기에는 환경보전에 대한 관심이 부족해 환경파괴와 오염이 심화되지만, 소득 수준이 일정 수준 이상으로 올라가면 환경보전에 대한 투자와 관심이 증가하면서, 오히려 환경파괴와 오염이 줄어든다는 것이다. 이 역U자형 가설은 소득분배에 있어서 역U자형 가설을 주장한 쿠즈네츠(Kuznets)의 이름을 따서 쿠즈네츠 곡선이라고도 한다.[6] 예컨대 도쿄, 워싱턴, 제네바, 파리 같은 선진국의 대도시는 정부 및 민간의 환경에 대한 투자 증대와 기술개발 덕분에 20년 전보다 훨씬 깨끗해졌지만, 방콕이나 자카르타는 10~20년 전보다 오히려 훨씬 더 오염된 상태임을 통해서 이를 확인할 수

그림 15-5 환경 쿠즈네츠 곡선

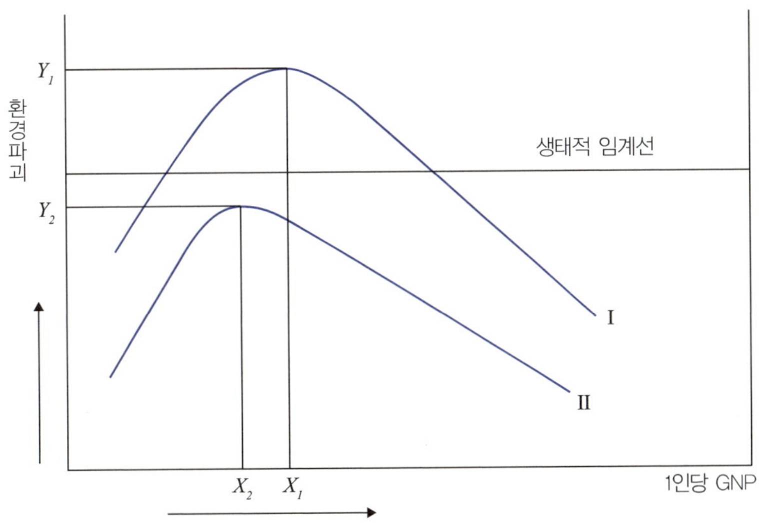

6) K. F. Jaral(1993), p.13 참조.

있다.

이 가설에 따르면 경제발전의 초기 단계에 나타나는 환경 악화는 일시적인 현상이므로, 환경파괴가 회복 불가능한 상태에 이르지 않는 한, 정부가 강력하고 엄격한 환경보호정책을 실시할 필요는 없다. 〈그림 15－5〉에서 보는 것처럼 1인당 소득 수준이 올라가면 처음에는 환경파괴가 증가하지만, 일정 수준을 넘어서면 환경파괴는 오히려 감소한다. 다만, 환경파괴가 곡선 Ⅱ에서처럼 생태적 임계치를 넘지 않는 경우에는 엄격한 환경정책이 필수적이지 않지만 생태적 임계치를 초과하는 곡선 Ⅰ의 경우에는 강력한 정책 개입이 필요하다는 것이다. 곡선 Ⅰ은 환경파괴가 회복 불가능한 수준에 이르는 경제성장을 의미하며, 곡선 Ⅱ는 환경파괴의 회생이 가능한 경제성장과 환경파괴와의 관계를 나타낸다.

어느 정도의 소득 수준에서부터 환경문제가 개선되기 시작하는지는, 환경문제의 성격에 따라 달라질 수 있지만, 실증연구에 따르면 대체로 아황산가스의 경우 1인당 GNP가 3,000달러 수준에서부터 개선되는 것으로 나타났다.[7] 로저스(Rogers, 1992)에 의하면 아황산가스의 경우 1인당 GNP가 3,000달러를 넘어서면 대도시에서 감소한다고 한다. 이는 소득 수준이 높아지면 환경문제에 대한 일반 대중의 인식이 향상되고, 환경에 대한 투자가 이루어지며, 환경 기술이 발달하기 때문이라는 것이다. 특히 오늘날의 개도국들은 선진국들의 역사적 경험과 비교해 볼 때, 상대적으로 훨씬 낮은 소득 수준에서 상당한 환경개선 효과를 거두고 있는 것으로 나타났다(〈그림 15-6〉 참조). 이는 선진국이 높은 경제성장을 이루었던 1960년대까지만 해도 환경오염 피해에 대한 인식이 거의 없어, 높은 소득 수준에도 불구하고 환경개선을 위한 본격적인 노력이 부족했던 반면, 우리나라를 비롯한 개도국들은 1인당 GNP가 2,000달러 이하이던 1980년대에 이미 환경청 등 환경 전담 부처를 설립하고 환경문제에 일찍부터 대응해 왔기 때문이다.

그러면 이러한 역U자형 가설이 모든 환경문제에 적용될 수 있을 것인가?

---

7) K. F. Jaral(1993), p.16 참조.

그림 15-6 소득 수준과 대기오염

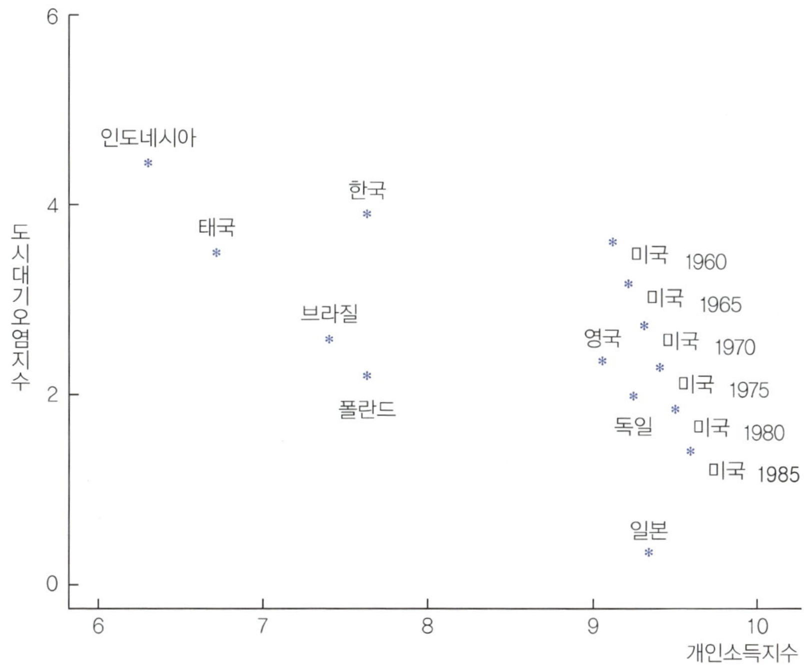

자료: D. Wheeler(1992), p.35.

만일 그것이 사실이라면 지구환경 문제는 우리가 우려하는 것만큼 심각한 문제가 되지 않을 수도 있다. 세계은행 등 여러 전문기관의 조사에 따르면, 아황산가스와 분진 등 대부분의 대기 및 수질오염은 소득 증대와 함께 경제발전 초기에는 악화하지만 일정 수준을 넘어서면 다시 개선되는 추세를 보이고 있다. 반면, 이산화탄소, 질소산화물 및 도시폐기물 등은 소득 증대와 함께 악화되는 경향을 보인다.[8)]

이러한 사실을 고려할 때 환경문제를 가볍게 보아서는 안 될 것이다. 일부 환경문제에서 역U자형 가설이 적용된다고 해서 환경문제를 소홀히 해도 된다는 의미는 아니다. 공업화 과정에서 불가피하게 일어나는 환경파괴에 대

8) World Bank(1992), p.11 참조.

해서는 가능한 한 조기에 대응하려는 노력이 필요하며, 특히 지나친 성장으로 인해 생태계가 자정능력을 상실하지 않도록 경제발전 속도를 조절하는 것이 중요하다.

제 4 절 국제무역과 환경

1. 무역과 환경의 관계

환경문제가 국내문제로 그치지 않고 범세계적인 문제로 확대되면서, 무역과 환경 간의 문제가 국제적 관심사로 떠오르게 되었다. 특히 환경문제의 해결 방법으로 선진국이나 국제환경협약이 무역을 규제하는 방향으로 움직이면서, 선진국과 개발도상국 간의 이해관계가 첨예하게 대립되었고, 이로 인해 환경문제는 국제무역 질서에 중요한 영향을 미치게 되었다. 그러면 무역과 환경문제 간에 어떤 연관성이 있는지 먼저 살펴보겠다.

크게 나누어 두 가지 견해가 있다. 하나는 자유무역과 환경보호가 기본적으로 상호보완 관계에 있다고 보는 견해이고, 다른 하나는 양자 간에 갈등 관계에 있다고 보는 견해다. 전자는 대체로 자유무역론자들이 주장하며,[9] 후자는 주로 환경론자들이 주장한다.[10]

1.1 보완관계

자유무역과 환경이 상호보완적 관계에 있다고 보는 이유는 다음과 같다. 첫째, 무역자유화는 무역에 참여하는 국가의 소득을 증대시키며, 소득이 증가하면 환경에 대한 일반 대중의 관심이 높아져, 환경에 대한 투자가 확대되고,

---

9) G. Grossman and A. Krueger(1991); M. Radetzki(1992); G. Grossman(1994); K. Anderson(1994) 등 참조.

10) S. Shrybman(1990); M. Ritchie(1990); C. Arden-Clarke(1991) 등 참조.

그 결과 환경의 질이 개선된다는 것이다.

둘째, 무역자유화로 인한 소득 증대는 개발도상국에서 인구 증가를 억제하며, 이는 고용기회의 확대와 함께, 인구 증가로 인한 환경훼손, 예컨대 도시에서의 빈민층 형성이나 농촌에서의 벌목 등을 감소시키게 된다는 것이다.

셋째, 소득이 증대되면 사람들은 목재나 목탄 생산에 종사하는 것을 꺼리게 되며, 이는 이들 자원의 상대가격을 상승시켜 수요를 감소시켜고, 결과적으로 환경훼손을 줄이게 된다는 것이다. 또한 석탄과 식료품 시장은 매우 왜곡된 시장 중의 하나인데, 일반적으로 개발도상국에서는 이들 제품의 가격이 국제가격보다 낮기 때문에 무역이 자유화되면 이들의 가격이 상승하고 소비가 줄어들어 지구적 환경개선에 도움이 된다는 것이다.

넷째, 무역이 자유화되면 친환경적인 생산기술이나 상품에 대한 접근이 용이해진다. 예를 들면 시장을 개방하면 선진국으로부터 친환경 제품이나 기술의 수입이 쉬워져 환경개선에 도움이 되며, 수출 상품도 선진국의 엄격한 환경기준을 충족시키기 위해 친환경 제품이나 기술 개발을 촉진하게 된다.

무역과 환경의 상호보완적 관계를 주장하는 사람들도 무역이 환경보전에 부정적인 영향을 미칠 수 있다는 점을 부정하지는 않는다. 다만, 적절한 환경정책이 시행된다면, 자유무역은 그 부정적인 영향을 감안하더라도 후생 증대에 기여할 수 있다고 주장한다. 이 주장은 앞에서 설명한 환경과 경제성장이 역U자형 관계에 있다는 주장과 그 맥을 같이하는데, 이는 개발도상국 입장을 대변하는 논리라고 할 수 있다.

1.2 대립 관계

이와 대조적으로 환경주의자들은 규제받지 않는 자유무역은 다음과 같은 이유에서 환경보전에 유해하다고 주장한다.

첫째, 자유무역은 무역량 증가를 통해 교통량 증가를 가져오고, 이는 공기오염, 해양오염, 소음 및 교통혼잡을 초래해 환경을 악화시킨다.

둘째, 자유무역은 자원보유국의 과다한 자원 채굴, 삼림자원 황폐화 및 토양오염을 통해 환경을 파괴한다. 그러나 이 환경비용이 상품의 시장가격에 포함되지 않기 때문에 자연자원의 가격을 지나치게 낮게 평가해 낭비적이고 환경 파괴적 소비패턴을 조장하고 이러한 상품을 생산하는 개도국의 교역조건을 불리하게 한다. 불리한 교역조건은 개도국이 더 많은 자연자원을 생산토록 해 환경파괴를 심화시킨다.

셋째, 규제를 받지 않은 자유무역체제에서는 환경규제가 엄격한 국가의 가격경쟁력이 환경비용만큼 약화되는 반면, 환경규제가 없는 국가의 가격경쟁력은 환경비용만큼 무임승차 하게 되어 무역분쟁을 초래할 수 있다. 이는 세계무역 증진에 도움이 되지 않는다.

이러한 이유로 환경론자들은 자유무역이 환경을 파괴할 수 있으며, 환경문제가 무역 규제 수단으로 남용될 수 있기 때문에 정부가 무역에 개입해 환경문제를 개선해야 한다고 주장한다. 이는 주로 선진국의 주장으로, 기본적으로 환경과 무역의 관계를 환경보전의 관점에서 고찰하는 특징이 있다.

2. 국제론의 동향

2.1 동향

환경과 국제무역을 연계해야 한다는 주장이 제기됨에 따라, 국제기구에서도 이에 대한 활발한 논의가 전개되었다. 무역과 환경문제를 연계해 논의하는 흐름은 1992년 리우 유엔환경개발회의(United Nations Conference on Environment and Development, 일명 지구정상회의)에서 무역과 환경의 상호보완적 관계에 대한 기본 입장이 정리된 것을 기점으로 시작되었으며, 1994년 WTO 설립을 위한 마라케시 각료회의에서 '무역과 환경에 대한 결정문'이 채택되고 WTO 산하에 무역환경위원회(Committee on Trade and Environment)가 설치되면서 본격화되었다. 또한 2012년 APEC 정상회의에서 54개 환경상품 리스트가 확정되었고, 우리나라는 2016년에 환경상품에 대한 관세율을 5% 이하로 인하했다.[11] 주요 국제기구별 논의의 동향은 다음과 같다.

2.1.1 GATT/WTO

국제환경협약(International Environmental Agreement)과 국가별 일방적인 환경규제가 무역마찰을 유발하고 환경문제가 기존 국제무역 질서를 크게 위협하는 현실을 반영해, 환경과 무역의 관계에 대한 논의가 GATT/WTO에서 활발하게 이루어졌다. 중점적으로 검토된 사항은 ① 국제환경협약상의 무역 관련 규정이 GATT/WTO의 원칙이나 규정과 상충하는지 여부, ② 무역에 영향을 주는 국내 환경규제의 투명성을 제고할 수 있는 방안, ③ 환경보호를 목적으로 한 포장물규제나 환경마크제도가 무역에 미치는 영향 등 세 가지로 요약할 수 있다. GATT/WTO는 자유무역을 기본이념으로 삼고 있는 만큼, 환경과 무역에 관한 기본 입장에서도 무역 규제는 불가피한 경우로 한정되어야 하며, 환경정책의 대안으로 활용되어서는 안 된다는 것을 일관되게 주장해 왔다.

2.1.2 OECD

2025년 기준 선진 38개국으로 구성된 OECD는 환경과 무역 문제에 대해 국제적인 수준에서 가장 체계적이고 활발한 활동을 보이고 있다. OECD가 1972년 발표한 환경정책에 관한 지침에서 제시한 4대 원칙은 다음과 같다.

1) 오염자부담원칙(Polluter Pays Principle): 각국 정부가 환경보호에 필요한 규정을 설정할 때 이의 이행에 수반되는 비용은 원칙적으로 오염자가 부담한다. 단, 과도기의 예외를 인정해 급격한 환경규제강화 초기에는 정부 지원을 허용한다.
2) 조화원칙(Harmonization Principle): 각국 정부는 정당한 이유가 없는 한 국가 간 환경정책과 규정의 조화를 위해 노력한다.
3) 내국민대우와 무차별원칙(National Treatment and Nondiscrimination Principle):

11) 환경부(2024), p.858 참조.

각국은 환경 조치 시행 시 GATT의 내국민대우와 무차별원칙을 준수한다.

4) 보상적 수입부과금과 수출환급제 금지 원칙(Compensating Import Levies and Export Rebates Principle): 각국이 환경정책의 차이에 따른 경제적 효과를 상쇄하기 위해 관세를 부과하거나 수출환급제 등을 실시하는 것을 금지한다.

환경정책위원회(Environmental Policy Committee)는 OECD 내 환경논의를 주도하는 회의체인데, 무역위원회와 공동으로 '무역과 환경 공동작업반'(Joint Working Party on Trade and Environment)을 운영하고 있다.[12] 이 공동작업반은 국제무역에서 환경재에 대한 관세와 비관세의 제거, 환경보호 조치가 후진국의 시장 접근에 미치는 영향 등을 다루며, 특정 국가가 일방적 무역 제한 조치를 발동하는 것을 자제토록 해 국제무역에서의 투명성이 높아지도록 하는 역할을 한다.

2.1.3 UN

UN에서의 환경과 무역에 관한 논의는 1992년 6월 리우데자네이루에서 개최된 유엔환경개발회의에서 종합적으로 이루어졌고, 리우선언의 12번째 원칙과 「의제 21」(Agenda 21)의 제2장에 그 결과를 반영했다.[13] 리우선언 12번째 원칙의 내용은 다음과 같다.

1) 각국은 환경 악화에 적절하게 대처하기 위해 모든 국가의 경제성장과 지속 가능한 개발 도모에 도움이 되고 개방적인 국제경제체제를 증진하도록 협력해야 한다.
2) 환경적 목적을 위한 무역정책 수단은 국제무역에 대한 자의적 또는 부당한 차별적 조치나 위장된 제한을 포함해서는 안 된다.

---

12) 환경부(2024), p.853 참조.
13) 「의제 21」에서 21은 21세기를 의미한다.

3) 수입국 관할지역 밖의 환경문제에 대응하기 위한 일방적 조치는 피해야 한다.
4) 국경을 초월하거나 지구적 차원의 환경문제에 대처하는 환경적 조치는 가능한 한 국제적 합의에 기초해야 한다.

한편 유엔환경개발회의를 통해 채택된 「의제 21」의 제2장(개도국의 지속가능 발전을 촉진하기 위한 국제협력)은 초국가적·지구적 환경문제를 규제하는 환경 조치는 가능한 한 국제적 합의에 기초해야 한다고 규정해 환경과 무역의 조화를 위한 다자간무역협상을 개최할 근거를 마련했다. 또한 특정 환경목표 달성을 위한 국내 조치의 효율성을 높이기 위해 무역 규제 조치의 시행이 가능하다고 명시해 일방적 규제를 인정하는 입장을 보였다.

2.2 자유무역협정(FTA)과 환경무역의 연계

도하개발아젠다(DDA) 협상이 실패해 WTO의 다자간 무역협상이 난항을 겪고 있는 상황에서 각국은 양자 간 자유무역협정을 통해 무역에서의 자국 이해를 극대화하고자 한다. 환경은 FTA 협상의 주요 의제가 되었는데, FTA 환경의제는 환경협정문협상과 환경서비스 양허협상으로 구성된다.

2012년 3월 발효된 한미 FTA 협정에서 환경 챕터를 마련해 높은 수준의 환경보호 의무를 명시하고, 무역 및 투자 촉진을 위한 환경보호 의무의 적용 면제나 회피를 금지하였으며, 환경피해 구제 및 환경법 위반 제재를 위한 제도를 보장했다. 또한 환경 분쟁이 발생하면 일반분쟁 해결 절차를 적용해 분쟁 해결을 진행하고, 패널 판정을 이행하지 않을 경우 과징금을 부과하는 등의 규정도 포함하고 있다.

환경 서비스 양허협상은 하수처리와 폐기물처리 서비스 같은 환경 서비스 분야에서 개방할 분야를 수록하고 서비스 협정의 의무 사항인 내국민대우, 최혜국대우, 시장 접근 제한 조치 등을 부속서에 세부적으로 기재하는 방법으로 이루어진다.[14]

제5절 국제 환경 협력

1. 국제 환경 협력의 배경

환경문제 해결을 위한 지구적 차원의 움직임은 1972년에 유엔이 인간환경선언을 채택하고 유엔환경기구(UNEP)를 설립한 것을 계기로 시작되었다. 1980년대 중반부터 국제적 차원의 노력이 본격화되고 여러 부문에 걸쳐 다양한 환경협약이 체결되었고, 환경협약을 대기 보전, 유해물질 규제, 동식물 보호, 해양환경 보호, 수질 보호, 자연자원 보전 등으로 구분할 수 있다. 국제환경협약 중 국내 산업에 큰 영향을 미치는 것은 몬트리올의정서, 바젤협약, 기후변화협약 등이며, 주요 환경협약의 내용은 다음과 같다.

2. 비엔나협약과 몬트리올의정서

비엔나협약(Vienna Convention)은 프레온 가스(CFC)와 할론(Halon) 등의 가스방출로 인한 오존층 파괴를 방지할 목적으로 1985년에 제정되었다. 동 협약의 이행을 위한 구체적인 의무 사항을 정한 몬트리올의정서가 1987년 채택되어 1989년 1월 1일 시행되었다. 몬트리올의정서는 UN 회원국 모두가 합의한 유일한 UN 협약이다.

몬트리올의정서는 15종류의 프레온 가스, 3종류의 할론, 사염화탄소, 메틸클로로포름 등과 같은 물질의 생산·사용 및 관련 제품의 교역 규제를 규정했다. 의정서 채택 당시, 프레온 가스를 많이 사용하는 선진국들은 1998년까지 프레온 가스와 할론을 1986년의 절반 수준으로 감축하고, 적게 사용하는 개도국들은 10년의 유예기간을 둔 후 1999년부터 10년 동안 1995~1997년 수준으로 감축하도록 되어 있었다. 그러나 1990년에 몬트리올의정서 가맹국들은

---

14) 환경부(2024), p.860 참조.

2000년까지 프레온 가스 생산을 완전히 중단하기로 합의하고, 규제 대상 목록에 사염화탄소, 메틸클로로포름 등 10종류의 프레온 가스를 추가했다. 또한 개발도상국에 10년의 유예기간을 인정하는 대신 프레온 가스 수출을 중단시켰으며, 선진국의 기여금으로 기금을 조성해 프레온 가스를 감축하기 위한 개발도상국의 노력을 지원하도록 했다.

동 의정서는 가입국의 의무 사항을 명시해, 가입국 간 및 비가입국 간의 규제 대상 물질과 그 관련 제품의 교역을 제한했고, 그 내용은 다음과 같다. 가입국은 규제 대상 물질을 수출해서는 안 되며, 규제 대상 물질을 함유한 자동차와 트럭용 냉방기구, 가정용 및 상업용 냉장고와 냉방기, 열펌프장치(냉각재 또는 제품의 절연재에 규제 대상 물질이 함유된 경우), 의료용을 제외한 분무질 제품, 휴대용 소화기, 절연판, 패널 및 파이프 덮개, 프리폴리머(pre-polymers) 등을 비가입국으로부터 수입해서도 안 된다. 또한 가입국들은 규제 대상 물질을 생산·이용하는 데 필요한 기술을 가급적 비가입국에 이전해서는 안 되며, 나아가 규제 대상 물질의 생산을 촉진할 수 있는 제품이나 설비 또는 기술을 비가입국에 수출하기 위한 새로운 보조금의 지급이나 금융 및 보험 지원을 자제하여야 한다. 우리나라는 몬트리올의정서에 따른 시행을 완료했다.

3. 바젤협약

바젤협약(Basel Convention)은 유해폐기물의 국제적 이동을 통제하고 규제해 인류건강에 대한 위협과 환경파괴를 방지하기 위해 1989년 3월 채택되었다. 적용 대상 유해폐기물은 폭발성·인화성·중독성 등 13가지 특성을 가지는 폐기물 47종(18개 산업폐기물, 27개 중금속, 2개 생활폐기물)이다.

가입국은 수입 금지 대상 폐기물을 전체 가입국에 통보해야 하며 해당 폐기물의 수입을 금지한 국가로의 수출을 허용해서는 안 된다. 또한 비가입국에 대한 규제 대상 폐기물의 수출도 허용해서는 안 된다. 다만, 적절한 기관이 폐기물 수입에 대해 서면으로 동의한 경우에는 수출이 가능하지만, 수입국은 해당 폐기물질을 적절한 방식에 따라 관리해야 하므로, 이를 충족하지 못한 개발도상국으로의 수출을 금지한다. 이 밖에 유해폐기물의 국경 간 이동이 불법유통으로 간주될 경우, 수출자는 해당 폐기물을 회수해야 하며, 회수가 불가능한 경우 수출국이 이를 자국으로 반입해야 한다. 이러한 조치가 불가능할 경우에는 본 협약에 규정된 다른 방법으로 처리할 것을 보장해야 한다.

4. 기후변화협약/교토의정서/파리협정

기후변화협약(Convention on Climate Change)은 온실가스(GHG, Greenhouse Gases)로 지칭되는 이산화탄소, 메탄, 프레온가스(CFC), 질소화물 등이 대기 중에 누적되어 복사열 방출을 차단해 발생하는 지구온난화, 세계적인 기후 이변, 사막화 등의 진전, 극지방의 해빙, 해수면의 상승 및 생태계 파괴 등을 방지하기 위한 협약이다. 이 협약은 1992년 6월 리우 유엔환경개발회의에서 채택되었으며, 이를 통해 온실가스 배출을 억제하기 위한 기후변화협약, 생물종 보호를 위한 생물다양성협약 및 사막화방지협약으로 구성된 3대 환경협약이 체결되었다.[15)]이 협약은 2000년까지 온실가스배출량을 기준연도인 1990년 수준으로 동결하는 것을 목표로 했지만, 2000년 이후의 가스 배출량 규제의 지속에 대한 명확한 언급은 포함되지 않았다. 또한 동 협약에는 온실가스 배출에 대한 엄격한 규제 방안이 포함되지 않았으며, 국가 간의 이해 상충으로 추상적인 원칙과 방안을 제시하는 데 그쳤다.

이러한 한계를 극복하기 위해, 1997년 일본 교토에서 열린 기후변화협약 제3차 총회에서 교토의정서가 채택되었고 지구온난화를 막기 위한 구체적인 실천 방안이 제시되었다. 즉 강화된 온실가스 감축을 위해 선진국들이 2008년부터 2012년까지 1990년의 배출 수준에서 최소 5% 감축하기로 합의하였다. 또한 선진국들이 감축의무를 비용 효과적으로 이행할 수 있도록 하기 위해,

---

15) 환경부(2019), p.722 참조.

배출권거래제(Emission Trading), 청정개발체제(Clean Development Mechanism) 및 공동이행제도(Joint Implementation) 같은 시장기구들을 도입했다.[16] 그러나 교토의정서는 시행되기도 전에 참여하기로 약속했던 주요 선진국들의 반발로 성과를 거두지 못하게 되었다. 2001년 미국을 시작으로 일본, 캐나다, 러시아가 잇달아 탈퇴하였으며, 온실가스 배출량 1위인 중국과 3위인 인도는 개발도상국으로 분류되어 감축 대상국에서 제외되었기 때문이다.

그 후 포스트 교토체제에 대한 국제적 논의가 지속되다가 2011년 남아프리카 더반에서 교토의정서의 2차 공약이 종료되는 2020년부터 온실가스를 배출하는 모든 국가가 참여하는 구속력 있는 의정서를 출범시키기로 합의했다.

신기후체제 합의문에 대한 선진국과 개발도상국 간의 치열한 협상 끝에 2015년 파리총회에서 파리협정(Paris Agreement)이 채택되었으며, 이는 모든 국

표 15-1 주요 국가별 온실가스 총배출량 추이 (단위: 백만톤 $CO_2eq.$)

	국가	1990	2000	2013	2014	2015	1990년 대비 증감률(%)
1	중국	3,154	4,480	11,733	11,912	11,912	277.6
2	미국	6,363	7,214	6,680	6,740	6,587	3.5
3	인도	1,189	1,679	2,909	3,080	3,152	165.1
4	러시아	3,768	2,273	2,641	2,646	2,651	-29.6
5	일본	1,268	1,385	1,407	1,362	1,323	4.3
6	브라질	556	722	1,018	1,051	998	79.3
7	독일	1,251	1,043	945	904	902	-27.9
8	인도네시아	380	539	745	789	802	111.0
9	멕시코	427	584	733	722	735	72.3
10	이란	251	443	715	734	728	190.6
11	캐나다	611	738	729	727	722	18.1
12	대한민국	293	501	695	689	690	135.7

자료: 환경부(2019), p.297.

16) 환경부(2024), p.826 참조.

가가 참여하는 2020년 이후의 기후 변화 체제이다. 기존 체제에서 선진국만이 의무 감축 대상이었고, 온실가스 배출량 1위인 중국과 3위인 인도가 감축 대상국에서 제외되어 실질적인 기후 변화 대응에 한계가 있었던 점을 반영하여, 선진국과 개도국 모두를 감축의무 대상에 포함한 점에 의의가 있다(〈표 15-1〉 참조). 파리협정에는 195개국이 서명하였고, 우리나라도 2016년 11월 3일 파리협정을 비준했다.[17] 파리협정의 주요 내용은 산업화 이전과 비교해 지구 평균 온도 상승을 1.5°C 이하로 제한하고, 온실가스를 감축하고, 감축목표를 자발적으로 설정하며, 선진국이 개도국을 재정적으로 지원하고, 감축 목표를 5년마다 재검토하는 것 등이다. 그러나 2017년 6월 미국 트럼프 대통령이 자국 이익에 반한다는 이유로 탈퇴를 선언하면서 파리협정은 큰 타격을 받게 되었다. 온실가스 배출량 2위인 미국의 탈퇴는 파리기후협정의 성과에 큰 타격을 줄 수밖에 없었다.

5. 야생동·식물의 국제교역에 관한 협약

야생동·식물의 국제교역에 관한 협약(CITES, Convention on International Trade in Endangered Species)은 무절제한 국제무역으로 인해 멸종위기에 처한 야생동·식물을 보호하기 위해 1975년 7월 발효되었다. 2022년 12월 기준으로 우리나라를 포함해 184개국이 협약에 가입하였다. 이 협약은 무역 규제와 밀접하게 연계되어 있으면서 멸종위협 동물의 거래 규제에서 가장 실효적으로 운영되는 환경협약 중 하나이다.[18] 이 협약은 멸종위기의 정도에 따라 규제대상 동식물을 세 가지의 범주로 나눈다. ① 멸종위기에 처해 있는 것(예외적인 상황에서만 교역 허용), ② 교역이 규제되지 않을 경우 멸종할 위험이 있는 것, ③ 개별국가가 자국의 판단하에 규제 대상으로 분류하고 교역 통제를 위해 국제적인 협력을 요청한 것 등이다. 이 중 일반적으로 멸종위기에 처해 있거나

17) 환경부(2019), p.727 참조.
18) 환경부(2024), p.836 참조.

그러한 위험이 있는 종류의 교역은 출입허가제도에 의해 규제된다.

6. 생물다양성협약

생물다양성협약(Convention on Biological Diversity)은 인구 증가와 인간의 개발행위로 인해 멸종위기에 처해 있는 생태계를 보전하고, 이를 지속 가능하게 이용하며, 그에 따른 이익을 공평하게 분배하기 위해 1992년 리우회의에서 채택되었다. 2019년 11월 기준 우리나라를 포함해 196개국이 이 협약에 가입하였다.[19] 이 협약은 체약국에 대해 생물다양성의 보전 및 지속 가능한 이용에 중대한 영향을 미칠 수 있는 활동을 지정·감시할 것을 요구하며, 생태계의 서식지와 종을 위협하는 외래종의 유입을 방지하고 멸종위기에 처한 생물종의 회복과 서식지로의 재도입을 위한 조치를 규정하고 있다.

제 6 절 환경정책의 목표와 수단

1. 환경정책의 목표

지금까지 환경의 특성과 이와 관련된 문제, 그리고 최근의 국제적 논의에 대해 고찰하였다. 이 논의를 종합적으로 고려할 때, 환경문제는 다음 세 가지로 요약될 수 있다. 첫째, 환경이 가지고 있는 외부비경제와 관련해 자원을 어떻게 가장 합리적으로 배분할 것인가에 대한 '자원 배분의 문제'이다 둘째, 환경정책은 단순히 환경오염을 방지하는 데 그치는 것이 아니라 자연자원을 적절히 보전해 경제성장을 지속적으로 가능하게 하는 데 그 목적이 있으므로 경제성장을 고려해야 한다. 셋째, 오늘날 환경문제는 국경을 초월하는 전 지구적

19) 환경부(2024), p.832 참조.

이슈로 부상했기 때문에 각종 국제협약과 규칙을 준수해 국제협력을 강화하는 국제협력 문제다.

이 같은 점에 비추어 볼 때 환경정책의 목표는 환경오염을 감당할 수 있는 수준으로 억제해 어느 정도의 쾌적한 자연환경을 보전하면서 지속적인 성장을 가능하게 하고 국제협약을 존중해 사회 전체의 복지를 증대시키는 데 두어야 할 것이다.

2. 기본원칙

이상에서 제시한 환경정책의 목표를 실현하기 위한 네 가지 기본원칙이 있다.[20)]

- 오염자부담원칙
- 공동체부담원칙
- 예방원칙
- 협력원칙

2.1 오염자부담원칙[21)]

이는 공해를 유발한 사람이나 기업이 공해방지 비용을 부담해야 한다는 원칙이다. 이는 자신의 행위에 대해 스스로 책임을 진다는, 시장경제의 기본질서인 책임원칙에 부합하는 것으로, 외부경제의 내부화를 통해 문제를 해결하고자 하는 방법이다. 예를 들면, 공해를 발생시킨 기업이 공해방지 비용을 부담해야 하는데, 그럴 경우 기업은 공해방지 비용만큼 제품가격을 인상하거나, 자체적으로 오염 문제를 해결하게 된다. 이 원칙은 가격을 통해 공해를 규제하는 방식으로, 개별기업의 의사결정 과정에 정부가 개입하지 않으면서 공해를 규제할 수 있는 장점이 있다. 그러나 이 원칙을 실제로 적용하는 데는 여러

20) J. Heubes(1992), pp.171-173 참조.

21) 우리나라도 환경정책기본법 제7조(오염원인자 책임원칙)에 이를 규정하고 있다.

가지 어려움이 존재한다. 우선, 많은 경우에 공해를 유발한 자를 파악하는 것이 쉽지 않다. 대기오염이나 수질오염의 경우 누가 어느 정도 오염을 발생시켰는지 정확하게 추적하기 어렵기 때문이다. 그럼에도 불구하고 이 원칙은 시장경제원리에 부합하는 수단으로 오늘날 많은 국가에서 환경정책의 중요한 수단으로 활용되고 있다. 이의 구체적인 예로 부과금제도, 환경세, 오염권판매제도 등이 있다.

2.2 공동체부담원칙

이 원칙은 환경보전 비용을 국가가 부담하는 원칙이다. 이 원칙이 필요한 이유는 누가 얼마만큼의 오염을 발생시켰는지 정확하게 파악하는 것이 현실적으로 불가능하거나 많은 비용이 수반될 때 오염자부담원칙을 적용하기 어렵기 때문이다. 따라서 이 경우에는 국가가 개입해 오염방지비용을 부담해야 한다. 예를 들어, 정부가 정수 설비를 설치하거나 환경보전을 위한 민간투자에 대해 보조금을 지급하는 조치 등이 이에 속한다. 이 원칙은 정부가 직접 투자를 하거나 보조금을 통해 공해방지를 시도하는 방식이기 때문에, 민간경제 주체의 친환경적인 활동을 유인할 동기를 충분히 제공하지 못하는 단점이 있다.

이와 유사한 개념으로 수익자부담원칙이 있다. 이 원칙에 따르면 환경보전정책의 수익자가 환경보전 활동으로 소득의 손실을 본 경제주체를 보상해 주어야 한다. 이 원칙은 공동체부담의 원칙과 달리 일반 국민이 비용을 부담하지 않고 수익자만 부담한다는 점에서 차이가 있다. 그러나 공해유발자가 책임을 지지 않는다는 점에서는 유사한 개념으로 볼 수 있다. 이 원칙을 적용하기 어려운 이유는 공해를 유발한 자가 아무런 비용도 부담하지 않게 되므로, 사회적 형평성 차원에서 실행이 어렵다는 점이다.

2.3 예방원칙

이 원칙은 환경오염이 처음부터 생기지 않도록 예방하는 것을 목표로 하는 정책이다. 이 원칙에 따르면, 환경정책의 목표는 단순히 이미 발생하였거나 임박한 환경오염을 제거하거나 방어하는 데 있는 것이 아니라, 환경오염 자체의 발생을 사전에 예방하는 데 두어야 한다는 것이다. 이 원칙에 따른 환경정책은 미래 세대에게 가능하면 오염된 환경을 물려주지 않도록 하는 데 그 목적이 있다. 이 원칙의 예로 환경 당국이 특정 오염물질의 배출을 금지하거나, 기업에 오염방지를 위한 특정시설을 설치하도록 강제하는 법적·행정적 규제가 있다.

2.4 협력원칙

이 원칙은 공해 유발 활동이나 공해방지 활동에 당사자가 공동으로 참여하고 공동 책임을 지는 것을 의미한다. 즉 공해 유발 사업에 있어 당사자 간의 협의와 협조를 통해 공동으로 문제를 해결하고자 하는 방법이다. 이와 같은 방식은 상호 간에 정보와 의견을 교환함으로써 보다 합리적인 정책의 수렴이 가능하고 일반 국민의 환경 의식을 높일 수 있는 장점이 있다.

3. 환경정책의 수단

3.1 경제적 수단

3.1.1 환경재에 대한 재산권 부여

앞에서 지적한 것처럼 환경오염 문제의 근본적인 원인은 환경자원이 공공재로 취급되어 사적 이용권이 인정되지 않는 데 있다. 사적 이용권이 없다는 것은 환경재에 대한 재산권(property right)이 설정되어 있지 않다는 것을 의미하며, 이에 따라 환경자원에 재산권만 설정해 주면 환경오염 문제는 정부 개입 없이도 해결될 수 있다는 주장이 제기된다. 여기서 재산권은 특정 재화나 용역에 대한 자유로운 사용과 처분을 의미한다. 따라서 환경재에 대해 재산권을 설정하면, 이를 이용하는 사람에게 이용료를 청구할 수 있어 오염 문제 해결이 가능하다는 것이다. 예를 들어, 한 호숫가에 사는 주민에게 그 호수의 이용권을 부여한다면 그 주민은 호수를 오염시키는 사람에게 오염 비용을 청구할 수 있고, 이렇게 되면 정부 개입 없이도 환경오염자에게 오염 비용을 부담하게 해 환경오염 문제가 해결될 수 있다. 다시 말해, 시장기구를 통해 환경문제를 해결될 수 있다는 주장이다.

재산권을 이용해 환경문제를 해결할 수 있다고 주장한 대표적 학자가 1992년 노벨경제학상 수상자인 코스(R. Coase) 교수다. 그에 의하면 환경오염 문제는 환경재에 대한 소유권이나 이용권이 명확하게 설정되지 않았거나, 설정되어 있더라도 이를 실질적으로 행사할 수 없는 경우에 발생한다는 것이다. 따라서 환경재에 대한 소유권이나 이용권을 실제로 행사할 수 있게 만들어 주면 환경오염 문제는 이해당사자들 간의 협상을 통해 해결될 수 있다는 것이다. 여기서 정부가 할 수 있는 것은 이해당사자들의 자발적 타협이 잘 이루어지도록 여건을 조성하는 데 있다.

이러한 코스의 이론은 자유시장경제질서를 신봉하는 많은 사람들의 지지를 받고 있다. 그러나 이 이론의 실제 적용에는 적지 않은 문제가 존재한다. 우선, 협상에 참여하는 이해당사자가 많을 경우, 오염 원인자와 피해자를 명확히 구분하기 어려울 뿐 아니라, 협상 과정에서 많은 거래비용이 발생하기 때문에 실질적인 협상 추진이 어렵다. 물론, 코스의 이론은 환경문제를 시장경제질서의 테두리 안에서 해결하고자 한다는 점에서 높게 평가할 만하다. 그러나 환경문제를 정부의 적극적인 개입 없이 오로지 시장의 힘만으로 해결하고자 하는 것은 지나친 기대라고 생각한다.

3.1.2 부과금제도

이 제도는 환경오염을 유발한 자가 사회에 입힌 피해만큼 보상하도록 하는 것으로, 다양한 형태의 부과금 가운데 대표적인 것이 배출부과금(effluent charge)이다. 배출부과금을 공해세(pollution tax)라고도 하는데, 이 제도의 취지는 공공재로 재산권 설정이 어려운 환경재에 대해, 오염 원인자에게 경제적 부담을 주어 환경오염을 억제하도록 유도하는 데 있다. 배출부과금제도에서는 배출허용 기준을 초과해 오염물질을 배출하는 사업자에게 오염물질의 종류,

배출량 및 배출 기간 등을 기준으로 부과금을 부과한다. 배출부과금은 기본부과금과 처리부과금으로 구성되는데, 기본부과금은 환경오염업체의 사업장 규모에 따라 차등적으로 적용하며, 처리부과금은 배출허용 기준을 초과해 배출하는 오염물질의 처리비용에 상당하는 금액이다.

우리나라도 1983년에 공해배출부과금제도를 도입해 수질오염과 대기오염에 적용하고 있다. 그러나 우리나라 제도는 공해 배출량을 억제하는 유인 기능이 거의 없으며, 다음과 같은 주요 문제점을 안고 있다. 첫째, 부과금 수준이 지나치게 낮아 환경개선을 위한 경제적 유인으로 작용하기보다 벌과금 성격이 강하다. 둘째, 배출 오염의 총량이 중요한데도 농도 기준을 적용하기 때문에 저농도 다량 배출 기업을 보호하는 측면이 있고 허용 기준치를 준수하는 기업이 배출 농도를 더욱 감축하려는 유인이 작동하지 않는다. 셋째, 오염물질 배출 정도를 정확히 측정하지 못해 부과금 부과와 관련된 분쟁이 빈번히 발생하며, 측정의 어려움으로 인해 기본부과금과 처리부과금으로 부과금을 이중으로 산정하고 있다.

3.1.3 오염권판매제(issue of pollution licenses)

오염권판매제는 배출부과금제와 유사하지만, 사후 납부가 아닌 사전에 일정한 금액으로 책정된 오염배출권을 기업에 판매하는 제도이다. 오염권판매제에서는 특정 기간 일정 지역에 일정량의 오염물을 배출할 수 있는 오염배출권이 공개시장에서 판매되고 매입한 오염배출권은 기업 간에 자유로이 양도될 수 있다. 기업은 배출권 매입 비용과 자체 처리비용을 비교해 매입 여부를 결정하게 된다. 예컨대 오염배출권에 명시된 양보다 많은 오염을 배출하는 기업은 오염배출권을 구입하려 할 것이고, 명시된 오염배출량보다 적게 오염을 배출하는 기업은 오염배출권을 판매하고자 할 것이다. 오염배출권을 사지 않기 위해 기업은 기술 개발 등을 통해 오염물질을 규정치 이하로 줄이고자 노력하게 되며, 이는 환경오염 저감으로 이어지게 된다.

3.1.4 폐기물예치금제도

폐기물예치금제도는 오염원인자에게 폐기물 발생에 대한 책임을 예치금 형태로 부과한 후, 발생한 폐기물을 적절히 처리해 사회가 부담해야 할 환경비용을 감소시키면 적립된 예치금을 반환하는 제도이다. 이 제도는 예치금 부과와 보조금 수령 대상에 따라 생산자예치금제도와 소비자예치금제도로 나눌 수 있다. 생산자예치금제도는 제품의 생산자에게 예치금 납부 의무를 지우는 제도로 우리나라의 생산자책임재활용제도가 이에 해당한다. 소비자예치금제도는 소비자가 제품 구매 시 일정액의 예치금을 소매상에게 납부한 후 폐기물을 반환하면 환불받는 제도로 대다수 선진국에서 사용하고 있다. 폐기물예치금제도에서 상대가격 변화를 통해 생산 주체가 폐기물을 적게 발생시키기 위한 노력(재활용 기술개발 등)을 하도록 유도하고 소비 주체가 친환경 제품을 구매하도록 유도하는 점에서 배출부과금이나 제품부과금 같은 경제적 유인수단의 하나로 볼 수 있다.

폐기물예치금제도의 적용 대상을 살펴보면, 폐기물의 적정 처리를 통한 환경보전에의 기여, 경제적 효율성, 시행에 따른 행정비용 등을 고려해, 일반적으로 폐기물이 다량으로 발생하는 품목 중 재활용 가능성이 높거나 반드시 적절한 회수·처리가 필요한 품목(유해물질 등)에 한해 선별적으로 시행하는 것이 일반적이다. 선진국에서는 유리병, 캔류, 플라스틱류에 적용하는 경우가 대부분이고 그 외 형광등, 전지, 자동차 등에 적용하고 있다.

우리나라에서는 유해 물질이 함유되어 있거나 다량으로 폐기물이 발생하는 제품과 포장재의 제조자와 수입업자에게 일정액의 폐기물 회수·처리비용을 예치토록 하고 회수·처리 실적에 따라 산출된 금액을 사후적으로 환불해주는 생산자예치금방식으로 운영하고 있다. 폐기물유치금제도는 「폐기물관리법」에 따라 1992년 1월 시행되었는데, 기존 제도의 문제점을 개선하고 생산자책임을 확대하기 위해 2002년 2월 "자원의 절약과 재활용촉진에 관한 법률"을 전면 개정해 2003년 1월부터 폐기물예치금제도를 폐지하고, 생산자책임재활용제도를 시행했다. 이를 통해 제품의 생산단계부터 유통, 회수 및 처리 과정에 이르기까지 폐기물 발생을 억제하고 회수율을 제고하며 재활용을 촉진하는 경제적 유인을 제조업자에게 제공하고자 한다. 재활용 의무 대상 품목은 2025년 기준 4개 포장재군(종이 팩, 금속 캔, 유리병, 합성수지 포장재)과 9개 제품군(윤활유, 전지류, 타이어, 조명 제품, 수산물 양식용 부자, 곤포 사일리지용 필름, 김발장, 필름류 제품 5종, 합성수지 재질의 제품 15종)이다.[22] 또한 폐기물처분부담금 부과 대상 폐기물은 소각 또는 매립의 방법으로 처분되는 폐기물인데, 폐기물관리법에 따라 재활용이 금지되는 폐기물은 제외된다.[23]

3.2 공공투자

공공투자는 정부가 공해방지 또는 오물처리시설에 직접 투자해 환경오염을 줄이고 예방하고자 하는 정책이다. 예컨대 정부가 직접 청정연료 공급, 대기오염 측정망 설치, 하천 정화 사업, 오폐수처리시설 설치 및 운영, 쓰레기 수거 및 처리 시설 운영 등의 환경개선 사업을 시행하는 것을 말한다.

우리나라에서도 정부의 환경개선 관련 투자는 1980년대 중반까지 가장 중요한 환경정책 수단이었다. 1980년대 중반 이후 다른 정책 수단의 비중이 증가해 이 정책 수단의 비중이 감소했지만 정부가 수행해야 할 환경개선 사업은 산적해 있기 때문에 정부의 환경개선 투자는 계속 확대되어야 할 것이다.

3.3 법적·행정적 규제

법적·행정적 규제는 환경오염 방지를 위해 환경오염 행위에 대해 법적인 제재를 가하는 방법으로 환경기준, 배출허용기준, 토지이용규제 등이 있으며, 이는 우리나라 환경정책 수단의 주된 형태를 이루고 있다. 환경기준은 인간의 건강 보호에 주안점을 두어 안정적이고 깨끗한 환경을 확보하는 것을 고려해 설정한다. 우리나라 환경기준은 환경정책기본법에 “국민의 건강을 보호하고

22) 한국환경공단 홈페이지 참조.

23) 환경부(2024), p.126 참조.

쾌적한 환경을 조성하기 위하여 국가가 달성하고 유지하는 것이 바람직한 환경상의 조건 또는 질적 수준"으로 정의되어 있다. 배출허용 기준은 설정된 환경기준을 달성·유지하기 위해 각 사업장에서 준수해야 하는 오염물질 배출규제 기준으로 법적 구속력을 가진다.

3.3.1 환경기준

우리나라 환경기준은 환경정책기본법에 대기, 소음, 수질 및 수생태계의 3개 영역으로 설정되어 있다. 대기분야에서 2012년 「대기환경보전법」을 개정해 기존 61종의 '대기오염물질'과 35종의 '특정대기유해물질'에서 '대기오염물질', '유해성대기감시물질' 및 '특정대기유해물질'로 세분화했다. 황산화물 등 36개의 대기오염물질에 배출허용기준을 설정하고 2020년 1월부터 6단계의 강화된 배출허용기준을 적용하고 있다.[24)]

소음분야에서는 지역별·시기별로 구분해 설정했는데 국가별 기준 설정 방식이 달라 외국과의 직접 비교는 어렵다. 또한 수질분야에서 수질 및 수생태계 환경기준은 하천, 호소 및 지하수로 나누어 정했고, 이용 목적별로 건강보호와 생활환경 보전으로 구분해 설정했다.

3.3.2 배출허용기준

배출허용기준은 환경기준을 달성하기 위해 업종별·공정별·지역별 등으로 구분해 대기환경보전법과 수질환경보전법 등에 규정되어 있다. 배출허용기준을 초과해 오염물질을 배출하면 배출시설 또는 방지시설에 대한 허가취소, 위법 시설에 대한 폐쇄, 전기·수도의 설치나 공급 중단 요청, 기타 각종 벌칙 등이 직접규제 조치로 가해진다. 우리나라에서 배출허용 기준이 지역별·규모별로만 설정되어 있는 반면 선진국에서는 업종별·공정별로 세분화한 기준이 적용되고 있다.

---

24) 환경부(2024), pp.571-572 참조.

3.4 환경영향평가제도

이 제도는 개발사업이 환경에 미치는 영향을 사전에 평가해 사업수행 시 사업자가 환경영향을 최소화할 수 있는 대안을 수립·실시하도록 유인하는 제도로 세계 각국에서 실시하고 있다. 1977년 제정·공포된 환경보전법을 통해 우리나라에 도입된 후 1993년 환경영향평가법이 제정되면서 본격적으로 시행되었다. 이어서 환경정책기본법을 통해 1999년에 사전환경성검토제도가 도입되었다. 환경영향평가제도는 개발계획을 수립하고 시행하는 과정에 기준으로 기능하지 못하고 개발계획의 시행을 전제로 단지 환경영향을 줄이는 방안을 제시하는 정도에 불과하다는 비판을 받았다.[25] 즉 실효성이 거의 없고 오히려 개발 정책의 환경파괴 행위에 대한 면죄부를 주는 역할에 그친다는 비판도 제기되고 있다.

정부는 이러한 환경영향평가제도의 미비점을 보완하고 경부고속철도 천성산 구간, 새만금 등과 같은 대규모 개발 사업과 관련된 사회적 갈등이 재발하지 않도록 사전 예방 중심의 국토환경관리 체계를 확립하기 위해 전략환경평가제도를 도입했다. 전략환경평가제도는 환경에 영향을 미치는 계획을 수립할 때 환경보전 계획에 부합하는지를 검토하고 대안을 설정해 분석하며, 전문가와 이해관계자의 의견을 반영해 개발사업 추진 과정에서 발생할 수 있는 갈등을 사전에 예방하는 제도로 2006년 시행되었다.

제 7 절 우리나라의 환경 실태

급속한 공업화를 통한 압축성장은 여러 부문에서 많은 부작용을 가져왔는데, 그중 가장 피해를 본 부문이 환경이라 할 수 있다. 특히 1970년대 이후 에너지 다소비형 산업이 주종을 이루는 중화학공업의 집중육성은 환경오염을 심화시켰는데, 이를 분야별로 살펴보면 다음과 같다.

---

25) 환경부(2019), p.579 참조.

1. 대기오염

대기오염물질은 황산화물, 질소산화물, 일산화탄소, 오존 등의 가스상 물질과 먼지 등의 입자상 물질로 구성된다. 이들 배출량을 부문별로 보면 아황산가스는 산업 부문, 일산화탄소는 수송 및 난방 부문, 질소산화물과 탄화수소는 수송 부문에서 주로 배출된다. 아황산가스(SO_2), 납(Pb) 및 이산화질소(NO_2)는 황 함유 기준을 강화한 경유와 중유 공급과 LNG 등 청정연료의 공급 확대, 배출규제 강화, 고체연료 사용 금지 등을 통해 꾸준히 개선되어 일부 공장 지역을 제외하면 상당히 개선되었다. 그러나 지구온난화의 주범인 일산화탄소(CO)와 옥시단트(O_3) 같은 오염물질의 오염도는 오염방지 노력에도 산업생산과 자동차 보유 대수의 증가로 정체되거나 오히려 악화했다. 또한 미세먼지(PM_{10})와 초미세먼지($PM_{2.5}$) 오염도는 그동안 자동차와 사업장 배출가스 강화를 통해 개선되었지만(〈표 15-2〉 참조), 미세먼지가 환경문제 중 불안감을 느끼는 부문 1순위(64.6%)에 꼽힐 정도로 국민적 관심사가 되었다. 미세먼지의 발생 원인은 국내 배출과 국외 유입으로 나누어지는데, 고농도 미세먼지는 대기 정체로 국내에서 발생한 오염물질이 축적된 상태에서 국외 유입이 추가되면서 악화하는 경우가 많다. 국외 유입 오염물질의 대기오염 기여도는 계절, 기상조건 및 사례에 따라 다르며, 3개 도시(서울/대전/부산) 연평균 초미세먼지 농도에 대한 기여율은 자체 발생 51%, 중국 32%, 일본 2%, 기타 국가 15%인 것

표 15-2 연도별 대기오염도 추이

	아황산가스 (ppm)	일산화탄소 (ppm)	이산화질소 (ppm)	옥시단트 (ppm)	미세먼지 (μg/m³)	초미세먼지 (μg/m³)
2014	0.005	0.5	0.024	0.027	49	–
2016	0.005	0.5	0.023	0.027	47	26
2018	0.004	0.5	0.020	0.027	41	23
2020	0.003	0.4	0.016	0.030	33	19
2022	0.003	0.4	0.014	0.032	31	18

자료: 환경통계연감 2023(2024), p.5.

으로 나타났다.[26]

최근 중국에서 강력한 환경오염 방지정책이 실행되면서 미세먼지가 점차 개선되는 추세이며, 특히 베이징의 미세먼지 농도가 개선된 상황에서 서울의 미세먼지 농도가 높은 경우가 자주 발생해 국내 오염물질 발생 규제에 대한 필요성이 증가했다. 이에 대응하여 정부는 미세먼지 오염도가 높을 때 석탄 화력발전소 관리 강화, 배출가스 5등급 차량 운행 제한, 오염 배출 공장 단속 강화 및 에너지 다소비 건물 적정온도 유지 권장 등을 실시하고 있지만 이 대증요법 처방의 효과에 대해 회의적인 시각도 존재한다.

2. 수질오염

우리나라는 대부분의 식수원이 하천에 의존하고 있기 때문에 하천의 수질보전은 국민 보건과 삶의 질에 직결된다. 수질 부문은 배출원이 분산되어 있을 뿐만 아니라, 산업 부문, 농축산업, 토지이용규제와도 밀접한 관계가 있어 이를 개선하는 데 어려움이 많다. 정부는 1991년에 4대 강에 대한 효과적인 대책추진을 위해 전국을 한강 대권역, 낙동강 대권역, 금강 대권역, 영산강 대권역의 4개 대권역과 11개 중권역으로 분류했다. 1993년에 "맑은 물 공급 종합대책 5개년 계획"을 수립해 추진하고, 2002년에 '4대강물관리종합대책'을 수립해 수질오염총량관리제, 수변구역 지정, 토지매수와 물이용부담금에 의한 수계관리기금 조성, 수계관리운영회 운영 등 4대강 수질 개선을 위해 노력했다. 대청호 상류, 만경·동진강권역은 2004년부터, 기타 지역에는 2008년부터 오염총량관리제를 시행하고 있다.

이처럼 주요 하천에 대해 종합적인 수질관리대책을 시행했지만 수질 개선은 기대에 미치지 못했다. 수질은 한강과 금강에서 소폭 개선되었지만 낙동강과 영산강에서는 최근 악화되는 양상을 보이고 있다(〈표 15-3〉 참조). 한편 국토부가 수량관리를, 환경부가 수질관리를 맡던 이원화된 물관리체계는 2018

26) 환경부(2024), pp.576-577 참조.

표 15-3 4대강 주요지점 수질오염도(BOD) (단위: mg/L)

	한강(팔당댐)	낙동강(물금)	금강(대청댐)	영산강(주암댐)
2010	1.2	2.4	1.0	1.0
2015	1.3	2.2	1.0	0.9
2020	1.1	1.7	0.9	0.8
2021	1.1	1.9	0.8	1.0
2022	1.0	2.1	0.7	1.3

자료: 환경통계연감 2023(2024), p.13.

년을 기점으로 하천관리를 제외한 수량, 수질, 재해예방 등 대부분의 물 관리 기능이 환경부로 일원화되면서 물 관리의 효율성을 높일 수 있게 되었다.[27)]

3. 폐 기 물

우리나라는 도시화와 산업화 때문에 에너지 소비가 많은 국가이며 2023년에 전체 사용 에너지의 93.9%를 수입에 의존하고 있다. 「폐기물관리법」에서 폐기물을 발생 장소에 따라 생활폐기물과 사업장폐기물로 분류한다. 일상생활과 경제활동 과정에서 발생하는 생활폐기물은 1995년 쓰레기 종량제 도입을 계기로 크게 감소한 이후 증감을 반복하다가 2014년부터 다시 증가하는 추세를 보이고 있다(〈표 15-4〉 참조). 1인당 생활폐기물 발생량은 1994년 하루 1.3kg에서 2022년에 1.20kg으로 감소하였다. 이러한 감소에는 쓰레기 종량제, 음식물쓰레기 분리배출, 재활용품 분리수거 등의 제도가 기여했다.[28)] 한편, 경제성장을 반영하는 사업장폐기물은 지속적으로 증가해 왔으나, 2022년에는 다소 감소한 모습을 보였다.

생활폐기물 처리 현황을 보면 재활용 비율이 2005년 56.3%에서 2022년에 59.8%로 증가했고, 매립 처리 비율이 큰 폭으로 감소한 반면, 소각처리 비

---

27) 환경부(2024), p.500 참조.

28) 환경부(2024), p.100 참조.

표 15-4 폐기물 발생 추이 (단위: 톤/일)

	2005	2010	2015	2020	2021	2022
생활폐기물	48,398	49,159	51,247	61,597	62,178	63,119
사업장폐기물	255,961	325,483	366,967	472,458	478,602	447,723

자료: 환경부(2019), p.637 및 환경부(2024), p.101.

율은 증가하는 추세를 보이고 있다. 소각처리 비율이 증가하는 것은 폐자원 에너지화 정책에 기인한다. 1995년에 생활폐기물 중 72.3%가 매립되고 재활용은 23.7%에 불과했으나, 쓰레기 종량제 실시, 재활용 확대, 폐자원 에너지화 등의 정책에 힘입어 2022년에 재활용 비율이 59.8%로 증가하고, 매립처리 비율은 10.2%로 낮아지는 등 폐기물 처리 구조가 자원순환형으로 크게 개선되었다(〈표 15-5〉 참조). 한편 사업장 폐기물의 경우에도 매립 처리는 감소했고, 2022년 재활용률은 90.7%로 생활폐기물보다 높다.[29]

표 15-5 생활 폐기물 처리 추이 (단위: 톤/일, %)

	2005	2010	2015	2020	2021	2022
계	48,398 (100.0)	49,159 (100.0)	51,247 (100.0)	61,597 (100.0)	62,178 (100.0)	63,119 (100.0)
매립	13,402 (27.7)	8,797 (17.9)	7,719 (15.1)	7,247 (11.8)	7,995 (12.9)	6,456 (10.2)
소각	7,753 (16.0)	10,609 (21.6)	13,176 (25.7)	15,721 (25.5)	15,453 (24.9)	15,151 (24.0)
재활용	27,243 (56.3)	29,753 (60.5)	30,352 (59.2)	36,663 (59.5)	35,247 (56.7)	37,771 (59.8)
기타	-	-	-	1,966 (3.2)	3,483 (5.6)	3,742 (5.9)

주: ( )는 구성 비율이며, 기타는 재활용에 포함했던 소각 제외한 중간처분량임.
자료: 환경부(2019), p.638 및 환경부(2024), p.101.

29) 환경부(2024), p.102 참조.

제 8 절 우리나라 환경정책의 과제와 방향

1. 환경정책의 과제

우리나라가 환경에 관심을 가지기 시작한 것은 중화학공업 육성이 본격화된 1970년대 후반부터라고 할 수 있다. 급속한 중화학공업의 발달로 환경오염이 심화하면서 환경보전 문제가 제기되었고, 이에 따라 1977년에 환경보전법이 제정되면서 소극적인 단속형 환경정책에서 환경보전 중심의 환경정책으로 성격이 바뀌기 시작했다. 1980년에 환경청이 독립기관으로 출범하면서, 환경정책이 경제정책의 테두리를 벗어나 독자적으로 추진되기 시작했다. 그러나 정부의 환경정책 집행에 대한 지원이 부족하여 시행된 제도들이 큰 실효를 거두지 못했고, 악화하는 환경오염을 개선하는 데 한계가 있었다.

1990년대에 접어들며 환경 상황은 더욱 심각해졌고, 페놀 사태와 수돗물 파동과 같은 사건이 전국적인 사회문제로 대두되었다. 이로 인해 시민들의 환경에 대한 의식과 요구 수준도 크게 고조되기 시작했다. 또한 지구환경문제가 악화하면서 환경정책도 국제적인 압력을 받게 되었다. 이에 따라 1990년 정부는 환경청을 환경처로 승격시키면서 기존의 환경보전법을 대기·수질 등 오염매체별 개별법으로 대체하고 이를 위해 환경정책기본법을 제정했다. 아울러 환경오염으로 인한 피해 조사와 분쟁조정을 위한 「환경오염피해분쟁조정법」을 1990년에 제정하고 「환경개선비용부담법」을 제정해 원인자비용부담원칙을 확립했다.

또한 정부는 국제환경규제에 대응하기 위해, 기존의 「오존층보호를 위한 특정물질제조규제 등에 관한 법률」 외에 「폐기물의 국가 간 이동 및 처리에 관한 법률」과 「자원의 절약과 재활용촉진에 관한 법률」 등을 제정해 지구환경문제에 종합적으로 대처하기 시작했다. 1994년에 환경처가 환경부로 승격되면서 정책추진 범위가 환경보전 차원으로 확대되었으나 환경정책이 아직도 오염물질 배출규제 업무에서 크게 벗어나지 못하고 있다. 가시적 성과도 있었지만 아직은 국제 사회의 요구 수준에 미치지 못하는 한계가 있다.

예를 들어 지구온난화의 주범인 온실가스 배출량이 계속 증가해 2018년 정점에 도달한 후 감소하는 추세이지만 1인당 배출량은 1990년의 7.2톤에서 2022년에는 14.0톤으로 증가했다.[30] 국가별 이산화탄소 배출량에서 우리나라는 2021년 기준 세계 6위이며 2000년에서 2021년의 기간에 배출량이 32.2% 증가했다. 이는 같은 기간에 큰 폭으로 증가한 중국(343.8%)과 인도(256.1%)보다는 낮지만 일본(−13.2%), 미국(−20.6%), 독일(−23.2%) 및 영국(−38.4%) 같은 선진국과 비교할 수 없는 높은 수치이다.[31] 이처럼 많은 양의 이산화탄소 배출에 대해 국제사회로부터 비판을 받았고, 이명박 정부는 원자력 발전 확대 등의 정책을 통해 2020년까지 온실가스 배출량을 30% 감축하겠다는 계획을 발표했다. 이명박 정부는 경제성장 패러다임을 전환해 환경과 성장을 조화시키는 녹색성장을 슬로건으로 내세웠다. 이의 일환으로 2010년에 저탄소녹색성장기본법을 제정하고 녹색기술과 녹색산업을 성장동력으로 활용해 경제성장과 저탄소 사회를 동시에 실현함으로써 국민의 삶의 질을 개선하고 국제사회의 요구에 부응하고자 했다. 그러나 이명박 정부의 온실가스 감축 계획은 계획대로 진행되지 못했다. 한편 이명박 정부는 한국형 녹색 뉴딜 사업으로 4대강(한강, 낙동강, 금강, 영산강) 정비 사업을 실시했는데, 이는 환경단체의 강력한 반발에 직면했고 해당 사업이 환경에 미친 영향에 대해 현재까지도 논쟁이 계속되고 있다.

박근혜 정부는 온실가스 배출량을 2030년까지 37% 감축하겠다는 계획을 발표했고, 문재인 정부에서는 카페에서의 플라스틱 컵 사용을 금지하고 물 관리 체계를 환경부로 일원화했다. 그러나 이러한 대증요법적 대응만으로 급격히 변화하고 있는 환경문제를 해결하기는 어렵다. 우리가 안고 있는 환경정책의 과제로 다음을 지적할 수 있다.

첫째, 오늘날 직면한 환경문제는 경제개발정책의 부산물로 발생한 것이므로, 이를 근원적으로 해결하기 위해서는 개발정책과 산업정책 등 경제정책

30) 온실가스종합정보센터 온실가스 국가통계, 2024년 국가 온실가스 인벤토리 집약도.
31) 통계청 국가통계포탈 국제기구별 통계 UN 지속가능개발목표 세부목표 9.4.

과 유기적이며 체계적 관계 아래서 환경정책을 추진해야 한다. 이와 관련해 고도성장을 지속하는 것이 과연 환경보전을 위해 바람직한가에 대한 심도 있는 논의가 필요하다. 따라서 "지속가능 발전"이란 개념 아래에서 환경문제를 접근하는 노력이 요구된다.

둘째, 오늘날 국제환경이 급속히 변화하고 있다. 무역에서 EU 중심의 환경규제 강화를 포함해 국제적인 환경규제 강화 추세에 대비해야 한다.

셋째, 직접규제 중심의 환경정책 수단에 대한 재검토가 필요하다. 오늘날과 같이 복잡하고 다양한 환경문제를 정부 규제만으로 해결할 수 없다. 환경문제를 해결하기 위해서는 민간기업의 환경에 대한 참여를 유도하는 유인 수단이 보다 강화되고 개발되어야 한다.

넷째, 환경문제의 궁극적 해결은 환경산업을 육성하고 환경 기술 개발 투자를 촉진하지 않고는 불가능하다.

마지막으로 환경정책의 추진체계를 개선할 필요가 있다. 우리나라 환경정책 추진체계는 중앙집중식이어서 비효율성이 크다. 특히 지방화시대에 부응하기 위해 지방자치단체의 환경행정을 강화하는 방향으로 환경정책의 분권화가 필요하다.

2. 환경정책의 방향

2.1 정책 추진체계

우리나라 환경정책 추진체계는 중앙집중식이면서도 종합조정 기능이 취약하다는 문제점을 안고 있다. 1990년에 환경청에서 환경처로 승격되고 1994년에 다시 환경부로 승격되면서 정책추진 범위가 공해방지 차원에서 환경보전 차원으로 넓어졌지만 여전히 오염물질 배출규제 위주의 정책이 중심을 이루고 있다. 오늘날 환경문제는 단순한 공해물질 배출규제에만 국한되지 않으며, 개발정책 및 경제정책과 밀접하게 연계되어 있는 만큼 환경문제가 복잡화·다양화되면서 정부 부처 간의 긴밀한 공조와 협력체제의 유지가 요구되고 있다.

현재 대기오염물질 배출에서 배출허용기준을 적용하는 직접규제를 하고 있지만 감시, 보고 및 검증 기능이 제대로 작동하지 않아 규제 준수 수준이 낮다.[32] 대증요법 위주의 단속행정에 집중되어 있는 현재의 환경정책을 경제정책, 환경오염방지정책, 자연관리정책 등이 체계적으로 종합 조정될 수 있도록 기능적으로 재편·개선해야 할 것이다. 중앙집중식 환경정책의 비효율성을 극복하기 위해서는 지방자치단체의 환경행정과 민간환경단체의 환경보전 활동을 강화하는 분권화와 분업화가 필요하다. 또한 지방자치단체의 환경업무를 단순히 오염물질배출업소에 대한 규제에 국한할 것이 아니라 지역단위 환경관리계획을 세우고 주민 의견을 수렴해 지역 실정에 맞는 환경정책을 수립·추진토록 하는 등 지방자치단체의 역할이 재정립되어야 할 것이다.

2.2 친환경적 산업구조로의 전환

국제적으로 환경규제가 강화되는 추세에 능동적으로 대처하고 산업의 지속적인 발전을 도모하기 위해 친환경적인 산업구조를 구축해야 할 것이다. 이를 위해 생산공정 개선, 청정기술 개발, 청정연료 사용 확대, 환경경영인증제도 확립, 환경산업 육성 등을 장기적인 종합계획하에 체계적으로 추진해야 한다. 또한 각 업종의 사업자와 사업자 단체는 원료 조달, 생산, 유통, 소비 등 기업활동 전반에 걸쳐 환경부하를 절감할 수 있는 실천 과제를 발굴하고, 이를 적극적으로 추진해야 한다. 특히 석탄발전소를 폐쇄하고 친환경 에너지를 사용한 전력 생산이 중요하다.

장기적으로는 최근의 K-culture 열풍을 활용한 엔터테인먼트, 친환경자동차, 충전기, 원격의료, 온라인교육서비스, 유전공학, 신약개발 같은 환경오염도가 낮으면서 부가가치 창출이 큰 산업을 육성해 산업구조를 철강, 비철금속, 석유화학, 비금속광물제품 등의 공해유발도가 높은 업종 위주에서 탈피해야 한다.

32) 김현석(2019), p.155 참조.

2.3 환경 기술 개발 투자 확대와 환경산업 육성

국제환경규제에 적극 대응하기 위해 환경 기술 개발에 대한 투자를 대폭 확대하고, 환경산업을 수출 산업으로 육성하며 청정기술, 지구환경 보전기술, 환경오염 방지기술 등 환경 관련 핵심 및 기본기술 개발을 적극 추진해야 한다. 예를 들어, 자동차 산업의 경우 친환경 전기자동차와 수소자동차에 대한 수요가 급증하고 있으며, 이 분야의 연구개발과 보급 확대를 지원함으로써, 환경을 보존하는 동시에 자동차 산업의 국제경쟁력을 확보할 필요가 있다. 아울러 민간부문의 연구개발 촉진을 위해 세제상의 지원을 확대하고 개발된 대체물질의 시장 확보 방안을 강구해야 한다. 또한 환경산업 육성을 위해 영세업체들의 전문화와 대형화를 위해 자체 기술 개발이 가능하며 설비 능력을 갖춘 대기업의 참여를 유도하고 환경 관련 기자재의 국산화를 추진해야 한다.

아쉽게도 우리나라에서는 폐기물, 물, 대기 관리 같은 전통적인 환경산업에서의 일자리가 전체 환경 일자리의 51.0%로 높은 비중을 차지하는 반면, 고부가가치 환경서비스 분야의 일자리는 부족한 실정이다. 또한 2022년까지 환경일자리 5만 개를 창출하겠다는 환경부 계획은 주로 공공부문의 관리인력을 확충하는 데 중점을 두고 있다.[33] 중요한 것은 민간부문에서 양질의 일자리가 창출될 수 있도록 친환경 기업을 육성하고, 환경기술 R&D 지원을 확대하며, 환경제품 보급이 활성화되도록 정부가 적극적으로 유도하는 것이다. 환경산업의 육성과 함께 해외 진출을 지원해 민간부문에서 좋은 일자리가 창출되도록 해야 한다.

우리나라 중앙정부의 환경예산은 2022년에 10조 2,313억원이며, 이는 정부예산 총액의 3.09%, GDP 대비 0.49%에 해당한다. 환경예산의 정부예산에 대한 비율은 지속적으로 증가했다. 중앙정부 환경예산의 GDP 대비 비율은 2000년 0.53%에서 소폭 하락하다가 2022년에 0.49%를 기록했다(〈표 15-6〉 참조). 생활 수준 향상으로 맑은 물과 신선한 공기 등에 대한 수요는 폭발적으로

33) 환경부(2019), p.624 참조.

표 15-6 중앙정부 환경예산의 추이

(단위: 억원, %)

	2000	2005	2010	2015	2020	2022
환경예산	30,581	35,578	46,595	59,178	79,997	102,313
정부예산	1,251,792	1,679,332	2,053,312	2,601,466	3,511,186	3,310,274
(정부예산 대비, %)	2.32	2.12	2.27	2.27	2.28	3.09
국내총생산	5,786,645	8,158,099	12,653,080	15,585,916	19,331,524	20,708,412
(GDP 대비, %)	0.53	0.44	0.37	0.38	0.41	0.49

자료: 2016년 환경예산과 예산제도(2016.10) 및 2022년 환경예산과 예산제도(2022.1).

증가하고 있지만 환경에 대한 만족도는 떨어지고 있다. 특히 최근의 미세먼지에 의한 삶의 질 하락은 심각한 수준이다. 따라서 정부는 석탄 발전을 대폭 줄이고 미세먼지 문제가 해결되도록 원자력을 포함한 친환경 에너지 사용을 높이며, 오염 배출 공장에 대한 감독을 강화하며 시설개선을 지원하면서 친환경 교통수단을 집중적으로 지원해야 한다.

2.4 경제적 유인 수단의 개선과 개발

환경정책이 직접 규제 방식에 치우쳐 있어 비효율적일 뿐만 아니라 기업들의 환경 관련 기술개발 투자에 대한 유인이 부족하다. 현행의 시장유인 정책 수단(배출부과금, 환경개선부담금, 교통·에너지·환경세, 총량규제 상태에서 배출권거래제)도 대기오염물질과 온실가스 감축 목적을 달성하는 데 한계를 보이고 있다.[34] 따라서 시장 메커니즘을 이용한 경제적 수단의 활용 비중을 높여 환경정책의 효율성을 높이고, 환경투자에 대한 유인을 증대시키며, 이 과정에서 오염자부담원칙을 관철해 경제구조와 경제활동을 환경보전형으로 유도해야 할 것이다. 이의 일환으로 공해배출 억제 유인 기능을 거의 하지 못하는 배출부과금제도는 기존의 배출 오염의 농도규제 대신 총량규제를 적용하도록 개편해야 한다. 이렇게 변경하면 저농도 다량 배출 기업이 더 이상 혜택을 보지 못하게 되고 배출 농도를 추가로 감축할 경제적 유인이 작동하게 된다. 또한 벌과

34) 김현석(2019), p.156 참조.

금 성격이 강한 현행의 배출부과금 수준을 높여 형평의 원칙과 경제적 유인 수단으로의 기능을 확보해야 할 것이다. 환경개선부담금제도와 폐기물예치금제도도 요율의 상향조정과 적용 대상의 확대를 통해 경제적 유인 기능을 확보하도록 해야 한다. 이때 오염자부담원칙을 적용해 부담금을 오염 배출로 유발된 외부비용에 비례하게 설정하도록 한다. 아울러 공해방지 비용을 내부화할 수 있는 시장 메커니즘이 제대로 작동할 수 있도록 2015년에 도입한 온실가스 배출권거래제를 활성화하고, 일부 선진국에 도입된 탄소세 도입을 검토하는 등 공해방지를 위한 기업의 자발적인 노력을 적극 유도해야 할 것이다.

또한 규모의 영세성, 만성적 자금압박 등으로 공해방지 설비의 설치가 어려운 중소 배출업소에 대한 지원을 강화해 대기업과 중소기업 간의 형평성을 도모하면서 감시와 단속을 강화해 오염물질 배출을 효과적으로 통제할 수 있도록 해야 할 것이다. 이 밖에도 오염흡수원 사용자부담원칙의 도입, 재생산업의 경제성과 안정성 보장을 위한 정부의 지원 등이 필요하다. 예를 들어 산림자원, 수자원 등은 오염을 정화하고 흡수하는 역할을 하므로 이들 자원을 이용할 때 오염흡수원 사용자 부담의 원칙에 따라 부담금을 부과하는 방안을 검토할 필요가 있다. 또한 쓰레기 종량제 실시로 크게 늘어난 재활용 쓰레기가 효율적으로 이용될 수 있도록 재생산업의 육성, 재활용 제품의 가격 안정 및 판매촉진 등 후속대책의 수립과 추진이 이루어져야 할 것이다.

2015년 UN에서 지속가능발전 목표(SDG, Sustainable Development Goals) 중의 하나로 '지속가능한 소비 및 생산'을 채택해 생산과 소비 전 과정에서 자원 이용의 효율성과 재활용을 강조했고, 이를 위한 자원순환사회를 구축하는 것이 국제적 추세이다. 이 추세에 부응해 우리나라도 폐기물정책의 패러다임을 전환했다. 〈표 15-7〉은 새로운 폐기물정책으로 전환하면서 변화된 내용을 보여준다. 변화된 정책의 핵심 내용은 생산과 소비의 전 과정에서 자원의 효율적 사용을 확보하는 것이다. 이를 위해 녹색기술 R&D 투자에 보조금을 지급하고, 효율적으로 생산하는 기업에 인센티브를 제공하며, 쓰레기 종량제를 통해 쓰레기 배출을 줄이도록 한다. 순환경제를 실현하기 위한 '제1차 자원순환기본계획(2018-2027)'에서 제품의 생산, 소비, 폐기물 관리 및 재생단계로 구성되는 순

표 15-7 폐기물정책의 패러다임 전환

구분	기존 정책	새로운 정책 방향
정책여건	폐기물로 인한 환경오염 심화	기후변화, 원자재·에너지 고갈
목표	쾌적한 생활환경 조성	자원순환사회 구축
추진전략	감량 → 재활용 → 처리	효율적 생산·소비 → 물질 재활용 → 에너지 회수 → 처리 선진화
주요과제	쓰레기종량제, 생산자책임재활용제도, 처리시설설치	자원순환성평가, 재활용품질인증, 폐자원 등 에너지화, 처리광역화
핵심개념	폐기물	자원(순환/천연)

자료: 환경부(2019), p.635.

환경제의 4단계별 추진계획과 재원투자 등이 구체적으로 제시되었다.

폐기물 감축 정책을 통해 앞에서 기술한 것처럼 1인당 생활폐기물 발생량이 1994년 하루 1.3kg에서 2022년에 1.20kg으로 소폭 감소하고 생활폐기물 중 재활용 비율이 대폭 증가한 반면 매립 비율은 감소하는 성과를 거두었다.

2.5 국제환경 변화에 대한 효과적 대응

우리나라는 선진국뿐만 아니라 개발도상국에 온실가스 감축 의무가 부과된 파리협정에 가입했기 때문에 온실가스 감축은 선택이 아닌 불가피한 과제가 되었다. 또한 EU를 중심으로 선진국들이 제품의 환경기준을 강화하고 있고, WTO에서 무역과 환경문제를 연계하려는 논의가 본격적으로 진행되는 등 국제무역에서도 환경규제를 강화하는 움직임이 가시화되고 있다. 아울러 한미 FTA에서 볼 수 있는 것처럼 선진국과 FTA를 체결할 때에도 환경규제는 중요한 협상 의제가 되었다. 더욱이 EU가 2026년 1월 1일부터 이산화탄소 배출억제를 위한 탄소세 도입을 발표해 환경은 더욱 중요한 무역 이슈로 부상할 것이다. EU는 탄소국경조정제도(CBAM)를 도입해 철강, 알루미늄, 시멘트, 비료, 전기, 수소 등의 수출품 제조 과정에서 EU 기준을 넘어서는 탄소 배출량에 대해 배출권 구입을 의무화했고, 2030년에 적용 대상을 산업 전체로 확대할 계획이다.

우리나라의 온실가스 총배출량은 2021년에 676.6백만 톤CO2eq.인데,[35] 이는 1990년보다 231.6% 증가한 수치이다. 2021년에 온실가스 배출량은 전년 대비 3.4% 증가했다.[36]

국제적 수준의 온실가스 관리체계를 구축하기 위해 이명박 정부에서 저탄소녹색성장을 새로운 국가발전 전략으로 채택하고 이를 위한 실천계획으로 녹색성장5개년계획(2009~2013)을 수립했다.[37] 2009년 12월에 『저탄소녹색성장기본법』을 제정해 2020년까지 이산화탄소 배출을 전망 대비 30% 감축하는 것을 목표로 설정했다. 이 목표를 달성하기 위한 수단으로 2015년에 온실가스 배출권거래제를 도입한 후 매년 거래량이 증가하고 있다.

정부는 2023년 4월에 '2050 탄소중립 달성과 녹색성장 실현'을 위한 「제1차 국가 탄소중립·녹색성장 기본계획을 발표했다. 이 계획에서 정부는 2030까지 국가 온실가스 배출량을 "2018년의 국가 온실가스 배출량 대비 40% 감축"하는 도전적 목표를 제시하고, 목표 달성을 위해 연도별 · 부문별 감축목표 및 세부 추진 과제, 부문별 온실가스 감축 정책 및 탄소중립 사회로의 이행 기반 강화 정책을 발표했다.[38]

이 도전적 목표를 달성하기 위해 정부는 온실가스 배출권 거래제 활성화, 신재생에너지산업의 육성 등을 위한 다양한 정책을 추진하고 있으나, 녹색산업의 경제성, 기술력, 녹색산업에 대한 이해부족 등 해결해야 할 과제가 여전히 많다.

---

35) '톤CO_2eq.'는 메탄, 아산화질소, 불소가스 등의 온실가스를 이산화탄소로 환산한 배출량 단위로 '이산화탄소 환산톤'으로 읽는다.

36) 환경부(2024), p.28 참조.

37) 상세한 내용은 김적교(2012), pp.340-350 참조.

38) 연도별 배출량 목표는 환경부(2024), p.25 참조.

참/고/문/헌

1. 국내문헌

강선민, 「경제력집중 규제: 대규모기업집단이 우리나라 국민경제에서 차지하는 비중」, 한국경제연구원, 2007. 12.

강철규, "지력과 발전," 「한국경제의 새로운 발전방향」, 서울사회경제연구소, 1993.

고용노동부, 「해외 주요국 근로시간 제도」, 2019.1.3.

고용노동부, 「고용노동백서」, 2019.7.

고용노동부, 「2023년 산업재해 현황분석」, 2024.12.

국민연금공단, 「2023년 제36호 국민연금통계연보」, 2024.7.

국민연금재정추계전문위원회, 「국민연금 장기재정추계」, 2023.11.

공정거래위원회, 「통계연보」, 각 연도.

_____________, "대규모기업집단 기업공개 현황(1992~1999)," 2000. 9.

_____________, "대규모기업집단 내부지분율 현황(1989~1999)," 2001. 10.

_____________, "2001년도 대규모기업집단 지정현황," 2001. 6.

_____________, "2003년도 상호출자제한기업집단 등 지정," 보도자료, 2003. 4.

_____________, "2004년 출자총액제한기업집단 주식소유현황 분석," 보도자료, 2004. 8.

_____________, "개편된 대기업집단 제도에 따른 2005년도 상호출자제한 기업집단 등 지정," 보도자료, 2005. 4.

교육과학기술부, 「2009 과학기술연감」, 2009.

김민성, 「WTO 무역원활화협정의 이행현황과 시사점」, 대외경제정책연구원, 2018

김상호, 「독일의 고용보험제도」, 한국노동연구원, 1993

______, "예방기능", 「산재보험의 진화와 미래」, 김상호 외, 21세기북스, 2014

______, "직역연금의 개혁방향과 과제", 「연금연구: 연금개혁을 중심으로」, KDI, 2015.

______, “국민연금 재정불균형과 개혁(안)의 소득재분배 효과: 대표가입자 분석을 중심으로”, 「재정학연구」, 제12권 제4호, 한국재정학회, 79－104, 2019.11.
______, “공무원연금 지금대로 좋을까”, 「연금의 진화와 미래 2020」, 2020.
_____. “기초연금, 국민연금 및 국민기초생활보장제도의 재구조화에 관한 연구”, 사회보장연구, 37(4), 41－64. 2021.11.
_____. “국민연금 구조개혁과 노후소득보장제도 재구축에 관한 연구”, 「재정학연구」, 제18권 제2호, 한국재정학회, 179－224, 2025.5.
김상호·배준호·김창섭, 「산재보험 개별실적요율제가 산재보험 재정 및 산업재해 예방에 미치는 영향 분석」, 노동부 정책연구 보고서, 2011.11.
김상호·배준호, “산재보험의 개요”, 「산재보험의 진화와 미래」, 김상호 외, 21세기북스, 2014.
김적교, 「물가안정과 산업정책」, 한국국제경제학회, 1982.
______, 「중소기업의 기술개발 능력 및 기술집약형 중소기업 육성대책」, 한국과학재단, 1983.
______, “질서이론과 질서정책,” 「한국국제경제연구」, 한국국제경제학회, 제3권, 제1호, 1997. 4.
______, 「한국의 경제발전」, 박영사, 2012.
______, 「경제정책론」, 제2개정판, 박영사, 2001
______, 「경제정책론」, 제4개정판, 박영사, 2013
______, 「한국의 경제발전」, 제2판, 박영사, 2016
______, 「개발연대의 정책 이야기」 박영사, 2023
김적교·유지성·황규호, 「한국·대만·일본의 제조업 생산성 분석」, 한양대학교 경제연구소, 1984.
김적교·조병택, 「연구개발과 시장구조 및 생산성」, 한국개발연구원, 1989.
김적교·김상호, 「독일의 사회적 시장경제」, 한국경제연구원, 1999.
김준한 외 5인, 「그린라운드와 한국경제」, 웅진출판, 1994.
김장호, “노동조합 임금효과의 변화: 1988－2007”, 「노동경제논집」, 제31권(3), 2008.12.
김태완, “공공부조제도”, 「한국의 사회보장제도」, 한국보건사회연구원 나남, 2018.

김현석, “깨끗한 환경, 더 나은 삶의 질”, 「선진국형 서비스산업 발전방향」 KDI 정책토론회, 2019.4.3.

김창남, 「분배의 정치경제학」, 동아출판사, 1990.

김환구, 김도완, 박재현, 한진현, 「우리경제의 성장잠재력 추정결과」, 한국은행, 2001

남성일. 「쉬운 노동경제학」, 박영사, 2017.

남성일 외, 「한국의 노동 어떻게 할 것인가」, 서강대학교 출판부, 2008.

농수산부, 「농가경제 조사결과 보고서」, 각 연호.

대외경제정책연구원, 「WTO 출범과 신교역 질서」, 1994.

박양수·문소상, 「우리 경제의 성장잠재력 약화원인과 향후전망」, 한국은행조사통계월보, 2005.10.

박지순, “비정규직 문제: 무엇이 문제이고 어떻게 풀어야 할 것인가?”, 「동아시아재단 정책논쟁」, 제79호, 2017.7.

_____, “4차 산업혁명 시대의 노동법과 사회안전망의 과제”, 「노사공포럼」, 제46호, 2018.8.

_____, “노동시장의 구조 변화와 노동법의 미래기획”, 「노사공포럼」, 제50호, 2019.12.

박형수, “소득재분배 정책효과의 비교분석: 정책수단 및 국가 간 비교를 중심으로”, 「재정학연구」, 제12권 제3호, 한국재정학회, 2019.8.

_____, “확장적 재정정책과 재정건전성”, 국회 발표자료, 2019.11.22.(b)

보건복지부, 「제1차 국민건강보험종합계획(안) 〈2019－2023〉」, 2019.4.

________, 「2023년 국민기초생활보장 수급자 현황」, 2024.7.

배무기, 「한국의 노사관계와 고용」, 경문사, 1991.

_____, “한국노동경제의 구조변화,” 「경제논집」, 서울대학교 출판부, 1992.

사회보장위원회, 「제3차 중장기 사회보장 재정추계」, 2019.7.4.

신영석, 「건강보험 재정확보 다양화 방안」, 국회 토론회 발표 자료, 2019.9.20.

신현웅·박정훈,“의료보장제도”,「한국의사회보장제도」,한국보건사회연구원, 2018.12.

사공일, 「세계속의 한국경제」, 김영사, 1993.

산업자원부, 「한국의 수입」, 2003.
안승철, 「국제경제 이론과 정책」, 법문사, 1977.
양지청, 「사회간접자본론: 이론과 정책」, 서울프레스, 1994.
원종욱, "요양급여: 의료서비스", 「산재보험의 진화와 미래」, 김상호 외, 21세기북스, 2014.
윤조덕, "산재보험의 기원과 발전", 「산재보험의 진화와 미래」, 김상호 외, 21세기북스, 2014.
윤석명, 「다양한 노인빈곤지표 산정에 관한 연구(Ⅰ)」, 한국보건사회연구원, 2018.
유경준, 「우리나라 빈곤변화 추이와 요인 분석」, KDI정책포럼 제215호, 2009. 7. 13.
유경준·김대일, 「소득분배 국제비교와 빈곤연구」, 한국개발연구원, 2003.
유종일·장하준, "새성장 이론의 비판적 검토: 수렴의 문제를 중심으로," 「경제논집」, 제30권 제4호, 서울대학교 경제연구소, 1991.
이건호·김서경·이태규, 「기업금융시스템 하부구조 개선방안」, 한국경제연구원, 2004.9.
이경태, 「산업정책의 이론과 현실」, 산업연구원, 1991.
이규억·박병형, 「기업결합: 경제적 효과와 규제」, 한국개발연구원, 1993.
이규억·윤창호, 「산업조직론」, 법문사, 1993.
이규억·이재형, 「기업집단과 경제력 집중」, 한국개발연구원, 1990.
이민경, "장애인 복지서비스", 「한국의 사회보장제도」, 한국보건사회연구원 나남, 2018.
이정우, 「사회복지정책」, 학지사, 2018.
이정희, "'임중도원'의 노사관계: 2018년 평가와 2019년 전망'", 「노동리뷰」, 한국노동연구원, 2019.1.
이윤경, "장기요양보장제도", 「한국의 사회보장제도」, 한국보건사회연구원 나남, 2018.
이재형, 「한국의 시장집중분석: 광공업부문을 중심으로」, 한국개발연구원, 2002.
______, 「한국의 산업조직과 시장구조」, 한국개발연구원, 2013.
이주선, "규제개혁," 한국경제연구원, 2006. 9.

이준구, 「소득분배의 이론과 현실」, 다산출판사, 1989
이철수, 「개정노동법의 평가와 향후의 과제」, 「한국노사관계학회 정책토론회 발표자료」, 한국노사관계학회, 1997. 11. 15.
장홍근, “한국경제 르네상스를 위한 협력적 노동체제”, 「노사공포럼」, 제50호, 2019.12
전병유, 「노동시장의 이중구조와 정책대응: 해외사례 및 시사점」, BOK 경제연구, 한국은행, 2018.
전윤구, “고용환경의 변화, 노동법의 위기와 대응: 노동보호법의 인적 적용범위를 중심으로”, 「노동법학」, 제67호, 2018.9.
정연택, “고용보험제도 및 고용정책”, 「한국의 사회보장제도」, 한국보건사회연구원 나남, 2018.
조동훈, “패널자료를 이용한 조동조합의 임금효과 분석”, 「노동경제논집」, 제31권 (2), 2008.8.
정갑영, 「산업조직론」, 박영사, 1993.
조성봉, “민영화,” 한국경제연구원, 2006. 9.
조문희·배찬권·김영귀, 「한국의 FTA 15년 성과와 정책적 시사점」, 대외경제정책연구원, 2019
최경수, 「노동시장 유연화의 고용효과 분석」, 한국개발연구원, 2001.
최광·권순원, 「복지 및 분배정책」, 차동세·김광석 편, 「한국경제 반세기」, 한국개발연구원, 1995.
통계청, 「경제활동인구연보」, 각 연호.
한국경제60년사 편찬위원회, 「한국경제60년사-총괄편」, 2011.
＿＿＿＿＿＿＿＿, 「한국경제60년사-산업」, 2010.
＿＿＿＿＿＿＿＿, 「한국경제60년사-대외경제」, 2010.
한국노동연구원, 「고용보험제도 실시방안 연구」, 1993.
＿＿＿＿＿, 「2024 KLI 노동통계」, 2024.
환경부, 「환경백서」, 각 연호.
＿＿＿, 「2016년 환경예산과 예산제도」(2016.10).
＿＿＿, 「2022년 환경예산과 예산제도」(2022.1).

______, 「환경통계연감 2023」, 2024.
한국보건사회연구원, 「사회복지의 세계화를 위한 정책토론회」, 1995.
한국산업은행, 「WHO시대에 부응한 산업정책방향」, 1994.
한국은행 , 「국민계정 2009」, 2009.
한국은행, 「우리경제의 잠재성장률과 향후 전망」, 2024, 12
황삼남, "근로기준법제의 발전방향," 「나라경제」, 국민경제교육연구소, 1995.
황수경, 전병유 외, 「소득분배와 경제성장」, 경제·인문사회연구회 미래사회협동연구총서 17-07-01.
황인학, "시장규율과 자율성에 바탕을 둔 기업지배구조 개선," 「모두 잘 사는 나라 만드는 길(Ⅲ)」, 한국경제연구원, 2002. 12.

2. 국외문헌

Ahrns, H.-J.; H.-D. Feser(1982), Wirtschaftspolitik, Problemorientierte Einführung, 5. Auflage, Oldenbourg, München, 1987.
Anderson, K., "Trade, Environmental Issues, and Asian-Pacific Economic Growth," in Taek-Whan Han(ed.), Trade -Environment Issues and Korea's Alternative, Korea Institute for International Economic Policy, Seoul,1994.
Amsden, Alice H. Asia's Next Giant, Oxford University Press, 1989
Amsden, Alice H. Diffusion of Development: The Late-Industrialization Model and Greater East Asia, The American Economic Review, May 1991
Arden-Clarke, C., "The GATT, Environment Protection and Sustainable Development," A WWF Discussion Paper, WWF International, Gland, June, 1991.
Balassa, B., "Comment 1. on The Timing and Sequencing of a Trade Liberalization Policy by Michaely, M.," in Choksi, A. M. and D. Papageorgiou(ed.), Economic Liberalization in Developing Countries, Basil Blackwell, 1986.

Balassa, Bela, "Korea's Development Strategy", in Jene K. Kwon(ed), Korean Economic Development, Greenwood Press, 1990

Beckerman, W., "Economic Growth and the Environment: Whose Growth? Whose Environment?" World Development, Vol. 20, No. 4, 1992.

Berg, H., Wettbewerbspolitik, in: Vahlens Kompendium der Wirtschaftstheorie und Wirtschaftspolitik, Band 2, 3. Auflage, Verlag Vahlen, München, 1988.

Bergsten, F.(ed.), International Adjustment and Financing: The Lessons of 1985~1991, Institute for International Economics, Washington, D. C., 1991.

Blum, R., Soziale Marktwirtschaft, J. C. B. Mohr(Paul Siebeck), Tübingen, 1969.

Boulding, K. E., Principles of Economic Policy, Prentice Hall, 1958.

Caspers Anja, "Wirtschaftspolitik im Wohlfahrtsstaat," in: Wirtschaftspolitik im Systemvergleich, Verlag Vahlen, 1984.

Cassel, Dieter, "Wirtschaftspolitik als Ordungspolitik," in Ordnungspolitik, herausgegeben von Dieter Cassel, Bernd-Tomas Ramb, H. Jörg Thieme, Franz Vahlen, München, 1988.

Chenery, H. B., "Patterns of Industrial Growth," American Economic Review, Vol. 50, Sep., 1960.

Chenery, H. B. and I. Taylor, "Development Patterns: Among Countries and Over Time," Review of Economics and Statistics, Vol. 50, Nov., 1968.

Chenery, H. B. and M. Syrquin, Patterns of Development 1950~1970, A World Bank Research Publication, 1977.

Cho, Soon, The Dynamics of Korea Economic Development, Institute for International Economics, 1994.

Coombs, R., P. Saviotti and V. Walsh, Economics and Technological Change, Macmillan Education Ltd., 1987.

Denison, E. F. and W. K. Chung, How Japan's Economy Grew So Fast? The

Brookings Institution, 1976.
Dornbusch, R. W., "Policy Options for Free Trade: The Case for Bilateralism," in Lawrence, R. Z. and C. L. Schultze(ed.), An American Trade Strategy: Option for the 1990s, The Brookings Institution, Washington, D.C., 1990.
Edwards, S., "Comment 1. on Problems of Liberalization by Krueger, A. O.," in Choksi, A. M. and D. Papageorgiou(ed.), Economic Liberalization in Developing Countries, Basil Blackwell, 1986.
Eucken, W., Grundsätze der Wirtschaftspolitik, 5. Auflage, Tübingen(Mohr), 1975.
______, Grundsätze der Wirtschaftspolitik, herausgegeben von Edith Eucken und K. Paul Hensel, 6. Auflage, J. C. B. Mohr, Tübingen, 1990.
European Commission, The 2018 Ageing Report: Economic and Budgetary Projections for the 28 EU Member States (2016–2070), May 2018
Freeman, C., The Economics of Industrial Innovation, Frances Printer(Publishers), 1982.
Frey, B. S., Democratic Economic Policy, Martin Robertson & Company Ltd., Oxford, 1983.
Fukuyama, Francis, Trust, A Free Press Paperbacks Book, 1996.
Gäfgen,G.,"Allgemeine Wirtschaftspolitik,"in: Kompendium der Volkswirtschaftslehre, Hg. Ehrlicher, W. et al., Band 2, Vandenhöck & Ruprecht, Göttingen, 1968.
Giersch, H., Allgemeine Wirtschaftspolitik, erster Band, Wiesbaden,1961.
Hayek, F. A. von, Der Wettbewerb als Entdeckungsverfahren, Mohr, Tübingen, 1968.
Herdzina, K., Wettbewerbspolitik, 2. Auflage, Gustav Fischer Verlag, Stuttgart, 1987.
Heubes, J., Marktwirtschaft, Verlag Vahlen, München, 1992.
Hirschman, A. O., The Strategy of Economic Development, Yale University Press, 1958

Hoekman & Sauve, "Liberalizing Trade in Services," World Bank Discussion Paper, 1994.

Hoppmann, E., Prinzipien freiheitlicher Wirtschaftspolitik, J. C. B. Mohr(Paul Sieb beck), Tübingen, 1993.

Issing, O., Allgemeine Wirtschaftspolitik, Verlag Vahlen, München, 1982.

Jaral, K. F., Sustainable Development, Environment and Poverty Nexus, Asian Development Bank, 1993.

Kaldor, N., "A Model of Economic Growth," Economic Journal, Vol. LXVIII, 1957.

Kantzenbach, E., Die Funktionsfähigkeit des Wettbewerbs, Vandenhoeck & Ruprecht, Göttingen, 1966.

Kim, Linsu, "Technological Innovation in the Korea's Capital Goods Sector: A Micro Analysis(in Korea)," ILO Working Paper, Feb., 1982.

Klump, R., Einführung in die Wirtschaftspolitik, Verlag Vahlen, München, 1989.

Krueger, Anne O., "Industrial Development and Liberalization", in Lawrence B. Krause & Kim Kihwan (eds), Liberalization in the Process of Economic Development, University of California Press, 1991

Krugman, P.(ed.), Strategic Trade Policy and the New International Economics, The MIT Press, 1988.

________, "Has the Adjustment Process Worked?" in Bergsten, F.(ed.), International Adjustment and Financing: The Lessons of 1985~1991, Institute for International Economics, Washington, D. C., 1991.

________, The Age of Diminished Expectations, The MIT Press, 1992.

Krugman, P. and N. Obstfeld, International Economics, Harper Collins Publishers, 1991.

Külp, B., "Verteilungspolitik," in: Wachstumspolitik·Verteilungspolitik, Hg. Werner, J.; B. Külp, Gustav Fischer Verlag, Stuttgart, 1971.

Kuznets, S., Modern Economic Growth, New Heaven, Yale University Press,

1966.

Lampert, H., "Sozialpolitik," in: HdWW, 1977.

__________, "Sozialpolitik", in: Allgemeine Wirtschaftspolitik, Hg. Issing, O., Verlag Vahlen, München, 1982.

Lampert, H. and J. Althammer, Lehrbuch der Sozialpolitik, 8. Auflage, Springer, Berlin, 2007.

Luckenbach, H., Theoretische Grundlagen der Wirtschaftspolitik, Verlag Vahlen, München 1986.

Michaely, M. et al., Liberalizing Foreign Trade: Lessons of Experience in the Development World, Basil Blackwell, 1991.

Mundell, R. A., "The Great Exchange Rate Controversy: Trade Balances and the International Monetary System," in Bergsten, F.(ed.), International Adjustment and Financing: The Lessons of 1985~1991, Institute for International Economics, Washington, D.C., 1991.

Nelson, R. R., M. J. Peck and E. D. Kalachek, Technology, Economic Growth and Public Policy, The Brookings Institution, Washington, D. C., 1969.

North, D., Institutions, Institutional Change and Economic Performance, Cambridge University Press, 1991.

OECD, The State of the Environment, 1991.

_____, OECD Environment Data, 1993.

_____, Education at a Glance. 2019.

_____, Tax Revenue Buoyancy in OECD Countries 1965–2022, 2023.

OECD, Social Expenditure Update 2019 : Public social spending is high in many OECD countries,

Oxley, A., The Challenge of Free Trade, Harvester Wheatsheaf, 1990.

Pearce, D. et al., Blueprint for A Green Economy, Earthscan Publications Ltd., 1989.

Peters, II.-R., Grundlagen der Mesookonomie und Strukturpolitik, Stuttgart, 1981.

Puetz, T., Grundlagen der Theoretischen Wirtschaftspolitik, 4. Auflage, Gustav Fischer Verlag, Stuttgart, 1979.

Radetzki, M., "Economic Growth and Environment," in Low p.(ed.), ch. 8 Industrial Trade and the Environment, Discussion Paper 159, Washington, D. C., The World Bank, 1992

Radke, D., Soziale Marktwirtschaft −Eine Option für Transformations− und Entwicklungsländer? Weltforum Verlag, Köln, 1994.

Rostow, W. W, The Stages of Economic Growth, Cambridge University Press, New York, 1990.

Rothwell, R. and W. Zegveld, Innovation and the Small and Medium Sized Firm, Frances Priner(Publishers), 1982.

Scherer, F. M., Industrial Market Structure and Economic Performances, Rand Mcnally, 1980.

Schmidt, I.(1984), Wettbewerbspolitik und Kartellrecht. Eine Einführung, 2. Auflage, Gustav Fischer Verlag, Stuttgart, 1987.

Schumpeter, J. A., Capitalism, Socialism and Democracy, Harper, New York, 1942.

Shepherd, W. G., Public Policies Toward Business, Irwin, 1991.

Shrybman, S., "International Trade and the Environment: An Environmental Assessment of the GATT," The Ecologist 20(1), Jan./Feb., 1990.

Stern, R. M.(ed.), U.S. Trade Policies in a Changing World Economy, The MIT Press, 1989.

Streit, M. E., Theorie der Wirtschaftspolitik, 1991

Suh Sang Mok and Ha Cheong Yeon, Social Welfare during the Structural Adjustment Period in Korea, Working Paper 8604, KDI, 1986.

Teichmann, U., Wirtschaftspolitik, 2. Auflage, Verlag Vahlen, München, 1979.

Thieme, H. J. Von, Soziale Marktwirtschaft, Beck-Wirtschaftsberater im dtv., 1991.

Thieme, H. J. "Wirtschaftssysteme," in: Vahlens Kompendium der Wirtschaftstheorie und Wirtschaftspolitik, Band 1, 3. Auflage, Verlag Vahlen, 1988.

Thieme, H. J., R. Steinbring, "Wirtschaftspolitische Konzeptionen Kapitalistischer Marktwirtschaften," in: Wirtschaftspolitik im Systemvergleich, in Cassel (Hrsg.) Verlag Vahlen, 1984.

Tinbergen, J., On the Theory of Economic Policy, Amsterdam, 1952.

__________, Economic Policy: Principles and Design, Amsterdam, 1966.

__________, Lessons from the Past, Elsevier Publishing Company, 1963.

Tuchtfeldt, E., "Das Instrumentarium der Wirtschaftspolitik. Ein Beitrag zu seiner Systematik," in: Grundlagen der Wirtschaftspolitik, Hg. Gäfgen, G., Kiepenheuer & Witsch, 1966.

__________, "Wirtschaftssysteme," in: Handwörterbuch der Wirtschaftswissenschaft, 9. Band, J. C. B. Mohr, Tübingen, 1982.

Tyson, L., "Managed Trade: Making the Best of the Second Best," in Lawrence, R. Z. and C. L. Schultze(ed.), An American Trade Strategy: Option for the 1990s, The Brookings Institution, Washington, D. C., 1990.

Weber, W., "Wettbewerb und Wachstum," in: Beiträge zur Wachstumspolitik, Hg. Schneider, H. K., Verlag von Dunker & Humblot, Berlin, 1970.

Werner, J.; B. Külp, Wachstumspolitik·Verteilungspolitik, Gustav Fischer Verlag Stuttgart, 1971.

Werner, J., Verteilungspolitik, Gustav Fischer Verlag, Stuttgart, 1979.

Wheeler, D., The Economics of Industrial Pollution Control: An International Perspective, World Bank Industry and Energy Department(Industry series Paper) No. 60, Jan., 1992.

Willms, M., Structurpolitik, in Valens Kompendium der Wirtschftstheorie und Wirtschaftspolitik. Band 2, Verlag Vahlen, München, 1988

Woll, A., Wirtschaftspolitik, Verlag Vahlen, München, 1984.

WTO, Disciplines on Domestic Support and Current Support Level, WTO/JOB/AG/32, 2015.1.28

인/명/색/인

ㄱ

강선민 167
강철규 244
고영선 260
김상호 51, 55
김영귀 398
김적교 40, 51, 55, 149, 151, 152, 164, 166, 246, 247, 267, 275, 276, 367, 371

ㅂ

박병형 142, 146, 147
발라사 268, 269
배찬권 398

ㅅ

사공일 223

ㅇ

안승철 204
암스텐 269, 270, 271, 272
양지청 265
에르하르트 56, 57
오이켄 40, 41, 42
웨이드 269
유종일 244
윤창호 158
이건호 306, 308
이경태 299
이규억 142, 146, 147, 158
이원영 247
이재형 167
이주선 309

ㅈ

장하준 244
정갑영 159
정진승 247
조문희 398
조병택 151, 152, 247
조성봉 309, 310

ㅊ

최경수 311

ㅋ

칸젠바하 127
크루거 268, 269

ㅍ

프리드만 177

ㅎ

황인학 307, 308

A

Adam Smith 37
Ahrms 123
Ahrns 4, 5, 121, 129, 138, 150, 151
Anja Caspers 49, 50
Arrow, K. 243

B

Bain, J. S. 122
Balassa, B. 363, 366
Bergsten, F. 351
Bork, R. H. 130
Buchanan, J. 12
Böhm, F. 39

C

Cassel, D. 40
Caves, R. 122
Chamberlin, E. H. 122
Chenery, H. B. 283, 286, 288
Chenery, H.B 288
Chung, W. K. 233
Clark, C. 283
Coase, R. 46
Coombs, R. 246, 248

D

Dahl, R. A. 12
Demsetz, H. 130
Denison, E. F. 233
Downs, A. 12

E

Edwards, S. 361
Erhard, L. 50
Eucken, W. 17, 39, 42, 50

F

Fellner, W. 247
Feser 4, 5, 121, 123, 129, 138, 150, 151
Fisher, A. G. B. 283
Freeman, C. 248, 249
Frey, B. S. 12
Friedman, M. 176
Fukuyama, F. 33, 35

G

Giersch, H. 39
Gäfgen, G. 9

H

Hayek, von F. A. 45, 114
Herdzina, K. 133
Hirschman, A. O. 263
Hoekman 377
Hoppmann, E. 72, 128

J

Johnson, H. G. 176, 351

K

Kaldor, N. 242, 243
Kantzenbach, E. 125, 128
Karl Schiller 47, 55
Klump, R. 15
Krueger, A. O. 361
Krugman, P. 328, 349, 351, 352, 354, 355
Kuznets, S. 283, 285
Külp, B. 235

L

Lange, O. 30

Lindblom, C. E. 12
Linsu Kim 246
Lucas, R. 243
Luckenbach, H. 15

M

Malthus, T. R. 37
Mason, E. 122
Max Weber 89
Mckinnon, R. 361
Meyer, H. 27
Michaely, M. 363
Mill, J. S. 37
Mundell, R. A. 357
Müller-Armack 50, 51, 52, 56, 57

N

Nelson, R. 251
North, D. 235, 257, 258
Nürrenbach, R. 27

O

Obstfeld, M. 328

P

Peters, H. 291
Pigou, A. C. 39
Posner, R. A. 130
Pütz, T. 86, 98
Pütz,T. 3

R

Ricardo, D. 37
Robinson, J. 122
Rostow, W. W. 32
Rothwell, R. 246, 248
Röpke, W. 39
Rüstow, A. 39

S

Scherer, F. M. 122, 247
Schmidt, I. 113, 129, 133
Schmoller, von G. 90
Schmookler, J. 246
Schumpeter, J. A. 114, 245
Shepherd, W. G. 155
Sombart, W. 89
Steinbring, R. 37, 49, 50
Stigler, G. J. 130
Stokey, N. 243
Streit, M. E. 28
Swan, T. 351
Syrquin, M. 286

T

Tamura, R. 243
Taylor, I. 288
Teichman, U. 120
Thieme, H. J. 23, 37, 49, 50
Tinbergen, J. 16, 18, 32
Tuchtfeldt, E. 32, 257
Tyson, L. 330, 332

W

Walsh, V. 246
Weber, W. 248
Werner, J. 235, 247
Willms, M. 284
Woll, A. 19, 50, 74

Z

Zegveld, W. 248

사/항/색/인

ㄱ

가치판단(Werturteil) 89
개인원칙(individual principle) 26, 27, 36
거래비용(transaction cost) 34, 35, 257
경쟁경제(Wettbewerbswirtschaft) 73, 114
경쟁사회주의(Konkurrenzsozialismus) 30
경쟁자유(Wettbewerbs-freiheit) 128
경쟁정신(spirit of competition) 119, 129
경험의 대상(Erfahrungsobjekt) 4
계획된 질서(geplante Ordnung) 25
과정정책(Prozesspolitik) 15, 16, 18
관리시장경제(gelenkte Marktwirtschaft) 28, 29, 30
교두보효과(beachhead effect) 354
교시적 소득정책(informatorishe Einkommenspolitik) 209
구조정책(Strukturpolitik) 16, 18
구축효과(crowding out effect) 187
규칙준수의 자유(regelgebundene Freiheit) 71
근린궁핍화정책 (beggar-thy-neighbor-policy) 342
기본적 가치(Grundwert) 91

ㄷ

도하개발아젠다(DDA: Doha Development Agenda) 382

ㅁ

마(魔)의 3각 97
마의 4각 97
몰가치론(Werturteilsfreiheit) 90
민주사회주의(demokratischer Sozialismus) 47
민주적 자본주의(democratic capitalism) 33
민주주의의 경제이론(economic theory of democracy) 14

ㅂ

배타성원칙 58
보충원칙(Subsidiaritäts-prinzip) 44
부분질서(Teilordnung) 22
비인플레이션 촉진적인 실업률 (non-accelerating inflation rate of unemployment) 182

ㅅ

사실판단(Sachurteil) 89
사회국가(Sozialstaat) 76
사회원칙(social principle) 26, 27
사회적 시장경제 50, 51, 52, 53
사회적 자본(social capital) 35
성과경쟁(Leistungswettbewerb) 40, 114
소비의 경합성 59
소비의 비경합성 58
시카고(Chicago)학파 45, 130, 155
신자유주의(neoliberalism) 39

신정치경제학 12, 13, 14, 15

ㅇ

오스트리아학파 45
원인금지주의 159
유치산업보호론(infant industry argument) 341
인식의 대상(Erkenntnisobjekt) 4

ㅈ

자동안정화장치(built-in stabilizer) 189
자발적 질서(spontane Ordnung) 25
자연실업률(natural rate of unemployment) 182
자유사회주의 46, 48, 49
재정론자(fiscalist) 174
적수효과(trickle down effect) 219
전체질서(Gesamtordnung) 22
전환비용(transformation cost) 257
정치경제학 12
제도적 도덕(institutionalle Moral) 72
제정(制定)된 질서(gesetzte Ordnung) 25
지시적 소득정책(imperative Einkommenspolitik) 209
질서수렴가설(convergence hypothesis) 31
질서일치성(Ordnungskonformität) 44
질서자유주의(Ordoliberalism) 40, 53
질서자유주의자 50
질서정책(Ordnungspolitik) 15, 16, 17

ㅊ

최소국가론(minimal state) 46
최적경쟁집약도 127
최적경쟁집약도(optimale Wettbewerbsintensität) 125

ㅌ

통화론자(monetarist) 174, 176, 177, 178

ㅍ

폐해규제주의 159
포괄적·점진적 환태평양경제동반자협정(CPTPP) 397
프라이부르크 학파 40

ㅎ

하버드학파 122, 155
행동규칙(Verhaltensregeln) 22
환태평양경제동반자협정(TPP) 397

[공저자약력]

김적교

- 서울대학교 상과대학(경제학 학사)
- 미국 Vanderbilt 대학교(경제학 석사)
- 화란 사회과학원(ISS) 경제기획 Diploma
- 독일 Bochum 대학교(경제학 박사)
- 한국개발연구원 수석연구원, 연구2부장
- 국제경제연구원(현 산업연구원) 부원장
- 대외경제정책연구원 초대원장
- 경제기획원, 재정경제원, 상공부, 과학기술처 정책자문위원
- 독일 Bochum 대학교, Duisburg 대학교 초빙교수
- UNDP, UNIDO, ADB, UNSFIR Consultant
- 현 한양대학교 경제금융대학 명예교수

[주요 저서]

- Wirtschaftswachstum und Kapitalkoefficient, Bertelsmann Universitätsverlag, 1972
- 한국제조업의 생산성분석, 한국개발연구원, 1979
- 한국, 대만, 일본의 제조업 생산성분석(공저), 한양대학교 경제연구소, 1984
- Public Finances During the Korean Modernization Process(coauthor), Harvard University Press, 1986
- 독일의 사회적 시장경제(공저), 한국경제연구원, 1989
- 경제정책론, 박영사, 1996
- Korea's Development Policy Experience and Implications for Developing Countries, Korea Institute for International Economic Policy(KIEP), 2008
- 한국의 경제발전, 박영사, 2012
- 한국의 경제발전, 제2판, 박영사, 2016
- 경제정책론(공저), 제5개정판, 박영사, 2020
- Economic Development of Korea, World Scientific Publishing Co., Singapore, 2019
- 개발연대의 정책 이야기, 박영사, 2023

김상호

- 한양대학교 경상대학(상학사)
- 독일 Erlangen-Nürnberg 대학교(경제학 학사, 석사, 박사)
- 감사원 평가연구원 경제재정팀장
- 고용보험연구기획단, 산재보험발전위원회, 공무원연금 발전전문위원회 위원
- 국민연금제도발전위원회 위원
- 한국사회보장학회 회장
- 저출산고령사회위원회, 사회보장위원회 위원
- 한국보건사회연구원 23대 원장
- 현 광주과학기술원 인문사회과학부 교수

[주요 저서 및 논문]

- Sozialversicherungskapital und das Sparen der privaten Haushalte in der Bundesrepubrik Deutschland von 1961 bis 1988, Verlag Dr. Kovac, 1992
- 독일의 사회적 시장경제(공저), 한국경제연구원, 1999
- 연금, 이렇게 바꾸자(공저), 한국경제연구원, 2005
- 산재보험의 진화와 미래(공저), 21세기북스, 2014
- 연금자산과 가계저축, 한국노동패널을 이용한 실증분석, 경제학연구, 2007
- The effects of public pensions on private wealth: evidence on the German savings puzzle(공동), Applied Economics, 2010
- 국민연금 재정불균형과 개혁(안)의 소득재분배 효과, 재정학연구, 2019
- 국민연금 구조개혁과 노후소득보장제도 재구축에 관한 연구, 재정학연구, 2025

외 다수

정형곤

- 독일 본(Bonn) 대학교 경제학부 졸업(학사/석사)
- 독일 쾰른(Köln)대학교(경제학 박사)
- Johns Hopkins University, School of Advanced International Studies, Fulbright Scholar
- Texas A&M University, The Bush School of Government & Public Service, Visiting Scholar
- 중국사회과학원, National Institute for Global Strategy, Special Senior Research Fellow(겸직)
- ADB, ERIA consultant
- 대외경제정책연구원 부원장(연구본부장), 동북아경제본부장, 협력정책실장 등
- 국가안전보장회의(NSC) 전략기획실, 정책조정실 행정관
- 공정거래위원회 정책자문위원
- 관세청 관세행정발전심의위원회 위원
- 기획재정부 예산집행심의위원회 심의위원
- 총리실 주관 정부업무 평가(국정과제) 위원, 기획재정부 자체평가위원회 위원
- 산업통상자원부 경제자유구역위원회 위원
- 통일부 한독통일자문위원회 위원
- 한국동북아경제학회 부회장
- 민주평화통일자문위원회, 경제과학환경분과 상임위원
- 현 대외경제정책연구원 선임연구위원

[주요 저서 및 논문]

- Privatisierungspolitik im Transformationsprozeß, Shaker Verlag, 1998. 2
- Reforms, Opportunities, and Challenges for State-Owned Enterprises, ADB(2020) 공저
- *Beyond the Battle for Supremacy: Reshaping the Global Semiconductor Supply Chain*, Mosbacher Institute for Trade, Economics, and Public Policy, The Bush School, Texas A&M University(2023) 공저
- United Nations Sanctions on North Korea's Luxury Goods Imports: Impact and Implications, *Asian Economic Policy Review*(2019) 14, 214-233
- Promoting Dynamic & Innovative Growth in Asia KIEP 2016(공저)
- China, Japan, Korea FTA, Rationale, Prospects and Challenges, *Trade Regionalism in the Asia-Pacific: Developments and Future Challenges*, 2016, ISEAS, Singapore(공저)
- Driving Forces of Socialist Transformation, Praesens Verlag, Wien, 2009(공저)
- 미중 반도체 패권 경쟁과 글로벌 공급망 재편, 대외경제정책연구원 연구보고서 2021(공저)
- 글로벌 반도체 산업 경쟁력과 공급망 구조 분석, 대외경제정책연구원 연구보고서 2024(공저) 외 다수

제 6 개정판

경제정책론 – 한국의 경제정책

초판발행 1996년 2월 28일
개정판발행 1998년 2월 25일
제2개정판발행 2001년 3월 10일
제3개정판발행 2008년 2월 25일
제4개정판발행 2013년 2월 15일
제5개정판발행 2020년 6월 20일
제6개정판발행 2025년 7월 25일

지은이 김적교 · 김상호 · 정형곤
펴낸이 안종만 · 안상준

편 집 전채린
기획/마케팅 최동인
표지디자인 BEN STORY
제 작 고철민 · 김원표

펴낸곳 (주) 박영사
서울특별시 금천구 가산디지털2로 53, 210호(가산동, 한라시그마밸리)
등록 1959. 3. 11. 제300-1959-1호(倫)
전 화 02)733-6771
f a x 02)736-4818
e-mail pys@pybook.co.kr
homepage www.pybook.co.kr
ISBN 979-11-303-2345-9 93320

정 가 35,000원